Franz Kießling

Das große Ravensburger Werkbuch

Franz Kießling

Das große Ravensburger Werkbuch

Illustrationen Christl Burggraf
Fotos Ernst Fesseler

Ravensburger Buchverlag

Fachberatung:
Alexander Kaufmann,
Hugo Fäßler

Die Modelle stammen von Franz Kießling
und den Schülern der Vinzenz von Paul-
Schule, Schönebürg.
Dank an Gudrun Moser für die Modelle
auf der Seite 159.

3 2 96 95

Layout: Achim Köppel
Umschlaggestaltung: Ekkehard Drechsel
Umschlagfoto: Ernst Fesseler
Redaktion: Elke Dannecker
Satz: Satzstudio Eduard Weishaupt, Meckenbeuren
Repro: Photolitho AG, Gossau
Druck: Grafica Editoriale spa, Bologna
Printed in Italy
ISBN 3-473-41078-0

Inhalt

Vorwort

In unserer Gesellschaft sind große Bereiche auf Konsum und Passivität angelegt. Doch jeder Mensch hat das Bedürfnis, sich individuell zu entfalten. Eine Möglichkeit, dies zu verwirklichen, bietet das praktische Tun, das kreative Gestalten und das freie Formen und Konstruieren.
Dazu gehört aber erst einmal ein gesichertes Grundwissen. Ohne Kenntnissse über Werkstoffe und Werkzeuge ist letztendlich auch schöpferisches Arbeiten erfolglos.
Die Werkvorschläge in diesem Buch fordern oft Genauigkeit und Geschick, sollen aber auch zum freien Gestalten und zum Ausprobieren neuer Werkmaterialien anregen.

Die Werkbeschreibungen werden durch die Konstruktionszeichnungen unterstützt. Stücklisten und Piktogramme geben einen raschen Überblick über die benötigten Materialien und Werkzeuge. Auf Seite 348 werden die Piktogramme genau bezeichnet.
Jedes Werkstück hat einen unterschiedlichen Schwierigkeitsgrad, der durch ein sechsteiliges Punktesystem gekennzeichnet ist:

●	sehr leicht herzustellen
●●	leicht herzustellen
●●●	mittlere Anforderung
●●●●	gute handwerkliche Kenntnisse erforderlich
●●●●●	schwierige Konstruktion
●●●●●●	sehr schwer herzustellen

Viel Spaß und Erfolg beim Werken!

I. Werkstoffkunde

Werkstoff Holz

Zu den bekanntesten und für den Bastler wichtigsten Hölzern gehören folgende Arten:

Fichte
Die Fichte ist der häufigste heimische Nadelbaum. Fichtenholz ist weich und weißlich bis gelb. Es wird als Bauholz, aber auch im Musikinstrumentenbau verwendet. Außerdem ist es zum Werken gut geeignet, weil es trotz seiner Weichheit sehr widerstandsfähig ist. Und es ist das billigste Massivholz, das man bei uns kaufen kann.

Lärche
Lärchenholz ist das beste und schönste Nadelholz, das in unseren Breitengraden wächst. Die Holzstruktur des Lärchen-Schnittholzes ist der Kiefer ähnlich, aber sehr viel ausdrucksvoller. Deshalb wird Lärchenholz gerne im Möbelbau eingesetzt. Aber auch für Fußböden oder Außentüren und auch als Wasserbauholz wird das Holz der Lärche verwendet, weil es sehr wasserbeständig ist.

Buche
Die Buche (Rotbuche) wächst in Mitteleuropa und gehört zu den Harthölzern. Dennoch läßt sich Buchenholz gut bearbeiten, da es eine kurze Faserung hat. Die verschiedensten Holzgebrauchsgegenstände werden aus diesem Holz hergestellt (Löffel, Kleiderbügel, Rollen u. a.), aber auch Möbel und Parkettfußböden.

Eiche
Die Qualität des Eichenholzes übertrifft alle anderen heimischen Holzarten. Besonders berühmt sind die Spessart-Eichen. Aus Eichenholz baut man unter anderem Treppen und Möbel, verwendet es zur Spielzeugherstellung, und auch für Schnitzereien eignet es sich gut. Sogar unter Wasser hält das Holz sehr lange. Dort wird es dann schwarz und hart wie Stein.

Linde
Lindenholz ist ein sehr weiches, aber schnittfestes Holz und eignet sich daher ausgezeichnet zum Schnitzen. Seine Farbe ist sehr hell, fast weißlich.

Ahorn
Ahorn ist ein weitverbreiteter Edel-Laubholzbaum. Er liefert hervorragendes Tischlerholz, das auch für Geräte und Holzwaren gut geeignet ist. Darüber hinaus wird es auch für Drechslerarbeiten verwendet.

Balsa / Teak / Mahagoni / Limba
gehören zu den tropischen Hölzern. Um die Tropenwälder vor weiterer Abholzung zu schützen, sollte man auf ihre Verwendung verzichten.

Rosenholz / Ebenholz / Olivenholz / Pockholz
sind weitere bekannte, sehr schöne Hölzer. Für den Bastler eignen sie sich jedoch weniger, weil sie schwierig zu bearbeiten und auch sehr teuer sind. Außerdem sind sie alle gefährdete Edelhölzer, die man nicht verwenden sollte.

Massivholz
Jedes Holz, das wie gewachsen verarbeitet wird, bezeichnet man als Massivholz. Bei der Verarbeitung von Massivholz gilt es, das Wesen des Holzes zu beachten, wenn man gute Ergebnisse bei der Herstellung des Werkstückes erreichen will. Der Fachmann sagt: „Das Holz arbeitet." Durch Austrocknung schwindet das Holz, durch Feuchtigkeitsaufnahme vergrößert es sein Volumen. Je nach Verlauf der Jahresringe verwerfen und verwinden sich Massivholzbretter. Durch unsachgemäße Lagerung oder Verarbeitung entstehen Längsrisse.
Der Aufbau des Holzes wird sichtbar am Querschnitt eines abgesägten Baumstammes. Der Fachmann bezeichnet diese Schnittfläche als *Hirnholz*. Im Gegensatz dazu legt ein Schnitt längs des Stammes *(Radialschnitt/Sehnenschnitt)* das in seiner Wachstumsrichtung liegende *Langholz* frei.

Im Querschnitt fallen vor allem die Jahresringe auf, die durch das periodische Wachstum des Baumes im Jahresablauf entstehen. Man kann aus der Anzahl der Jahresringe das ungefähre Alter eines Baumes ablesen. Was im Hirnholz als Jahresringe sichtbar ist, erscheint im Längsschnitt als *Maserung*. Sie ist in den Seitenbrettern (Sehnenschnitt) eines Stammes sehr viel lebhafter als in den Mittelbrettern, die durch einen Radialschnitt aus dem Herz des Stammes gesägt werden. An einem Hirnschnitt durch einen Kiefernstamm erkennt man auf den ersten Blick zwei farblich deutlich unterschiedliche Zonen: das *Kern-* und das *Splintholz*. Das Splintholz wird von der Bastschicht und der Rinde umschlossen. Das Kernholz ist wegen seiner erhöhten mechanischen Eigenschaften besser zur Verarbeitung geeignet.

Betrachten wir die Stirnseite von Brettern, so erkennen wir an den Jahresringen (Maserung) die Lage der Bretter im ehemaligen Stamm. Die Mittelbretter sind widerstandsfähiger als die Seitenbretter. Man erkennt sie an der stehenden Maserung. Das mittelste der Mittelbretter, in dem das Herz des Baums enthalten ist, heißt *Herzbrett*. Der Fachmann bezeichnet die der Baummitte zugewandte Seite eines Brettes als die rechte

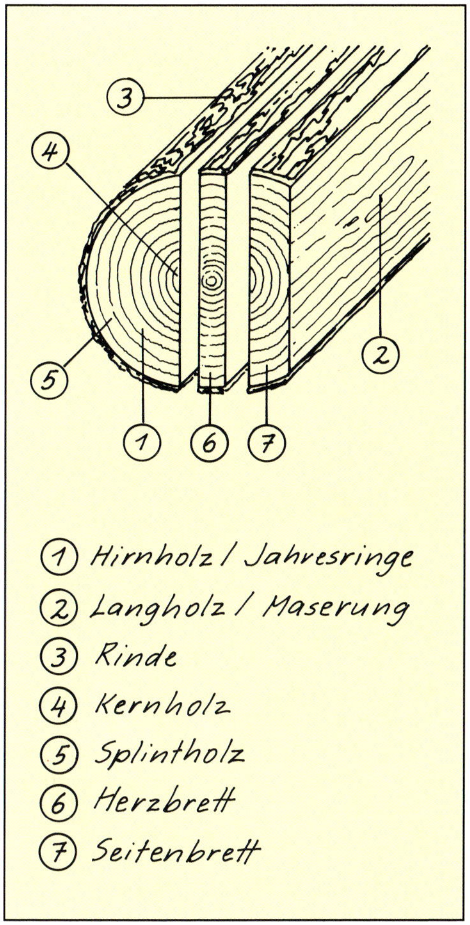

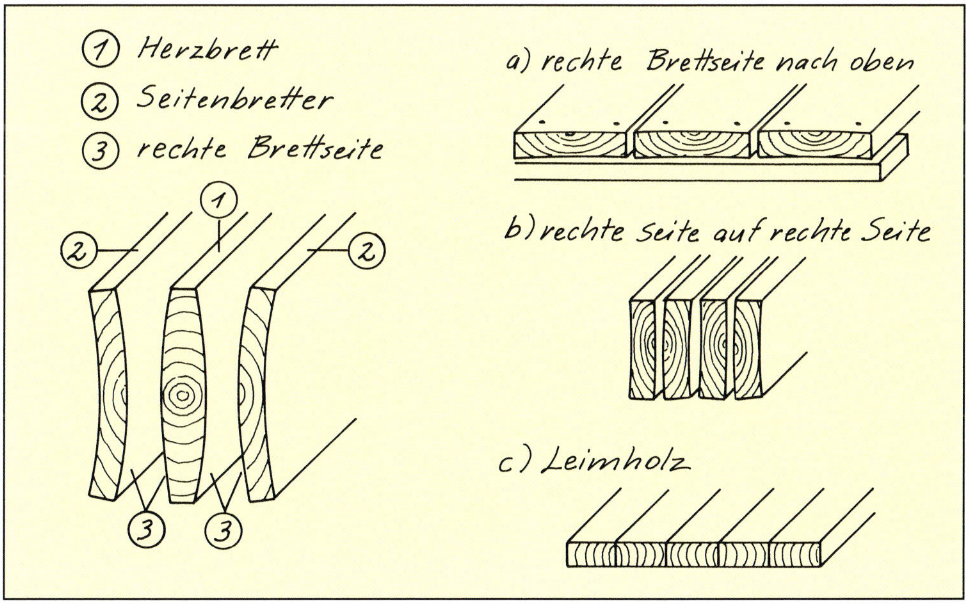

Verschiedene Holzarten

① Kanthölzer (massiv)
② Bretter (massiv)
③ Profilstäbe aus Massivholz

Seite. Die linke Brettseite weist immer nach außen in Richtung Borke und Rinde. Da nun ein Brett auf der linken Seite mehr schwindet als auf der Herzseite, wölbt es sich beim Trocknen auf der rechten Seite. Dabei werfen sich die Seitenbretter stärker als die Mittelbretter. Das Herzbrett wird linsenförmig nach beiden Seiten gewölbt; es hat also zwei rechte Seiten.

Aus diesem Wissen leiten sich wichtige Verarbeitungsprinzipien für Massivholz ab. Eine erste Grundregel lautet: rechte Brettseite nach oben. So kann es sich am wenigsten werfen, zumindest bleiben die Ränder liegen. Beim Verleimen mehrerer Bretter wird stets rechte Seite auf rechte Seite und linke Seite auf linke Seite geleimt. Außerdem darf Langholz nicht auf Querholz verleimt werden, denn durch die verschiedenen Zugrichtungen des Holzes reißt die Leimung wieder auf. Stabile breitere Bretter erhält man, wenn man mehrere schmale Leisten aneinanderleimt. Sogenanntes *Leimholz* kann man heute zugerichtet in verschiedenen Plattengrößen im Holzfachhandel kaufen. Dieses gebändigte Massivholz ist ein ausgezeichneter Werkstoff für den Bastler.

Eine noch wirksamere Methode, um das Werfen und Arbeiten des Holzes zu unterbinden, fand man in der Konstruktion des *Sperrholzes*. Im Oberflächenbild der Sperrholzplatte ist zwar die Holzstruktur noch weitgehend erhalten, doch unterscheidet sich ihr Gefüge grundsätzlich vom Urzustand des Brettes. Das Absperren des Holzes erreicht man durch das kreuzweise Aufein-

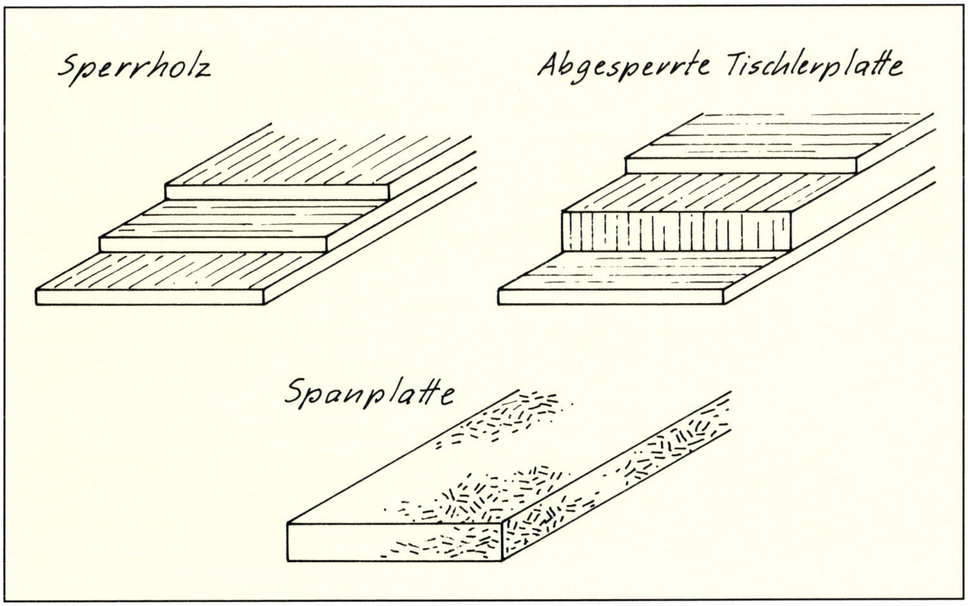

Verschiedene Holzarten

① Massivholzbrett (Kiefer)
② Tischlerplatte
③ Spanplatte
④ Spanplatte furniert
⑤ Sperrholz
⑥ Furniere

anderleimen von mehreren dünnen Massivholzplatten. Die Kräfte der Holzplatten heben sich durch die Leimbindung gegenseitig auf. Bei der Herstellung der *Spanplatten* hat man diese Methode weiter verfeinert. Hierbei werden Holzspäne zusammen mit Leim unter hohem Druck zu Platten gepreßt. Jegliches Eigenleben des Holzes wird dabei erstickt. Spanplatten sind praktisch tot. Man kann sie in allen gängigen Brettstärken kaufen. Außerdem gibt es sie mit den verschiedensten Oberflächenstrukturen (Kunststoffbeschichtung bis Edelholzbeschichtung).
Sperrholz und Span- und Tischlerplatten sind preiswerter als Massivholz, formstabil und lassen sich gut verarbeiten. Ein Nachteil dieser Platten ist, daß der verwendete Leim *Formaldehyd* enthält, der nach und nach ausdünstet und eine gesundheitliche Gefährdung darstellt. Neuerdings gibt es aber auch Spanplatten, die eine geringere Formaldehydausdünstung, Emission genannt, haben.

Ein weiteres für den Bastler interessantes Holz-Halbprodukt sind *Profilleisten*. Vor allem im Möbel- oder Innenausbau bieten sie zahlreiche Gestaltungsmöglichkeiten.

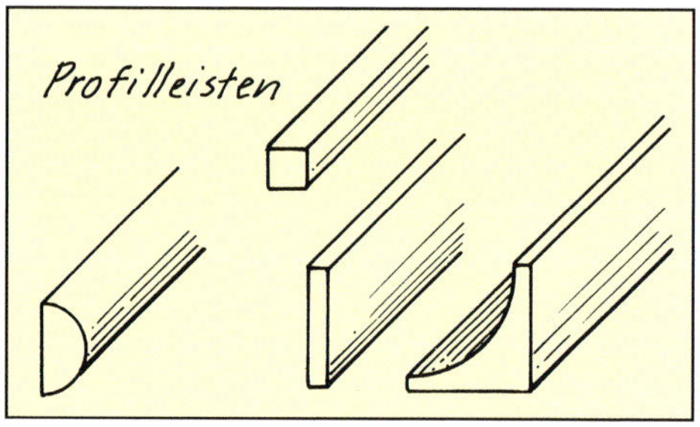

Furniere sind dünne Holzblätter, die zwischen 0,7 bis 2,5 mm dick sind. Je nach Herstellungsart unterscheidet man *Schälfurnier*, *Sägefurnier* und *Messerfurnier*.
Das Furnieren ist ein aufwendiger Klebevorgang. Es empfiehlt sich, fertige Platten zu kaufen oder sich auf kleine Flächen zu beschränken, die man mit einfachen Preßmöglichkeiten bewältigen kann.

Werkstoff Metall

Gold
Man bezeichnet Gold als Edelmetall, weil es an der Luft nicht oxydiert und von den meisten Säuren nicht angegriffen wird. Nur in Königswasser (das ist eine Mischung aus Salzsäure und Salpetersäure) und Quecksilber ist es löslich. Feingold ist sehr weich und außerdem das dehnbarste Metall. Es läßt sich deshalb in hauchdünnes Blattgold auswalzen. Um Gold zu härten, wird es mit Kupfer oder Silber legiert. Die im Goldschmuck eingeprägte Zahl (z. B. 585) gibt an, wieviel Milligramm reines Gold in einem Gramm der Legierung enthalten sind. Wegen des hohen Preises ist Gold für den Bastler nur in besonderen Fällen interessant.

Silber
Silber ist ein weiß glänzendes Edelmetall, das härter als Gold und weicher als Kupfer ist. Es läßt sich zu dünnster Folie aushämmern und zu feinstem Draht ausziehen. Verwendet wird Silber außer für Schmuck vor allem für industrielle Zwecke, in der Elektrotechnik, in der Filmindustrie und zur Münzherstellung. Der Bastler verarbeitet Silber hauptsächlich in Form von Blech und Draht. Durch Hämmern wird das Metall hart und spröde. Wenn man es erhitzt, bis es sich leicht rötlich färbt, wird es wieder geschmeidig und läßt sich leichter verarbeiten. Der Reinheitsgrad von Silber wird in Tausendstel angegeben. Der Stempel 550 z. B. besagt, daß in 1000 Teilen Legierung 550 Teile Silber enthalten sind.

Kupfer
Kupfer ist ein rötliches und weiches Buntmetall, das sich sehr gut verarbeiten läßt. Kupfer ist ein wichtiger Bestandteil in zahlreichen Legierungen (z. B. Bronze, Messing, Neusilber, Rotguß, Münzmetall, Aluminiumbronze). Durch Überziehen der Oberfläche mit Lack (Zaponlack) bleibt die rötliche Farbe des blanken Metalls erhalten. Mit besonderen Chemikalien kann man die

Oberfläche unterschiedlich färben. Vorsicht: Wenn Kupfer feucht wird, bildet sich giftiger Grünspan.

Zinn
Zinn ist ein weiches Metall, das schon bei 232 Grad Celsius schmilzt. Es oxydiert nicht und ist sehr widerstandsfähig gegen alle verdünnten Säuren. Deshalb wird es zum Verzinnen von Stahlblech genommen (Weißblech). Konservendosen sind mit einer dünnen Zinnschicht ausgekleidet. Durch Auswalzen von Zinn erhält man dünne Folien (Stanniol). Außerdem ist Zinn Bestandteil wichtiger Legierungen (z. B. Bronze, Weichlot zum Verbinden von Metallteilen durch Löten, Hartzinn zur Herstellung von Zinngeschirr). Zum Gießen von Reliefs und Vollplastiken ist Zinn auch für den Bastler sehr gut geeignet. Zinnfiguren sind beliebte Sammlerstücke.

Aluminium
Aluminium wird in einem sehr energieaufwendigen Verfahren aus Bauxit gewonnen. Da seine Herstellung so aufwendig ist, sollte man es sparsam verwenden und die gesammelten Abfälle zum Sondermüll bringen. Aluminium ist sehr leicht und läßt sich mühelos verformen. Daher wird es für praktische und künstlerische Arbeiten benutzt. Auch Aluminium ist ein wichtiger Bestandteil von Legierungen.

Stahl (Eisen)
Roheisen, das als Schmelze aus dem Hochofen kommt, wird technisch nicht bearbeitet. Erst durch Zugabe bestimmter Elemente wie Kohlenstoff, Nickel oder Chrom erhält man die verschiedensten Stahlsorten mit ganz speziellen Eigenschaften. Vor allem der unterschiedliche Gehalt an Kohlenstoff bestimmt die Härte des Stahls. Stahl mit einem Kohlenstoffgehalt von mehr als 2 % bezeichnet man als Gußeisen. Gußeisen ist nicht schmiedbar und kann nur gegossen werden.
Stahldraht, Stahlbleche sowie Rund- und Vierkantprofile und andere Halbzeuge sind Werkmaterialien für den Hobbywerker und Bastler.

Messing
Messing ist eine Kupfer-Zink-Legierung (Tombak, Messing, Schiffsmessing). Messing mit geringem Zinkanteil ist goldgelb; je höher der Zinkanteil, um so heller wird das Metall. Es läßt sich gut verformen und ist somit zur Verarbeitung geeignet. Messingbleche und Messingdraht und auch Profilleisten sind die wichtigsten Halbzeuge.

Bronze
Bronze ist eine Legierung aus Kupfer und Zinn und gehört zu den ältesten Metallen, die der Mensch bearbeitet. Bronze ist ein hartes und sehr widerstandsfähiges Metall, das sich gut zum Gießen eignet (Glockenguß, Plastiken). Kunstbronze hat einen niedrigeren Schmelzpunkt. Dies wird erreicht, indem man 3 % Zink und 3 % Blei der Legierung zugibt.

Wichtige Metallhalbzeuge
Der Hobbywerker verwendet hauptsächlich *Draht-, Blech-, Band-* und *Profilstabware.* Stärkere Materialien erfordern eine aufwendige Ausstattung zur Bearbeitung (Esse, Amboß u. a.).
In Drahtwalzwerken werden heiße Metalle durch kleine Öffnungen gezogen. Je nach der Größe der Öffnungen erhält man entsprechende Drähte. Zum Werken verwendet man hauptsächlich Drähte aus Silber, Kupfer, Messing und Stahl. Stahldrähte gibt es auch verzinnt, verzinkt, verkupfert und vermessingt.
Flächig ausgewalzte Metalle bezeichnet man als Bleche. Stahl-, Kupfer-, Messing-, Aluminium- und Silberbleche werden in Stärken ab 0,2 mm angeboten. Dünnere Materialien bezeichnet man als Folien. Da Stahl sehr rasch rostet (korrodiert), werden Stahlbleche ebenso wie Stahldrähte mit den unterschiedlichsten Metallen beschichtet (Zinn, Zink, Kupfer, Messing). Ein bekanntes Beispiel sind die verzinnten Konservendosen, die sich auch als billiges Werkmaterial

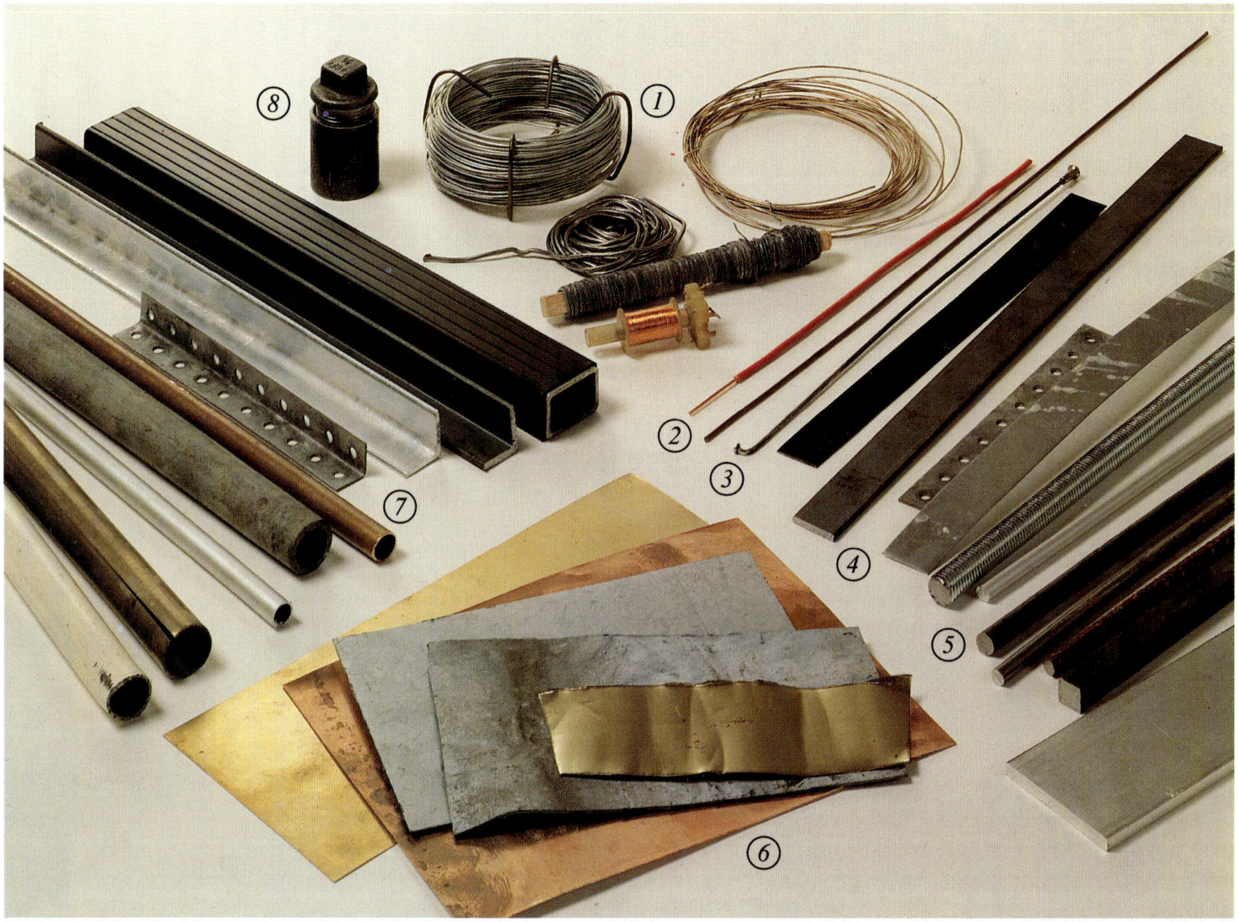

Metallhalbzeuge

① Drähte
② Schweißdraht
③ Radspeiche
④ Flachstahl
⑤ Rundstahl
⑥ Bleche
⑦ Metall-Profilware
⑧ Fittinge (Rohrmuffe mit Rohrstopfen)

anbieten. Die Verzinnung ermöglicht zudem ein Verlöten von Weißblechen.
Metallbänder und Profilmaterial (Rund- und Kantstäbe) lassen sich biegen, formen und hämmern. Mit den richtigen Werkzeugen ist die Bearbeitung kein Problem.

Die Bearbeitung der Metalloberfläche

Es gibt verschiedene Methoden, um die Oberfläche vor äußeren Einflüssen zu schützen oder um sie schön zu machen. Sie hängen von den Eigenschaften des zu bearbeitenden Metalls ab. Beim Schleifen werden alle Erhöhungen abgetragen. Metalle wie Bronze und Kupfer sehen mit einer matt geschliffenen Oberfläche besonders gut aus. Anschließend wird mit einem wesentlich feineren Poliermittel (z. B. Bims) nachpoliert, um Metallen, wie zum Beispiel Silber, zu Hochglanz zu verhelfen. Um die besonders vor dem „Anlaufen" gefährdeten Metalle wie Silber und Messing zu schützen, empfiehlt sich ein Überzug aus Lack.

Keine Angst vor Arbeiten mit Metall

Viele Bastler scheuen sich davor, mit Metall zu arbeiten, weil sie glauben, Metalle seien schwer zu bearbeiten. Oft fehlt es nur an den grundlegenden Kenntnissen und Erfahrungen im Umgang mit Metallen. Erste Erfahrungen sammelt man am besten durch die Bearbeitung von NE-Metallen (Nichteisen-Metallen). Dazu gehören Messing, Aluminium und Kupfer in Form von Halbzeugen (Bleche, Profile u. a.).
NE-Metalle sind weicher als Stahl oder Eisen und lassen sich deshalb auch einfacher bearbeiten.

Werkstoff Textilien

Stoffe kann man unterscheiden in solche aus natürlichen Fasern (Baumwolle, Wolle, Seide und Leinen) und synthetischen Fasern (Polyester, Nylon, Acetat usw.). Daneben gibt es die sogenannten Mischgewebe, die, wie schon der Name sagt, eine Kombination aus beiden Faserarten darstellen.
Eine weitere Möglichkeit, Stoffe zu unterscheiden, ist die Art der Herstellung: nach Webstoffen, Strickstoffen und Verbundstoffen (z. B. Filz oder Tüll). Die bekannteste und einfachste Webart ist die Leinwandbindung wie bei Baumwollstoffen, Musselin, Popeline oder Taft. Jeansstoffe oder Gabardine haben dagegen eine sogenannte Diagonalbindung.
Alle Stoffe haben ihre besonderen Eigenschaften, auf die besonders beim Zuschneiden und Vernähen Rücksicht genommen werden muß:
Strich- und Florstoffe wie Samt, Flanell oder Cord schimmern je nach Strichrichtung hell oder dunkel. Damit das Werkstück nicht zweifarbig gerät, empfiehlt es sich, die Schnitteile so zu legen, daß die oberen Kanten alle in die gleiche Richtung zeigen.
Twillgewebe wie Jeansstoff oder Gabardine haben diagonale Rippen. Wenn diese Rippen extrem auffällig sind, sollten diese Stoffe wie Strichstoffe behandelt werden.

Achtung: Jeansstoff franst sehr stark und sollte nur mit Doppelnähten verarbeitet werden.

Strickstoffe wie Jersey oder Frottee sind dehnbar und verziehen sich leicht. Mit diesen Stoffen sollte man behutsam umgehen und sie möglichst mit besonderen Stich- und Nahtversäuberungen verarbeiten.

Nähgarne unterscheiden sich auch nach natürlichen und synthetischen Fasern. Als Faustregel gilt: Naturfasergarne für Naturfaserstoffe und Synthetikgarne für Synthetikstoffe.
Baumwollumsponnenes Polyestergarn ist ein sogenanntes Mehrzweckgarn und eignet sich für Naturfaserstoffe ebenso wie für Synthetiks, für Webstoffe wie für Strickstoffe. Es kann für alle Näharbeiten, von Hand oder mit der Maschine, benutzt werden.
Knopflochseide ist ein dickes Spezialgarn für Knopflöcher (von Hand oder mit der Maschine), das auch für Ziersteppereien verwendet werden kann.
Quiltgarn ist ein starker Handnähfaden, mit dem sich mehrere Stofflagen zusammennähen lassen.
Langfaseriges Polyestergarn ist glatt und weich und läßt sich von Hand oder mit der Maschine gleichermaßen gut verarbeiten.
100% merzerisiertes Baumwollgarn eignet sich für gewebte Naturfaserstoffe wie Baumwolle, Wolle und Leinen. Für Strickstoffe ist es allerdings nicht elastisch genug.

Auch **Borten** und **Bänder** sollten auf den Stoff abgestimmt werden. Manche können nach der Wäsche einlaufen und sollten deshalb vorsichtshalber vorgewaschen werden.
Einfach gefalztes Schrägband ist 1,5 – 2,5 cm breit und eignet sich für Zugsäume und Besätze.
Doppelt gefalztes Schrägband ist 0,5 – 1,5 cm breit und wird zum Einfassen von Schnittkanten verwendet.
Nahtband ist ungefähr 1 cm breit und aus Baumwolle oder Polyester und eignet sich zur Verstärkung von Nähten, Nahtecken und zur Saumverarbeitung.
Köperband dient zum Unterlegen und Verstärken von Nähten und Säumen.
Zierborten, Soutache und Litzen werden für Kantenbesätze, Steppmotive, Knopfschlingen und ähnliches verwendet.

Reißverschlüsse gibt es mit Metall- oder Plastikzähnen oder mit einer Polyester- oder Nylonspirale. Die Spiralverschlüsse sind leicht und biegsam. Die Metallverschlüsse eignen sich vor allem für schwere Stoffe.

Werkstoff Papier und Pappe

Papier und Pappe sind in der Werkarbeit vielgebrauchte und vielseitig verwendbare Materialien.
Papier gibt es in unterschiedlichen Farben, Sorten und Stärken. Je nach Werkarbeit verwendet man *Zeichenpapier, Tonpapier, Buntpapier, Scherenschnittpapier, Transparentpapier, beschichtetes Papier, Karton, Pappe* usw.

Eine übliche Klassifizierung von Papier ist das Quadratmetergewicht. So wiegt z.B. Schreibpapier meistens 80 Gramm pro Quadratmeter. Ab einem Gewicht von 200 Gramm spricht man von Karton. Es gibt ihn je nach Bestandteilen und Verarbeitung in verschiedenen Gütegraden und Stärken. Man sollte wenn möglich *Umweltschutzpapiere* kaufen. Zu seiner Herstellung werden weniger Holz (= Bäume), weniger Wasser, weniger Energie und weniger Chemikalien verbraucht. Stärkere Ware mit einem Mindestgewicht von 600 Gramm pro Quadratmeter nennt man *Pappe*. Sie besteht aus denselben Rohstoffen wie Papier, enthält allerdings oft geringwertige und unreine Fasern. Für den Bastler ist die *Graupappe* (Buchbinderpappe) von besonderer Bedeutung. Graupappen stellt man aus Altpapier in verschiedenen Stärken her. Sie sind sehr fest und zäh und lassen sich knicken und biegen. Ähnlich wie Holz ist auch Papier ein „lebendiges" Material, das sich bei Feuchtigkeit ausdehnt und sich zusammenzieht, wenn es trocknet. Deshalb muß bei der Verarbeitung von Papieren, Kartons und Pappen auf die *Laufrichtung* geachtet werden. Darunter versteht man die Richtung, in der der Papierbrei durch die Herstellungsmaschine gelaufen ist. Die Fasern legen sich dabei in Laufrichtung und werden gestreckt, so daß sie auf Feuchtigkeitsschwankungen nur noch sehr schwach reagieren. In der Querrichtung dagegen ist das Fasergefüge lockerer und reagiert auf Feuchtigkeit, indem es sich wellt und verzieht. Die Laufrichtung kann auf verschiedene Weisen ermittelt werden: Zieht man die Kanten des Papiers kräftig über den Daumennagel, indem man mit dem Zeigefinger dagegenhält, so entsteht eine glatte Längsspur (Laufrichtung) und eine gewellte Querspur. Wird die ganze Fläche des Papiers befeuchtet, so wölbt sich das Blatt in der Laufrichtung. Reißt man das Papier in der Laufrichtung, so wird der Riß gerade; in der Querrichtung ist ein gerades Reißen nicht möglich. Pappen lassen sich in der Querrichtung bedeutend schwerer biegen als in der Laufrichtung. Versucht man ein Stück Pappe zu falten, wird es in der Querrichtung früher einbrechen als in der elastischeren Laufrichtung.

Werkstoff Ton

Die Zusammensetzung und Beschaffenheit der Tonmasse ist ausschlaggebend für die Bearbeitung. Sehr feiner *fetter Ton* ist hochelastisch und angenehm glatt zu verarbeiten. Er trocknet aber sehr langsam aus und neigt zum Verziehen und Reißen. *Halbfette Tone* und *magere Tone* eignen sich gut zum Modellieren und für Aufbaukeramiken. Selbst der Laie kann leicht erkennen, ob der Ton mager oder fett ist, wenn er ein wenig Tonmasse zwischen den Fingern zerreibt. Ein magerer Ton fühlt sich sandig und grobkörnig an, fetter Ton ist schmierig. Jeder Ton verliert beim Trocknen und Brennen seine Wasserbestandteile. Dadurch wird die Masse kleiner. Für den Hobbytöpfer genügt es, wenn er anhand einiger Probestücke herausfindet, wie groß der Schwund ist. Das übliche Schwindungsverhältnis beträgt etwa 10 – 12 %. Magere Tone haben einen geringeren Schwund.
Der Ton soll kühl, feucht und dunkel lagern. Kunststoffwannen oder Eimer, vorausgesetzt sie sind rostfrei, eignen sich dafür sehr

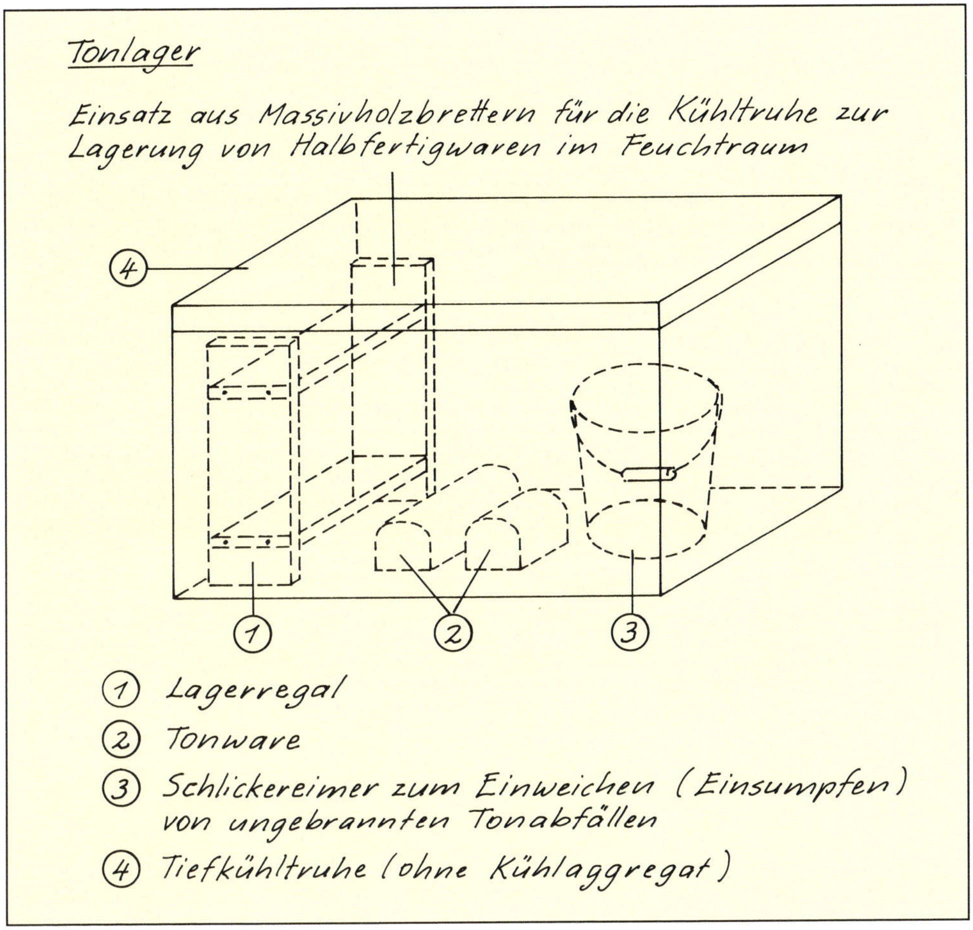

gut. Auch eine alte Tiefkühltruhe ohne Kühlaggregat mit luftdicht schließendem Deckel ist ein idealer Lagerplatz. Zum Abdecken des Tones und halbfertiger Gegenstände haben sich Plastikfolien oder nasse Tücher bewährt.

Ungebrannte Stücke und Tonabfälle werden wieder in Wasser eingeweicht und erneut verarbeitet. Dieser eingesumpfte Ton, aber auch frische Tonware, enthält häufig noch *Luftblasen*, die vor der Bearbeitung ausgetrieben werden müssen. Dies ist sehr wichtig, weil die eingeschlossene Luft das spätere Werkstück beim Erhitzen im Brennofen zum Platzen bringen würde. Durch Kneten und Schlagen wird der Ton von den Lufteinschlüssen befreit. Man muß aber darauf achten, daß keine Luft durch Überlappen der Tonteile eingeknetet wird.

Werkstoff Gips

Gips ist ein Werkstoff, der sich verhältnismäßig leicht verarbeiten läßt. Er zeichnet sich dadurch aus, daß er bis in die kleinsten Winkel einer Gußform vordringt und schnell trocken und hart wird. Durch unterschiedliche Brenntemperaturen erhält man verschiedene Arten von Gips:

Stuckgips eignet sich besonders für gröbere Arbeiten (Abgüsse und Formstudien sowie zum Modellieren und Schneiden).

Modellgips ist ein Material mit einer feinen Struktur, das schnell härtet und hauptsächlich zum Gießen verwendet wird.

Die besten Eigenschaften hat der doppelt gebrannte weiße *Alabastergips*. Er hat nach

dem Abbinden ein porenfreies Gefüge und wird sehr hart.
Mit Hilfe von feingemahlenen Erdfarben kann man Gips auch einfärben. Das Farbpulver und der trockene Gips werden vermischt und erst dann dem Wasser zugesetzt. Man muß jedoch beachten, daß größere Mengen Farbe die Bindekraft des Gipses stark herabsetzen.
Die *Abbindezeit* der Gipsmasse kann man durch die Zugabe von dünnem Kleisterbrei verlängern. Auch Zitronensäure (eine Messerspitze voll je Liter Wasser) verzögert die Aushärtung. Außerdem erhält der erstarrte Gips dadurch eine größere Festigkeit. Fertige Arbeiten lassen sich noch nachträglich härten, indem man sie in eine achtprozentige Alaunlösung taucht oder sie damit bestreicht.
Gips wird mit kaltem Leitungswasser in einem sauberen Eimer (oder Gipspfanne) angerührt. Es wird so lange Gipspulver in das Wasser gestreut, bis sich eine trockene Stelle bildet. Die Mischung soll etwa eine Minute ruhen (sumpfen) und wird anschließend mit einem Spachtel oder einem anderen Rührgerät zu einem klumpenfreien Brei verrührt. Wenn man leicht an den Rand des Rührgefäßes klopft, verhindert man, daß sich Luftblasen bilden. Auch die richtige *Dicke des Breies* ist eine Frage der Erfahrung. Gut angemachter Gips ist etwa so dick wie Joghurt. Will man mit Gips gießen, setzt man etwas mehr Wasser zu.
Da der Werkstoff Gips leicht an anderen Materialien haftet, müssen Gießformen mit einem *Trennmittel* ausgekleidet werden. Sehr gut eignet sich dazu eine Seifenlösung. Flüssige Seife, in Wasser aufgelöst und einen Tag abgestanden, wird mit einem Pinsel in mehreren Schichten aufgetragen.
Weitere Trennmittel sind Pflanzenöle (zum Beispiel Salatöl) und Vaseline. Gips bietet nicht nur viele Möglichkeiten der Verarbeitung, sondern vor allem auch der Bearbeitung. Die dazu benötigten Werkzeuge sind nicht teuer; oft genügen die in jedem Werkzeugkasten vorhandenen Werkzeuge. Durch Abschleifen, Meißeln, Raspeln, Feilen, Bohren und Schneiden lassen sich Formänderungen erzielen. Gips kann auch gesägt werden. Dazu eignen sich am besten eine Eisensäge und eine Feinsäge. Noch nicht ganz ausgehärteter Gips (Aushärtungsdauer etwa drei Tage) läßt sich leicht schaben und schneiden.
Da die Arbeit mit Gips viel Staub und Schmutz verursacht, sollte immer in einer Werkstatt oder einem entsprechenden Raum gearbeitet werden. Werkzeuge und Eimer dürfen nicht unter fließendem Wasser in einem Waschbecken gesäubert werden. Die Gipsreste härten im Abfluß aus und verstopfen das Rohr. Deshalb das Gipswasser im Eimer sammeln und austrocknen lassen.

Werkstoff Stein

Für das gestaltende Werken kommen nur wenige Steinarten in Frage, es sei denn, der Stein wird als Ganzes verarbeitet. Eine Sonderstellung nimmt hier der *Speckstein* (Steatit) ein, den wir als Schneiderkreide kennen. Steatit ist ein Magnesiumsilikat mit einer grob- bis feinkörnigen Struktur. Er ist sehr weich und läßt sich deshalb besonders leicht bearbeiten, ist aber stoßempfindlich und neigt zur Rißbildung. Große Brocken kann man mit einer alten Handsäge zuschneiden. Danach sollte man den Stein mit einem Messer, einer Raspel oder eine Feile schabend bearbeiten. Der Stein zeigt dann marmorähnliche weißliche bis grünlichgraue Farbe. Das fertige Werkstück erhält einen schönen Glanz, wenn der Stein eingefettet wird. Das Fett bleibt nicht an der Oberfläche haften, sondern wird völlig vom Stein aufgenommen. Auch mit *Kunststeinen* und *Baustoffen* können schöne Werkstücke hergestellt werden. *Kalksandsteine* und *Gasbetonsteine* lassen sich leicht bearbeiten. Mit *Beton* oder speziellen Zementmischungen werden Formelemente gegossen.

II. Werkzeuge

Die Holzbearbeitung

Ein Werkstück kann nur gut gelingen und Freude bereiten, wenn grundlegende Dinge wie materialgerechte Formgebung und Bearbeitung, fachgerechte Konstruktion und Handhabung des Werkzeuges sowie genaue Ausführung beachtet werden. Auch wenn man heute viele Holzteile maßgerecht zugesägt erhält, muß der Bastler dennoch viel Feinarbeit selbst ausführen. Dazu benötigt man vor allem einen stabilen Werktisch. Aus massiven Vierkanthölzern, einigen Leisten und einer dicken Küchenarbeitsplatte kann man schnell eine einfache Werkbank zusammenbauen.

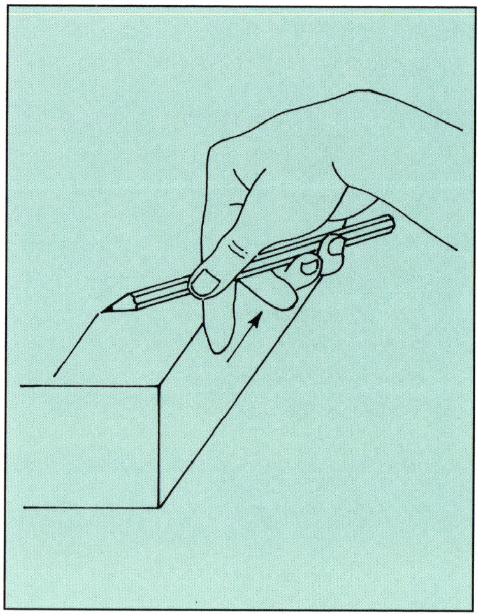

Messen, Anzeichnen, Anreißen

Das wichtigste Werkzeug des Bastlers ist der *Maßstab* (Gliedermaßstab oder Zollstock). Der Abstand zwischen zwei sich gegenüberliegenden Bauteilen ist das lichte Maß. Kann man dieses Maß nicht an der Außenkante abnehmen, schiebt man zwei Maßstäbe gegeneinander und addiert die Werte. So kann man auch Raumhöhen einfach messen.

Ein *Rollbandmaß* eignet sich gut zum Messen von runden oder gewölbten Bauteilen. Neben diesem Universal-Meßwerkzeug verwendet der Holzwerker heute auch andere Geräte, die ein genaues Messen ermöglichen.

Mit dem *Meßschieber* kann man Holzstärken oder Bohrlochtiefen auf Zehntelmillimeter genau messen.

Mit dem *Streichmaß* werden Linien angerissen, die parallel zu einer Brettkante verlaufen, also auch Dübel- und Schraubenlöcher, die von einer Kante gleiche Abstände haben sollen. Mit etwas Übung kann man ohne Streichmaß mit einem Bleistift parallele Linien zur Brettkante ziehen, wenn man den Zeigefinger als Anschlag benutzt.

Mit einem *Zirkel* kann man Kreislinien anreißen und Maße übertragen. Muß ein Sägeschnitt im rechten Winkel angezeichnet werden, so verwendet man einen *Anschlagwinkel*. Ob der Winkel maßgenau ist, kann man leicht mit folgender Methode überprüfen: Man legt ihn an eine Kante, zieht einen Strich und schlägt ihn dann auf die andere Seite um. Der Schenkel muß dann genau parallel zu dem Strich sein.

Konturen von Papier kann man auf das Holz durchzeichnen. Dazu schwärzt man die Rückseite der Papiervorlage mit einem weichen Bleistift ein und zeichnet dann die Vorlage nach.

Sägen

Um ein Holzstück zu kürzen, benötigt man eine *Säge*. Zwar wird in unserer technisierten Zeit vieles mit Maschinen erledigt. Wer aber Holz perfekt bearbeiten will, kommt um die Arbeit mit der Handsäge nicht herum, zumal ein Handwerker nicht an Massenproduktion denkt. Bei allen Sägearbeiten muß das Werkstück gut fixiert sein (Einspannen mit Schraubzwingen oder in eine Hobelbank).

Die Sägeblätter von *Handsägen* haben eine Zahnung, die so ausgerichtet ist, daß die Säge auf Stoß arbeitet. Beim Zurückziehen der Säge gleiten die Zähne ohne Wirkung

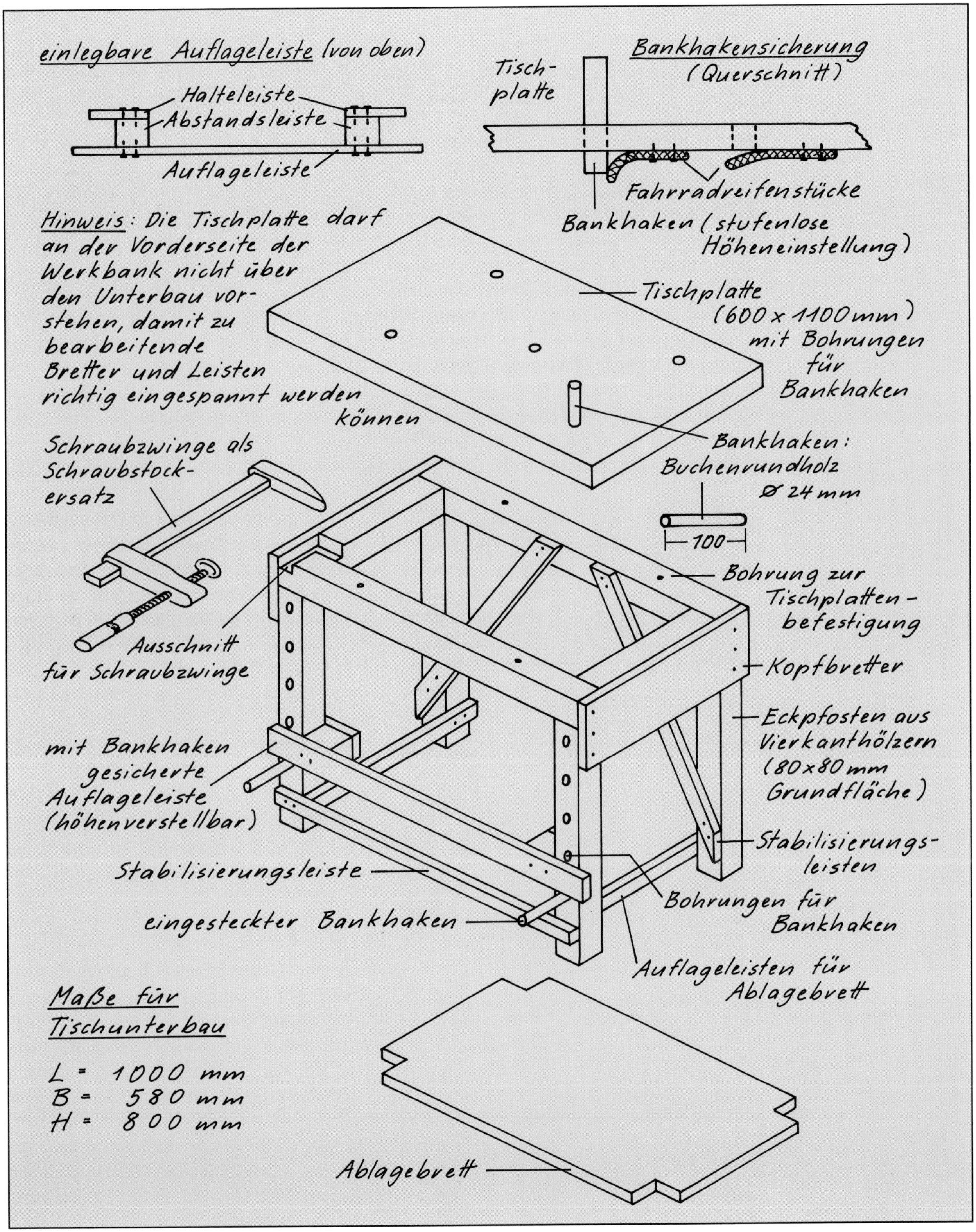
einlegbare Auflageleiste (von oben)
Halteleiste
Abstandsleiste
Auflageleiste
Bankhakensicherung (Querschnitt)
Tischplatte
Fahrradreifenstücke
Bankhaken (stufenlose Höheneinstellung)
Hinweis: Die Tischplatte darf an der Vorderseite der Werkbank nicht über den Unterbau vorstehen, damit zu bearbeitende Bretter und Leisten richtig eingespannt werden können
Tischplatte (600 x 1100 mm) mit Bohrungen für Bankhaken
Bankhaken: Buchenrundholz Ø 24 mm
100
Schraubzwinge als Schraubstockersatz
Ausschnitt für Schraubzwinge
Bohrung zur Tischplattenbefestigung
Kopfbretter
Eckpfosten aus Vierkanthölzern (80x80 mm Grundfläche)
mit Bankhaken gesicherte Auflageleiste (höhenverstellbar)
Stabilisierungsleisten
Stabilisierungsleiste
Bohrungen für Bankhaken
eingesteckter Bankhaken
Auflageleisten für Ablagebrett
Maße für Tischunterbau
L = 1000 mm
B = 580 mm
H = 800 mm
Ablagebrett

über das Holz. Die Zähne des Sägeblattes müssen eine ausreichende Schränkung aufweisen, das heißt sie müssen wechselseitig nach außen gebogen sein. Dadurch kann sich das Blatt im Holz nicht festklemmen. Mit einer speziellen Schränkzange können die Zähne gerichtet werden.

Mit der *Gestellsäge* (Spannsäge) sägt man starke Bretter und Leisten. Für kleinere Holzteile eignet sich der *Fuchsschwanz*. Der Daumen dient als Anschlag beim Ansetzen der Säge, indem er oberhalb der Zähne am Blatt entlanggeführt wird. Ist das Holz leicht eingesägt, nimmt man den Daumen zurück. Auch der richtige Winkel der Säge zum Holz entscheidet über den sauberen Schnitt. Bei einer flach angesetzten Säge reißen kaum Holzfasern aus. Bei Langholzschnitten klemmt das Holz die Säge oft ein. Ein kleiner Keil in den Anfang des Sägeschlitzes gesteckt, verhindert dies.

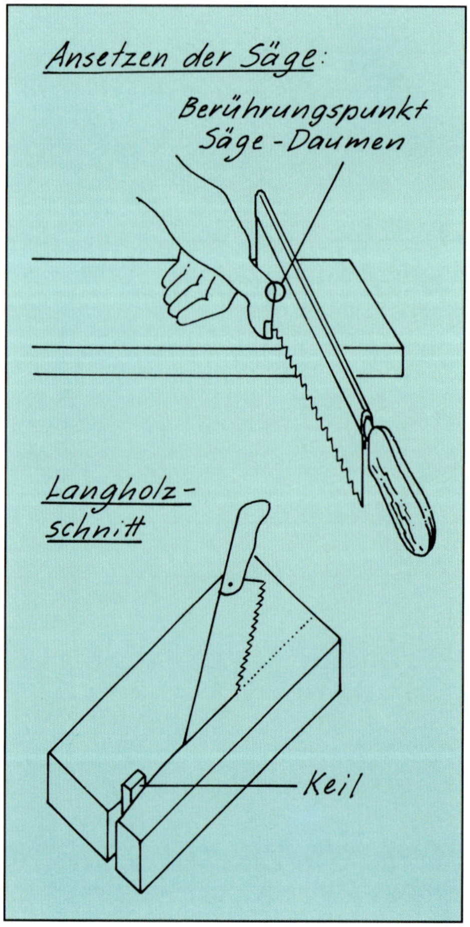

Mit der *Feinsäge* (Leistensäge) lassen sich Leisten, Rundhölzer und Brettchen maßgenau absägen. Verwendet man dazu noch eine passende *Gehrungsschneidlade*, so gelingen neben den geraden auch die winkligen Schnitte. Durch den gekröpften Griff ist die Feinsäge ein unentbehrliches Hilfsmittel an unzugänglichen Stellen. Die Zahnung der Feinsäge ist gleichmäßig, sie sägt also in beiden Richtungen. Mit einer speziellen *Gehrungssäge* erreicht man die genauesten Schnitte. Die Säge läuft in stabilen Führungen und kann nicht verlaufen. Sehr feine Schnitte, enge Rundungen und auch Ausschnitte im Sperrholz lassen sich mit der *Laubsäge* ausführen. Damit die Schnitte senkrecht werden und die feinen Sägeblättchen nicht ständig abbrechen, muß man schon einige Übung haben. Beim Einspannen des Sägeblättchens ist darauf zu achten, daß dessen Zähne immer nach unten, in Richtung Griff, zeigen, denn die Laubsäge arbeitet auf Zug. Gelegentliches Einseifen des Sägeblättchens verhindert ein allzu schnelles Reißen.

Eine *Dekupiersäge* ist eine elektrische Laubsäge. Weil sie nicht billig ist, lohnt sich ihre Anschaffung nur für Vielsäger oder Profihandwerker.

Zum Ausschneiden von Kreisen benötigt man eine *Stichsäge*. Mit einer *Lochsäge* für die Bohrmaschine sägt man mit verschiedenen Einsätzen kreisrunde Ausschnitte bis 80 mm Durchmesser.

Bohren

Bohren ist neben Sägen eine der häufigsten Arbeiten in der Hobbywerkstatt.

Schneckenbohrer und *Drillbohrer* sind einfache handgetriebene Bohrer. Mit der *elektrischen Bohrmaschine* wird das Bohren erleichtert. Dazu benötigt man spezielle Bohrer. Den *Spiralbohrer* kann man zum Bohren sowohl von Holz als auch von Metallen verwenden. Der *Holzspiralbohrer* hat eine Zentrierspitze und ist nur für Holz und Holzwerkstoffe geeignet.

Mit einem *Senker* werden die Bohrlöcher entgratet. Bei normalen Löchern wird die Materialkante nur leicht angefast. Sollen Senkkopfschrauben eingesetzt werden, muß man entsprechend mehr Material abnehmen.

Achtung: Sicherheitsmaßnahmen beim Bohren beachten!

- Lange Haare zurückbinden, weite Kleidung ablegen.
- Kleine Werkstücke mit dem Bohrschraubstock sichern.
- Schutzvorrichtungen verwenden (Brille).
- Spannschlüssel herausnehmen.
- Bei Bohrerwechsel warten, bis der Bohrer abgekühlt ist.
- Nur gut schneidende Bohrer verwenden.

Feilen, Raspeln, Schleifen und Hobeln

Diese Arbeitstechniken dienen der Nachbearbeitung und der Formgebung zugesägter Holzstücke. Die *Holzfeile* hat dicht nebeneinanderliegende Schneidekanten, die beim Arbeiten sehr feine Späne wegnehmen. Die Tiefe der meist schräggesetzten Schneidekanten bezeichnet man als „Hieb“. Härteres Holz bearbeitet man mit feinhiebigen Feilen, weicheres und harzreicheres Holz mit grobhiebigen Feilen. Die *Raspel* hat sehr grobe Zähne und reißt tiefe Furchen in die Holzoberfläche. Man verwendet sie deshalb nur für grobe Vorarbeiten. Damit das Holz beim Einsatz der Raspel nicht zu sehr ausreißt, muß entlang der Faserrichtung gearbeitet werden. Feile und Raspel arbeiten auf Schub, das heißt Späne werden nur

Holzwerkzeuge

① *Winkel*
② *Stechbeitel / Hohlbeitel*
③ *Ziehklinge*
④ *Ziehklinge (Schwanenhals)*
⑤ *Gestellsäge*
⑥ *Hobel (Putzhobel)*
⑦ *Feinsäge*
⑧ *Gehrungsschneidlade*
⑨ *Laubsägebogen (mit Schnellspannvorrichtung)*
⑩ *Halbrundraspel*
⑪ *Halbrundfeile*
⑫ *Bildhauerbeitel*
⑬ *Bildhauerbeitel*
⑭ *Schnitzmesser (Finnenmesser)*
⑮ *Kerbschnitzmesser*

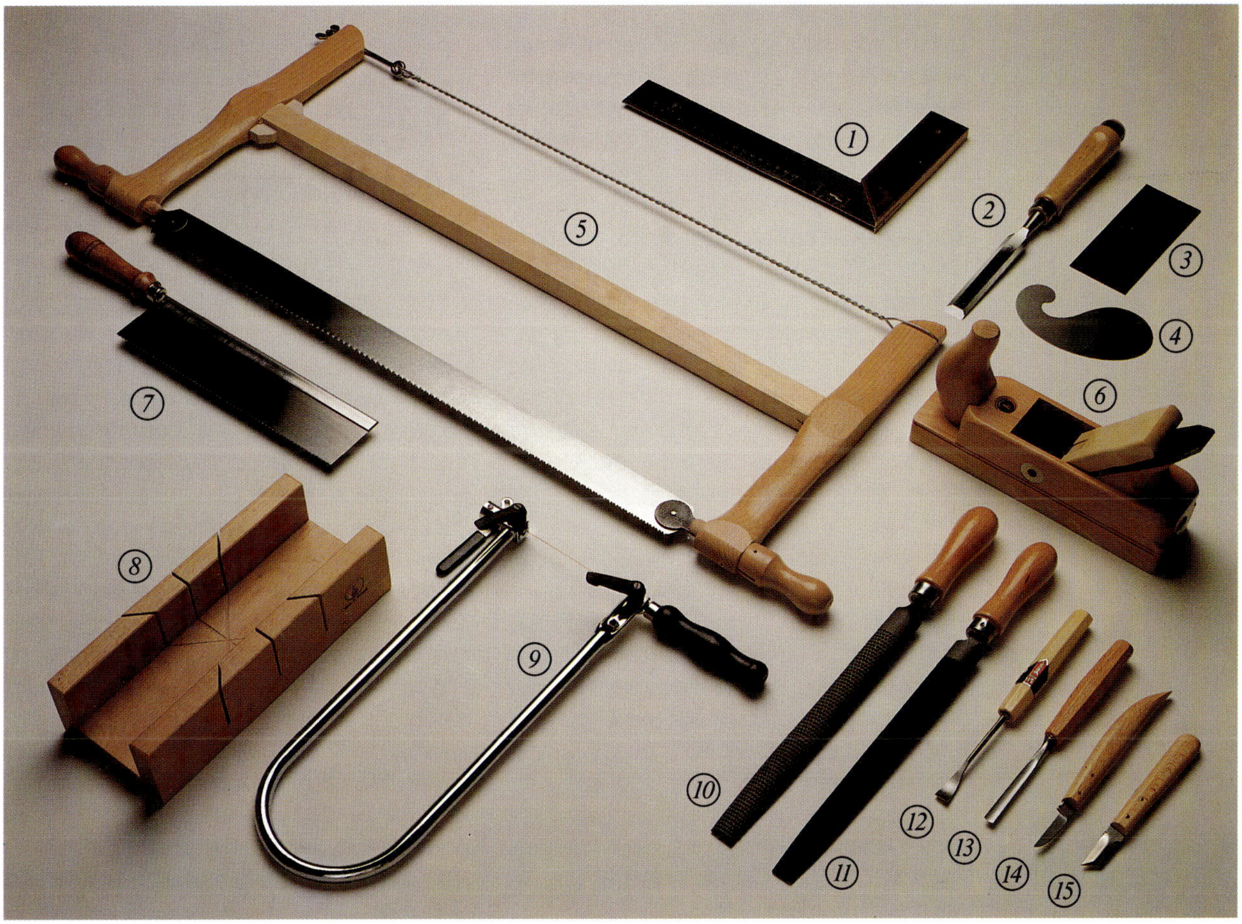

abgehoben, wenn die Werkzeuge über das Holz nach vorn geschoben werden. Holzfeile und Raspel dürfen nicht zur Metallbearbeitung benutzt werden, da die gehärteten Zähne leicht stumpf werden oder sogar abbrechen können. Beim Ablegen werden Feile und Raspel stets nebeneinandergelegt, nicht aufeinander.
Mit dem *Schleifen* bekommt das Werkstück eine glatte Oberfläche und kann mit einem Schutzanstrich versehen werden. Geschliffen wird mit dem *Schleifpapier.* Um eine ebene Fläche zu glätten, benützt man einen *Schleifklotz* (Schleifkorken), um den man das Schleifpapier legt. Die Größe der aufgeleimten Schleifkörper auf dem Papier bezeichnet man als Körnung. Sie wird auf der Rückseite des Schleifpapiers in Ziffern angegeben. Je größer die Zahl, desto feiner ist die Körnung.
Besonders glatte Holzoberflächen erhält man durch Anfeuchten der geschliffenen Teile mit Wasser. Nach dem Trocknen wird nochmals mit einem feinen Schleifpapier nachgeschliffen. Für spezielle Schleifarbeiten (z. B. für Rundungen und Vertiefungen oder zum Polieren) gibt es *Stahlwolle, Schleifvlies* u. a. Mit Maschinen wie dem *Bandschleifer,* dem *Schwingschleifer* und *Bohrmaschinenzusatzgeräten* kann man sich die Schleifarbeit erleichtern. Hauptsächlich zum Abrunden von Brettkanten benötigt man einen *Hobel.* Die Arbeit mit diesem altbekannten Werkzeug erfordert einige Erfahrung. Die Schneide des Hobeleisens darf nur wenig über die Hobelsohle vorstehen. Der abgehobelte Span wird um so kleiner, je weniger die Schneide vorsteht. Durch einen Hammerschlag auf das hintere Ende des Hobelkastens lockert sich das Schneideisen. Nach dem Einrichten wird es mit dem Holzkeil wieder festgestellt. Bei der Bearbeitung von Langholz wird mit der Faserrichtung gehobelt. Beim Bestoßen von Hirnholzkanten splittert das Holz leicht ab. Man verhindert dies, indem die Ecken mit dem Hobel vorher abgestumpft werden. Auch bei Sperrholz ist dies wichtig, um ein Absplittern zu vermeiden.
Eine noch feinere Spanabnahme als der Hobel ermöglicht die *Ziehklinge.* Vor allem in der Form der geschweiften Stahlklinge (Schwanenhals) ist sie von Bedeutung, wenn man aus einem Holzklotz Hohlformen wie Schalen oder Schüsseln herausarbeiten möchte.
Stemmeisen und *Stechbeitel* benötigt man zum Ausstemmen von Nuten, Zapfen und Löchern oder auch zum Absetzen gegebener Holzstärken für Überplattungen. Ein Satz von 8, 12 und 16 mm breiten Eisen ist nahezu für alle Arbeiten ausreichend.
Eisen mit gekrümmter Schneide bezeichnet man als *Hohleisen.* Man benötigt sie zur Ausarbeitung von Innenwölbungen.
Für Linien-, Kerb- und Flachschnitte und kleine Arbeiten aus der Hand sind *Schnitzmesser* mit kurzer, kräftiger Klinge unentbehrlich.

Die Metallbearbeitung

Auch wenn manche Werkzeuge als Hilfsmittel für jede Werkarbeit einzusetzen sind, benötigt man für die Bearbeitung metallener Halbzeuge spezielle Werkzeuge.
Zum *Messen* und *Anreißen* dienen hauptsächlich ein *Maßstab* (Meßband, Stahllineal o. a.), mit dem man die gewünschten Längen abmessen kann, und eine *Reißnadel* zum Anreißen (anzeichnen) von Linien. Zum Anreißen gerader Linien benutzt man ein *Stahllineal* oder ein Stück blanken Flachstahl. Anrisse von rechten Winkeln werden mit Hilfe des *Anschlagwinkels* ausgeführt. Für kreisförmige Anrisse verwendet man einen *Zirkel* mit gehärteten Spitzen. Zur Herstellung von abwischbaren Anrissen (z. B. Hilfslinien) ist ein *Fettstift* geeignet.
Zum genauen Messen dienen *Meßschieber* (siehe Holz) und *Meßschraube.*
Zur weiteren Metallbearbeitung sind ein *Schraubstock* und ein *Amboß* oder eine

Richtplatte fast unerläßlich. Ein kräftiger Parallelschraubstock, auf der rechten Seite der Werkbank mit durchgehenden Mutterschrauben befestigt, erlaubt ein sicheres Bearbeiten der Werkstücke. Zur Schonung empfindlicher Werkarbeiten sollten Schutzbacken aus Holz bereitliegen und Winkelbleche aus Aluminium oder Kupfer, die über die Schraubstockbacken gehängt werden können. Ferner sind zwei etwa 50 cm lange Winkelstähle sehr nützlich, um zum Beispiel Bleche, die von den Schraubstockbacken nicht voll erfaßt werden, einspannen zu können. Der Amboß dient zum Richten und Hämmern von Stäben, Drähten und Blechen, zum Meißeln, Nieten und ähnlichen Arbeiten.

Als billigere Ausstattung für diese Arbeiten genügt auch ein Stück Eisenbahnschiene, ein Eisenträger oder eine starke Stahlplatte vom Schrottplatz.

Mit einem *Körner* kann man kleine Vertiefungen auf der glatten Metalloberfläche anbringen. Zur Führung der Bohrerspitze beim Anbohren ist dies unerläßlich.

Zum Ablängen (Kürzen) von Metallstäben und Metallrohren verwendet man die *Bügelsäge* mit auswechselbaren Metallsägeblättern. Für feinere Arbeiten ist die *PUK-Säge* vorgesehen. Auch für die *Laubsäge* gibt es spezielle Metallsägeblätter. Besonders schnell und leicht gelingen Sägearbeiten jedoch mit der elektrischen *Stichsäge* unter Verwendung entsprechender Sägeblätter.

Bleche bis zu 1 mm Dicke werden mit der *Handblechschere* geschnitten. Mit besonders geformten Blechscheren kann man

Metallwerkzeuge

① *Metallschraubstock*
② *Abkantvorrichtung für Bleche*
③ *Zirkel*
④ *Körner*
⑤ *Metallsäge*
⑥ *Blechschere*
⑦ *Schlosserhammer*
⑧ *Treibhammer*
⑨ *Schneideisen mit Halter*
⑩ *Windeisen mit Gewindebohrer*
⑪ *Wasserpumpenzange*
⑫ *Rundzange*

auch Rundungen problemlos schneiden.
Beim Sägen und Schneiden von Metallhalbzeugen entstehen an den Schnittstellen scharfkantige Grate. Zum Beseitigen dieser Grate und auch zum maßgenauen Zurichten von Metallteilen benötigt man verschiedene *Feilen.* Je nach Hieb unterscheidet man Schruppfeilen (grob), Bastardfeilen (mittel) oder Schlichtfeilen (fein). Nach dem Querschnitt unterscheidet man Flach-, Vierkant-, Dreikant-, Halbrund- und Rundfeilen. Für besonders feine Arbeiten gibt es noch die Nadelfeilen. Da die Feile durch Vorwärtsbewegung, also auf Schub arbeitet, muß sie beim Zurückziehen entlastet werden. Mit einer Feilenbürste (Messingdrahtbürste) werden die Feilen regelmäßig gereinigt. Fette und Öle dürfen nicht auf die Feilenflächen gelangen.
Die Sicherheitsmaßnahmen beim Bohren in Holz gelten auch für Bohrungen in anderen Werkstoffen.

In Metall wird mit dem *Spiralbohrer* gebohrt. Einfache Metallbohrer bestehen aus Chrom-Vanadium (CV), qualitativ hochwertigere aus dem härteren Hochleistungs-Schnellschnitt-Stahl (HSS). Neu auf dem Markt sind Spiralbohrer mit Zentrumsspitze, die gratfreies Bohren von Blechen ermöglichen. Auch die Formen der Bohrer sind je nach dem zu bearbeitenden Material unterschiedlich. Die normalen Spiralbohrer sind in einem Winkel von 118 Grad angeschliffen (für Stahl). Bei NE-Metallen (Nichteisen) bringt ein Spitzenwinkel von 130 Grad die besten Ergebnisse.
Aufgrund der großen Festigkeit von Metall kommt es oft vor, daß der Bohrer beim Austritt aus dem Werkstück verhakt und dieses mitreißt. Deshalb muß das Werkstück unbedingt durch einen *Maschinenschraubstock* gesichert werden. Zusammen mit einem *Bohrständer* sind mühelos exakte Bohrungen in jedem Material möglich. Dünne Bleche werden zum Bohren mit einem *Feilkloben* festgehalten. Damit man den Bohrtisch nicht beschädigt, wird das Werkstück auf eine Holzunterlage gelegt.

Beim Bohren in Metall entsteht Reibungswärme, die zu einer starken Erhitzung von Werkstück und Bohrer führt. Deshalb muß während des Bohrens die Bohrstelle regelmäßig mit einer Bohremulsion gekühlt werden.

Metalle sollten nicht auf einer Werkbank bearbeitet werden, auf der anschließend Holzarbeiten anfallen. Metallstaub setzt sich im Holz fest. Wer keinen zusätzlichen Werktisch hat, muß nach jeder Arbeit den Tisch gründlich abkehren.

Gewindebohrer und *Schneideisen* dienen zum Schneiden von Muttergewinden und Bolzengewinden. Das Schneiden eines Muttergewindes erfolgt stufenweise mit mindestens einem Vor- und einem Fertigschneider. Der zusammengehörende Bohrersatz ist jeweils mit Ziffern für den Durchmesser und mit Ringen für die Stufe gekennzeichnet. Mit einem passenden *Windeisen* dreht man den Bohrer in das entsprechend vorgebohrte Loch. Der Gewindebohrer muß mit Gefühl vorgetrieben und immer wieder zurückgedreht werden, damit die Späne gebrochen werden. Damit der Gewindebohrer gleichmäßig gleitet, muß er während des Schneidevorgangs reichlich mit Schneidöl versehen werden. *Außengewinde* (Bolzengewinde), die mit einem Schneideisen und dem dazugehörigen Halter geschnitten werden, benötigen nur einen Schneidevorgang. Damit das Schneideisen zu Beginn besser greift, wird dem Bolzen eine Fase angefeilt. Auch das Backengewinde muß während der Arbeit geölt werden.
Hämmer gibt es für die Metallbearbeitung in verschiedenen Formen und Größen. Ein Universalhammer ist der *Schlosserhammer.* Mit ihm werden zum Beispiel verbogene Bleche und Metallstäbe auf der Richtplatte oder dem Amboß gerichtet (in die ursprüngliche Form gebracht). Dünne Bleche werden mit einem *Holz-* oder *Gummihammer* gerichtet. Zum Herstellen von Treibarbeiten (zum Beispiel Kupferschale) dient der ge-

wölbte *Treibhammer.* Zum Planieren verwendet man das flachgewölbte Ende des Hammers (Tellerbahn).
Zum Richten von gerolltem oder verbogenem Draht benötigt man keinen Hammer. Man erreicht ein besseres Ergebnis, wenn man mit einem Schraubstock das Drahtende festspannt und den Draht anschließend durch zwei Holzstückchen zieht.
Zum Biegen und Abkanten von Blechen und Drähten benutzt der Blechschlosser eine spezielle *Abkantmaschine.* Für den Hobbybastler gibt es kleinere *Abkantvorrichtungen,* die man in einen Schraubstock einspannen oder auf einen Werktisch montieren kann. Man kann jedoch auch mit selbstgefertigten Schutzbacken für den Schraubstock (Hartholz- oder Metallwinkel) Bleche biegen und abkanten. Beim Einspannen des Werkstücks ist darauf zu achten, daß die Anrißlinie der Biegekante und die Oberkante der Schutzbacken übereinstimmen. Breite Bleche werden zum Biegen zwischen entsprechend lange Spann-Winkelschienen eingespannt. Dünne Bleche lassen sich mit der Hand biegen. Damit sich der Biegedruck über die ganze Blechlänge gleichmäßig verteilt, drückt man das Blech mit Hilfe einer passenden Zwischenlage aus Holz nieder. Mit ein paar Hammerschlägen auf das Holzstück erzielt man eine genaue Biegekante. Auch dünne Rundstähle und dickere Drähte lassen sich auf diese Weise im Schraubstock biegen.
Zum Biegen dünnerer Drähte verwendet man *Zangen.* Kantig biegen wir mit einer *Flachzange,* Drahtösen mit der *Rundzange.* Ein universelles Werkzeug ist die *Kombinationszange.* Sie ist als Flach-, Rohr- oder Beißzange verwendbar. Oft ist jedoch auch eine *Rohrzange* sehr nützlich. Da ihre Maulweite verstellbar ist, können mit dieser Zange Werkstücke mit verschiedenem Durchmesser sicher festgehalten werden. Wichtig ist jedoch das richtige Ansetzen der Rohrzange. Während der Drehbewegung soll der Oberkiefer ziehen, der Unterkiefer drücken. So vermeidet man ein Abrutschen der Zange.

Die Textilbearbeitung

Für das Zuschneiden von Stoffen gibt es spezielle *Schneiderscheren,* deren Klingen nicht vernietet, sondern mit einer Schraube verbunden sein sollten. Wichtig ist, daß diese Scheren von Zeit zu Zeit fachgerecht nachgeschliffen werden. Stumpfe Scheren reißen den Stoff auf und machen das Zuschneiden zu einer langwierigen und ermüdenden Prozedur. Solche Scheren sollten deshalb nie zum Schneiden von Papier usw. verwendet werden.

Für das Handnähen gibt es *Näh- und Stecknadeln* in vielen verschiedenen Größen und Ausführungen:
Die *lange Nähnadel* ist für alle Stoffarten geeignet und die am häufigsten verwendete Nadel.
Die *halblange Nähnadel* eignet sich für feine Näharbeiten in schweren Stoffen.
Dreikantnadeln sind kurze Nadeln mit dreikantiger Spitze zum Nähen von Leder, Kunstleder, Plastik usw.
Stecknadeln gibt es in verschiedenen Längen und Stärken. Dünne und kurze Nadeln sind für feine und empfindliche Stoffe, lange, kräftige Nadeln dagegen für schwere Stoffe. Stecknadeln mit farbigen Köpfen lassen sich leichter handhaben und sind auf dem Stoff besser zu erkennen.
Damit die Nadeln griffbereit und sicher aufbewahrt sind, empfiehlt sich ein *Nadelkissen.* Besonders praktisch sind Nadelkissen, die sich am Handgelenk befestigen lassen.
Wer viel näht, braucht eine *Nähmaschine,* die es in zahlreichen Modellen und mit vielen Zusatzfunktionen ausgestattet gibt. Wichtig ist, daß man sich vor dem Kauf klarmacht, welche Funktionen oft gebraucht werden. Eine einfache Bedienung ist genauso wichtig wie Anzahl und Vielfalt der Sticharten.

Nähen mit der Nähmaschine

Bei der Nähmaschinennaht muß Ober- und Unterseite gleich aussehen, die Stichverschlingung liegt im Stoffinnern.

Nähte:

Einfache Naht

Stoffteile rechts auf rechts legen und nahtbreit mit der Nähmaschine steppen. Naht ausstreichen, bügeln und die Schnittkanten mit Zickzackstich oder Versäuberungsstich versäubern.

Doppelnaht

Die Stoffteile zuerst links auf links legen, knapp vom Schnittrand entfernt steppen, ausstreichen oder bügeln. Dann die Stoffteile umdrehen, so daß sie rechts auf rechts liegen und in Nahtbreite (5 – 6 mm tief) noch einmal absteppen.

Das Einfassen von Schlitzen

Für einen Schlitz mit durchgehendem Besatzstreifen den Schlitz einschneiden und ihn so weit auseinanderziehen, daß er eine gerade Linie bildet. Dann wird ein Schrägstreifen rechts auf rechts aufgesteppt. In der Schlitzmitte wird der Stoff nur knapp erfaßt, damit sich keine Falten bilden. Den Streifen nach links wenden, einschlagen, kantig absteppen oder von Hand in der Stepplinie gegensäumen.

Knopflöcher

Wenn in einem Werkstück Knopflöcher gebraucht werden, sollten diese nach der Gebrauchsanleitung des jeweiligen Nähmaschinenherstellers genäht werden. Auf Stoffresten kann man erste Knopflöcher gut üben.

Reißverschluß einnähen

Das Einnähen geht leichter, wenn die Stoffränder vorher gut umgebügelt sind. Den geschlossenen Reißverschluß heftet man von rechts so unter die Stoffkanten, daß die Zähnchen von jeder Kante halb bedeckt werden. An der Nähmaschine wird der spezielle Reißverschluß-Steppfuß eingesetzt.
Man beginnt bei geöffnetem Reißverschluß und näht einige Zentimeter. Die Nadel bleibt im Stoff stehen, der Nähfuß wird angehoben und der Reißverschluß geschlossen. Den Nähfuß senken und weitersteppen bis kurz vor dem rechten oberen Ende. Dort öffnet man den Reißverschluß wieder. Beim Drehen der Arbeit an der Quernaht bleibt die Nadel ebenfalls im Stoff stecken.

① *Einfache Naht*
② *Doppelnaht*
③ *Das Einfassen von Schlitzen*
④ *Knopflöcher*

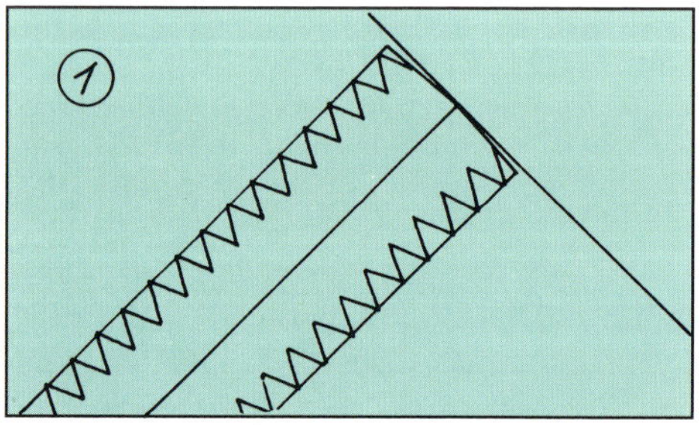

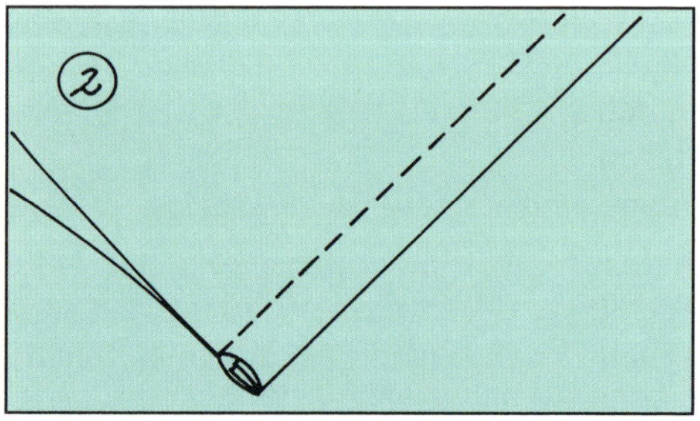

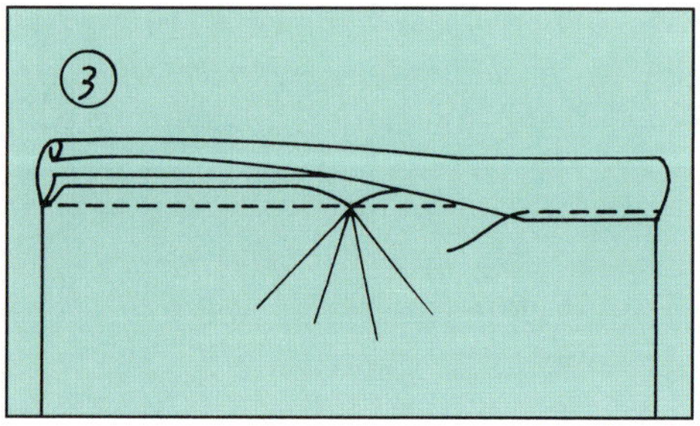

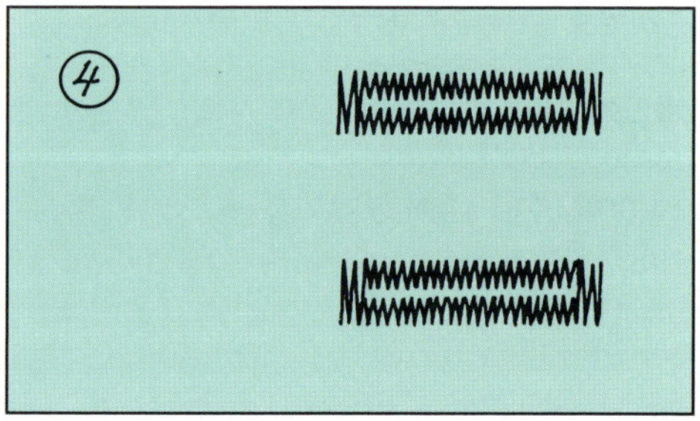

Die Papier- und Pappbearbeitung

Für die Papier- und Papparbeiten und für die anspruchsvolleren Buchbindearbeiten benötigt man gutes Werkzeug: Für Papier- und leichtere Kartonarbeiten verwendet man eine *Papierschere,* für Papp- und Buchbindearbeiten die stabilere *Buchbinderschere.* Zum Schneiden und Ritzen der Pappe braucht man außerdem ein scharfes Messer. Ein sogenanntes *Universalmesser* mit verstellbarer Klinge (Cutter) ist dazu gut geeignet. Als feste Anlage zum Schneiden nimmt man einen *Eisenwinkel* oder ein *Eisen-* oder *Hartholzlineal.* Für lange und gerade Schnitte wird das Messer an einer Metallschiene entlanggeführt. Die Schnittlinie liegt nicht quer zum Arbeitenden, sondern kommt auf ihn zu. Bei sehr dünnem Papier wird die Klinge „geschleppt", das heißt man zieht das Messer flach über das Papier. Je dicker das Material, desto steiler wird das Messer geführt. Zum Falzen des Papiers benutzt man ein *Falzbein.* Mit einer Feile oder mit Schleifpapier schleift man Pappkanten schräg zu. Für Buchbindearbeiten benötigt man zudem eine *Heftlade* und eine oder mehrere *Buchpressen.* Diese Geräte kann man über den Fachhandel beziehen, aber auch sehr gut selbst herstellen.
Pappe und Papier dehnen sich, wenn sie feucht werden. Wird ein Stück Pappe nur auf einer Seite beklebt, so krümmt es sich aufgrund der Feuchtigkeit. Um das zu verhindern, braucht es auf der anderen Seite einen Gegenzug, indem ein Papier, der *„Spiegel"* aufgeklebt wird. Wird Papier mit Kleister bestrichen, muß dem Material genügend Zeit zum Ausdehnen gelassen werden. Erst wenn es sich nicht mehr krümmt, darf es aufgeklebt werden.

Die Tonbearbeitung

Die Anschaffung von *Töpferscheibe* und *Brennofen* lohnt sich nur für Profis. In Bastelgeschäften, Töpfereien oder Schulen findet man Hilfe, wenn man mit der Scheibe töpfern oder große Teile brennen will.
Das wichtigste Werkzeug zum Modellieren und Töpfern sind die Hände. Sie fühlen jede kleine Veränderung des weichen Tons, formen und stützen ab. Trotzdem sind einige spezielle Werkzeuge recht hilfreich.
Mit dem *Schneidedraht* läßt sich der Ton bequem zerteilen. Eine *Modellierschlinge* ist hilfreich zum Aushöhlen einer Tonfigur und zum Ausarbeiten von Formen. Verschiedene *Modellierhölzchen* benutzt man zum Aufrauhen, Glätten und Verzieren der Tonoberfläche. Mit dem *Tonmesser* können Streifen oder Muster geschnitten werden. *Rundhölzer* (Wellholz) und *Kanthölzer* dienen zur Herstellung von Tonplatten.
Eine wertvolle Hilfe beim Aufbau von Tongefäßen ist die *Modellierscheibe.* Der drehbare Teller erlaubt es, das Werkstück gut zu handhaben.

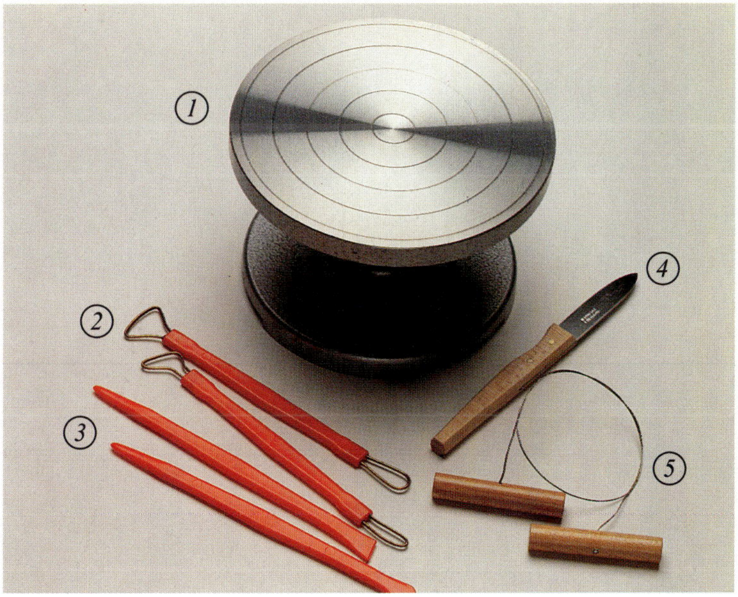

Tonwerkzeuge

① *Modellierscheibe*
② *Modellierschlingen*
③ *Modellierstäbe*
④ *Tonmesser*
⑤ *Tonabschneider*

III. Werken mit Holz

Die Zuglöcher müssen, wenn die beweglichen Teile nach unten hängen, immer oberhalb der Gelenklöcher liegen. In dieser Lage werden auch die Zugschnüre verknotet.

Hampeltiere

Es muß nicht immer ein Hampelmann sein. Wer gerne mit der Laubsäge arbeitet und Tiere mag, der sollte einmal versuchen, sein Lieblingstier als Hampelfigur zu gestalten. Folgende Motive dienen zur Anregung:

Eule und Pinguin

Die Einzelteile (Flügel, Beine und Körper mit Kopf) werden auf eine 4 mm starke Sperrholzplatte aufgezeichnet und mit der Laubsäge oder einer Dekupiersäge ausgesägt. Mit feinem Schleifpapier glättet man die Ränder der Teile. Entsprechend der Abbil-

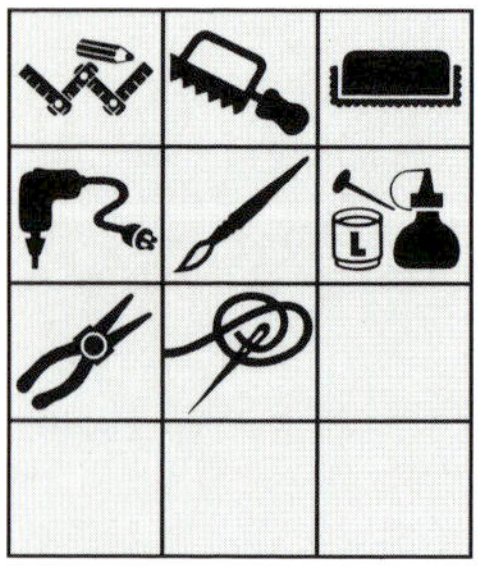

Eule und Pinguin ●●

Menge	Bezeichnung	Maße in mm	Material	Kenn-Nr.
1	Körperteil mit Kopf	beliebig	Sperrholz 4 mm stark	1
2	Flügel	beliebig	Sperrholz 4 mm stark	2
2	Beinteile	beliebig	Sperrholz 4 mm stark	3

Dünne Schnur / Musterklammern oder Drahtstücke / Glasaugen / Federn / Farben / Lack

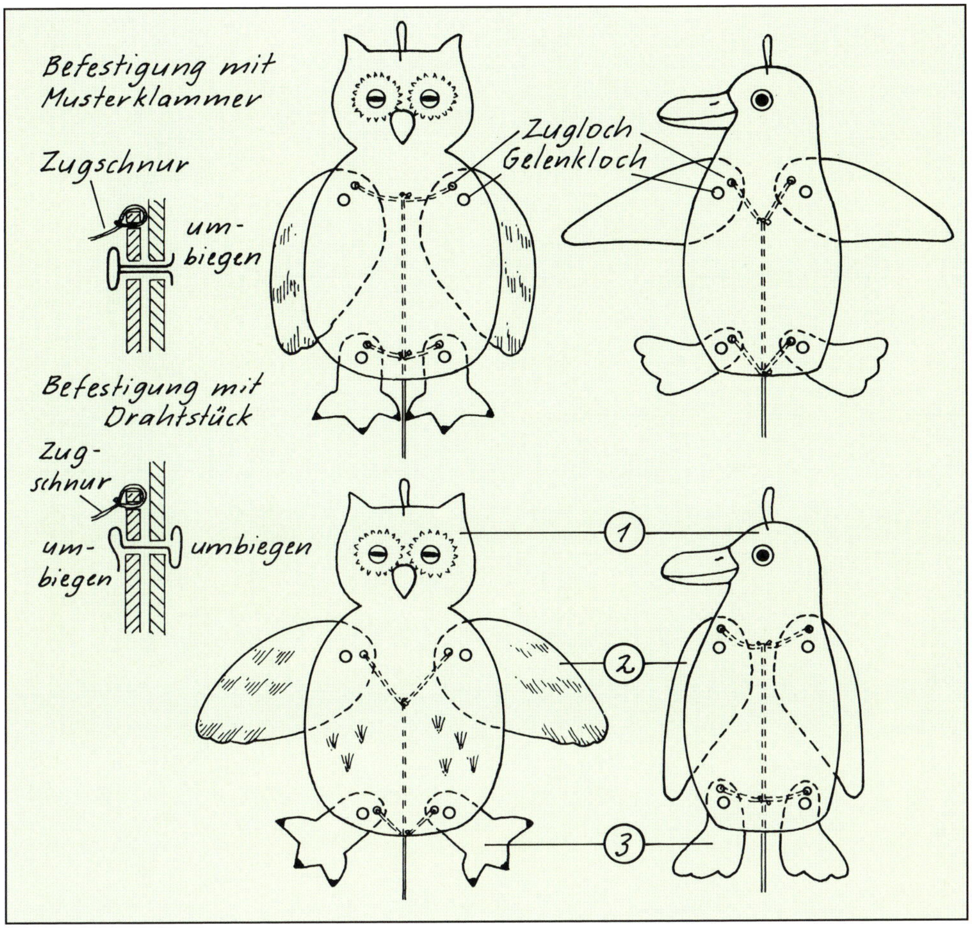

dung werden die Löcher für die Zugschnüre mit einem 3-mm-Bohrer und für die Gelenke mit einem 4-mm-Bohrer gebohrt. Für die Gelenkverbindungen werden Musterklammern oder Drahtstücke benutzt.

Dann geht es an die künstlerische Gestaltung der Vögel. Mit dem Bleistift zeichnet man Einzelheiten wie Augen, Schnabel, Federn, Krallen usw. vor und malt mit Wasser- oder Dispersionsfarben nach. Man kann aber auch das „Federvieh" mit echten Flaumfedern bekleben. Setzt man dazu noch Glasaugen ein, die es in Bastelgeschäften zu kaufen gibt, wirkt der Vogel beinahe lebendig.
Mit Musterklammern oder Drahtstücken, die mit der Zange umgebogen werden, befestigt man die Flügel und die Beine auf der Rückseite des Körpers und verknotet entsprechend der Abbildung die Zugschnüre. Zum Aufhängen fädelt man ein kurzes Stück Schnur durch die obere Bohrung.

Ein lustiger Vogel

Zieht man diesen Vogel an den Beinen, dann reißt er den Schnabel auf und schlägt mit den Flügeln.

Auf ein 4 mm starkes Sperrholzbrett werden Flügel, Beine und Körper mit Kopf aufgezeichnet und ausgesägt. Das Schnabeloberteil wird aus stärkerem Sperrholz gefertigt, damit die Querbohrung für die bewegliche

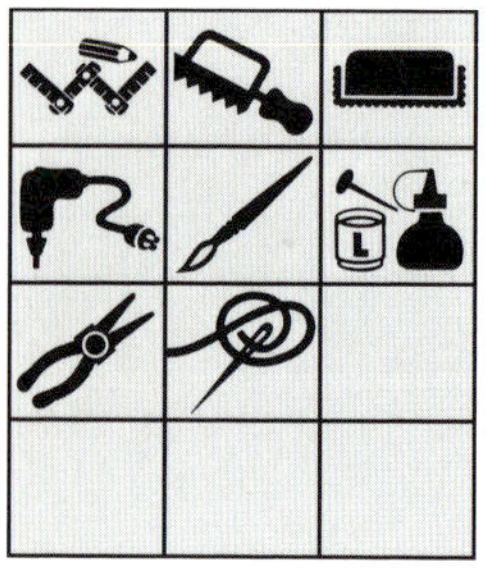

Ein lustiger Vogel ●●●

Menge	Bezeichnung	Maße in mm	Material	Kenn-Nr.
1	Körperteil mit Kopf	beliebig	Sperrholz 4 mm stark	1
2	Flügel	beliebig	Sperrholz 4 mm stark	2
1	Beinpaar	beliebig	Sperrholz 4 mm stark	3
1	Schnabelunterteil	beliebig	Sperrholz 4 mm stark	5
1	Schnabeloberteil	beliebig	Sperrholz 10 mm stark	4
1	Verstärkungsring für Mundöffnung	beliebig	Sperrholz 10 mm stark	6
2	Distanzbrettchen	beliebig	Sperrholz 10 mm stark	7

Draht oder Drahtstift als Drehachse / Glasaugen / Schnur / Musterklammern / Federn / Farben / Lack / Holzleim

Die Verknotung der Zugschnüre und der Aufhängung läßt sich aus der Abbildung entnehmen. Mit Musterklammern befestigt man die Flügel am Körper. Die Beine hängen frei an der Zugschnur. Achtung: Bei geschlossenem Schnabel müssen die Flügel nach unten hängen.

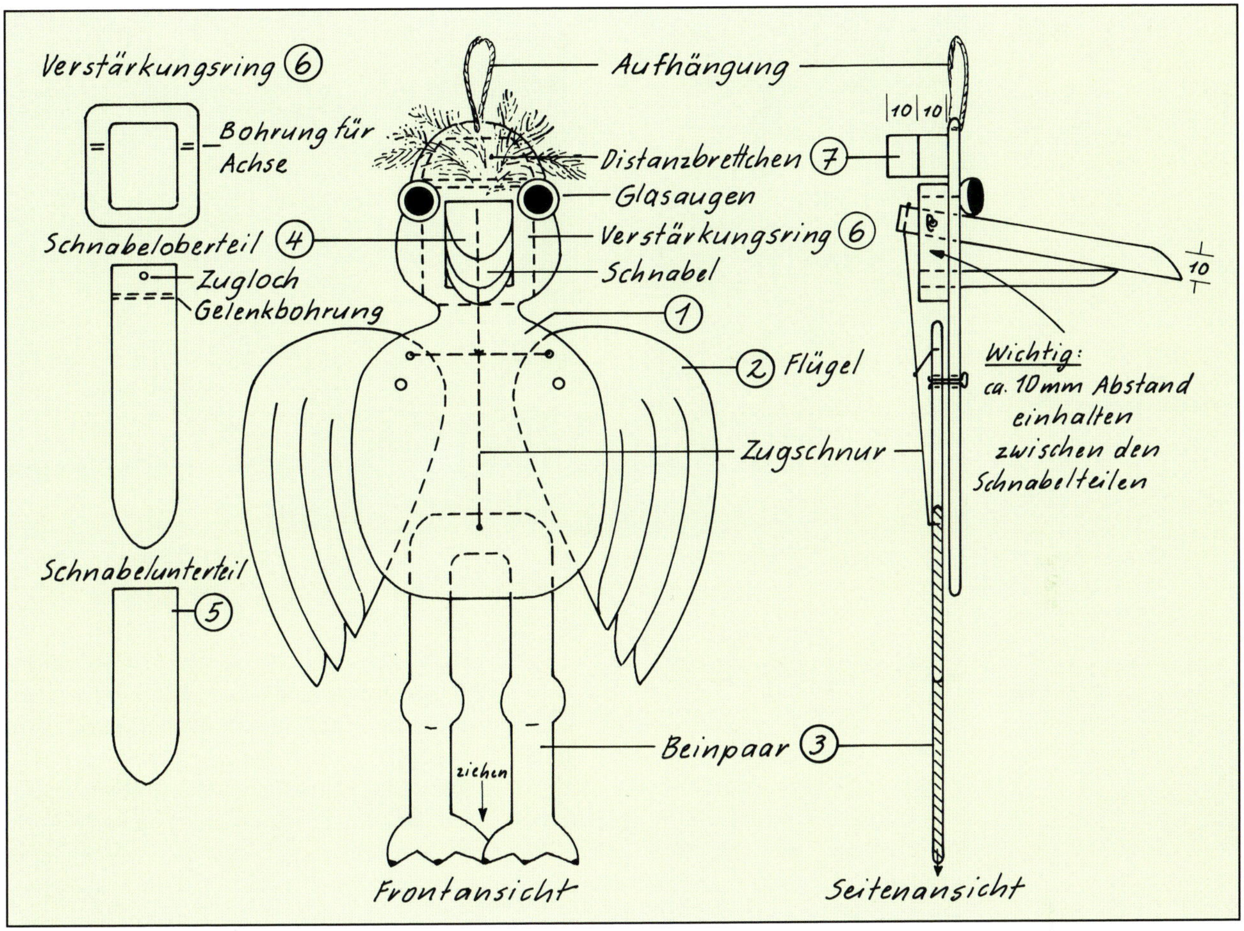

Befestigung nicht ausreißt. Alle Teile werden fein geschliffen und mit den nötigen Bohrungen versehen (siehe Abbildung).
Für die Zugschnüre und die Bohrungen im Schnabel genügt ein 2-mm-Bohrer. Die Löcher für die Flügelgelenke werden mit dem 4-mm-Bohrer gebohrt. Lediglich die Bohrung für die Aufhängung wird später angebracht. Zuerst müssen die Distanzbrettchen auf die Rückseite des Kopfes geleimt werden. Der Verstärkungsring wird um die Rückseite der Mundöffnung geleimt. Die Bohrung durch diesen Ring muß der Bohrung durch den Oberschnabel entsprechen, damit ein Stück Draht als Achse hindurchgesteckt werden kann. Die Drahtenden werden umgebogen, damit der Draht nicht herausrutschen kann. *Achtung:* Die Querbohrung im Oberschnabel muß so groß sein, daß sich der Schnabel leicht bewegen läßt. Vor dem Zusammenbau der Einzelteile werden diese bemalt. Bunte Glasaugen, die es in Bastelgeschäften zu kaufen gibt, machen auch diesen Vogel lebendig.

Weitere Werkvorschläge:

1. Versteckte Hasen: Durch Ziehen an einer Schnur erscheinen Hasen oder andere Tiere hinter einem Busch.
2. Türmelder: Eine große Hampelfigur wird im Flur an die Wand geschraubt und mit einer Glocke versehen. Über einen Zugmechanismus wird die Figur als Türglocke von der Haustür aus in Bewegung gesetzt.
3. Die Figuren können statt bemalt auch mit Stoffresten bekleidet (beklebt) werden.

Einfach an der Zugschnur ziehen, und schon wird der Gewichtheber aktiv.

Gewichtheber

Für den Gewichtheber werden die Umrißformen beliebig vergrößert und auf ein 8 mm starkes Sperrholz übertragen. An den Bohrpunkten wird das Holz mit einem 4-mm-Spiralbohrer durchbohrt. Die Einzelteile werden nun ausgesägt und an den Kanten mit Schleifpapier abgerundet. Die Basisteile der Figur lassen sich leicht mit dem dazwischenliegenden Vierkantholz (Nagelverbindung / Drahtstifte) mit Leim und einer Holzschraube auf der Grundplatte befestigen.

Der Oberkörper und die Arme werden mit den Rundhölzern gelenkig verbunden. Dabei muß darauf geachtet werden, daß sich die Hölzer in den Drehachsenbohrungen leicht bewegen lassen. Unter Umständen muß mit einem 4,5-mm-Bohrer nachgebohrt werden.

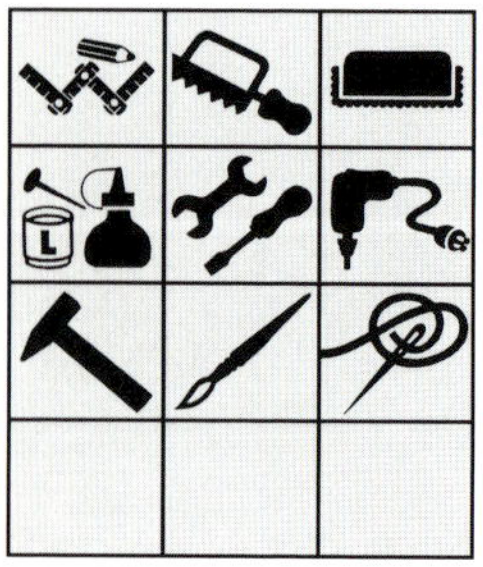

Gewichtheber ●●●

Menge	Bezeichnung	Maße in mm	Material	Kenn-Nr.
2	Basisteile (Beine)	beliebig	Sperrholz 8 mm stark	1
1	Oberkörper	beliebig	Sperrholz 8 mm stark	2
2	Arme	beliebig	Sperrholz 8 mm stark	3
1	Vierkantholz	10 x 10 x 20	Fichtenholzleiste	4
2	Gewichtsscheiben	groß	Sperrholz 8 mm stark	5
2	Gewichtsscheiben	klein	Sperrholz 8 mm stark	6
1	Rundholz	Länge: 108	Buchenrundholz 4 mm ∅	7
3	Rundhölzer	Länge: 26	Buchenrundholz 4 mm ∅	8
1	Grundplatte	ca. 110 x 270	Sperrholz 8 mm stark	9

Dünne Schnur / Gummiringe / Schrauböse / Holzperle / Holzschraube 3,0 x 20 mm / Drahtstifte / Holzleim / Farben / Lack

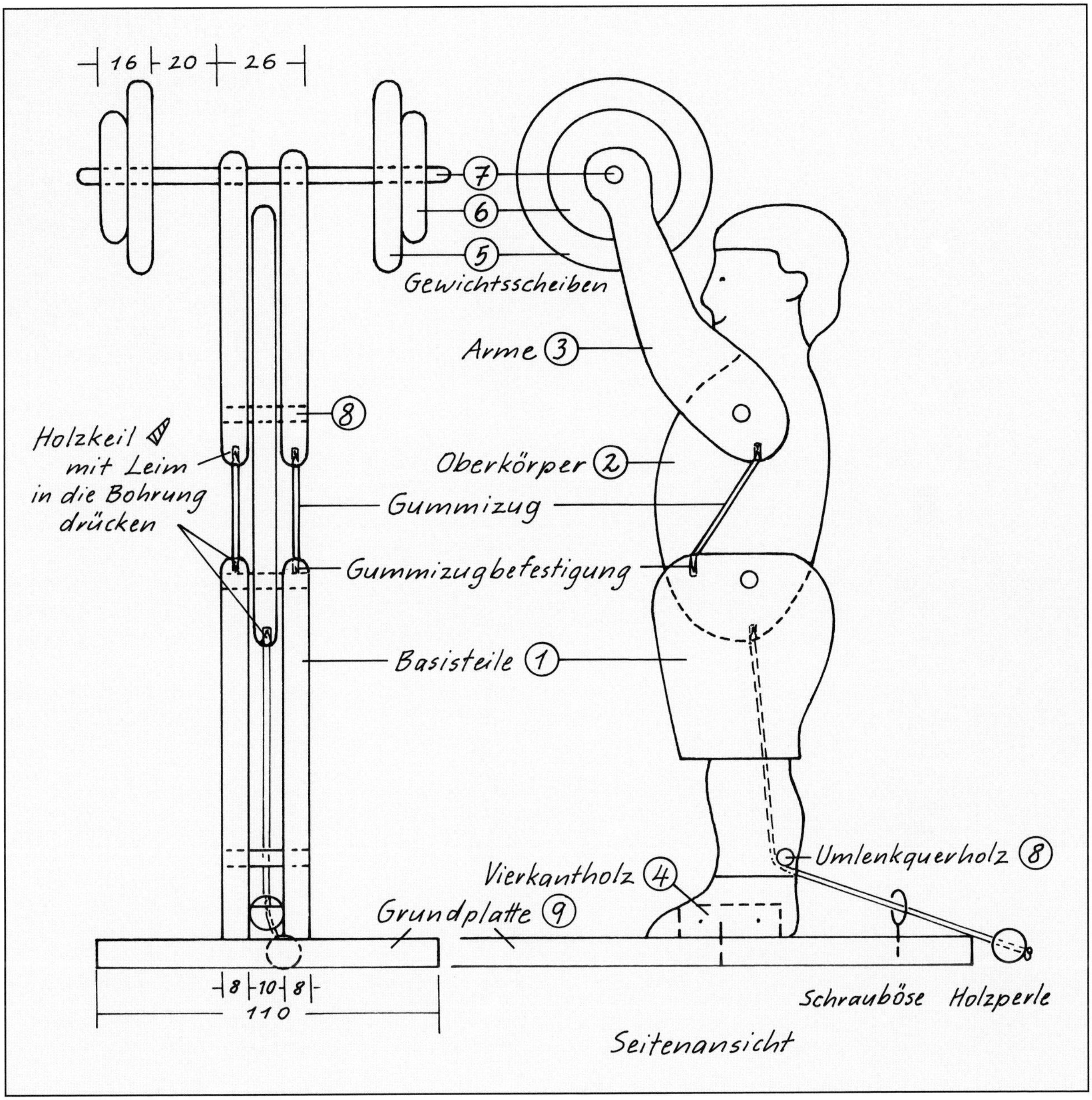

Die Rundhölzer werden mit den Basisteilen und den Armen verleimt. Ebenso die Holzscheiben für das Gewicht mit dem längeren Rundholz. Das zweite Scheibenpaar wird erst nach der Einpassung des Gewichts in die Handbohrungen aufgeleimt.
Die Zugschnur wird entsprechend der Abbildung am Oberkörper befestigt und um das Umlenkquerholz durch die Schrauböse geführt. Anschließend werden die Arme mit je einem Gummiring mit dem feststehenden Körperteil verbunden. Beim Aufrichten des Oberkörpers bewegt sich dann der Arm nach oben und kann das Gewicht anheben. Vor dem Zusammenbau sollten die Teile bunt bemalt werden. Ein Überzug mit Lack bringt Glanz, ist aber nicht unbedingt notwendig.

Bunte Holzfiguren

Aus einem Stück Balken oder einem Stammabschnitt kann man lustige Figuren herstellen. Diese können als Pinnwand, Schirmständer, Gläserhalter oder wie hier zum Beispiel als Schachfiguren dienen. Die Gestaltung hängt natürlich vom Verwendungszweck ab. Lustig und ansprechend sind Tierfiguren, aber auch andere Motive lassen sich meist gut umsetzen.

Figurenbesetzung für ein Schachspiel:

1 Adler (König), 1 Pfau (Dame), 2 Flamingos (Läufer), 2 Eulen (Springer), 2 Pelikane (Türme), 8 Pinguine (Bauern).

Zuerst wird die quadratische Grundplatte aus der starken Holzdiele herausgesägt. Die Löcher für Befestigungsschrauben bohren, Kanten fasen (abrunden). Oberfläche schleifen, bemalen und lackieren.

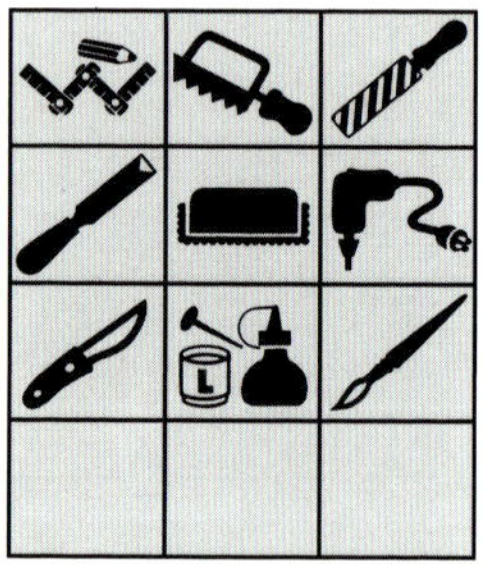

Pinguin ●●●

Menge	Bezeichnung	Maße in mm	Material	Kenn-Nr.
1	Grundplatte	50 x 200 x 200	Fichtenholzdiele oder Tischlerplatte	1
1	Körper	ca. 200 ⌀ Höhe ca. 340	Stammabschnitt oder Zimmermannsbalken	2
1	Schnabel	ca. 30 x 30 x 95	Holzleiste	3
2	Flügel	15 x 50 x 20	Fichtenleimholz	4
2	Schwimmfüße	ca. 15 x 50 x 70	Fichtenleimholz	5
1	Schwanzteil	ca. 15 x 90 x 40	Fichtenleimholz	6

Glasaugen / Holzleim / Holzschrauben 5,0 x 80 mm / Holzschrauben 3,5 x 30 mm / Farben / Lack

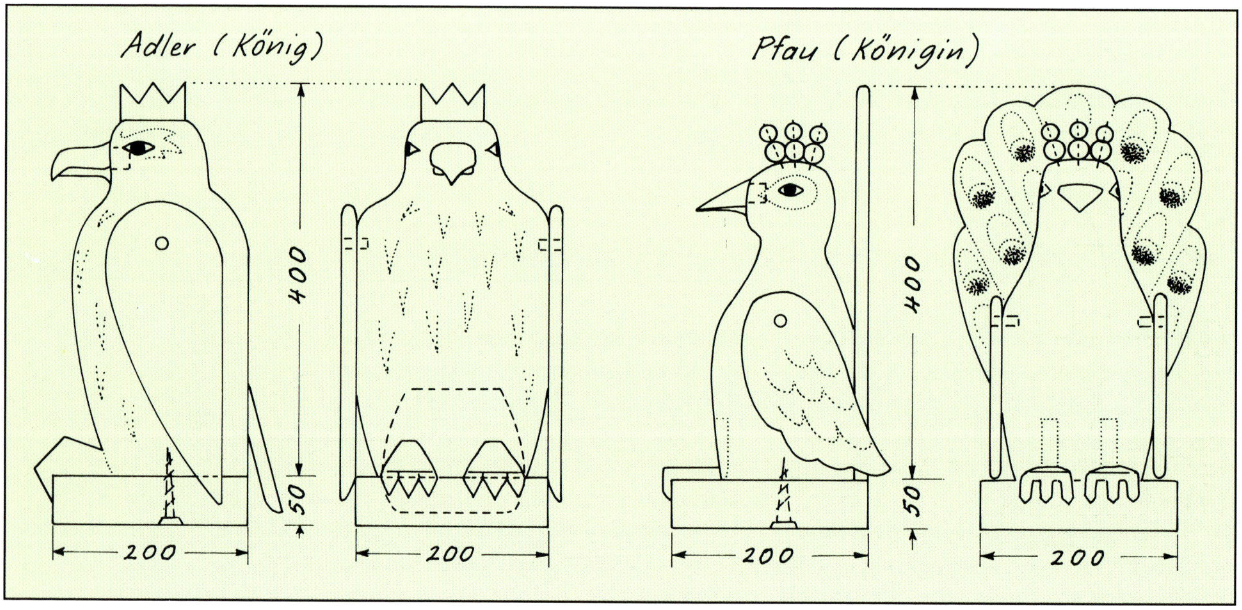

Solche Figuren können, in der entsprechenden Stückzahl hergestellt, als Spielfiguren für ein großes Schachspiel im Hof oder Garten verwendet werden.

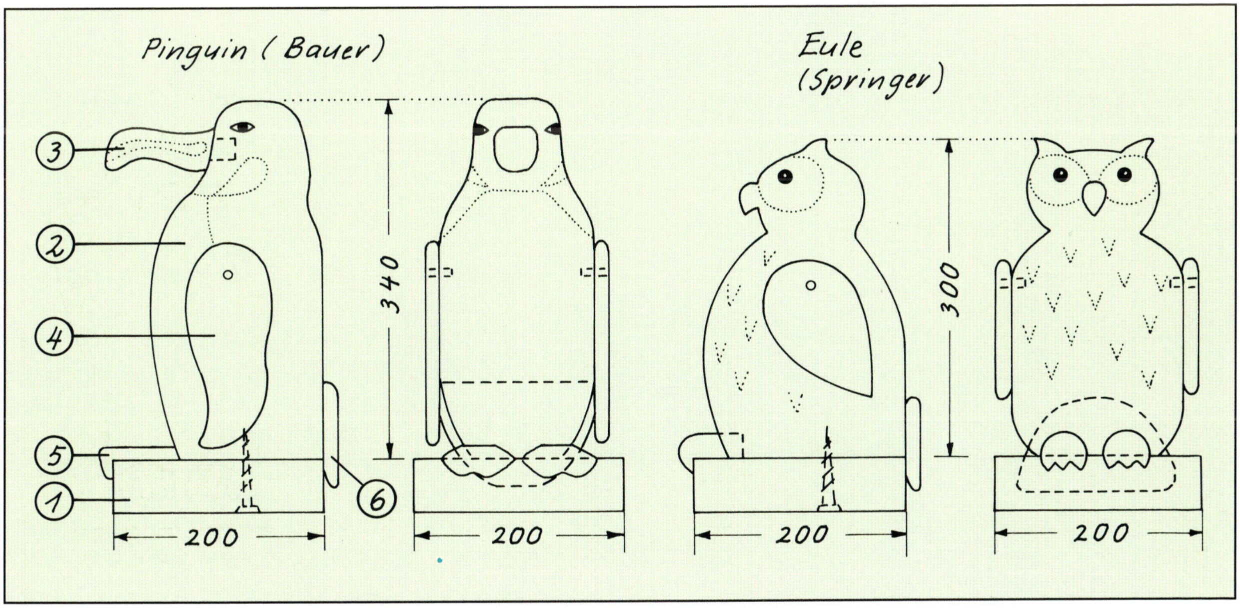

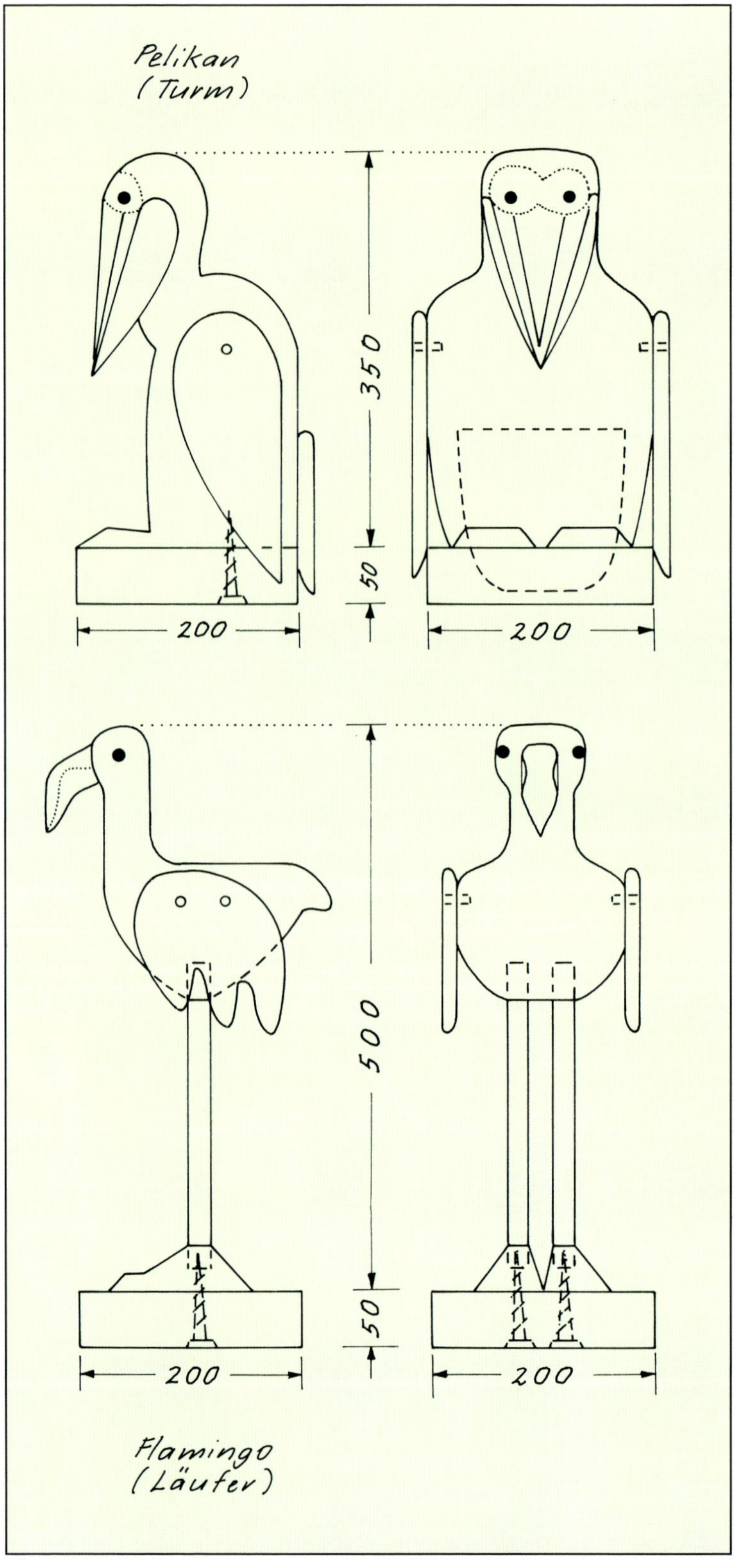

Etwas Mühe bereitet die Ausformung des Körpers. Hierbei geht es nicht um Feinheiten, sondern die charakteristische Körperform soll zum Ausdruck kommen. Die grobe Form kann mit der Säge herausgearbeitet werden. Holzraspel und Stemmeisen sind die Werkzeuge für die Feinarbeit. Mit dem Schleifpapier wird die Holzoberfläche geglättet.

Für den Schnabelansatz wird in den Kopf ein 15 mm großes Loch gebohrt. Der Schwanz und die Flügel werden aus dem 15 mm starken Brett ausgesägt und mit der Holzraspel in Form gebracht. Jedes Teil erhält eine Bohrung für die Befestigungsschraube. Auch die Schwimmfüße werden aus diesem Brett ausgesägt und mit dem Stemmeisen oder einem Schnitzmesser nachgearbeitet.

Der Schnabel muß aus der Laubholzleiste herausgeschnitzt werden. Dabei wird für die Befestigung am Grunde des Schnabels ein Zapfen ausgeschnitten, der in die Bohrung am Kopf der Figur paßt und dort eingeleimt wird.

Zuletzt werden sämtliche Teile bemalt, lackiert und mit Leim und Holzschrauben fest zusammengefügt.

Griffelkasten

Aus fertigen Holzleisten, wie sie in jedem Baumarkt angeboten werden, kann man Behälter für die unterschiedlichsten Dinge anfertigen. Durch eine entsprechende Gestaltung entstehen individuelle Werkstücke.

Mit einer Feinsäge und einer Gehrungsschneidlade oder mit einer Gehrungssäge werden die Leisten im Winkel von 45 Grad abgesägt (Gehrungsschnitt). Anzahl und Maße der Einzelteile sind der Stückliste zu entnehmen. Die dünnen Sperrholzbrettchen werden entsprechend zugeschnitten. Aus den 50-mm-Leisten, und den 25-mm-Leisten wird jeweils ein Rahmen zusam-

Griffelkasten ●●●

Menge	Bezeichnung	Maße in mm	Material	Kenn-Nr.
2	Behälter – Seitenteile lang	5 x 50 x 180	Massivholzleisten	1
2	Behälter – Seitenteile kurz	5 x 50 x 120	Massivholzleisten	2
2	Deckel – Seitenteile lang	5 x 25 x 180	Massivholzleisten	3
2	Deckel – Seitenteile kurz	5 x 25 x 120	Massivholzleisten	4
1	Bodenbrett	2 x 120 x 80	Sperrholz	5
1	Deckbrett	2 x 120 x 180	Sperrholz	6
2	Innenbrettchen	2 x 70 x 170	Sperrholz	7
2	Innenbrettchen	2 x 70 x 110	Sperrholz	8

Holzleim / Farbe / Farbbeize / Drahtstifte

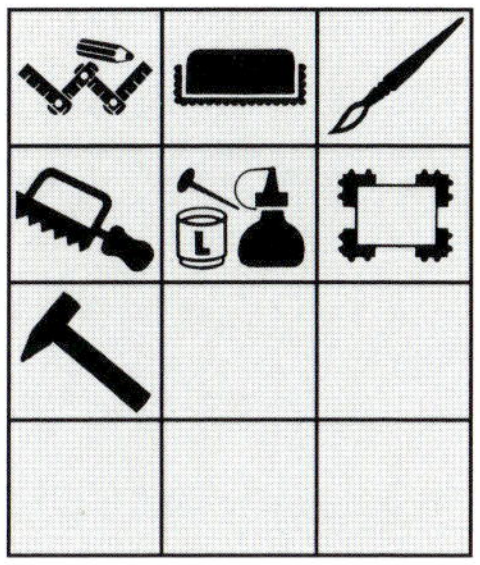

mengeleimt. Mit einem Rahmenspanner gelingen diese Werkstücke problemlos. Man kann jedoch auch mit Hilfe eines Montagebretts die Leisten fixieren und zusammenbauen (siehe Abbildung). Noch bevor der Leim angetrocknet ist, werden auf diese Rahmen die bereits zugeschnittenen dünnen Sperrholzbrettchen als Deckel und als Boden aufgeleimt und mit kleinen Nägeln festgenagelt. Besteht die Möglichkeit, die Brettchen fest und lange gegen die Rahmen zu pressen, kann auf die Nagelung verzichtet werden. Der Leim hat dann genug Bindekraft.

Nach der Aushärtung des Leims werden die dünnen Innenbretter in den Behälter eingepaßt und fest verleimt. Die zu verleimenden Teile müssen besonders sorgfältig mit Klemmzwingen zusammengepreßt werden. Durch diese überstehenden Innenbretter erhält der Deckel des Kastens ausreichenden Halt. Auf Scharniere kann deshalb verzichtet werden.

Ausgestaltung:

Die Konstruktion mit Innenbrettern ermöglicht eine dekorative Gestaltung des Behälters. Dazu müssen vor der Verleimung der Rahmenteile die Leisten entsprechend gestaltet werden.

Auf die aneinandergelegten Leisten der späteren Kastenoberteile und -unterteile wird

Der Griffelkasten läßt sich dekorativ gestalten.

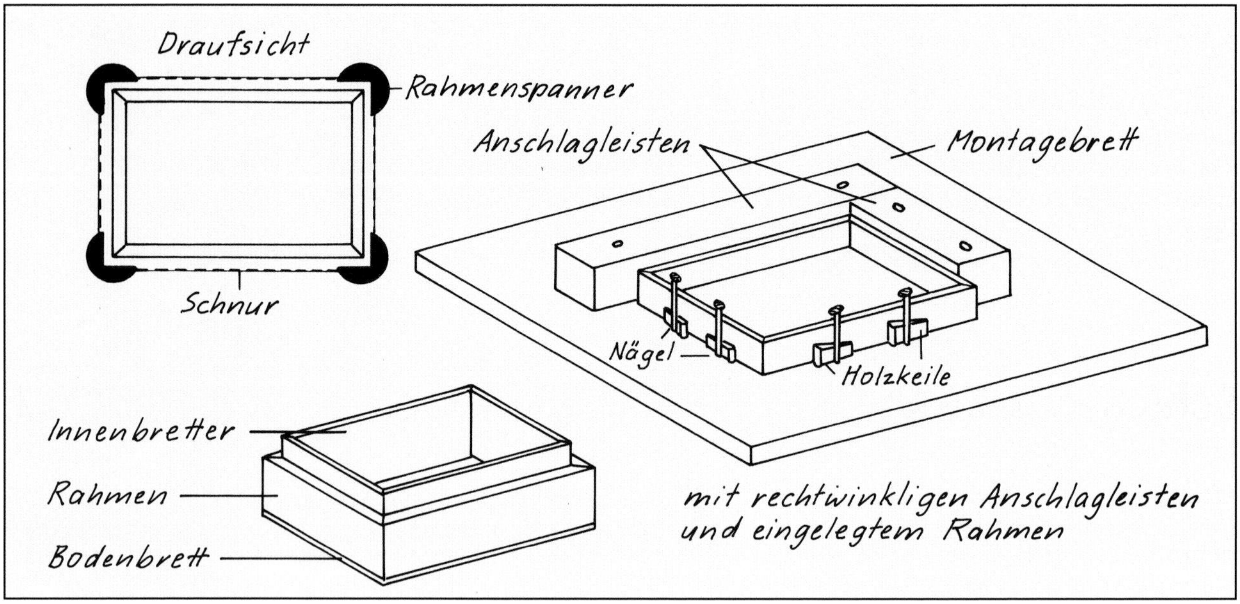
Draufsicht
Rahmenspanner
Schnur
Anschlagleisten
Montagebrett
Nägel
Holzkeile
Innenbretter
Rahmen
Bodenbrett
mit rechtwinkligen Anschlagleisten
und eingelegtem Rahmen

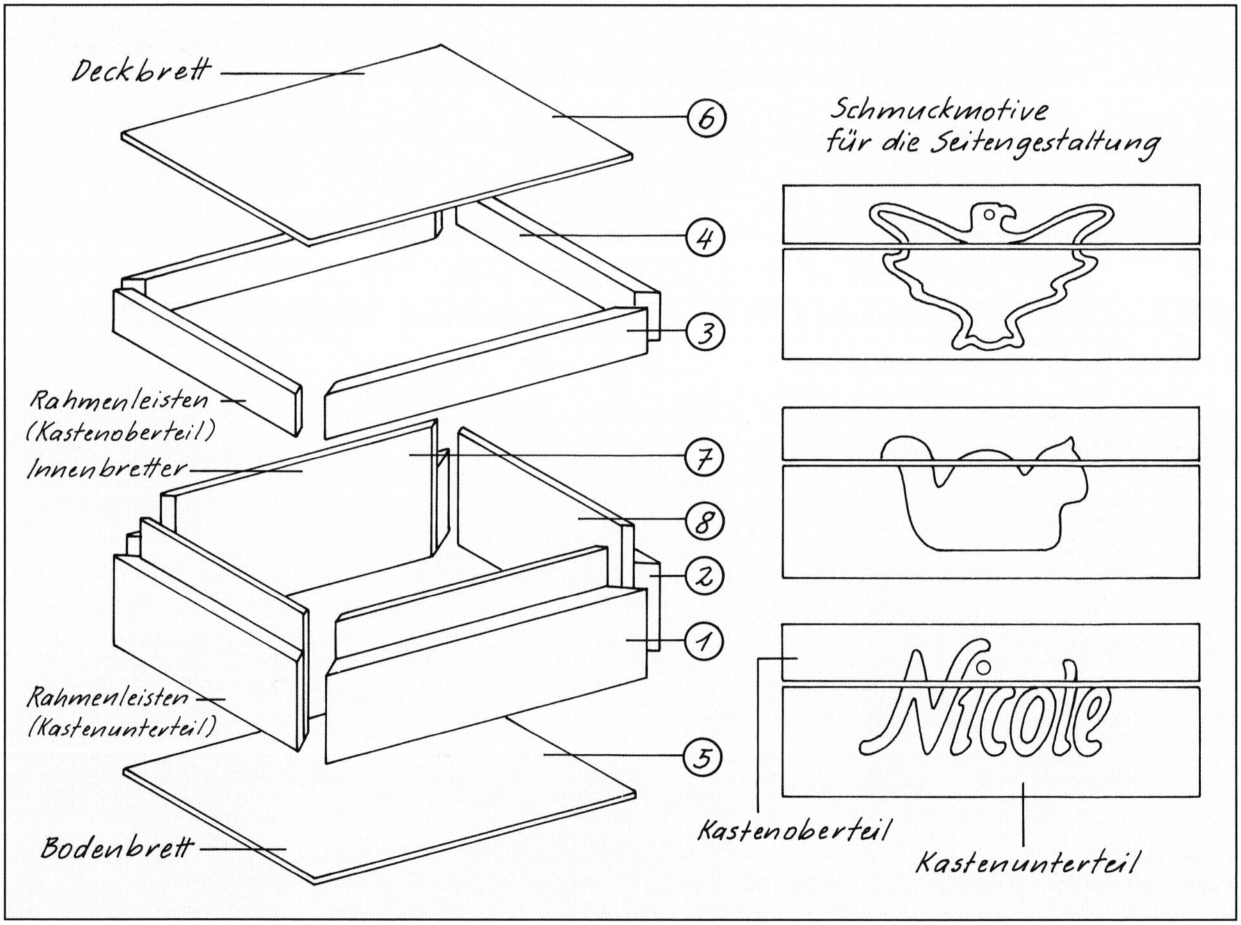
Deckbrett
6
4
3
Rahmenleisten
(Kastenoberteil)
Innenbretter
7
8
2
1
Rahmenleisten
(Kastenunterteil)
5
Bodenbrett
Schmuckmotive
für die Seitengestaltung
Nicole
Kastenoberteil
Kastenunterteil

eine Zeichnung aufgetragen (siehe Abbildung) und das Motiv ausgesägt. Nachdem die Kanten mit feinem Schleifpapier geglättet wurden, kann das Kästchen wie beschrieben zusammengebaut werden. An den Durchbruchstellen werden die Innenbretter sichtbar. Zur besonderen Hervorhebung des Motivs werden die Außenflächen und die Innenbretter vor dem Zusammenbau verschiedenfarbig gebeizt.

Der Behälter wird mit Samt oder feinem Leder ausgekleidet.

Schichtholzdose

Ein natürlich belassenes Holzwerkstück wirkt sehr stark durch die Maserung des Holzes. Diese Wirkung kann noch gesteigert werden, wenn man verschiedenfarbige Holzbretter miteinander verleimt.

Eine sehr interessante Arbeit in dieser Technik ist die Schichtholzdose. Der eigentliche Behälter ist in ein Holzetui eingebaut und läßt sich zum Öffnen herausschwenken.

Für eine 11schichtige Dose benötigt man sechs dunkle und fünf helle Holzteile. Ein dunkles Brett ① wird für die Bodenplatte und ein zweites dunkles Brett ⑪ für die Deckplatte des Etuis reserviert. Aus den restlichen Teilen ② – ⑩ wird die eigentliche Dose zusammengebaut. Dazu werden die nierenförmigen Bretter entsprechend der Vorlage auseinandergesägt. Aus den Teilen ③ – ⑩ muß außerdem das Dosenvolumen ausgesägt werden. Die Teile ③ – ⑩ werden verleimt, gepreßt, bis der Leim getrocknet ist, und im Innenteil mit Raspel, Feile und Schleifpapier fein geglättet. Die vorspringenden Teile am äußeren Rand müssen mit Schleifpapier geringfügig in der Dicke verringert werden, damit sich diese Nasen später leicht in das Etui einschieben lassen.

Schichtholzdose ●●●●●

Menge	Bezeichnung	Maße in mm	Material	Kenn-Nr.
1	Bodenplatte	8 x 150 x 200	Nußbaumleimholz oder Sperrholz dunkel	1
1	Deckplatte	8 x 150 x 200	Nußbaumleimholz oder Sperrholz dunkel	11
4	Zwischenschichten	8 x 150 x 200	Nußbaumleimholz oder Sperrholz dunkel	3/5/7/9
1	Dosenboden-Zwischenschicht	8 x 150 x 200	Ahornleimholz oder Sperrholz hell	2
4	Zwischenschichten	8 x 150 x 200	Ahornleimholz oder Sperrholz hell	4/6/8/10
1	Rundholzachse	8 ⌀	Buchenrundholz	12

Holzleim / Drahtstifte / Hochglanzlack / Samt oder Leder

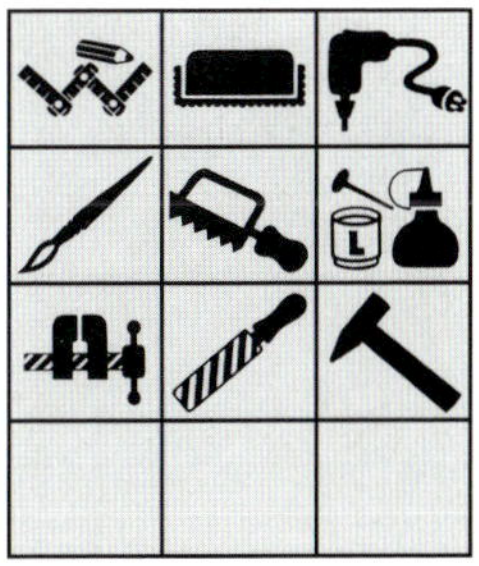

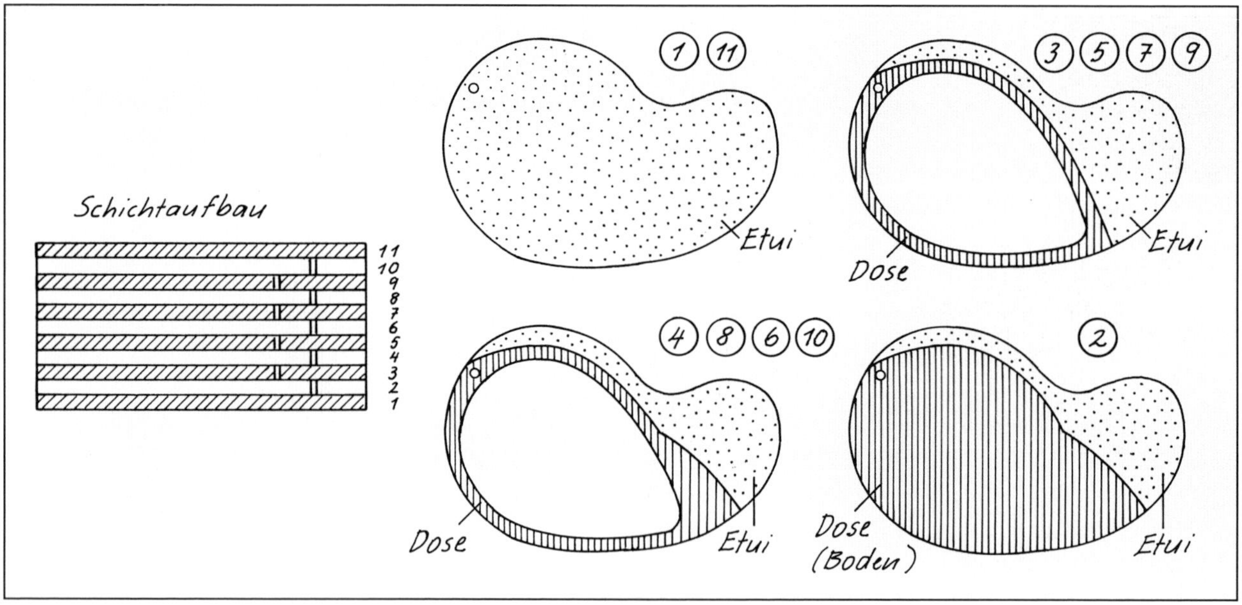

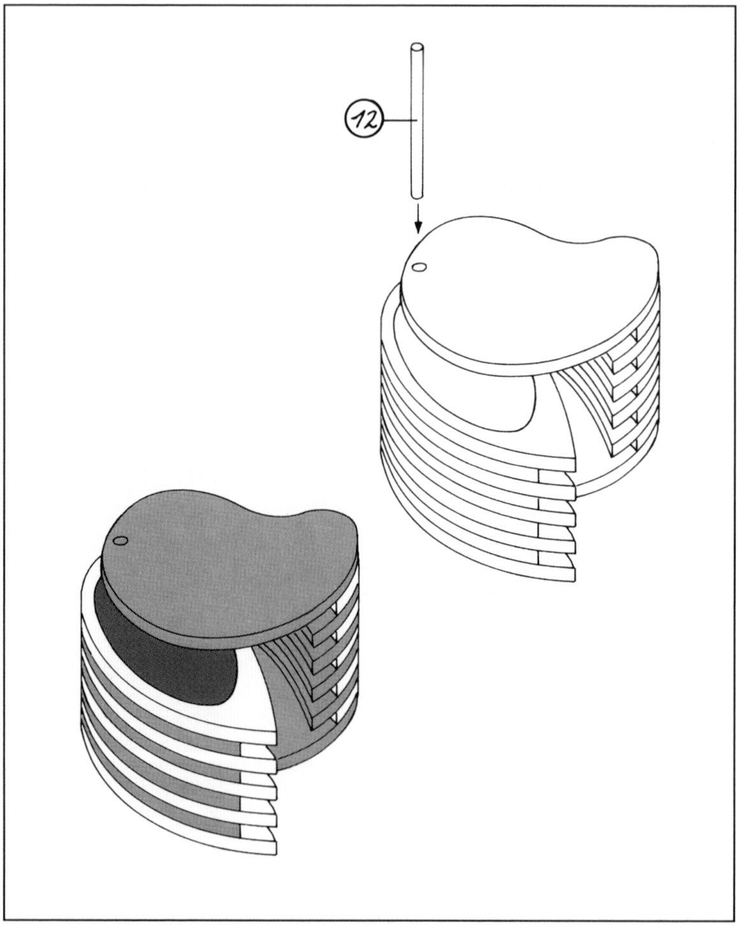

Nun werden schichtweise die sich abwechselnden, festsitzenden Teile der Behälterschichten auf die Grundplatte aufgeleimt. Als Hilfestellung werden die beweglichen Behälterteile kurz mit in die Verzahnung eingebaut und anschließend wieder entfernt. Auch hier müssen die vorspringenden Holzteile geringfügig abgeschliffen werden.
Der Behälter kann nun in das Etui eingeschoben werden. An der vorgezeichneten Stelle wird das ganze Werkstück mit einem 8-mm-Bohrer durchbohrt. Im Dosenbereich wird die Bohrung mit einem 9-mm-Bohrer erweitert. So läßt sich die Dose leichter bewegen. Als Drehachse wird ein 8-mm-Rundholz eingesteckt und in der Boden- und Deckplatte verleimt.
Zuvor muß jedoch der ganze Behälter ringsum mit Feile und Schleifpapier geglättet und lackiert werden.

Besonderer Arbeitshinweis: Die einzelnen Holzschichten lassen sich leichter aufeinanderleimen, wenn die Bauteile mit dünnen Drahtstiften angeheftet werden. Die Nagelung wird jeweils durch das folgende Holzteil wieder verdeckt.

Eine schlichte Schale oder Schüssel aus Holz ist zeitlos und schön.

Holzschale

Die Auswahl des Holzstücks steht am Beginn der Werkarbeit. Grundsätzlich kann fast jedes astfreie Holz ohne Risse verwendet werden. Jedoch lassen sich Laubhölzer wegen ihrer kurzfaserigen Struktur leichter bearbeiten. Für den Anfänger ist Lindenholz zu empfehlen. Entsprechende Bohlenbretter oder Holzblöcke kann man sich beim Schreiner oder in Holzhandlungen besorgen. Geeignetes Material erhält man auch in anderen holzverarbeitenden Betrieben (Fensterbau, Zimmereien, Treppenbau u. a.). Der Drechsler beginnt bei der Ausformung einer Schale mit der Außenhaut; der Holzschnitzer schneidet zweckmäßigerweise zuerst die Innenwand. Dazu werden die Form der Schale und die Wandstärken auf das Holz aufgezeichnet. Mit einer Schraubzwinge und Bankhaken wird das Brett auf der Werkbank befestigt.

Die eigentliche Arbeit beginnt mit dem Anstechen der Holzfaser entlang der vorgezeichneten Innenform. Ein leicht gekrümmtes Flacheisen ist dazu das ideale Werkzeug. Dann werden, von der Mitte des Werkstükkes ausgehend, grobe Späne abgenommen. Bei der Suche nach der gewünschten Form muß immer das ganze Holzstück im Blickpunkt sein. Bei hartem Holz treibt man das Schneideisen mit dem Holzschlegel. Weiches Holz bearbeitet man besser von Hand. Dabei packt die Rechte das Eisen am Heft und gibt ihm die erforderliche Schubkraft, während die Linke das Blatt von oben

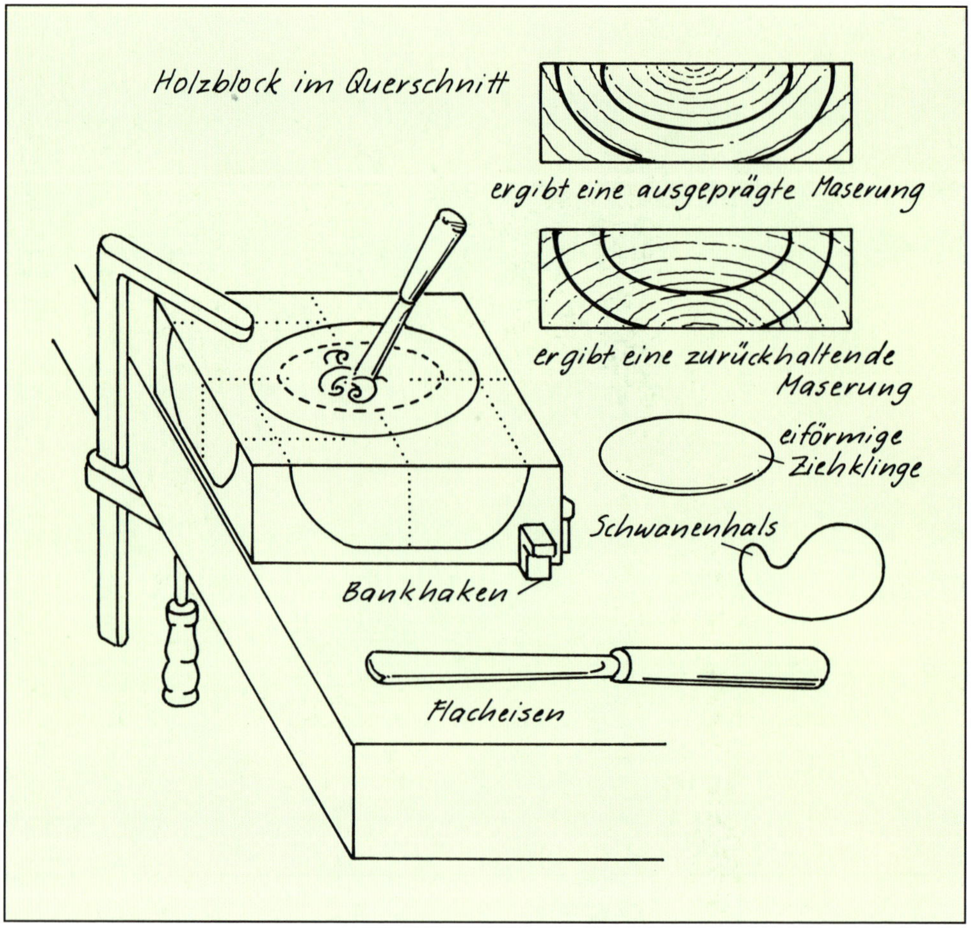

umfaßt und das Werkzeug führt. Ein guter Schnitt wird nur erreicht, wenn während des Vorschubs das Schneidewerkzeug leicht um seine eigene Achse gedreht wird. So eine mit einem passenden und scharfen Messer geschnittene Oberfläche kann selbst durch Schleifen nicht mehr feiner werden. Die Arbeitstechnik bleibt dieselbe bei einer flachen Schale oder bei einer tieferen Schüssel.

Bei der Formgebung sollte darauf geachtet werden, daß die Übergänge bauchig ausgeführt und die Grenzlinien abgerundet werden. Auch sollte man nicht auf eine ganz exakte Symmetrie bedacht sein. Ist dies erwünscht, dann wäre es besser, das Gefäß auf der Maschine zu drechseln. Gelingt mit dem Schneideisen nicht die endgültige Innenform, muß mit einem anderen Werk-

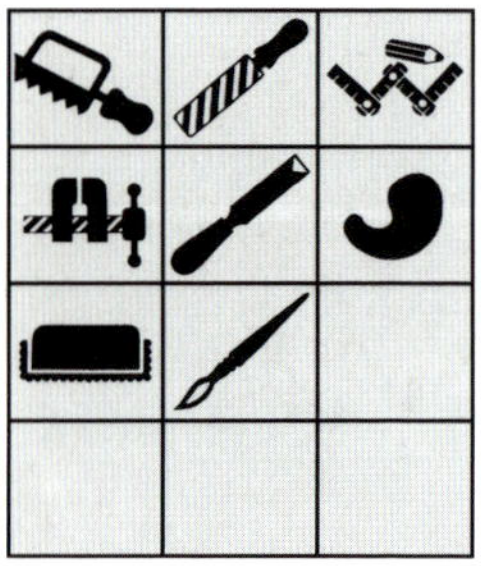

Holzschale ●●●

Menge	Bezeichnung	Maße in mm	Material	Kenn-Nr.
1	Holzschale	ca. 50 x 200 x 300	Laubholzblock (Linde, Ahorn, Eiche)	

Lack (hochglanz) oder Wachs

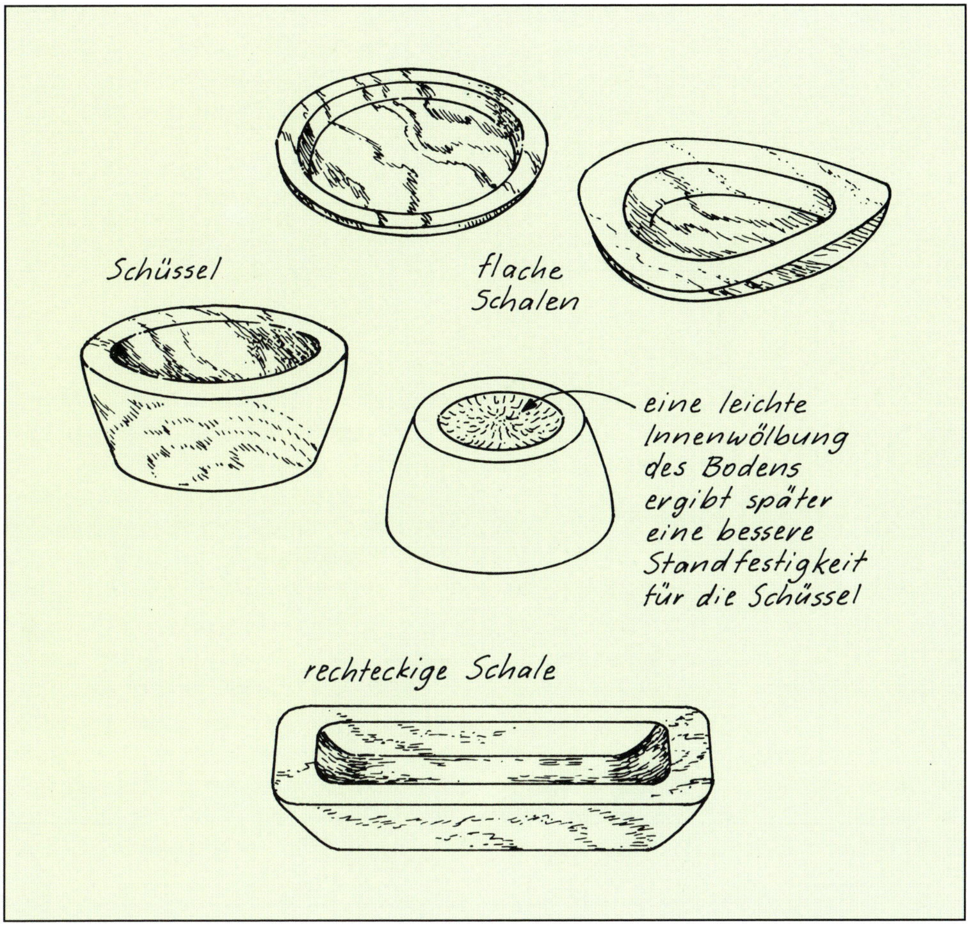

zeug nachgearbeitet werden. Man verwendet dazu einen sogenannten Schwanenhals (geschwungene Ziehklinge), dessen verschieden starke Krümmungen sich jeder Rundung anpassen.
Der letzte Feinschliff erfolgt mit Sandpapier. Wird das Holz zwischendurch angefeuchtet, richten sich die lockeren Holzfasern auf und können nach dem Abtrocknen der Oberfläche besser abgeschliffen werden. Nach dem Innenprofil geht es ans Modellieren der Außenform. Mit der Säge wird die Form der Schale grob zugeschnitten. An einer Ecke wird das Werkstück mit der Schraubzwinge wieder auf der Werkbank befestigt. Diese Ecke wird als schmaler Steg für die Befestigung möglichst lange stehengelassen und erst abgestochen, wenn die Form herausgearbeitet ist, daß man eine Schraubzwinge mit langem Spannarm auf dem Boden der Schale ansetzen kann. Mit dem Stechbeitel (Eisen mit gerader Schneide) oder Balleisen läßt sich die Außenwölbung der Gefäße gut anlegen. Ähnlich wie beim Flacheisen (Hohleisen) erreicht man einen sauberen Schnitt durch eine leichte Seitwärtsbewegung des Eisens während des Vorstoßes.
Es sollte dabei öfters kontrolliert werden, ob sich die Form der Außenwand der Innenform anpaßt. Eine zu dünne Wandung der Schale nimmt dieser Werkarbeit die materialeigene Ausstrahlungskraft. Korrekturen an der Außenform werden mit der Raspel und der Holzfeile vorgenommen.
Die Feinarbeit mit Schleifpapier und Ziehklinge erfordert abschließend noch sehr viel Sorgfalt und Ausdauer. Vor allem die Hirnflächen weicher Hölzer sind nur sehr schwer

zu glätten, da sich der feine Holzstaub immer wieder in den Holzporen festsetzt. Hier hilft oft nur ein Vorlackieren dieser Fläche mit einem schnell trocknenden Lack. Bei einem erneuten Schleifen, nach der Aushärtung des Anstrichs wird die Holzfläche glatt. Die Maserung des Holzes zeigt ihre volle Schönheit erst nach der Oberflächenbehandlung mit Wachs, Leinöl oder einem farblosen Lack.

Behälter mit Geheimverschluß

Zum Aufbewahren des Taschengeldes oder eines Briefes, den nicht jeder lesen soll, ist ein kleiner Holzkasten, der nur mit einem einfachen Trick geöffnet werden kann, ideal.

Am besten eignet sich dazu ein Kästchen mit Schwenkdeckel und Stiftriegel. Damit der Behälter stabil wird, verwendet man auch stärkere Holzteile. Wer sich die Teile nicht selbst zuschneiden kann, der besorgt sich beim Schreiner oder im Holzhandel gehobelte Fichtenware oder besser (aber auch teurer) Buchen- oder anderes Laubholz.

Zuerst wird der eigentliche Kasten (Unterteil) zusammengeleimt und mit dünnen Drahtstiften genagelt. Zwei kurze und zwei lange Seitenteile bilden den Rahmen, auf den der Boden aufgesetzt wird.

In derselben Weise wird der Deckel angefertigt. Die Deckplatte wird jedoch noch nicht mit dem Deckelrahmen verleimt, sondern nur mit den Drahtstiften vorläufig angeheftet.

Mit der Feinsäge muß nun von diesem Deckel am 4 cm dicken Kopfteil zweifach schräg (horizontal und vertikal) ein Stück (siehe Abbildung) abgeschnitten werden. Dieser Abschnitt ist als spätere Deckelhalterung mit der breiten Kopfleiste des Kastenunterteils zu verleimen und zu verschrauben. Auch das kleine Teil der abgeschnittenen Deckplatte wird verleimt. Der restliche Deckelrahmen kann nun in diese Halterung eingefügt und passend auf das Kastenunterteil gelegt werden. Zur weiteren Bearbeitung

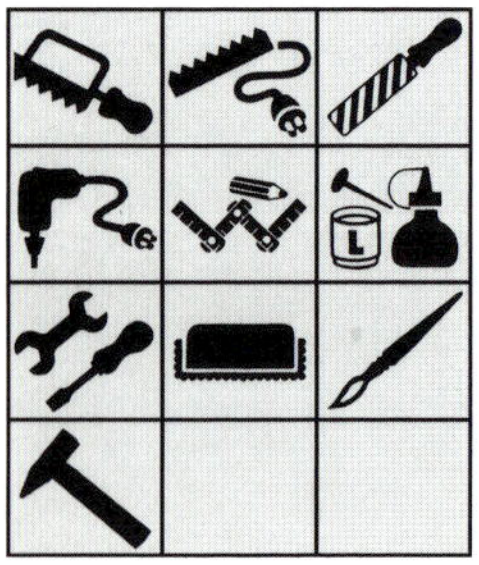

Behälter mit Geheimverschluß •••••

Menge	Bezeichnung	Maße in mm	Material	Kenn-Nr.
2	Seitenteile für Kastenoberteil	8 x 25 x 200	Fichten- oder Buchenholzleisten	1
1	Kopfleiste für Kastenoberteil	40 x 25 x 70	Fichten- oder Buchenholzleisten	2
1	Fußleiste für Kastenoberteil	30 x 25 x 70	Fichten- oder Buchenholzleisten	3
1	Deckbrett	3 x 86 x 200	Sperrholz	4
2	Seitenteile für Kastenunterteil	8 x 50 x 200	Fichten- oder Buchenholzleisten	5
1	Kopfleiste für Kastenunterteil	40 x 50 x 70	Fichten- oder Buchenholzleisten	6
1	Fußleiste für Kastenunterteil	30 x 50 x 70	Fichten- oder Buchenholzleisten	7
1	Bodenbrett	3 x 86 x 200	Sperrholz	8

1 Holzschraube 4,5 x 45 mm / 1 Stiftriegel (Nagel) 4,0 x 20 mm / kleine Drahtstifte / Holzleim / Farben / Wachs oder Lack

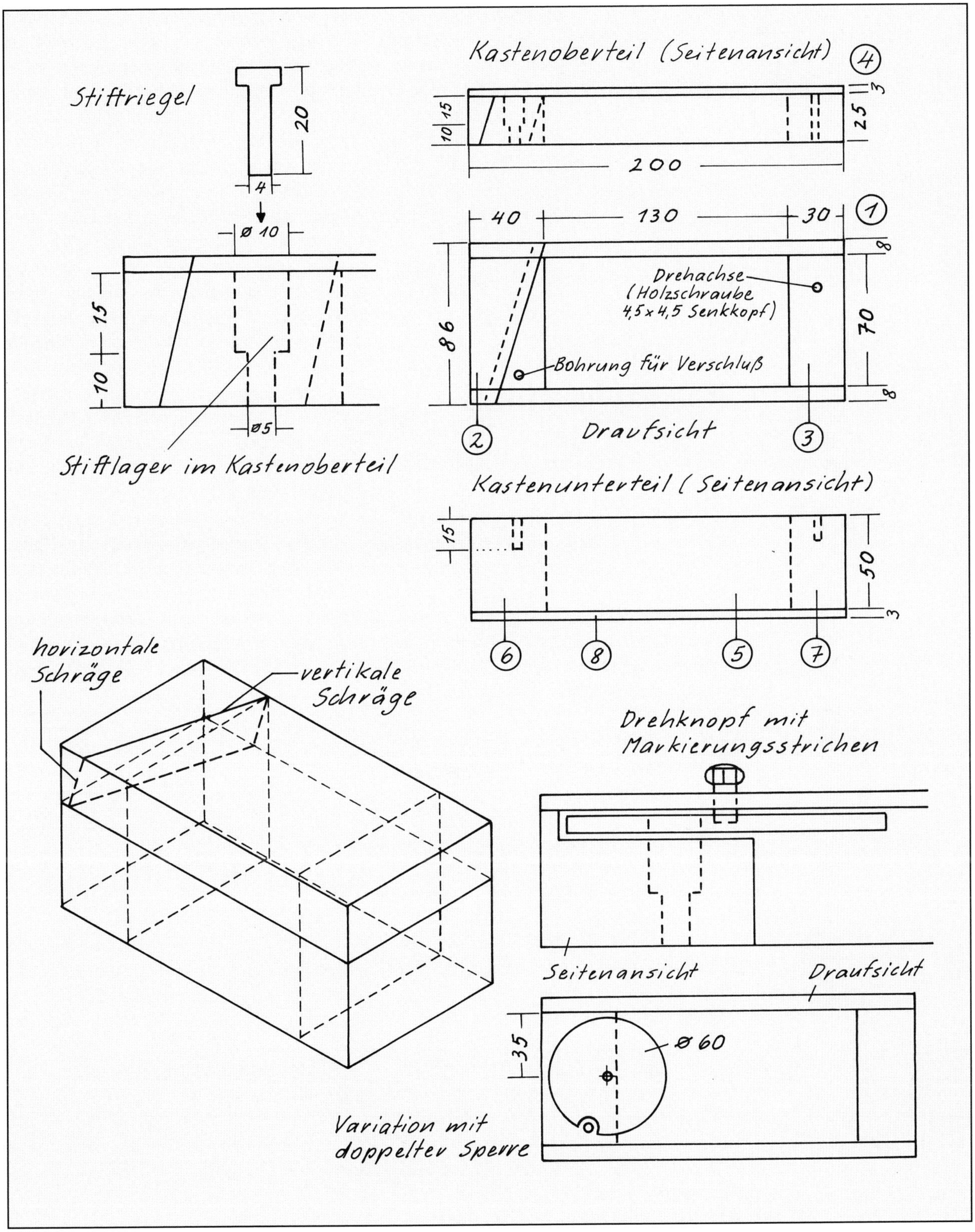

Stiftriegel
20
4
ø 10
15
10
ø5
Stiftlager im Kastenoberteil
Kastenoberteil (Seitenansicht)
4
3
10
15
25
200
40
130
30
1
8
86
70
Drehachse (Holzschraube 4,5x4,5 Senkkopf)
Bohrung für Verschluß
2
Draufsicht
3
Kastenunterteil (Seitenansicht)
15
50
3
6
8
5
7
horizontale Schräge
vertikale Schräge
Drehknopf mit Markierungsstrichen
Seitenansicht
Draufsicht
35
ø 60
Variation mit doppelter Sperre

In diesem Holzkasten sind kleine Geheimnisse sicher aufbewahrt.

ist es sinnvoll, die Teile mit einer Klemmzwinge zusammenzuhalten. So können die notwendigen Löcher besser gebohrt werden.
Eine 10-mm-Bohrung im Kastenoberteil dient als Lager für den Verschlußstift. (*Achtung:* Bohrlochtiefe 15 mm.) Mit einem 5-mm-Bohrer wird dann weitergebohrt, bis eine Bohrtiefe von ca. 15 mm in der darunterliegenden Leiste erreicht ist. Am Fußende des Deckels ist auch eine 5-mm-Bohrung notwendig für die Holzschraube, um die der Deckel geschwenkt wird. *Achtung:* Nur die Deckelleiste durchbohren; in der unteren Leiste muß mit einem dünneren Bohrer vorgebohrt werden, sonst hält die Schraube nicht.
Vor dem weiteren Zusammenbau müssen alle Teile abgeschliffen und lackiert werden (noch zu verleimende Flächen nicht lackieren). Insbesondere die Bohrungen für den Sperrstift müssen glatt und frei von Holzfasern sein, damit sich der Stift leicht bewegen kann. Der Sperrstift ist leicht aus einem 4 mm dicken Nagel herzustellen. Dazu wird am Kopfende ein 20 mm langes Stück abgesägt und mit einer Feile von Spitzen und Ecken befreit. Auch der Nagelkopf muß bearbeitet werden. Wenn der Stift gut eingepaßt ist und sich leicht bewegen läßt, wird der Deckelrahmen mit einer Holzschraube so auf das Kastenunterteil geschraubt, daß sich beide Teile noch gegeneinander bewegen lassen. Ein wenig Boden- oder Kerzenwachs ist als Gleitmittel hilfreich.
Abschließend kann man das Deckbrett aufleimen und -nageln. Nagellöcher sind mit Holzkitt zu verschließen und abzuschleifen. Mit einem letzten Lackanstrich wird eine schöne Holzoberfläche erzielt. Ist die Dose geschlossen, so fällt der Metallstift durch die Schwerkraft in die Bohrung und verriegelt die Dose. Sie läßt sich nur öffnen, wenn sie auf den Kopf gestellt wird, so daß der Stift wieder zurückgleitet.

Variation mit doppelter Sperre:

Ein Stellrad blockiert den Sperrstift. Erst bei entsprechender Einstellung des Rades kann der Stift zurückgleiten und die Dose geöffnet werden. In der breiteren Deckelleiste muß ein entsprechender Ausschnitt für das Stellrad angebracht werden. Mit Hilfe eines Drehknopfes auf dem Deckel läßt sich das Rad drehen.

Schauhölzer für kleine Mitbringsel

Wer gerne sammelt, möchte seine Schätze auch entsprechend aufbewahren. Eine gute Lösung stellen Schauhölzer dar. Die Federn, Muscheln, Kieselsteine, Kräuter, Haarlokken, Schmuckstücke oder viele andere Dinge können darin sicher aufbewahrt und jederzeit betrachtet werden.

Mit der Feinsäge und einer Schneidlade oder einer Gehrungssäge werden 35 mm lange Stücke von der gehobelten Massivholzleiste abgesägt.

Schauhölzer lassen sich einfach und preisgünstig herstellen.

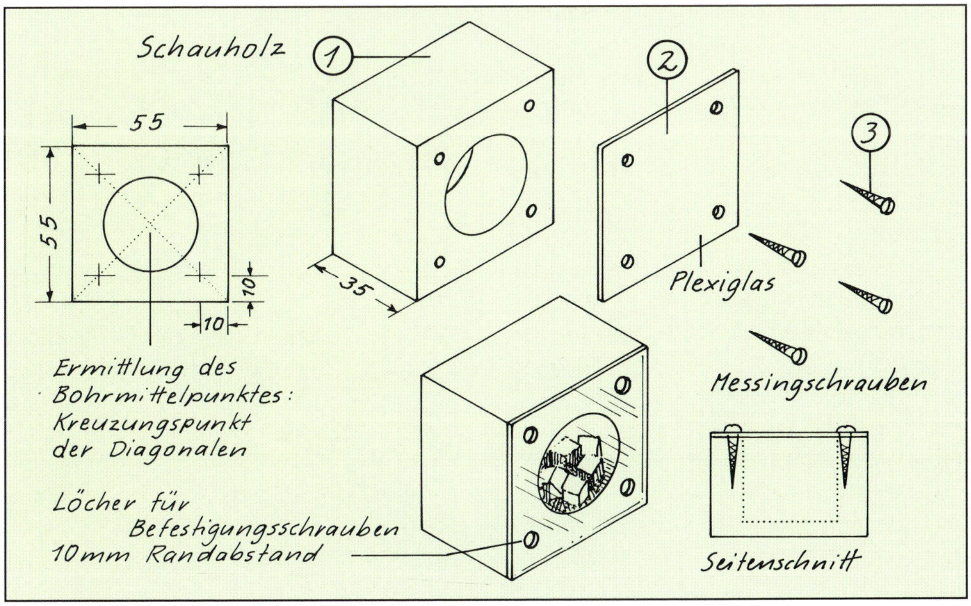

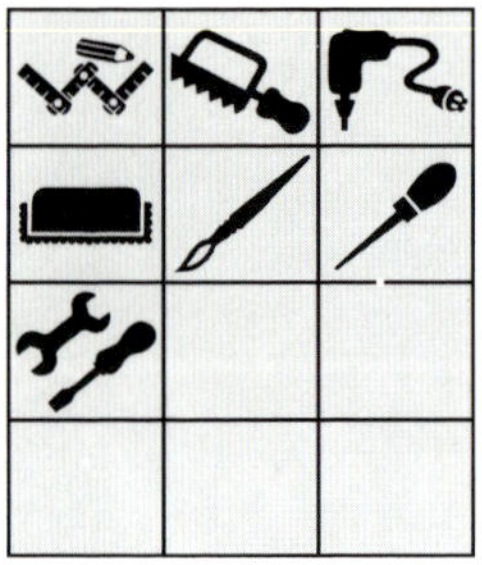

Schauhölzer ●●

Menge	Bezeichnung	Maße in mm	Material	Kenn-Nr.
1	Holzabschnitt	35 x 55 x 55	Fichten- oder Laubholzleiste	1
1	Deckscheibe	2 x 55 x 55	Plexiglas	2
4	Schrauben (Halbrundkopf)	2,0 x 15	Messing	3

Lack oder Bodenwachs

Die so entstandenen Hölzer, mit einer quadratischen Grundfläche, werden durch Ausbohren mit einem 35-mm-Topfbohrer zu kleinen Gefäßen. Wichtig: Man braucht dazu einen Bohrständer für die Bohrmaschine, damit man die Bohrtiefe genau einstellen kann. Das Holz soll nämlich nicht ganz durchbohrt werden. Ein 5 mm starker Boden ist ausreichend (Bohrtiefe = 30 mm). Als Abdeckung für das Schauholz verwendet man Plexiglas (Acrylglas), das entsprechend der quadratischen Holzfläche zugesägt (55 x 55 mm) und mit Befestigungslöchern für die Messingschrauben versehen wird (siehe Abbildung).

Nach dem Abschleifen und Lackieren wird das Schauholz mit den Sammelstücken gefüllt und mit dem Deckglas verschlossen.

Zettelblock

Eine kleine 20 mm starke Holzplatte dient als Papierauflage. Die Klemmleiste für die Notizzettel wird aus dem gleichen Holz gefertigt. Damit man beschriebene Zettel leichter abreißen kann, muß an dieser Leiste eine scharfe Reißkante angebracht werden.

Ein schmales Stahlband oder ein altes Sägeblatt einer Dekupiersäge eignen sich sehr gut dafür. Das Stahlband wird in einen mit 5 mm Abstand parallel zur Längskante der Leiste gesägten Schlitz so eingeleimt, daß es ca. 2 mm aus der Leiste herausragt. Mit zwei Schloßschrauben, passenden Unterlegscheiben und Flügelmuttern befestigt man die Klemmleiste auf der Grundplatte. Es

Ein Block für Notizen, ob in der Küche oder beim Telefon, ist immer eine praktische Sache. Auch als Geschenk für vergeßliche liebe Leute ist dieses Werkstück eine schöne Überraschung.

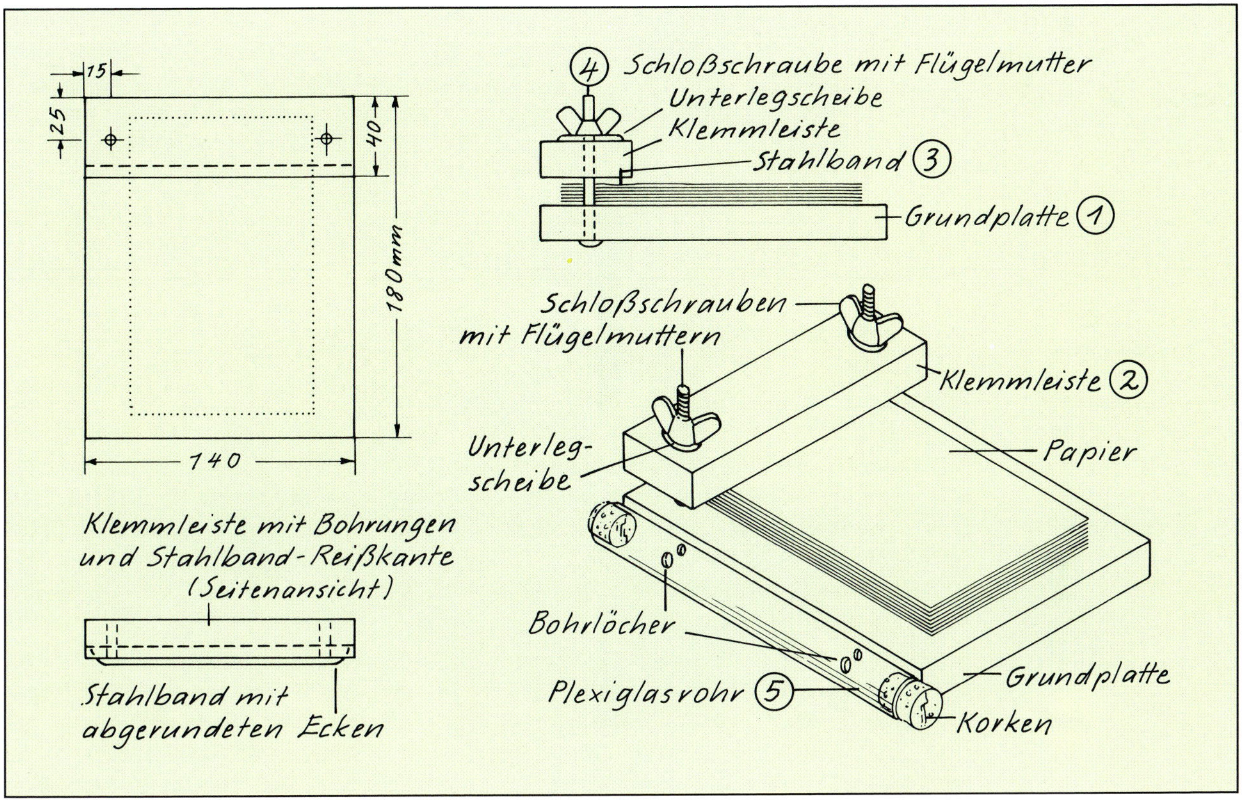

können etwa 200 Blatt Papier festgeklemmt werden.
Vor dem Zusammenbau werden die Einzelteile fein geschliffen und gewachst oder mit Wasserlack gestrichen.

Sehr praktisch ist eine zusätzliche Schreibstifthalterung. Sie läßt sich aus einem Plexiglasrohr einfach herstellen. Dazu wird das Rohr zweimal durchbohrt, so daß sich jeweils 2 Bohrlöcher ergeben (Bohrergröße: 3,5 mm). Mit einem 10-mm-Bohrer weitet man die äußeren Bohrlöcher auf und schraubt durch diese Öffnungen das Rohr mit Holzschrauben (3,0 x 20 mm) seitlich an die Grundplatte. Mit entsprechendem Korken oder Gummistopfen kann man die Schreibstifthalterung verschließen.

Zettelblock ●●

Menge	Bezeichnung	Maße in mm	Material	Kenn-Nr.
1	Papierauflage (Grundplatte)	20 x 140 x 180	Fichtenleimholz oder Tischlerplatte	1
1	Klemmleiste	16 x 40 x 140	Fichtenleimholz	2
1	Reißkante	ca. 130 Länge	Stahlband oder Sägeblatt	3
2	Schrauben mit Flügelmuttern und Unterlegscheiben	M 5,0 x 60	Schloßschrauben	4
1	Schreibstifthalterung	20 ∅ / 180 lang	Plexiglasrohr	5

Holzschrauben 3,0 x 20 mm / Holzleim / Lack / Korken

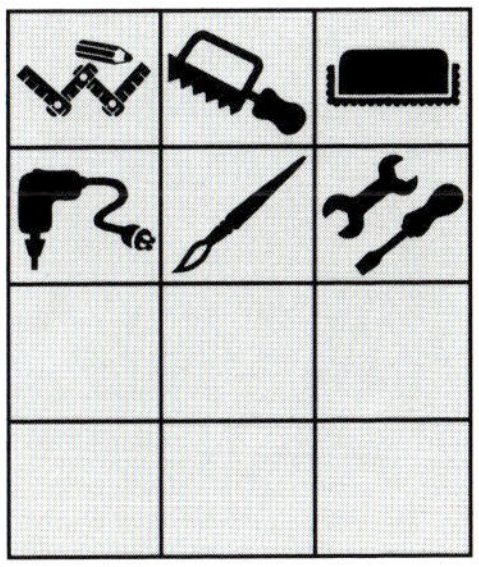

Schaukelpferd

Mit einem selbstgebauten Schaukelpferd kann man einem Kind auch in der heutigen technisierten Welt eine große Freude machen. Wichtig ist dabei nur, daß alles stabil verarbeitet wird und sich das Kind nirgends verletzen kann. Bei der Ausgestaltung sind der Phantasie keine Grenzen gesetzt. Das Pferd kann naturbelassen bleiben oder schön bunt angemalt werden.

Entsprechend der Vorlage fertigt man die Einzelteile aus 12 mm starkem Sperrholz an. Die Kufenbretter (Seitenteile) werden entlang der Lauffläche mit Kufenleisten aus Sperrholz verstärkt (aufleimen und verschrauben). Dadurch wird die Lauffläche der

Ein Schaukelpferd kann man aus leichtem Sperrholz und einem Stück Tischlerplatte preiswert selber bauen.

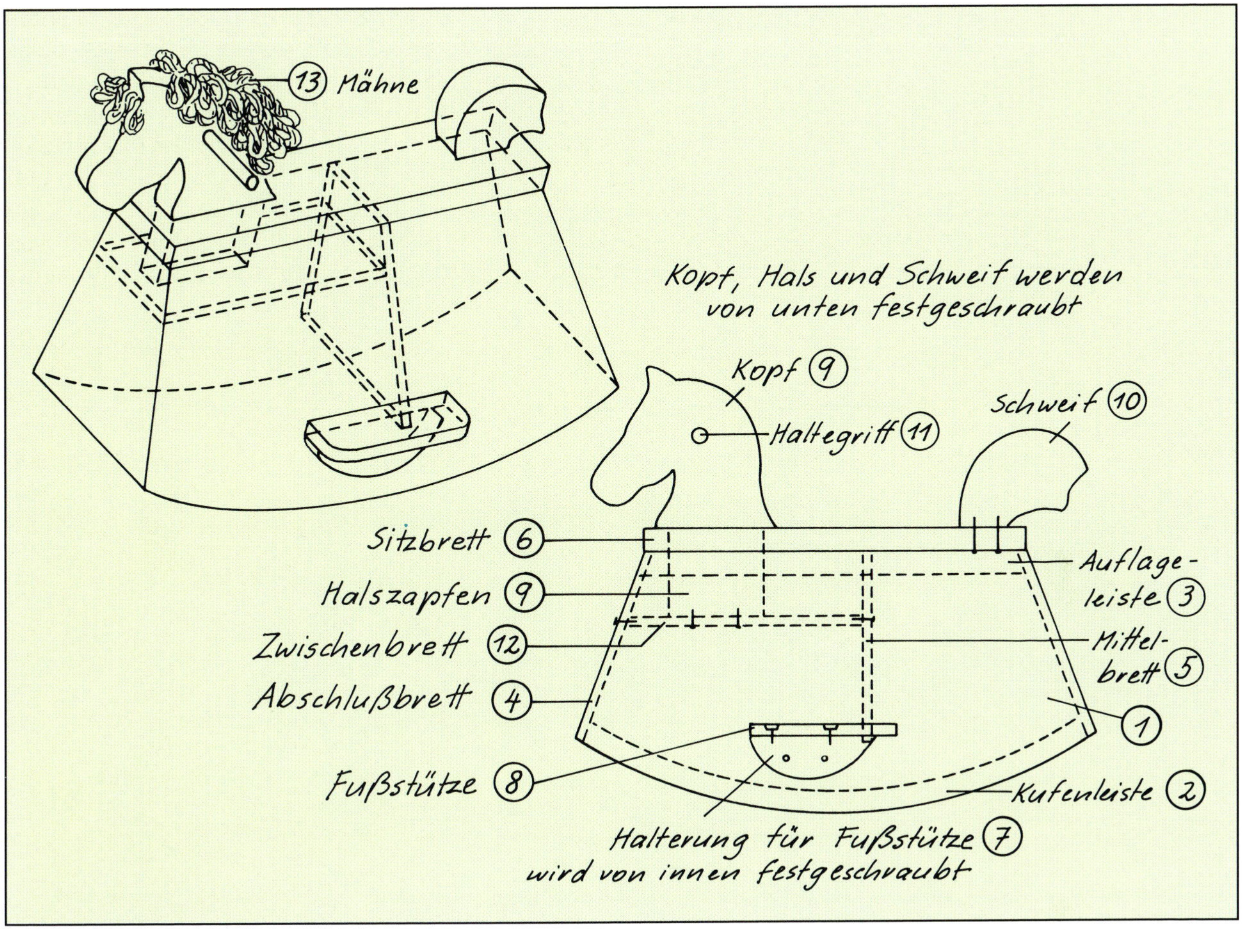

Schaukelpferd ●●●●●

Menge	Bezeichnung	Maße in mm	Material	Kenn-Nr.
2	Kufenbretter	12 x 880 x 42	Buchensperrholz	1
2	Kufenleisten	12 x 50 x 940	Buchensperrholz	2
2	Auflageleisten	12 x 50 x 630	Buchensperrholz	3
2	Abschlußbretter	12 x 300 x 310	Buchensperrholz	4
1	Mittelbrett	12 x 300 x 310	Buchensperrholz	5
1	Sitzbrett	12 x 140 x 650	Buchensperrholz	6
2	Fußstützenhalterungen	40 x 80 x 210	Tischlerplatte	7
2	Fußstützen	12 x 80 x 250	Buchensperrholz	8
1	Kopfteil	40 x 260 x 430	Tischlerplatte	9
1	Schweifbrett	40 x 160 x 200	Tischlerplatte	10
1	Haltegriff	15 ⌀ / 200 lang	Buchenrundholzstab	11
1	Zwischenbrett	12 x 200 x 400	Buchensperrholz	12
1	Mähne	ca. 50 x 300	Mop	13

Holzschrauben 3,5 x 20 mm und 3,5 x 25 mm / Holzleim / Lack / Wachs

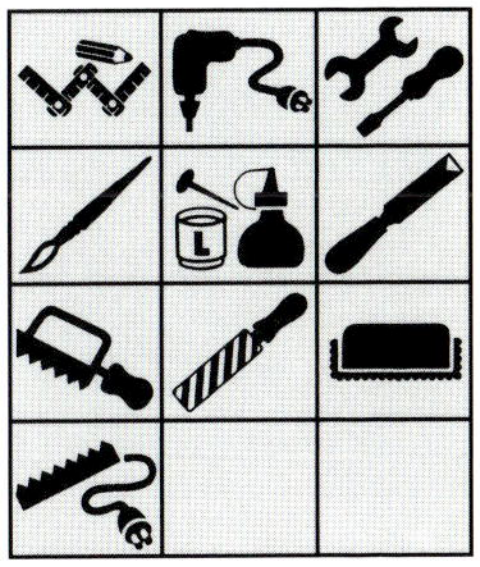

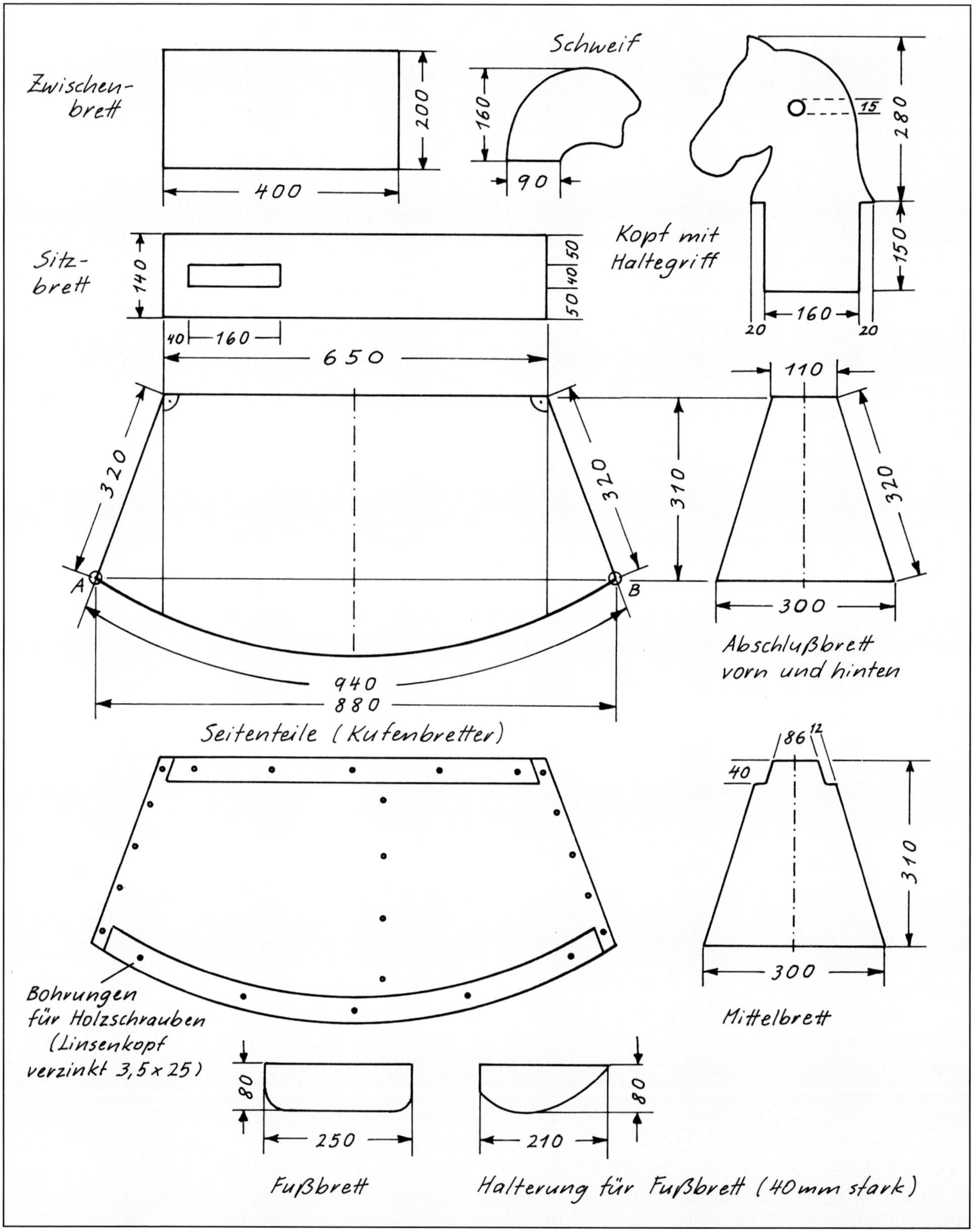

Zwischenbrett
200
400
Schweif
160
90
Kopf mit Haltegriff
15
280
150
160
20
20
Sitzbrett
140
50
40
50
40
160
650
110
320
320
310
320
A
B
300
940
880
Abschlußbrett vorn und hinten
Seitenteile (Kufenbretter)
86
12
40
310
300
Bohrungen für Holzschrauben (Linsenkopf verzinkt 3,5 × 25)
Mittelbrett
80
250
80
210
Fußbrett
Halterung für Fußbrett (40 mm stark)

Kufen verbreitert. Auch am Oberteil der Seitenbretter bringt man eine Verstärkung zur besseren Befestigung an.
Das Sitzbrett erhält für den Kopf einen Ausschnitt, der mit dem Stemmeisen oder der Stichsäge herausgeschnitten wird.
Für Kopf, Schweif und die beiden Halterungen für die Fußstützen verwendet man eine 40 mm starke Tischlerplatte oder entsprechendes Massivholz. Das Kopfteil muß so gearbeitet werden, daß es exakt in die dafür vorgesehenen Ausschnitte des Sitzbretts paßt. Ein Hartholzstab wird als Haltegriff in das Kopfteil eingeleimt.
Nun kann der Unterbau des Schaukelpferdes verleimt und verschraubt werden. Durch die schräge Bauweise stoßen die Bretter nicht exakt rechtwinklig aufeinander. Dieser Schönheitsfehler stört die Funktion jedoch nicht. Noch größer ist die Abweichung vom rechten Winkel bei der Sitzbrettauflage. Hier ist eine Angleichung an die Waagrechte, d. h. Abschrägung der Seitenbretter mit der Holzfeile oder dem Hobel notwendig, ebenso bei den Laufflächen der Kufen. Liegt das Sitzbrett überall gleichmäßig auf, so wird es verleimt und verschraubt und der Schweif daran befestigt. Nun kann man das Kopfteil einpassen. Der Zapfen am Hals muß bis zum Zwischenbrett reichen; unter Umständen ist das Holz entsprechend zu kürzen. Leim und Schrauben ergeben auch hier eine stabile Verbindung.
Zum Schluß werden die Fußstützen angebracht. Zur Verschönerung und als Holzschutz wird das Schaukelpferd lackiert oder gewachst.
Ein halbierter Staubwischer (Mop) ergibt eine wunderschöne Mähne. Sie wird einfach aufgeleimt.

Hinweis zur Konstruktion der Kufenrundung: Zwischen die Konstruktionspunkte A und B, die jeweils durch einen halb eingeschlagenen Nagel markiert sind, wird eine 94 cm lange, dünne Holzleiste gespannt. Da die Strecke AB kürzer als die Holzleiste ist, ergibt sich automatisch die richtige Kufenrundung.

Buntes Futterhaus

Zuerst fertigt man aus den Seiten- und Giebelteilen den zentralen Körnerbehälter (Leimen und Verschrauben). An den Giebelspitzen müssen die Aussparungen für die Firstleiste ausgesägt werden (siehe Abbildung). Diese Leiste ermöglicht eine bessere Dachbefestigung. Mit reichlich Leim und kleinen Holzschrauben (Spax) wird das Dach am Unterbau befestigt.

Um den eigentlichen Futterplatz vor Regen und Schnee zu schützen, muß die Grundplatte überdacht werden. Dies erreicht man durch Vorbauten und Türmchen aus verschieden starken und langen Leistenabschnitten, die im oberen Bereich des Baukörpers angebracht werden. Auf jeden Vorbau wird mit einem entsprechenden Sperrholzbrettchen ein Dach aufgeleimt. Hier darf nach Lust und Laune angebaut werden.
Anschließend wird das zweite Bauteil, die Grundplatte hergestellt. Die Distanzleisten werden entsprechend der Abbildung zugeschnitten und als Zentralkreuz genau in der Mitte der Grundplatte befestigt. Darüber kommt die aus einem Stück Massivholz

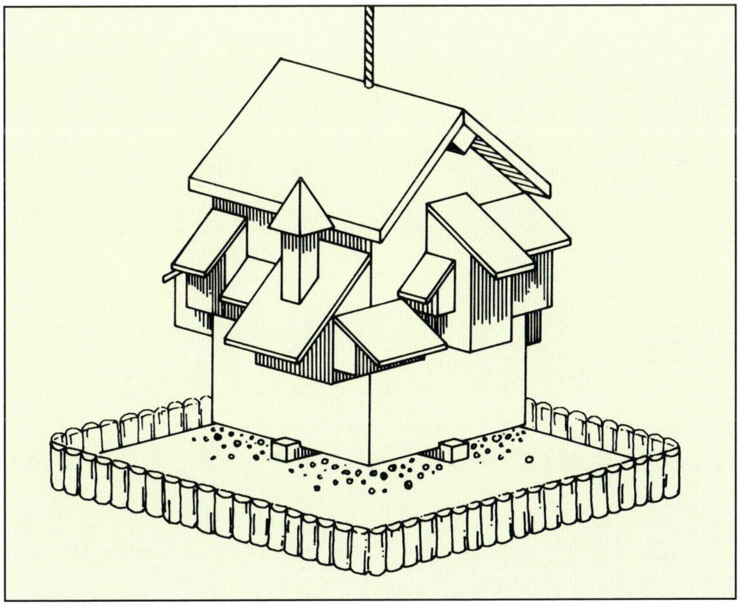

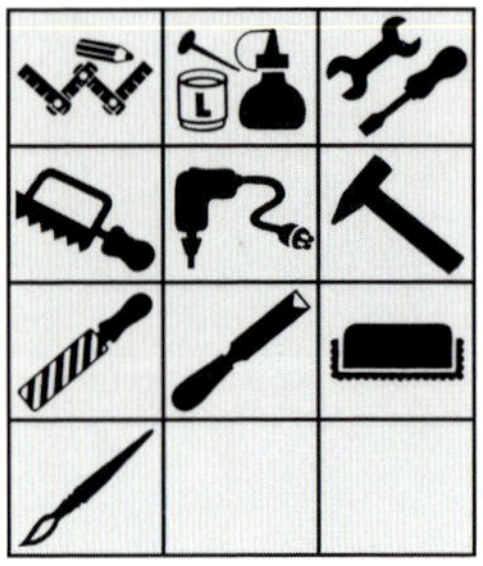

Buntes Futterhaus ●●●

Menge	Bezeichnung	Maße in mm	Material	Kenn-Nr.
2	Seitenteile für Körnerbehälter	20 x 160 x 300	wasserfestes Sperrholz oder Massivholzbretter	1
2	Giebelteile für Körnerbehälter	20 x 200 x 400 (300)	wasserfestes Sperrholz oder Massivholzbretter	2
2	Dachteile	10 x 160 x 240	wasserfestes Sperrholz	3
1	Firstleiste	25 x 25 x 240	Massivholzleiste	4
2	Distanzleisten	25 x 25 x 240	Massivholzleiste	5
1	Grundplatte	20 x 400 x 400	wasserfestes Sperrholz oder Massivholzbrett (Leimholz)	6
1	Zentralpyramide	100 x 100 x 100	Massivholzabschnitt	7
ca. 120	Zaunlatten	Länge 50	Haselnußstöckchen halbiert	8
12 – 15	Vorbauten mit Dachbrettchen	beliebig	Massivholzleistenabschnitte und Sperrholzbrettchen	9

Holzleim / Holzschrauben / Kunstfaserseil / Drahtstifte / Heißkleber / Farbe / Lack

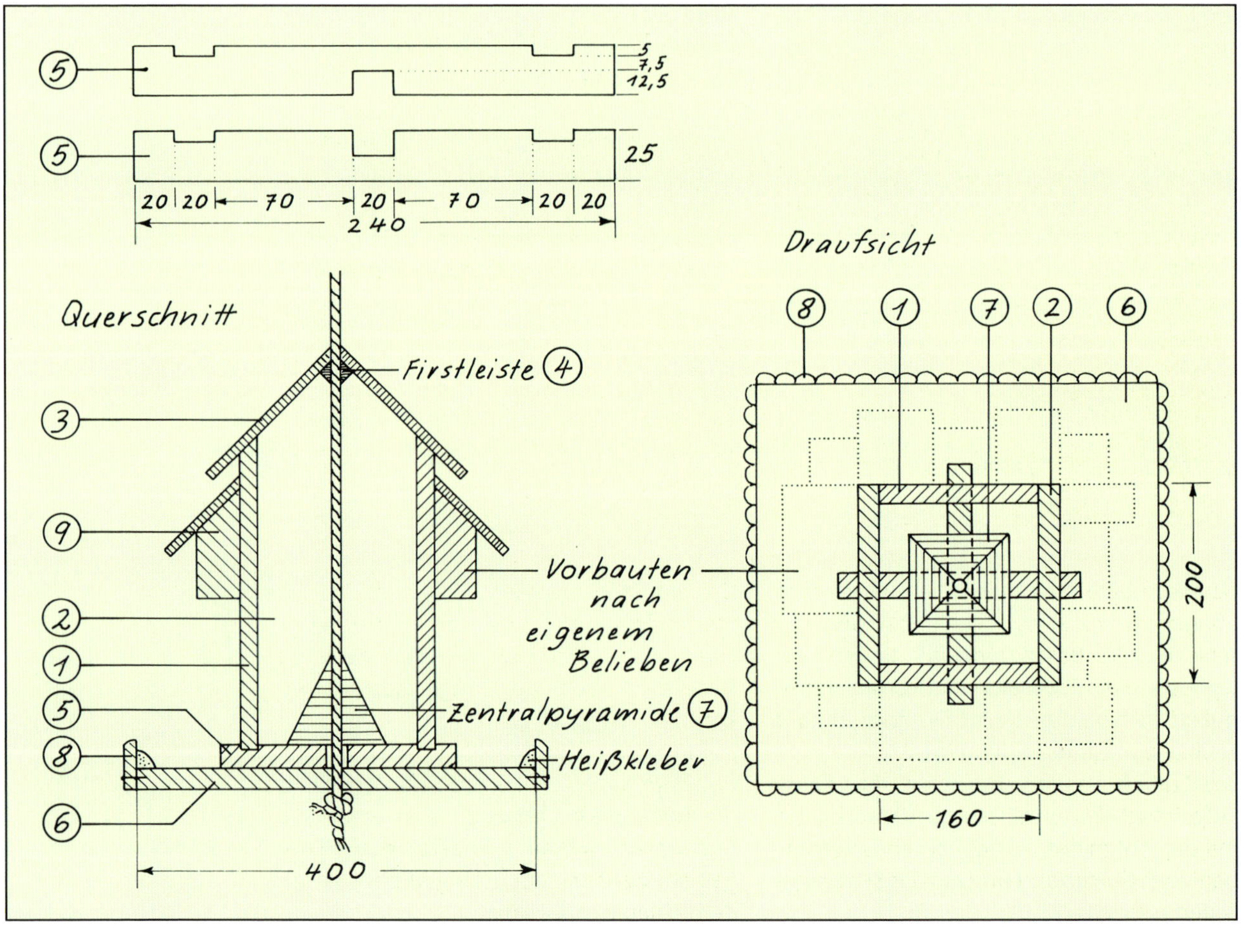

Das bunte Futterhaus hat ein großes Körnersilo und braucht deshalb nur selten nachgefüllt werden.

herausgesägte Pyramide. Die Futterkörner können so besser aus dem Vorratsbehälter rutschen. Als Begrenzung des Futtertischs eignet sich ein Zaun aus geschlitzten Haselnußstöckchen, die sich mit Drahtstiften und Heißkleber gut befestigen lassen.
Das Futterhaus wird an einer starken Leine aufgehängt. Dazu müssen die Grundplatte mit der Pyramide und das Dach des Körnerbehälters durchbohrt und auf das Seil aufgezogen werden.

Das ganze Futterhaus wird bunt bemalt und lackiert. Sehr grelle oder silbrig glänzende Farben sind nicht geeignet, da sie die Vögel durch Lichtspiegelungen abschrecken können.
Zum Körner einfüllen muß man das Haus auf den Kopf stellen, die Leine zurückziehen und die Bodenplatte abheben. Erst wenn die Bodenplatte wieder aufgesetzt ist, wird der gefüllte Behälter rasch umgedreht und an der Schlaufe aufgehängt.

Ein kleines Futterhaus für Balkon oder Garten.

Kleine Futterstelle

Wem das bunte Futterhaus von Seite 59 zu groß ist, baut sich diese kleine Futterstelle, die sogar auf einem Balkon seinen Platz finden kann. Dieser einfache Futterautomat für Körnerfutter kann schon mit wenig Materialaufwand hergestellt werden.

Mit Leim und kleinen Nägeln werden die Einzelteile zusammengefügt. Entsprechend der Abbildung befestigt man die Rückwand und die Seitenteile an der Bodenplatte, verbindet die Wände und fügt die Vorderseite des Kastens ein. Der Körnerauslaßschlitz sollte ca. 2 cm hoch sein. Eine mit den Seitenteilen bündige Querleiste auf dem Bodenbrett verhindert, daß allzuviel Körner aus dem Vorratsbehälter rutschen.

Als Anflughilfe für die Vögel wird eine schmale Leiste an der Stirnseite des Bodenbretts angebracht.

Mit zwei Bandscharnieren läßt sich der Deckel des Futterkastens an der Rückwand befestigen, so daß bei Bedarf schnell und mühelos Körner in den Vorratsbehälter nachgefüllt werden können.

Zwei quer über der Rückwand angebrachte Abstandsleisten dienen mit einer Draht-

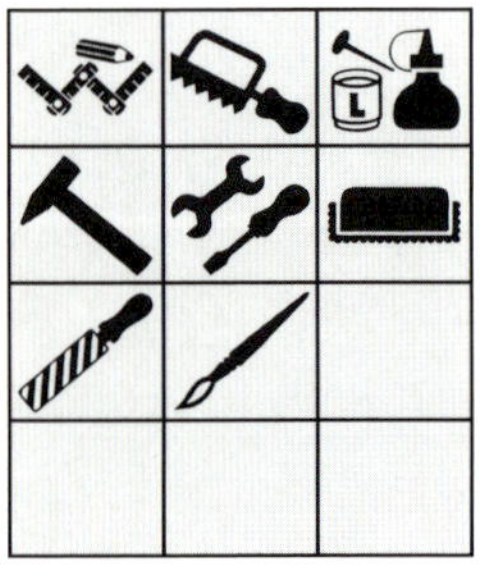

Futterstelle ●●●

Menge	Bezeichnung	Maße in mm	Material	Kenn-Nr.
1	Bodenbrett	15 x 100 x 10	Leimholzbrett (Kiefer, Fichte)	1
2	Seitenteile	10 x 90 x 200 (150)	wasserfestes Sperrholz oder Leimholzbretter	2
1	Rückwand	10 x 100 x 200	wasserfestes Sperrholz oder Leimholzbretter	3
1	Vorderwand	10 x 100 x 120	wasserfestes Sperrholz oder Leimholzbretter	4
1	Deckel	10 x 140 x 150	wasserfestes Sperrholz oder Leimholzbretter	5
1	Querleiste	10 x 10 x 100	wasserfestes Sperrholz oder Leimholzbretter	6
1	Anflugleiste	10 x 30 x 120	wasserfestes Sperrholz oder Leimholzbretter	7
2	Abstandsleisten	15 x 15 x 120	Fichtenholzleisten	8

Bandscharniere / Holzleim / Holzschrauben / Nägel / Farbe / Lack / Draht für Aufhängung

schleife als Aufhängevorrichtung. *Hinweis:* Leicht schräg eingeschlagene Nägel ergeben eine stabilere Holzverbindung.

Abschließend kann alles bunt bemalt und lackiert werden. Auch bei diesem Futterhaus gilt es, für die Bemalung keine grellen und glänzenden Farben zu verwenden, da diese die Vögel abschrecken könnten.

Alternative: Mit geringem Aufwand kann man die Futterstelle umbauen und darin Weichfutter, z. B. für Meisen, anbieten. Dazu wird die Vorderwand des Behälters durch ein engmaschiges Drahtgeflecht ersetzt. Zusätzlich müssen dann aus Stabilitätsgründen die Seitenwände der Futterstelle durch zwei Querleisten miteinander verbunden werden. Diese Leisten dienen außerdem zur Befestigung des Drahtgeflechtes.

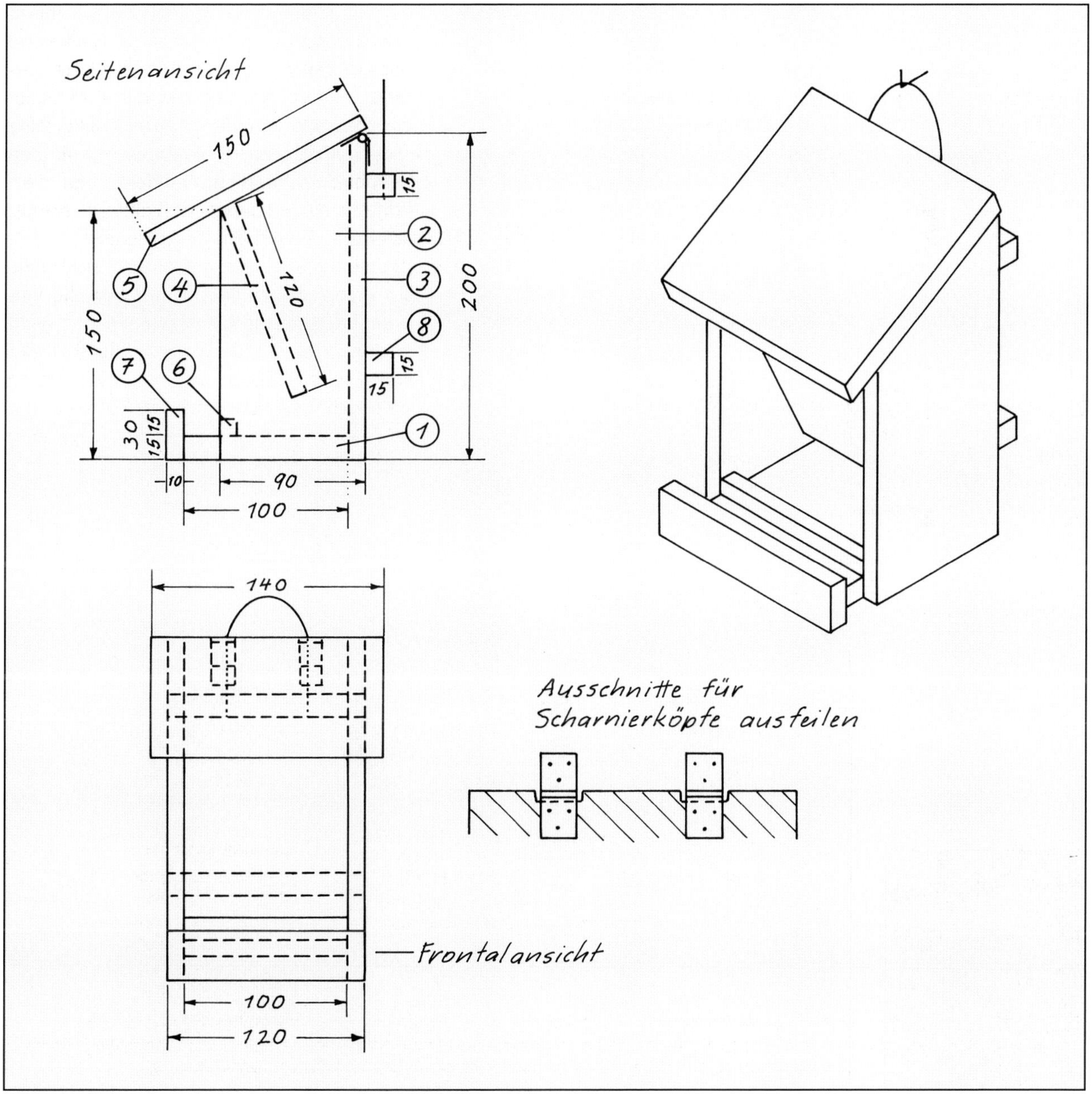

Großer Spielkran (ca. 2 m)

Das Besondere an diesem Kran ist seine Größe, die Sitzbank und die Kurbel, mit der man Ausleger und Lasthaken bewegen kann.

Das Werkstück ist aus folgenden Bauteilen zusammengesetzt: Grundplatte mit Rollen, Sitzbank, Kranturm, Ausleger und Kurbeln mit Seilzügen.

Für die Grundplatte verwendet man am besten eine 20 mm starke Leimholzplatte. Auf die Unterseite dieser Platte montiert man kleine Möbelrollen, vorne zwei starre, hinten zwei drehbare Rollen (siehe Abbildung). Auch die Bohrungen für die Befestigungsschrauben von Kranturm und Sitzbank sind aus der Abbildung zu ersehen.

Für den Kranturm werden zwei 145 cm lange Hartholzleisten mit den entsprechenden Abstandshölzern zu einer stabilen Doppelleiste verleimt und verschraubt. Auch hier sind noch zusätzliche Bohrungen für die Seilkurbeln, den Seilhaltestab, die Umlenkrolle und die Auslegerachse anzubringen (siehe Abbildung).

Der Ausleger (Kranarm) wird aus einer schmaleren Leiste gefertigt, die jedoch mit einer Dicke von 2 cm genau zwischen die Doppelleisten des Turmes paßt. Die Schraubösen im vorderen Teil des Auslegers dienen der Seilführung, die 6-mm-Bohrung nimmt die Auslegerachse auf (Schloßschraube: M6 x 70 mm mit Flügelmutter), und die zwei kleinen Bohrungen am Ende der Leiste sind für die Befestigung der Seilrolle.

Die Sitzbank ist eine einfache Leistenkonstruktion mit einem Sitzbrett und kleiner Lehne. Sämtliche Holzverbindungen werden einfach stumpf verleimt und verschraubt. Zur Endmontage verbindet man die Sitzbank mit dem Kranturm mit Holz-Senkkopfschrauben und schraubt die vorbereitete Grundplatte dagegen (Leim nicht

Spielkran ●●●●●

Menge	Bezeichnung	Maße in mm	Material	Kenn-Nr.
1	Grundplatte	20 x 200 x 550	Fichtenleimholz oder Sperrholz	1
1	Sitzbrett	20 x 180 x 300	Fichtenleimholz oder Sperrholz	2
1	Lehne	20 x 140 x 60	Fichtenleimholz oder Sperrholz	3
2	Turmleisten	20 x 50 x 1450	Hartholzleisten	4
4	Abstandshölzer	20 x 50 x 30	Hartholzleisten	5
2	Auflageleisten	20 x 50 x 60	Hartholzleisten	6
2	Querleisten	20 x 50 x 100	Hartholzleisten	7
1	Ausleger	20 x 30 x 1400	Hartholzleisten	8
2	Stellräder	10 x 80 ⌀	Hartholzbrett	9
2	Kurbelleisten	10 x 20 x 10	Hartholzleiste	10
2	Kurbelgriffe	60 x 10 ⌀	Buchenrundholz	11
2	Kurbelachsen	100 x 14 ⌀	Buchenrundholz	12
2	Feststeller	10 x 30 x 8	Hartholzbrett	13
4	Möbelrollen	ca. 30 ⌀	Metall / Kunststoff	14
2	Seilrollen	klein	Metall / Kunststoff	15
1	Umlenkrolle	ca. 10 ⌀	Metall / Kunststoff	16

Holzleim / Lack / Wachs / Farben / Kunststoffseil 3,5 mm ⌀ / Draht für Kranhaken / Hakengewicht / Schloßschraube 6,0 x 70 mm mit Flügelmutter / Holzschrauben 3,5 x 35 mm / Schraubösen / Unterlegscheiben

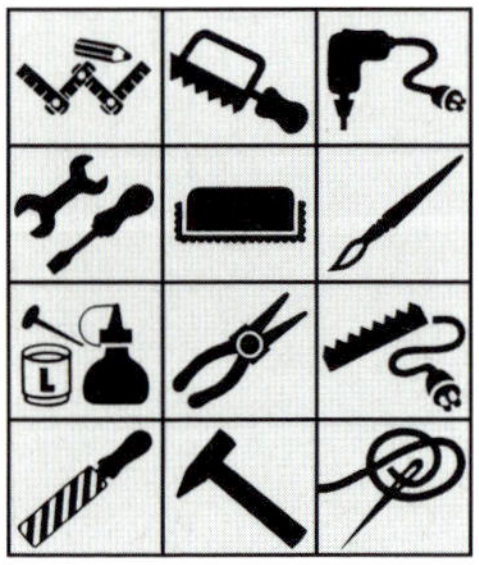

vergessen). Mit der Schloßschraube wird der Ausleger befestigt.
Abschließend müssen die schwierigsten Bauteile gefertigt und montiert werden: Die Seilkurbeln mit den Stellrädern und der Sperre. Für die Kurbelachse verwendet man einen 14 mm starken Hartholzrundstab. Das 16zähnige Stellrad und der Kurbelarm werden mit dieser Achse fest verleimt. In den Kurbelarm wird ein 10-mm-Rundstab als Griff eingeleimt.
Durch die einseitig gerichtete Zähnung des Stellrads kann die Seilkurbel in der Zahnrichtung durch die Sperre festgehalten werden, d. h. das Seil kann nicht mehr abspulen. Durch das Umlegen des Sperrholzes wird die Spule freigegeben. Mit Hilfe einer kleinen Bohrung (3 mm) durch die Kurbelachse

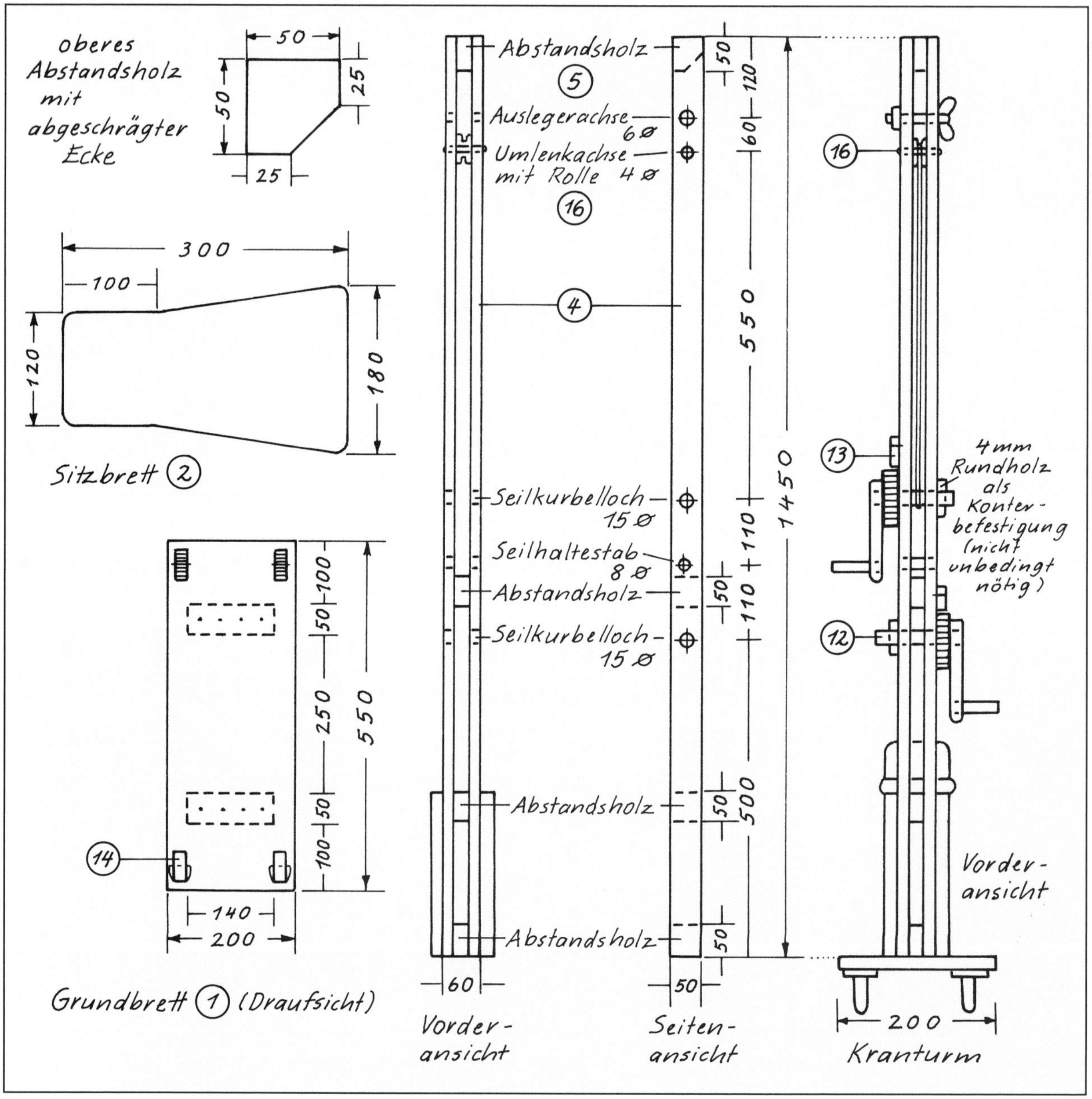

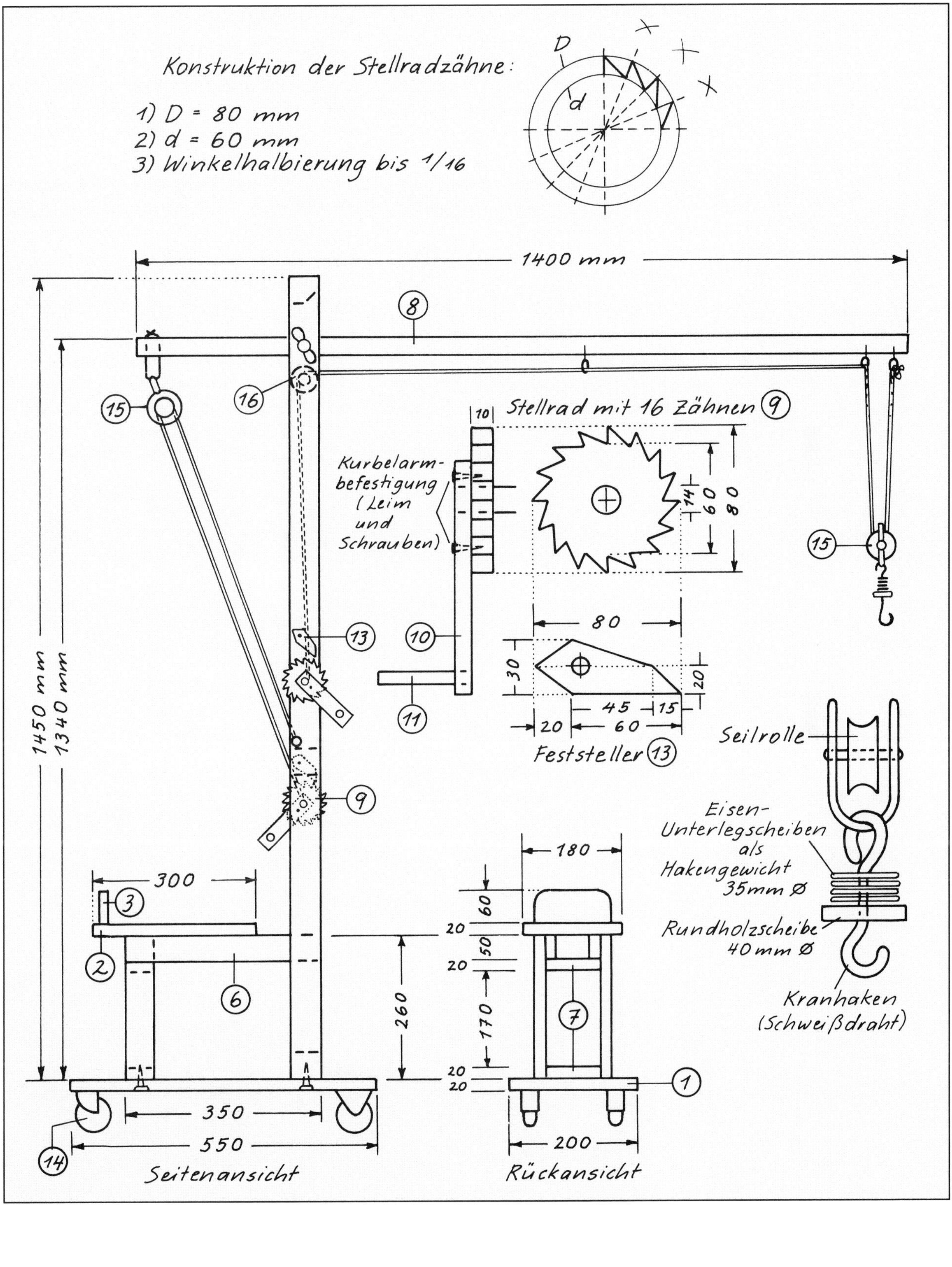

Konstruktion der Stellradzähne:
1) D = 80 mm
2) d = 60 mm
3) Winkelhalbierung bis 1/16
D
d
1400 mm
1450 mm
1340 mm
Stellrad mit 16 Zähnen (9)
10
Kurbelarm-befestigung (Leim und Schrauben)
14
60
80
80
30
20
45
15
20
60
Feststeller (13)
Seilrolle
Eisen-Unterlegscheiben als Hakengewicht 35mm Ø
Rundholzscheibe 40 mm Ø
Kranhaken (Schweißdraht)
300
260
180
60
20
50
20
170
20
20
350
550
200
Seitenansicht
Rückansicht

lassen sich die Zugseile befestigen. Dadurch erübrigt sich auch eine Konterbefestigung der Achse. Sie kann durch das aufgerollte Seil nicht mehr aus der Lagerung rutschen. Als Ausleger- und Kranseil verwendet man reißfeste Kunststoffseile, die entsprechend der Abbildung eingezogen werden.
Aus einem Stück Draht kann man einen einfachen Kranhaken biegen und an der vorderen Seilrolle mit einer Öse befestigen.

Besondere Arbeitshinweise:
Bohrungen für Schraubverbindungen werden mit dem Versenker entsprechend erweitert. Alle Teile werden mit Schleifpapier abgeschliffen. Zum Schluß wird das ganze Werkstück lackiert oder gewachst. Die Enden der Kunststoffschnüre fransen nicht aus, wenn sie mit einer Kerzenflamme verschmolzen werden.

Würfelbox

Eine einfache würfelförmige Holzdose erhält einen besonderen Reiz, wenn die Öffnung schräg angesetzt und der Deckel in Farbe und Form gestaltet wird.
Die 6 Teile verbindet man entsprechend der Abbildung vorläufig mit dünnen Drahtstiften (Nägel nicht ganz einschlagen, da die Teile nochmals voneinander getrennt werden müssen). Ausgehend von einer Ecke des Würfels wird über mindestens 3 nebeneinanderliegende Würfelflächen ein einfaches Motiv als Umrißzeichnung angebracht. Mit Hilfe einer Schablone gelingt dies auch ungeübten Zeichnern. Dazu wird das Motiv zuerst auf Papier gezeichnet und dann ausgeschnitten. Mit dieser Schablone lassen

In dieser Würfelbox lassen sich viele Kleinigkeiten aufbewahren.

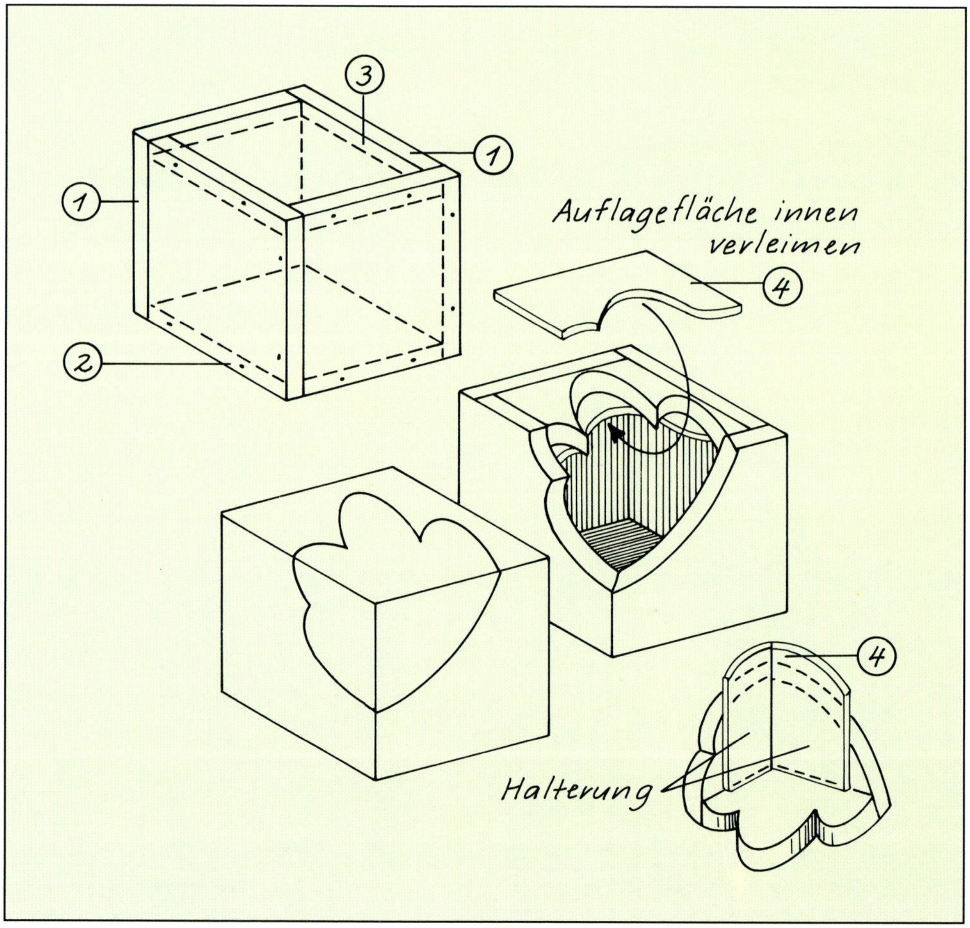

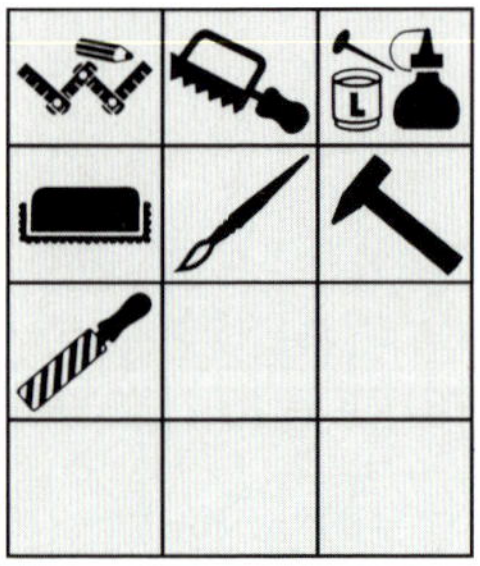

Würfelbox ●●●●

Menge	Bezeichnung	Maße in mm	Material	Kenn-Nr.
4	Seitenteile	8 x 92 x 100	Sperrholz 8 mm stark	1
1	Bodenbrett	8 x 84 x 84	Sperrholz 8 mm stark	2
1	Deckbrett	8 x 84 x 84	Sperrholz 8 mm stark	3
3	Haltebrettchen	nach Bedarf	Sperrholz 4 mm stark	4

Holzleim / Drahtstifte / Farbe / Lack

sich dann die Umrisse ganz leicht auf das Holz übertragen. Die Würfelflächen werden nun wieder auseinandergenommen und das Motiv mit der Laubsäge ausgesägt. Das Kästchen wird danach endgültig mit Leim zusammengefügt. Es entstehen 2 Teile: Behälter und Deckel.

Gegen die Innenseite des Behälteroberteils und des Deckels leimt man jeweils dünne Brettchen (3 – 4 mm überstehen lassen). Dadurch wird ein Abrutschen des Deckels nach außen verhindert.

Die Holzdose wird nun sauber gespachtelt, abgeschliffen, grundiert und zweifarbig bemalt (z. B. Behälter weiß / Deckel schwarz). Ein abschließender Überzug mit Lack bringt Glanz, ist aber nicht unbedingt notwendig.

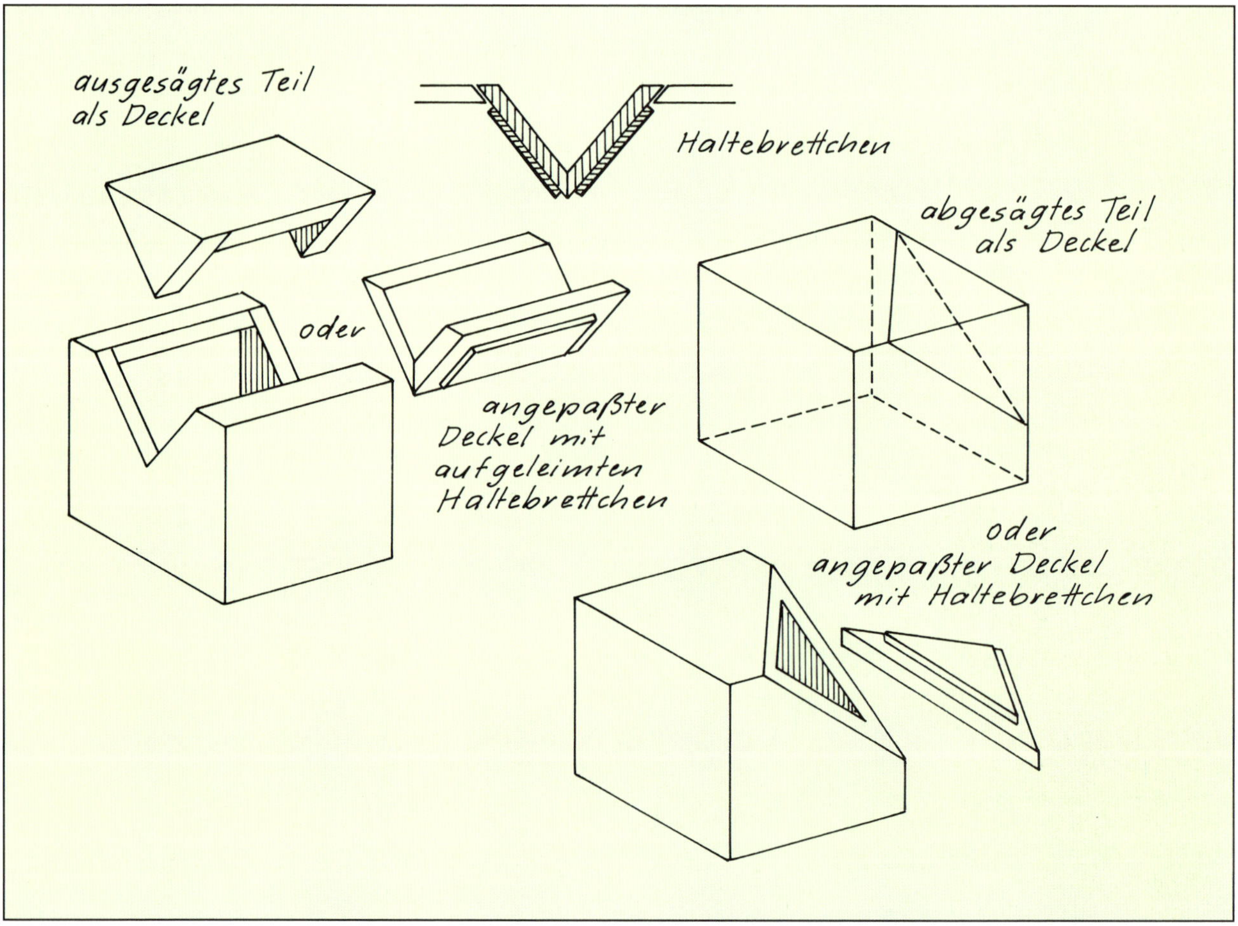

Würfelbox
(Abwandlung)

Aus einem festverleimten Würfel nach obiger Anleitung sägt man mit einer feinen Bandsäge (oder Feinsäge) den Deckel heraus.
Das herausgesägte Stück kann mit den entsprechenden Halterungen (dünne überstehende Brettchen wie auf S. 70 beschrieben) als Deckel eingefügt werden. Interessant ist jedoch auch eine Deckelkonstruktion, die sich der ausgesägten Form anpaßt und damit die Form der Holzdose verändert. Mit Stift- oder Bandscharnieren wird der Deckel mit dem Behälter verbunden.

Windlicht

Durch die Boden- und die Deckplatte wird ein Laternenrahmen aus quadratischen Leisten mit eingepaßten Glasscheiben zusammengehalten. Eine Seite der Laterne kann mit einem Türchen geöffnet werden.
Fertigung der Boden- und der Deckplatte: Im Abstand von 15,5 mm vom Brettrand entfernt, werden die Mittelpunkte für vier Bohrlöcher angezeichnet. Mit einem 9-mm-Holzbohrer durchbohrt man die Bretter. Das Deckbrett erhält zudem in der Mitte eine große Bohrung (60 mm Durchmesser) als Lüftungsöffnung und zur Wärmeabführung. Die Kanten der Brettchen werden abschließend mit einer Feile oder dem Schleifpapier gefast (gebrochen).

Eine schöne Holzlaterne für die Terrasse oder den Zeltplatz. Die Kerze ist sicher verwahrt, so daß die Laterne auch bei Wind benutzt werden kann.

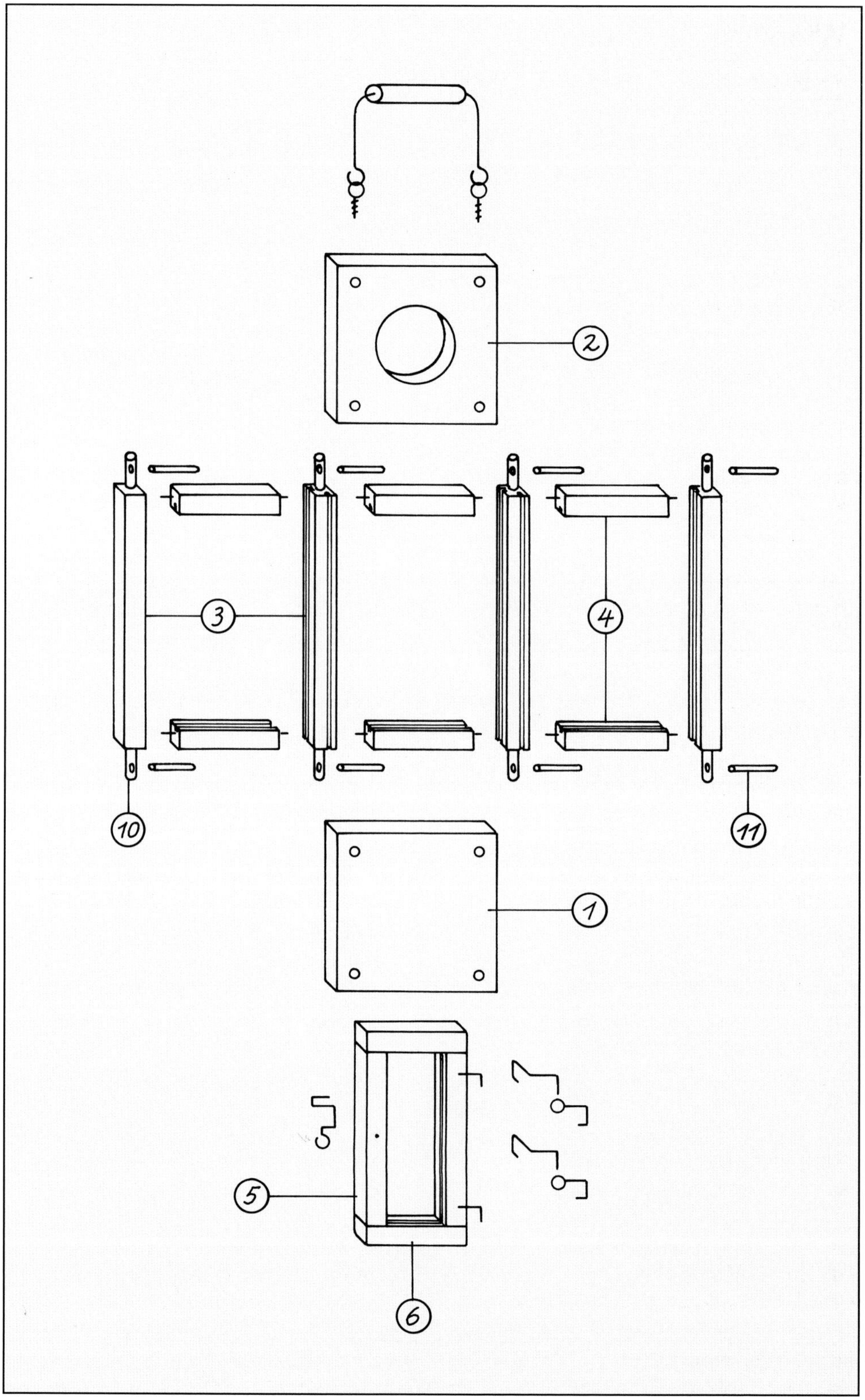
2
3
4
10
11
1
5
6

Windlicht ●●●●●

Menge	Bezeichnung	Maße in mm	Material	Kenn-Nr.
1	Bodenplatte	12 x 126 x 126	Fichtenholz (massiv)	1
1	Deckplatte	12 x 126 x 126	Fichtenholz (massiv)	2
4	Rahmenleisten	15 x 15 x 200	Hartholzleisten	3
6	Rahmenleisten	15 x 15 x 80	Hartholzleisten	4
2	Türleisten	15 x 15 x 166	Hartholzleisten	5
2	Türleisten	15 x 15 x 76	Hartholzleisten	6
32	Scheibenleisten	5 x 5 Länge entsprechend der Rahmen- und Türleisten	Hartholzleisten	7
3	Glasscheiben	2 x 85 x 175 oder 2 x 80 x 170	Bilderrahmenglas	8
1	Glasscheibe für die Türe	2 x 52 x 170 oder 2 x 46 x 166	Bilderrahmenglas	9
8	Holzdübel	8 x 34 ∅	Buchenrundholz	10
8	Verschlußhölzer	4 x 20 ∅	Buchenrundholz	11
1	Blechhaube	1 x 60 x 210	Kupfer- oder Schwarzblech	12

Haselnuß- oder Holunderstock als Handgriff / Holzleim / Draht (Schweißdraht) / Drahtstifte / Schraubösen / Lack / Wachs

Die Leisten, die das eigentliche Laternengerüst bilden, erfordern die meiste Arbeit. Am besten läßt man sich entsprechende Meterware vom Schreiner oder von einem geübten Bastler anfertigen (quadratischer Querschnitt 15 x 15 mm).
Mit einer Oberfräse oder einem Frässvorsatz für die Bohrmaschine schneidet man längs in diese Leisten eine Nut (3 mm breit/ 3,5 mm tief). Diese Nut sollte möglichst knapp hinter der Außenkante gefräst werden. *Hinweis:* Wer keine Maschine für die schwierige Rahmenkonstruktion mit der eingefrästen Nut zur Verfügung hat, kann eine einfachere Konstruktion mit aufgesetzten Scheibenleisten wählen (siehe Abbildung). Diese so vorgefertigten Leisten werden nun mit einer Feinsäge auf die notwendigen Längen zugeschnitten.

In die Stirnseiten der langen Rahmenleisten werden mit einem 8-mm-Bohrer Löcher (10 mm tief) gebohrt und Dübelhölzer, die nach dem Einleimen 24 mm aus der Leiste herausragen sollen, eingesetzt.
Diese Rundhölzer werden mit einem 4-mm-Bohrer im Abstand von 14 mm, von der Leiste aus gemessen, durchbohrt. Diese Löcher nehmen später die Verschlußhölzer auf (Rundholz 20 mm lang/4 mm Durchmesser).
In die Stirnseiten der Querleisten werden nadeldünne Nägel ohne Köpfe gesteckt (oder abgebrochene Nadeln). Sie sollten nicht mehr als 2 – 3 mm aus dem Holz hervorstehen und werden beim Zusammenbau seitlich in die langen Leisten gedrückt. Dadurch ergibt sich eine ausreichend stabile Verbindung der Rahmenkonstruktion.
Scheiben: Aus 2-mm-Fensterglas (Bilderrahmenglas) werden mit dem Glasschneider 3 gleich große Scheiben für die feststehenden Seiten der Laterne zugeschnitten. Für das Türchen benötigt man eine weitere, etwas kleinere Scheibe.
Türchen: Während die übrige Laterne mit Steckverbindungen zusammengehalten wird, muß die Tür aus Gründen der Stabilität fest verleimt werden. Die Eckverbindungen werden zusätzlich mit Holzdübeln ausge-

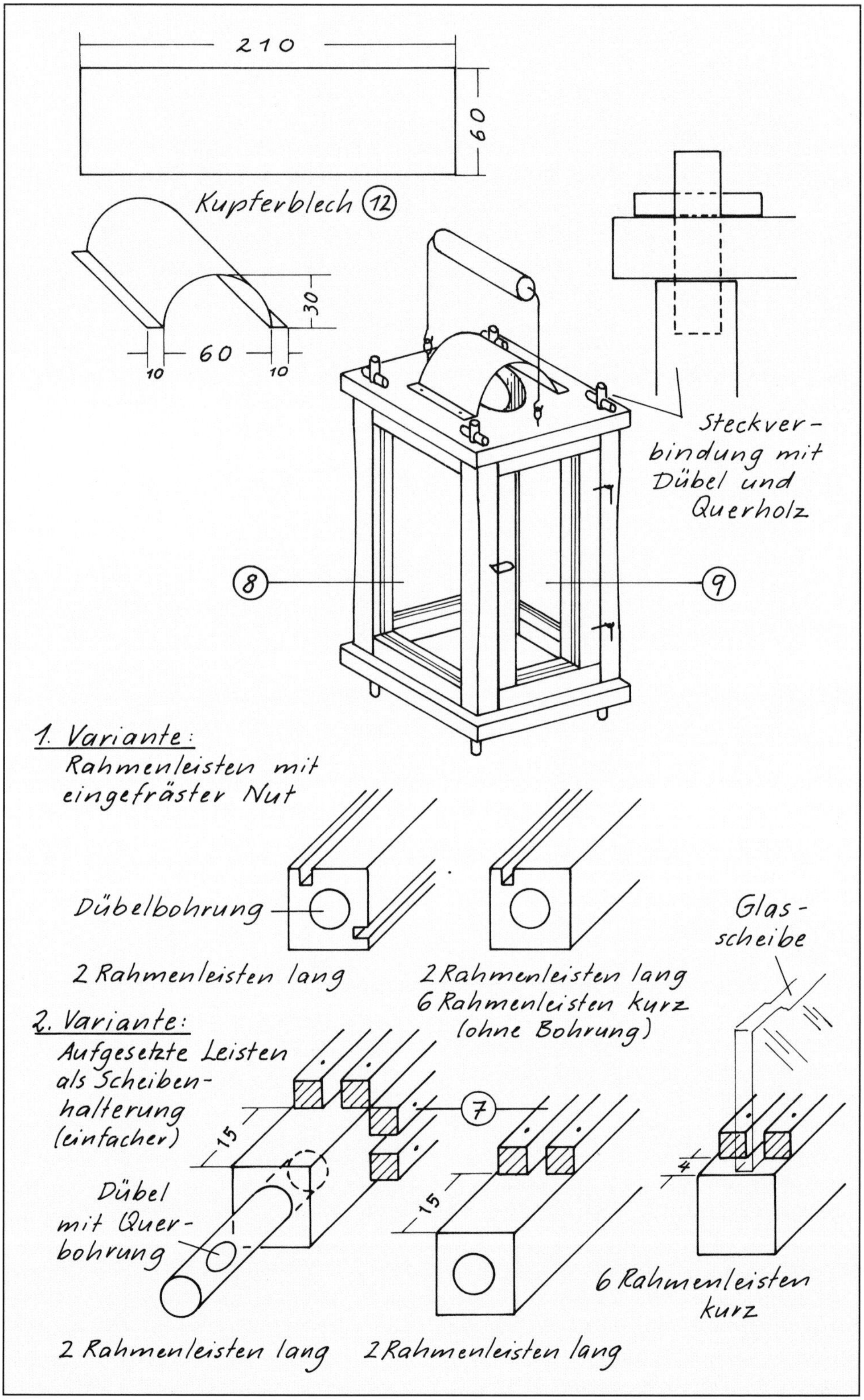
210
60
Kupferblech (12)
30
60
10
10
Steckverbindung mit Dübel und Querholz
(8)
(9)
1. Variante:
Rahmenleisten mit eingefräster Nut
Dübelbohrung
2 Rahmenleisten lang
2 Rahmenleisten lang
6 Rahmenleisten kurz
(ohne Bohrung)
Glasscheibe
2. Variante:
Aufgesetzte Leisten als Scheibenhalterung (einfacher)
15
(7)
Dübel mit Querbohrung
15
4
6 Rahmenleisten kurz
2 Rahmenleisten lang
2 Rahmenleisten lang

führt. Vor dem Verleimen des Türchens muß die Glasscheibe eingesetzt werden. Verschluß und Scharniere der Tür werden aus Draht gefertigt (siehe Abbildung).
Aus Kupfer- oder Schwarzblech wird eine Abdeckhaube hergestellt und mit Nägeln über dem Lüftungsloch befestigt. Zwei Schraubösen im Deckbrett der Laterne dienen der Befestigung des Tragbügels, der aus Draht gebogen wird und ein durchbohrtes Rundholz (Haselnuß oder Holunder) als Handgriff erhält.

Besondere Arbeitshinweise zur Montage der Scheibenleisten:
1. Laterne zusammenbauen
2. innere Scheibenleisten anbringen
3. Glasscheiben einlegen
4. äußere Scheibenleisten anbringen

Werkzeugkiste

Zwei lange Ablagefächer mit einem Tragegriff bilden das Oberteil der Kiste; im unteren Teil sind 4 Schubladen für Kleinteile eingebaut.
Die einzelnen Bauteile werden durch Zapfen verbunden, geleimt und mit Holzdübeln versehen. Die einzigen Metallteile am Werkstück sind 4 Messingschrauben als Befestigung für die Schubladenriegel.
Als Baumaterial verwendet man gehobeltes Fichtenholz, 16 mm stark (Leimholz). Bei der Herstellung der Einzelteile ist darauf zu achten, daß die Holzmaserung an der fertigen Kiste horizontal verläuft. Die großen Einzelteile werden am besten auf einer Kreissäge zugeschnitten (beim Schreiner, im Baumarkt oder im Holzhandel). Beim Anzeichnen und Aussägen der Zapfen und Ausschnitte ist es wichtig, millimetergenau zu arbeiten.
Zuerst werden die Zapfen und Ausschnitte am Mittelteil und an den langen Seitenteilen angezeichnet. Die Maße sind der Abbildung zu entnehmen. Mit der Dekupiersäge kann man die Teile leicht ausschneiden. Wer ein solches Gerät nicht zur Verfügung hat, sägt die Bretter an den angezeichneten Stellen ein und sticht mit dem Stemmeisen den Ausschnitt heraus. Damit das Holz dabei nicht ausreißt, wird zuerst die Holzmaserung bis zur halben Holzstärke abgestochen, das Brett dann gewendet und von der anderen Seite vollständig mit dem Eisen durchtrennt.
Die Grifföffnung (Langloch) im Mittelteil erfordert behutsames Arbeiten mit dem Stemm- und Hohleisen. Man kann sich die Arbeit erleichtern, wenn an den Rundungen eine enge Reihe Löcher gebohrt wird. Mit dem Hohleisen läßt sich das Holz dann leichter abstechen. Besonders einfach ist das Griffloch jedoch mit einem 25-mm-Topfbohrer (Astlochbohrer) anzufertigen (siehe Abbildung). Man erzielt damit sehr gleichmäßige Rundungen. Mit der Stichsäge wird das Holz zwischen den Bohrungen herausgesägt.
Das fertige Mittelteil und die langen Seitenteile dienen als Vorlage für das Anzeichnen der Ausschnitte an den kurzen Seitenteilen. Dadurch erreicht man fast zwangsläufig eine genaue Passung der einzelnen Bretter. Die Einzelteile sollen sich stramm, aber leicht zusammenstecken lassen. Die Berührungsflächen der Bretter werden vor dem Zusammenbau mit Holzleim bestrichen.
Ein Rahmenspanner, in halber Höhe um die Kiste gelegt, gibt dem Werkstück genug Festigkeit, um zusätzlich Dübelverbindungen anzubringen. Entsprechend den Abbildungen werden die Dübellöcher gebohrt (6 mm) und passende Dübelhölzer eingeleimt.
Auch die Bodenbretter (Zwischenboden und unterer Boden) können so mit Leim eingesetzt und verdübelt werden.
Die Schubfächer sind wegen der dicken Bretter sehr einfach herzustellen: Die Seitenteile werden stumpf verleimt und verdübelt (dazu mit einer Schraubzwinge oder dem Rahmenspanner fixieren). In diesen Rahmen wird der Boden eingesetzt und mit dem Topfbohrer ein Griffloch gebohrt.

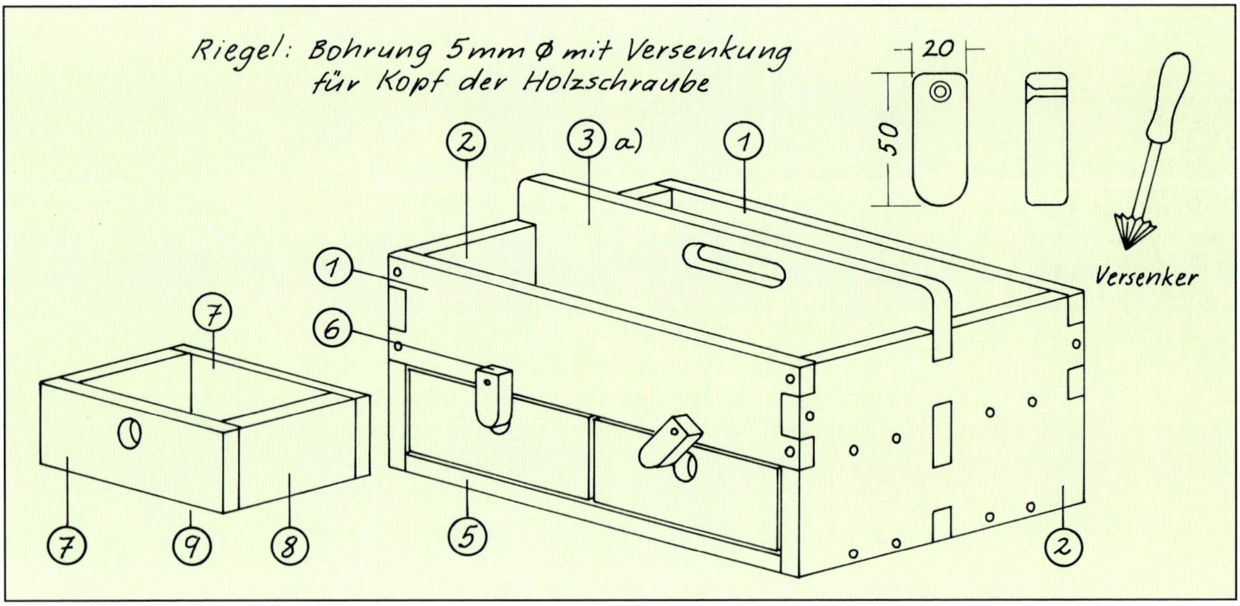

Abschließend müssen über die Schubladen noch die Riegel geschraubt werden. Sie verhindern ein unbeabsichtigtes Herausrutschen der Fächer.
Zur Oberflächenbehandlung des Fichtenholzes, nach dem Schleifen mit feinem Schleifpapier, eignet sich ein schnelltrocknender Klarlack (zwei Lackierungen mit Zwischenschliff) oder ein einfaches Bodenwachs sehr gut. Die Werkzeugkiste kann aber auch mit wasserfesten Acrylfarben bunt angemalt werden.

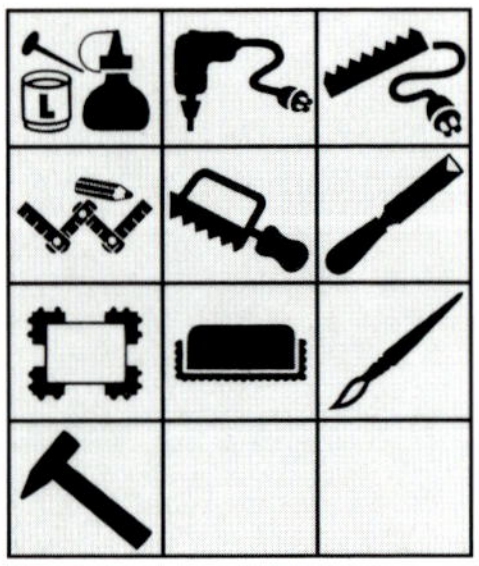

Werkzeugkiste ●●●●●

Menge	Bezeichnung	Maße in mm	Material	Kenn-Nr.
2	Längsseitenteile	16 x 100 x 400	Fichtenleimholz 16 mm stark	1
2	Stirnseitenteile	16 x 200 x 280	Fichtenleimholz 16 mm stark	2
1	Mittelteil	a) 16 x 240 x 400 b) 16 x 300 x 400	Fichtenleimholz 16 mm stark	3a) 3b)
2	Zwischenböden	16 x 116 x 368	Fichtenleimholz 16 mm stark	4
2	Bodenplatten	16 x 132 x 368	Fichtenleimholz 16 mm stark	5
4	Riegel	16 x 20 x 50	Fichtenleimholz 16 mm stark	6
8	Vorder- und Rückseiten für Schubladen	16 x 82 x 182	Fichtenleimholz 16 mm stark	7
8	Seitenteile für Schubladen	16 x 82 x 100	Fichtenleimholz 16 mm stark	8
4	Bodenteile für Schubladen	16 x 100 x 150	Fichtenleimholz 16 mm stark	9

Rundholzdübel 6 mm ∅ / Messingschrauben 4,5 x 30 mm / Holzleim / Klarlack oder Wachs

In dieser praktischen Kiste lassen sich nicht nur Werkzeuge hervorragend aufbewahren.

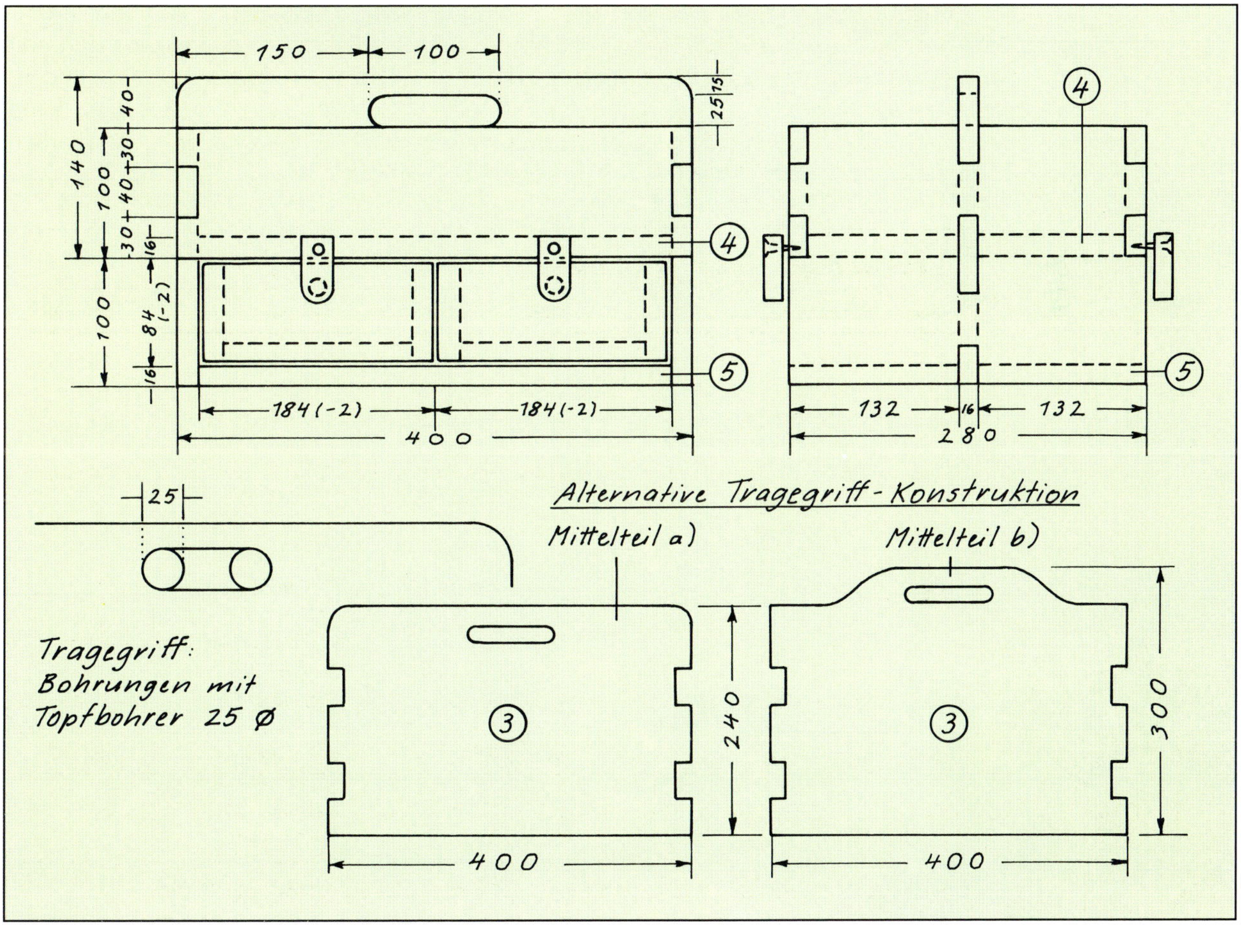

IV. Werken mit Papier und Karton

Recycling-Papier

Papier wird aus Holz und aus Stoffasern hergestellt. Durch Zerkleinern und Kochen dieser Grundstoffe und unter Zugabe von Chemikalien, Füllstoffen und Wasser wird die „Pulpe“ (Faserbrei) hergestellt, aus der die Papierbogen „geschöpft“ werden.

Recycling-Papier ist viel einfacher herzustellen. Man zerkleinert weichfaseriges Papier und Kartonmaterial (Eierkarton, farbige Pappeinlagen aus Obstkisten, Servietten oder Zeitungen) und weicht es in Wasser ein. Diese Masse kann mit einem Küchenmixer weiter zerkleinert werden. Der feine Faserbrei wird in der „Bütte“ (Schöpfwanne) stark mit Wasser verdünnt (ca. 5–6 Liter

Pflanzenteile, Federn, farbige Papierstücke und andere flache Gegenstände können mit dem Papierbrei geschöpft und in das Papier mit eingepreßt werden.

Recycling-Papier ●●

Menge	Bezeichnung	Maße in mm	Material	Kenn-Nr.
–	Eierkarton, Pappeinlagen	–	Weichfaserkarton	
1	Schöpfrahmen (Doppelrahmen)	250 x 300	Holzleisten mit Drahtgitter	1/2/3
1	Rahmenabdeckung	250 x 300	wasserfestes Sperrholz	4
2	Preßplatten	300 x 400	Spanplatte beschichtet	6

Messingschrauben / Gautschtuch

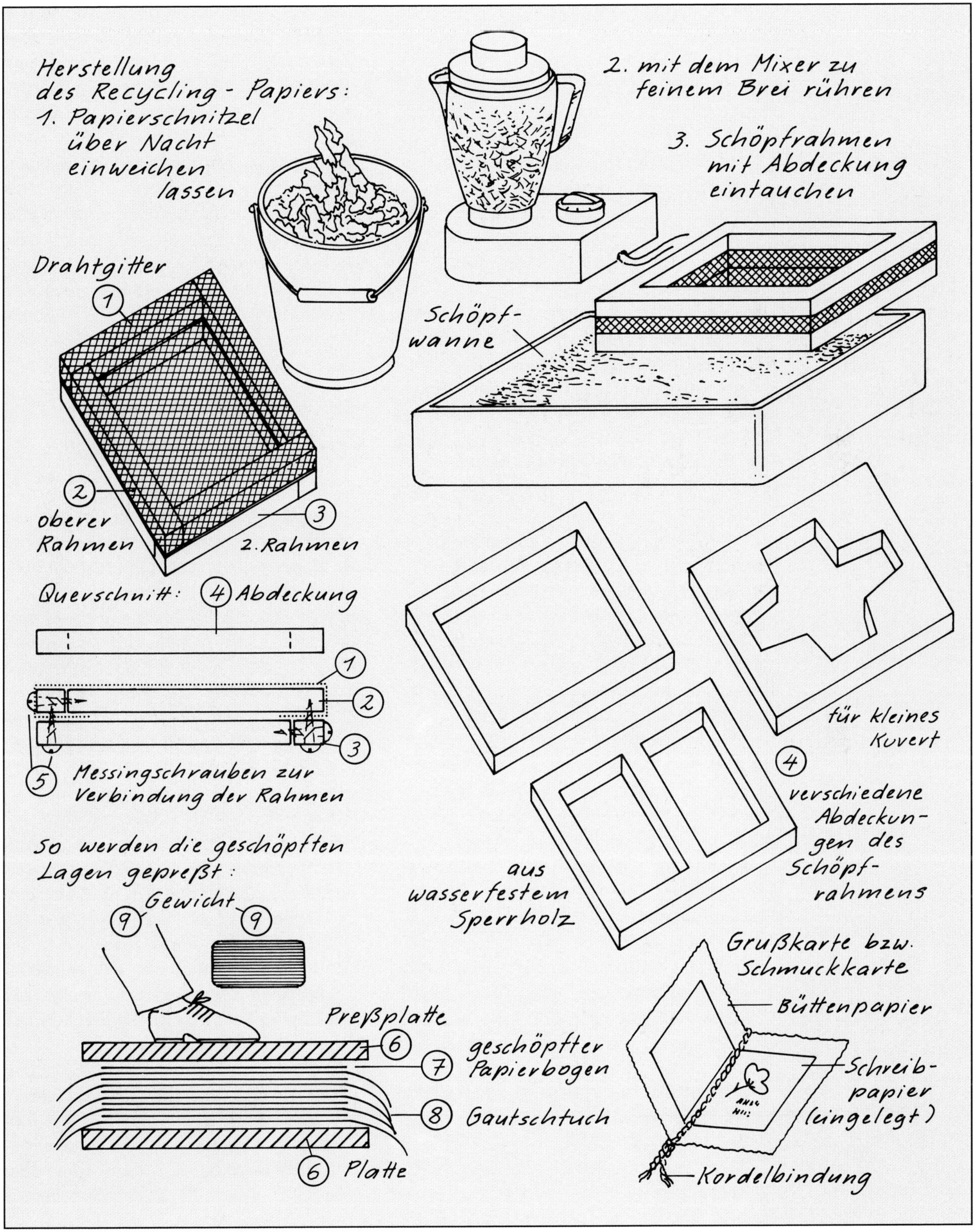
Herstellung des Recycling-Papiers:
1. Papierschnitzel über Nacht einweichen lassen
2. mit dem Mixer zu feinem Brei rühren
3. Schöpfrahmen mit Abdeckung eintauchen
Drahtgitter
1
Schöpfwanne
2
oberer Rahmen
3
2. Rahmen
Querschnitt:
4 Abdeckung
1
2
3
5
Messingschrauben zur Verbindung der Rahmen
für kleines Kuvert
4
verschiedene Abdeckungen des Schöpfrahmens
aus wasserfestem Sperrholz
So werden die geschöpften Lagen gepreßt:
Gewicht
9
9
Preßplatte
6
7
geschöpfter Papierbogen
8
Gautschtuch
6
Platte
Grußkarte bzw. Schmuckkarte
Büttenpapier
Schreibpapier (eingelegt)
Kordelbindung

Wasser für 20 Gramm Altpapier-Trockenmasse).
Die nicht gelösten, auf der Wasseroberfläche schwimmenden Teile müssen herausgefischt werden. Dann rührt man die Pulpe kräftig durch.
Zum Schöpfen des Papiers braucht man Schöpfrahmen. Diese werden aus Holzleisten mit Messingschrauben zusammengebaut. Wer mit einer elektrischen Stichsäge oder einer Dekupiersäge umgehen kann, sägt den Deckel aus einer wasserfest verleimten Sperrholzplatte. Dadurch können je nach Abdeckung verschiedene Papierformate geschöpft werden.
Das Drahtgitter (Fliegengitter) zum Bespannen der Rahmen gibt es im Baumarkt oder in einer Metallwarenhandlung zu kaufen. Es muß aus nichtrostendem Material sein, sonst verwendet man lieber ein Kunststoffgewebe.
Zum „Schöpfen" wird auf das Sieb die Abdeckung gesetzt, beides mit den Händen zusammengehalten und senkrecht in das Papierfaserwasser getaucht. In der Pulpe dreht man das Gerät in die waagrechte Position und hebt es langsam nach oben. Auf dem Sieb hat sich eine gleichmäßige Faserschicht abgelagert. Vorsichtig hält man den Rahmen etwas schräg, damit überschüssiges Wasser ablaufen kann. Der Rahmendeckel wird nun abgehoben und das Sieb, mit der Faserschicht nach unten, auf ein feuchtes „Gautschtuch", das auf einer „Preßplatte" liegt, gestürzt. Als Gautschtuch eignet sich weißer Filz oder anderes saugfähiges Textilmaterial; als Preßplatten verwendet man resopalbeschichtete Spanplatten.
Wenn das Sieb hochgehoben wird, bleibt die Papierfaserschicht auf dem Tuch zurück. Ein zweites feuchtes Tuch wird darübergelegt und der nächste geschöpfte Papierbogen darauf gestürzt.
Für jedes Blatt wiederholt sich dieser Vorgang. Dabei muß die Pulpe ständig aufgerührt und der entnommene Faserstoff durch neuen ersetzt werden. Auf das oberste Gautschtuch wird die zweite Preßplatte gelegt und der ganze Stapel ausgepreßt. Läuft kein Wasser mehr heraus, werden die Tuchlagen mit dem unten anhaftenden Papier auf Zeitungsunterlagen gedrückt und vorsichtig vom geschöpften Papierbogen abgezogen. Das feuchte Papier wird zum Trocknen flach ausgelegt oder über einen Rundholzstab gehängt. Durch Pressen oder Bügeln wird das Papier weiter geglättet. Hierzu eignet sich sehr gut eine Fotopresse.
Aus dem geschöpften Papier kann man Schmuckkarten, Faltschachteln, Briefumschläge usw. herstellen. Für Schreibpapiere müssen dem Faserbrei Leim und Füllstoffe beigemengt werden (z. B. Weißleim und Kaolin).

Faltschachtel

Die quadratische Faltschachtel ist ein sehr beliebtes Papierwerkstück. Man kann damit Geschenke liebevoll verpacken oder persönliche Dinge aufbewahren.
Für jede Schachtel braucht man zwei quadratische Papiere, wobei jedoch die Seitenlängen für den Deckel größer sein müssen als für den Behälter (z. B. 15 cm / 16 cm oder 25 cm / 26 cm oder 35 cm / 37 cm). Das Falten ist einfach, erfordert aber sehr genaues Arbeiten:

1. Diagonalen des Quadrates einfalten;
2. Ecken bis zur Quadratmitte einschlagen;
3. Nacheinander alle vier Seiten des eingefalteten Quadrates bis zur Mitte einschlagen und nach dem Abstreifen der Faltung wieder zurückklappen;
4. Zwei gegenüberliegende Ecken wieder aufklappen und links und rechts der Spitzen entlang der Knifflinien zwei Felder tief einschneiden;
5. Die beiden anderen Ecken auch aufklappen und nun zweimal nach innen wickeln, hochstellen und an den Einschnittgrenzen nach innen abwinkeln;
6. Abschließend die noch freien Ecken über die losen Wandteile ins Schachtelinnere einschlagen.

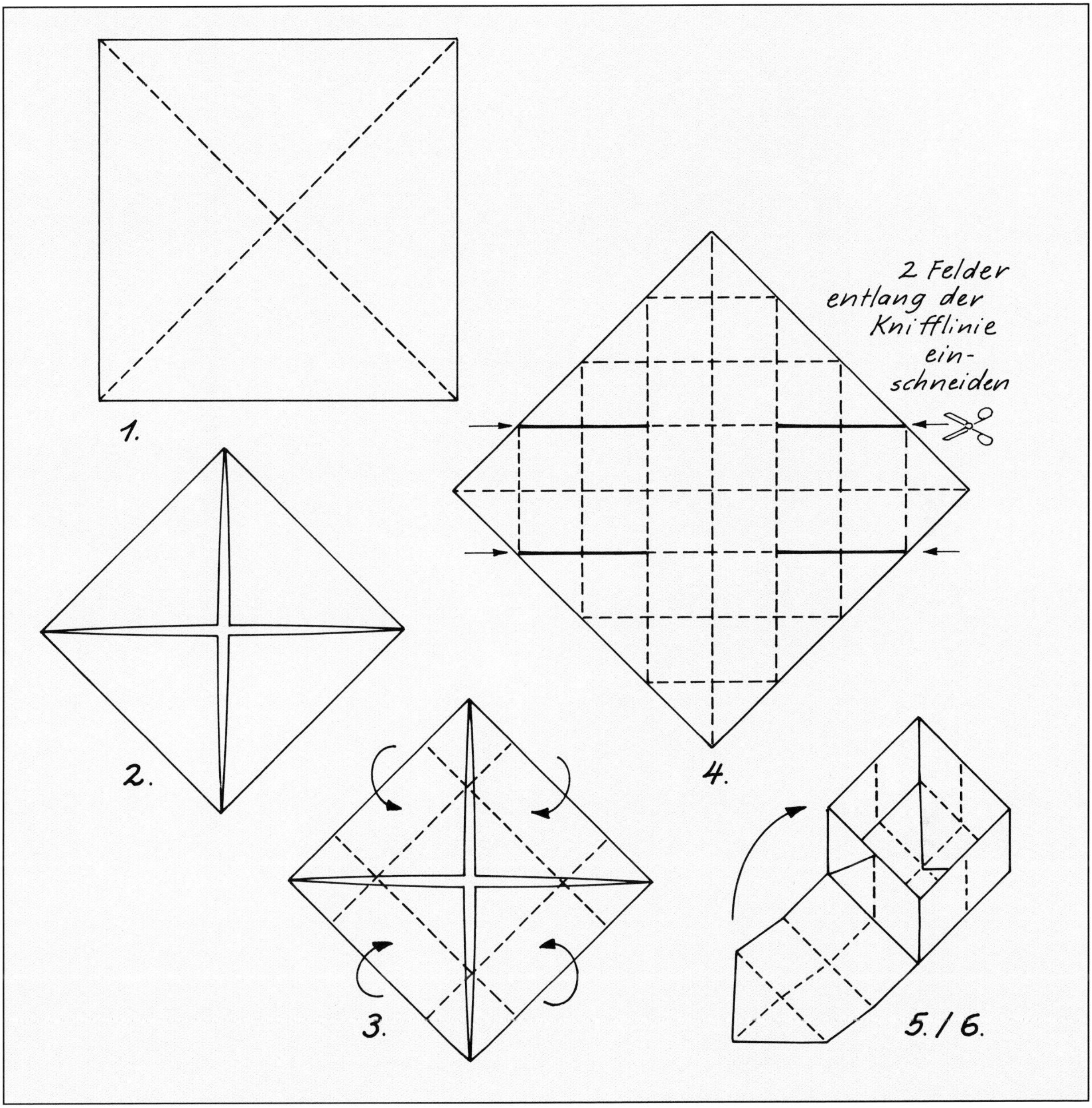

Faltschachtel ●●

Menge	Bezeichnung	Maße in mm	Material	Kenn-Nr.
1	Quadrat	250 x 250	Schmuckpapier	
1	Quadrat	260 x 260	Schmuckpapier	

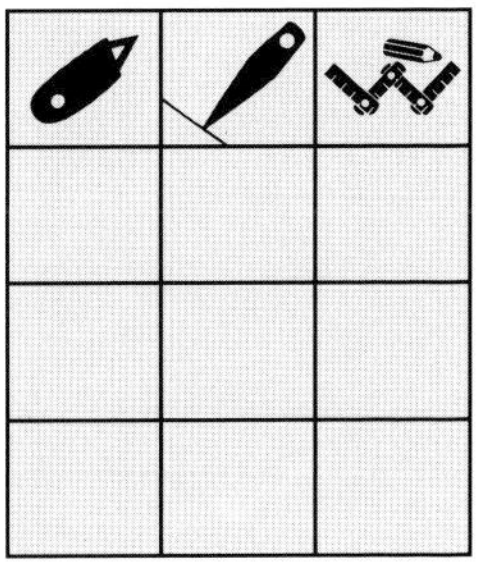

Die Faltschachteln werden besonders schön, wenn man ausgesuchte Papiere verwendet, wie zum Beispiel selbstgeschöpftes Papier, marmoriertes Papier, Geschenkpapier, Poster, Plakate oder mit dem Farbkopierer vergrößerte Fotos.

Falttüte aus Papier

Als Ausgangsmaterial eignen sich stärkere Papiere wie Packpapier, bedrucktes Glanzpapier oder auch Plakate und Poster. Einzelne Bereiche der Tasche werden mit Kartonunterlagen verstärkt (Trageleiste / Taschenboden).

Eine besonders große Haltbarkeit erreicht man, wenn das Papier vor der Verarbeitung mit selbstklebender Folie überzogen wird.
Für eine mittelgroße Tasche muß das Papier 70 cm lang und 60 cm breit sein.
Auf der Rückseite des Bogens zeichnet man mit einem Bleistift die Knicklinien an und faltet das Papier entsprechend der Zeichnung. Wurde das Papier mit Folie bezogen, muß jede Kante mit dem Falzbein nachgerieben werden.
Der obere Taschenrand wird nach innen umgeschlagen und mit festen Kartonstreifen, die in den Saum eingeklebt werden, verstärkt. In diese Trageleisten werden mit einer Ösenzange Metallösen für die Trageschnüre eingepreßt.

Folgende Arbeitsschritte können nun nacheinander erledigt werden:

1. Seitenteile V-förmig nach innen falten;
2. Vorder- und Rückseite deckungsgleich übereinanderlegen und seitlich verkleben;
3. Boden einfalten und verkleben;
4. Bodenverstärkung (Karton) einkleben;
5. Tragekordel einziehen.

Falttüte ●●

Menge	Bezeichnung	Maße in mm	Material	Kenn-Nr.
1	Papier	700 x 300	Papier	1
2	Trageleisten	210 x 25 x 2	Karton	2
1	Bodenverstärkung	215 x 115 x 2	Karton	3

Tragekordel / Ösen / Kontaktkleber / Folie

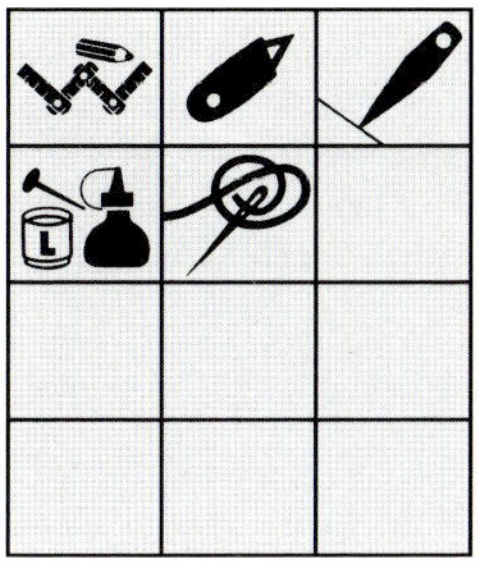

Die Falttüte eignet sich besonders als Geschenktüte. Sie kann nach Wunsch gestaltet und in beliebiger Größe gefaltet werden.

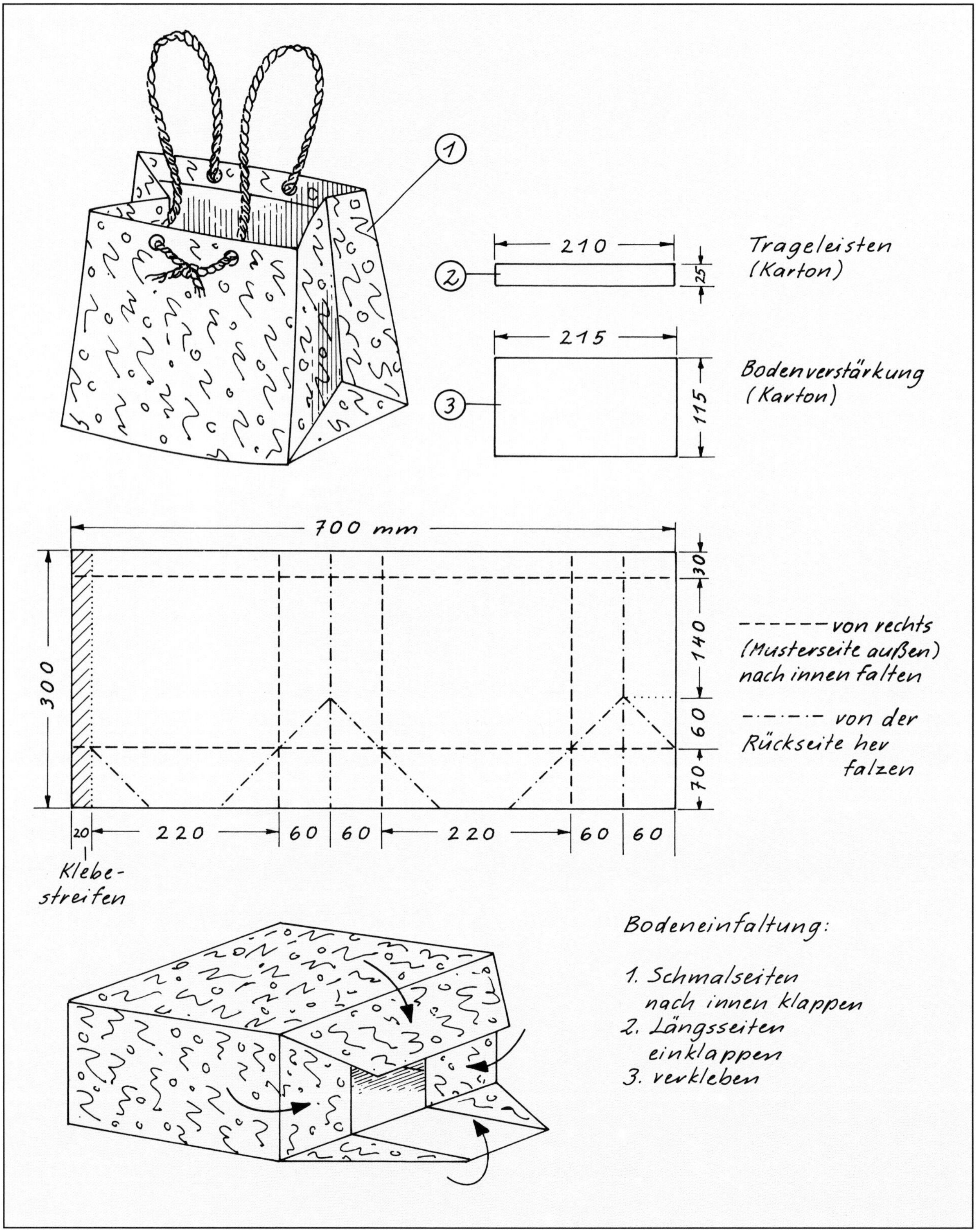

1
210
2
25
Trageleisten (Karton)
215
3
115
Bodenverstärkung (Karton)
700 mm
300
30
140
60
70
------ von rechts (Musterseite außen) nach innen falten
-·-·-·- von der Rückseite her falzen
20
220
60
60
220
60
60
Klebe-streifen
Bodeneinfaltung:
1. Schmalseiten nach innen klappen
2. Längsseiten einklappen
3. verkleben

Briefumschlag

Ein besonderer Brief, ein schönes Bild oder eine persönliche Einladung erfordern einen individuellen Briefumschlag. Diese Briefe werden auch von der Post ohne Probleme befördert. Man verwendet dafür nicht zu dünnes Schmuck- oder Geschenkpapier. Auch alte Kalenderblätter, Packpapier, Fotokopien (in Farbe oder Schwarzweiß) von einem Foto, Poster und selbstgeschöpftes Recycling-Papier eignen sich dafür. Die nebenstehende Zeichnung kann auf einem Kopiergerät beliebig vergrößert werden und als Schablone zur Serienfertigung dienen.
Für eine mittelgroße Briefkarte benötigt man einen Umschlag mit den angegebenen Maßen. Eine entsprechende Schablone kann man mit Hilfe der Maß- und Winkelangaben aus einem Karton herstellen. Mit der Schablone werden die Umrisse des Umschlags auf das Papier aufgezeichnet und dann mit der Schere ausgeschnitten. Anschließend werden mit einem untergelegten Zeitungspapier die Umschlaglaschen über ein Lineal nach innen geschlagen.

Wichtig: Knickkanten vorher genau mit einem Bleistift markieren.

Zuletzt werden in der angegebenen Reihenfolge a, b, c die Laschen miteinander verklebt. Damit der Umschlag durch eventuell austretenden Klebstoff nicht unbrauchbar wird, steckt man die Papiertasche vorher auf eine maßgenaue Klebeschablone aus Karton oder dünnem Plexiglas.

Ein Futter aus Seidenpapier gibt den Briefumschlägen mehr Qualität. Es wird einfach vor dem Zusammenkleben eingelegt.

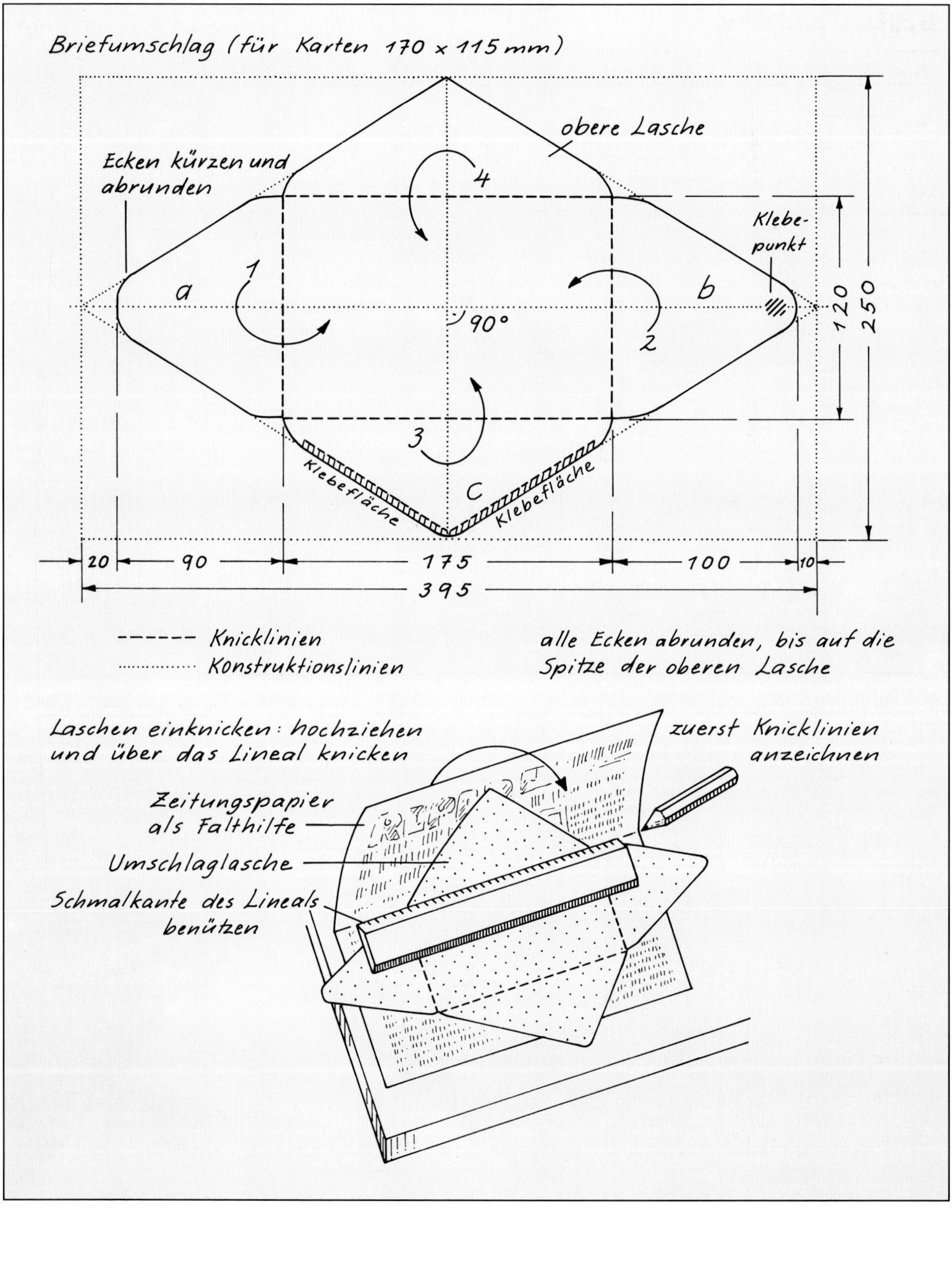
Briefumschlag (für Karten 170 x 115 mm)
obere Lasche
Ecken kürzen und abrunden
4
Klebe-punkt
1
a
b
90°
2
3
Klebefläche
c
Klebefläche
120
250
20
90
175
100
10
395
Knicklinien
Konstruktionslinien
alle Ecken abrunden, bis auf die Spitze der oberen Lasche
Laschen einknicken: hochziehen und über das Lineal knicken
zuerst Knicklinien anzeichnen
Zeitungspapier als Falthilfe
Umschlaglasche
Schmalkante des Lineals benützen

Briefumschlag ●●

Menge	Bezeichnung	Maße in mm	Material	Kenn-Nr.
1	Schablone	beliebig	Karton	
	Schmuckpapier	beliebig	Papier	

Dispersionskleber

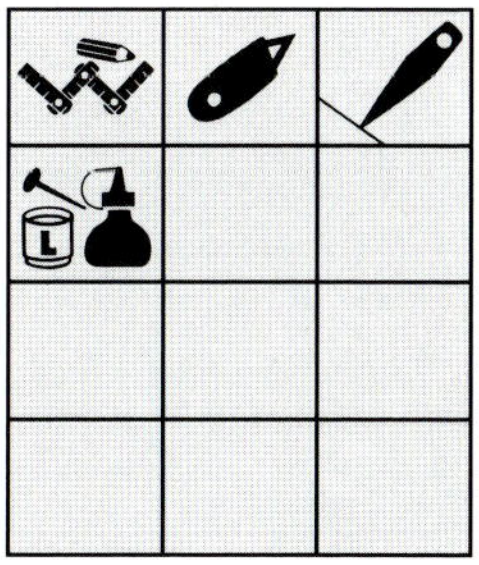

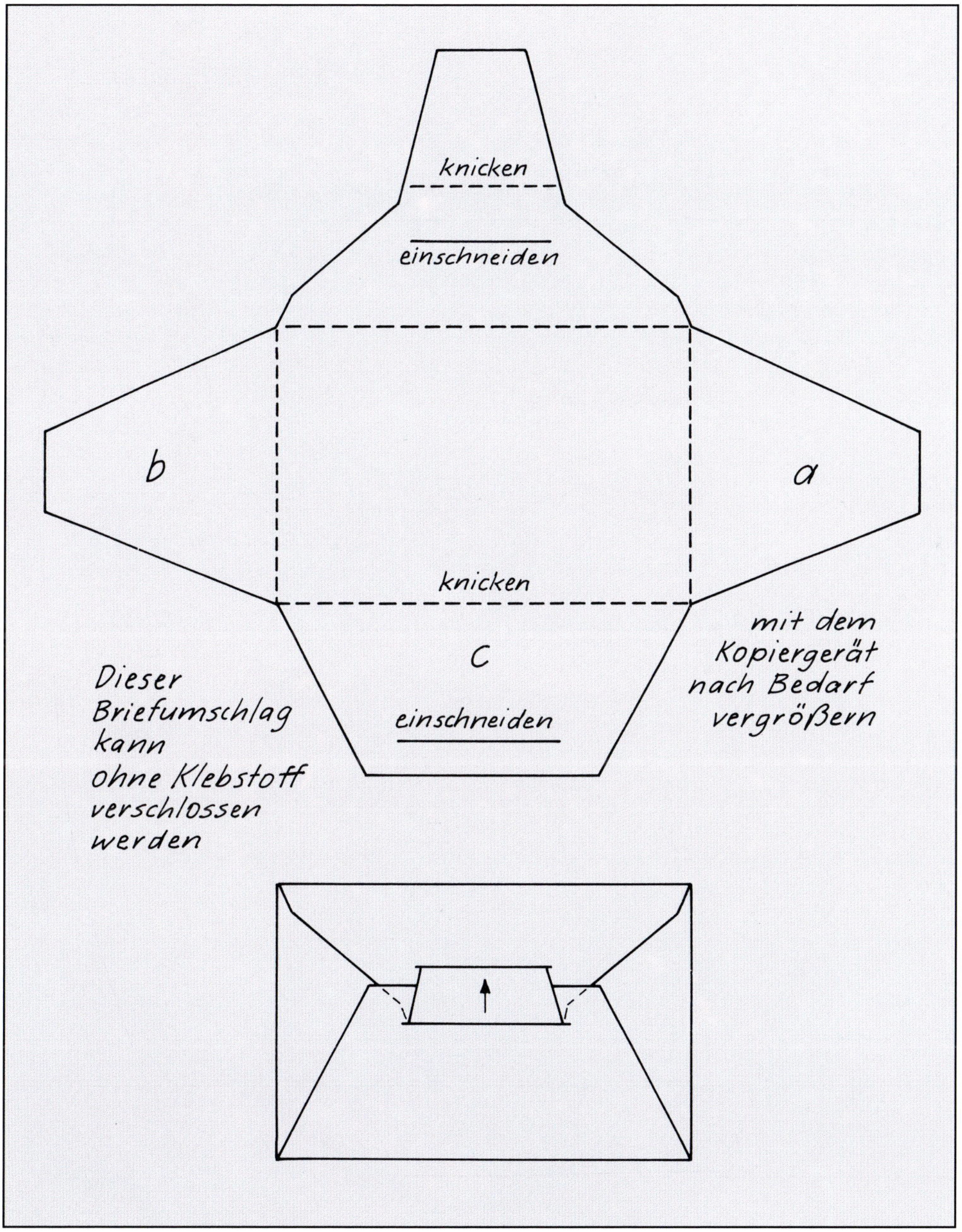

Teller und Schalen aus Pappmaché

Die bunten Teller und Schalen sind verblüffend stabil und hart. Mit wasserfestem Lack bestrichen, macht ihnen auch ein wenig Feuchtigkeit nichts aus.

Wer Abwechslung in den Geschirrschrank bringen will, kann sich seine Teller und Schalen auch einmal selbst herstellen.
Als Ausgangsform dient eine glattwandige Glas- oder Porzellanschüssel oder ein entsprechender Teller. Dieses Gefäß bestreicht man sorgfältig mit einer Fettcreme oder Vaseline. Dadurch wird verhindert, daß die Form mit dem Werkstück verklebt.

Schichtweise werden nun mit Leimwasser gut durchfeuchtete Papierschnitzel in die Form eingelegt und gut verstrichen.

Wichtig: Die Papierstücke müssen genügend Zeit zum Durchfeuchten und Ausdehnen haben, bevor sie aufgeklebt werden, damit sie keine Falten werfen. 6 bis 8 Papierschichten ergeben bei kleineren Schalen eine ausreichende Wandstärke. Für größere Gefäße müssen mehr Papierschichten übereinandergeklebt werden. Um einen sauberen Randabschluß zu erhalten, läßt man die Papierkaschierung über den Rand der Form überstehen. Wenn das Papiergefäß fast durchgetrocknet ist, kann es aus der Form genommen werden. Danach wird der Rand durch eine Bleistiftlinie markiert und mit der Papierschere genau zugeschnitten.

Die Schale kann bunt angemalt werden. Glanz und Schutz erhält sie durch einen Anstrich mit wasserfestem Lack.

Teller und Schalen aus Pappmaché •

Menge	Bezeichnung	Maße in mm	Material	Kenn-Nr.
	Papiermasse		Altpapier	

Leim / Dispersionsfarbe / Lack / Fettcreme / Teller

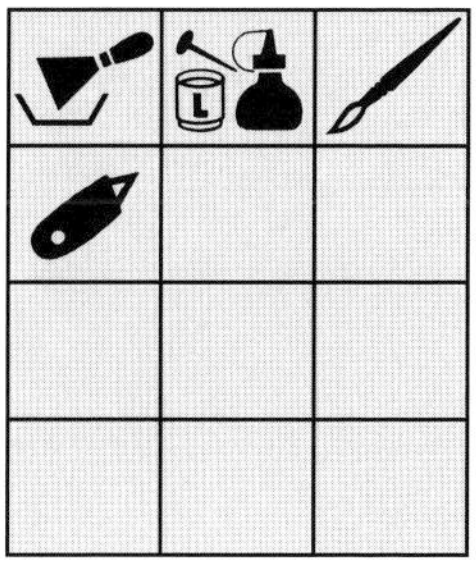

Buchstaben- und Zahlenschachteln

Schachteln gibt es in vielen Formen und Farben. Papier und Pappe eignen sich sehr gut zum Anfertigen ausgefallener Schachtelformen. Warum sollen nicht einmal Buchstaben oder Zahlen als Vorlage dienen. Zum Geburtstag wird die entsprechende Zahl, zum Namenstag der Anfangsbuchstabe mit Süßigkeiten gefüllt.

Die Ausführung ist einfach. Aus Karton werden die Grundformen geklebt und anschließend mit Papier kaschiert.

Zuerst zeichnet man den Schachtelboden in beliebiger Größe auf ein Kartonstück auf und schneidet ihn aus. Für den Deckel muß eine zweite Form ringsum ca. 2 mm größer hergestellt werden. Die Seitenwände von Schachtel und Deckel werden aus Kartonstreifen geformt und mit Expreß-Dispersionskleber (oder Kontaktkleber) auf die ausgeschnittenen Grundformen geklebt.
Nun werden die beiden Rohschachteln außen und innen mit in Leimwasser einge-

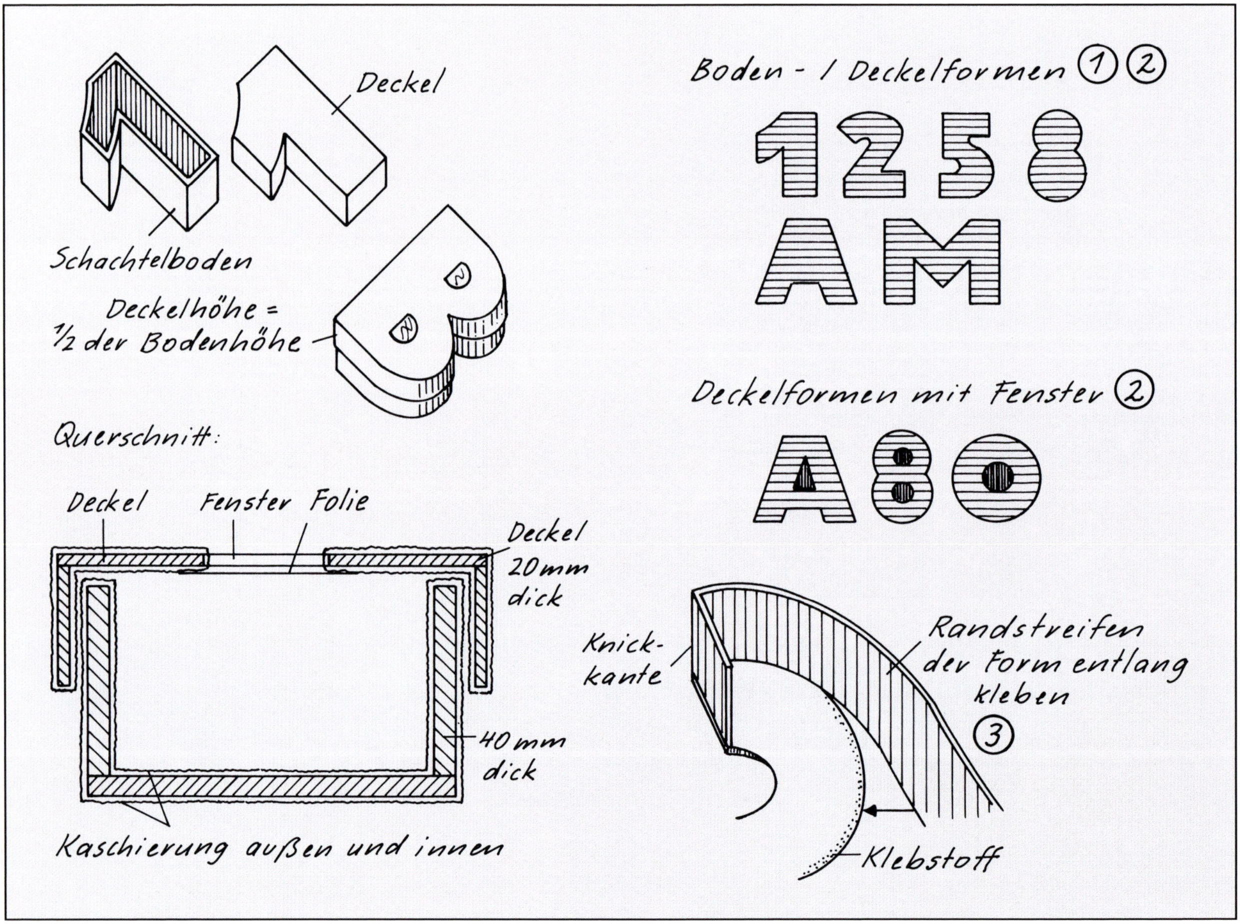

Buchstaben- und Zahlenschachteln ●●●

Menge	Bezeichnung	Maße in mm	Material	Kenn-Nr.
1	Bodenform	z. B. 100 x 150	Graupappe 1,0 – 1,5 mm stark	1
1	Deckelform		Graupappe	2
1	Schachtelwand	40 x Umfang	Graupappe	3
1	Deckelwand	20 x Umfang	Graupappe	

Leim / Altpapier / Farbe / Dispersionskleber oder Kontaktkleber / Folie

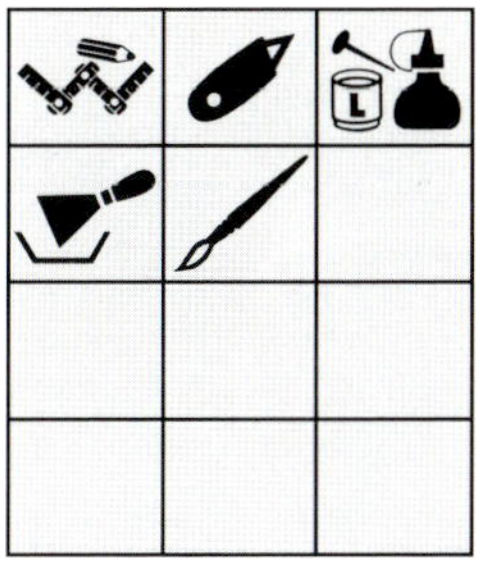

weichten Papierschnitzeln kaschiert. Man muß darauf achten, daß die Papieroberfläche und die Schachtelkanten gut glattgerieben werden.
Die getrockneten Schachteln werden abschließend bemalt.

Hinweis: Bei manchen Buchstaben und Zahlen können im Deckel Fenster ausgeschnitten und mit Folie hinterklebt werden. Mit der beschriebenen Kartonagenkaschierung kann man auch andere interessante Schachtelformen und Schalen herstellen.

Es müssen nicht immer Buchstaben und Zahlen sein – man kann sich auch andere Formen ausdenken.

Schubladenbox

Schubladenboxen aus Pappe eignen sich gut zum Aufbewahren von Kleinteilen, Schmuck oder Sammelstücken.

Als Werkmaterial eignet sich am besten Buchbinder-Graupappe (mindestens 3 mm stark). Zuerst muß die Laufrichtung der Pappe geprüft werden (siehe allgemeine Hinweise zur Papierverarbeitung). Dann zeichnet man die Einzelteile der Box und der Schubladen so auf, daß die Längsrichtung der Schubladenböden mit der Laufrichtung der Pappe übereinstimmt (siehe Abbildung).

Die Einzelteile werden nun mit dem Buchbindermesser oder einem Universalmesser ausgeschnitten. Ein Stahllineal dient dabei als Führungswerkzeug; nur so lassen sich exakte Schnittlinien erreichen. Als Schneideunterlage verwendet man größere Pappstücke. Aufgebogene Schnittkanten werden mit dem Falzbein niedergedrückt oder mit Schleifpapier geglättet. Die Rohmontage und das Anbringen des Papierbezugs müssen zum Teil abwechselnd ausgeführt werden. Dabei ist zu beachten, daß die Laufrichtung des Bezugspapiers und der Pappe übereinstimmt, und daß alle Teile beidseitig bezogen werden. Nur so wird erreicht, daß sich das Werkstück nicht verbiegt und die Schubladen nicht klemmen.

Für den Zusammenbau der gesamten Box verwendet man Kontaktkleber oder einen Kunstharz-Dispersionskleber, für den Papierbezug Kunstharzkleber und mit Wasser angerührten Zellulosekleister. Dieser Klebstoffwechsel ist bei „randumgreifenden" Bezügen notwendig, weil sich sonst die Tafelfläche (Oberseite) einseitig wölbt. Mit

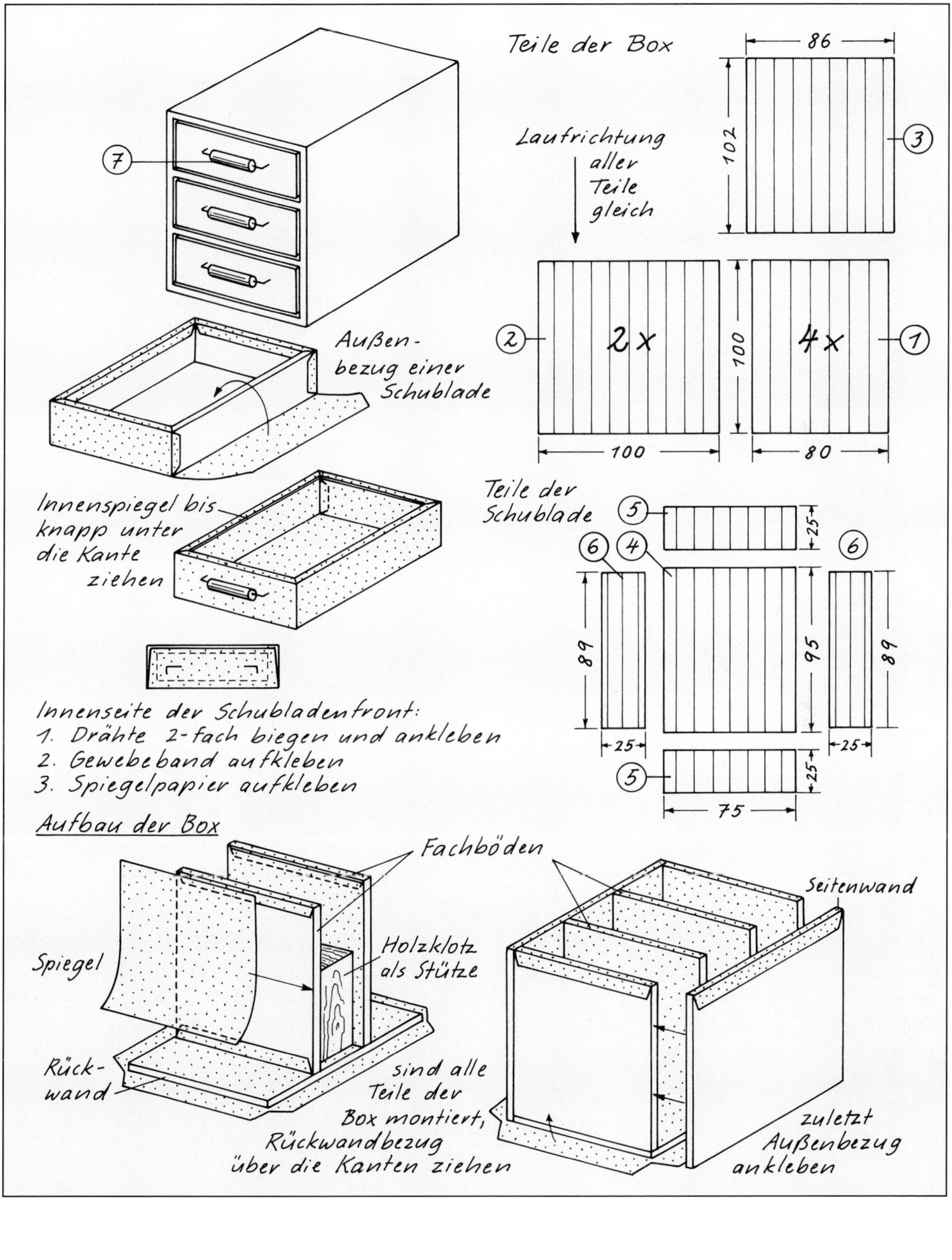
Teile der Box
86
102
3
Laufrichtung aller Teile gleich
2
2x
100
4x
1
100
80
7
Außenbezug einer Schublade
Innenspiegel bis knapp unter die Kante ziehen
Teile der Schublade
5
25
6
4
6
89
95
89
25
25
5
25
75
Innenseite der Schubladenfront:
1. Drähte 2-fach biegen und ankleben
2. Gewebeband aufkleben
3. Spiegelpapier aufkleben
Aufbau der Box
Fachböden
Seitenwand
Spiegel
Holzklotz als Stütze
Rückwand
sind alle Teile der Box montiert, Rückwandbezug über die Kanten ziehen
zuletzt Außenbezug ankleben

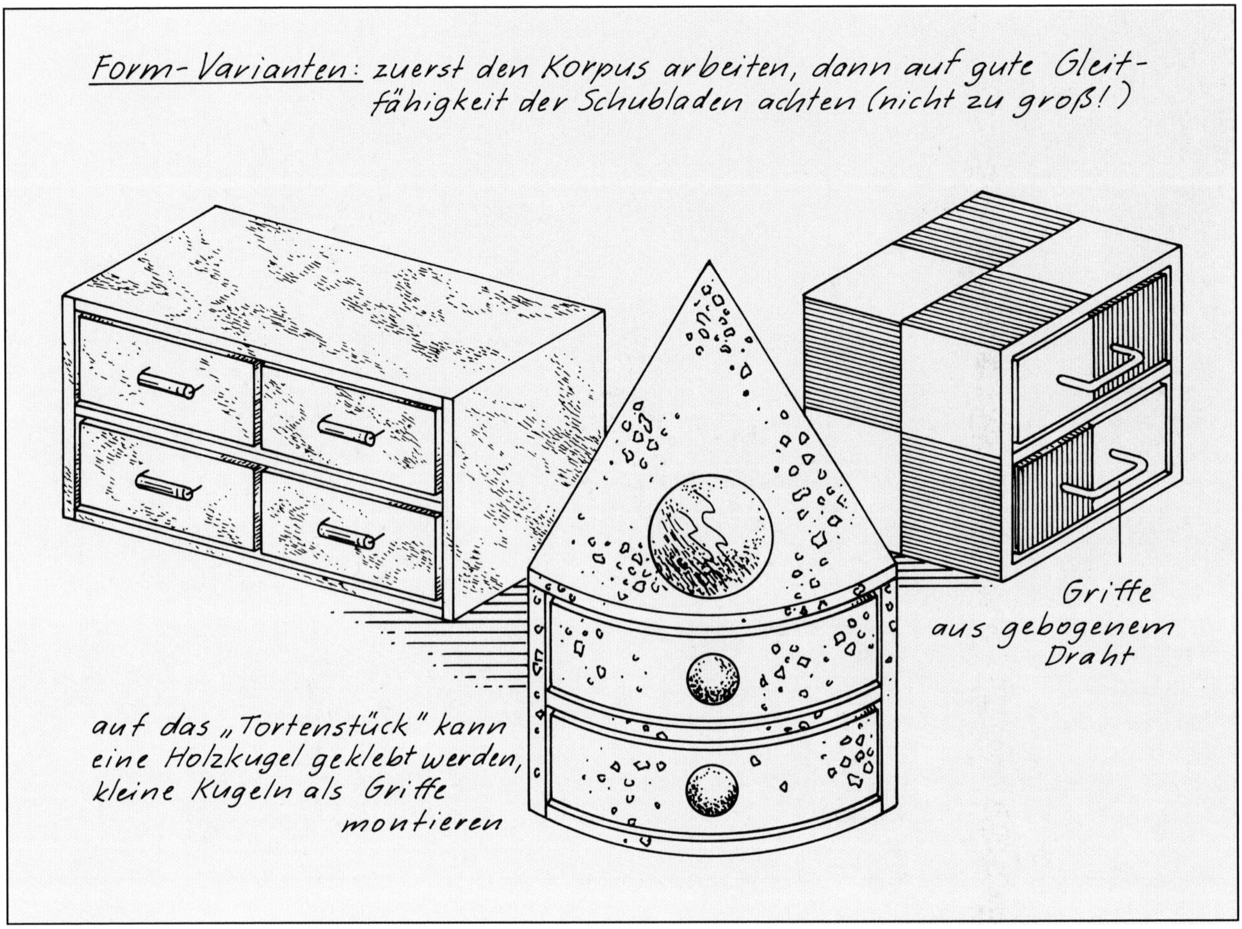

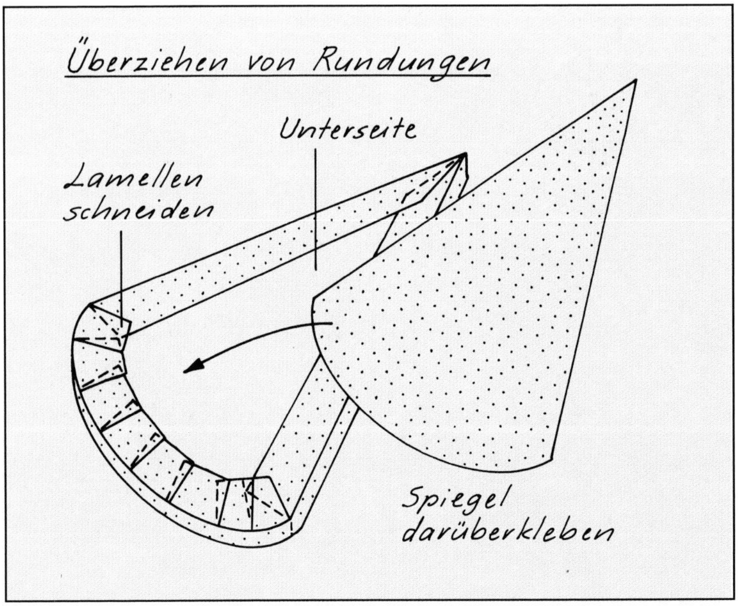

dem feuchteren Klebstoff (Kleister) wird immer das Spiegelpapier (Bezugspapier der Innenfläche) bestrichen, das sich deshalb stärker ausdehnt und beim Trocknen entsprechend stärker zusammenzieht. Dadurch wird die größere Zugkraft des randumgreifenden Papiers wieder ausgeglichen. Bei nicht randumgreifendem Bezug kann natürlich mit einem Klebstoff gearbeitet werden. Für den Bezug des Boxenkörpers und der Schubladen kann farblich unterschiedliches Papier verwendet werden.

Das bekannteste Außenbezugspapier ist wohl die pergamentartige Elefantenhaut. Man kann jedoch auch andere feste Papiere (z. B. Geschenkpapier, Packpapier) oder textile Einbandgewebe verwenden.

Zuerst erhält die Vorderkante des Fachbodens einen Schutzstreifen aus Bezugspapier.

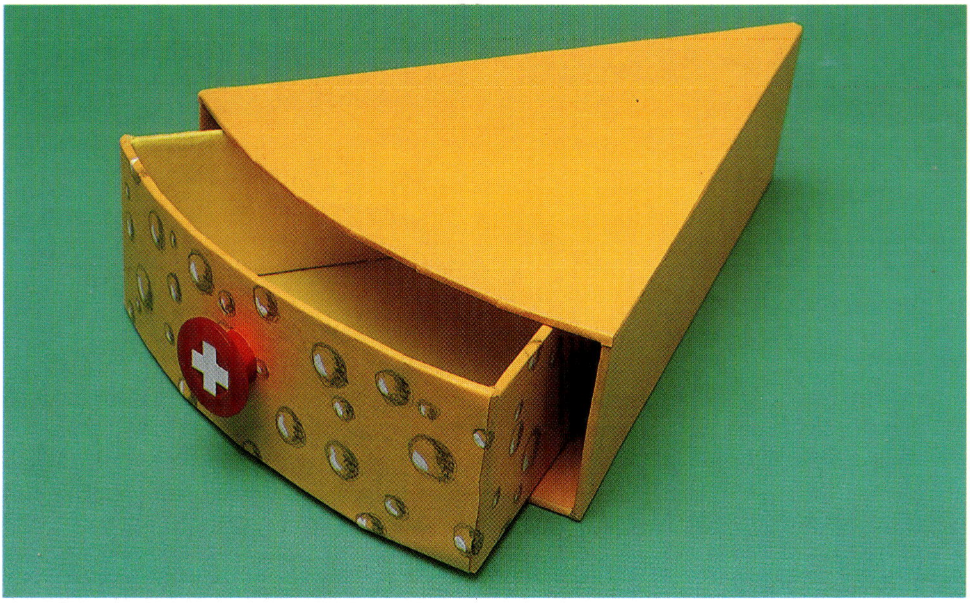

Anschließend werden der Fachboden und die Rückwand der Box durch beidseitigen Bezug für den Einbau vorbereitet. Die äußere Papierfläche der Rückwand muß ca. 1,5 cm überstehen, damit später die Rückwandkanten sauber abgedeckt werden können. Der Boxenkörper wird nun zusammengeklebt und bezogen. Der Arbeitsablauf für den Bezug umfaßt folgende Schritte:
1. Kantenstreifen ankleben;
2. Außenflächen beziehen;
3. Innenflächen beziehen.

Genauso werden die Schubladen zusammengebaut und mit Papier bezogen. Der Außenbezug kann aus einem Papierstück randumgreifend gearbeitet werden. Lediglich die senkrechten Kanten erhalten zuerst einen Kantenschutz.
Abschließend erhalten die Schubladen Griffe, die aus elektrischen Widerständen gefertigt werden. Bei der Farb- und Formgebung des Schubladenkastens ist die Kreativität des Bastlers gefordert (z. B. Käsestück/Quader/Marmor/Schwarzweiß usw.).

Schubladenbox ●●●●

Menge	Bezeichnung	Maße in mm	Material	Kenn-Nr.
4	Fachboden/-deckel	80 x 100 x 3	Graupappe	1
2	Seitenteile	102 x 100 x 3	Graupappe	2
1	Rückwand	86 x 102 x 3	Graupappe	3
3	Boden (Schublade)	75 x 95 x 3	Graupappe	4
6	Vorder-/Rückwand (Schubladen)	75 x 25 x 3	Graupappe	5
6	Seitenteile (Schublade)	25 x 89 x 3	Graupappe	6
3	Schubladengriffe	–	elektrische Widerstände	7

Bezugspapier / Dispersionskleber / Kleister / Schneidunterlage

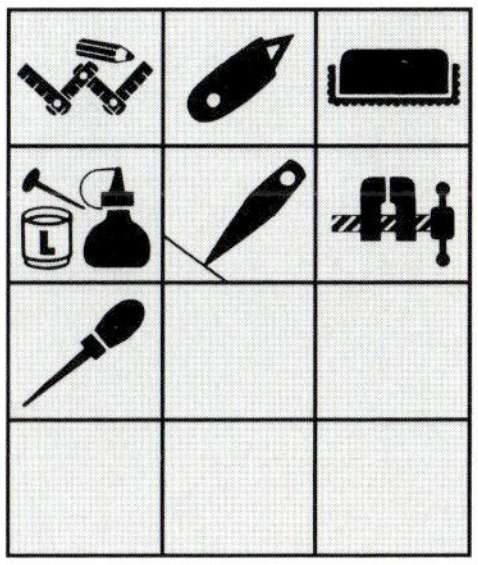

Album

Mit kleinen Veränderungen kann das Buch als Fotoalbum, Poesiealbum, Skizzenbuch, Tagebuch usw. gestaltet werden.

Die Buchgröße, das Format und die Anzahl und Beschaffenheit der Blatteinlagen sind je nach Verwendungszweck unterschiedlich.

Das Herstellungsmuster ist immer gleich: Eine beliebige Anzahl loser Blätter wird durch eine Kordel oder Schraubenbindung in eine Buchdecke mit geschlossenem Rücken und einem Klettverschluß eingebunden.

Für die Einbanddecke verwenden wir 2,5 mm starke Buchbinder-Graupappe.

Als Bezugsmaterial für die Außenseiten eignet sich textiles Einbandgewebe (Papierfachhandel / Buchbindereibedarf). Daraus lassen sich zugleich die notwendigen Einbandscharniere herstellen. Für die Spiegel der Einbanddecken-Innenseiten nehmen wir passendes Bezugspapier (120 g/m^2). Als Spiegel bezeichnet man den innenseitigen Papierbezug der Buchdecke, der den Umschlagrand des Außenbezuges abdeckt.

Zuerst wird der Buchblock gerichtet. Bei Fotoalben verwendet man dazu weißen oder bläulichgrauen Fotokarton, bei Schreibalben festes Schreibpapier (120 g/m^2).

Mit dem Falzbein werden die genau zugeschnittenen Blätter gerillt. Dünnes Material erfordert eine feinere, dickeres eine breitere Rille. Dadurch lassen sich Blätter besser umblättern. Eine weiche Unterlage, zum Beispiel Holzpappe, ermöglicht eine ausgeprägte Rille.

Fotoalben benötigen zusätzlich eine Ausgleichsfälze (20 mm breit), siehe Zeichnung,

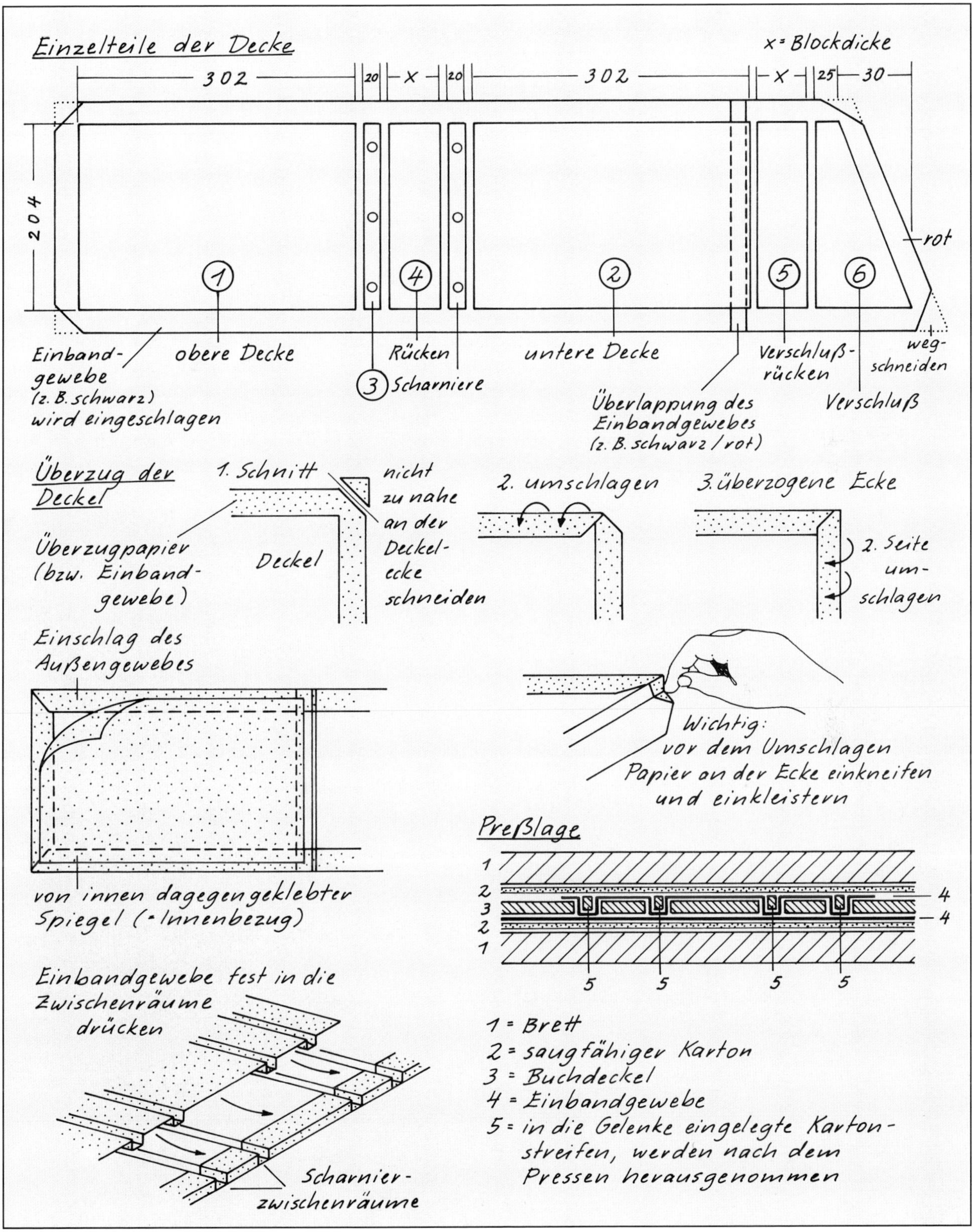
Einzelteile der Decke
x = Blockdicke
302
20
x
20
302
x
25
30
204
rot
1
2
3
4
5
6
Einband-/gewebe (z. B. schwarz) wird eingeschlagen
obere Decke
Rücken
3 Scharniere
untere Decke
Überlappung des Einbandgewebes (z. B. schwarz / rot)
Verschluß-rücken
weg-schneiden
Verschluß
Überzug der Deckel
1. Schnitt
nicht zu nahe an der Deckel-ecke schneiden
Überzugpapier (bzw. Einband-gewebe)
Deckel
2. umschlagen
3. überzogene Ecke
2. Seite um-schlagen
Einschlag des Außengewebes
von innen dagegengeklebter Spiegel (= Innenbezug)
Wichtig: vor dem Umschlagen Papier an der Ecke einkneifen und einkleistern
Preßlage
1
2
3
2
1
4
4
5
5
5
5
1 = Brett
2 = saugfähiger Karton
3 = Buchdeckel
4 = Einbandgewebe
5 = in die Gelenke eingelegte Karton-streifen, werden nach dem Pressen herausgenommen
Einbandgewebe fest in die Zwischenräume drücken
Scharnier-zwischenräume

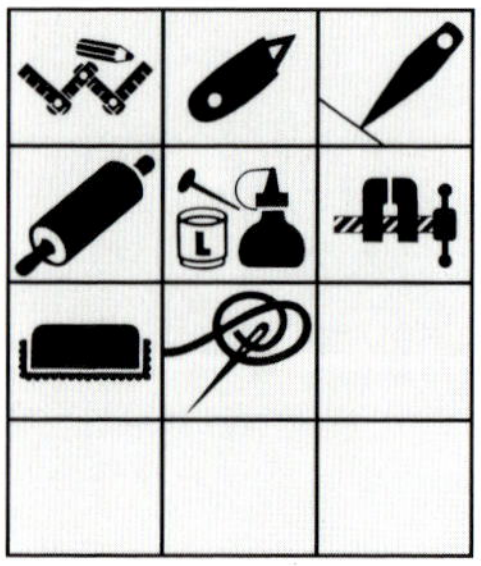

Album ●●●●

Menge	Bezeichnung	Maße in mm	Material	Kenn-Nr.
2	Obere Decke / untere Decke	204 x 302 x 2,5	Graupappe	1/2
2	Scharnierteile	204 x 20 x 2,5	Graupappe	3
2	Rückenteil / Verschlußrücken	204 x 20 x 2,5	Graupappe	4/5
1	Verschluß	204 x 105 x 2,5	Graupappe	6
10	Einlegeblätter	320 x 200	Fotokarton	7

Einbandgewebe / Bezug (außen) / Spiegelpapier / Kordel / Klettband / Holzpappe / Kleister

damit Platz für die Bilder freigehalten wird. Mit dem Falzbein und einer Anschlagschiene läßt sich an jedem Blatt ein 20 mm breiter Streifen umschlagen.

Am umgeschlagenen Rand müssen durch die einzelnen Blätter je drei Löcher für die Kordelbindung (Schraubenbindung) gestanzt werden. Man verwendet dazu ein Locheisen oder eine Lochzange.

Mit einer Pappschablone, die jeweils auf das zu lochende Blatt gelegt wird, erreicht man genau gleiche Lochabstände.

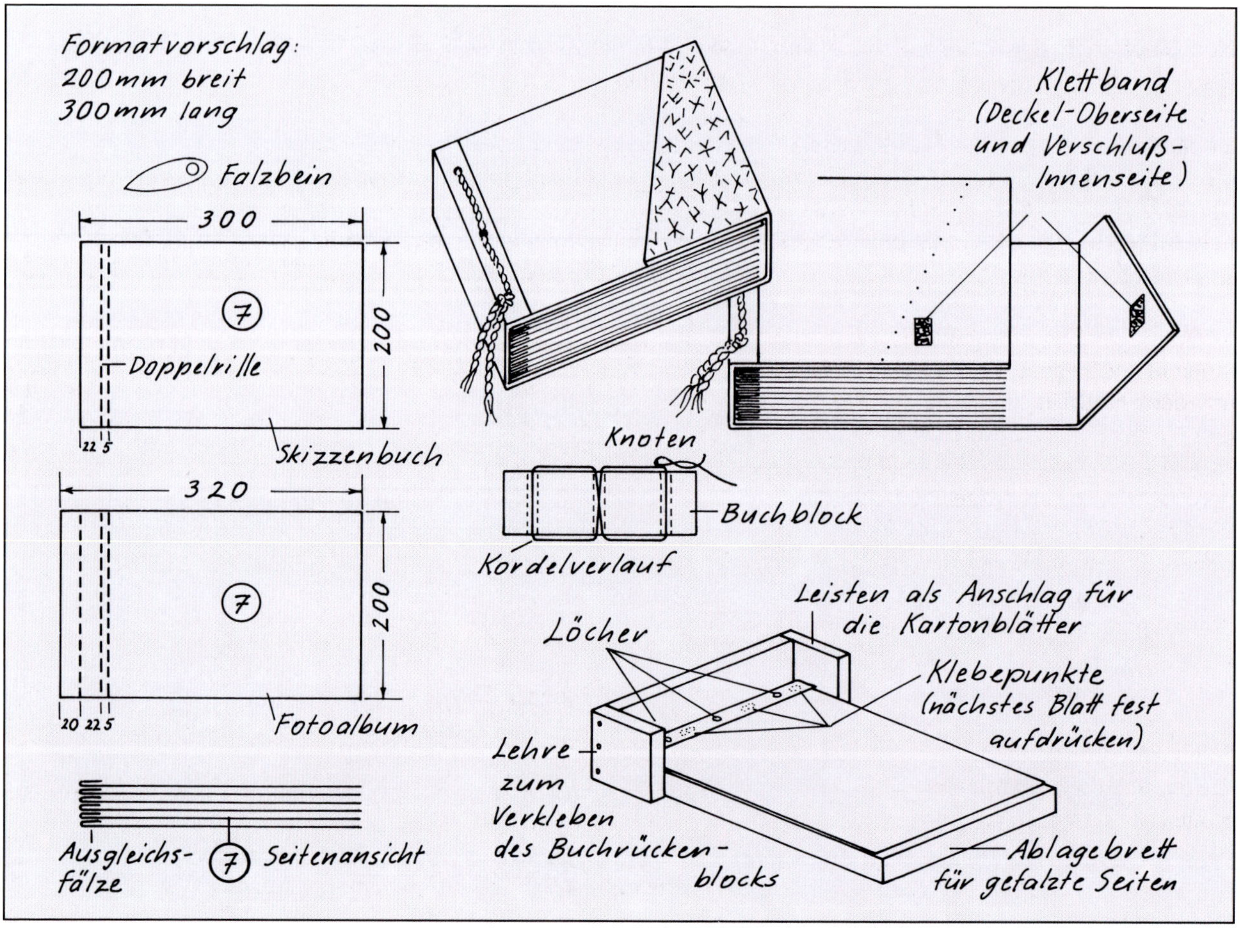

Mit Hilfe einer selbstgefertigten Lehre (siehe Zeichnung) klebt man den Block mit Dispersionskleber punktweise zusammen.

Unter Beachtung der Laufrichtung (entlang des Buchrückens) werden zwei Buchdeckel zugeschnitten. Die Buchdeckel sind mit dem Blockrücken bündig, an den übrigen Seiten stehen sie 2 mm über den Block hinaus.
Von jedem Pappdeckel wird ein 20 mm breiter Streifen für das Scharnier und ein 2 mm breiter Streifen für den Scharnierzwischenraum abgeschnitten.
Der schmale Streifen muß später beim Pressen in die Gelenkfuge eingelegt werden. Das Rückenteil der Decke und die zweiteilige Verschlußklappe schneiden wir aus der gleichen Pappe wie die Deckel. Die Breite des Rückenteiles entspricht der Dicke des Buchblockes.

Nun klebt man den Überzug mit einem Dispersionskleber mit geringer Kleisterbeimischung. Als Deckenbezug verwenden wir Einbandgewebe unterschiedlicher Farbe, für die Verschlußklappe und die übrige Decke. Dieses Gewebe wird auch auf die Innenseite des Buchrückens und der Gelenke aufgeklebt, siehe Zeichnung.

Wichtig: Das Einbandgewebe wird nur innen in die Gelenke eingerieben, das heißt mit dem Falzbein in die Fugen zwischen den Pappdeckeln hineingedrückt.
Diese Klebung muß unter Preßdruck trocknen. Über die Einschläge werden in den Deckel die Papierspiegel, siehe Zeichnung, geklebt. Da hier mehr Zug nötig ist, muß mit mehr Kleisteranteil gearbeitet werden (siehe „Randumfassende Klebung“ auf Seite 94 ff).

Abschlußarbeiten:

1. Bindelöcher schlagen;
2. Kordelbindung anbringen;
3. Klettband einkleben.

Streichholzschachtel-Museum

Wer Miniaturen oder kleine Reiseandenken sammelt, braucht entsprechende Ablagen. Dazu eignen sich hervorragend Streichholzschachteln. Selbst Miniaturlandschaften und kleine Szenen kann man in diese Schachteln einbauen. Kleine Modellbaufiguren gibt es im Spielwarenhandel zu kaufen (Eisenbahnzubehör).

In Buchform verpackt, sind diese Miniaturobjekte gut geschützt und dennoch schnell zur Hand. Zuerst fertigt man sich eine Albumdecke mit einer Rückenbreite von zwei aufeinandergelegten Streichholzschachteln.

Als Alternative eignet sich auch ein A5-Ordner aus Karton mit einer Rückenbreite von 30 mm. Die Hebelmechanik wird nicht benötigt und deshalb ausgebaut. Die Ordnerdeckel können mit selbstgestaltetem Schmuckpapier bezogen werden. Wer es einfacher haben will, nimmt zum Beziehen selbstklebende bunte Folie.

Liebgewonnene Gegenstände oder Erinnerungsstücke finden hier einen Platz.

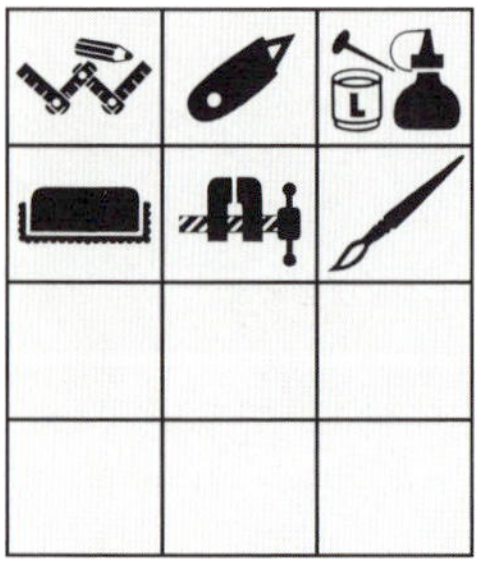

Streichholzschachtel-Museum ●●●●

Menge	Bezeichnung	Maße in mm	Material	Kenn-Nr.
1	Album	DIN A5 / 30 Rückenbreite	Kartonordner	1
1	Bezug	ca. 300 x 500	Papier	2
2	Spiegel	ca. 200 x 500	Papier	3
36	Fächer		Streichholzschachteln (Schubfach)	4

Diverese Sammelstücke / Dispersionskleber / Kleister / Dispersionsfarben / Schmuckpapier

Das Museum aus dem Bücherregal läßt sich wie ein Bilderbuch betrachten.

Wichtig: Die Ordnerdeckel müssen beidseitig bezogen werden; die Laufrichtung von Papier und Karton müssen übereinstimmen.

Die Deckelinnenseiten bieten Platz für jeweils 18 Streichholzschachteln. Mit Dispersionskleber werden sie fest miteinander verbunden und eingeklebt. Der umlaufende Rand sollte noch mit Papier bezogen werden.

Danach kann man die einzelnen Fächer mit kleinen Gegenständen füllen.

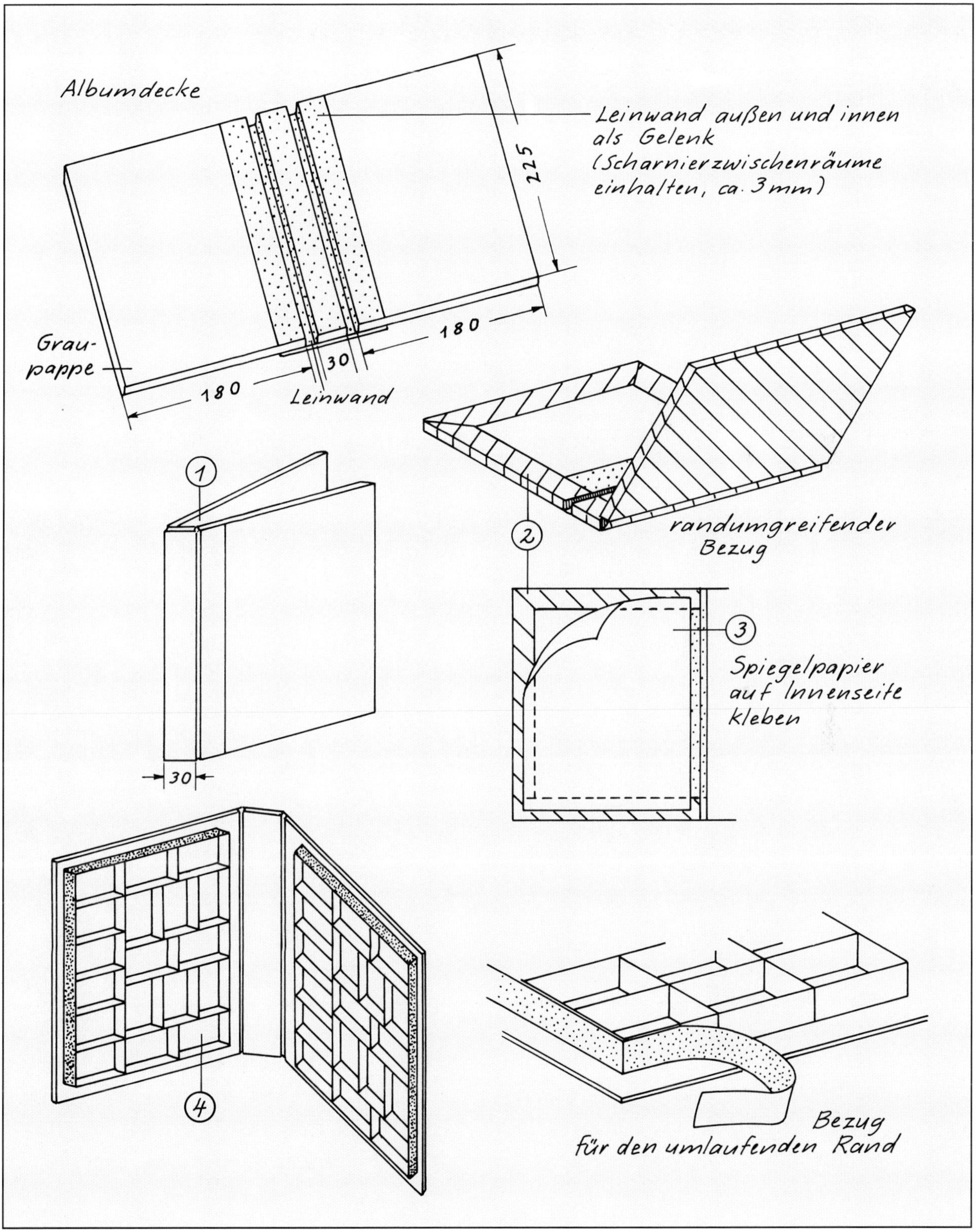
Albumdecke
Leinwand außen und innen als Gelenk (Scharnierzwischenräume einhalten, ca. 3 mm)
225
180
30
180
Grau-pappe
Leinwand
1
2
randumgreifender Bezug
3
Spiegelpapier auf Innenseite kleben
30
4
Bezug für den umlaufenden Rand

V. Werken mit Ton

Daumenschälchen

Ton ist eines der beliebtesten Werkmaterialien überhaupt. Um damit zu gestalten, braucht man keine Vorkenntnisse oder Werkzeuge. Eines der allerersten Tongefäße waren die Daumenschälchen.
Ihre Herstellung ist einfach: In einen kugelförmigen Tonbatzen wird mit dem Daumen eine Vertiefung eingedrückt. Durch ständiges Drücken und Drehen der Tonmasse zwischen Finger und Daumen läßt sich diese Form zur einfachen Schale ausweiten. Es können auch einfache Verzierungen (z. B. mit dem Fingernagel) in den feuchten Ton eingeritzt werden. Abschließend wird das Schälchen vorsichtig auf eine ebene Unterlage gedrückt, dadurch erhält es Standfestigkeit. Anschließend den Ton an einem kühlen Platz, ungefähr eine Woche lang, gut trocknen lassen. Erst dann kann das Daumenschälchen gebrannt und glasiert werden.

Daumenschälchen •

Menge	Bezeichnung	Maße in mm	Material	Kenn-Nr.
1	Tonkugel	ca. 50 ∅	Ton	1

Zur einfachen Form der Daumenschälchen paßt nur eine schlichte Verzierung. Eine eingepreßte Schnur ergibt ein Zierband. Man kann auch mit einem Hölzchen oder dem Finger Muster eindrücken.

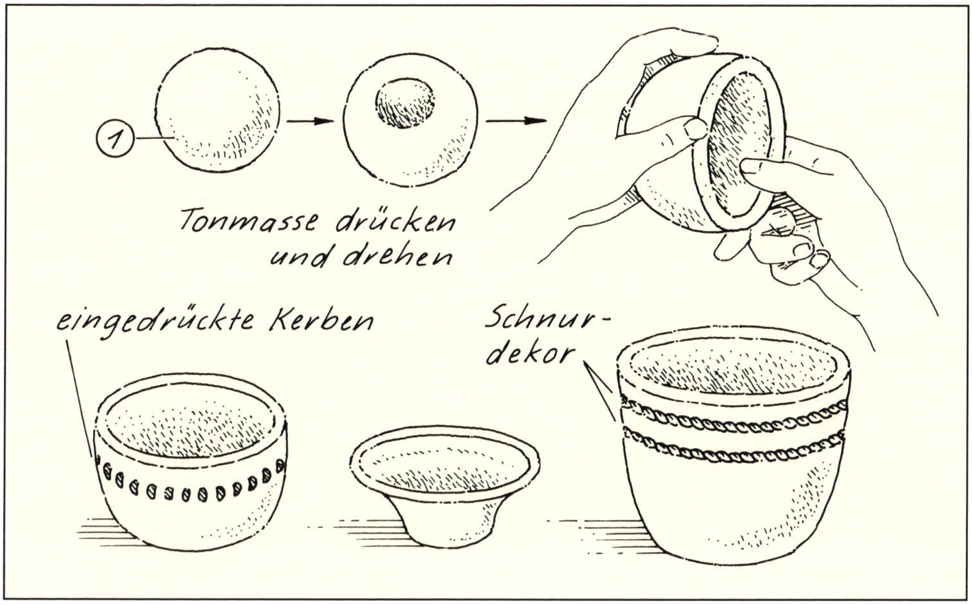

Preßformen aus Ton

Die weiche, leicht formbare Tonmasse läßt sich gut über vorgegebene Formen ziehen und pressen. Auf diese einfache Art kann man rasch mehrere gleichartige Werkstücke herstellen. Wichtig ist dabei, daß der Ton nicht zu trocken ist. Um ihn geschmeidig zu machen, genügt es, ihn mit Wasser zu befeuchten und neu durchzukneten.
Als Preßformen verwendet man einen Gummiball, einen kleinen Eimer, Glasschalen, Teller oder Schüsseln, wenn sie eine schöne Außenform haben. Wenn die Innenform geeigneter ist, fertigt man davon ein Gipsmodell an.
Zur Herstellung des Gipsabdruckes muß die Innenseite des Gefäßes mit Vaseline oder Salatöl bestrichen werden. Dann gießt man so viel Gipsbrei hinein, daß eine Modellform zustande kommt. Durch leichtes Klopfen an die Schalenwand werden in die Gipsmasse eingeschlossene Luftblasen ausgetrieben. Nachdem die Gipsform hart geworden ist, wird sie aus der Schale genommen und nach mehrtägigem Austrocknen mit farblosem Lack bestrichen.
Das Gipsmodell dient, auf den Kopf gestellt, als Preßform. Man stülpt eine Tonplatte darüber, preßt sie gleichmäßig an die Form an und schneidet den überschüssigen Ton weg. Wenn nötig, kann mit einem Tonwulst ein Fuß für die Schale aufgesetzt werden.

Wichtig: Ansatzfläche aufrauhen und den Tonwulst beidseitig sorgfältig mit dem Schalenboden verstreichen.

Preßformen aus Ton ●●●

Menge	Bezeichnung	Maße in mm	Material	Kenn-Nr.
1	Preßform	beliebig	Gips o. a.	1
	Tonplatten	beliebig	Ton	2
	Tonwulst	fingerdick	Ton	3

Vaseline / Lack / Kiste / Blumenerde / Tücher / Glasur

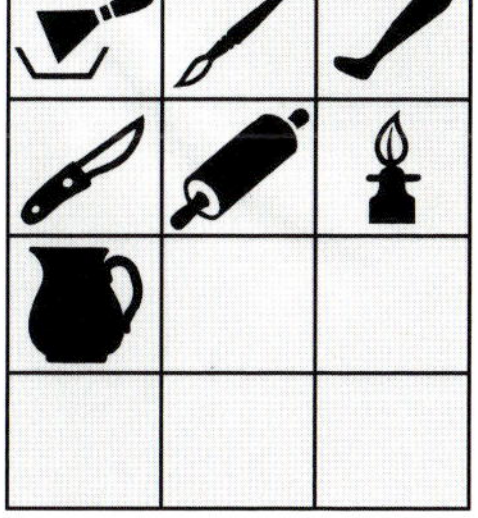

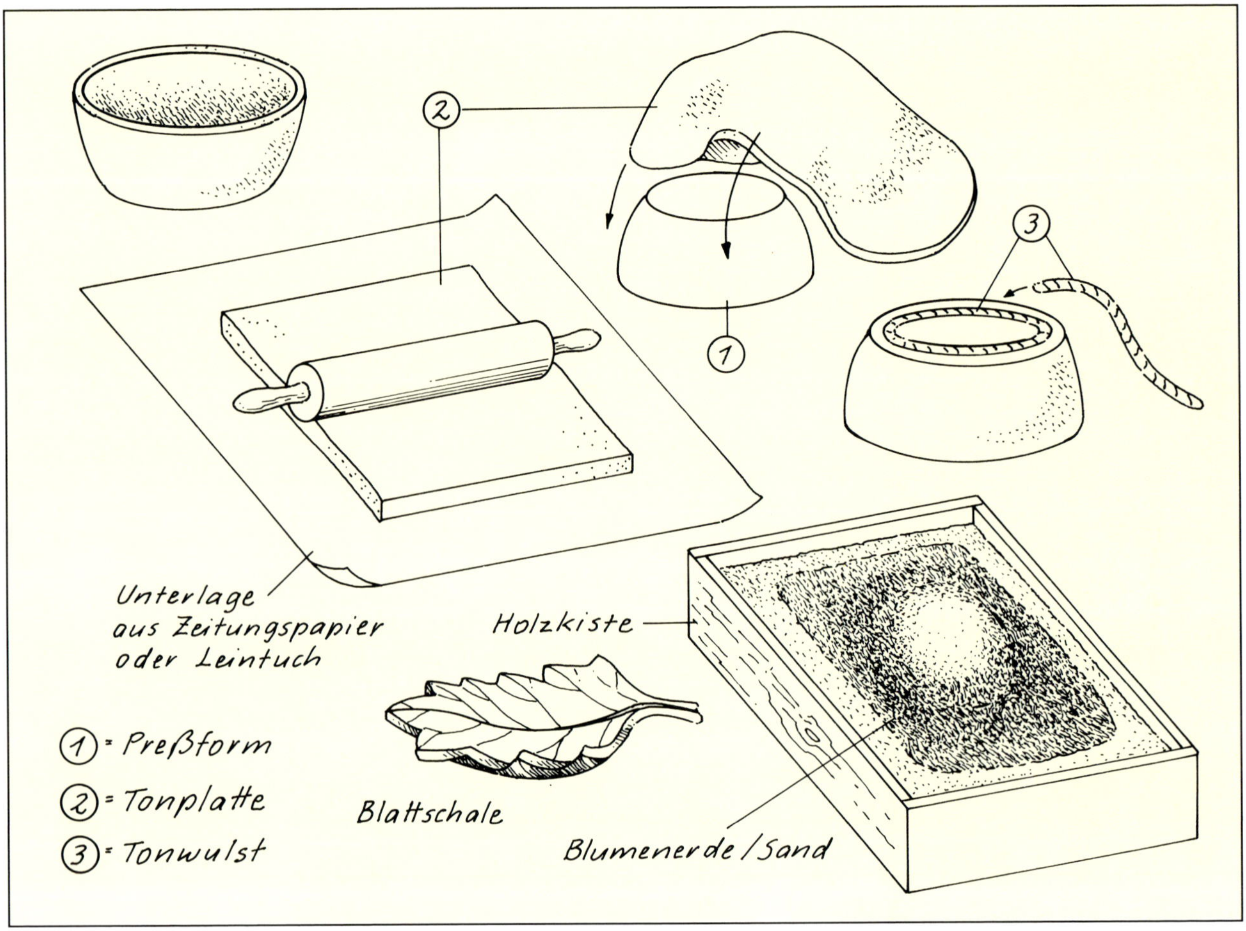

Die Umrißform der eingepreßten Pflanze wird mit dem Messer aus der Tonplatte geschnitten.

Die so entstandene Schale darf nicht zu lange auf der Preßform bleiben, denn der Ton „schwindet" beim Trocknen. Durch den Druck der Form entstehen dabei Risse im Werkstück.
Nach ca. 30 Minuten kann man die Schale abnehmen. Nachdem sie völlig trocken ist (Fingerprobe), kann man sie brennen und glasieren.

Eine interessante Abwandlung der Preßtechnik ist das Eindrücken von Pflanzenteilen (z.B. Blätter, kleine Zweige, Früchte) in Tonplatten. Durch leichtes Aufwölben der Ränder in einer Blumenerde- oder Sandform entstehen so Pflanzenmotivschalen. Will man größere Gefäße herstellen, kann man sich auch aus Blumenerde und Sand Formen bauen. In einer entsprechend großen Kiste wird mit feuchter Erde die Form gebaut und mit Tonplatten ausgelegt. Die Erde (der Sand), die an der Außenseite der Tonschale haftenbleibt, kann mitgebrannt werden. Dadurch entstehen interessante Strukturen. Eine ähnliche Wirkung erzielt man mit feuchten Leinentüchern, die man vor dem Einpressen der Tonplatten in die Form legt.

Tonplatten können auch über einen Gummiball gezogen werden. Dabei entstehen schlichte, moderne Schalen.

Krug und Topf (Aufbaukeramik)

Tonarbeiten, die durch stückweises Hinzufügen von Tonmasse allmählich aufgebaut werden, bezeichnet man als „Aufbaukeramik". Das Aufeinandersetzen von Tonwülsten bis zur fertigen Form ist dabei die gebräuchlichste Technik.

Die Tonwülste können glatt verstrichen werden oder bleiben als Strukturelemente erhalten.
Zur Herstellung eines etwa 18 cm hohen Kruges rollt man sich auf einer genügend feuchten Tischplatte mehrere fingerdicke Tonwülste zurecht. Damit sie nicht zu schnell austrocknen, werden sie mit einem feuchten Tuch zugedeckt.

Als Krugboden dient eine etwa handflächengroße kreisrunde Tonplatte (ca. 1 cm dick). Darauf wird mit den Tonwülsten die Gefäßwand aufgebaut und an der Innenseite sorgfältig glattgestrichen. Am oberen Rand wird der Tonwulstring breiter aufgesetzt, damit sich ein Ausguß bildet. Die Außenfläche kann nach Belieben mehr oder weniger glattgestrichen werden.
Gegenüber der Ausgußrinne wird ein etwas dickerer und flachgedrückter Tonwulst angesetzt und gut mit der Krugwand verstrichen. Das andere Wulstende verbindet man genauso unterhalb der halben Krughöhe mit der Wand. So erhält man einen stabilen und formschönen Henkel.

Nach einer abschließenden Kontrolle und eventuell notwendigen Korrektur der Form und Oberfläche (z. B. Wulstverbindungen oder Bodenansatz nachglätten) kann der Krug trocknen und später gebrannt und glasiert werden.
In derselben Technik können auch sehr schöne Pflanzenübertöpfe hergestellt werden. Dazu geht man von einer etwa 1,5 cm dicken, kreisrunden Bodenplatte aus (15 cm Durchmesser) und baut darauf mit den Tonwülsten eine sich nach oben erweiternde bauchige Gefäßwand auf. Dabei sollte die Form immer wieder korrigiert werden. Als oberer Abschluß wird ein etwas dickerer Tonwulst aufgesetzt. Der obere Topfdurchmesser und die Topfhöhe sollten jeweils etwa 20 cm betragen.

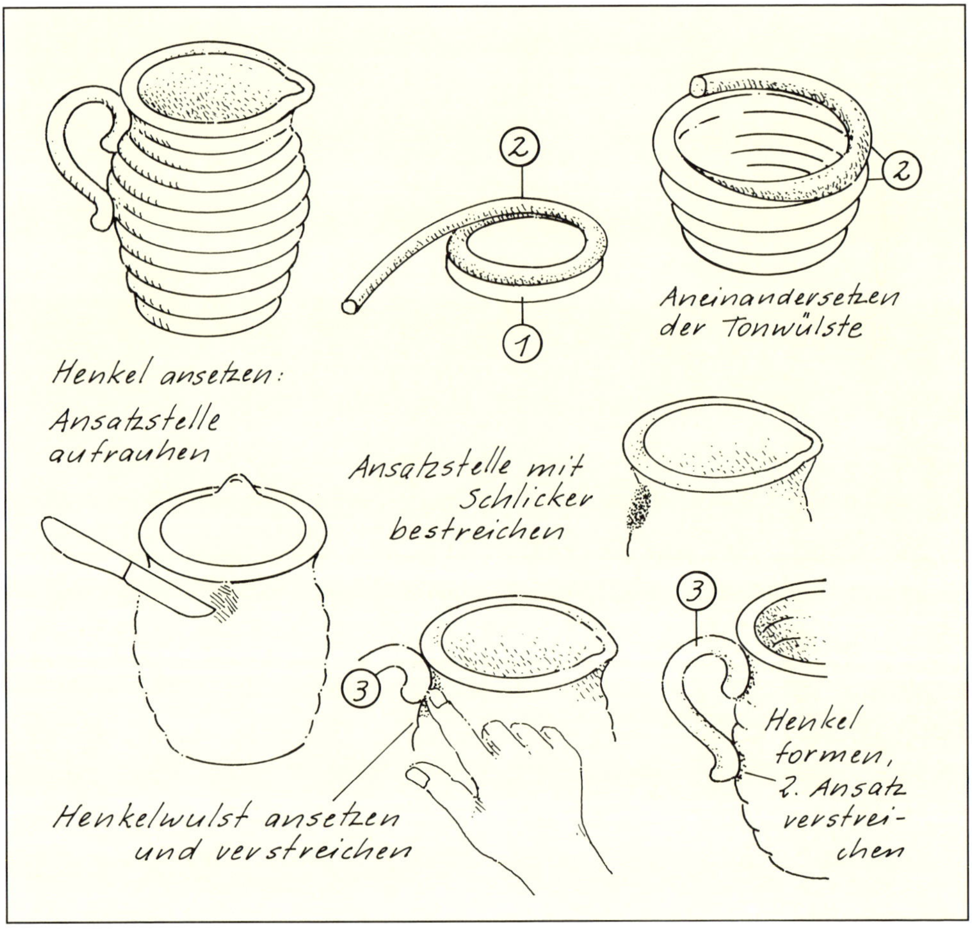

Krug und Topf (Aufbaukeramik) ●●●●

Menge	Bezeichnung	Maße in mm	Material	Kenn-Nr.
1	Bodenplatte	ca. 100 ⌀	Ton	1
div.	Tonwülste	fingerdick	Ton	2
1	Henkel	daumendick (flachgedrückt)	Ton	3

Schlicker (Tonschlämme) / Glasur

Das Gefäß wird aus einzelnen Tonwülsten aufgebaut. Zumindest im Innenraum des Kruges müssen die Tonwülste sorgfältig miteinander verstrichen werden.

Deckelgefäß (Plattentechnik)

Von allen Aufbaumethoden ist die Plattentechnik die vielseitigste. Die Herstellung einfacher Deckelgefäße gelingt damit problemlos.
Man rollt den Ton auf einer ebenen Unterlage zu einer ca. 1 cm dicken Platte aus. Daraus schneidet man den kreisrunden Bodenteller (120 mm ⌀), den etwas größeren Deckel (130 mm ⌀) und eine rechteckige Platte für die Gefäßwände (ca. 400 mm x 55 mm).

Die Wandplatte wird zu einem Zylinder gebogen, auf die Bodenplatte aufgedrückt und an den Ansatzstellen gut verbunden und geglättet. Die Deckelplatte erhält einen dünnen Tonwulst, damit später der Deckel nicht über die Gefäßwand rutschen kann. Bei aufgesetztem Deckel muß dieser Sicherungsring innerhalb der Gefäßwand in den Behälter ragen. Als Deckelgriff können auch kleine Figuren geformt und aufgesetzt werden. Die Ansatzstelle ist dabei immer gut zu verstreichen.
Dose und Deckel können nun zum Trocknen beiseite gestellt und später gebrannt und glasiert werden.

Deckelgefäß ●●●

Menge	Bezeichnung	Maße in mm	Material	Kenn-Nr.
	Tonplatte	ca. 10 dick	Ton	1
1	Bodenteller	120 ⌀	Ton	2
1	Deckel	130 ⌀	Ton	3
1	Gefäßwände	ca. 55 x 400	Tonplatte	4
1	Deckelwulst	ca. 5 ⌀	Tonwulst	5

div. Abdruckmaterialien: Stoffreste / Blätter / Reißverschluß u. a. / Glasuren

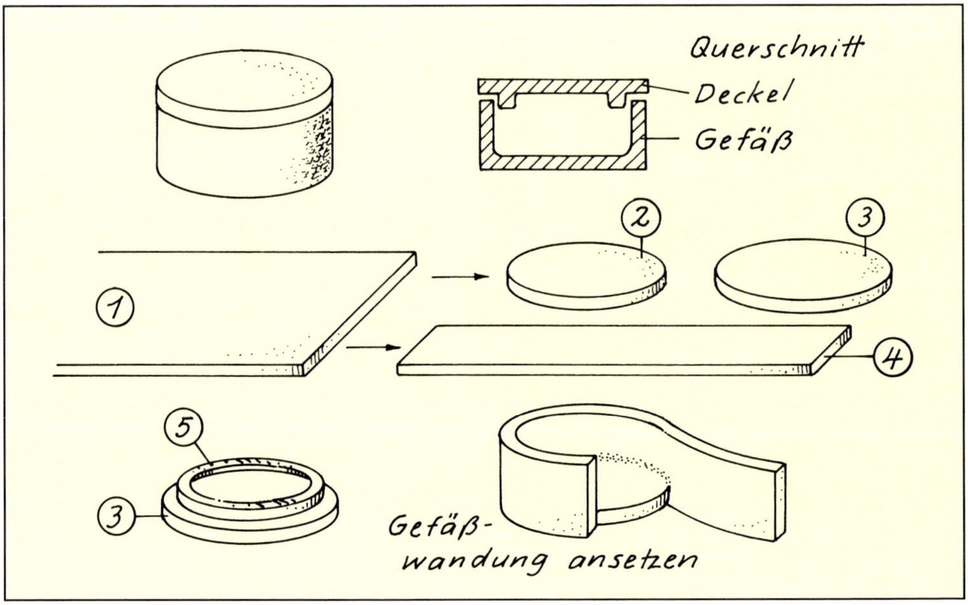

Die schlichten Formen der Deckelgefäße erlauben es, die Außenflächen besonders dekorativ zu gestalten, entweder mit farbigen Glasuren oder Materialabdrücken (z. B. Blätter, Stoffreste, Reißverschluß u. a.).

Teewärmer

Zum Teetrinken sollte man sich Zeit nehmen. Damit der Tee nicht abkühlt benötigt man jedoch unbedingt einen Teewärmer (Stövchen). Der Aufbau gleicht dem bereits beschriebenen Deckelgefäß. Lediglich auf der Deckeloberseite müssen noch acht dünne Tonwülste sternförmig aufgelegt und mit der Deckelplatte verstrichen werden. Auf diese Stege wird später die Teekanne gestellt; die Wärmezirkulation wird dadurch verbessert.

Teewärmer ●●●

Menge	Bezeichnung	Maße in mm	Material	Kenn-Nr.
a) Teewärmer (geschlossen), vgl. Deckelgefäß				
b) Teewärmer (offen):				
1	Deckplatte	ca. 140 ∅	Ton	1
4 – 8	Deckelstege	ca. 5 dick	Ton	2
4	Standplatten	ca. 60 x 70	Ton	3
1	Teelichthalterung	ca. 40 ∅	Ton	4

In den Boden des Gefäßes wird mit einem Rundholz eine Vertiefung für das Teelicht eingepreßt. Der Ton muß nun eine Weile ruhen. Wenn er sich gesetzt hat, werden an den Wänden und im Deckel die Ausschnitte für Luftzufuhr und Wärmeableitung eingeritzt. Erst im lederharten Zustand lassen sich die Durchbrüche mit einem Messer herausschneiden. Abschließend werden die Schnittkanten nachgeglättet und die Teile zum Trocknen weggestellt.
Der Rohbrand kann im selbstgebauten Ofen erfolgen; für den Glasurbrand benötigt man einen speziellen Tonbrennofen.

Besonders pfiffig ist ein offenes Stövchen aus Tonplatten.

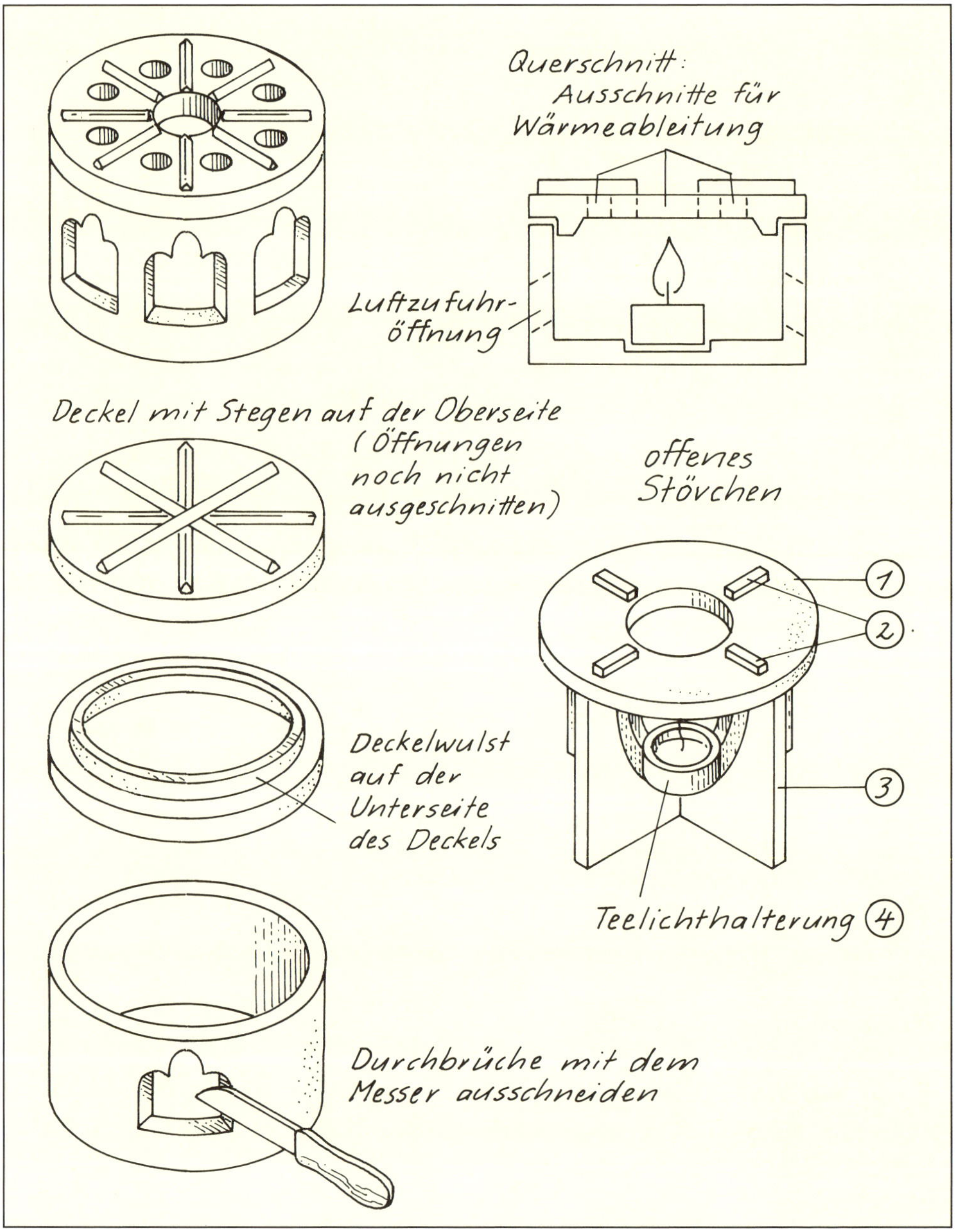

Duftschale

Eine Duftschale zum Verdunsten von in Wasser gelösten Duftstoffen besteht aus einer Verdampferschale und einem Kerzenraum.

Die Schale kann als Daumenschälchen oder aus dünnen Tonwülsten gefertigt werden. Ein Schalendurchmesser von 100 mm und eine Schalenhöhe von 50 mm sind ausreichend.
Den Kerzenraum bildet ein zylinderförmiges Gefäß (80 mm ∅ / Höhe: 120 mm) aus einer kreisrunden Boden- und einer rechteckigen Wandplatte. Mit dem Wellholz wird ein Tonbatzen 10 mm dick ausgewalzt. Daraus schneidet man die Platten. Die rechteckige Platte wird zu einer Röhre geformt und auf den kreisrunden Boden aufgesetzt. Sämtliche Berührungsstellen muß man mit dem Messer oder einem Holzstück aufrauhen und mit Schlicker (Tonbrei) bestreichen, bevor sie sorgfältig verbunden und geglättet werden.
Die Schale wird nun auf den Zylinder aufgesetzt. Mit dem Finger verstreicht man die äußere Ansatzfuge. Später kann man noch einen Tonwulst einlegen, um den inneren Ansatz zu verstärken. Dabei ist darauf zu achten, daß Schalen- und Zylinderboden ca. 100 mm Abstand haben. Dieser Heizabstand gilt für ein Teelicht.

Ähnlich wie bei einem Stövchen müssen in den Kerzenraum Öffnungen für die Wärmezirkulation geschnitten werden. Wenn der

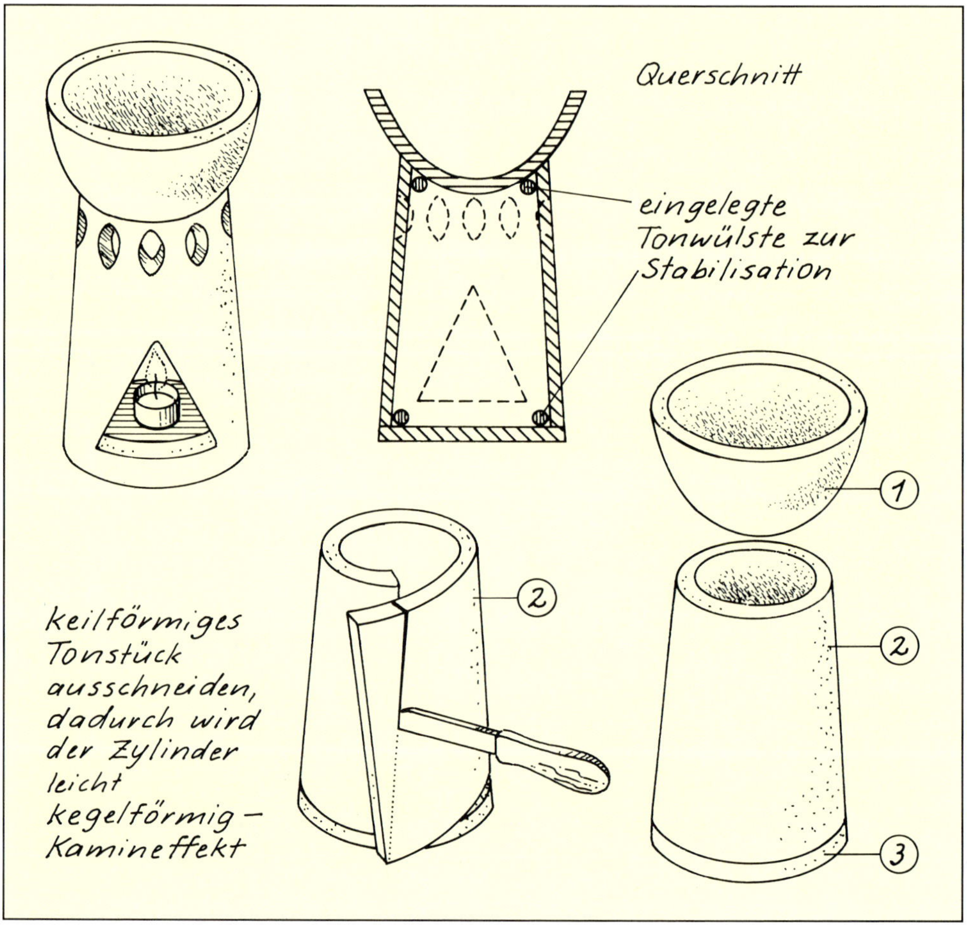

Duftschale ●●●

Menge	Bezeichnung	Maße in mm	Material	Kenn-Nr.
1	Schale	ca. 100 ∅	Ton	1
1	Wandplatte	ca. 120 x 250	Ton	2
1	Bodenplatte	80 ∅	Ton	3

Ton ledertrocken ist, lassen sich mit dem Messer eine größere Einstellöffnung für die Kerze und unterhalb der Schale mehrere kleine Wärmeabfuhröffnungen herausnehmen. Nach dem Trocknen wird die Duftschale gebrannt und zumindest in der Schaleninnenseite glasiert. In diese Schale wird später destilliertes Wasser und ein Tropfen Duftöl hineingegeben.

Duftöle und Informationen über ihre Wirkung bekommt man im Fachhandel oder in Drogerien.

Heizbarer Puppenherd

Die nebenstehende Zeichnung kann, entsprechend vergrößert, als Schablone verwendet werden. Aus einer ausgewalzten Tonplatte schneidet man die zusammenhängenden Seitenteile und die Herdplatte aus und fügt diese Teile zum Herdkörper zusammen. Die Herdplatte soll dabei vorne und seitlich 2 – 3 mm über den Unterbau hinausragen.

Alle Kanten werden nachgeformt und die Berührungsflächen der Tonplatten miteinander verstrichen. Zum Heizen verwendet

In den Brennraum des Herdes wird ein Teelicht eingesetzt. Damit kann man in der Puppenstube heizen und kochen.

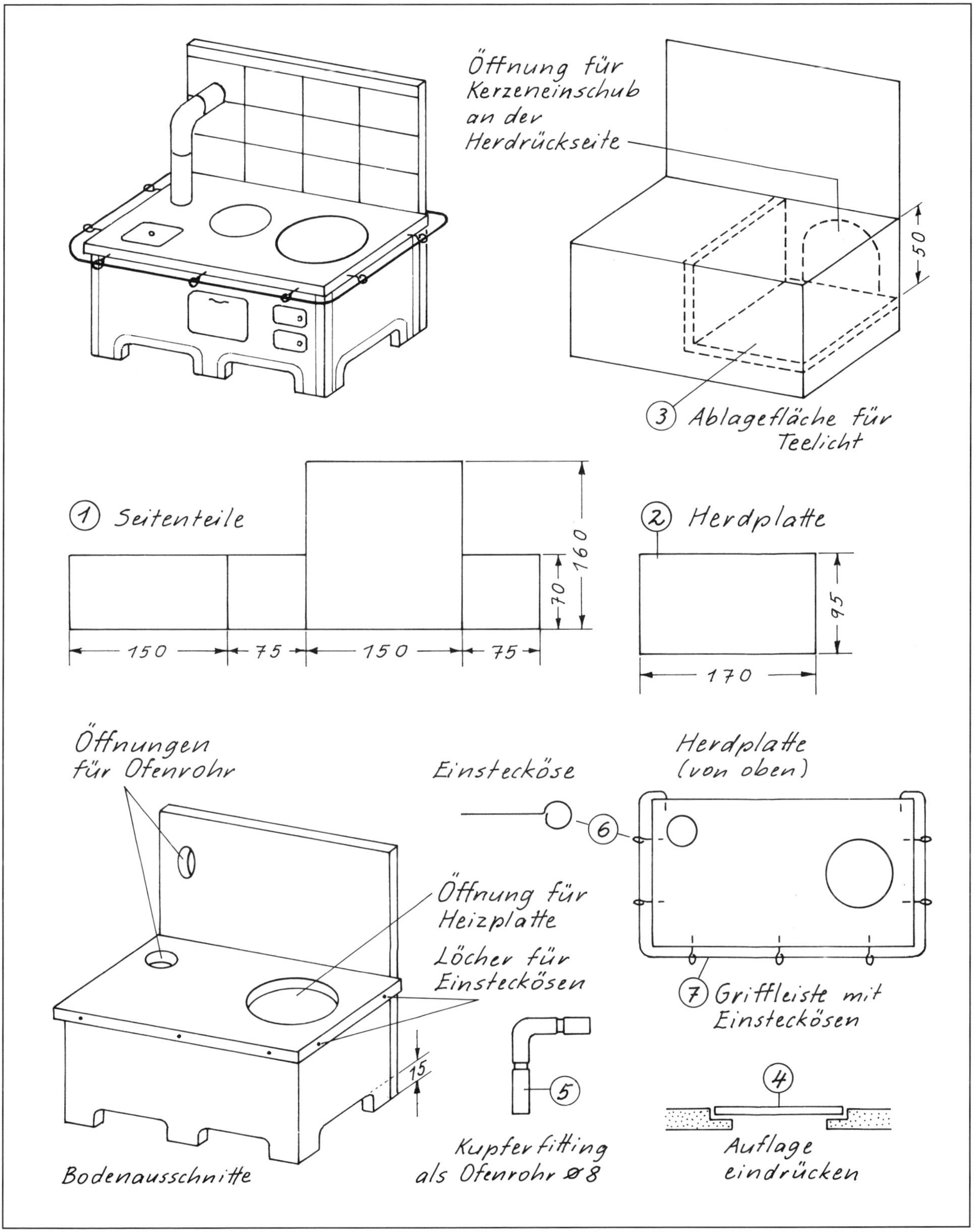

Öffnung für Kerzeneinschub an der Herdrückseite
50
3 Ablagefläche für Teelicht
1 Seitenteile
160
70
150
75
150
75
2 Herdplatte
95
170
Öffnungen für Ofenrohr
Einstecköse
6
Herdplatte (von oben)
Öffnung für Heizplatte
Löcher für Einstecksösen
7 Griffleiste mit Einstecksösen
15
5
4
Kupferfitting als Ofenrohr ⌀ 8
Auflage eindrücken
Bodenausschnitte

Heizbarer Puppenherd ●●●●

Menge	Bezeichnung	Maße in mm	Material	Kenn-Nr.
1	Seitenteil	450 x 160	Tonplatte	1
1	Herdplatte	95 x 170	Tonplatte	2
1	Teelichtauflage	ca. 75 x 120	Tonplatte	3
1	Heizplatte	ca. 35 ∅	Kupferblech	4
1	Ofenrohr	8 ∅	Kupferfitting	5
7	Einstecküsen	1,5 mm^2	Kupferdraht	6
1	Griffleiste	2,5 mm^2	Kupferdraht	7

man Teelichter. Deshalb muß in den Herdkörper eine entsprechende Ablagefläche eingefügt werden (Abstand zur Herdplatte: 50 mm). Danach läßt man den Ton eine Zeitlang ruhen, damit er sich festigen kann. Dann ritzt man die Zierlinien ein, sticht die Löcher zur Befestigung der Griffleiste und schneidet die Durchbrüche aus (Bodenausschnitt, Ofenrohr, Heizplatte, Kerzeneinschub).

Solange der Ton noch formbar ist, müssen die Auflageflächen für die Heizplatten eingepreßt werden.

Jetzt kann das Werkstück getrocknet, gebrannt und glasiert werden.

Erst dann montiert man das Ofenrohr, die Griffleiste und die Heizplatte. Das Ofenrohr wird aus Kupferfittings (8 mm ∅) zusammengesteckt und in die Aussparungen am Herd eingeklebt. Als Heizplatte verwendet man Ronden aus Kupferblech oder passende Unterlegscheiben (Metallwaren-, Schraubenfachhandel). Die Herstellung der Griffleiste erfordert etwas Geschick, denn der Draht muß gebogen werden. Sehr gut eignet sich dazu Kupferdraht (Querschnitt: 1,5 / 2,5 mm).

Aus dem dünneren Draht werden die Einstecküsen gebogen; den dickeren Draht verwendet man für die Griffleiste. Sie wird der Herdplatte entsprechend gebogen, durch die Einstecküsen geführt und in den rückseitigen Löchern verankert. So halten sich die Griffleiste und die Einstecküsen gegenseitig fest. Passendes Kochgeschirr kann man im Spielwarenhandel kaufen.

Bauen mit Tonziegeln

Bauklötze sind ein reizvolles Spiel-, Werk- und Baumaterial für alle Altersgruppen, aber auch Ziegelsteine aus Ton sind ideale Bauklötze.

Naturgetreu können mit selbstgefertigten Tonbauteilen ein Bauernhaus, ein Turm, eine Burg, eine Weihnachtskrippe oder andere Bauwerke errichtet werden.

Die Ziegel werden mit Hilfe einer einfachen Formvorrichtung gepreßt und mit dem Messer auf die passende Länge zugeschnitten.

Diese Formvorrichtung besteht aus einem Grundbrett und aus 20 mm breiten und 10 mm dicken Sperrholzleisten beliebiger Länge. Den Aufbau der Vorrichtung zeigt die Zeichnung. Lediglich die Seitenleisten sind fest mit dem Grundbrett verschraubt und verleimt; die anderen Leisten sind nur locker eingelegt und können zum Herausnehmen der Ziegel entfernt werden.

Mit einem Spatel wird die Tonmasse in diese Form gepreßt und das überschüssige Material abgezogen. Sind die Tonleisten ledertrocken, kann man sie mit dem Messer auf die gewünschte Länge zuschneiden (ca. 30 mm), aus der Form nehmen und bis zum endgültigen Austrocknen lagern.

Wer größere Mengen Ziegel oder auch andere Formteile (Säulen, Simse u. a.) herstellen möchte, baut sich eine „maschinelle“

Tonpresse aus einem Fleischwolf. Dazu wird das Messer aus der Maschine genommen und der Gebäckvorsatz aufgeschraubt. Der Schieber für die Spritzformen muß abgeändert werden (Ersatz gibt es im Haushaltswarengeschäft). Je nach Wunsch kann man die Ausstanzungen mit einer kleinen Feile vergrößern und in der Form verändern. So lassen sich beliebige Tonprofile herstellen, wenn die weiche Tonmasse durch den Wolf gepreßt wird. Die getrockneten Profile und Steine werden im Brennofen gebrannt und als Ziegel verbaut. Das Mauerwerk wird besonders stabil, wenn beim Vermauern folgende Regeln beachtet werden:

1. Ziegel kräftig annässen, damit dem Mörtel nicht das Wasser entzogen wird;
2. Fugen ganz mit Mörtel ausfüllen;
3. Mauerschichten waagrecht anlegen;
4. Senkrechte Fugen gegeneinander versetzen.

Torbogen, Gewölbe oder Fensteraussparungen muß man mit einem eingelegten Kartonstreifen abstützen, bis der „Mörtel" getrocknet ist. Als Mörtelmasse verwendet man Holzleim oder anderen Dispersionskleber. Wer jedoch echtes Mauerwerk möchte, besorgt sich im Baufachmarkt Fugenfüllmasse oder Feinputz (Fertigputz, z.B. MP 75). Dabei muß darauf geachtet werden, daß die Tonziegel vor der Verarbeitung reichlich mit Wasser befeuchtet werden. Der Mörtel härtet dann nicht so rasch aus und verbindet sich besser mit den Ziegeln. Der Feinputz kann auch dünn als Verputz auf das Mauerwerk aufgetragen werden (Schutzfolie unterlegen). Säulen und Gesimse lassen sich gut mit Dispersionsfarben bemalen (z.B. marmorieren). Als Gebälk für die Geschoßdecken und den Dachstuhl können Fichtenholzleisten eingearbeitet werden.

Mit den Tonziegeln lassen sich originalgetreue Tor- und Fensterbogen mauern.

Bauen mit Tonziegeln ●●●●

Menge	Bezeichnung	Maße in mm	Material	Kenn-Nr.
für die Formvorrichtung:				
1	Grundbrett	ca. 50 x 100 x 20	Spanplatte	1
	Sperrholzleisten	10 x 20 x 100	Sperrholz	2/3
	Ziegel	10 x 20 x 30	Ton	4
	Fichtenholzleisten	10 x 10	Massivholz	5

Mörtelmasse / Ton / Leim / Schrauben / Farben / Kartonstreifen

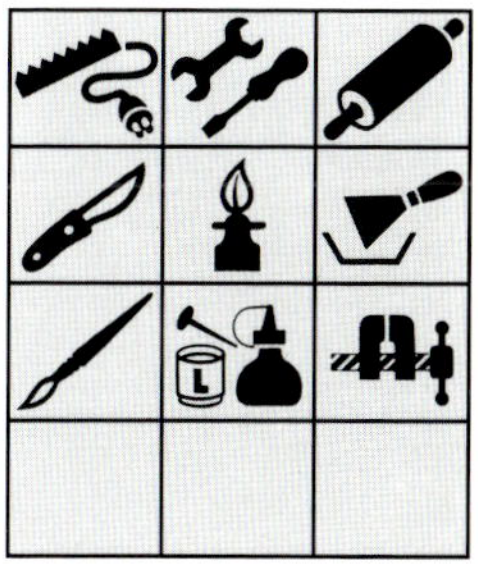

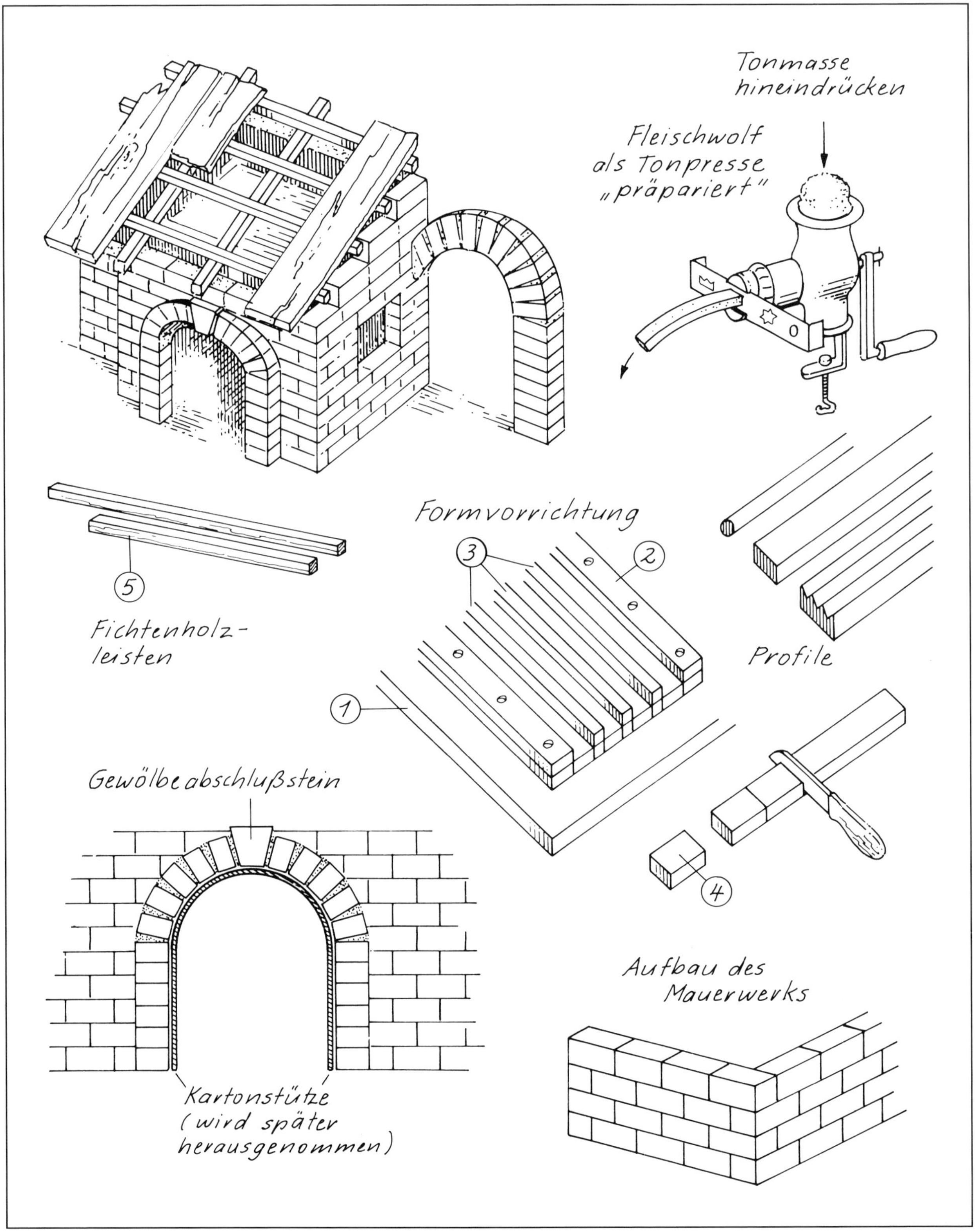
Tonmasse hineindrücken
Fleischwolf als Tonpresse „präpariert"
Formvorrichtung
3
2
5
Fichtenholz-leisten
1
Profile
Gewölbeabschlußstein
4
Aufbau des Mauerwerks
Kartonstütze (wird später herausgenommen)

Wie ein echtes Bauwerk ist diese Weihnachtskrippe aus gebrannten Ziegeln gemauert. Das Gebälk wurde aus Fichtenholzleisten „gezimmert".

Ton-Brennofen

Feinere Tonwaren brennt man im elektrischen Ofen. Man verwendet ihn auch für den Glasurbrand. Wer keinen elektrischen Ofen hat, kann in Schulen oder Töpferstuben nachfragen, ob diese Tonwaren mitbrennen.

Wer davon allerdings unabhängig sein will und überwiegend einfache Tonwaren herstellt, sollte sich seinen Tonofen selber bauen. Dies ist weniger Schwierig als man denkt. Einzige Voraussetzung ist ein Platz im Freien mit leichter Hanglage. Der Tonwarenbrand (Schrühbrand) im selbstgebauten Erdofen ist mit Sicherheit eine ganz besondere Erfahrung.

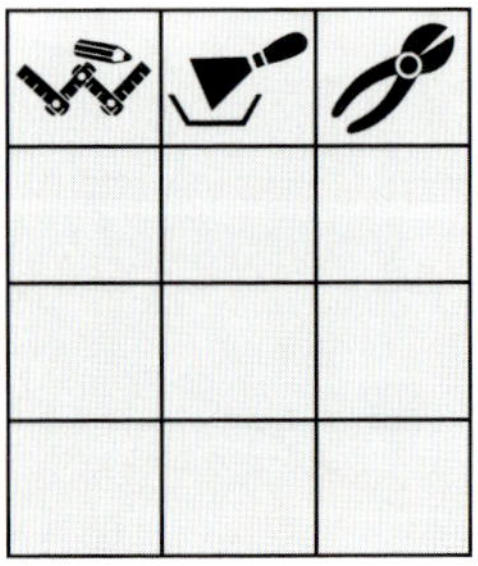

Brennofen ●●●●

Menge	Bezeichnung	Maße in mm	Material	Kenn-Nr.
	Lehmmasse		Lehm / Ton	
	Stützmaterial		Steine / Ziegel	
	Rohr	400 ⌀, ca. 500 lang	Beton / Blech	1
	Rost	ca. 600 lang	Eisenstäbe oder Gußeisenrost	2
	Kamin	ca. 1000	Ofenrohr	3

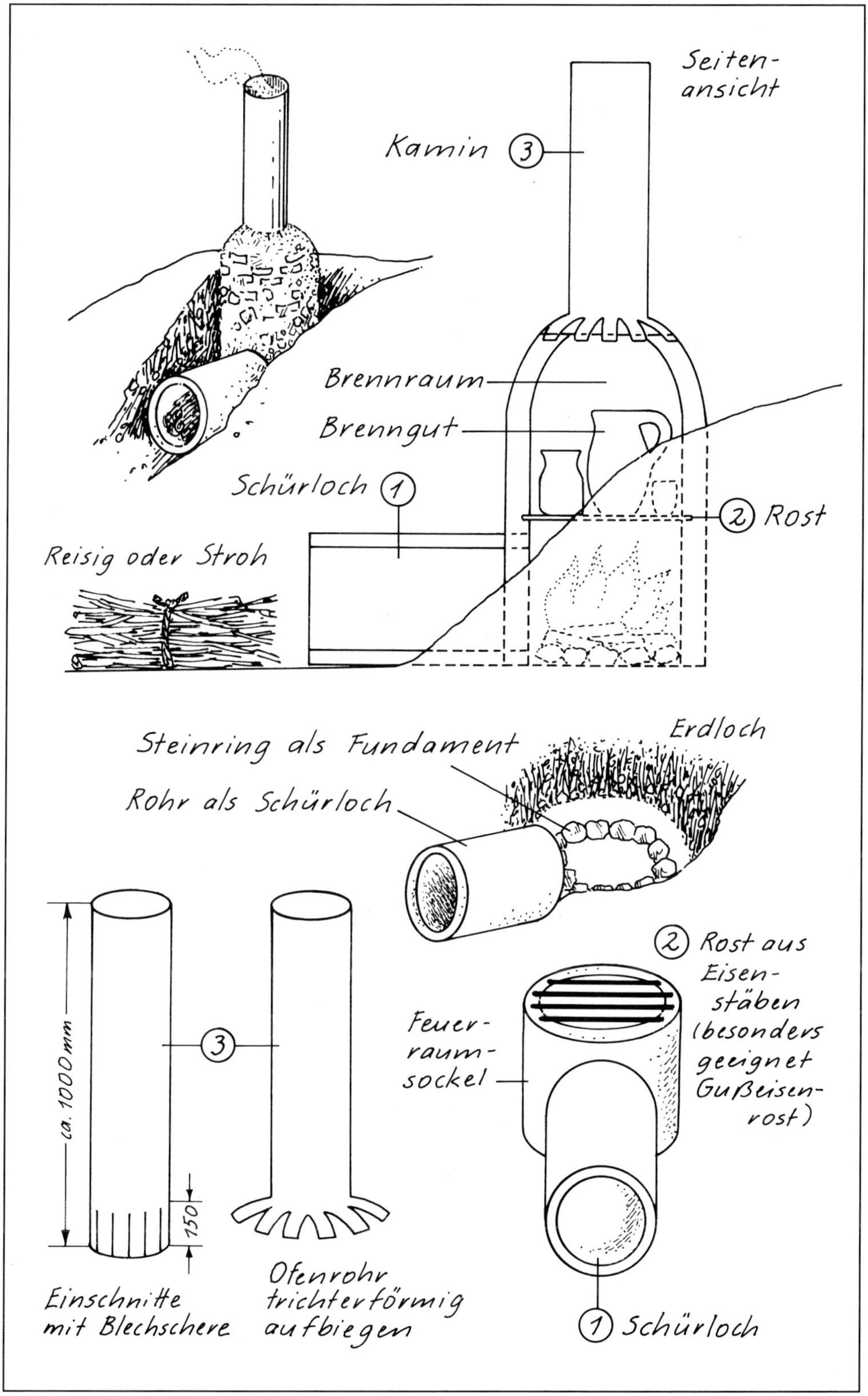

Durch die Hitze kann der Erdofen Risse bekommen. Mit Lehmbrei kann jedoch alles rasch wieder ausgebessert werden.

Als Baumaterial verwendet man Lehm oder lehmigen Ackerboden, der auch mit Sand oder Steinen durchsetzt sein darf. Durch Zugeben von Wasser und kräftiges Kneten erhält man daraus eine formbare Erdmasse. Am besten baut man den Ofen in einen Hang, dann hat man eine natürliche Stütze für den Aufbau der Ofenwände.
Zuerst gräbt man eine kreisförmige Vertiefung in den Hang (ca. 60 cm ∅). Auf diese Fläche wird ein Ring aus Steinen gelegt und zur Talseite hin ein Rohr aus Beton oder Eisen (z. B. Eimer ohne Boden) eingefügt. Dieses Ofenfundament wird mit Lehmmasse aufgemauert. Es entstehen ein kreisrunder Sockel, der den Feuerraum umfaßt, und ein großes Schürloch. Auf den Sockel legt man einen Rost aus dicken Eisenstäben, der das Brenngut aufnimmt. Damit sich das Mauerwerk durch das eigene Gewicht nicht verformt, läßt man die Lehmmasse etwas austrocknen, bevor man den Brennraum aufmauert. Durch eingearbeitete alte Ziegel gestützt, kann man leicht einen nach oben schmäler werdenden Turm von 50 bis 60 cm Höhe aufbauen.
In den so entstandenen Brennraum wird das Brenngut eingeschichtet. Als Kamin dient ein Ofenrohr, das man mit Lehmpackungen auf die Turmöffnung klebt. Durch das Schürloch wird das Feuer entzündet und mit Holz nachgeheizt. Zieht der Ofen nicht richtig, ist die Länge des Kamins zu verändern.
Das Feuer muß langsam anbrennen und darf erst allmählich seine höchste Temperatur erreichen. Das heißt, der ganze Ofen sollte ca. 1 Stunde lang aufgeheizt und anschließend 20 Minuten lang mit heller und voller Flamme gehalten werden. Mit Stroh und Reisig als Brennmaterial lassen sich die notwendigen Temperaturen von 800 – 900 Grad, die den Ton dauerhaft aushärten, erreichen. Nach dem Brand darf der Ofen nur langsam auskühlen, damit die Tonwaren nicht reißen. Dazu werden das Schürloch und die Kaminöffnung dicht verschlossen. Erst am nächsten Tag nimmt man das Kaminrohr ab und holt die Werkstücke aus dem Ofen.

Räuchermännchen

Wer kennt nicht die Räuchermännchen aus dem Erzgebirge, die vor allem zur Weihnachtszeit gerne mit Duftkerzen aufgestellt werden.
Die traditionellen Figuren sind zwar aus Holz, aber aus Ton lassen sich auch sehr gut Räuchermännchen modellieren.
Ein Kachelofen mit Luftzufuhr und Ofenrohr dient als Brennraum für die Duftkerzen. Auf der Ofenbank kann dann eine ganze Familie mit Hund und Katze sitzen.
Dazu wird aus einem Tonbatzen eine quadratische Säule geformt (Seitenlänge ca. 80 mm / Höhe ca. 140 mm). Mit einem feinen Stahldraht wird dann die Grundform des Kachelofens mit der Ofenbank herausgeschnitten. Mit dem straff gespannten Schneidedraht lassen sich auch sehr gut Hohlkehlen und andere Rundungen ausschneiden.
Die Tonmasse sollte dann eine halbe Stunde ruhen, damit sie sich etwas festigt. Anschließend wird die Form in der Hand mit einer Tonschlinge (oder einem Löffelstiel) von unten ausgehöhlt. Dabei soll eine möglichst gleichmäßige Kachelofenwand (ca. 10 mm stark) stehenbleiben. Auch unter der Sitzbank wird Tonmasse herausgenommen. Dann werden hier bogenförmige Öffnungen für die Luftzufuhr herausgeschnitten. Die Öffnung für den Rauchabzug im oberen Teil des Ofens läßt sich leicht mit einem Kupferfitting herausstechen. Dieses Rohrstück (Rohrbogen) wird später als Ofenrohr eingeklebt. Mit selbstgefertigten Modellierhölzchen kann der Kachelofen außen verziert werden (z. B. Zierleisten einpressen, Kachelfugen ritzen, Stempelabdrücke anbringen).
Einen persönlichen Charakter erhält das Werkstück jedoch erst durch die aus Ton modellierten und auf die Ofenbank gesetzten Figuren. Der zeitungslesende Opa, ein Ofenbankschläfer, ein Liebespaar oder die Hauskatze und der Hund können hier ein Denkmal erhalten.

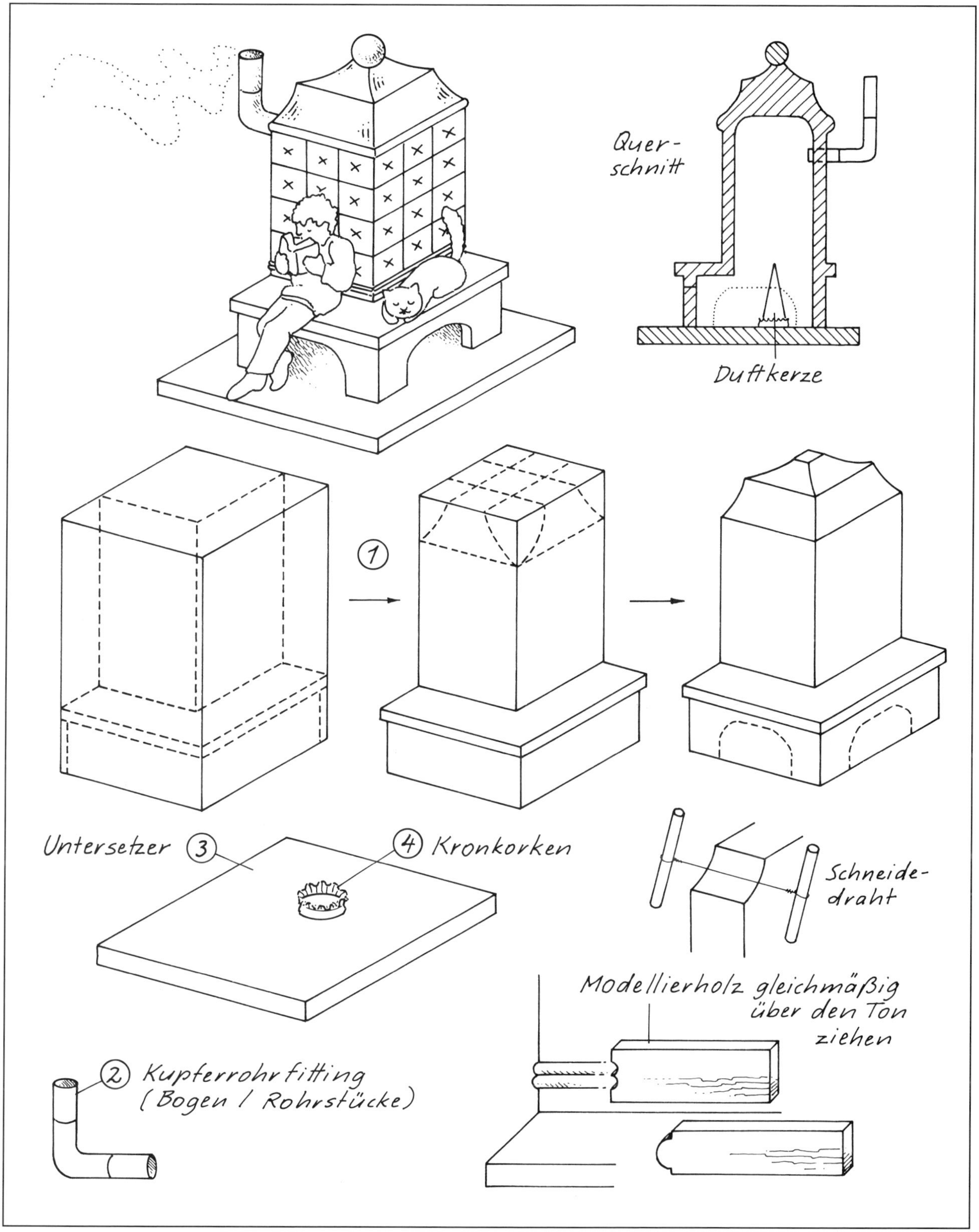
Quer-
schnitt
Duftkerze
1
Untersetzer 3
4 Kronkorken
Schneide-
draht
Modellierholz gleichmäßig
über den Ton
ziehen
2 Kupferrohrfitting
(Bogen / Rohrstücke)

Räuchermännchen ●●●●

Menge	Bezeichnung	Maße in mm	Material	Kenn-Nr.
1	Tonsäule	ca. 80 x 80 x 140	Ton	1
1	Kupfer-Ofenrohr	8 ∅	Kupferfitting	2
1	Untersetzer	120 x 120 x 10	Massivholzbrettchen	3
1	Ablage für Räucherkerze		Kronkorken	4

Räucherkerzen / Duftkerzen / Schlicker

Die Figuren werden sorgfältig mit Schlicker (Tonbrei) mit dem Kachelofen und der Ofenbank verbunden.
Das ganze Werkstück sollte ungefähr ein bis zwei Wochen an einem kühlen Ort gut austrocknen. Erst dann kann es im Brennofen gebrannt werden.
Ein Glasurbrand ist nicht unbedingt notwendig. Man kann das Werkstück auch mit Dispersionsfarben oder Deckfarben (Wasserfarben) anmalen. Ein abschließender Anstrich mit Hochglanzlack gibt ihm den letzten Schliff. Damit die Räucherkerzen gefahrlos abbrennen können, benötigt man noch einen Untersetzer. Auf einem Massivholzbrettchen befestigt man einen Kronkorken oder ein ausgebranntes Teelicht als Kerzenhalter.

Räucherkerzen kann man in Haushaltswarengeschäften, Drogerien oder auf dem Weihnachtsmarkt kaufen.

Das Glasieren von Tonwaren

Glasuren bestehen aus Glaskörper mit verschiedenen pulverisierten Zutaten. In Töpfereien oder im Hobbyfachhandel erhält man verschiedenfarbige Glasurpulver. Sie werden mit Wasser zu einem Brei angerührt (etwa so flüssig wie Kondensmilch) und auf die Tonmasse aufgetragen.

Grundsätzlich sollte man darauf achten, daß die Standfläche eines Gefäßes oder einer Figur immer unglasiert bleibt, damit die Werkstücke beim Brand nicht mit dem Ofen verbacken. Versehentlich aufgetragene Glasur kann gut mit einer Bürste oder mit Zeitungspapier abgerieben werden.

Es gibt verschiedene Möglichkeiten, Glasur aufzutragen. Kleinere Werkstücke werden einfach in die Glasur eingetaucht. Soll das Innere eines Gefäßes glasiert werden, hält man es etwas schräg und dreht es schöpfend durch die Flüssigkeit, so daß möglichst viel Innenfläche von der Glasur bedeckt wird. Stellen, die ohne Glasur geblieben sind, tupft man mit einem Pinsel nach. Größere Töpfe oder Figuren werden mit der Glasur begossen. In den Topf wird etwas Glasur eingefüllt. Dann wird das Werkstück drehend geschwenkt und der Glasurüberschuß wieder ausgegossen. Zum Begießen der Außenflächen dreht man das Gefäß um und gießt dann die Glasur gleichmäßig über das Werkstück. Alles muß sehr schnell gehen, damit nicht zuviel Glasurmasse haftenbleibt, denn zuviel verursacht Risse oder Blasen.

Sollen nur einzelne Streifen, dekorative Details oder kleine Flächen glasiert werden, kann man die Glasur auch mit einem Pinsel auftragen.

Beim Brennen der Werkstücke muß auf die Brenntemperatur geachtet werden (vgl. Angaben auf der Verpackung des Glasurpulvers). Zu hoch gebrannte Glasuren tropfen vom Scherben ab, zu niedrig gebrannte Glasuren schmelzen nicht und zeigen keine Farbe.

VI. Werken mit Textilien

Hängematte

Bunte Webbänder und Borten säumen die Ränder der Matte aus Jeansstoff ein.

Für die große Hängematte sollte man mit der Nähmaschine gut umgehen können. Als Stoff verwendet man strapazierfähigen Jeans- oder Markisenstoff. Die Mattenränder werden mit bunten Schrägbändern und Borten gesäumt. Für die Aufhängung eignet sich das preisgünstige Jutegarn. Eine haltbarere, aber auch teurere Alternative sind bunte Perlonseile.
Die Rundhölzer für die Schnurführung erhält man im Baumarkt. Ansonsten eignen sich auch hölzerne Besenstiele.

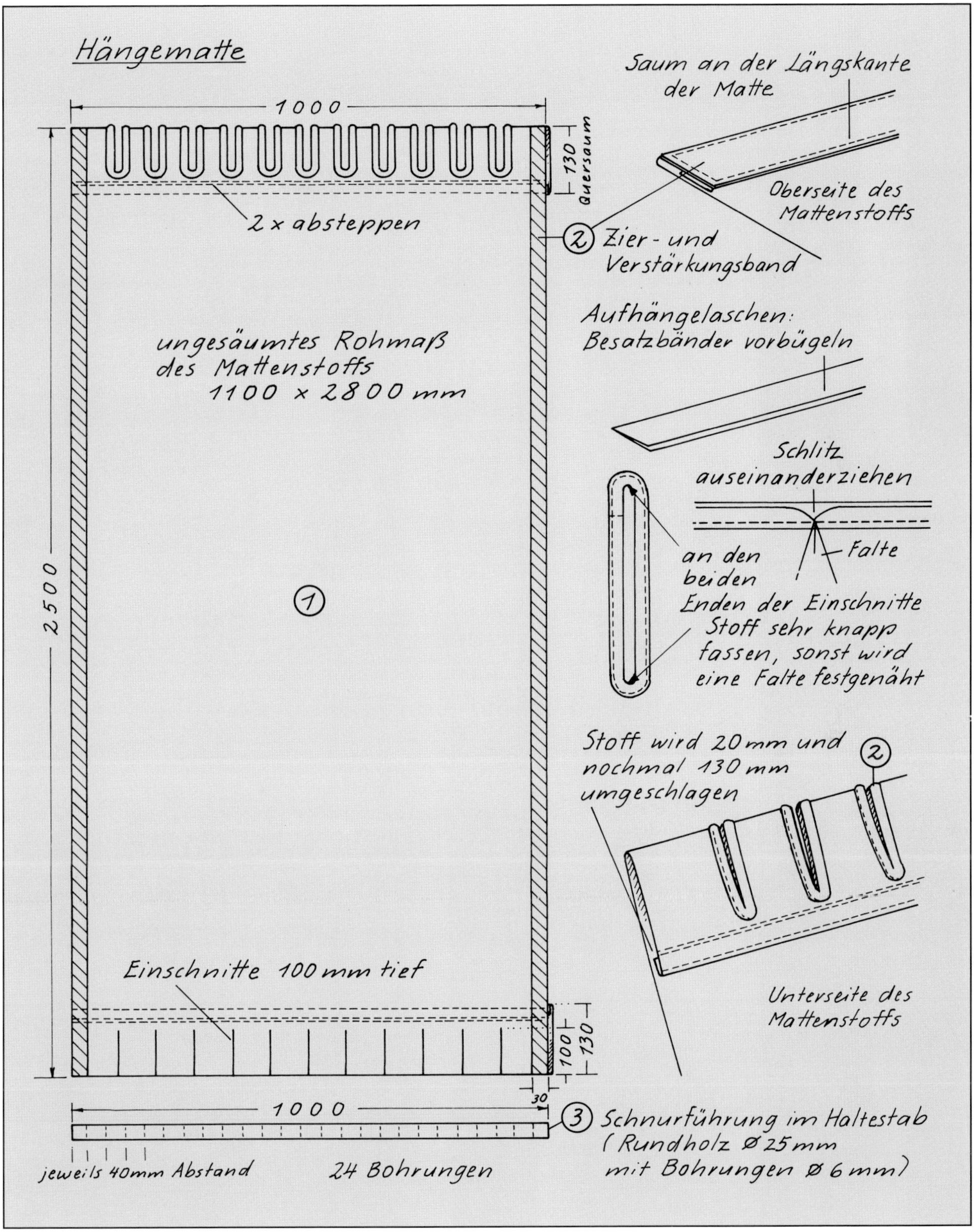

Hängematte
Saum an der Längskante der Matte
1000
130
Quersaum
Oberseite des Mattenstoffs
2 x absteppen
② Zier- und Verstärkungsband
Aufhängelaschen: Besatzbänder vorbügeln
ungesäumtes Rohmaß des Mattenstoffs 1100 x 2800 mm
Schlitz auseinanderziehen
Falte
an den beiden Enden der Einschnitte Stoff sehr knapp fassen, sonst wird eine Falte festgenäht
2500
①
Stoff wird 20 mm und nochmal 130 mm umgeschlagen
②
Unterseite des Mattenstoffs
Einschnitte 100 mm tief
100
130
30
1000
③ Schnurführung im Haltestab (Rundholz Ø 25 mm mit Bohrungen Ø 6 mm)
jeweils 40mm Abstand
24 Bohrungen

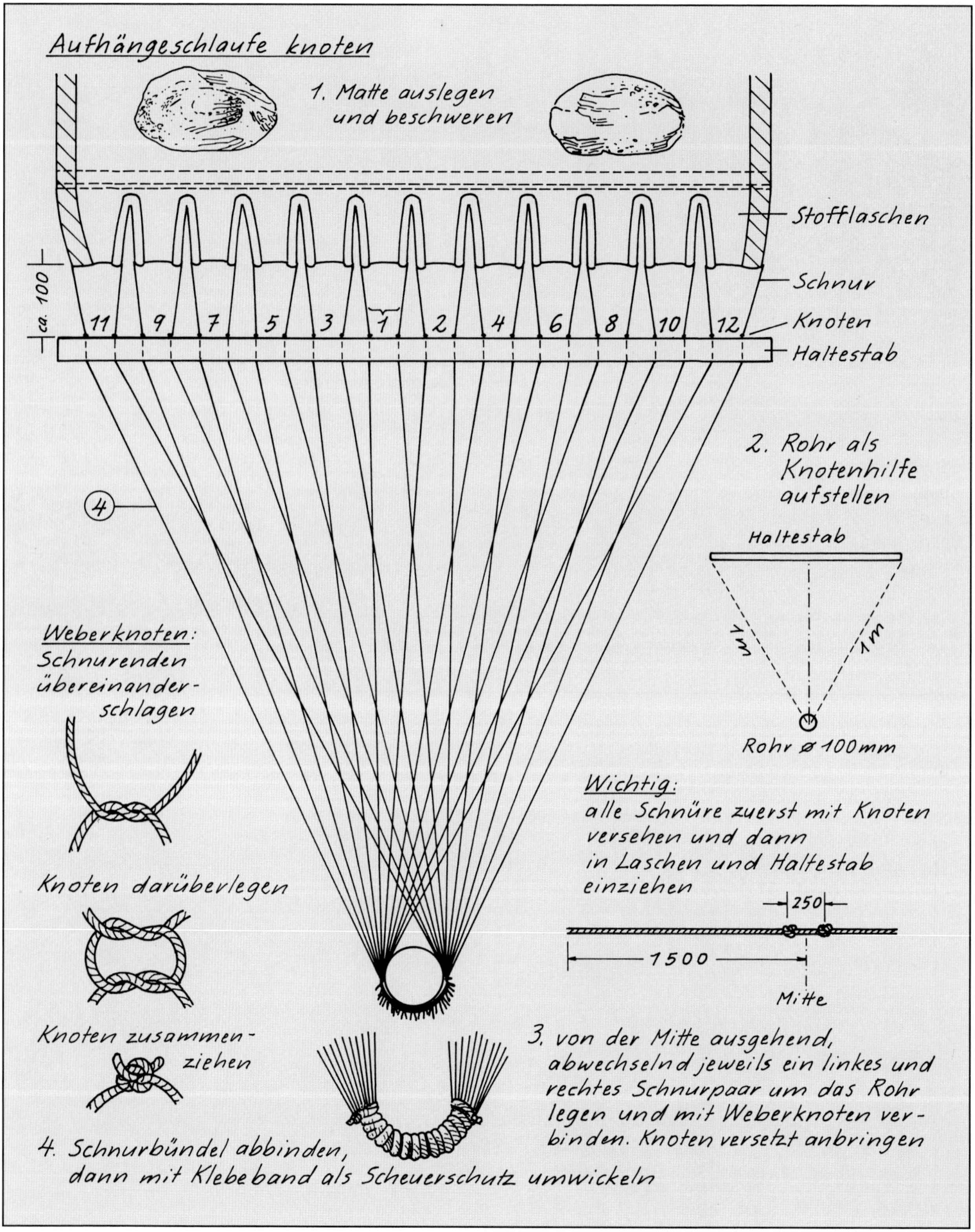
Aufhängeschlaufe knoten
1. Matte auslegen und beschweren
Stofflaschen
Schnur
Knoten
Haltestab
ca. 100
11 9 7 5 3 1 2 4 6 8 10 12
2. Rohr als Knotenhilfe aufstellen
Haltestab
1m
1m
Rohr ø 100mm
4
Weberknoten: Schnurenden übereinanderschlagen
Knoten darüberlegen
Knoten zusammenziehen
Wichtig: alle Schnüre zuerst mit Knoten versehen und dann in Laschen und Haltestab einziehen
250
1500
Mitte
3. von der Mitte ausgehend, abwechselnd jeweils ein linkes und rechtes Schnurpaar um das Rohr legen und mit Weberknoten verbinden. Knoten versetzt anbringen
4. Schnurbündel abbinden, dann mit Klebeband als Scheuerschutz umwickeln

So wird es gemacht:

1. Stoffbahn zuschneiden (Rohmaß: 1,10 m breit, 2,80 m lang).
2. Längskanten säumen (zweimal umschlagen), Kanten anbügeln und kantig absteppen.
3. Breite Borte entlang der Längskanten als Verstärkung aufnähen.
4. Quersaum richten (20 mm umschlagen und Kante anbügeln, nochmals 130 mm einschlagen und mit Stecknadeln feststecken).
5. Laschen 100 mm tief einschneiden und mit bunten Baumwoll-Schrägstreifen (Webbänder) einsäumen (Bänder vorbügeln und mit der schmäleren Seite nach oben absteppen). Die Stecknadeln müssen dazu nochmals herausgenommen werden.

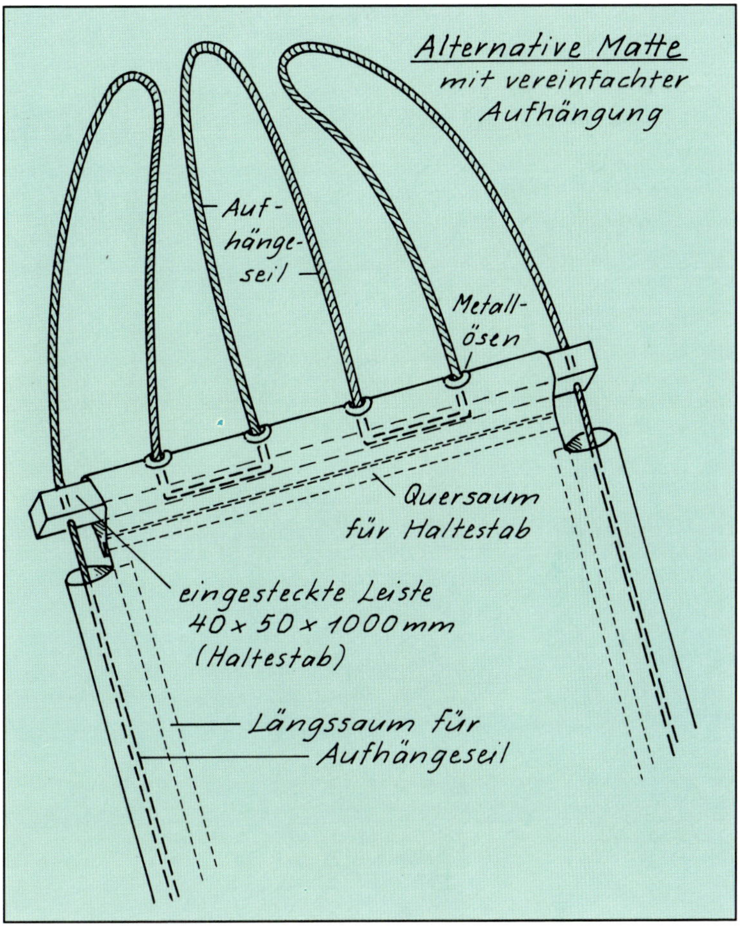

6. Quersaum mit den Laschen mit doppelter Naht absteppen.
7. Schnüre mit Abstandsknoten einziehen und Haltestab (Schnurführung) einschnüren.
8. Aufhängeschlaufe knüpfen und binden.

Hängematte ●●●●●

Menge	Bezeichnung	Maße in mm	Material	Kenn-Nr.
1	Matte	1100 x 2800	Jeans-Stoff	1
div.	Zier- und Verstärkungsbänder		Web-/Schrägband	2
2	Haltestäbe	1000 x 25 – 30 ⌀	Rundholz	3
24/12	Aufhängeschnüre	ca. 3000 lang 6 ⌀	Juteschnur	4

Isolierband / Stecknadeln / Textilklebeband

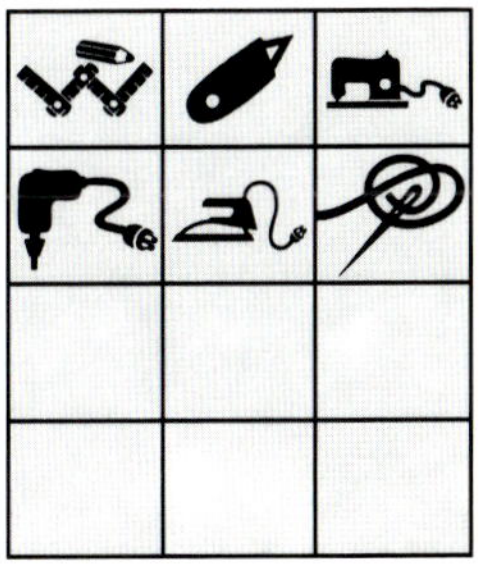

Stofftasche

Aus hellem Baumwollstoff wird ein Rechteck in den angegebenen Maßen geschnitten (ca. 20 mm Nahtzugabe). Man säumt die obere Kante und fertigt dann die Henkel der Tasche aus doppeltem Stoff. Auf die linke Stoffseite der noch offenen Tasche werden die Henkel aufgenäht. Mit einer einfachen Naht wird die Tasche versäubert. Damit eine Bodenfläche entsteht, steppt man die Ecken ca. 50 mm breit ab.

Soll die Tasche bestickt werden, vor dem Nähen die Motive in Originalgröße auf Papier aufzeichnen und die Konturen dann mit einem weichen Bleistift auf den Stoff übertragen. In gleichmäßigen Vorstichen

Die unentbehrliche Vielzwecktasche ist einfach und schnell genäht.

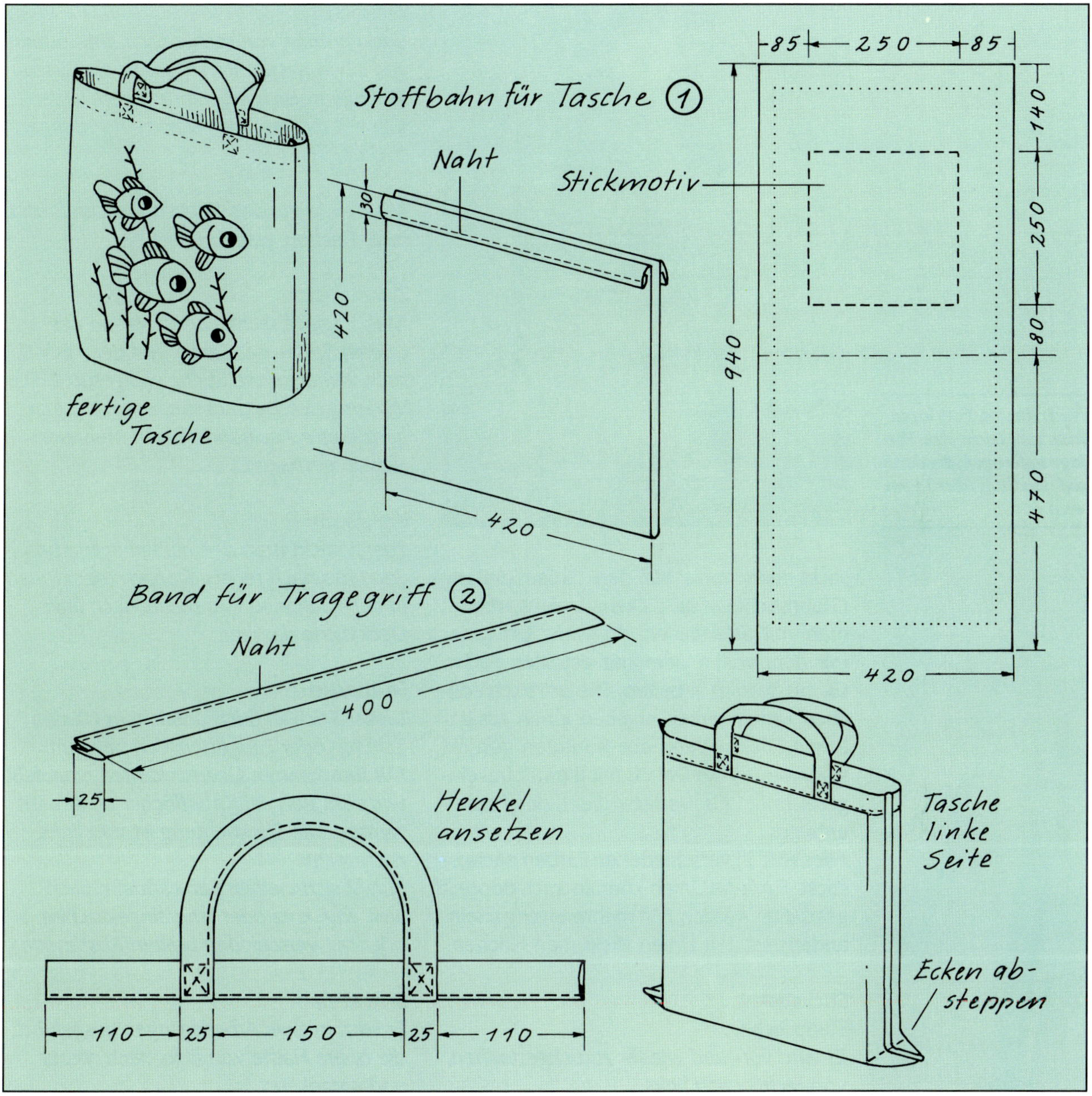

Stofftasche ●●

Menge	Bezeichnung	Maße in mm	Material	Kenn-Nr.
1	Tasche	420 x 940 (Rohmaß)	Baumwollstoff	1
2	Tragegriffe	40 x 400 (Rohmaß)	Baumwollstoff	2

Stickgarn / Papier

Nach diesem Foto kann man sich leicht eine Vorlage anfertigen, die dann auf den Stoff übertragen wird.

stickt man dann auf den Linien entlang (Steppstiche). Für dickere Linien arbeitet man mit Stielstichen. *Hinweis:* Entweder mit dem vollen oder mit geteilten Faden (3- bis 5fädig) arbeiten. Die unterschiedlichen Fadenstärken ergeben einen zusätzlichen Effekt. Wenn alle Konturen gestickt sind, werden die Details mit Bleistift frei eingezeichnet. Als Vorlage dient der Papierentwurf.
Alles wird in verschiedenen Farben nachgestickt. Einzelne Linien können auch doppelt gearbeitet werden. Mit mehreren eng aneinandergesetzten Linien stickt man Flächen.

Stickstiche

Steppstich
Es wird vor- und wieder zurückgestochen, von rechts nach links.

Stielstich
Er wird von links nach rechts oder von unten nach oben gestickt, wobei die Einstichstellen schräg zum Fadenkreuz liegen.

Durchschlungener Vorstich
Beim zweiten Arbeitsgang wird eine Vorstichreihe mit gleich- oder andersfarbigem Faden durchzogen.

Kettstich
Stickrichtung von rechts nach links oder von oben nach unten. Da sich die Fadenschlingen weich ineinanderlegen, lassen sich mit diesem Stich schöne Rundungen sticken.

Mit den folgenden Stichen werden Borten oder Flächen gestaltet:

Zickzackstich
Man beginnt rechts, und zwar an der oberen Spitze der Zacke. Auf der Rückseite verlaufen die Stiche waagerecht. Die Wirkung des Zickzackstiches wird durch ganz enges Aneinanderfügen mehrerer Reihen gesteigert.

Kreuzstich
Zuerst stickt man den halben Kreuzstich von links nach rechts. Danach macht man in der Rückreihe von rechts nach links Deckstiche darüber.

Festonstich
Dieser Stich ist auch unter dem Namen Schling- oder Langettenstich bekannt. Mit ihm können Gewebekanten eingefaßt und zum Beispiel Knopflöcher ausgenäht werden. Die Stickrichtung ist von links nach rechts.
Er läßt sich vielfältig abwandeln: nach weit eng, kurz oder lang eingestochen oder mit verschieden breiten Abständen.

Sternstich
Er wird in zwei Arbeitsgängen ausgeführt, die obere Hälfte von links nach rechts und umgekehrt.

Platt- oder Flachstich
Der Faden wird auf der Stoffrückseite über die ganze Stichbreite geführt und dann jeweils um ein Fadenkreuz nach rechts versetzt. Vorder- und Rückseite sehen also gleich aus. Die Stiche kann man waagerecht, senkrecht oder schräg anordnen und je nach Wunsch fadengebunden oder ohne Beachtung des Fadenverlaufs.

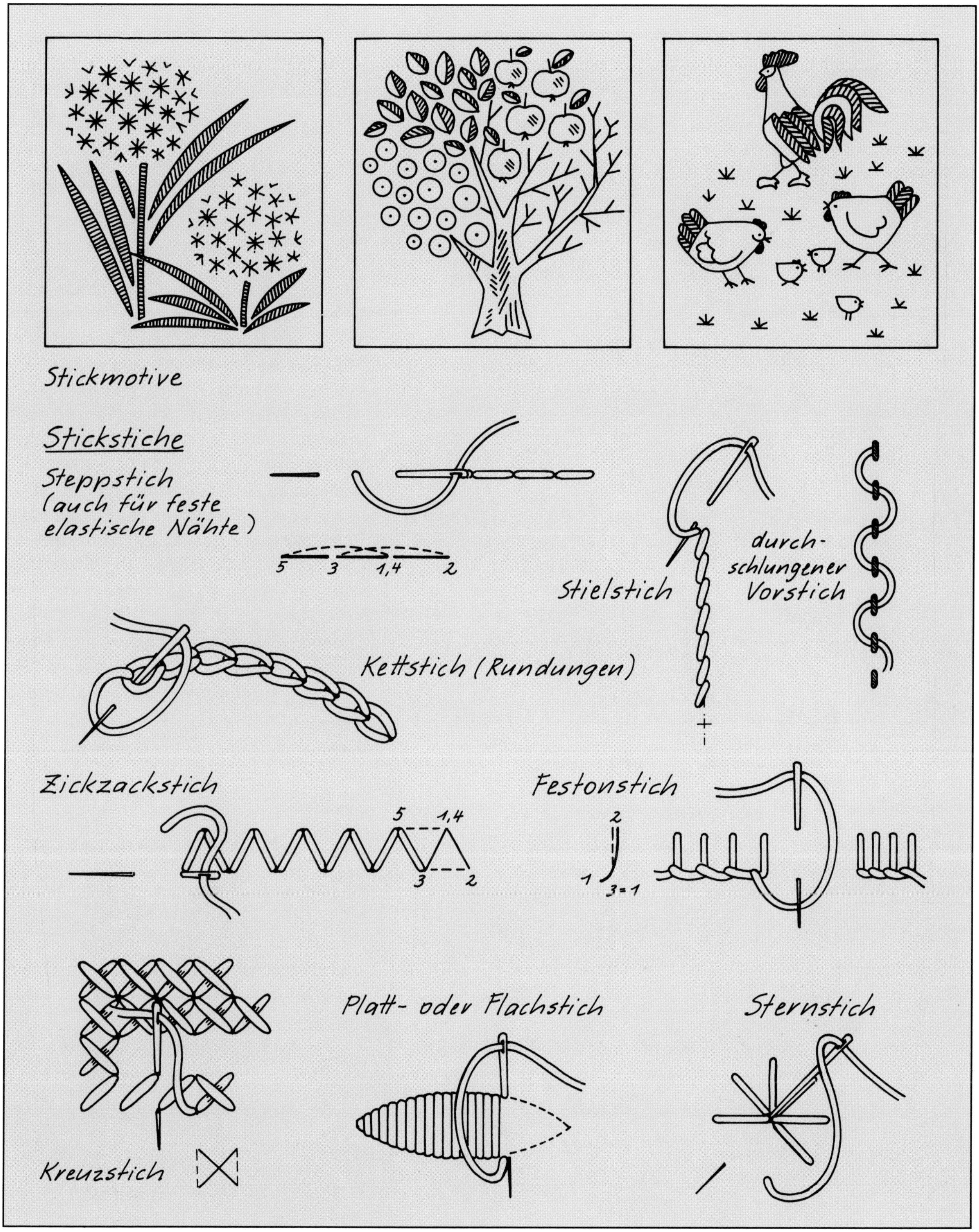
Stickmotive
Sticksstiche
Steppstich
(auch für feste
elastische Nähte)
5 3 1,4 2
Stielstich
durch-
schlungener
Vorstich
Kettstich (Rundungen)
Zickzackstich
5 1,4
3 2
Festonstich
2
1 3=1
Platt- oder Flachstich
Sternstich
Kreuzstich

Liegedecke und Badesack

Über diese Handarbeit freuen sich besonders Sonnenanbeter und Badenixen. Bei Bedarf läßt sich die bequeme Liegedecke nämlich rasch in einen großen Badesack verwandeln.

Zuerst schneidet man zwei kreisrunde Stoffflächen zu (ca. 125 cm ∅). Man kann jeweils den gleichen oder aber zwei verschiedenfarbige Stoffe verwenden.

Dann wird die Außentasche in den angegebenen Maßen zugeschnitten. Diese Tasche wird auf die rechte Stoffseite aufgesteppt (Außenseite des Badesacks). Anschließend werden die Knopflöcher, durch die später die Kordel gezogen wird, eingearbeitet.

Nun legt man die Stoffkreise rechts auf rechts und steppt sie am Rand entlang zusammen. Das letzte Stück wird jedoch erst nach dem Wenden der Decke geschlossen. Anschließend wird der Saum für den Kordelzug abgesteppt und die Kordel eingezogen.

Mit dieser Decke ist schnell zusammengepackt: einfach an der Kordel ziehen, und aus der Decke wird eine Umhängetasche.

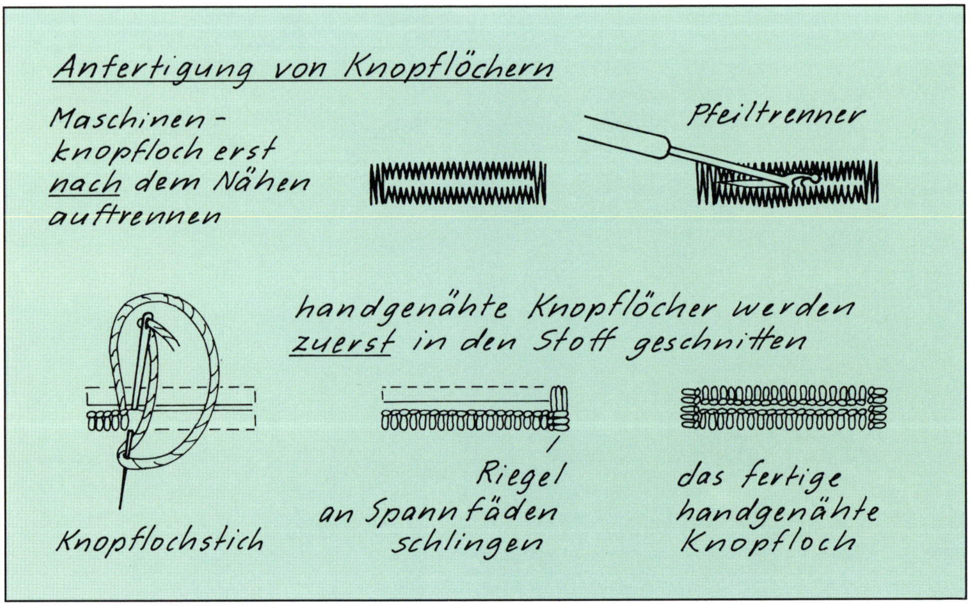

Liegedecke und Badesack ●●●

Menge	Bezeichnung	Maße in mm	Material	Kenn-Nr.
1	Außenstoff	1250 ∅	Frotteestoff	1
1	Innenstoff	1250 ∅	Frotteestoff	2
1	Tasche	250 x 350	Frotteestoff	3
1	Kordel	10 ∅ 4200 lang	Baumwollkordel	4

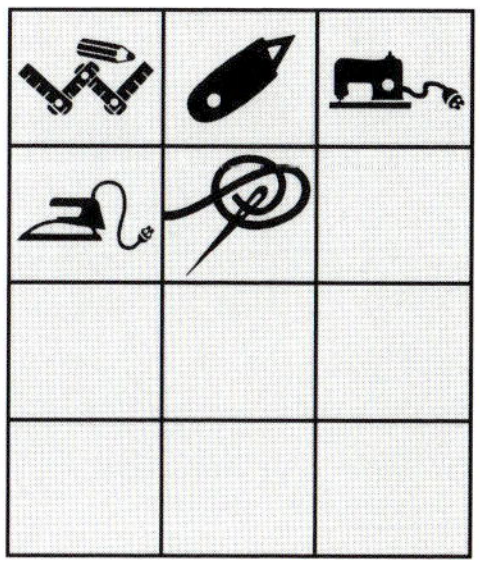

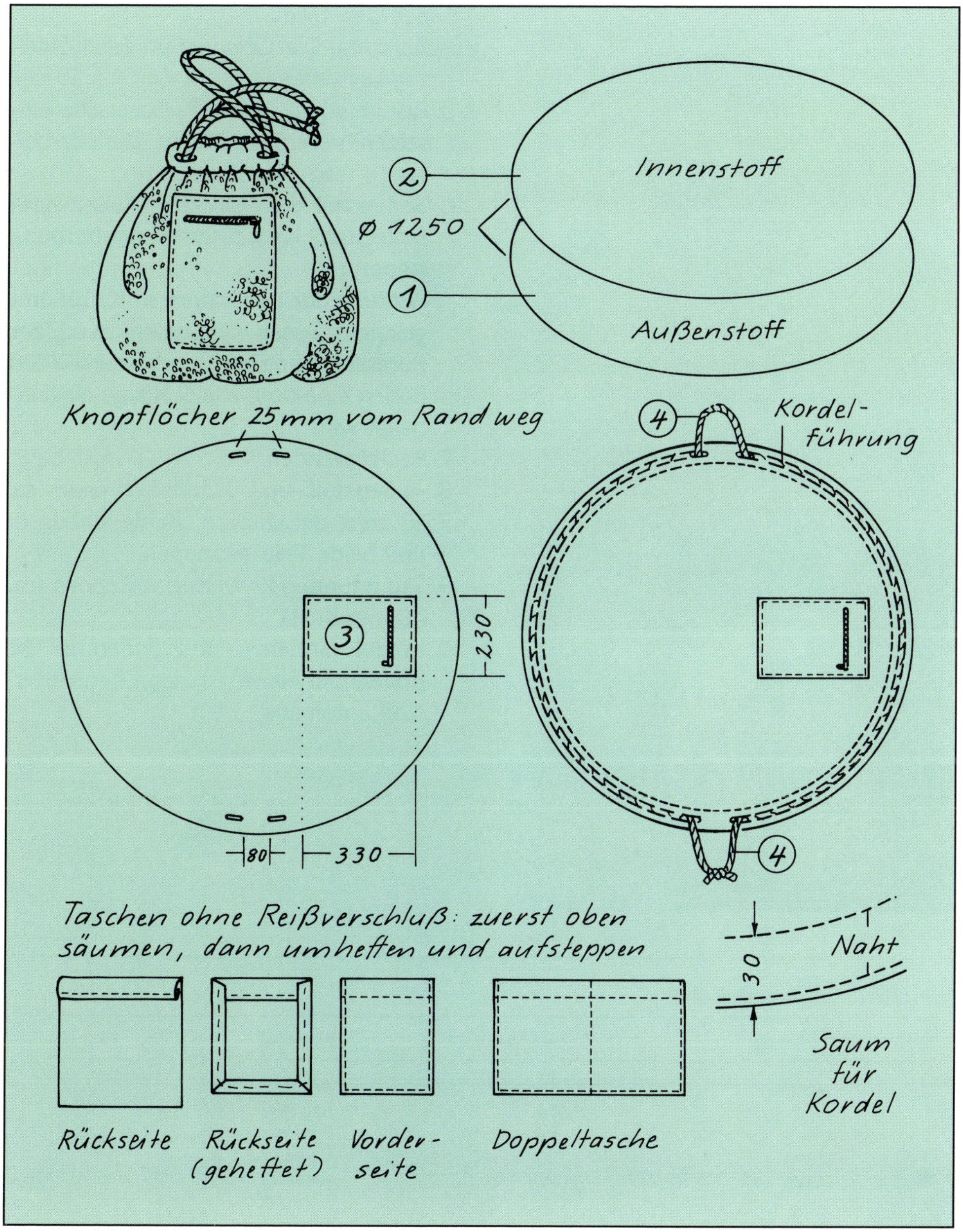

Rucksack

Dieser Rucksack ist aus Stoffresten zusammengesetzt. Als Trageriemen ist eine Kordel eingezogen.

Dieser Rucksack kann auch als Umhängetasche getragen werden. Obwohl er nicht sehr groß ist, passen doch eine Menge Dinge hinein. Geldbeutel, Schlüssel usw. verstaut man in der aufgesetzten Reißverschlußtasche.

So wird es gemacht:

1. Aus bunten Baumwollresten werden ausreichend große Stoffflächen zusammengenäht.
2. Die Teile zuschneiden und versäubern (Boden, Oberteil, Tasche).
3. Futterstoff für das Oberteil zuschneiden.
4. Oberteil auf der linken Stoffseite zusammensteppen, ebenso den Futterstoff des Oberteiles.
   Achtung: Die Öffnung für den Kordelzug aussparen.
5. Reißverschluß in die Außentasche einsetzen (siehe Seite 30, die Textilbearbeitung), Tasche aufsteppen.
6. Boden mit dem Oberteil (Außen- und Futterstoff) links zusammenheften und steppen.
   Achtung: Kleine Öffnungen für die Tragekordel lassen. Außerdem wird der Rucksack strapazierfähiger, wenn für den Boden eine doppelte Stofflage eingearbeitet wird.
7. Beutel wenden.
8. Außenstoff und Futterstoff oben ca. 10 mm umschlagen, Kante anbügeln und beide Teile absteppen.
9. Saum für den Kordelzug absteppen (ca. 40 mm breit).
10. Kordel einziehen und Enden in die Bodennaht einnähen, dann den Futterstoff unten ansäumen.

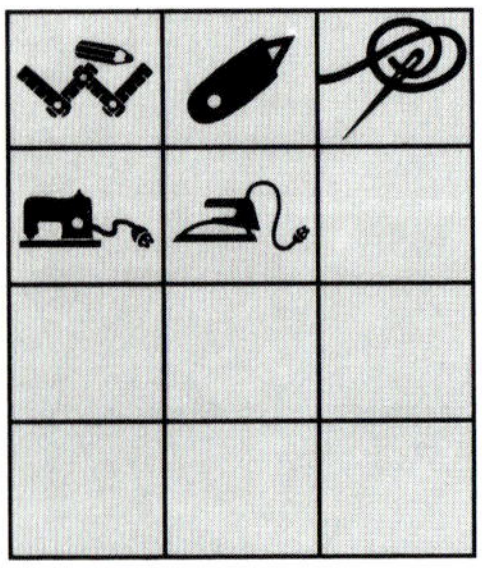

Rucksack ●●●●

Menge	Bezeichnung	Maße in mm	Material	Kenn-Nr.
2	Bodenteile	250 ⌀	Baumwollstoff	1
1	Oberteil (außen)	500 x 750	Baumwollstoff	2
1	Futter	500 x 750	Futterstoff	3
1	Tasche	200 x 250	Baumwollstoff	4
1	Reißverschluß	190 lang	Reißverschluß	5
1	Kordel	10 ⌀ / 1400 lang	Kordel / Seil	6

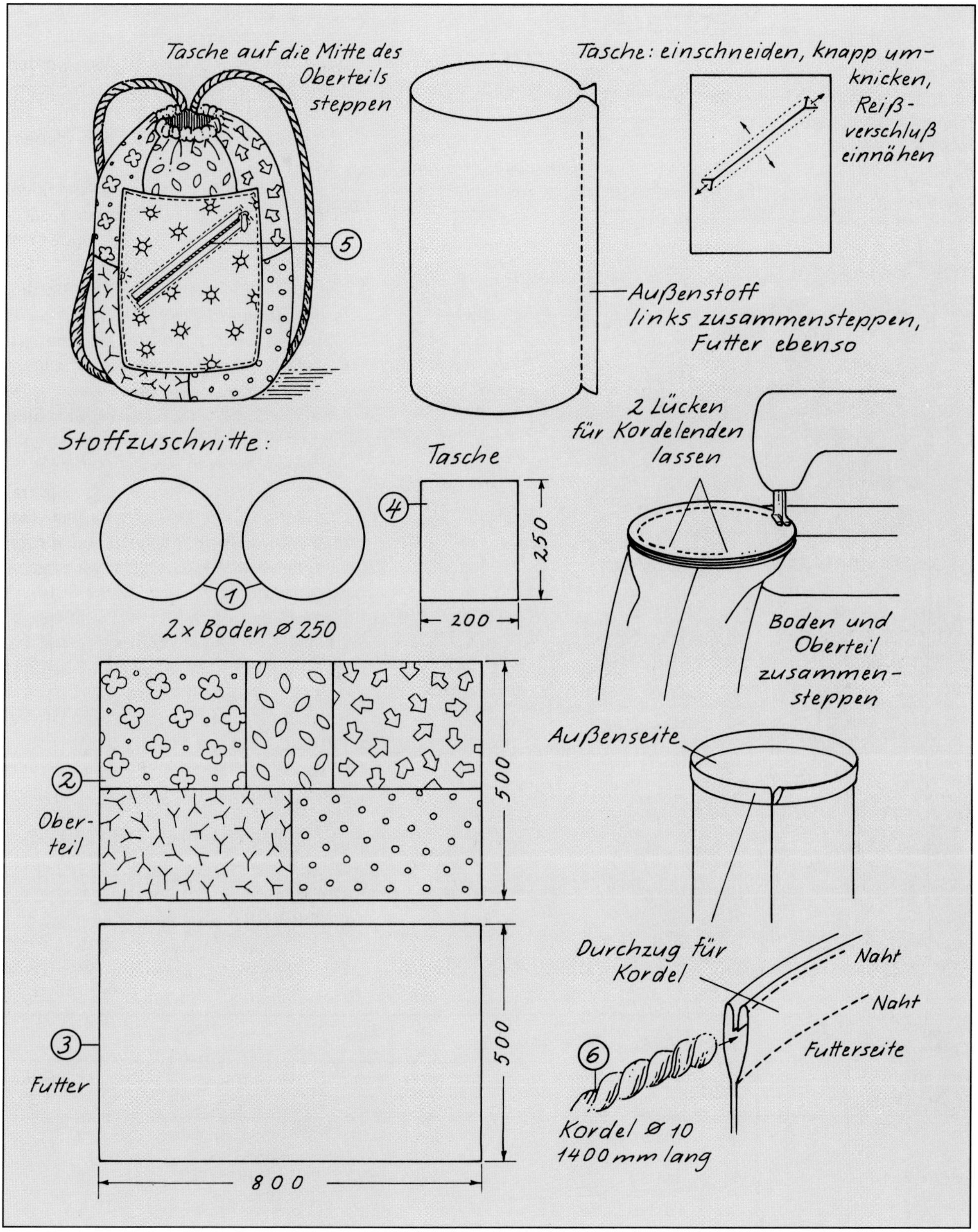
Tasche auf die Mitte des Oberteils steppen
5
Tasche: einschneiden, knapp umknicken, Reißverschluß einnähen
Außenstoff links zusammensteppen, Futter ebenso
Stoffzuschnitte:
Tasche
4
250
200
1
2x Boden ⌀ 250
2 Lücken für Kordelenden lassen
Boden und Oberteil zusammensteppen
2
Oberteil
500
Außenseite
3
Futter
500
800
Durchzug für Kordel
Naht
Naht
Futterseite
6
Kordel ⌀ 10
1400 mm lang

Flechtschuhe

Dieser bequeme und wärmende Schuh wird aus einem langen Zopfwerk zusammengenäht. Als Flechtmaterial kann man Seegras, Stroh, Binsen oder Stoffbänder verwenden. Besonders geeignet ist jedoch elastischer Trikotstoff.

Dieser bequeme Schuh ist aus einem langen Zopfwerk zusammengenäht.

Aus alten Kleidungsstücken schneidet man sich 4 – 5 cm breite Streifen zurecht. Diese werden zu einem etwa 7 m langen Band aneinandergenäht.
Aus jeweils drei Bändern läßt sich ein ausreichend langer Zopf für einen Schuh flechten.

Wichtig: Der Zopf muß durchgehend gleichmäßig stramm geflochten sein.

Damit die Schuhe die nötige Paßform erhalten, müssen sie über einen Leisten genäht werden. Diese Holzformen kann man in allen Größen beim Schuster leihweise erhalten. Notfalls lassen sich passende Leisten aus Pappmaché, Modelliermasse oder einem Holzklotz auch selbst herstellen. Als Formvorlage dient die nebenstehende Zeichnung. Mit dem Kopiergerät wird sie bis zur passenden Fußlänge vergrößert.
Zuerst werden die Leisten mit Trikotstoff umnäht. Ein genauer Schnitt braucht nicht angefertigt werden, dennoch sollten keine dicken Nähte entstehen. Diese Stoffumhüllung ist das Innenfutter der Schuhe und wird später mit dem Schuhrand vernäht.
Der Aufbau des Schuhs beginnt an der Sohle. Mit ein paar kleinen Nägelchen heftet man den vorbereiteten Zopf auf die Sohlenmitte und näht im Spiralgang das ganze Flechtwerk aneinander. Man verwendet dafür eine Bogennadel und einen reißfesten Zwirn.
Die fertig genähte Fläche wird immer wieder mit weiteren Nägelchen auf den Leisten geheftet. Insbesondere beim Übergang der Fußsohle in den seitlichen Schuh muß darauf geachtet werden, daß das Material eng am Leisten anliegt. Etwa fünf aneinander-

Flechtschuhe ●●●●

Menge	Bezeichnung	Maße in mm	Material	Kenn-Nr.
1	Leisten	Schuhgröße	Holz	1
2	Zopfbänder	ca. 7000 lang	Trikotstoff	2
2	Innenschuhe	Schuhgröße	Trikotstoff	3
2	Sohlen	Schuhgröße	Leder / Filz	4

Bogennadel / Nähzwirn / Heftnägelchen

genähte Zöpfe ergeben eine ausreichende Höhe für den Oberschuh.
Danach kann die Zunge eingearbeitet werden. Im Zentrum der Schnecke schneidet man das überflüssige Flechtwerk ab und vernäht das Zopfende sorgfältig.
Zuletzt wird das Innenfutter zugeschnitten, nach außen geschlagen und mit dem Schuhrand vernäht.

Die Heftnägelchen können nun herausgezogen und der Schuh vom Leisten genommen werden.
Wer einen besonders strapazierfähigen Schuh möchte, näht noch eine Filz- oder eine Ledersohle auf.

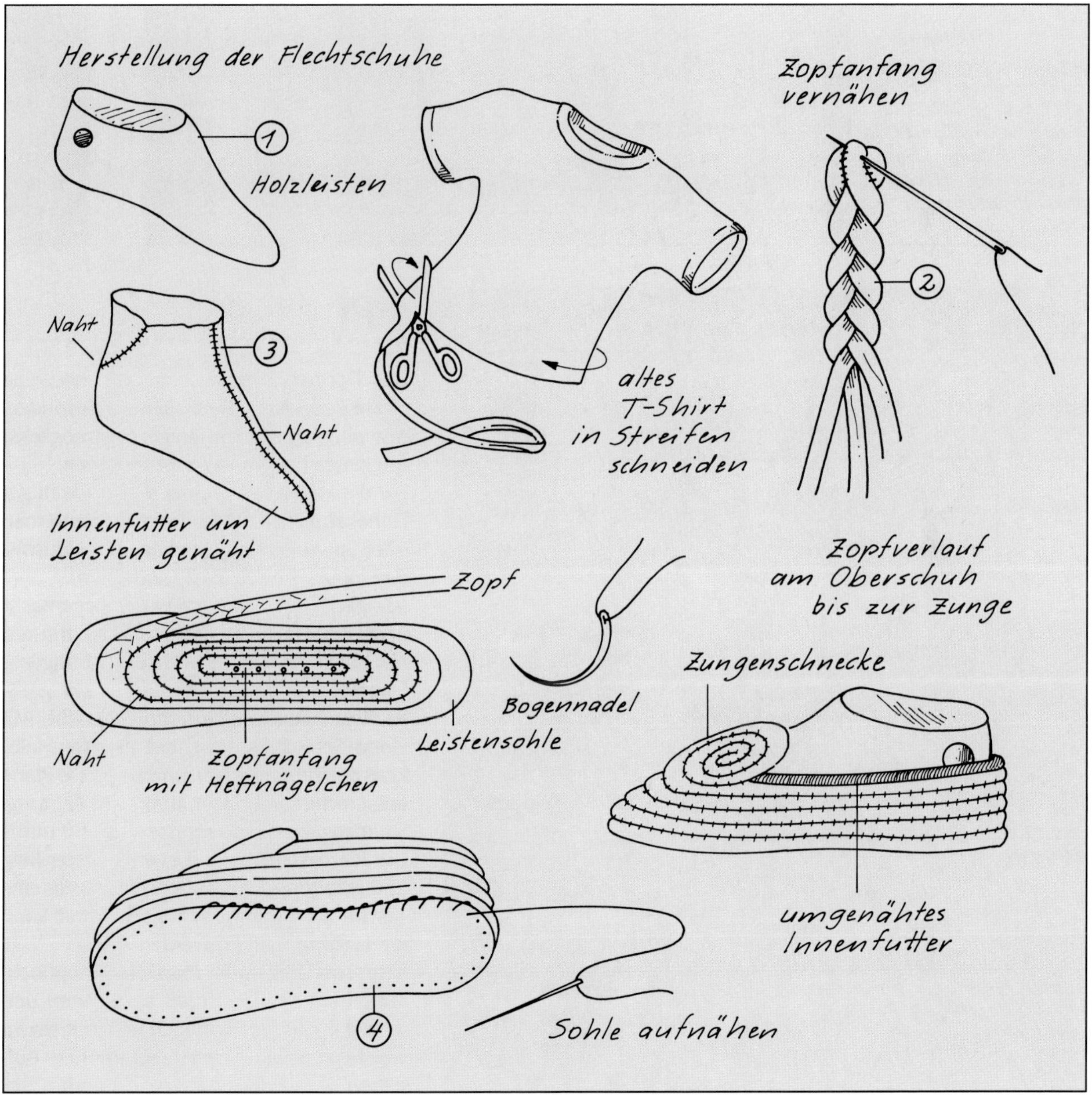

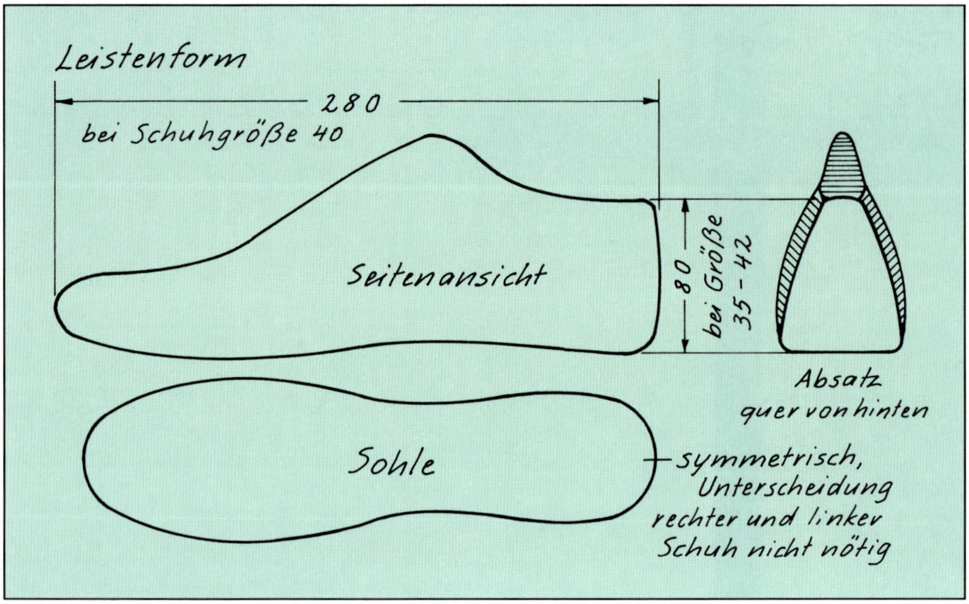

Ein stabiles Tipi braucht 15 Stangen. 3 Stangen werden zu einem Dreifuß zusammengebunden und mit der Halteleine am Boden verankert. Zwischen das dreibeinige Grundgerüst legt man 11 weitere Stangen. Mit der 15. Stange (Tipistange) wird gleichzeitig die Tipiplane über das Gerüst gezogen.

Tipi

Das Tipi hat für jeden Indianerfreund eine große Bedeutung. Deshalb ist es besonders reizvoll, ein gebrauchsfähiges und möglichst originalgetreues Tipi selbst zu bauen.
Für die Herstellung eignet sich ein kräftiger Leinenstoff. Besondere Tipistoffe kann man über Spezialfirmen beziehen (z. B. Hudsons Bay Indian Trading Post / München).
Lediglich Zelte, in denen kein Feuer gemacht wird, kann man aus Zeltstoff, der zumeist mit Kunstfasern durchsetzt ist, anfertigen.
Einzelne Stoffbahnen werden zu der großflächigen Tipiplane zusammengenäht. Mit einem Schnurzirkel zeichnet man den Halbkreis des Zeltdaches auf und fertigt die Plane entsprechend der Schnittvorlage. *Achtung:* Saumzugabe nicht vergessen (ca. 50 mm)!
Die Rauchklappen sind etwa 1 Meter lang und erhalten an der Außenseite jeweils eine Tasche für die Rauchstangen. Damit kann die Lüftung reguliert werden.
Sehr sorgfältig muß man die Knopflochreihen für den Verschluß anzeichnen und ausnähen. Jedes Knopfloch wird mit einem weichen Lederstück verstärkt. Vor dem Aufnähen schneidet man jedes Lederstück

Tipi ●●●●●

Menge	Bezeichnung	Maße in mm	Material	Kenn-Nr.
1	Tipiplane	Halbkreisfläche Radius: 5000	Leinenstoff oder spez. Tipistoff	1
2	Spannseile	8 ∅ / 6000 lang	Kunstfaser	2
1	Halteleine	8 ∅ / 6000 lang	Kunstfaser	3
1	Haltepflock	ca. 300 lang	Holzpflock	4
18	Bodenanker mit Haltestock und Halteschlaufe	ca. 200 lang	Astgabel	5
16	Verschlußhölzer	15 ∅ / 400 lang	Aststücke oder Holzleiste	6
15	Zeltstangen	50–80 ∅ / 6500 lang	Fichtenstangen	7
2	Rauchklappenstangen	100 ∅ / 6000 lang	Fichtenstangen	8
1	Taukleid	1800 x 12000	Leinenstoff	9

Ösen / Lederreste / Webband / Schnüre / Bindebänder 30 x 600 mm

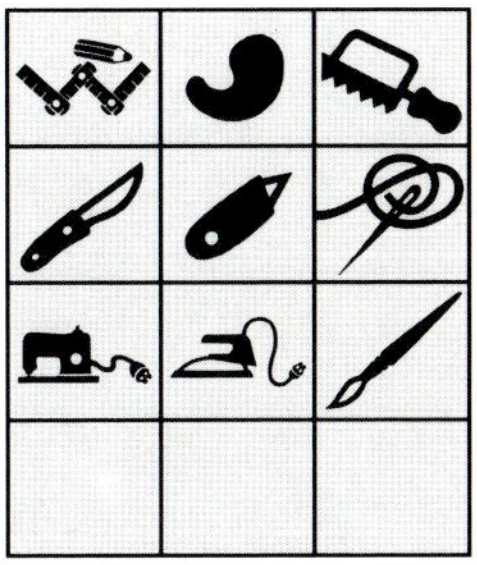

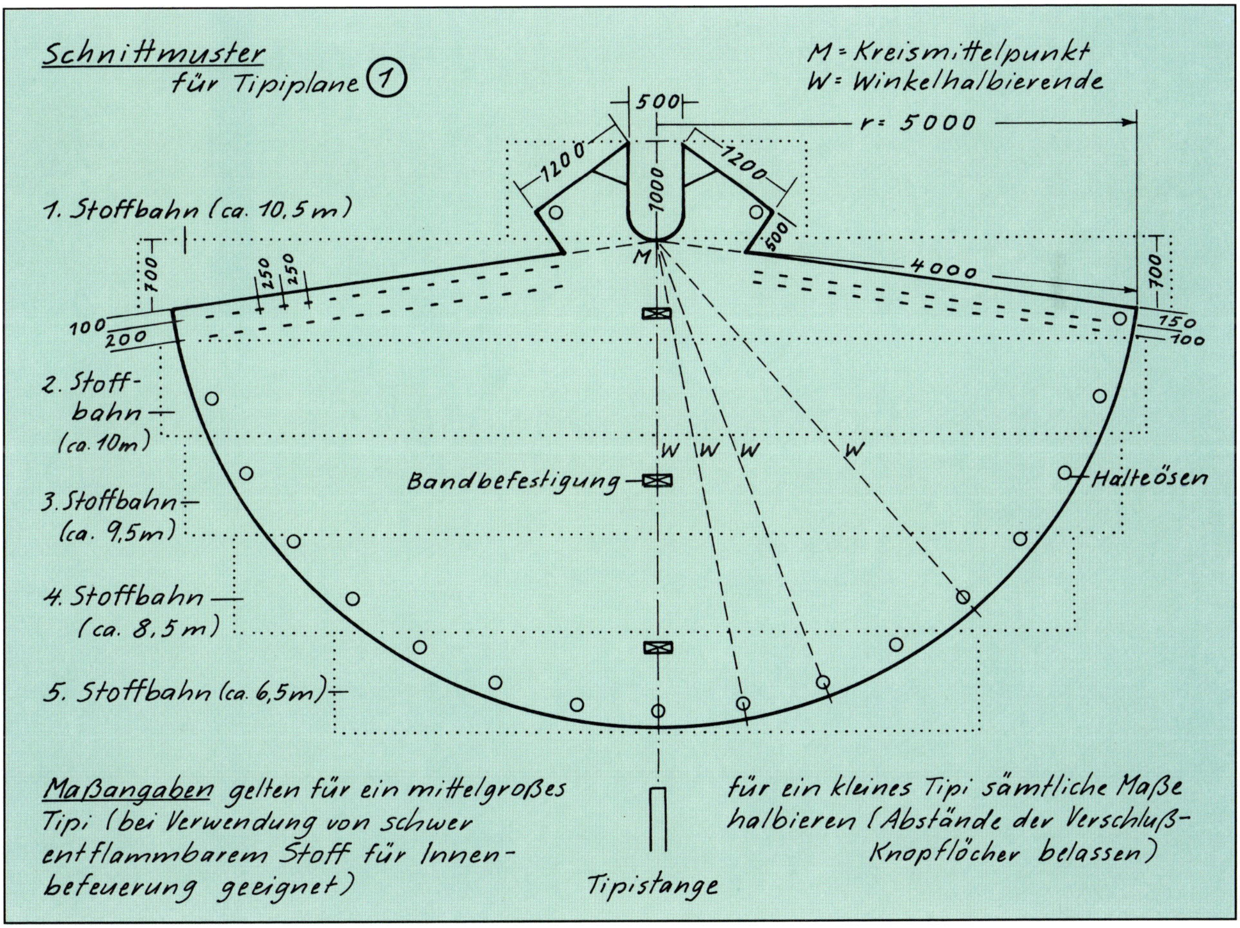

kreuzförmig ein, damit die Verschlußhölzer später durchgesteckt werden können.
Damit die Tipiplane zum Aufstellen an eine Stellstange (= Tipistange) gebunden werden kann, müssen noch entsprechende Bindebänder angenäht werden (Leinenschrägband ca. 30 mm breit / 600 mm lang, siehe Abbildung). Entlang der Bodenkante werden die Halteösen in die Plane geschlagen. Auch hier sollte man den Stoff mit aufgenähten Lederstücken verstärken. Nach dem Aufstellen des Tipis und dem Ausrichten der Stangen wird der Tipistoff mit den Haltestöcken und -schlaufen straff gespannt und mit Bodenankern gesichert.
Für ein stabiles Tipi benötigt man 15 Fichtenstangen, die man über ein Forstamt oder einen Bauern mit Wald beziehen kann.

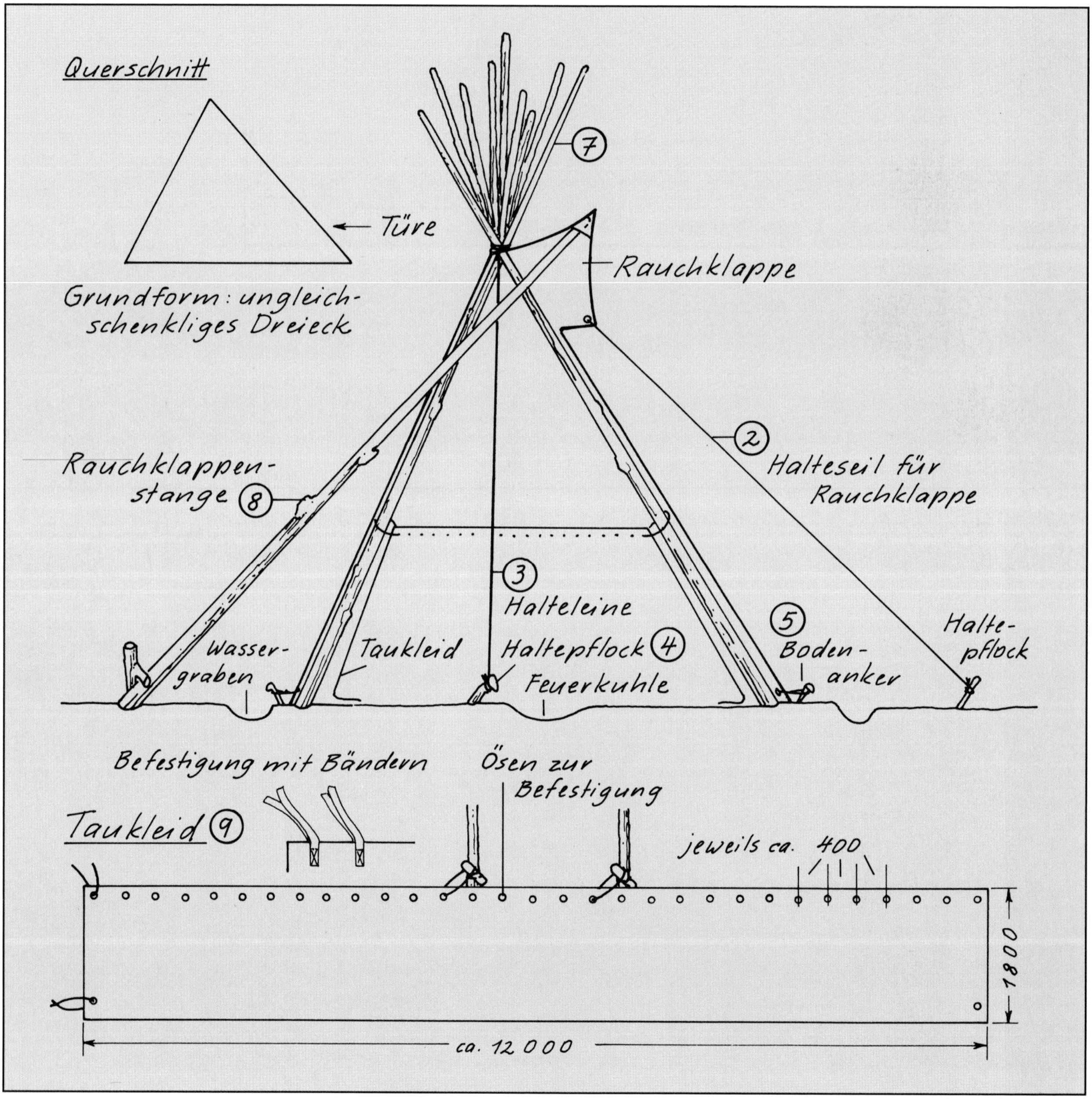

Sie sollen etwa 1,50 m länger als die Tipiplane sein (ca. 50 – 80 mm ∅). Die Stangen werden sorgfältigt entastet, geschält, getrocknet und geglättet. Die ganz ausgetrockneten Stangen sind überraschend leicht und stabil.

Das Aufstellen des Stangengerüstes:
Ein Dreibein bildet das Grundgerüst und wird mit einer stabilen Halteleine zusammengebunden und am Boden befestigt. Eine zugespitzte starke Astgabel dient als Haltepflock. Das Dreibein wird so zusammengebunden, daß im Querschnitt ein ungleichschenkliges Dreieck entsteht.
In die Gabeln des Dreibeins werden die restlichen Stangen (ausgenommen Tipistange) eingefügt. Die Mehrzahl der Stangen liegt

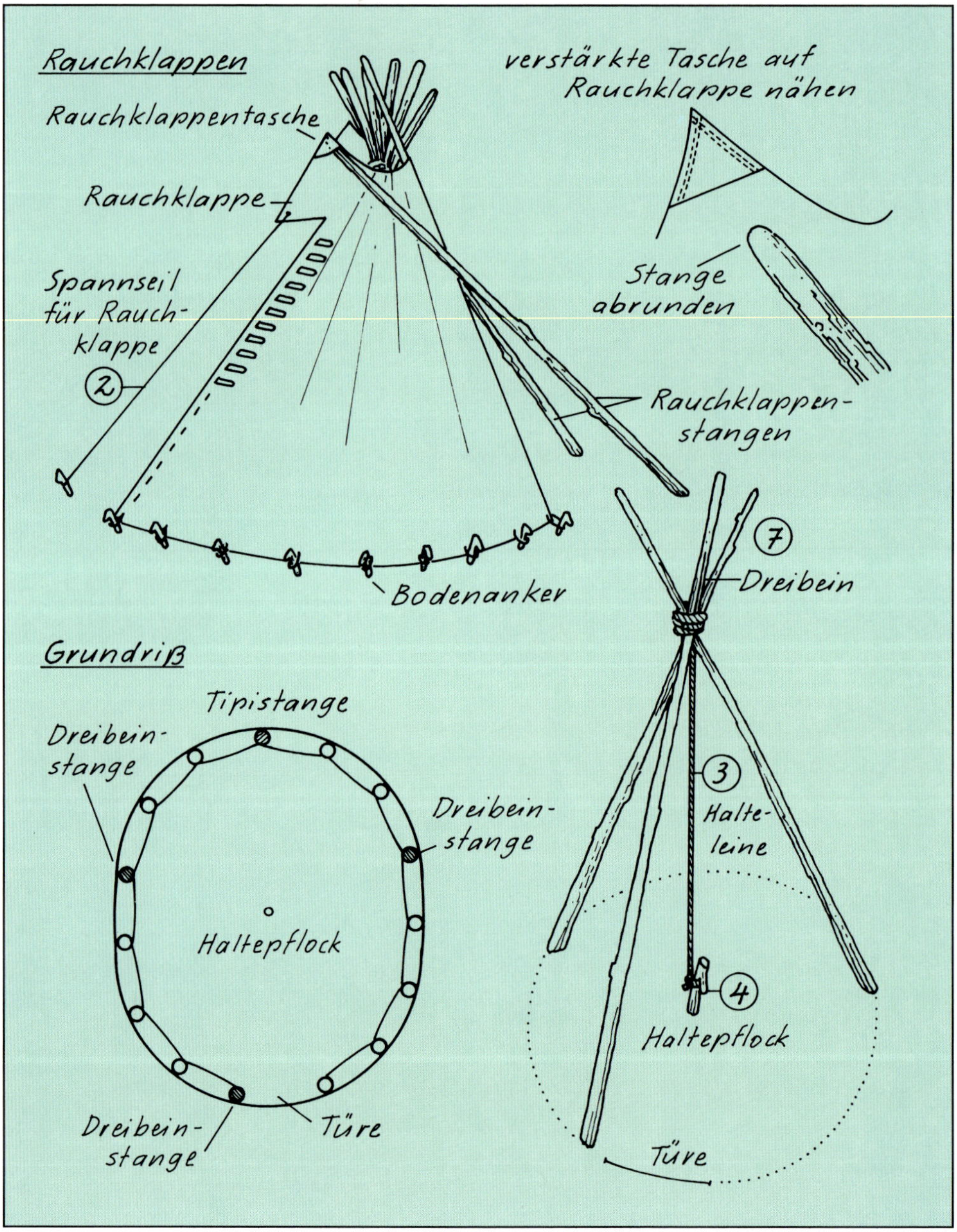

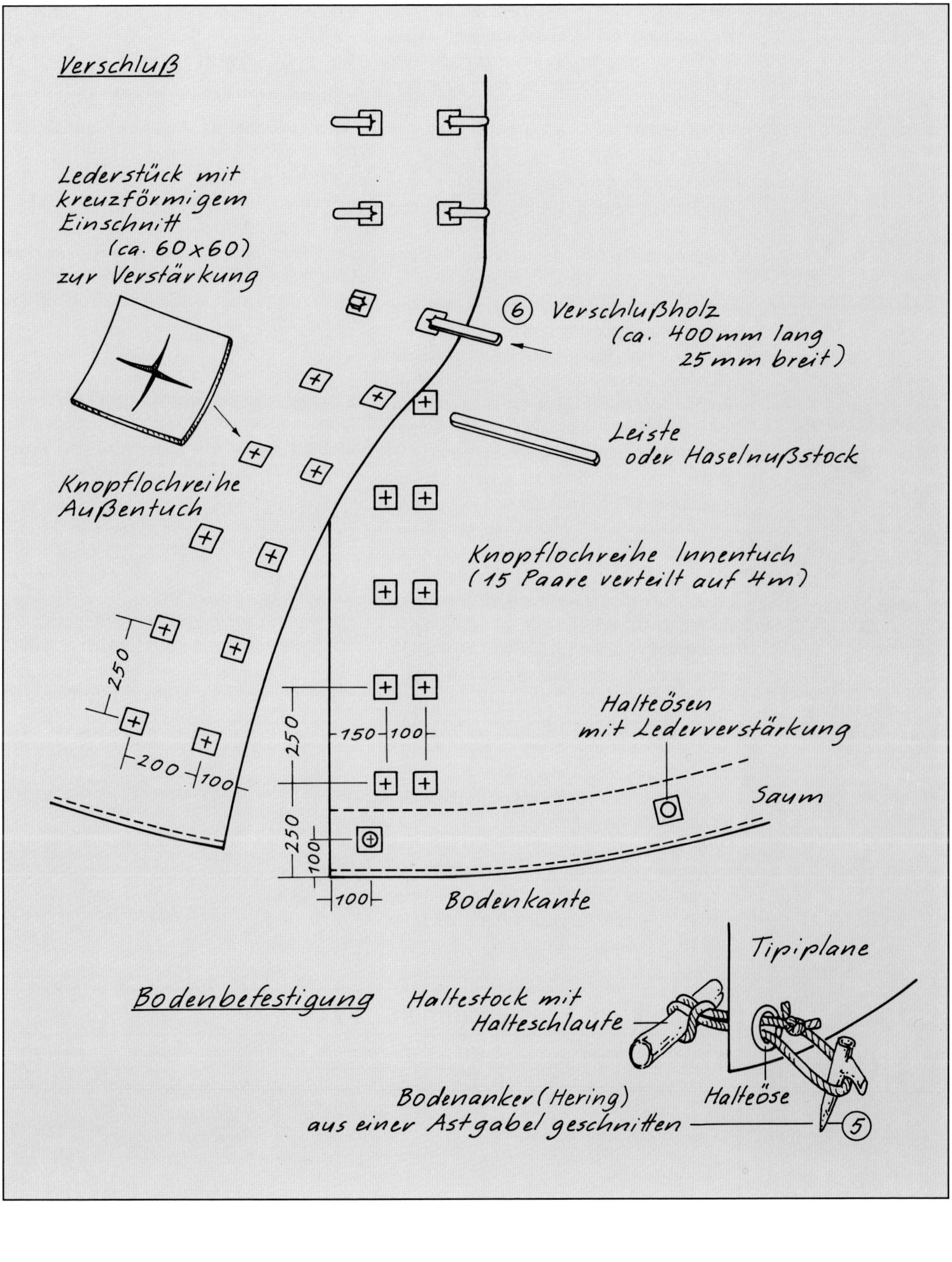
Verschluß
Lederstück mit kreuzförmigem Einschnitt (ca. 60x60) zur Verstärkung
6 Verschlußholz (ca. 400mm lang 25mm breit)
Leiste oder Haselnußstock
Knopflochreihe Außentuch
Knopflochreihe Innentuch (15 Paare verteilt auf 4m)
250
200
100
250
150
100
250
100
100
Halteösen mit Lederverstärkung
Saum
Bodenkante
Bodenbefestigung
Haltestock mit Halteschlaufe
Tipiplane
Bodenanker (Hering) aus einer Astgabel geschnitten
Halteöse
5

immer in der vorderen Gabel; dadurch liegt die Tipiplane besser auf. Außerdem ist die vordere Gabel auch das Rauchloch, es kann so leichter verschlossen werden. Der Tipi-Grundriß sollte ein Oval bilden.
Nun wird die Tipiplane auf dem Boden ausgebreitet und an die Tipistange gebunden. Beim Einfügen dieser Stange in das Gestell wird auch gleichzeitig die Plane aufgezogen. Nach dem Umlegen und Verschließen der Tipiplane richtet man die einzelnen Stangen von innen aus und spannt so das Tuch. Erst dann wird das Zelt von außen mit den Heringen im Boden verankert.
Für die Rauchklappen benötigt man zusätzlich zwei dünnere Stangen. Sie werden in die Taschen der Rauchklappen gesteckt und am Boden eventuell mit einem Pflock gesichert. Das Halteseil hält die Rauchklappen.
Da das Tipi keinen Boden hat, ist es sinnvoll, rings um das Zelt einen kleinen Wassergraben auszuheben. So fließt bei Regen das Wasser nicht in das Zeltinnere.
Will man das Zelt als Wohntipi einrichten, dann muß noch ein Taukleid eingezogen werden. Entsprechend bemalt schmückt es das Zelt aus und dient außerdem als zusätzliche Isolierung gegen Nässe und Kälte.
Aus dem gleichen Stoff näht man eine rechteckige Stoffbahn zusammen. An einer Längsseite werden Ösen eingeschlagen oder Befestigungsbänder angenäht. Damit kann das Taukleid von innen an die Zeltstangen gebunden werden.
Achtung: Kleine Holzpflöcke dazwischen binden; so wird verhindert, daß bei Regen das an den Stangen herunterlaufende Wasser über die Schlaufen doch noch ins Zeltinnere gelangt.

Webbild im Fensterrahmen

Phantasiebilder aus verschiedenen Materialien zu weben, ist eine reizvolle Freizeitbeschäftigung. Schon mit einem einfachen Webrahmen, den man selbst bauen kann, lassen sich schöne Textilarbeiten gestalten. Ein kleiner, alter Fensterrahmen aus dem Sperrmüll oder vom Dachboden, vielleicht sogar noch mit den Beschlägen, ist ein idealer Web- und Bilderrahmen.

Zuerst werden Glas- und lockere Farbreste beseitigt und der Rahmen gereinigt.
Zum Spannen der Kettfäden schlägt man in gleichmäßigen Abständen in die obere und untere Querleiste des Fensterrahmens Nägel ein. Man kann aber auch Löcher in entsprechendem Abstand durch die Querleisten bohren. Die Rahmenwirkung bleibt dadurch besser erhalten. Das fertige Webstück bleibt im Rahmen.
Nach dem Einziehen der Kettfäden wird das Schußgarn in eine lange Nadel mit abgerundeter Spitze (Webnadel) gefädelt und lokker in die Kettfäden gestopft (Stopfweben).

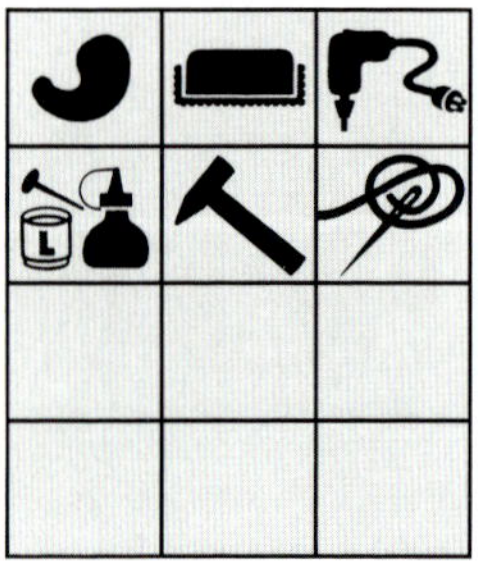

Webbild im Fensterrahmen ●●●

Menge	Bezeichnung	Maße in mm	Material	Kenn-Nr.
1	Webrahmen	beliebig	alter Fensterrahmen	1
div.	Kettfäden		reißfeste Schnur / Kordel	2
div.	Webmaterial (Schuß)		Wolle / Stoffstreifen u. a.	3

Webnadel / Nägel

Dieses Webbild ist fest in den Fensterrahmen eingewebt.

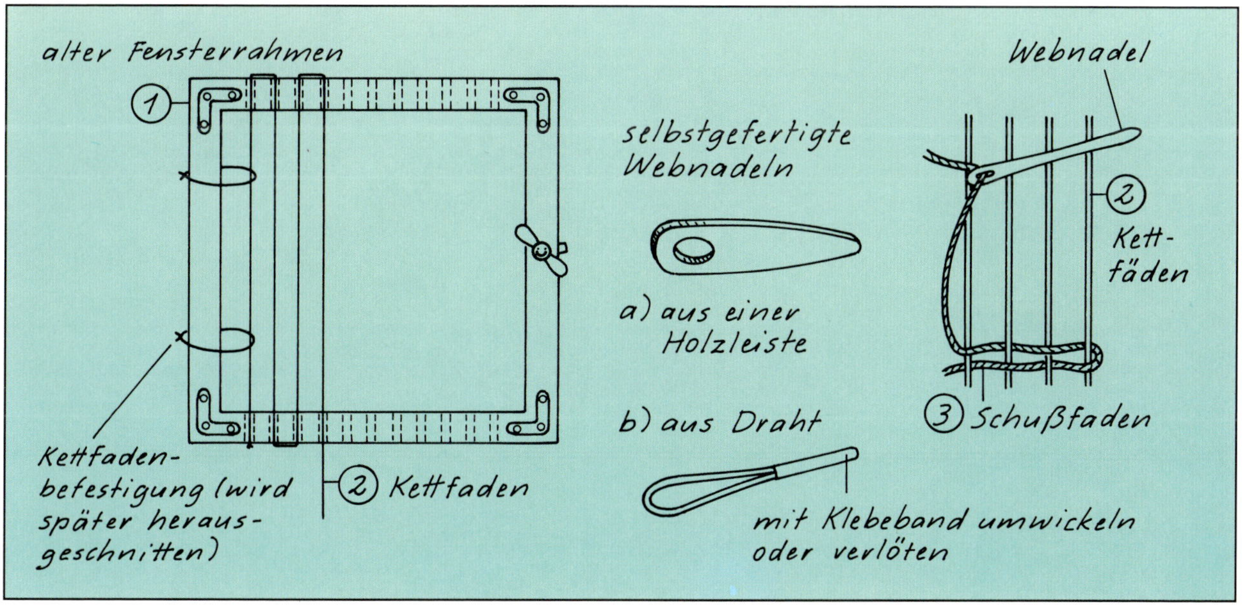

Mit einem Kamm oder einem Klopfer schlägt man die Schußfäden eng aneinander.
Um ein Einziehen der Kanten zu verhindern, können die äußeren Kettfäden an den Rahmen gebunden werden. Später schneidet man diese Befestigungen wieder ab.
Für Kette und Schuß kann dasselbe Baumwoll-, Woll- oder Perlgarn verwendet werden. Als Schußfaden eignen sich auch Materialien wie Leder, Stoffstreifen, Zweige, Stroh, Papier, Folien oder ähnliche Dinge. Selbst Holzstücke, Spiegelscherben und Metallteile können sehr wirkungsvoll miteinander kombiniert werden. Man zieht das Material von Hand durch die Kettfäden. Dazwischen müssen immer einige Reihen Garn fest eingewebt werden, damit das Gewebe einen guten Zusammenhalt hat.

Leichtes Sonnenzelt

Dieses Zeltdach ist leicht und rasch in jeder beliebigen Größe herstellzustellen, entweder als kleines Sonnenschutzzelt für den Strand oder als großes Partyzelt. Man muß nur die angegebenen Maße je nach Verwendungszweck verändern.
Das tragende Zeltgerüst wird von drei Stangen gebildet (2 Zeltstangen mit Astgabel / 1 Firststange) und von Spannschnüren gehalten. Die Spannschnüre werden an zehn Pflöcken / Heringen aus Holz oder Metall befestigt und diese in den Boden getrieben.
Hinweis: Die Seilenden der Kunststoffschnüre fransen nicht aus, wenn sie mit einer Kerzenflamme verschmolzen werden.

Für ein Sommerfest kann das Zelt mit bunten Bändern, Windrädern oder einer bemalten Sonne aus Holz geschmückt werden.

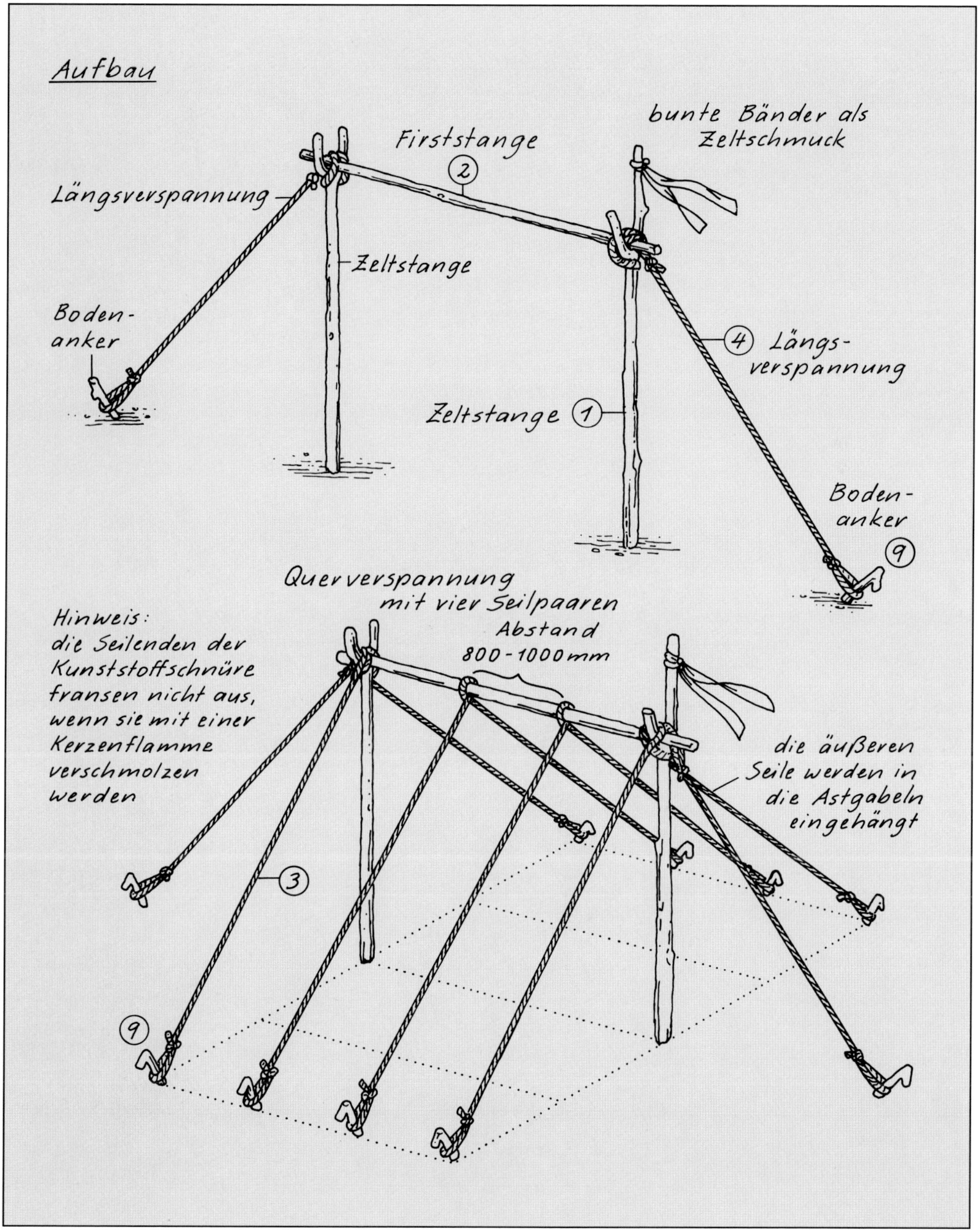
Aufbau
Firststange
2
bunte Bänder als Zeltschmuck
Längsverspannung
Zeltstange
Boden-anker
4 Längs-verspannung
Zeltstange 1
Boden-anker
9
Querverspannung mit vier Seilpaaren
Abstand 800-1000 mm
Hinweis: die Seilenden der Kunststoffschnüre fransen nicht aus, wenn sie mit einer Kerzenflamme verschmolzen werden
die äußeren Seile werden in die Astgabeln eingehängt
3
9

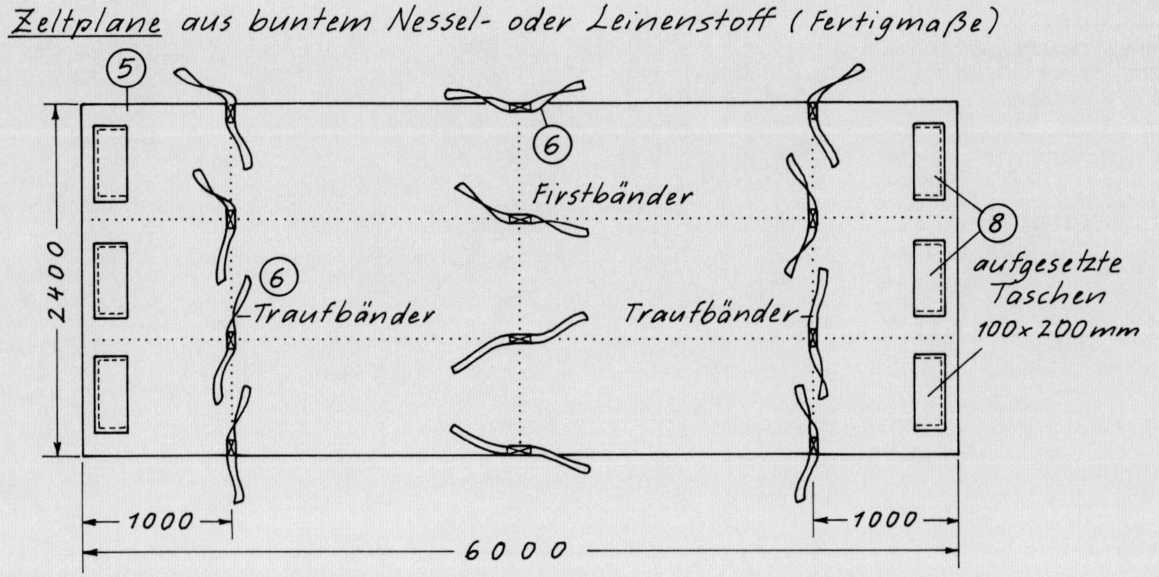
Zeltplane aus buntem Nessel- oder Leinenstoff (Fertigmaße)
5
6
Firstbänder
8
aufgesetzte Taschen 100×200 mm
6
Traufbänder
Traufbänder
2400
1000
1000
6000

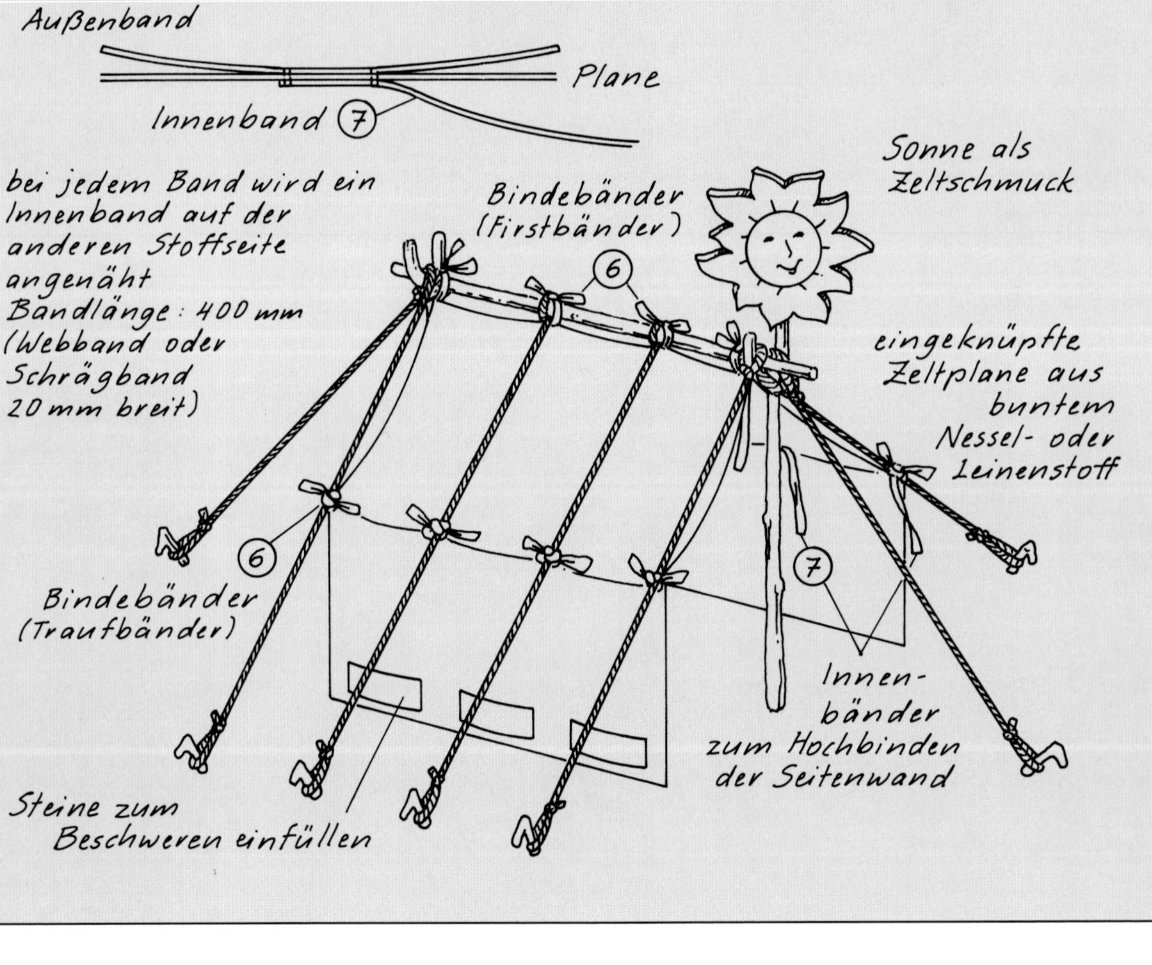
Außenband
Plane
Innenband 7
bei jedem Band wird ein Innenband auf der anderen Stoffseite angenäht
Bandlänge: 400 mm (Webband oder Schrägband 20 mm breit)
Bindebänder (Firstbänder)
6
Sonne als Zeltschmuck
eingeknüpfte Zeltplane aus buntem Nessel- oder Leinenstoff
6
Bindebänder (Traufbänder)
7
Innenbänder zum Hochbinden der Seitenwand
Steine zum Beschweren einfüllen

Leichtes Sonnenzelt ●●●

Menge	Bezeichnung	Maße in mm	Material	Kenn-Nr.
2	Zeltstangen	2500 lang	z. B. Haselnuß-stock mit Astgabel	1
1	Firststange	2500 lang	Haselnußstock oder Rundholz	2
4	Querspannseile	6 ∅ / 7200 lang	Kunststoffseil	3
2	Längsspannseile	6 ∅ / 3500 lang	Kunststoffseil	4
1	Zeltdach	2400 x 6000 (Fertigmaß)	bunter Nessel- oder Leinenstoff	5
12	Außenbänder	20 x 400	Webband oder Schrägband	6
12	Innenbänder	20 x 400	Webband oder Schrägband	7
6	Taschen	100 x 200	Leinenstoff	8
10	Bodenanker / Hering	ca. 200 lang	Holzstock oder Metall	9

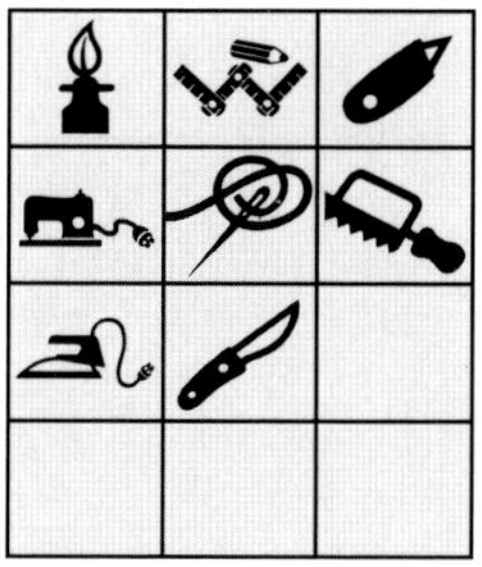

Die Zeltplane ist aus leichtem, buntem Stoff, der nach Wunsch noch mit Stofffarben zusätzlich bemalt werden kann. Er wird einfach in dieses Gerüst eingehängt. Dazu näht man an den rechteckigen Stoffzuschnitt entsprechende Bänder oder Schlaufen. Bänder haben den Vorteil, daß der Stoff nachträglich in das Zeltgerüst eingeknüpft werden kann.

Durch zusätzliche Bänder an der Innenseite der Zeltplane lassen sich die Seitenwände und auch die Dachschräge hochbinden.

Auf die Seitenwände kann man noch mehrere Taschen aufsteppen (siehe Abbildung). Hier werden Steine als Gewichte eingefüllt, damit die Tücher bei Wind nicht zu sehr flattern.

Bilder aus Wachsbatik

Zuerst wird das Motiv mit einem weichen Bleistift auf den Stoff aufgezeichnet. Anschließend wird das Wachs im Aluminiumtopf erhitzt, bis es flüssig ist. Danach trägt man auf die Flächen, die weiß bleiben sollen, mit dem Borstenpinsel das Wachs auf. Wer keinen Batikrahmen besitzt, spannt den Stoff über eine kleine Schüssel und kann so, Stück für Stück, vor allem kleine und schwierige Wachsaufträge vornehmen. Wer größere Flächen abdecken will, legt den Stoff einfach auf Zeitungspapier.

In einer Plastikwanne oder einem Plastikeimer steht die gut handwarme Farbe für

Bilder aus Wachsbatik ●

Menge	Bezeichnung	Maße in mm	Material	Kenn-Nr.
1	Stoff		Baumwolle oder Seide	
div.	Farben		Batikfarben	
	Wachs		Batikwachs oder Wachsreste	

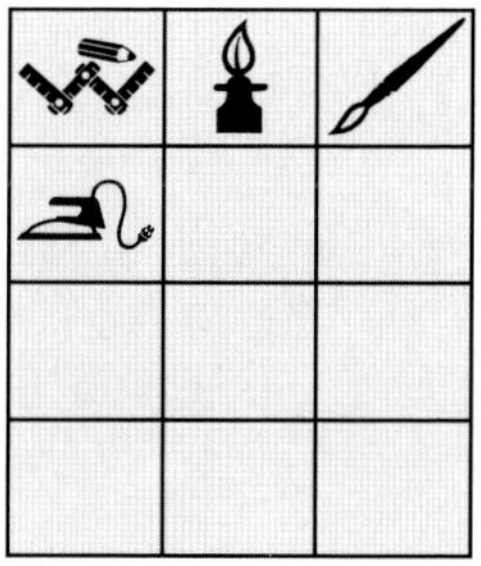

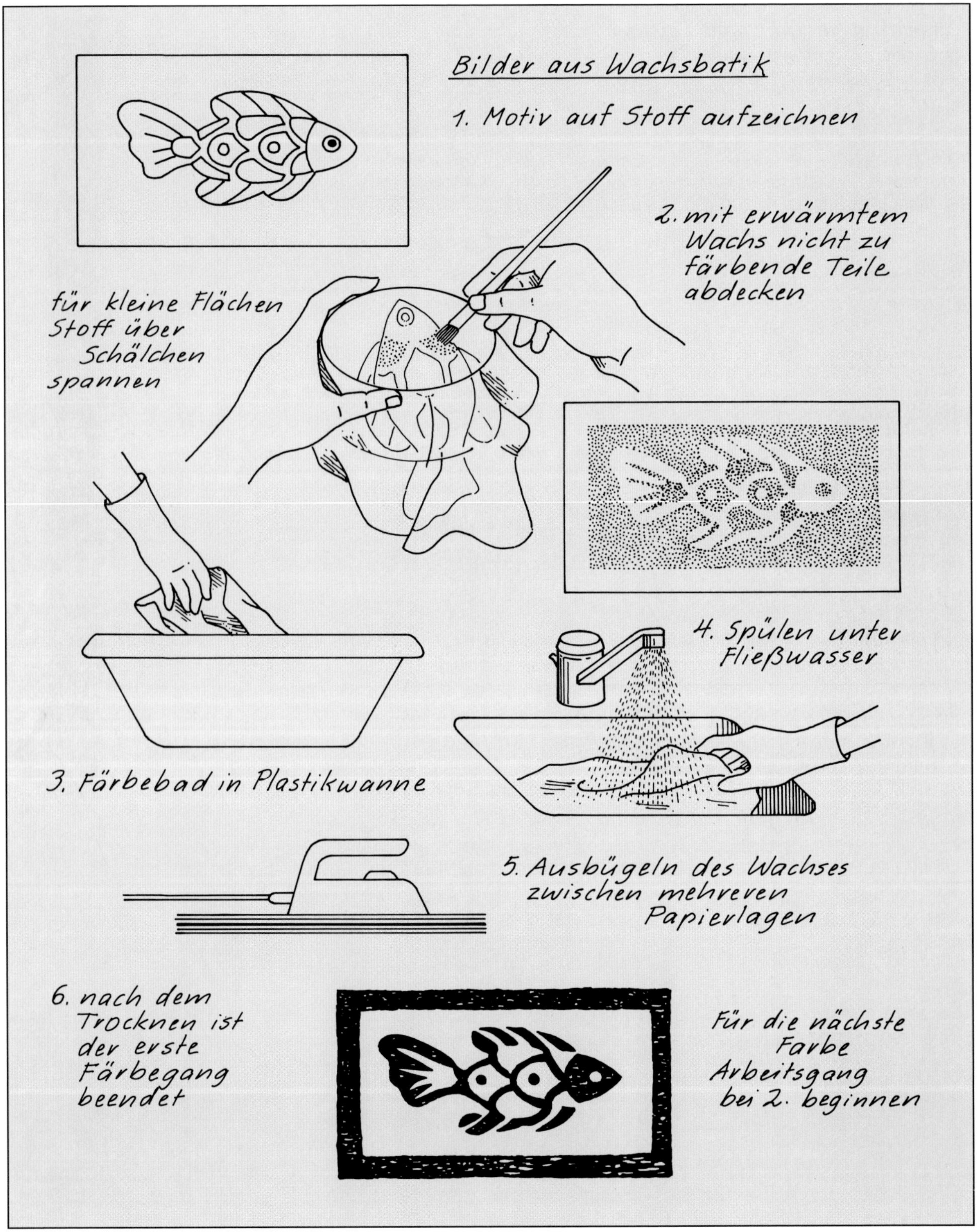
Bilder aus Wachsbatik
1. Motiv auf Stoff aufzeichnen
2. mit erwärmtem Wachs nicht zu färbende Teile abdecken
für kleine Flächen Stoff über Schälchen spannen
3. Färbebad in Plastikwanne
4. Spülen unter Fließwasser
5. Ausbügeln des Wachses zwischen mehreren Papierlagen
6. nach dem Trocknen ist der erste Färbegang beendet
Für die nächste Farbe Arbeitsgang bei 2. beginnen

den ersten Färbedurchgang bereit. Der Stoff wird in die Farbe getaucht. Alle Stellen ohne Wachs nehmen dabei die Farbe an. Ist der gewünschte Farbton erreicht, wird der Stoff unter Fließwasser ausgespült und zum Trocknen aufgehängt. Wenn der Stoff trocken ist, kann erneut Wachs aufgetragen werden und die nächste Einfärbung beginnen. Beim Färben stets mit der hellsten Farbe beginnen. *Achtung:* In dunklere Farben den Stoff etwas kürzer eintauchen. Zum Schluß wird das Wachs aus dem Stoff entfernt, indem man ihn zwischen Zeitungen oder saugfähiges, unbedrucktes Papier legt und darüberbügelt.
Am schönsten sind die Bilder, wenn sie einen farblich passenden Rahmen erhalten.

Batikarbeiten können eingerahmt und als Bilder an die Wand gehängt werden.

VII. Werken mit Metall

Aus einem Metallrohr kann in kurzer Zeit ein einfacher Kerzenhalter für ein Teelicht hergestellt werden. Mehrere unterschiedlich hohe Leuchter wirken besonders dekorativ.

Bunter Kerzenhalter

Im Baumarkt, beim Heizungs- und Sanitärfachmann oder im Metallwarenhandel erhält man Metallrohre (Eisen, Kupfer oder Aluminium), deren Innendurchmesser so groß ist, daß ein Teelicht hineinpaßt. Mit der Metallsäge werden Rohrabschnitte beliebiger Länge (40 bis 150 mm lang) abgesägt.

Hinweis: Eine genau rechtwinklige Schnittlinie läßt sich mit einem Blatt Papier, das um das Rohr gewickelt wird, anzeichnen. Die Kanten des Blattes müssen dabei deckungsgleich sein.
Vorsicht: Die Schnittstellen sind scharfkantig. Alle Grate und Unebenheiten entfernt man mit der Feile. Jedes Rohr erhält entsprechend der Abbildung zwei kleine Bohrungen (4,0 mm ⌀), damit mit kleinen Senkkopfschrauben und den passenden Muttern (M3 x 30 mm) im unteren Rohrteil ein Gipsgewicht festgehalten werden kann.
Achtung: Aus Sicherheitsgründen muß Rundware (Stangen, Rohre) zum Bohren in einen Maschinenschraubstock gespannt oder in eine spezielle Rohrhalterung gelegt

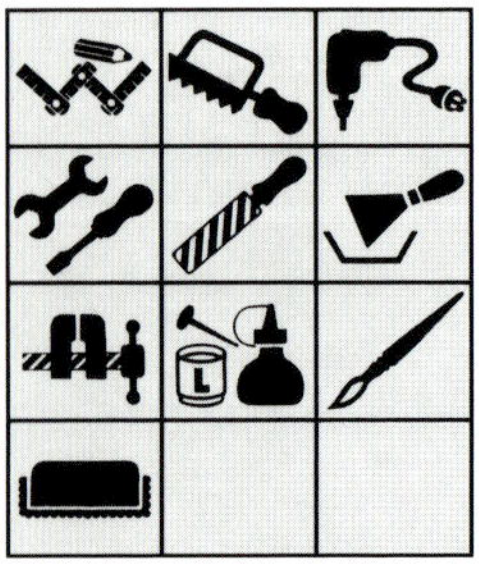

Bunter Kerzenhalter ●●●

Menge	Bezeichnung	Maße in mm	Material	Kenn-Nr.
1	Rohrabschnitt	40 ⌀ innen	Metall (Kupfer, Aluminium, Eisen)	1
1	Rundholzscheibe	40 ⌀	Holz (Astabschnitt)	2
1	Rundholzstab	4 ⌀	Dübelholz	3
1	Gipsfüllung	ca. 30 hoch 40 ⌀	Gips	4
2	Senkkopfschrauben mit Muttern	M3,0 x 30	Eisen	5
1	Teelicht			6

Leim / Lackfarbe

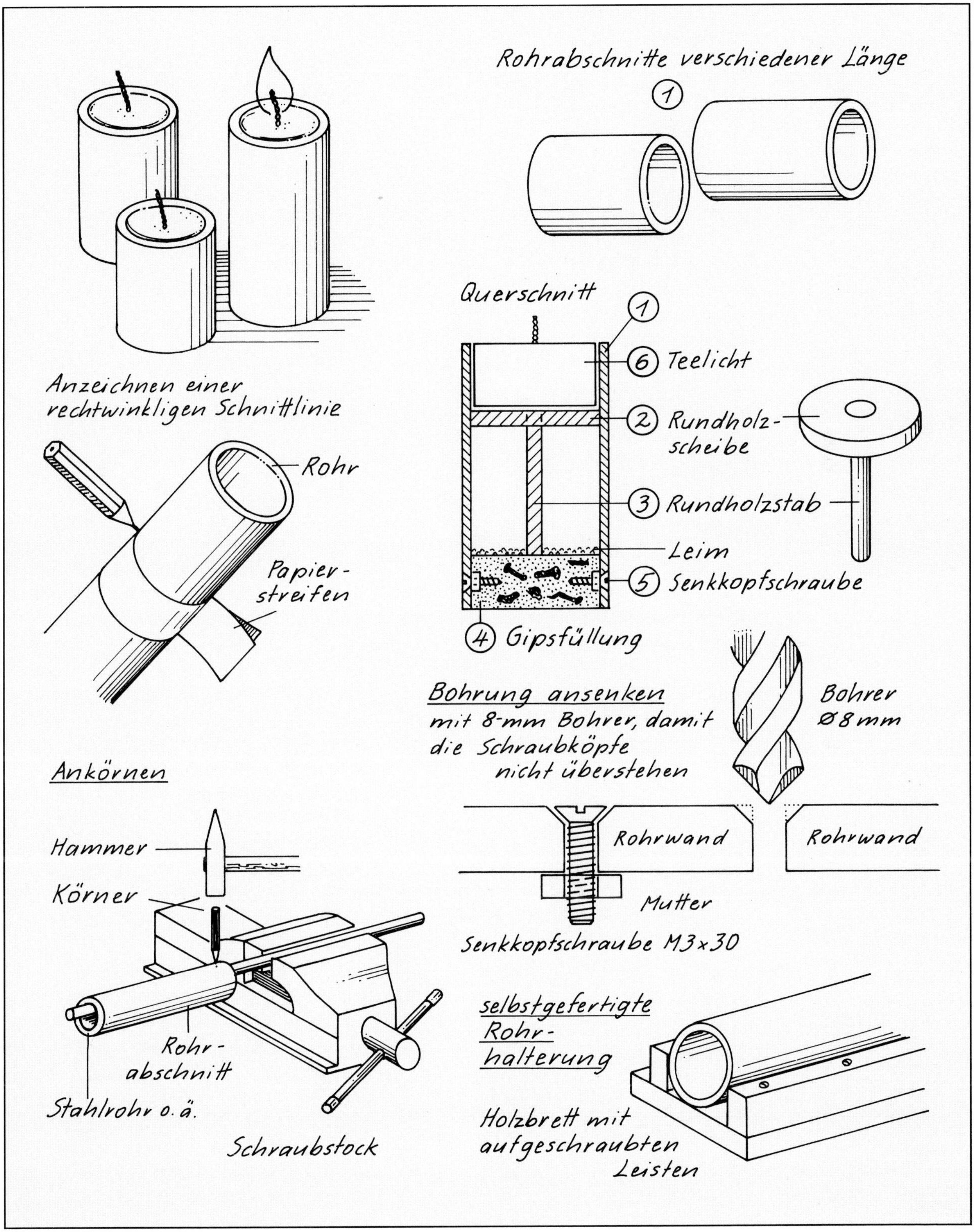
Rohrabschnitte verschiedener Länge
1
Anzeichnen einer rechtwinkligen Schnittlinie
Rohr
Papierstreifen
Querschnitt
1
6 Teelicht
2 Rundholzscheibe
3 Rundholzstab
Leim
5 Senkkopfschraube
4 Gipsfüllung
Bohrung ansenken
mit 8-mm Bohrer, damit die Schraubköpfe nicht überstehen
Bohrer Ø8 mm
Rohrwand
Rohrwand
Mutter
Senkkopfschraube M3×30
Ankörnen
Hammer
Körner
Rohrabschnitt
Stahlrohr o. ä.
Schraubstock
selbstgefertigte Rohrhalterung
Holzbrett mit aufgeschraubten Leisten

werden. Die Bohrmittelpunkte markiert man deutlich mit einem Körner, so kann der Bohrer nicht so leicht abrutschen.
Eine Gipsfüllung gibt dem Kerzenhalter eine gute Standfestigkeit. Den Gipsbrei rührt man mit Wasser an und füllt ihn in das Rohr (Karton oder Zeitung unterlegen). Bei höheren Leuchtern werden alte Radgewichte aus der Autowerkstatt, Schrauben oder andere kleine, aber schwere Metallteile mit eingefüllt. Dadurch wird der Gipsblock deutlich schwerer und die Standfestigkeit des Leuchters größer.
Im oberen Teil des Rohres muß eine Stellfläche für das Teelicht angebracht werden. Dazu wird eine Rundholzscheibe von einem Ast abgesägt und so zugeschliffen, daß sie genau in das Rohr paßt.
Ein eingeleimter Rundholzstab verhindert, daß die Holzscheibe zu tief in das Rohr rutscht. Hier muß genau gemessen werden, denn das Teelicht soll nicht über den Rohrrand hinausragen.
Abschließend wird die Holzscheibe mit reichlich Klebstoff (z. B. Leim) im Rohr befestigt.
Mit Spiritus oder Spülmittel wird der Leuchter entfettet und dann mit Metall-Lackfarbe gestrichen.

Kerzenleuchter

Für einen mittelgroßen achtarmigen Kerzenleuchter verwendet man für die Leuchterarme Kupferdraht mit einem Querschnitt von mindestens 10 mm^2 und einen 1,5 mm^2 starken Bindedraht.

Zuerst werden die Leuchterarme gebogen, mit Bindedraht zusammengebunden und im Schaft verlötet. Dazu benötigt man einen kleinen Gasbrenner (Campingkocher) und Stangenzinn. Ein elektrischer Lötkolben entwickelt für diese Arbeit zuwenig Hitze.

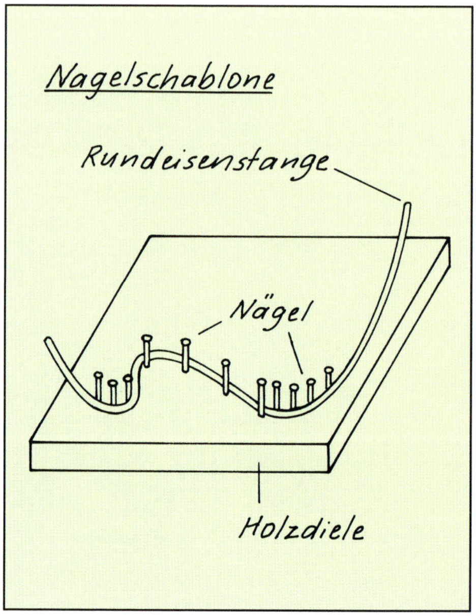

Hinweis: Vor dem Löten muß man darauf achten, daß die zu lötenden Teile blank und fettfrei sind. Die Lötstellen werden deshalb mit einem feinen Schleifpapier gereinigt und mit Lötfett oder Lötwasser bestrichen.
Die Leuchterarme werden nun rechtwinklig ausgerichtet und mit einem Drahtring verbunden. Auch hier wird zuerst alles mit Bindedraht fest zusammengebunden und dann jeder Leuchterarm bis zum Lüsterschaft damit umwickelt und anschließend verzinnt.
Das Auflöten der Kerzenhalter ist der schwierigste Arbeitsabschnitt. Zuerst müssen aus einem Stück Kupferblech die kreisrunden Tropfbleche herausgeschnitten werden. Auf einer weichen Unterlage schlägt man mit einem Vorstecher im Kreismittelpunkt ein Loch in das Blech. Das Loch muß so groß sein, daß sich das Blech stramm auf den Leuchterarm stecken läßt. Der entstehende Grat ist erwünscht, denn er bildet eine stabilere Lötverbindung, wenn das

Sollen mehrere gleiche Formstücke hergestellt werden, empfiehlt es sich, eine Schablone zu benutzen. Dafür schlägt man einfach eine Reihe dicker Nägel in der entsprechenden Form in einen Balken. Um diese Schablone biegt man dann die Eisenstange. Wenn nötig, wird das Eisen mit ein paar Hammerschlägen ausgerichtet und in der Form stabilisiert.

Man muß nicht gleich bei einem Schmied in die Lehre gehen, wenn man diesen Leuchter herstellen will. Solange das Material nicht zu dick ist, läßt es sich ohne große Mühe kalt verformen.

Kerzenleuchter ●●●●●

Menge	Bezeichnung	Maße in mm	Material	Kenn-Nr.
4	große Leuchterarme	840 lang	Kupferdraht oder Rundeisen, 6 mm ∅, 10 mm^2 Querschnitt	1
4	kleine Leuchterarme	690 lang	"	2
1	Lüsterring groß	360 ∅	"	3
1	Lüsterring klein	260 ∅	"	4
8	Tropfbleche	ca. 60 ∅	Kupferblech oder Sperrholz	5
8	Kerzenhalter	ca. 30 ∅ 30 hoch	Kupferfitting Schweißmuffe mit Stopfen	6
ca. 10 m	Bindedraht	1,5 m^2 Querschnitt, 2 ∅	Kupferdraht Eisendraht	7

Lötwasser / Lötzinn / Flüssigwachs (Antikwachs) oder Zaponlack

Tropfblech auf den Leuchterarm gesteckt und verlötet wird.

Das Leuchterarmende soll ungefähr 20 mm aus dem Tropfblech ragen. Dieser Dorn verleiht später der Kerze einen sicheren Halt.

Auf die Tropfbleche lötet man als äußere Kerzenhalterung Kupferrohrabschnitte oder entsprechende Verbindungsmuffen (Fittings). Abschließend werden zwei Drahtenden am oberen Schaftende des Leuchters jeweils zu einer großen Öse gebogen und miteinander verlötet.

Zur Stabilisierung der einzelnen Leuchterarme können noch zusätzliche Stützdrähte eingelötet werden (siehe Abbildung).

Der Leuchter kann auch aus Eisenstäben gebaut werden. Dann werden die einzelnen Teile entweder vom Fachmann miteinander

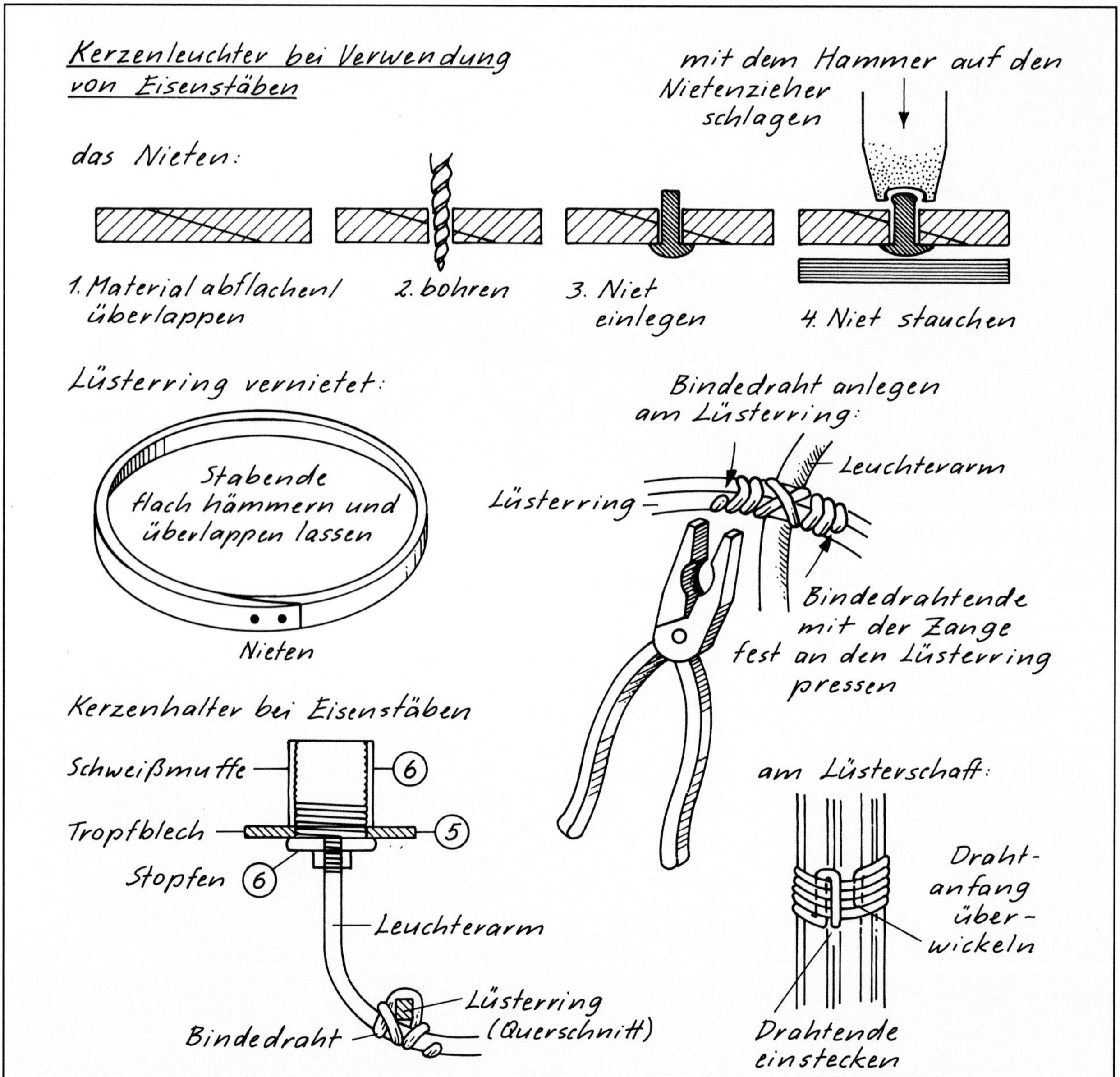

verschweißt oder man verlötet sie. Dabei wird das Metall zuvor mit Lötwasser gereinigt. Zusätzlich umwickelt man den Leuchterschaft mit verzinktem (verzinntem) Bindedraht. Mit Lötzinn lassen sich die einzelnen Eisenstäbe zum Leuchterschaft verbinden.

Die beiden Leuchterringe werden aus schmalem Flacheisen gebogen und an den Enden miteinander vernietet. Dann bindet man sie mit Draht an die Leuchterarme.

Als Kerzenhalter eignen sich Schweißmuffen (vom Heizungsbauer) mit Rohrstopfen. Kreisringe aus Blech oder Sperrholz können, zwischen Stopfen und Muffe gelegt, als Tropfteller dienen.

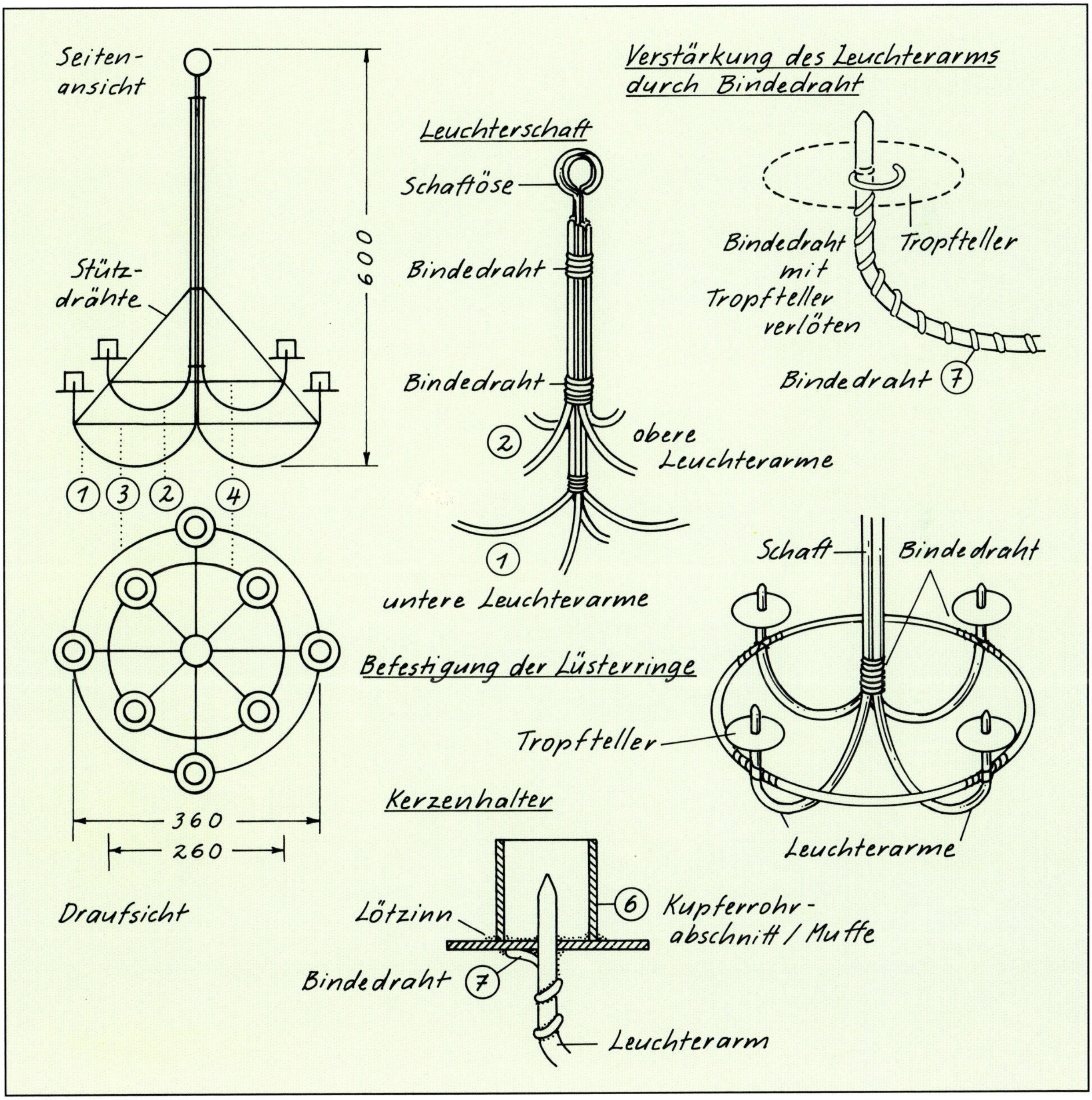

Auch an einem dickeren Eisenmaterial können Ösen gebogen werden. Dazu wird das Stangenende über einem Camping-Gasbrenner rotglühend erhitzt. Mit einer starken Rundzange und dem Hammer läßt sich das Material so leichter verformen. Achtung: Verbrennungsgefahr! Metall sorgfältig mit Wasser abkühlen.

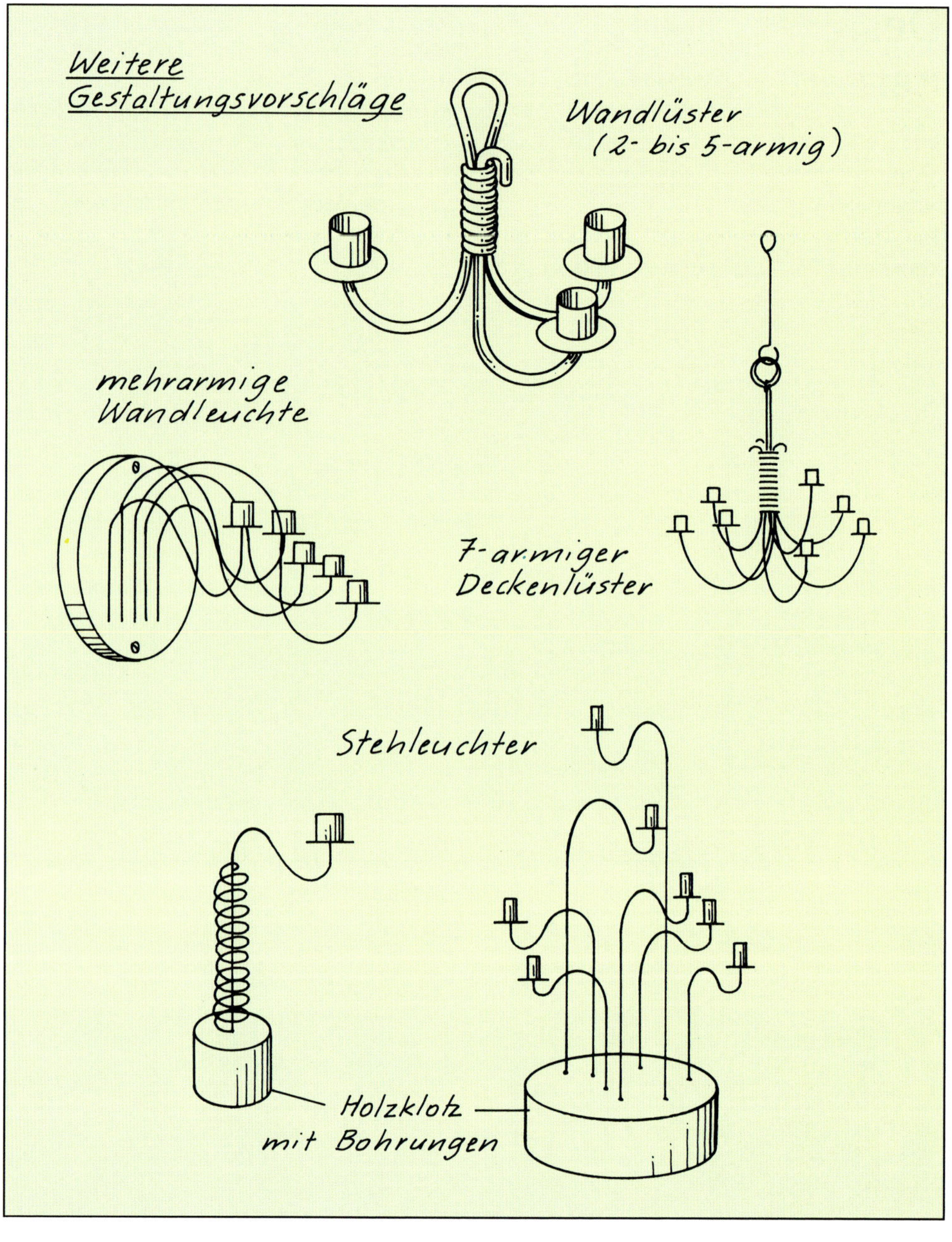

Die Rohrstopfen werden am Kopfende angebohrt und mit einem Innengewinde versehen. Entsprechende Gewindebohrer gibt es in verschiedenen Größen zu kaufen. Das Gewindeschneiden wird auf Seite 171 genau erklärt.

Auf die Enden der Leuchterarme werden im Schraubstock die passenden Außengewinde geschnitten und die Kerzenhalter aufgeschraubt.

Der Leuchter erhält einen schönen satten Metallglanz, wenn er mit Stahlwolle poliert und mit Wachs abgerieben wird.

Designer-Kerzenleuchter

Man braucht nur wenige Eisen-Halbfertigwaren aus dem Baumarkt oder vom Heizungsbauer, um einen schlichten, modernen Kerzenleuchter anzufertigen. Wer will, kann sich gleich mehrere Leuchter bauen, da diese vor allem als Gruppe sehr schön wirken.

Für die Grundplatte verwendet man einen Stanzabfall aus einem metallverarbeitenden Betrieb, ein altes Maschinenteil oder einen quadratischen Abschnitt von einem dicken Flacheisen (erhältlich in einer Schlosserei oder einem Stahlbaubetrieb).

Als Leuchterstab dient ein Rundeisenstab, und der Tropfblechhalter wird aus einem Rohrstopfen gefertigt.

Die Zurichtung des Tropfbleches aus einer großen Unterlegscheibe bereitet die größte Mühe, weil die Innenbohrung mit einer Feile so geweitet werden muß, daß der Ring auf den Rohrstopfen paßt. Leichter läßt sich das Tropfblech herstellen, das mit einer Laubsäge aus einem Sperrholzbrett (3 mm stark / Hartholz) herausgesägt wird.

Den Kerzenhalter bildet eine Rohrmuffe vom Installateur oder eine Schweißmuffe vom Heizungsbauer.

Genau in die Mitte der Grundplatte und in den Kopf des Rohrstopfens wird unter dem Bohrständer jeweils ein Loch gebohrt (6,5 mm ∅) und ein M8-Gewinde eingeschnitten. Gewindebohrer gibt es relativ

Fast alle Teile dieses Leuchters gibt es vorgefertigt zu kaufen. Die schlichte Form verleiht dem Werkstück seine Ausstrahlung.

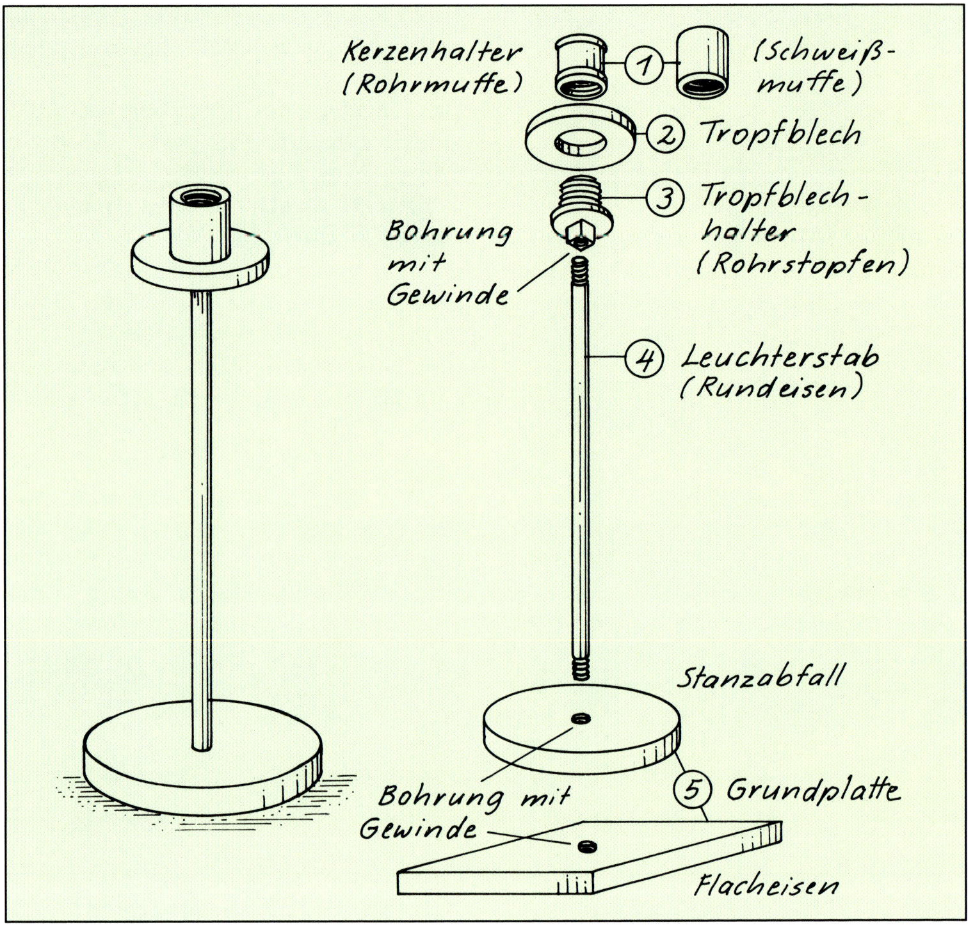

preisgünstig in verschiedenen Größen zu kaufen. Wie man ein Gewinde schneidet, wird auf Seite 171 genauer erklärt.

An den Enden des Leuchterstabes müssen entsprechende M8-Außengewinde angebracht werden. Zusammengeschraubt ergeben diese drei Teile den unteren Leuchter. Wenn der Leuchterstab am Boden der Grundplatte übersteht, muß er abgefeilt werden.

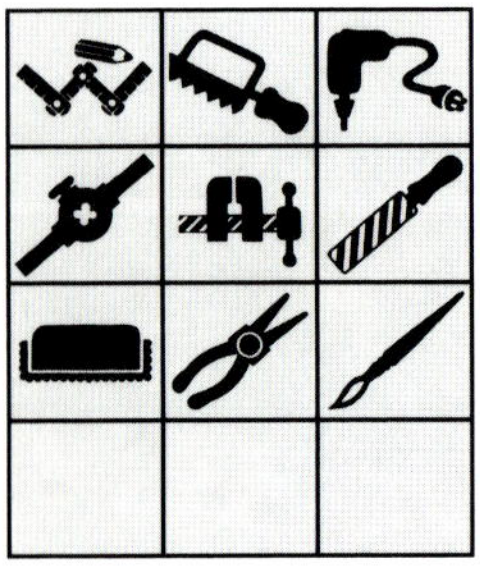

Designer-Kerzenleuchter ●●●

Menge	Bezeichnung	Maße in mm	Material	Kenn-Nr.
1	Kerzenhalter	$^3/_4$ Zoll	Rohrmuffe oder Schweißmuffe	1
1	Tropfblech	50 ⌀	Unterlegscheibe oder Sperrholzring	2
1	Tropfblechhalter	$^3/_4$ Zoll	Rohrstopfen	3
1	Leuchterstab	8 ⌀ beliebig	Rundeisenstab	4
1	Grundplatte	100 ⌀ / ca. 10 dick oder 100 x 100 x 100	Stanzabfall Flachstahlabfall	5

Nun wird das ausgeschnittene Tropfblech auf den Stopfen gelegt und mit der Muffe festgeschraubt.
Kantige und scharfe Stellen am Leuchter kann man mit Feile und Schleifpapier glätten.

Das hölzerne Tropfblech erhält mit Eisenglimmer eine satte Metallfarbe. Die übrigen Eisenteile behalten ihre natürliche Färbung, wenn der ganze Leuchter eingewachst wird (Bodenwachs).
Der Leuchter kann jedoch auch mit Buntlack gestrichen werden.
Vor dem Farbauftrag muß man das Metall mit einem Spülmittel oder mit Spiritus entfetten.

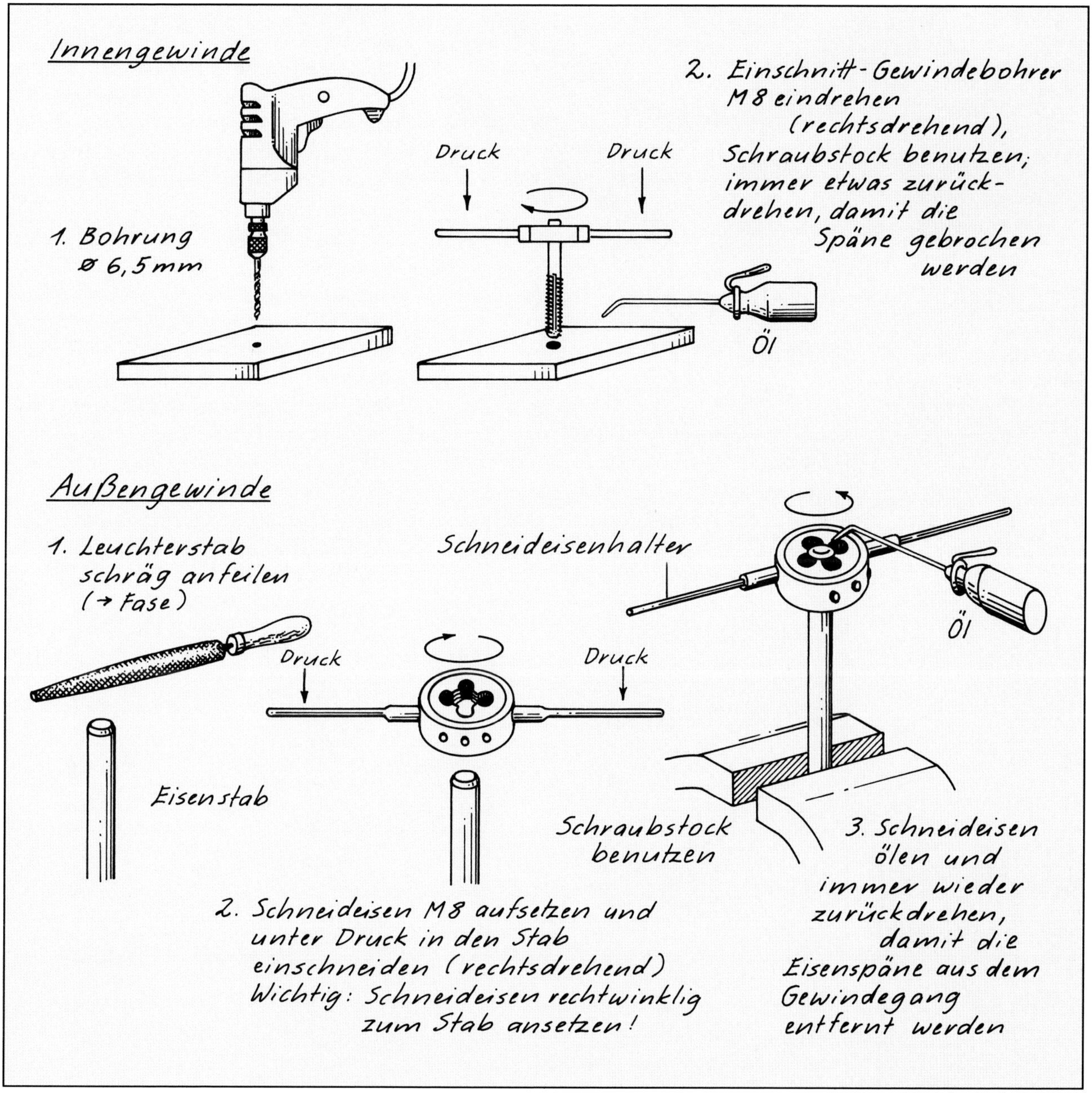

Die getriebene Schalenmulde wird von einem geometrischen Körper umschlossen. Die Schale wirkt dadurch massiv und schwer.

Blockschalen aus Blech

Mit dem Treibhammer kaltgeformte Schalen wirken dünn und leicht. Dieser Eindruck wird umgekehrt, wenn die Außenform der Schale durch Abkanten und Verlöten des Bleches blockartig gestaltet wird.
Zuerst formt man die Schalenwanne aus einem Stück Kupferblech (vgl. Dekoschale auf Seite 174).

Wichtig: Der umlaufende unbearbeitete Rand soll ca. 150 mm breit sein.

Nun wird um die gearbeitete Form herum der übrige Körperblock aufgezeichnet. Die genauen Maße können der Zeichnung entnommen werden. Mit einer Blechschere schneidet man die Fläche aus.
Über eine in den Schraubstock eingespannte Metallschiene oder ein Abkantgerät werden die Blechseiten an den Abkantlinien umgebogen und zu einem Körper geformt. Die inneren Knickkanten werden zuerst gebogen. Mit leichten Hammerschlägen auf die Knicklinien wird die Form stabilisiert. Insbesondere an den Seitenkanten müssen die Blechteile (Lötflächen) eng aneinanderliegen.
Das Verlöten des Schalenkörpers mit einem Gasbrenner oder einem großen Lötkolben ist einfach, wenn die Lötflächen vorher ausreichend mit Lötwasser oder Lötfett gereinigt werden. Wichtig ist auch die richtige Temperatur. Zu starke Hitze läßt das Lot verbrennen oder kochen. Es wird dann locker und bröselt ab. Bei zu geringer Hitze zerfließt das Lot nicht genug und haftet nicht auf dem Metall.
Abschließend kann die Blockschale glänzend poliert und lackiert oder mit Farbe überzogen werden.

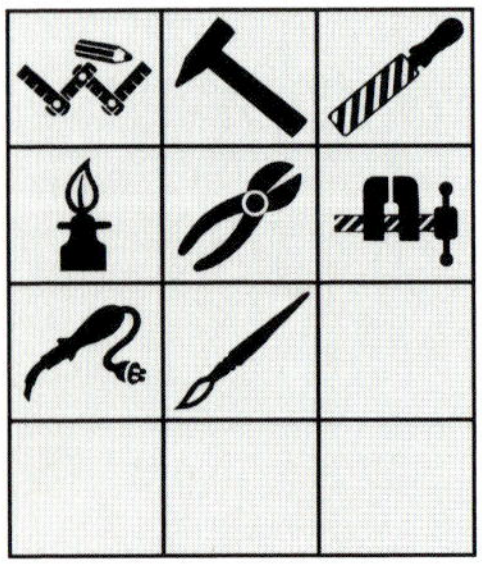

Blockschalen aus Blech ●●●

Menge	Bezeichnung	Maße in mm	Material	Kenn-Nr.
1	Schalenkörper (Netz)	ca. 300 x 500 (0,5 x 0,8 stark)	Kupferblech	
	zusammengesetzt aus:			
	Schalenmulde			1
	Schalenoberseite			2
	Schalenseitenteile			3
	Schalenboden			4

Lötzinn / Lötwasser / Lack / Lackfarbe

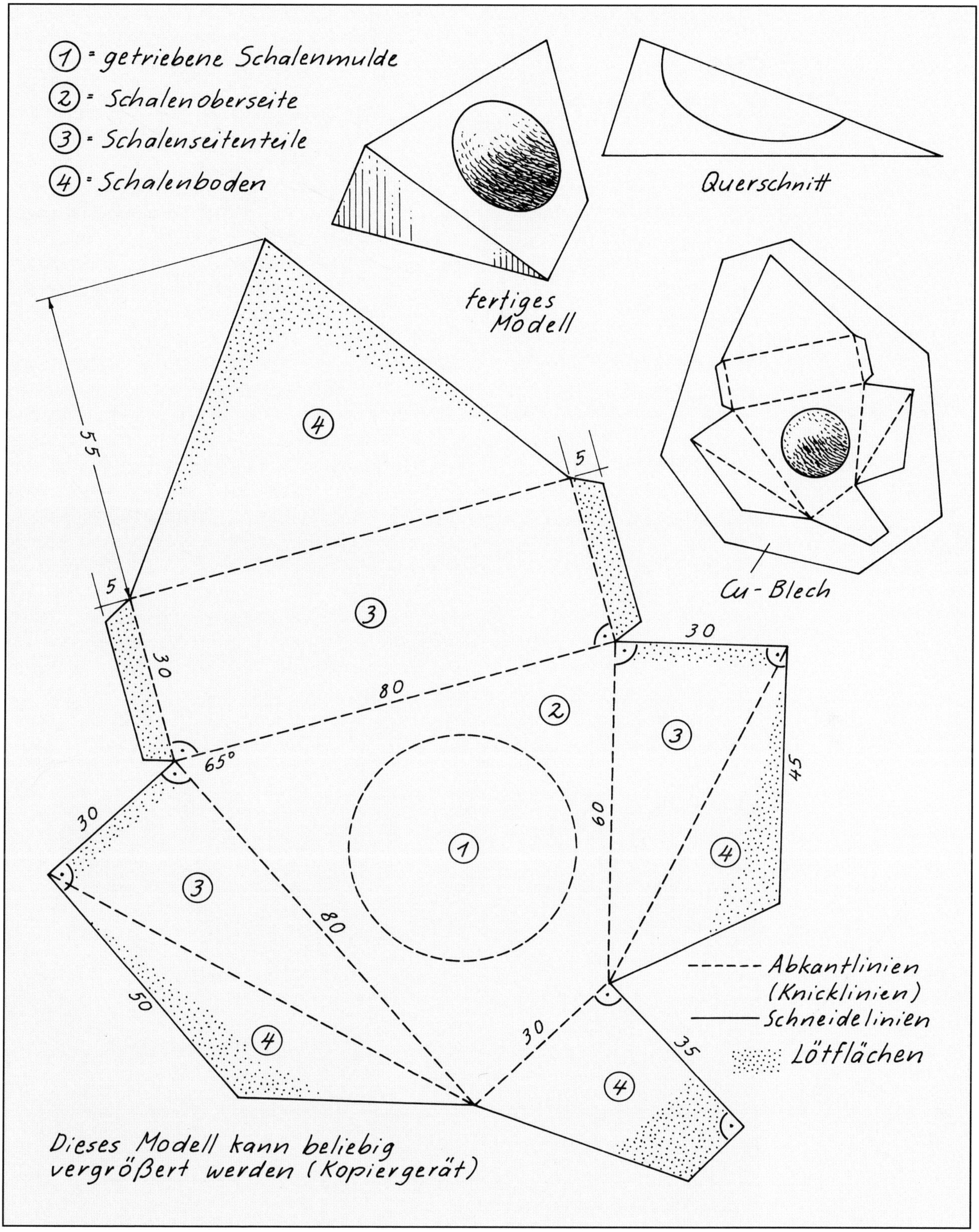
① = getriebene Schalenmulde
② = Schalenoberseite
③ = Schalenseitenteile
④ = Schalenboden
fertiges Modell
Querschnitt
Cu-Blech
55
5
5
30
80
65°
30
80
50
30
35
60
45
30
------ Abkantlinien (Knicklinien)
—— Schneidelinien
Lötflächen
Dieses Modell kann beliebig vergrößert werden (Kopiergerät)

Dekoschalen aus Kupferblech

Eine interessante Eigenschaft des Metalls ist seine Dehnbarkeit. Dadurch können vor allem Aluminium-, Messing- und Kupferbleche mit Hammer und Amboß kalt verformt werden.
Kupfer ist das klassische Treibmetall. Zur Herstellung von kleineren und mittelgroßen Dekoschalen genügen Bleche von 0,5 bis 0,8 mm Dicke.
Um das Blech verformen zu können, benötigen wir einen Treibhammer und einen Hirnholzamboß.
Besonders praktisch ist ein Holzblock mit einer leichten Mulde. Rundungen können damit leichter herausgearbeitet werden.

Im Werkzeughandel gibt es eine Vielzahl von Spezialhämmern und Formeisen für Treibarbeiten.
Kleine und mittelgroße runde Schalen werden aus sogenannten Ronden (kreisrunde Blechscheiben) gefertigt.
Mit dem Zirkel zeichnet man die Ausgangsform auf dem Kupferblech an und schneidet sie mit der Blechschere aus.

Hinweis: Einen sauberen Schnitt ohne Absätze erreicht man nur, wenn die Blechschere beim einzelnen Schnitt nicht ganz zugedrückt und das Blech rechtzeitig in das Scherenmaul nachgeschoben wird.

Die ausgebohrten und ausgesägten Muster machen aus den getriebenen Formen schöne Dekoschalen.

Dekoschalen aus Kupferblech ●●●●

Menge	Bezeichnung	Maße in mm	Material	Kenn-Nr.
1	Ronde für Tropfschale	80 ∅ 0,5 – 0,8 stark	Kupferblech	1
1	Ronde für Dekoschale	200 ∅ 0,5 – 0,8 stark	Kupferblech	1

Poliermittel / Lack / Lackfarbe

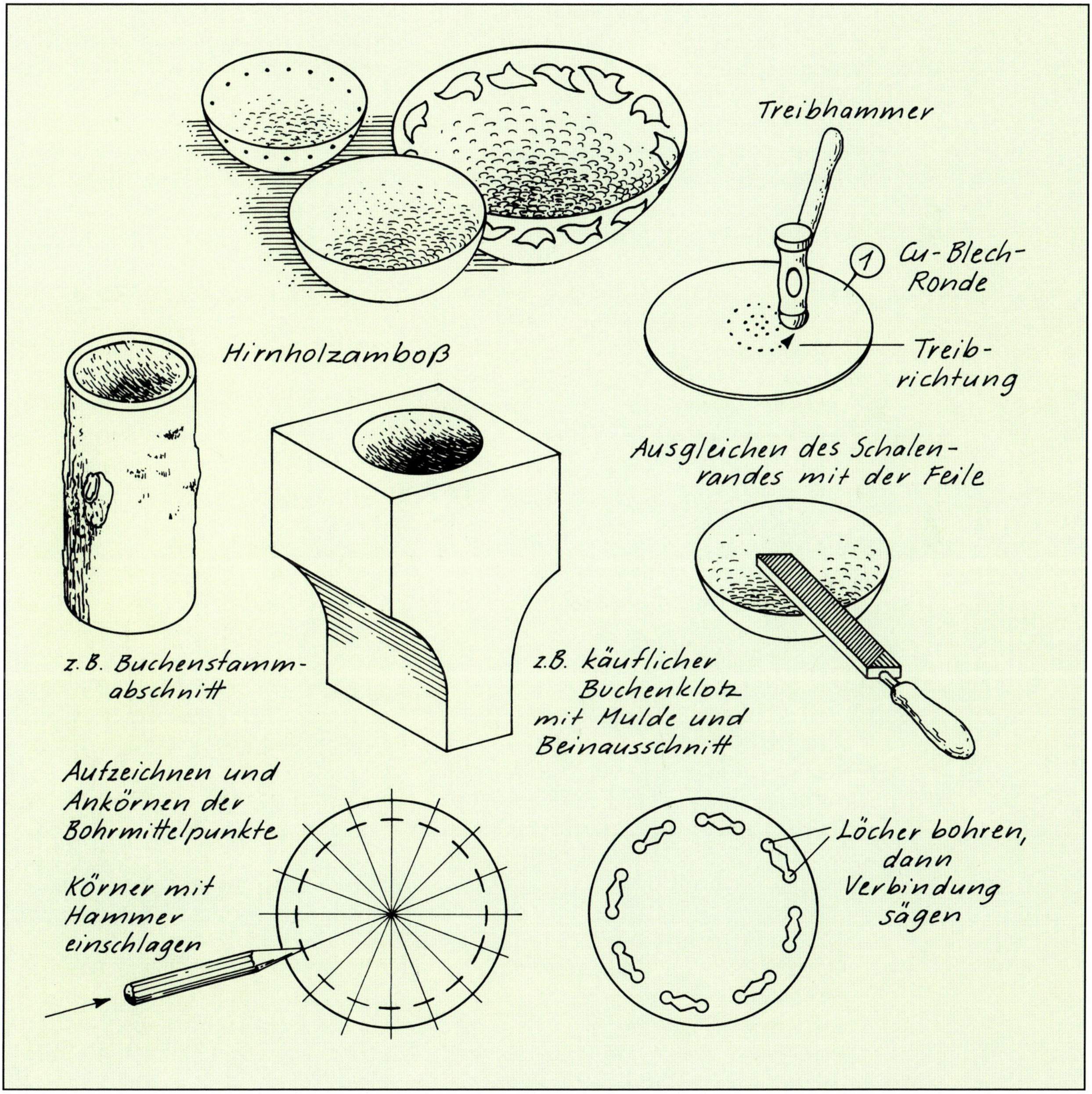

Der beim Schneiden entstandene Grat wird, bevor man weiterarbeitet, mit der Feile weggenommen.
Für die eigentliche Treibarbeit, das „Auftiefen", stellt man sich den Hirnholzamboß auf die Oberschenkel. Die Ronde wird auf diesem Holzblock mit dem Treibhammer „ausgebeult". Man beginnt am Mittelpunkt der Blechscheibe und setzt spiralförmig Schlag neben Schlag. Dabei schlägt der Hammer stets auf die gleiche Stelle. Bewegt wird allein das Werkstück. Nur so erreicht man den erforderlichen gleichmäßigen Treibschlag. Unter den einzelnen Hammerschlägen wird das Metall gestreckt und allmählich in eine immer stärker werdende Wölbung gebracht. Sobald man am Rand des Bleches angelangt ist, wird der Spiralgang wiederholt und so die Mulde langsam vertieft.
Manchmal gelingt es nicht, eine gerade Randlinie zu treiben. Dann muß der Schalenrand mit der Feile entsprechend ausgeglichen werden.
Je nach Wunsch können die Schalen weiterbearbeitet werden.
In die kleinen Formen bohrt man im Mittelpunkt ein Loch (5 mm ∅). Sie dienen als Tropfschalen für Kerzenleuchter (vgl. Seite 164).
Die größeren Schalen kann man mit dekorativen Mustern verzieren. Einfach ist das Bohren einer Reihe von Löchern als umlaufendes Bandmuster. Dabei müssen die Bohrmittelpunkte besonders sorgfältig angezeichnet und mit einem Körner vorgeschlagen werden (siehe Abbildung).

Achtung: Beim Bohren von Blechen kann der Bohrer einhaken und das Blech einreißen. Deshalb muß das Werkstück mit einem Werkstatthandschuh (Schutzhandschuh) festgehalten werden.

Schwieriger ist das Aussägen verschiedener Muster mit dem Laubsägebogen und speziellen Metallsägeblättern. Da das Metall durch den Treibvorgang hart und spröde wurde, muß man es zuerst weichglühen. Dadurch erhält es seine ursprüngliche Geschmeidigkeit zurück. Mit einem Gaskocher oder einer Lötlampe kann die Schale bis zur Rotglut erhitzt werden.
Auf das an der Luft abgekühlte Metall kann man dann das gewünschte Muster aufzeichnen. Mit der Laubsäge wird es ausgeschnitten. Jedes geschlossene Motiv muß jedoch zuvor angebohrt werden, damit man das Sägeblatt einführen kann.
Mit Feile und Schleifpapier entfernt man die entstandenen Grate.
Zum Schluß wird mit feiner Stahlwolle und einer Metallpolitur das Metall auf Hochglanz poliert. Ein farbloser Lacküberzug erhält diesen Glanz.
Soll die Schale bemalt werden, muß sie vor dem Farbauftrag mit einem fettlösenden Mittel gereinigt werden.

CD-Turm

Diesen Turm kann auch ein wenig geübter Bastler selbst herstellen. Die Kosten für die Bauteile sind kaum höher als der Preis für eine CD.
Für die Standfestigkeit des Regales sorgt ein möglichst schwerer Sockel. Er wird aus einer dicken Eisenplatte oder aus drei pyramidenförmig übereinandergeleimten Hartholzbrettern gefertigt. Die Kanten erhalten mit der Feile eine leichte Fase (Abschrägung).
Als Ablagefächer verwendet man rechtwinklig zugeschnittene Bleche (Schwarzblech).
Die Dachhaube wird ebenfalls aus Blech gebogen (siehe Abbildung).

Vorsicht: Scharfkantige Blechränder und Ecken müssen mit der Feile geglättet werden.
Für die Säulen eignen sich Rohrhülsen, die man über Gewindestangen schiebt. Passendes Rohrmaterial wird als Meterware im Metallwarengeschäft oder Baumarkt angeboten.

CDs sind immer griffbereit, wenn sie im Turmregal aufbewahrt werden.

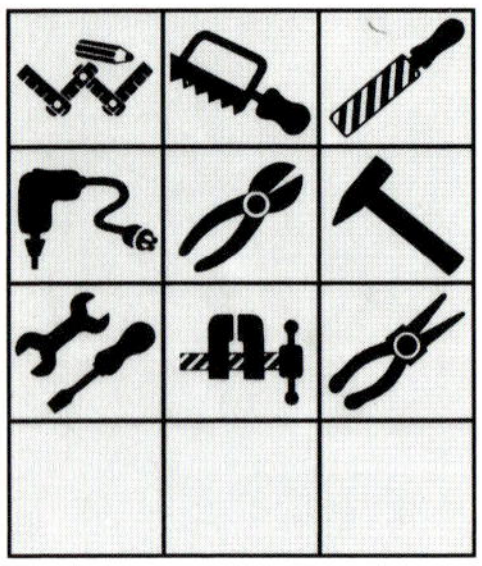

CD-Turm ●●

Menge	Bezeichnung	Maße in mm	Material	Kenn-Nr.
1	Sockel	166 x 174 ca. 60 dick oder ca. 20 dick	 Holz Eisen	1
15	Ablagen	156 x 159 1 dick	Eisenblech	2
1	Dachhaube	156 x 186	Eisenblech	3
4	Gewindestangen	M6 x 100	Eisen	4
60	Rohrhülsen	10 ∅ (außen) 60 lang	Metall	5
4	Hutmuttern	M6	Eisen	6
4	Sechskantmuttern	M6	Eisen	7

Die Bohrungen durch den Sockel, die Ablagen und das Dach können alle nach derselben Bohrschablone durchgeführt werden.

Die Standfestigkeit des Holzsockels wird verbessert, wenn die Muttern (Sechskantmuttern) auf der Unterseite des Sockels in das Holz versenkt werden. Dazu weitet man das Bohrloch mit einem größeren Bohrer ca. 5 mm tief aus (Muttermaß = Bohrerdurchmesser). Wird die Mutter mit dem Hammer in diese Bohrung geschlagen, sitzt sie verdrehungssicher fest.
Die vorgefertigten Teile werden mit vier Gewindestangen und acht Muttern (Hutmuttern / Sechskantmuttern) verschraubt (siehe Abbildung).

Materialalternativen:
- Für die Ablagen: dünnes Sperrholz (z. B. schwarzes Schalungsholz)
- Für die Rohrhülsen: geschliffene Holunderstöcke ohne Mark oder Bambusrohr.

Achtung: Beim Durchbohren von Blechen hakt der Bohrer leicht ein und reißt das Blech mit. Mit einem Feilkloben kann das Blech sicher gehalten werden. Damit man den Bohrtisch nicht beschädigt, wird das Werkstück auf eine Holzunterlage gelegt.

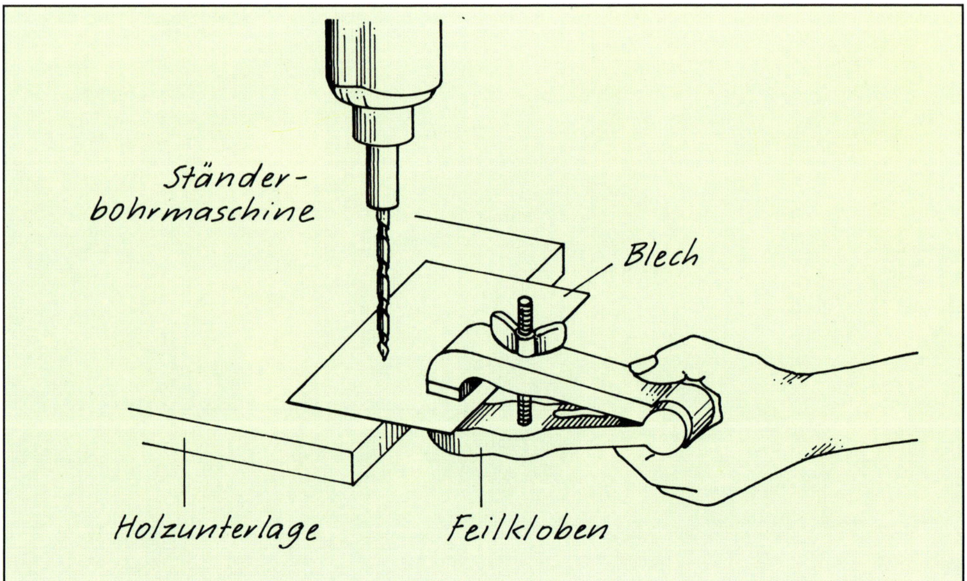

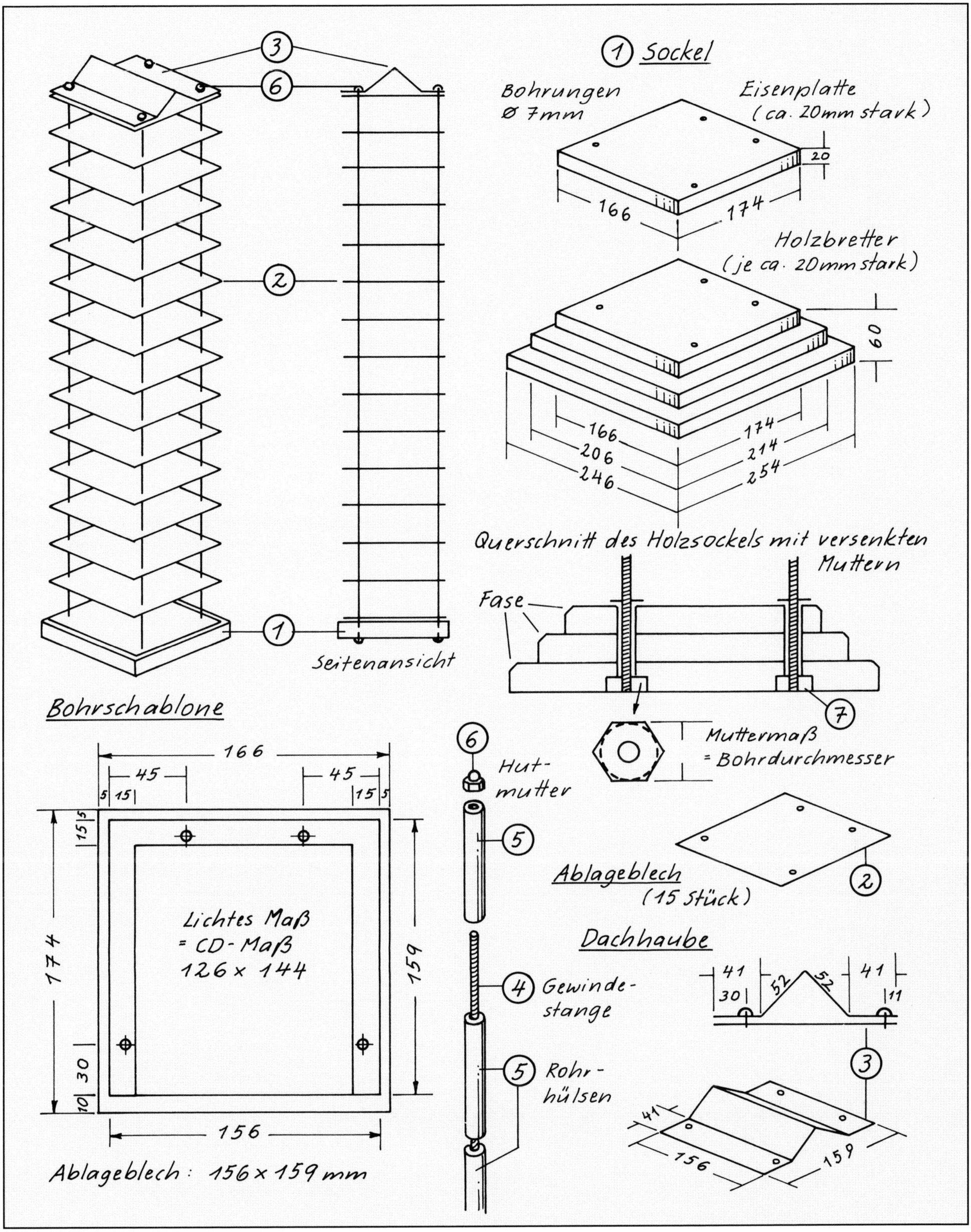
3
6
2
1
Seitenansicht
1 Sockel
Bohrungen
Ø 7mm
Eisenplatte
(ca. 20mm stark)
20
166
174
Holzbretter
(je ca. 20mm stark)
60
166
206
246
174
214
254
Querschnitt des Holzsockels mit versenkten Muttern
Fase
7
Muttermaß
= Bohrdurchmesser
Bohrschablone
166
45
45
5 15
15 5
15 5
174
159
30
10
Lichtes Maß
= CD-Maß
126 × 144
156
Ablageblech: 156 × 159 mm
6
Hut-
mutter
5
4 Gewinde-
stange
5 Rohr-
hülsen
Ablageblech
(15 Stück)
2
Dachhaube
41
30
52
52
41
11
3
41
156
159

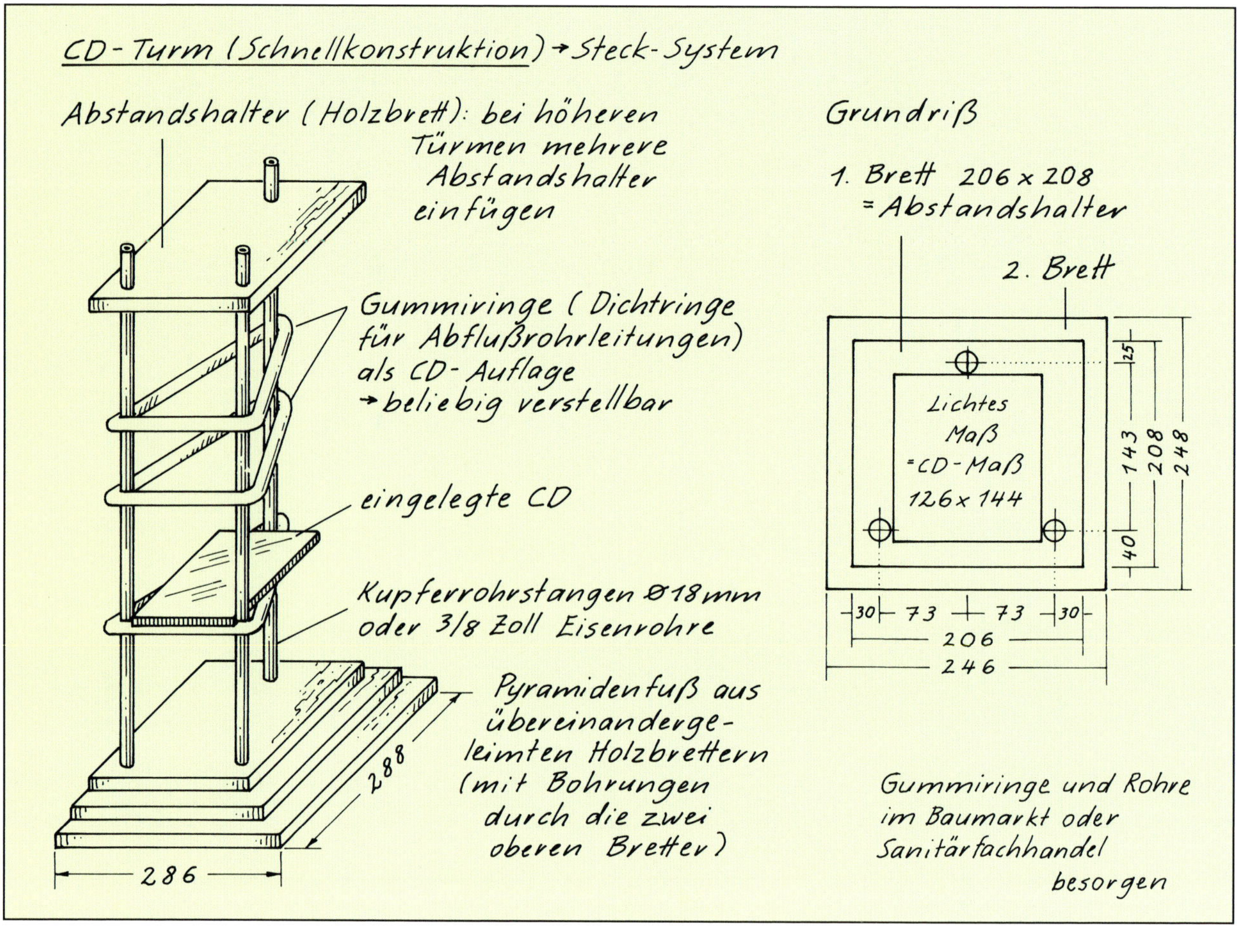

Schlüsselanhänger

Aus Metall können sehr schöne Schlüsselanhänger gefertigt werden. Sie sind stabil und wirken durch ihre einfache, klassische Form wertvoll und schön.
Als Werkmaterial kann man Eisen- oder Aluminiumware (Stabware) verwenden. Diese Metalle sind in Baufachmärkten oder beim Schlosser erhältlich.
Besonders attraktive Werkstücke kann man jedoch aus Messing herstellen.
Ein Schlüsselanhänger, der wie ein Vorhängeschloß aussieht, ist einfach anzufertigen, wenn man eine elektrische Bohrmaschine mit einem Bohrständer besitzt. Als Werkmaterial für den Anhänger verwendet man Flacheisen (30 mm breit / 10 mm stark).
Als Anhängerbügel nimmt man das Oberteil einer großen Seilklemme, die es im Metallwarengeschäft zu kaufen gibt.
Zuerst wird vom Flacheisen ein 28 mm langes Stück abgesägt und auf 26 mm Fertigmaß zugefeilt. So können kleine Unebenheiten und Sägespuren beseitigt werden. In dieses Metallklötzchen werden von der Stirnseite her zwei Löcher gebohrt (6 mm Ø).

Hinweis: Damit der Bohrer auf dem glatten Metall nicht ausrutscht, sollte man den Bohrmittelpunkt ankörnen. Bohrtiefe beachten (siehe Abbildung).
Aus Sicherheitsgründen wird das Metallstück zum Bohren in einen Maschinenschraubstock eingespannt.
Genauso wird die seitliche Bohrung mit

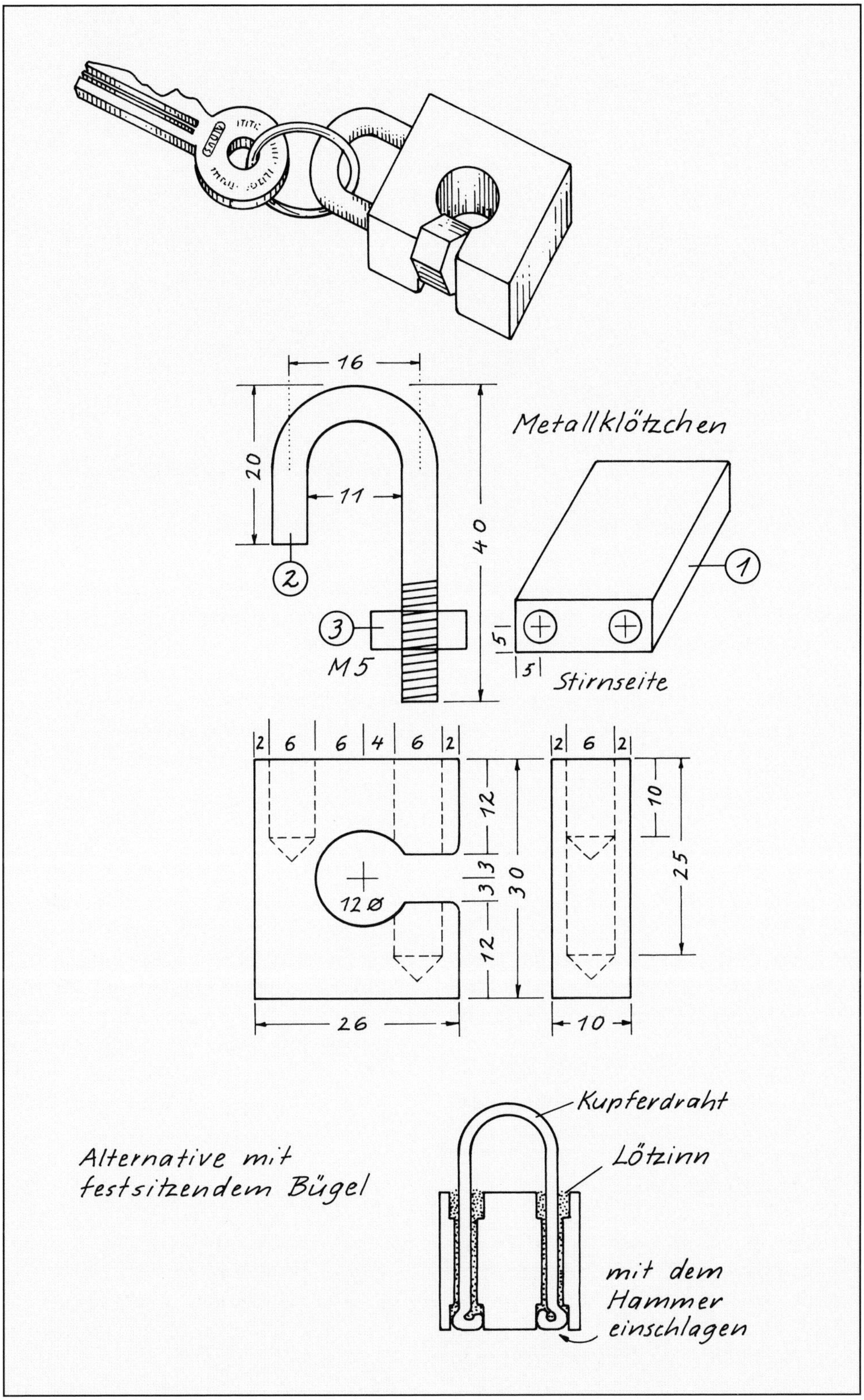
16
20
11
40
2
3
M5
Metallklötzchen
1
5
5
Stirnseite
2 6 6 4 6 2
12
3 3
30
12
12 ⌀
26
2 6 2
10
25
10
Kupferdraht
Lötzinn
Alternative mit festsitzendem Bügel
mit dem Hammer einschlagen

Am Schlüsselanhänger lassen sich mit Stahlfederringen leicht mehrere Schlüssel befestigen.

dem 10-mm-Bohrer durch das Metallstück durchgeführt. Dabei ist zu beachten, daß nur die tiefe Stirnbohrung angeschnitten wird.
Mit der Metallsäge schneidet man nun einen 6 mm breiten Spalt heraus und glättet mit einer Schlichtfeile die Oberfläche. Hier wird später die Feststellmutter eingesetzt.
Der Schloßbügel ist schnell hergestellt. Es muß lediglich ein Schenkel des Seilklemmenoberteils mit der Metallsäge gekürzt werden.
Abschließend entfernt man mit einer feinen Schlichtfeile alle Metallgrate und rundet sämtliche Kanten und Ecken ab. Mit Stahlwolle wird der Schlüsselanhänger poliert und mit einem Wachsüberzug (Bodenwachs) versiegelt.
Zu einem persönlichen Geschenk wird der Schlüsselanhänger, wenn mit Schlagbuchstaben z. B. der Vorname des Besitzers oder der Wohnort eingestanzt wird.

Alternative: Schlüsselanhänger mit festsitzendem Bügel.
Ein quadratisches Metallklötzchen wird an der Stirnseite zweimal durchbohrt (4-mm-Bohrer).
Mit einem 6-mm-Bohrer weitet man die Bohrungen auf (5 mm tief). Der Schloßbügel läßt sich aus einem 10-mm-Kupferdraht biegen und in die Bohrungen stecken. Die Enden des Drahtes werden umgebogen und mit dem Hammer in die Bohrung zurückgeschlagen (siehe Abbildung). Auf der anderen Seite der Bohrung wird der Draht mit Hilfe eines Camping-Gasbrenners in das Metallklötzchen eingelötet.

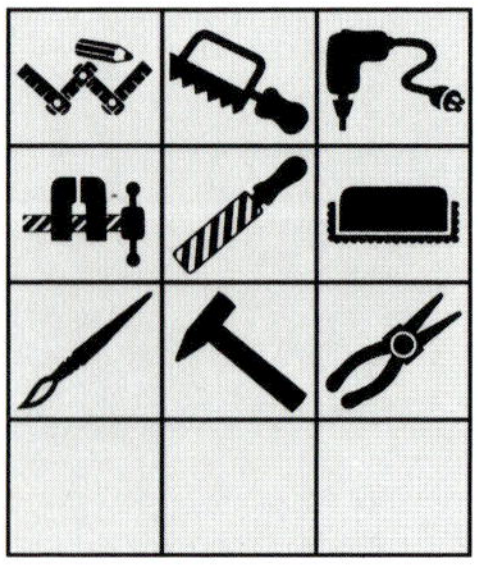

Schlüsselanhänger ●●

Menge	Bezeichnung	Maße in mm	Material	Kenn-Nr.
1	Anhänger	26 x 30 x 10	Flacheisen	1
1	Anhängerbügel	5 ∅	Seilklemme (Eisen)	2
1	Feststellmutter	M5	Schraubenmutter oder Rändelmutter	3

Wippfiguren

Der aufrechte Gang des Menschen erfordert Gleichgewichtssinn.

Bei Spielfiguren, die aufrecht stehen sollen, müssen die physikalischen Gesetze beachtet werden. Der „Schwerpunkt" spielt dabei eine wichtige Rolle.

Solche Wippfiguren lassen sich gut aus Blech oder Blechdosen herstellen.

Die Figuren kann man beliebig formen, wenn folgende Regeln eingehalten werden:

- Die Gesamtfigur setzt sich immer aus einem leichteren Oberteil, einem schwereren Unterteil und einem schmalen Verbindungsstück zusammen.
- Das Oberteil erhält eine möglichst kleine (punktförmige) Auflagefläche.

Die Vorlagen können beliebig vergrößert und als Schablone benutzt werden. Für kleinere Figuren verwendet man Kupferblech, für größere Figuren das billigere und stabilere Eisenblech.

Zum Ausschneiden benötigt man eine Blechschere oder eine Laubsäge mit speziellen Metallsägeblättern.

Die scharfen Blechkanten werden mit der Feile entgratet.

Der untere Figurenteil erhält Metallgewichte. Sie können aus einem Flacheisenstück herausgesägt und mit Schrauben an der Figur befestigt werden.

Das Gewicht kann man jedoch auch aus eingeschmolzenen Bleiresten (z. B. Radgewichte aus der Autowerkstatt) gießen. Dazu braucht man eine entsprechende Form, die leicht mit einem Rundholzstück in einen

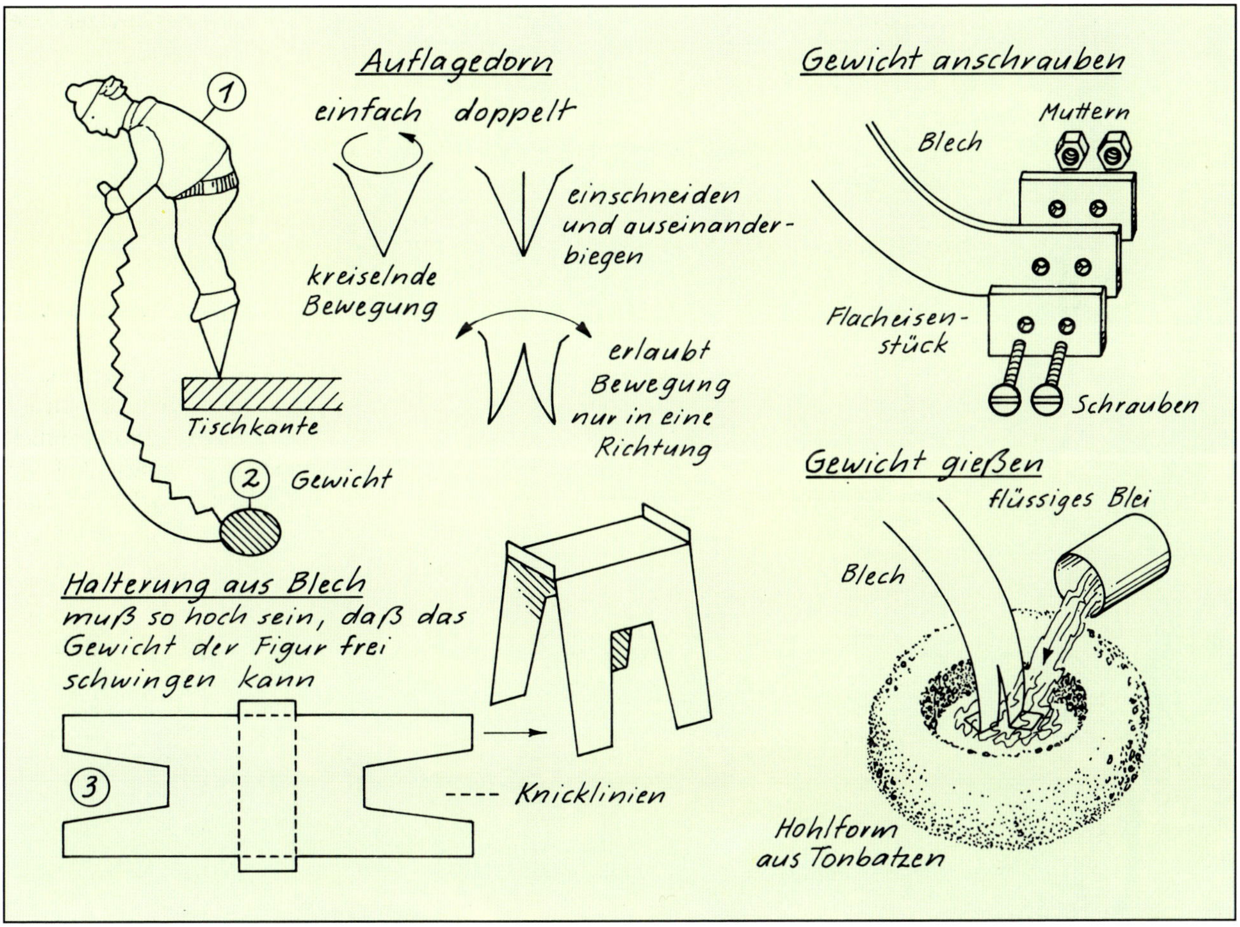

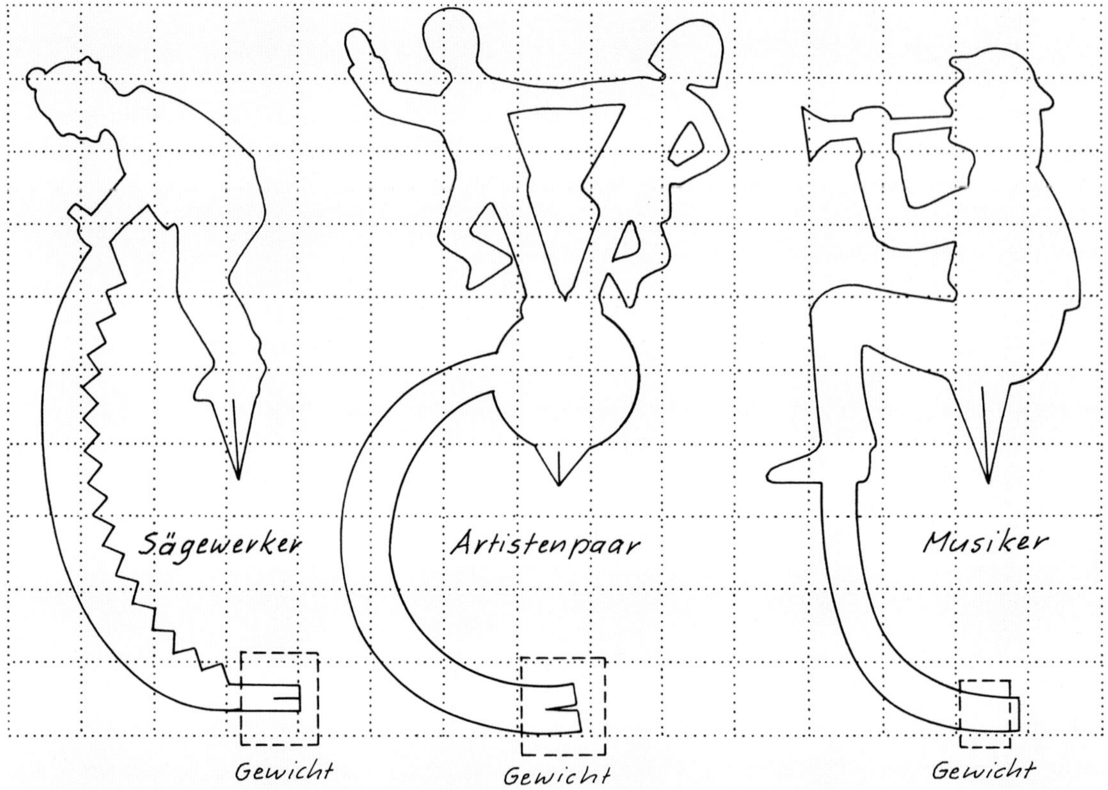

Die Originalgröße kann aufgezeichnet werden, wenn die Netzfelder jeweils 15 x 15 mm groß sind.

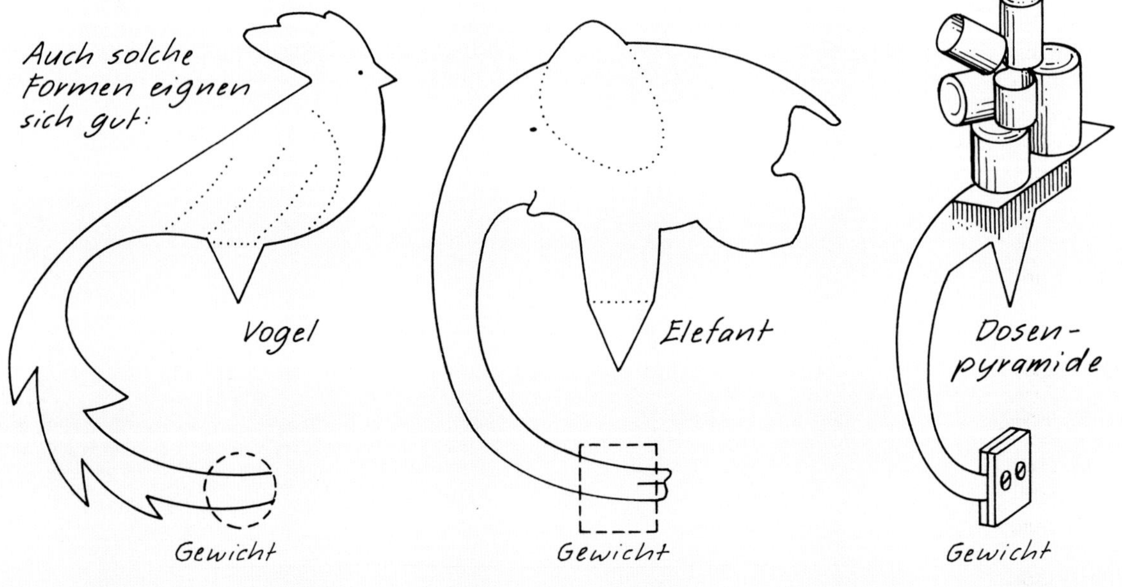

Die Wippfiguren faszinieren durch ihre „Standfestigkeit". Sie bleiben an ihrem Standort und pendeln immer wieder in die Ausgangslage zurück, obwohl sie nicht fest mit der Unterlage verbunden sind.

Batzen Ton oder lehmige Erde gedrückt werden kann. In diese Hohlform hängt man das untere Ende der Figur und gießt das flüssige Blei dazu.
Hinweis: Das Blech einschneiden und umbiegen. Dadurch hält das Bleigewicht besser.
Anschließend wird das ganze Werkstück bunt bemalt und lackiert.

Hinweis: Die Metalloberfläche vor dem Bemalen mit einem Haushaltsreiniger oder einem anderen fettlösenden Mittel reinigen. Die Figur kann nun an eine Tischkante oder ein Regalbrett gehängt werden.
Mit einer speziellen Halterung (siehe Abbildung) kann man das Spielzeug auch an anderen Orten aufstellen.

Wippfiguren ●●

Menge	Bezeichnung	Maße in mm	Material	Kenn-Nr.
1	Blechfigur	beliebig 1 mm dick	Blech (Eisen / Kupfer)	1
1	Gewicht	beliebig 1 mm dick	Eisen / Blei	2
1	Halterung	beliebig	Blech (Eisen / Kupfer)	3

Lackfarben / Lack / Schrauben

Drahtmaschine

In der Werkbeschreibung werden nur einzelne Elemente der Drahtmaschine dargestellt, denn die Bauteile sind beliebig kombinierbar.
Erste Erfahrungen im Umgang mit dem Werkmaterial „Draht" sammelt man am besten mit dem leicht verformbaren Kupferdraht. Kupferdrähte lassen sich zudem mit Lötzinn und Lötkolben gut miteinander verbinden. Kupferdrahtreste erhält man relativ preisgünstig beim Elektrohandwerker.
Für größere und belastbarere Drahtmaschinen sollte man jedoch besser Eisendraht verwenden. Mit einem Gasbrenner und unter Verwendung von Lötwasser kann auch dieser Draht verlötet werden.

Rahmen: Mit einem stärkeren Draht (Querschnitt: 6 mm^2) wird ein Rahmen für die Maschine gebogen (Quader, Dreiecksäule, Pyramide o. ä.). Verbindungsstellen umwickelt man mit dünnerem Draht und verlötet sie danach. Der Rahmen dient zur Lagerung der beweglichen Bauteile und zur Befestigung von Führungen und Halterungen.
Sämtliche Maschinen werden mit einer Antriebskurbel in Gang gesetzt. Kleinere Maschinen benötigen am Fuß der Kurbel einen Haltebügel, mit dem man das Objekt, wenn es in Betrieb ist, auf der Unterlage festhält.
Kurbelachse: Die Kurbelachse ist die Antriebseinheit der Maschine. Deshalb sollte diese Achse aus stärkerem Draht gebogen und mehrfach gelagert werden. Die Kraftübertragung erfolgt über Antriebsräder oder eine Kurbelwelle.
Achslagerungen: Die Achsen werden durch Ösen drehbar gelagert. Für diese Ösen verwendet man dünneren Draht (Querschnitt: 1,5 oder 2,5 mm^2).
Die Ösen werden fachgerecht mit der Rundzange gebogen (siehe Abbildung).
Den Draht mit der Öse befestigt man mit der Flachzange am Rahmen und verlötet die Verbindung.

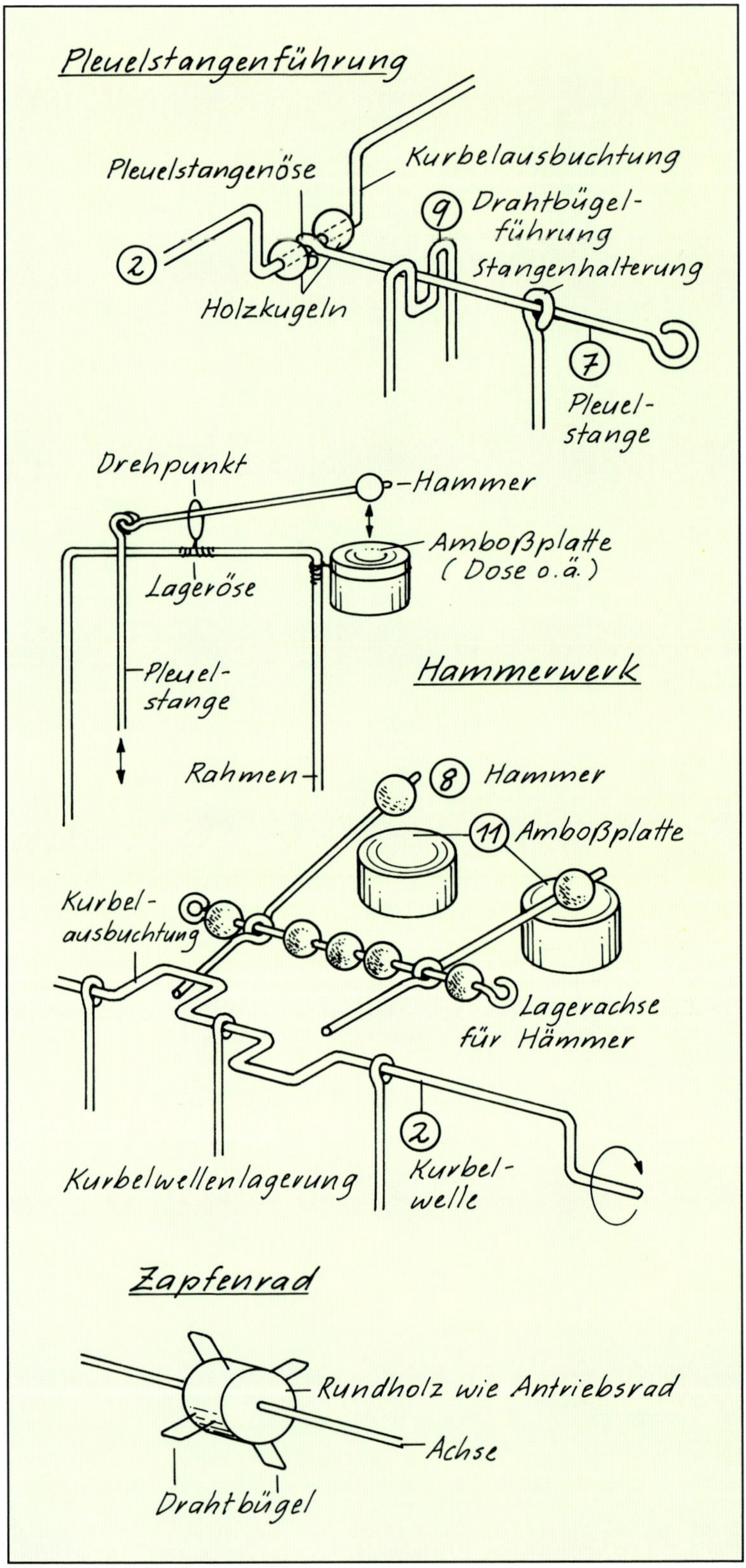

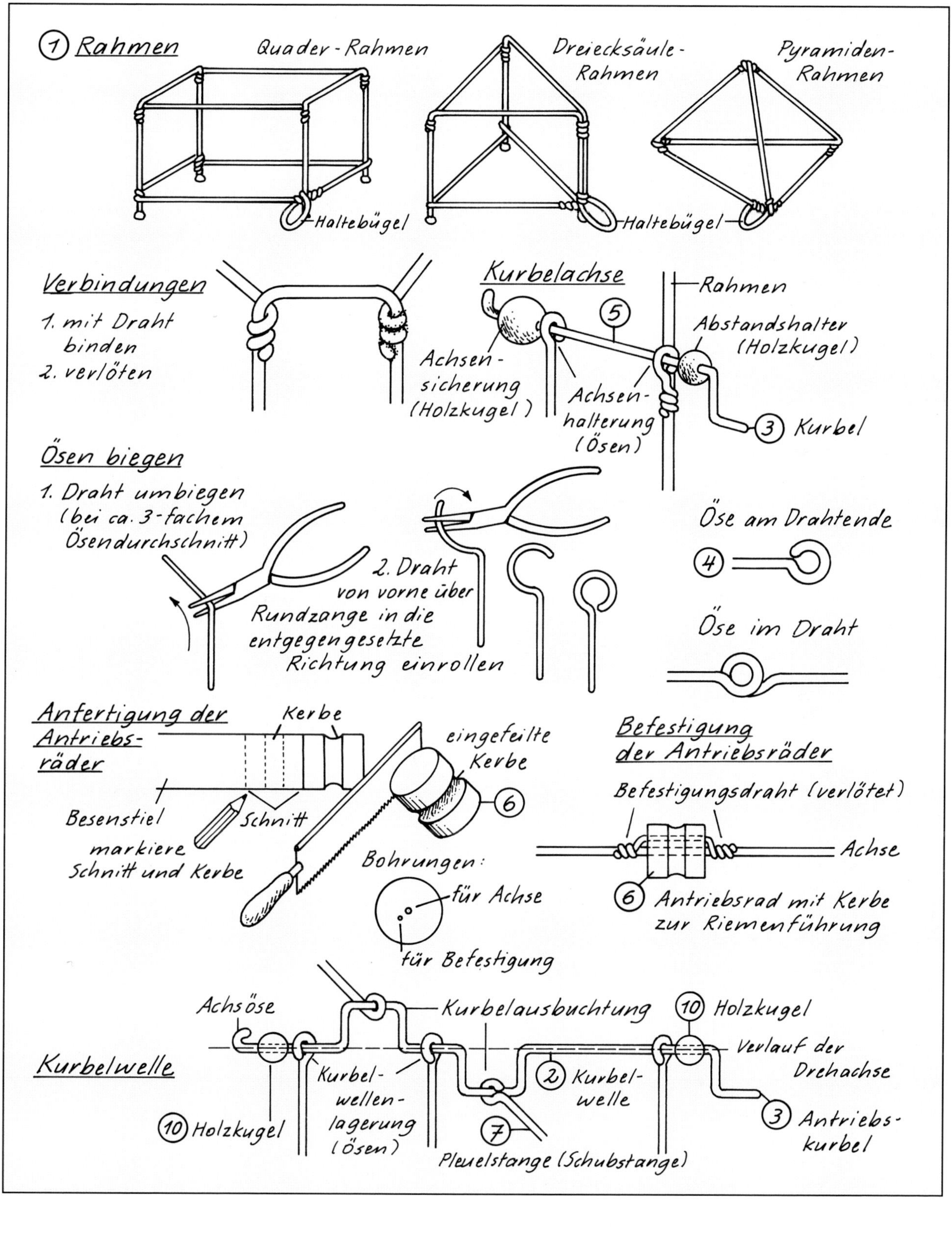
① Rahmen
Quader-Rahmen
Dreiecksäule-Rahmen
Pyramiden-Rahmen
Haltebügel
Haltebügel
Verbindungen
1. mit Draht binden
2. verlöten
Kurbelachse
Rahmen
⑤
Abstandshalter (Holzkugel)
Achsen-sicherung (Holzkugel)
Achsen-halterung (Ösen)
③ Kurbel
Ösen biegen
1. Draht umbiegen (bei ca. 3-fachem Ösendurchschnitt)
2. Draht von vorne über Rundzange in die entgegengesetzte Richtung einrollen
Öse am Drahtende
④
Öse im Draht
Anfertigung der Antriebs-räder
Kerbe
eingefeilte Kerbe
⑥
Besenstiel
Schnitt
markiere Schnitt und Kerbe
Bohrungen:
für Achse
für Befestigung
Befestigung der Antriebsräder
Befestigungsdraht (verlötet)
Achse
⑥ Antriebsrad mit Kerbe zur Riemenführung
Kurbelwelle
Achsöse
Kurbelausbuchtung
⑩ Holzkugel
Verlauf der Drehachse
Kurbel-wellen-lagerung (Ösen)
② Kurbel-welle
⑩ Holzkugel
⑦
Pleuelstange (Schubstange)
③ Antriebs-kurbel

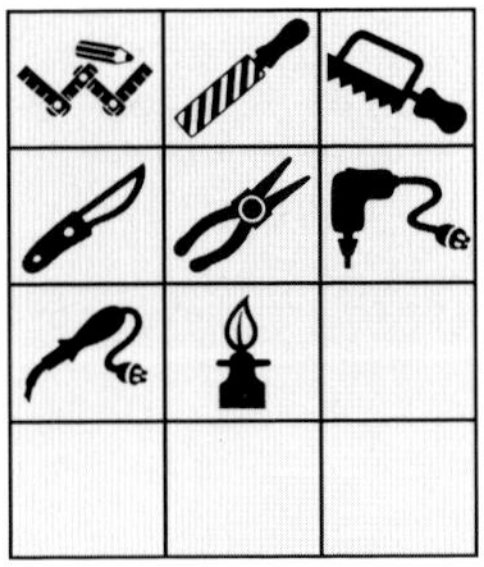

Drahtmaschine ●●●●

Menge	Bezeichnung	Maße in mm	Material	Kenn-Nr.
1	Rahmen	6 Querschnitt	Kupferdraht	1
1	Kurbelwelle mit Antriebskurbel	6 Querschnitt	Kupferdraht	2 3
	Lagerösen	2,5 Querschnitt	Kupferdraht	4
	Achsen	4 Querschnitt	Kupferdraht	5
	Antriebsräder	25 ∅	Rundholz	6
	Pleuelstangen	4 Querschnitt	Kupferdraht	7
	Hammerarme	4 Querschnitt	Kupferdraht	8
	Drahtbügel	1,5 Querschnitt	Kupferdraht	9
	Abstandshalter	10 ∅	Holzkugeln	10
	Klangkörper	beliebig	kleine Dosen	11

Bindedraht 1,5 mm^2 Querschnitt (Kupfer) / Lötzinn / Gummiringe

Wichtig: Die Lagerösen für eine Achse müssen alle geradlinig angeordnet werden. Damit die Achsen nicht aus den Lagerösen rutschen, muß man die Achsen sichern. Dazu wird das Achsende einfach zu einer Öse gebogen. Eine auf die Achse gesteckte Holzkugel verhindert, daß sich Lageröse und Achsöse verklemmen.

Antriebsräder: Antriebsräder übertragen die Kraft mit Hilfe von Riemen (Gummiringen). Als Antriebsräder verwendet man Rundholzabschnitte (z. B. von einem Besenstiel). Zuerst wird die Einkerbung für die Riemenführung am entsprechend markierten Besenstiel eingefeilt oder mit dem Messer eingeschnitten. Dann wird das Rad vom Rundholz abgesägt. Zuletzt bohrt man in das Antriebsrad ein Loch für die Achse und ein zweites zur starren Befestigung des Rades auf der Achse (siehe Abbildung).

Kurbelwelle: Die Kurbelwelle wandelt die Drehbewegung in eine lineare Bewegung um (Hin- und Herbewegung). Die Kurbelausbuchtungen können verschieden groß sein und in verschiedene Richtungen zeigen; die zentrale Achsführung muß jedoch immer erhalten bleiben. Außerdem muß die Welle nach jeder Kurbelausbuchtung eine Lagerung erhalten.

Pleuelstangen: Die Pleuelstangen werden mit Ösen an der Kurbelwelle befestigt. Diese Schubstangen müssen zusätzlich durch Halterungen so befestigt und geführt werden, daß sie nicht von den Kurbelwellenausbuchtungen abrutschen können. Dies erreicht man durch zwei kleine Holzkugeln, die links und rechts der Pleuelstangenöse auf die Kurbelwelle gesteckt werden, oder durch Drahtbügel, die die Pleuelstange führen.

Hammerwerk: Ein Hammer kann durch eine Pleuelstange in Bewegung gesetzt werden, indem ein Hebelarm um einen Drehpunkt gekippt wird.

Mehrere Hämmer können auch nebeneinander an eine Achse gehängt werden (Holzkugeln dazwischen aufstecken). Der Drehpunkt des Hammerarmes wird durch eine in den Draht gebogene Öse festgelegt. Dabei muß der Hebelarm mit dem Hammerkopf länger und schwerer sein als der andere Hebelarm.

Die Bewegung der Hämmer erfolgt über eine Kurbelwelle oder über ein Zapfenrad. Unter den Hammerkopf legt man verschiedene Dinge (z. B. kleine Blechdosen, Gläser, Metallstücke o. ä.). Dadurch entstehen bei Betrieb des Hammerwerkes unterschiedliche Geräusche und Töne.

Bei der Drahtmaschine funktioniert die Technik der Kraftübertragung (Mechanik) auch im Kleinen.

Tricar mit Propeller

Kupferdraht und verzinnte Blechdosen (z. B. Konservendosen / Kondensmilchdosen) oder Kupferblech sind die Werkmaterialien für phantasievolle Lötarbeiten.

Zuerst wird aus Kupferdrahtresten das Fahrgestell zusammengelötet (siehe Abbildung). Das Vorderrad kann mit einer einfachen oder aber mit einer doppelten Halterung befestigt werden. Die Doppelhalterung ist stabiler; bei der einfachen Halterung kann das Rad nachträglich eingesetzt werden.

Die großen Räder des Fahrzeuges werden z. B. aus Boden und Deckel einer Kondensmilchdose (ca. 65 mm ∅) gefertigt. Mit einer alten Papierschere oder einer kleinen Drahtschere kann man beide Teile von der Dose abschneiden. Dabei muß der Dosenfalz mit herausgeschnitten werden. Die Räder haben dann eine breitere Lauffläche.

Mit leichten Hammerschlägen biegt man abstehendes und scharfkantiges Blech gegen die Radscheiben. Genau im Zentrum der Räder werden mit einem Nagel Löcher durch das Blech geschlagen (Achsendurchmesser beachten). Hier kann nun die Achse eingelötet werden (Lötwasser oder Lötfett auf die Lötstelle streichen). Diesen Fahrzeugteil hängt man in die Fahrgestellösen ein.

Der drehbare Aufbau besteht aus zusammengelötetem Dosen- und Kupferblech. Die Grundplatten schneidet man mit dem Dosenöffner aus einer Kondensmilchdose (Deckel und Boden) heraus, diesmal ohne Dosenfalz.

Das kleine Dreirad ist aus Blechen und Kupferdrahtresten zusammengelötet. Wenn das Fahrzeug bewegt wird, drehen sich die Propeller.

Für die Propeller werden aus Kupferblech 200 mm lange Streifen (ca. 12 mm breit) geschnitten.

Mit einem Nagel schlägt man die Achslöcher in die Propellerstreifen und die Grundplatte. Zum Verlöten kann man dann den Propeller mit diesem Nagel auf eine Holzplatte heften.
Sind die Propeller aufgesteckt, wird zwischen die senkrechten Achsen ein Blechstreifen eingelötet (siehe Abbildung). Die Propeller können so nicht mehr herausrutschen, und der ganze Aufbau wird stabiler.

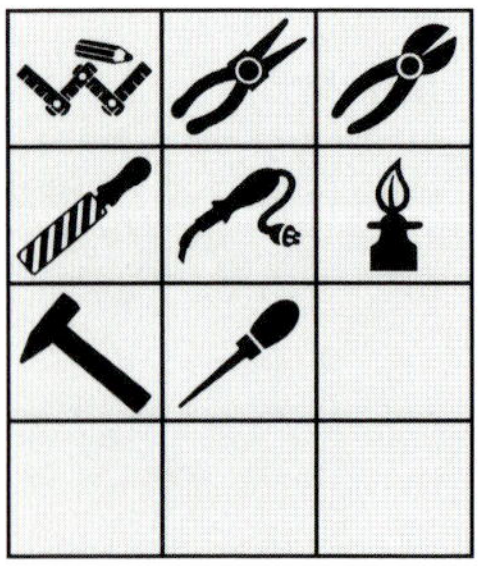

Tricar mit Propeller ●●●

Menge	Bezeichnung	Maße in mm	Material	Kenn-Nr.
2	senkrechte Achsen (Fahrgestell) mit (Achsösen) Fahrgestellösen	160 lang 4 mm Querschnitt	Kupferdraht	1
1	Vorderradhalterung	ca. 200 lang 6 od. 10 mm Querschnitt	Kupferdraht	2
1	Vorderrad	30 – 40 ⌀	Blechdose oder Korken	3
1	Querstab (Fahrgestell)	100 lang 10 mm Querschnitt	Kupferdraht	4
1	Achse	115 lang 10 mm Querschnitt	Kupferdraht	5
2	Laufräder	65 ⌀	Dosendeckel	6
4	Propellerstreifen	12 x 200	Kupferblech	7
1	Propeller-Grundplatte	ca. 60 ⌀	Dosendeckel	8
1	Querblech	ca. 10 x 110	Dosenblech	9

Lötwasser / Lötzinn

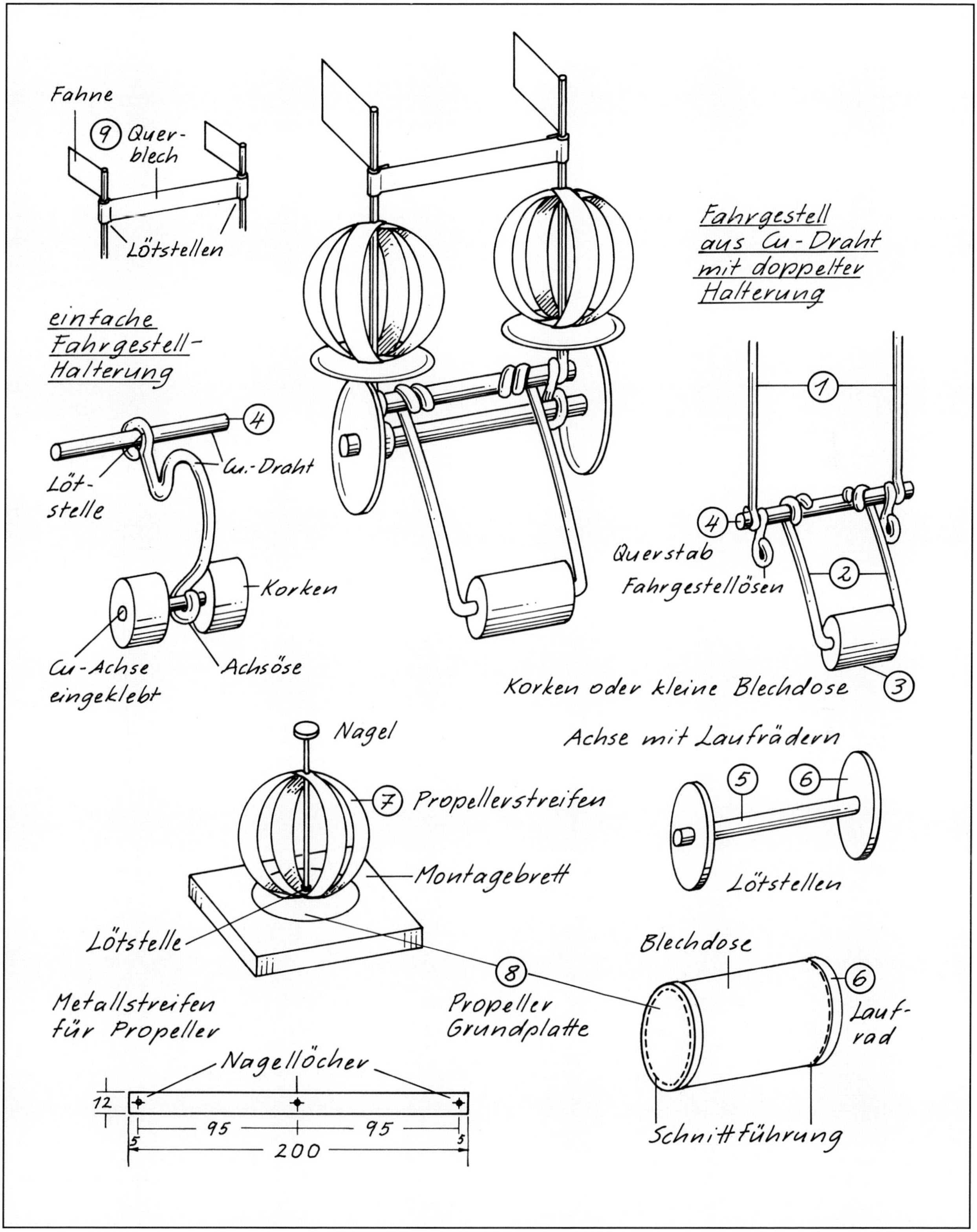
Fahne
9 Querblech
Lötstellen
Fahrgestell aus Cu-Draht mit doppelter Halterung
einfache Fahrgestell-Halterung
4
Cu.-Draht
Löt-stelle
Korken
Cu-Achse eingeklebt
Achsöse
1
4
Querstab
Fahrgestellösen
2
Korken oder kleine Blechdose 3
Nagel
7 Propellerstreifen
Montagebrett
Lötstelle
Achse mit Laufrädern
5 6
Lötstellen
Blechdose
8
6
Propeller Grundplatte
Laufrad
Metallstreifen für Propeller
Nagellöcher
12
95
95
5
5
200
Schnittführung

VIII. Praktische Werkstücke

In diesem flachen Wandschränkchen sind Schlüssel stets griffbereit.

Schlüsselschrank

Das Schränkchen wird aus Fichtenleimholz (Massivholz) oder Sperrholz gebaut. Die einzelnen Bretter und Leisten werden stumpf verleimt und mit dünnen Drahtstiften zusammengenagelt. Wer keine Metallteile verwenden möchte, kann die Leimverbindungen auch mit Holzdübeln verstärken.

Schrank: Den Rahmen für den Schrank baut man aus den vier Seitenteilen zusammen: An den längeren Brettern Brettstärke anzeichnen; Stirnseiten der kurzen Bretter mit Leim bestreichen; längere Teile auflegen und annageln oder Dübellöcher bohren (4 mm ⌀) und Holzdübel einschlagen.
Bis der Leim getrocknet ist, setzt man den Schrank in einen Rahmenspanner.
Wichtig: Die Winkel nachprüfen.
Abschließend werden noch eine obere und eine untere Querleiste eingenagelt (*Achtung:* 3 mm einrücken = Rückwandmaß). An ihnen wird später die Rückwand befestigt. Auch die Distanzleisten (sie dienen als Anschlag für die Schranktür) kann man schon rechts oben und rechts unten an die Seitenwand leimen.

Schlüsselschrank ●●●●

Menge	Bezeichnung	Maße in mm	Material	Kenn-Nr.
2	Bodenbrett / Deckbrett	12 x 95 x 250	Fichte massiv oder Sperrholz	1
2	Seitenteile	12 x 80 x 320	siehe oben	2
2	Seitenteile	12 x 80 x 196	siehe oben	3
2	Querleisten	10 x 10 x 196	siehe oben	4
2	Distanzleisten	10 x 10 x 50	siehe oben	5
3	Hakenleisten	12 x 30 x 196	siehe oben	6
2	Türleisten lang	12 x 25 x 292	siehe oben	7
2	Türleisten kurz	12 x 25 x 142	siehe oben	8
1	Türfüllung	3 x 190 x 293	Sperrholz oder Plexiglas	9
1	Rückwand	3 x 196 x 296	Sperrholz	10
1	Drehgriff	20 ⌀	Holzkugel	11
1	Achse	6 ⌀ / 42 lang	Rundholz	12
1	Riegel	6 x 20 x 30	Massivholzleiste	13

2 Aufhängebleche / Schlüsselhaken (Schraubhaken) / Leim / Nägel / Holzdübel / Holzschraube

Abschlußbrettchen: Bodenbrett und Deckbrett werden als oberer bzw. unterer Abschluß aufgeleimt. Die Brettchen sind mit der Hinterkante des Schränkchens bündig und stehen an den anderen drei Seiten 15 mm breit über.

Rückwand: An dieser Sperrholzplatte befestigt man mit Leim und Nägeln die Hakenleisten für die Schlüssel (Maße siehe Abb.). *Hinweis:* Nägel immer vom dünnen in das dickere Holz einschlagen!
Zum Einsetzen der Rückwand bestreicht man die Stirnseiten der Hakenleisten und die Querleisten mit Leim. Die Hakenleisten werden mit den Seitenwänden verdübelt oder mit Nägeln verbunden. Jede Hakenleiste erhält 3 – 5 Schlüsselhaken.

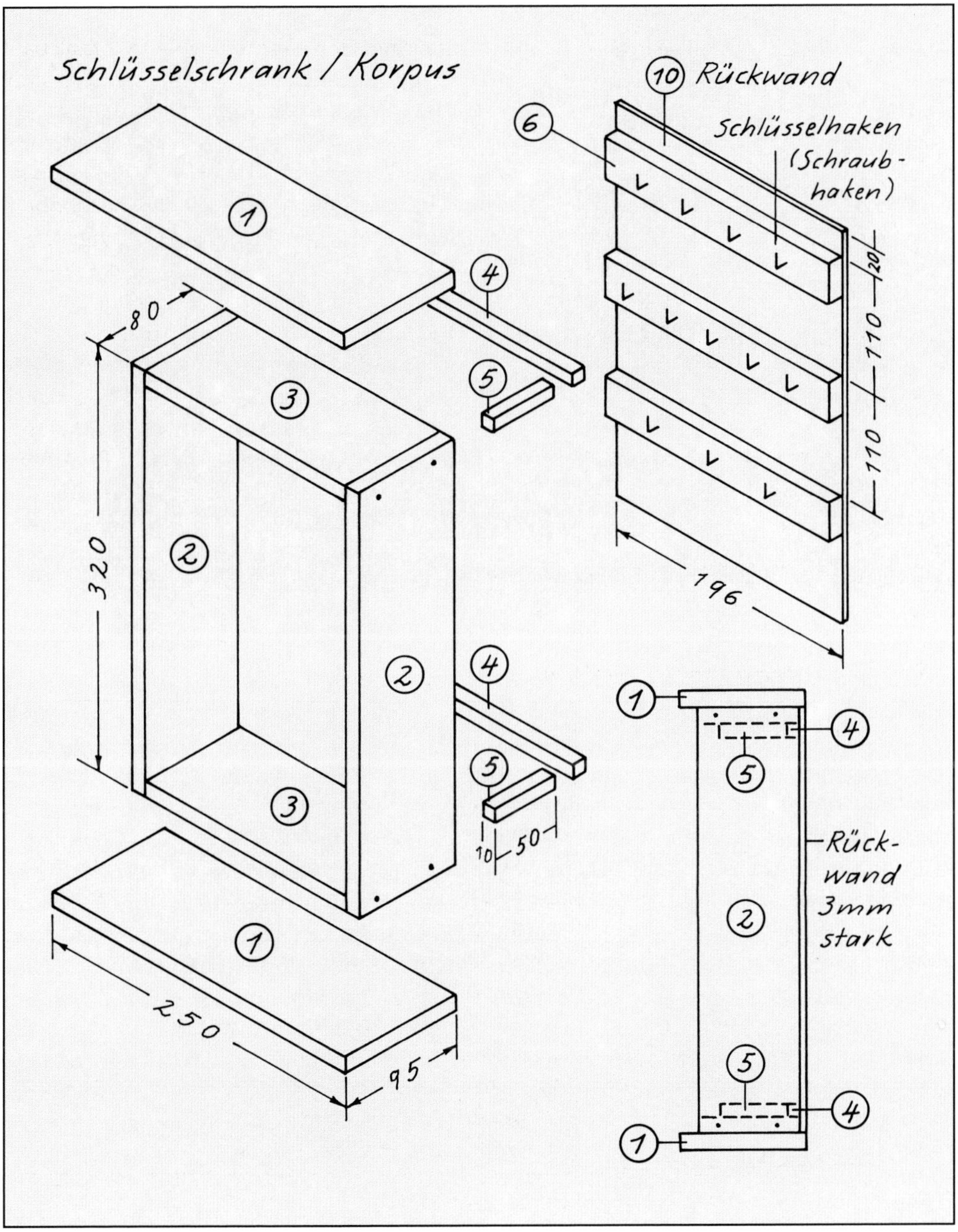

Schranktürchen: Für das Schranktürchen verleimt man 25 mm breite Leisten zu einem Rahmen (siehe Abbildung). Darauf wird die Türfüllung gesetzt (Sperrholzfüllung: Leimen und Nageln / Plexiglasfüllung: Holzschrauben). Die Sperrholzfüllung kann außen mit einer Spiegelfolie bezogen werden; die Plexiglasfüllung gibt dem Schränkchen das Aussehen einer kleinen Vitrine.

Als Scharnier dienen zwei Holzschrauben / Nägel (Drahtstifte), die durch Bohrungen durch den Schrank in das Türchen eingeschraubt oder eingeschlagen werden.

Hinweis: Damit das Holz nicht reißt, muß man die Schraublöcher im Türrahmen vorbohren.

Als Türgriff (Drehgriff) verwendet man eine Holzkugel mit einer Bohrung und als Türver-

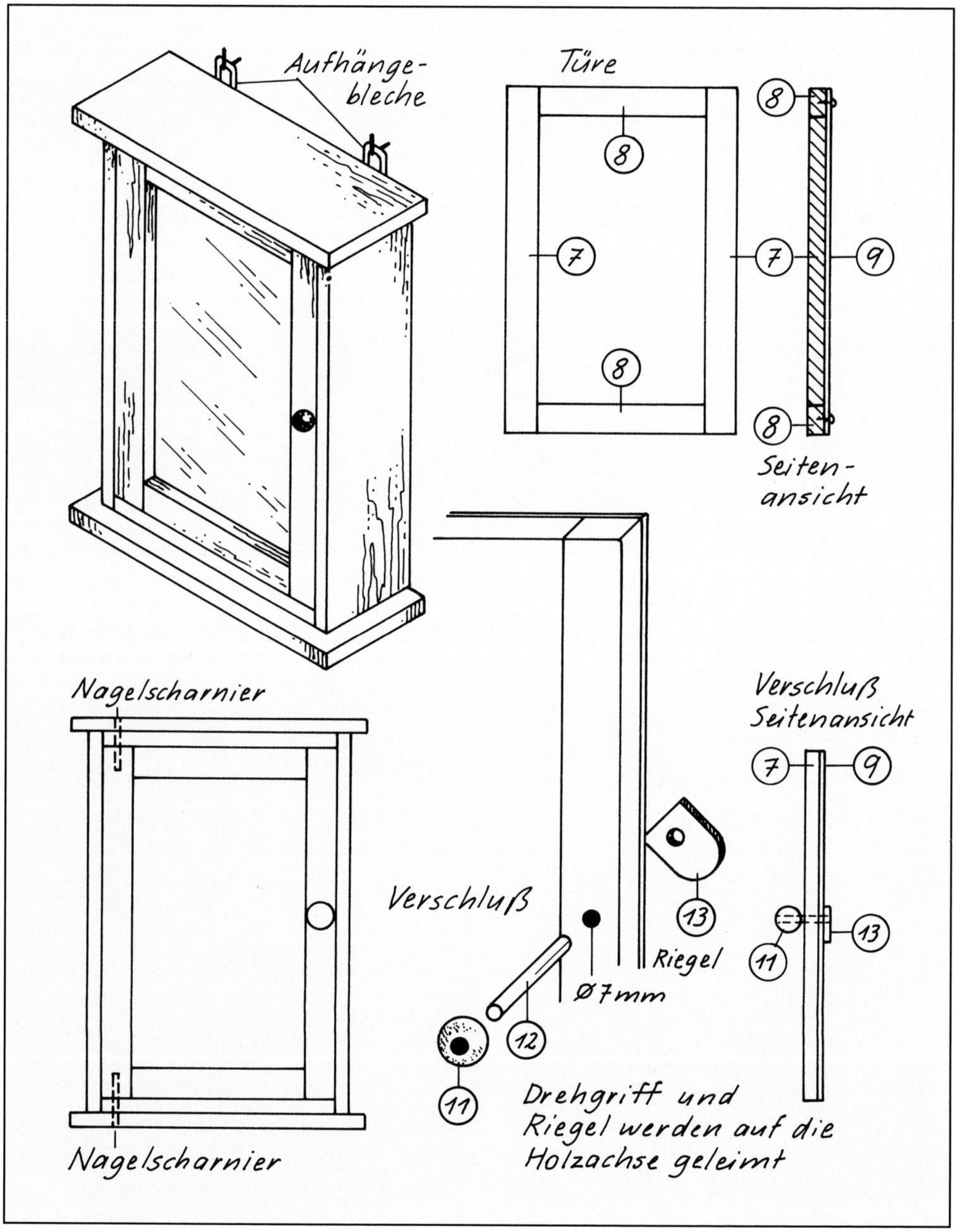

schluß einen abgerundeten und durchbohrten Leistenabschnitt (Riegel). Beide Teile werden auf einen Rundholzstab aufgeleimt und so fest miteinander verbunden. Der Holzstab dagegen wird durch eine ausreichend große Bohrung durch den Türrahmen drehbar gelagert. An der Innenseite der rechten Schrankseite schneidet man auf Riegelhöhe mit dem Messer eine Rille in das Holz. Hier wird der Riegel festgeklemmt.

Oberflächenbehandlung: Abschleifen mit Schleifpapier und Einwachsen mit Bodenwachs. Mit weicher Bürste polieren. Alternative: Streichen mit Wasserlack.

Aufhängung: Dazu werden zwei Aufhängebleche (Bilderaufhänger) an die Rückwand des Schränkchens geschraubt.

Ergonomischer Kniehocker

Der Hocker besteht aus folgenden Bauteilen:
- Grundrahmen mit Dübelhalterung
- Doppelständer
- Stütze
- Sitzfläche
- Kniepolster

Die einzelnen Bauteile werden aus Fichtenholzleisten und Sperrholzplatten hergestellt und danach zusammengebaut. Die Sitz- und die Kniefläche erhalten eine mit Stoff bezogene Latexschaum-Polsterung.
Zuerst sägt man den Grundrahmen aus einer Sperrholzplatte und verstärkt ihn mit

Der ergonomische Hocker verhilft automatisch zu einer optimalen Sitzhaltung. Der Rücken wird gestreckt und der Sitzwinkel von 90 auf etwa 120 Grad vergrößert. Das Kniepolster verhindert ein Nach-vorne-Rutschen. Die Sitzhöhe ist verstellbar.

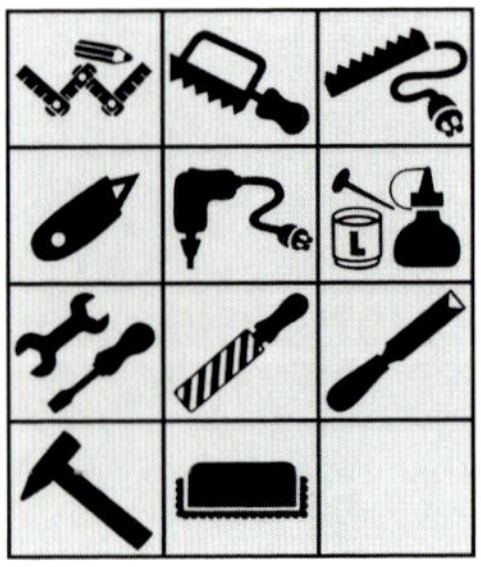

Ergonomischer Kniehocker ●●●●●

Menge	Bezeichnung	Maße in mm	Material	Kenn-Nr.
1	Grundrahmen	420 x 500 x 10	Sperrholz	1
2	Grundrahmenleisten	40 x 40 x 460	Fichte massiv	1
1	Grundrahmenleiste	40 x 40 x 420	Fichte massiv	1
6	Haltedübel	12 Ø x 70	Hartholzrundstab	1
1	Doppelständerleiste	40 x 40 x 420	Fichte massiv	2
2	Doppelständerleisten	40 x 40 x 560	Fichte massiv	2
1	Doppelständerblende	420 x 120 x 10	Sperrholz	2
1	Abstandsleiste	40 x 40 x 100	Fichte massiv	2
1	Sitzgrundplatte	140 x 200 x 10	Sperrholz	2
1	Stützleiste	40 x 40 x 270	Fichte massiv	3
1	Stützleiste	40 x 40 x 220	Fichte massiv	3
1	Kniepolsterbrett	460 x 230 x 10	Sperrholz	5
1	Sitzpolsterbrett	380 x 250 x 10	Sperrholz	4
4	Sitzflächenschrauben mit Muttern und Unterlegscheiben	M6 x 30	Schloßschrauben	4
4	Kniepolsterschrauben mit Muttern und Unterlegscheiben	M6 x 70	Schloßschrauben	5
1	Kniepolster	460 x 230 x 40	Latexschaumstoff	6
1	Sitzpolster	380 x 250 x 40	Latexschaumstoff	6
1	Rahmenachse	10 Ø x 200	Rundeisen	7
1	Stützenachse	10 Ø x 100	Rundeisen	7
1	Kniepolsterbezug	660 x 430	Möbelbezugstoff Jeansstoff, Cord starkes Leinen	8
1	Sitzpolsterbezug	580 x 450	Möbelbezugstoff Jeansstoff, Cord starkes Leinen	9

Dübelholz 10 Ø / Leim / Senkkopf 5,5 x 60 / Senkkopf 4,5 x 45 / Webband / Wachs / Klebeband / Nägel

Fichtenholzleisten (Leimen und Schrauben). Die Leisten werden miteinander verdübelt. In die freien Rahmenenden bohrt man Löcher zur Befestigung des Kniepolsters und für die Verbindungsachse von Rahmen und Ständer. Die Achsbohrung muß sehr genau ausgeführt werden.

In den unteren Rahmenteil werden dicke Holzdübel als Halterung für die Sitzflächenstütze eingelassen.

Ähnlich wird der Doppelständer zusammengebaut. Nach den Maßangaben der Zeichnung läßt sich der Doppel-T-Rahmen verdübeln und verleimen. Am Fußende erhält er zur Verstärkung eine Sperrholzblende. Zwischen die abgeschrägten Leistenenden muß eine Abstandsleiste eingeleimt werden. Mit zwei durchgehenden Holzdübeln erreicht man eine stabile Verbindung. Mit Feile und Schleifpapier werden die abgeschrägten Leistenenden und die Abstandsleiste sorgfältig überarbeitet und so zu einer ebenen Fläche geschliffen. Dadurch verbessert man die Auflagefläche für die Sitzgrundplatte, die mit kräftigen Holzschrauben (Senkkopf 5,5 x 60) auf den Ständer aufgeschraubt wird. Schraubenspitzen, die eventuell aus dem Brett ragen, werden

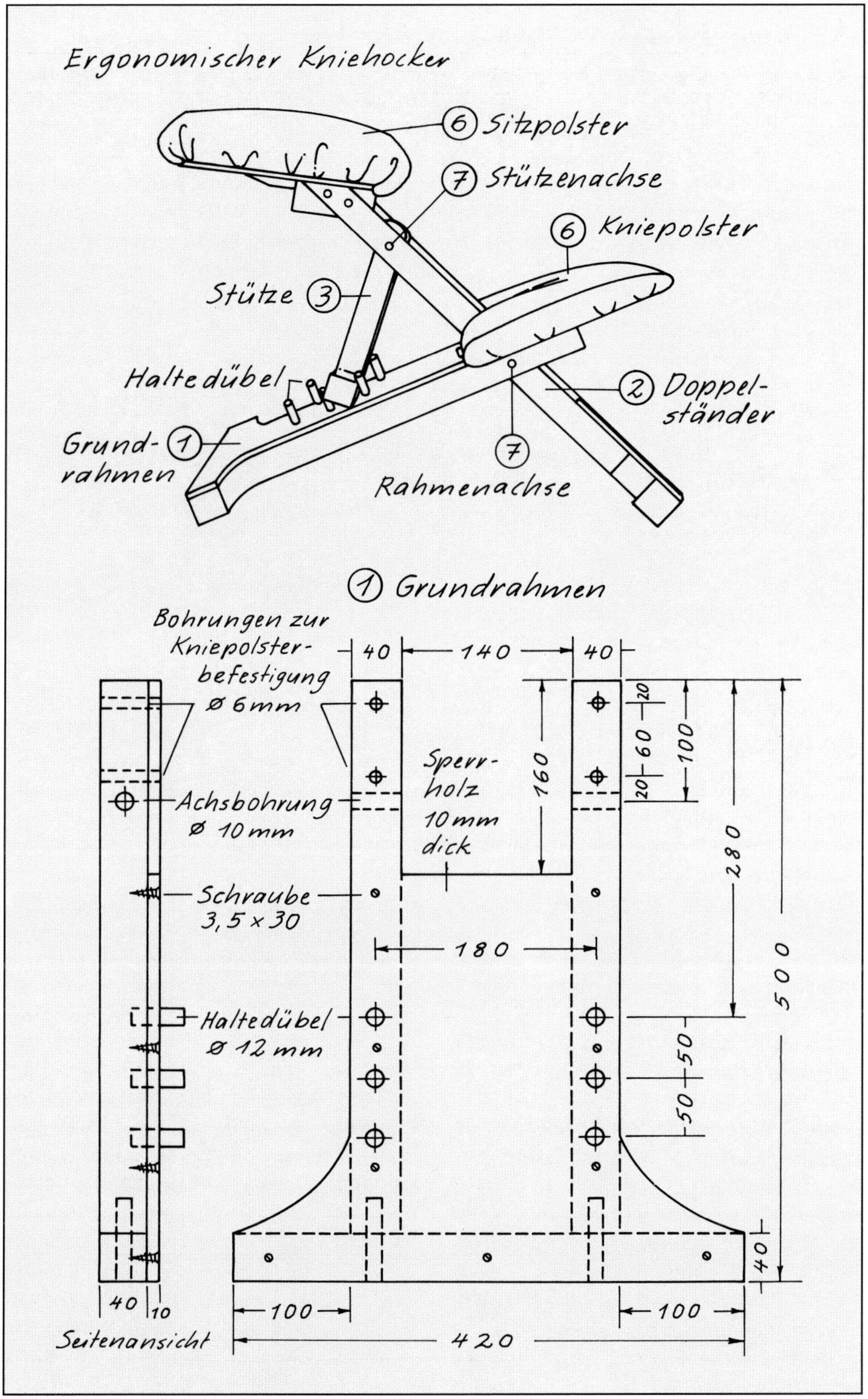
Ergonomischer Kniehocker
6 Sitzpolster
7 Stützenachse
6 Kniepolster
Stütze 3
Haltedübel
2 Doppelständer
Grundrahmen 1
7
Rahmenachse
1 Grundrahmen
Bohrungen zur Kniepolsterbefestigung Ø 6 mm
Achsbohrung Ø 10 mm
Schraube 3,5 x 30
Haltedübel Ø 12 mm
Sperrholz 10 mm dick
40
140
40
20
60
20
100
160
280
500
180
50
50
50
40
100
100
420
40
10
Seitenansicht

abgefeilt! *Achtung:* Leimen nicht vergessen! Abschließend kontrolliert man nochmals die Achsbohrungen (sie müssen genau in der Achslinie liegen).

Die Leisten der T-förmigen Stütze werden aus Stabilisierungsgründen miteinander verplattet. Halbrund ausgefeilte Rillen an der Querleiste verbessern den Halt der Sitzflächenstütze zwischen den Dübeln.

Nach einem gründlichen Feinschliff mit Schleifpapier und Stahlwolle werden die bisher gefertigten Teile eingewachst.

Danach werden Grundrahmen, Doppelständer und Stütze mit den Eisenachsen beweglich verbunden. Da die Achsen nicht bis an den Rand der Holzleisten reichen, können die Achsbohrungen mit eingeleimten Dübelabschnitten abgedeckt werden.

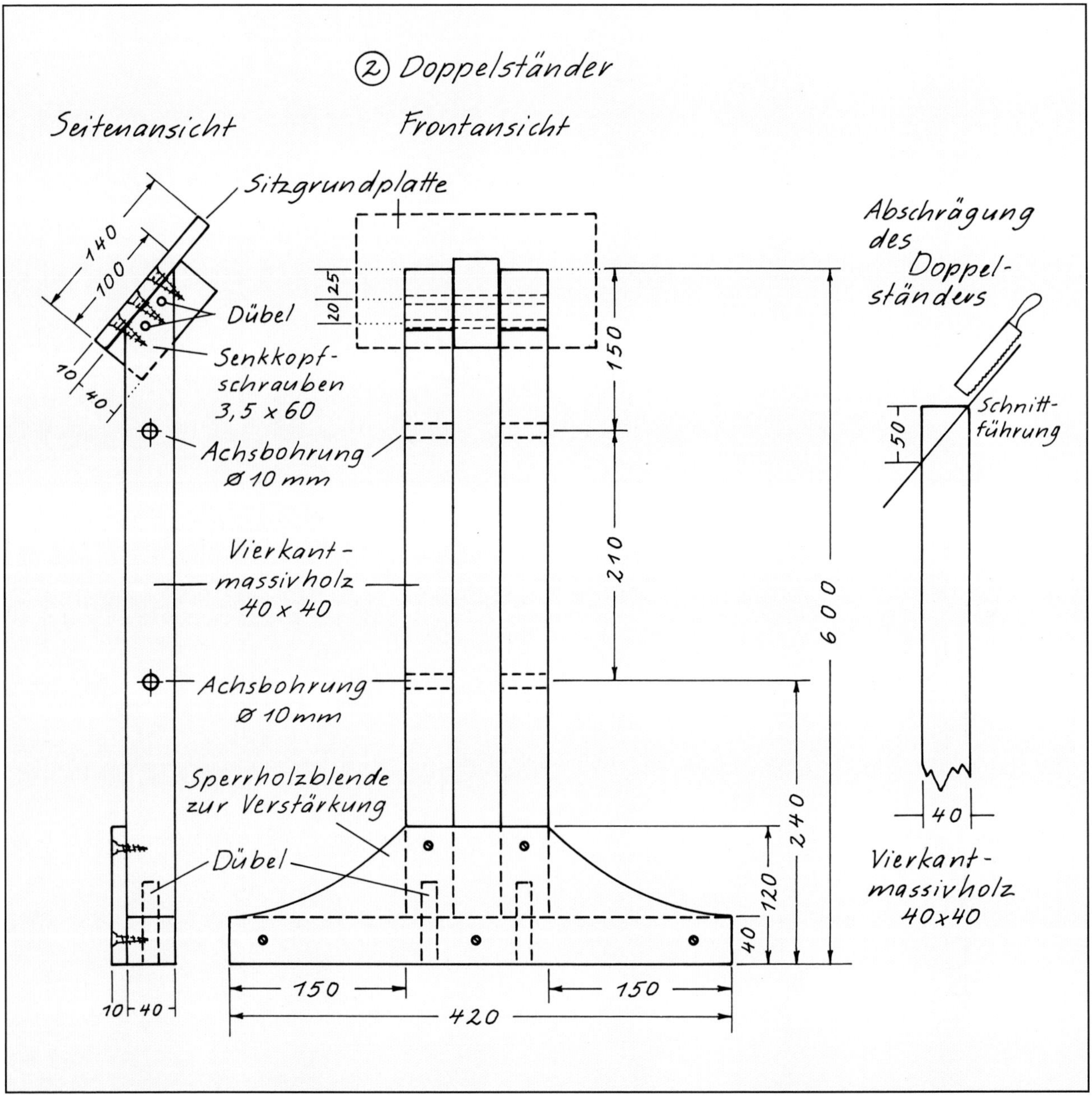

Zum Schluß kommt die Polsterarbeit. Die Knie- und Sitzpolsterflächen werden aus einer Sperrholzplatte herausgesägt und mit Befestigungsbohrungen und den entsprechenden Schloßschrauben versehen.
Hinweis: Damit die Schrauben nicht ständig aus den Brettern rutschen, wird ein Kartonstreifen über die Schraubenköpfe genagelt oder ein Klebeband darübergeklebt.

Als Polstermaterial eignet sich Latex-Schaumstoff, aus dem man mit einem Schneidemesser oder einer großen Schere passende Stücke zuschneidet. Die bereits gefertigten Sperrholzteile dienen als Schablone. Als Bezugstoff verwendet man einen starken, strapazierfähigen Stoff (z. B. Möbelbezugstoff, Jeansstoff, Cord o. ä.) oder aber den Stoff einer alten Hose.

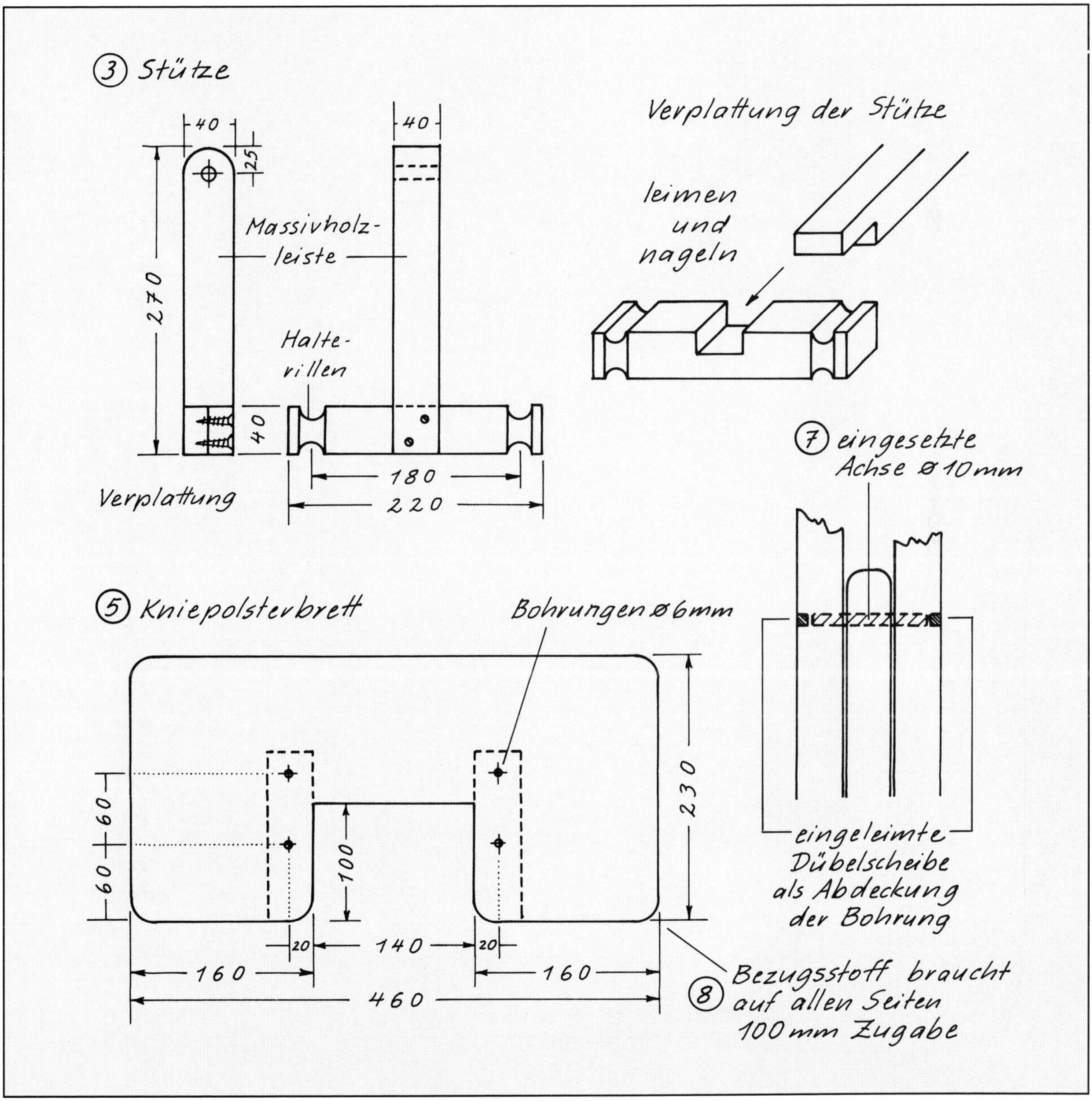

Auch für den Zuschnitt des Stoffes dienen die Sperrholzteile als Schablone. Ringsum muß jedoch ein etwa 10 cm breiter Rand dazugegeben werden (siehe Abbildung). Zum Beziehen legt man Stoff, Schaumstoff und Sperrholzform aufeinander und schlägt den Bezugstoff um die aufgelegten Teile. Mit dem elektrischen Klammerapparat oder mit Polsternägeln wird der Stoff an der Sperrholzplatte befestigt. Dabei ist darauf zu achten, daß der Stoff gleichmäßig stramm und faltenfrei über die Schaumstoffkanten gezogen wird. Allerdings können bei den Innenkanten des Kniepolsters kleine Falten nicht ganz vermieden werden.

Zum Schluß heftet man ein breites Webband ringsum über den Stoffrand.

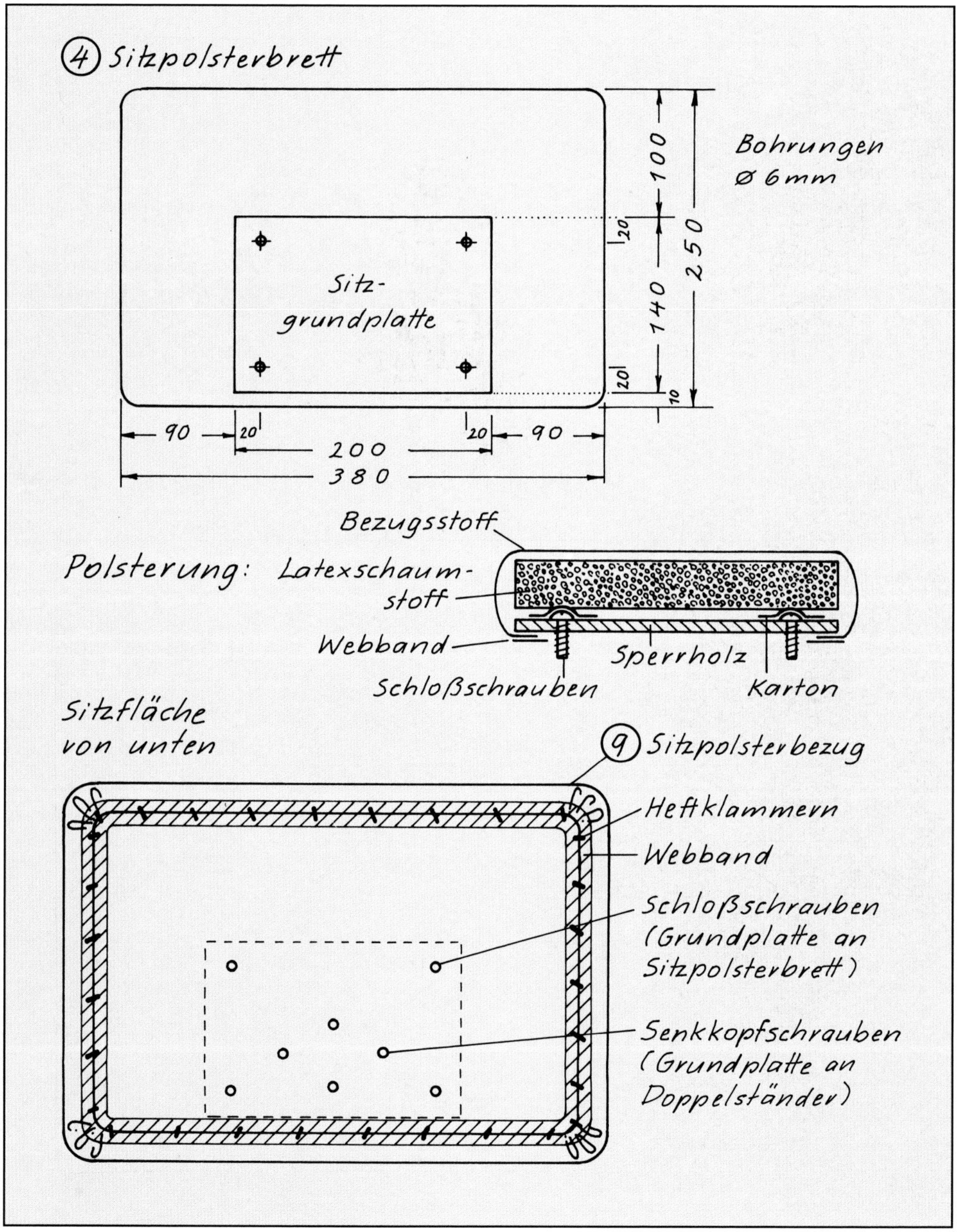

Pappmaché-Tisch

Zuerst wird eine Fußplatte aus einem dicken Brett ausgesägt. Es können auch mehrere Bretter pyramidenförmig aufeinandergeleimt werden.
Als Tischfuß eignet sich ein Laubholzstamm (z. B. Buche, Birke o. ä.). Das Holz muß trocken, abgelagert und entrindet sein. Mit stabilen Holzschrauben und Leim verbindet man Fuß und Fußplatte.

Wichtig: Löcher vorbohren und die Schraubenköpfe versenken.
Zur Auflage der Tischplatte werden zwei rechtwinklig überplattete Holzleisten in den Tischfuß eingelassen (eingeleimt).

Dieser Tisch ist sehr stabil, nicht teuer und nicht schwierig in der Herstellung, aber dennoch ein interessantes und einmaliges Möbelstück.

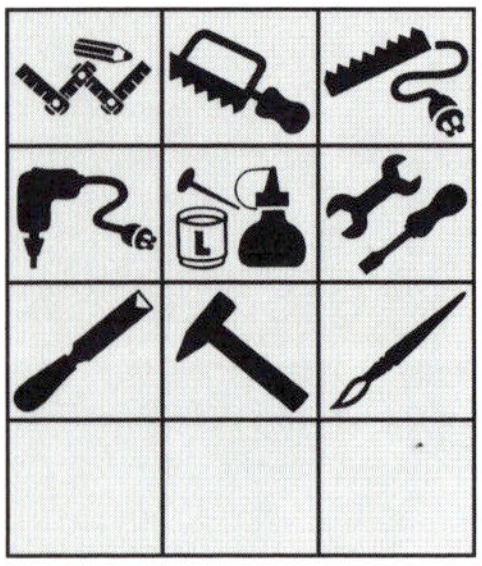

Pappmaché-Tisch ●●●●

Menge	Bezeichnung	Maße in mm	Material	Kenn-Nr.
1	Fußplatte	450 ∅ / 25 dick	Spanplatte oder Massivholz	1
1	Säulenfuß	ca. 180 ∅ / 600 lang	Laubholzstamm	2
2	Auflageleisten	50 x 50 x 300	Fichtenholzleisten	3
1	Tischplatte	700 ∅ x 20	Sperrholz	4

Schrauben (Spax) 5,0 x 65 / Leim / Farbe / Zeitungspapier / Maschendraht / Glasaugen / Drahtstifte / Kleister / Filzbelag / Holzschrauben

Achtung: Mit einer Wasserwaage kann überprüft werden, ob die Auflagefläche waagrecht liegt.
Die Tischplatte wird aus einem Sperrholzbrett ausgesägt. In der Form soll sie der Fußplatte entsprechen.
Eine marmorähnliche Bemalung und eine Hochglanzlackierung geben der Platte ein exklusives Aussehen.

Alternative: Tischplatte aus Plexiglas oder Acrylglas (Befestigung mit einer Gewindehülse und einer Senkkopfschraube).

Marmorieren:

1. *Zwei bis drei Dispersionsfarben unvermischt auf die Platte auftragen.*
2. *Folie (z. B. Gefrierbeutel) auf die Farbe legen, leicht andrücken und Folie horizontal abziehen. Dadurch entstehen Mischfarben und Farbschlieren.*
3. *Mit einem dünnen Pinsel werden helle und dunkle Linien in die noch feuchte Farbe eingezogen.*

Bei der Gestaltung des Tischfußes sind der Phantasie keine Grenzen gesetzt. Besonders Tierformen lassen sich gut einarbeiten (z. B. Schlange, Hund, Tiger).
Dazu wird aus Maschendraht ein entsprechender Tierkörper geformt und mit Nägeln am Holzstamm und an der Fußplatte befestigt.
Das gesamte Tischunterteil (Fußplatte, Fuß und Figur) muß nun mit Pappmaché überzogen werden. Dazu zerreißt man Zeitungspapier in kleinere Stücke, weicht diese in einem Kleisterbrei ein und beklebt damit das Werkstück in mehreren Schichten. Die oberen Papierlagen werden mit Holzleim (Leimwasser) aufgeklebt. Dadurch erhält man eine härtere Oberfläche. Die Fußplatte wird auch auf der Unterseite mit Papier kaschiert. Später kann zusätzlich ein Filzbelag als Kratzschutz für den Fußboden aufgeklebt werden.
Zum Schluß wird das Tischunterteil sorgfältig mit Dispersionsfarben bemalt und mit einem schützenden Lack überzogen.
Dann schraubt man die Tischplatte auf das Unterteil.

Achtung: Auf die richtige Schraubenlänge (5,0 x 65) achten, damit die Platte nicht durchbohrt wird.

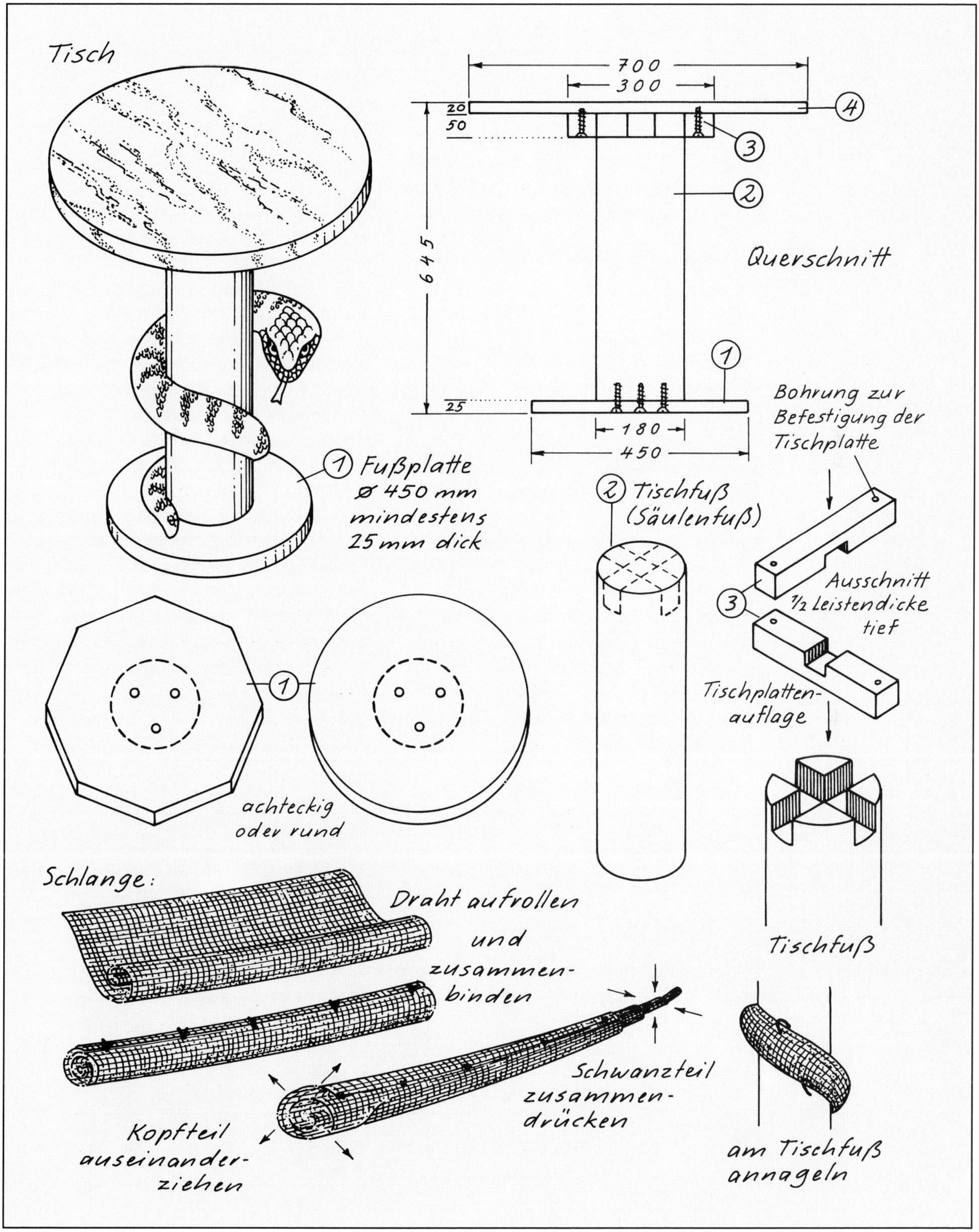
Tisch
700
300
20
50
645
25
180
450
4
3
2
1
Querschnitt
1 Fußplatte
ø 450 mm
mindestens
25 mm dick
2 Tischfuß
(Säulenfuß)
Bohrung zur
Befestigung der
Tischplatte
Ausschnitt
1/2 Leistendicke
tief
3
Tischplatten-
auflage
1
achteckig
oder rund
Tischfuß
Schlange:
Draht aufrollen
und
zusammen-
binden
Schwanzteil
zusammen-
drücken
Kopfteil
auseinander-
ziehen
am Tischfuß
annageln

Spieltisch

Der Spieltisch wird aus Sperrholz oder Spanplatten gebaut. Die achteckige Form des Tisches läßt sich relativ leicht herstellen, wenn man gut mit der Säge umgehen kann. Besonders vorteilhaft ist hier natürlich die Verwendung einer elektrischen Stichsäge.

Der Tisch besteht aus folgenden Bauteilen:

- Standfuß
- Tischsäule
- Tischplatte
- Tischabdeckung

Zuerst wird der Standfuß zusammengebaut. Dazu leimt man drei achteckige Holzplatten pyramidenförmig aufeinander.

Hinweis: Durch jede Platte wird im Mittelpunkt ein Loch gebohrt (10 mm ∅). Mit einem Holzdübel, der hier eingeleimt wird, können beim Zusammenbauen des Fußes die Platten genau zentriert werden.
Genauso verbindet man die zwei Teile der Tischplatte. Mit einer Feinsäge oder einer Gehrungssäge müssen nun die Leisten für den Tischrand und den Rand der Tischabdeckung zugeschnitten werden. Der Gehrungswinkel von 22,5 Grad erfordert ein besonders genaues Arbeiten. Bei der Montage der Leisten mit Leim und Holzschrauben (Senkkopf) zeigt sich die Genauigkeit des Zuschnittes. Kleine Spalten können mit Holzkitt ausgefüllt werden.
Zum Schluß leimt und schraubt man die Bretter für die Tischsäule an den Standfuß und an die Tischplatte. Die Säulenbretter brauchen nicht auf Gehrung geschnitten zu werden. In die Zwischenräume leimt man passende Rundholzstäbe ein.
Vor dem Bemalen wird der ganze Tisch mit Schleifpapier und Stahlwolle geglättet und entstaubt.
Mit Wasserlack ohne Lösungsmittel oder wasserfesten Acrylfarben kann man die Holzoberfläche künstlerisch gestalten. Damit lassen sich auch die Spielpläne aufmalen (Tischplatte, Tischabdeckung oben, Tischabdeckung unten). Anstelle der aufgemalten Spielpläne können auch gekaufte, auf Papier oder Karton gedruckte Spielpläne aufgeklebt werden.

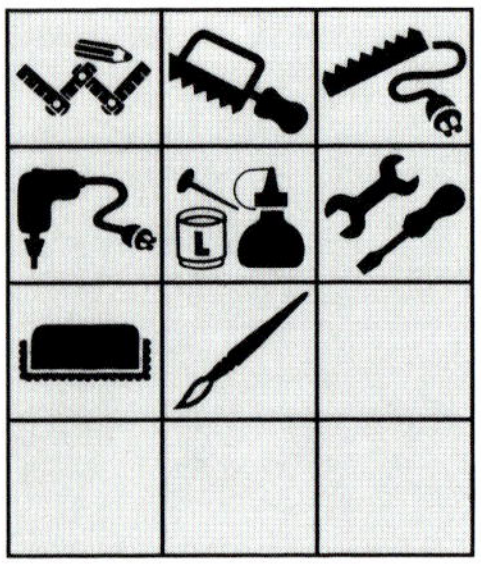

Spieltisch ●●●●●

Menge	Bezeichnung	Maße in mm	Material	Kenn-Nr.
1	Standfußplatte groß	440 ∅ / 25 dick	Spanplatte oder Sperrholz	1
1	Standfußplatte mittel	340 ∅ / 25 dick	Spanplatte oder Sperrholz	1
1	Standfußplatte klein	200 ∅ / 25 dick	Spanplatte oder Sperrholz	1
1	Tischplatte groß	660 ∅ / 20 dick	Spanplatte oder Sperrholz	2
1	Tischplatte klein	200 ∅ / 25 dick	Spanplatte oder Sperrholz	2
8	Tischrandleisten	15 x 50 x 255	Spanplatte oder Sperrholz	3
1	Tischabdeckplatte	620 ∅ / 15 dick	Spanplatte oder Sperrholz	4
8	Tischabdeckleisten	15 x 50 x 240	Spanplatte oder Sperrholz	5
8	Tischsäulenbretter	15 x 75 x 600	Spanplatte oder Sperrholz	6
8	Säulenstäbe	600 x 12 ∅	Rundholzstab	7

Spax-Holzschrauben 4,0 x 35 / Leim / Dübelholz / Farbe / Spielpläne / Holzkitt

Unter der Tischabdeckung liegen die Spielfiguren. Die Tischabdeckung kann umgedreht und in die Tischplatte gestellt werden. So stehen drei verschiedene Spielflächen zu Verfügung.

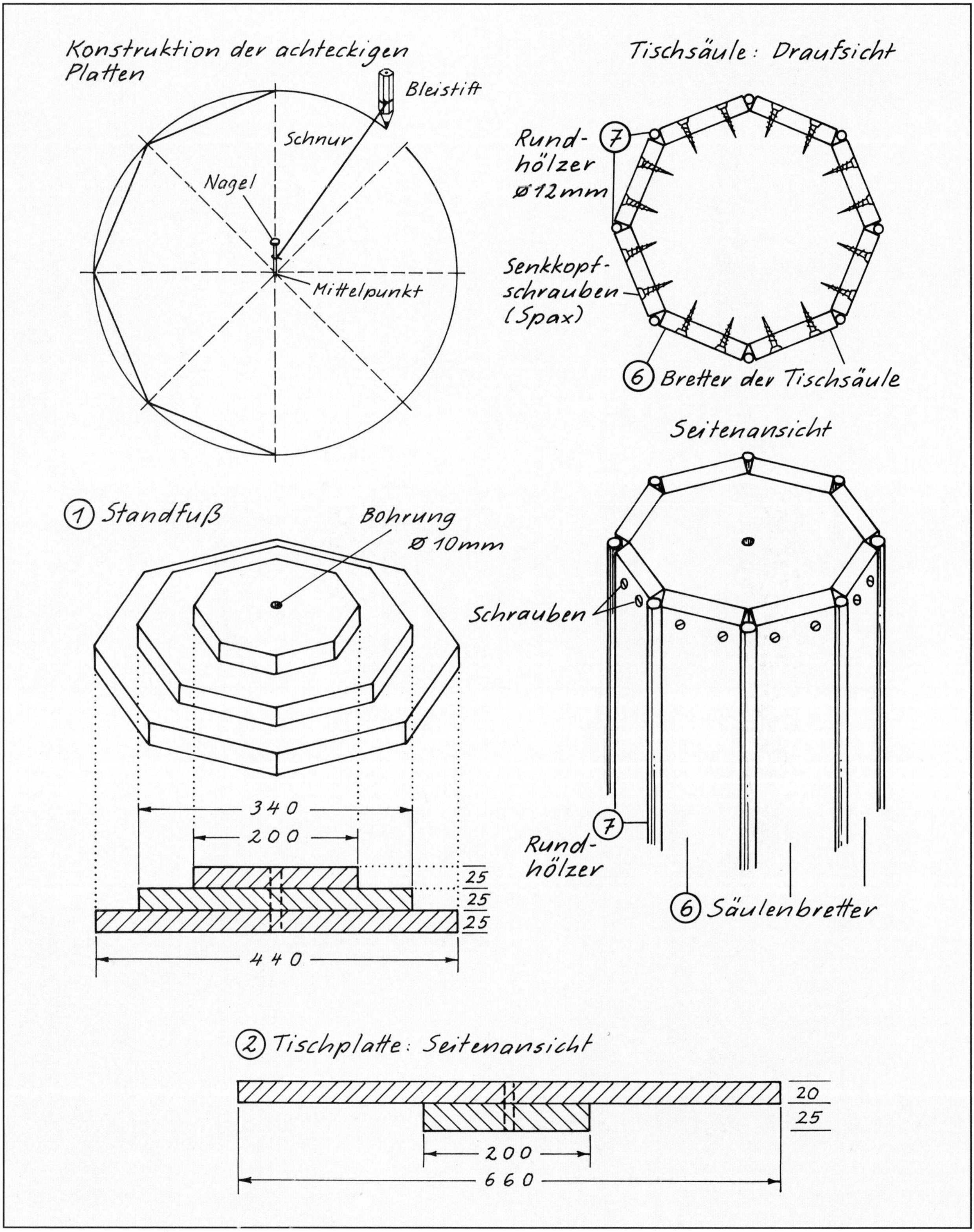
Konstruktion der achteckigen Platten
Bleistift
Schnur
Nagel
Mittelpunkt
Tischsäule: Draufsicht
Rund-hölzer ⌀12mm
7
Senkkopf-schrauben (Spax)
6 Bretter der Tischsäule
Seitenansicht
1 Standfuß
Bohrung ⌀10mm
Schrauben
7 Rund-hölzer
6 Säulenbretter
340
200
25
25
25
440
2 Tischplatte: Seitenansicht
20
25
200
660

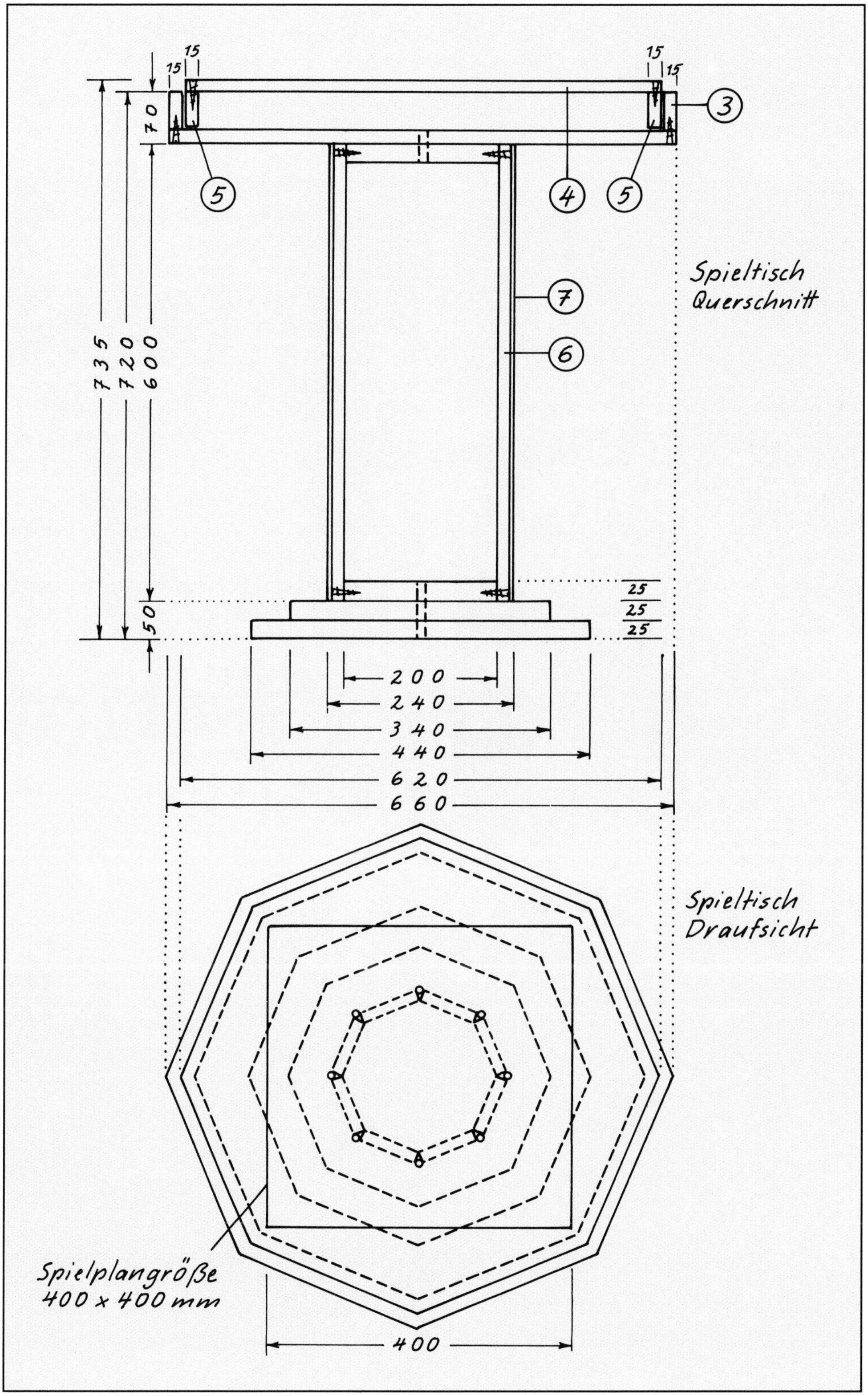
15
15
15
15
70
735
720
600
50
3
5
4
5
7
6
Spieltisch
Querschnitt
25
25
25
200
240
340
440
620
660
Spieltisch
Draufsicht
Spielplangröße
400 x 400 mm
400

Schreibtischlampe

Als Standfuß verwendet man eine dicke Holzplatte (kreisförmig, quadratisch, achteckig oder dreieckig).
Sechs 200 mm lange Massivholzleisten bilden den kranartigen Lampenarm. Schloßschrauben und Flügelmuttern verbinden die Leisten beweglich miteinander.
Das unterste Leistenpaar wird in den Standfuß eingeleimt. Mit dem Stemmeisen müssen dafür sorgfältig die passenden Löcher (Lochtiefe: 25 mm / Abstand: 15 mm) in die Fußplatte gestochen werden. Das Holz läßt sich leichter herausnehmen, wenn man mit der Bohrmaschine mehrmals vorbohrt.
Damit das Anschlußkabel eingeführt und angeklemmt werden kann, muß auf der Unterseite der Fußplatte eine Vertiefung angebracht werden (Topfbohrer 35 mm ∅ oder Stemmeisen).
Weitere Bohrungen (siehe Abbildung) dienen der Kabelführung durch den Standfuß bis zur Lampenfassung. Mit Schraubösen kann man das Kabel zusätzlich befestigen.
Für die Elektroarbeiten verwendet man genormte Elektrobauteile (Kabel mit Stecker und Kabelschalter sowie Isolierfassung).

Gläserne Lampenschirme kann man im Elektrofachhandel kaufen. Es ist jedoch auch eine reizvolle Aufgabe, den Schirm selbst herzustellen (z. B. aus einer Blechdose, einem Küchensieb oder einer Schöpfkelle).

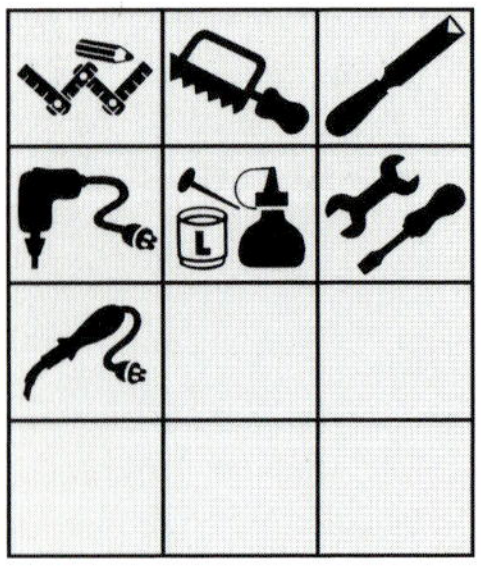

Schreibtischlampe ●●●●

Menge	Bezeichnung	Maße in mm	Material	Kenn-Nr.
1	Standfuß	180 ∅ / 40 dick	Massivholzplatte oder Tischplatte	1
6	Armleisten	15 x 20 x 200	Massivholz oder Sperrholz	2
3	Schloßschrauben	M4 x 55	Schloßschrauben	3
1	Anschlußkabel mit Stecker und Kabelschalter	3 x 0,75 (ca. 2 m lang)	flexibles Kabel	4
1	Lampenkabel mit Fassung E27	3 x 0,75 (ca. 1 m lang)	flexibles Kabel Isolierfassung	5
1	Lampenschirm		z. B. Weißblechdose	6

Lampenbefestigungsset (Gewinderöhrchen und Sechskantmutter) / Schraubösen / Lüsterklemmen / Leim / Glühbirne 60 Watt

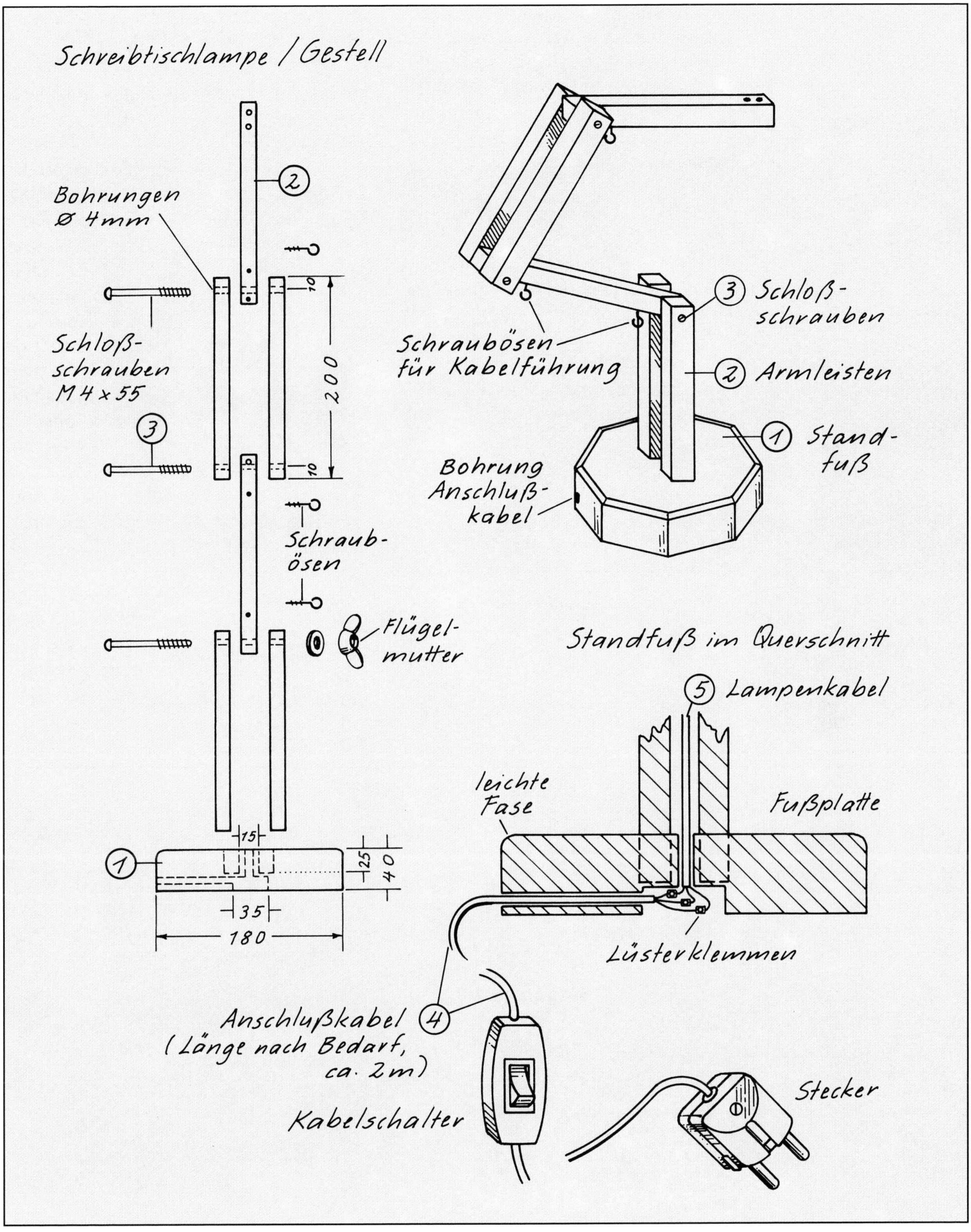
Schreibtischlampe / Gestell
Bohrungen
Ø 4mm
2
Schloß-
schrauben
M 4 x 55
3
10
200
10
Schraub-
ösen
Flügel-
mutter
15
25
40
1
35
180
3 Schloß-
schrauben
Schraubösen
für Kabelführung
2 Armleisten
1 Stand-
fuß
Bohrung
Anschluß-
kabel
Standfuß im Querschnitt
5 Lampenkabel
leichte
Fase
Fußplatte
Lüsterklemmen
Anschlußkabel 4
(Länge nach Bedarf,
ca. 2m)
Kabelschalter
Stecker

Bei der Montage ist zu beachten, daß die abisolierten Drahtenden unbedingt verzinnt werden müssen und daß nur so weit abisoliert wird, wie unbedingt nötig ist. Mit Hilfe der Lüsterklemmen werden die Drahtenden befestigt. Dabei müssen die kleinen Klemmschrauben fest angezogen, jedoch nicht überdreht werden.

Besteht die Lampe in allen Teilen aus elektrisch nicht leitenden Materialien, genügt ein zweiadriges Anschlußkabel (Farbe der einzelnen Drähte: Braun und Blau).

Bei einer Metallfassung und einem Metallschirm müssen die Metallteile mit dem Schutzleiter verbunden werden. Man benötigt deshalb ein dreiadriges Kabel.

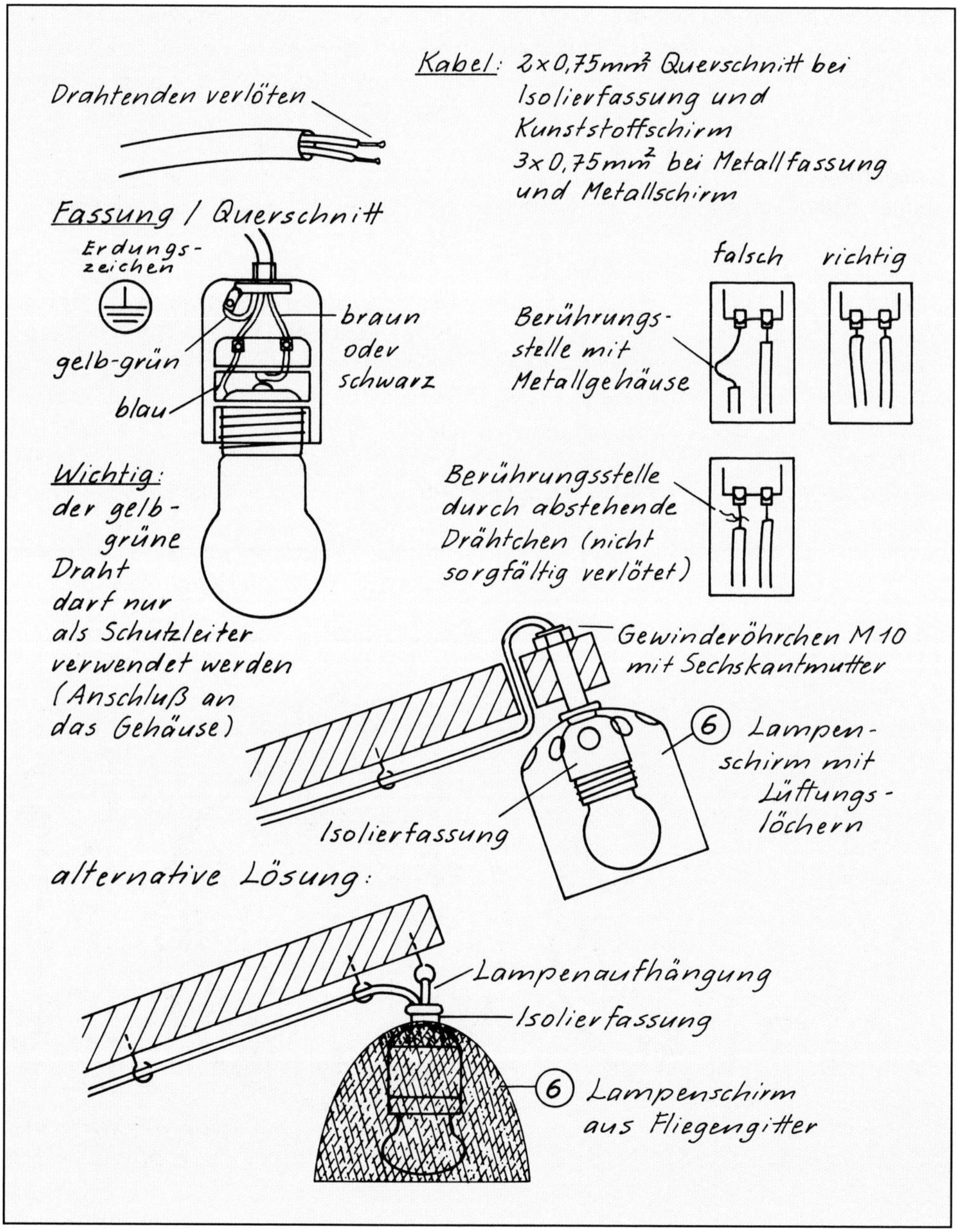

Der Schutzleiter wird immer mit der Farbe Gelb-Grün gekennzeichnet. In die Anschlußklemme für den Schutzleiter ist meist das Erdungszeichen eingeprägt.

Wichtig: Zwischen dem Schutzleiter und den stromführenden Drähten dürfen keine leitenden Verbindungen bestehen.

Achtung: Aus Sicherheitsgründen müssen die Elektroarbeiten vom Fachmann kontrolliert werden. Strom (Netzstrom) kann lebensgefährlich sein.

Verzinnen:

1. *Isolierung ca. 8 mm mit dem Messer oder einer Abisolierzange vom Draht abziehen;*
2. *Drahtende zwischen Daumen und Zeigefinger verdrillen;*
3. *Lötfett auftragen;*
4. *Zinn (Lot) auf der Lötspitze schmelzen lassen und über das abisolierte Drahtstück verteilen; Drahtende dabei gut erhitzen;*
   Achtung: Vorsicht beim Umgang mit dem Lötkolben (Verbrennungsgefahr).

Uhren

Pendeltischuhr

Eine schöne Tischuhr kann mit einem Pendeluhrwerk gebaut werden.
Für die vordere und hintere Gehäusewand verwendet man 3 mm starkes Sperrholz; für die Seitenteile, das Dach und den Boden 10 mm starke Bretter. Da diese Teile nicht rechtwinklig miteinander verleimt werden, müssen die Bretter an den Stirnseiten sorgfältig abgeschrägt werden (Gehrung schneiden).

Alternative: Stirnseiten nicht abschrägen und in die entstehenden Spalten passende Rundhölzer einleimen.

Fenster in der vorderen Gehäusewand: Bilderrahmenglas (3 mm stark) oder Plexiglas. Kleine eingeleimte Holzleisten halten das Fenster.
Fenster in der hinteren Gehäusewand: Durch diesen Ausschnitt kann man das Uhrwerk einbauen, das Pendel einhängen und die Batterie wechseln.
Zifferblatt: Entweder aus Sperrholz anfertigen und mit Dispersionsfarben bemalen

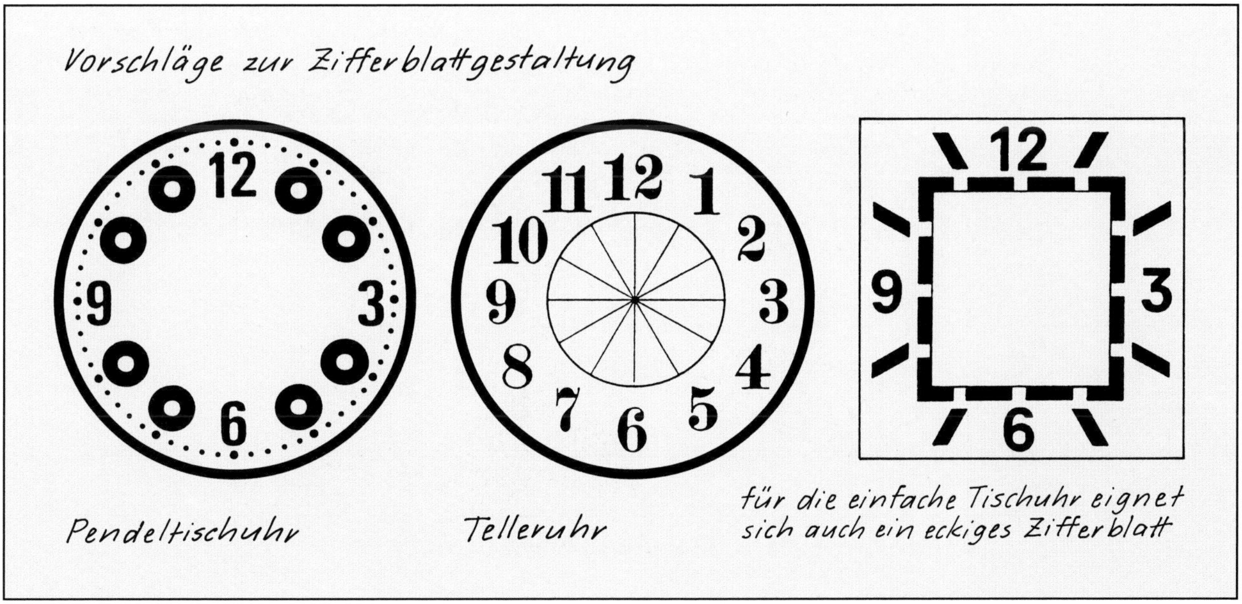

Das umfangreiche Angebot an Uhrwerken und Uhrenzubehör macht es leicht, selbst Uhren zu entwerfen und zu bauen. Bezugsmöglichkeiten für Uhrwerke und Uhrenteile sind Bastelgeschäfte, Uhrenfachhandel oder der Fachversandhandel.

oder eine Zifferblattfolie kaufen und aufkleben.
Mit einer Schraubhülse verbindet man das Zifferblatt mit dem Uhrwerk. Uhrwerk und Zifferblatt werden in ein Zwischenbrett im Uhrengehäuse eingeschraubt.

Hinweis: Je nach Uhrwerkgröße, Zifferblattdurchmesser und Pendellänge müssen die angegebenen Maße für das Uhrengehäuse verändert werden.

Pendeltischuhr ●●●●

Menge	Bezeichnung	Maße in mm	Material	Kenn-Nr.
1	Gehäusewand vorne	3 x 240 x 440	Sperrholz 3 mm dick	1
1	Gehäusewand hinten	3 x 240 x 440	Sperrholz 3 mm dick	1
1	Boden	10 x 100 x 216	Sperrholz 10 mm dick	2
2	Seitenteile	10 x 100 x 380	Sperrholz 10 mm dick	3
2	Dachteile	10 x 100 x 85	Sperrholz 10 mm dick	4
1	Rundholz	15 ∅ x 106	Rundholz	5
2	Rundhölzer	10 ∅ x 106	siehe oben	6
1	Plexiglasfenster	3 x 215 / 140 x 380	Plexiglas 3 mm dick	7
2	Halteleisten	5 x 5 x 350	Fichtenholzleiste	8
1	Zwischenbrett	ca. 180 x 190 x 12	Sperrholz 12 mm dick	9
1	Abdeckung (Gehäuse hinten)	3 x 140 ∅	Sperrholz	10
1	Uhrwerk mit Zeiger, Zifferblatt und Pendel			11
3	Befestigungsriegel	3 x 15 x 30	Sperrholz	12

Leim / Messingstifte / Holzschrauben / Senkkopfschrauben M4 x 50 / Farbe / Lack

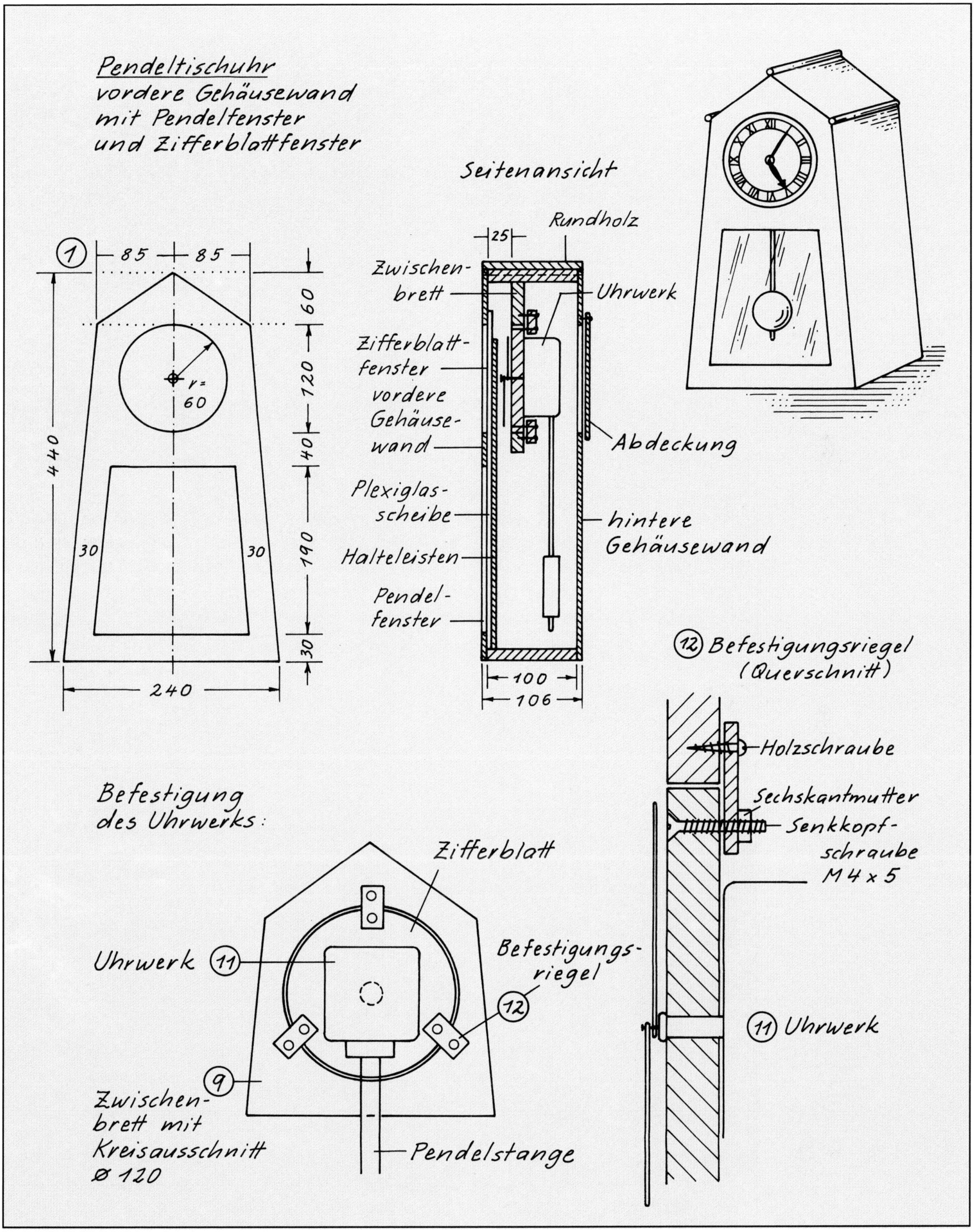
Pendeltischuhr
vordere Gehäusewand
mit Pendelfenster
und Zifferblattfenster
1
85
85
60
120
40
190
30
440
r = 60
30
30
240
Seitenansicht
25
Rundholz
Zwischenbrett
Uhrwerk
Zifferblattfenster
vordere Gehäusewand
Abdeckung
Plexiglasscheibe
hintere Gehäusewand
Halteleisten
Pendelfenster
100
106
12 Befestigungsriegel (Querschnitt)
Holzschraube
Sechskantmutter
Senkkopfschraube M 4 x 5
11 Uhrwerk
Befestigung des Uhrwerks:
Zifferblatt
Uhrwerk 11
Befestigungsriegel
12
9
Zwischenbrett mit Kreisausschnitt ø 120
Pendelstange

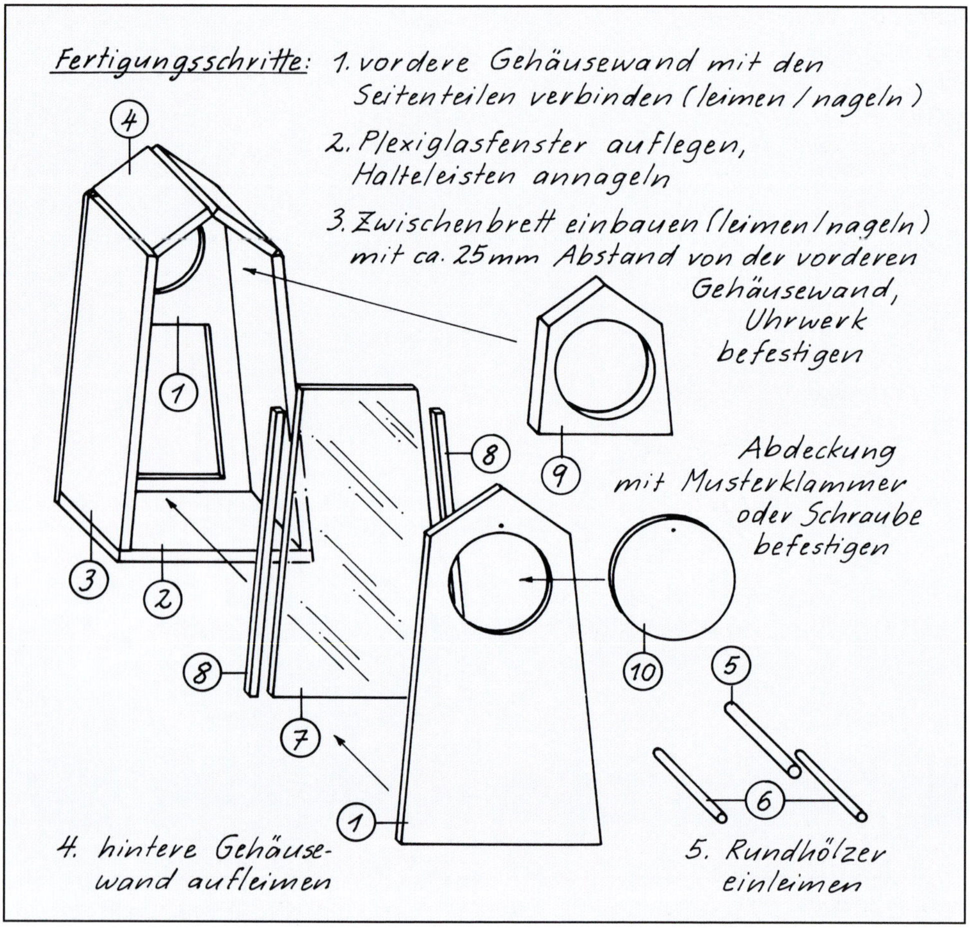

Das Interessante an der Glashaubenuhr sind die kleinen Figuren, die durch die Zeiger bewegt werden.

Glashaubenuhr

Die Uhr unter der Glashaube ist nicht nur ein Zeitmesser, sie ist auch ein kleines Kunstwerk.
Eine Miniaturwelt tummelt sich unter Glas und wird durch die Zeiger bewegt.
Als Antrieb dient ein elektrisches Quarz-Uhrwerk, das in einen Sockel eingebaut wird. Das Zifferblatt kann kreativ gestaltet werden. Auch die Zeiger lassen sich verbiegen, bemalen und bekleben.
Daneben können dann die Figuren, Fahrzeuge oder Maschinen aufgeklebt werden, die durch die Zeiger bewegt werden.
Eine Glashaube (aus dem Bastelladen oder ein Ersatzglas für Feuchtraumlampen beim Elektrofachhandel) schützt das ganze kleine Kunstwerk.

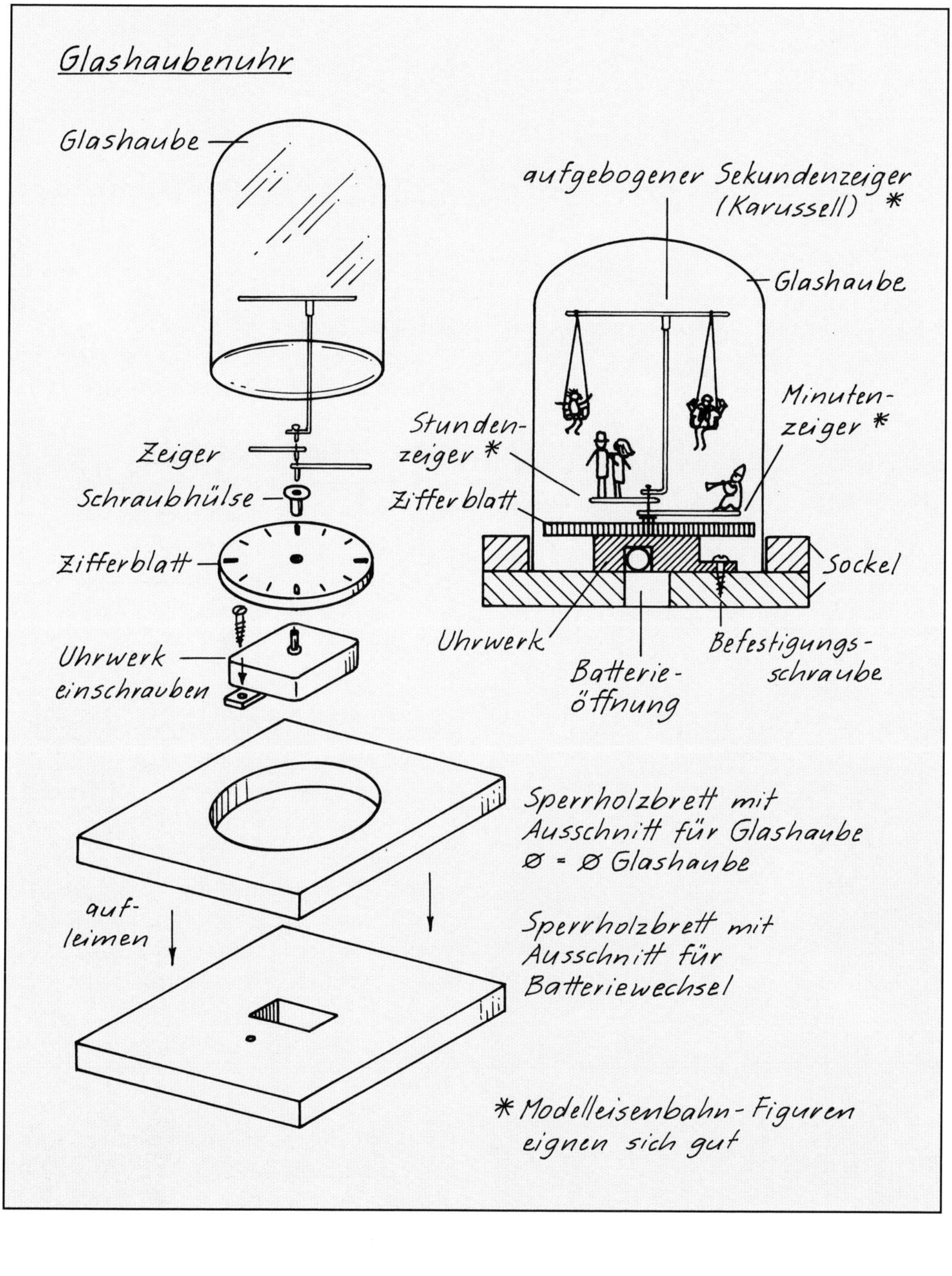

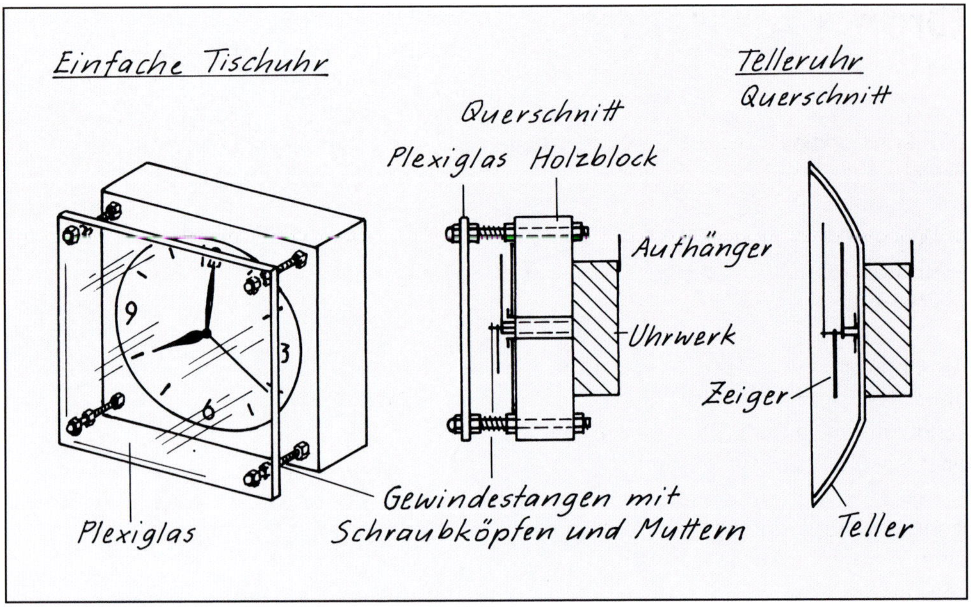

Eine solche Uhr ist schnell und einfach gemacht.

Einfache Tischuhr

Für das Uhrengehäuse werden lediglich zwei Platten mit Abstandsschrauben (Gewindestangen) zusammengeschraubt. Die vordere Platte wird aus Plexiglas gefertigt; sie schützt die Zeiger und das Zifferblatt. Die hintere Platte aus Sperrholz trägt das Zifferblatt und das Uhrwerk.

Passend zu der Zeigerlänge gibt es entsprechende Zifferblätter zu kaufen. Es ist jedoch eine reizvolle Werkaufgabe, das Zifferblatt selbst zu gestalten.

Hinweis: Die Maße für die Tischuhr müssen auf das Uhrwerk und die Zeigerlänge abgestimmt werden.

Telleruhr

Quarz-Uhrwerke mit einer Aufhängvorrichtung können an einen Porzellanteller geschraubt werden. Dazu muß der Teller mit einem Steinbohrer (⌀ 10 mm) und der elektrischen Bohrmaschine (ohne Schlageinstellung) genau in der Mitte durchbohrt werden.

Mit speziellen Porzellanfarben können dann die Ziffern aufgemalt und der ganze Teller nach Belieben künstlerisch gestaltet werden.

Ordner für Kassetten

Die Konstruktion eines Kassettenordners besteht lediglich aus drei Bauteilen:

- Aktenordner-Einband
- Ausfachung zum Einstecken der Kassetten
- Sicherungsrahmen

Als Einband kann man einen Aktenordner ohne Heftmechanik verwenden. So ein Schutzumschlag kann aber auch aus Blech oder Sperrholz gebaut werden.

Insbesondere dünne Sperrholzschalplatten oder Hartfaserplatten sind sehr gut dazu geeignet.

Ein Ordner für Kassetten – übersichtlich und schnell griffbereit können so die Musikkassetten einfach ins Regal gestellt werden.

Bauanleitung für einen Ordner aus Sperrholz:
Zuerst sägt man die zwei Seitenteile und das Rückenteil des Einbandes aus einer Sperrholzplatte. Die Seiten werden mit Klavierbändern (Bandscharnier) am Rückenteil befestigt (siehe Abbildung).
Zum Anzeichnen der Bohrlöcher legt man die Einbandteile an eine gerade Montageleiste an. So erreicht man einen rechtwinkligen Ansatz der Scharniere.
Der Abstand zwischen den Holzteilen wird durch den Scharnierkopf festgelegt (Abstand = Scharnierkopfmaß). Zum Bohren nimmt man einen 3,5-mm-Bohrer (für Senkkopfschrauben M3 x 10). Damit die Schraubenköpfe genau mit der Holzoberfläche abschließen, werden sämtliche Bohrungen auf der Außenseite der Einbanddecke angesenkt (mit einem Senker oder einem Metallbohrer mit 8 mm Durchmesser).
Wichtig: Die Schrauben werden von außen durchgesteckt und die Scharniere von der Innenseite des Ordners mit Sechskantmuttern gegen die Sperrholzteile geschraubt.
Werden längere Schrauben verwendet, muß man die Schraubenüberstände mit einer kräftigen Beißzange abnehmen und mit einer Feile wieder glätten.

Kleiner Koffer

Der Koffer ist so groß wie ein üblicher Aktenkoffer, stabil verarbeitet und dennoch angenehm leicht.

Man arbeitet ihn am besten aus Massivholz (Kiefer, Lärche, Pappel o. ä.), doch auch leichtes Sperrholz ist dazu geeignet.
Die meiste Arbeit erfordert der Zusammenbau des Kofferoberteiles und -unterteiles. Dabei werden die Seitenteile miteinander verzinkt (gerade Zinken). Dies ergibt bei genauer Arbeit eine schöne und stabile Eckverbindung. Die Zinken werden auf die Bretter aufgezeichnet und mit der Laubsäge oder Dekupiersäge herausgeschnitten. Man kann die Ausschnitte zwischen den Sägeschnitten auch mit einem scharfen Stemmeisen herausarbeiten.
Das Brett wird mit dem Stemmeisen von einer Seite nur halb durchgetrennt, das Brett gewendet und das Holz von der anderen Seite ganz abgestochen.

Zusammenbau des Oberteiles / Unterteiles:
1. Zinken und Ausschnitte mit Leim bestreichen und die Seitenteile zusammenstecken. Mit einem Rahmenspanner lassen sich die Bretter leicht zusammenhalten (Winkel anlegen und Rechtwinkligkeit prüfen).
2. Deckel aufleimen und mit Messingstiften annageln. Ausreichend beschweren, bis der Leim getrocknet ist.
3. Mit Holzkitt Nagelstellen überdecken. Bei beiden Teilen Ecken und Kanten mit

Koffer ●●●●●

Menge	Bezeichnung	Maße in mm	Material	Kenn-Nr.
2	Oberteilseiten	12 x 30 x 330	Massivholz (Kiefer, Pappel) oder Sperrholz	1
2	Oberteilseiten	12 x 30 x 430	Massivholz oder Sperrholz	1
2	Unterteilseiten	12 x 70 x 330	Massivholz oder Sperrholz	2
2	Unterteilseiten	12 x 70 x 430	Massivholz oder Sperrholz	2
1	Deckel	5 x 330 x 430	Sperrholz oder Sperrholz	3
1	Boden	5 x 330 x 430	Sperrholz	3
3	Scharniere		Messing oder Eisen	4
4	Gummifüße	ca. 10 ∅	Gummi	5
1	Tragegriff		Leder / Holz	6
2	Verschlußriemen	ca. 15 x 80	Leder	7
2	Holzkugeln	ca. 10 ∅	Holz	8
2	Dübel	6 ∅	Rundholz	8
2	Deckelsicherungen	ca. 10 x 100	Leder	9

Senkkopfschrauben M4 x 15 mit Muttern / Leim / Nagelstifte / Holzschrauben 3,5 x 16 mit Unterlegscheiben / Holzkitt / Messingstifte / Lack

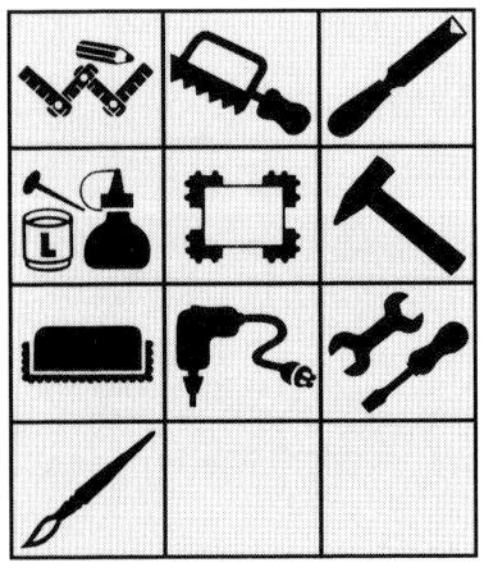

Schleifpapier abrunden. Grundierlack (Schnellschliffgrund) auftragen und nachschleifen.

4. Mit durchgehenden Senkkopfschrauben (M4 x 15) und Sechskantmuttern mindestens zwei Messingscharniere von außen aufschrauben (vorbohren).
   Im Lederwarenfachhandel gibt es schöne Tragegriffe aus Leder zu kaufen. Auch ein Schubladengriff aus Holz eignet sich gut als Tragegriff (Baumarkt).
   Der Griff wird an das breitere Unterteil des Koffers montiert.
   Einfache und stabile Verschlüsse lassen sich aus einem Lederriemen (Ledergürtel) als Verschlußfalle und einer eingedübelten Holzkugel als Halterung herstellen (siehe Abbildung).

Für alle, die handwerklich angefertigte Einzelstücke schätzen, ist dieser Koffer ein besonderes Geschenk.

Lederriemen eignen sich auch sehr gut als Deckelsicherung. Sie werden jeweils mit zwei Holzschrauben (3,5 x 16) und Unterlegscheiben (Halbrundkopf) an den Seitenteilen befestigt.
Damit der Koffer beim Abstellen nicht beschädigt wird, schraubt man vier kleine Gummifuße (Baumarkt / Metallfachhandel) gegen die Stellfläche.

Oberflächenbehandlung: Anstrich mit Hochglanzlack (vor der Montage der Lederteile) oder umweltfreundlich mit Antikwachs (Bienenwachs).
Naturbelassen wirkt der Koffer zeitlos und schön. Wer ihn jedoch bunt anmalen will, sollte umweltfreundliche Acrylfarben verwenden. (Eine zusätzliche Lackierung ist dann nicht mehr notwendig.)

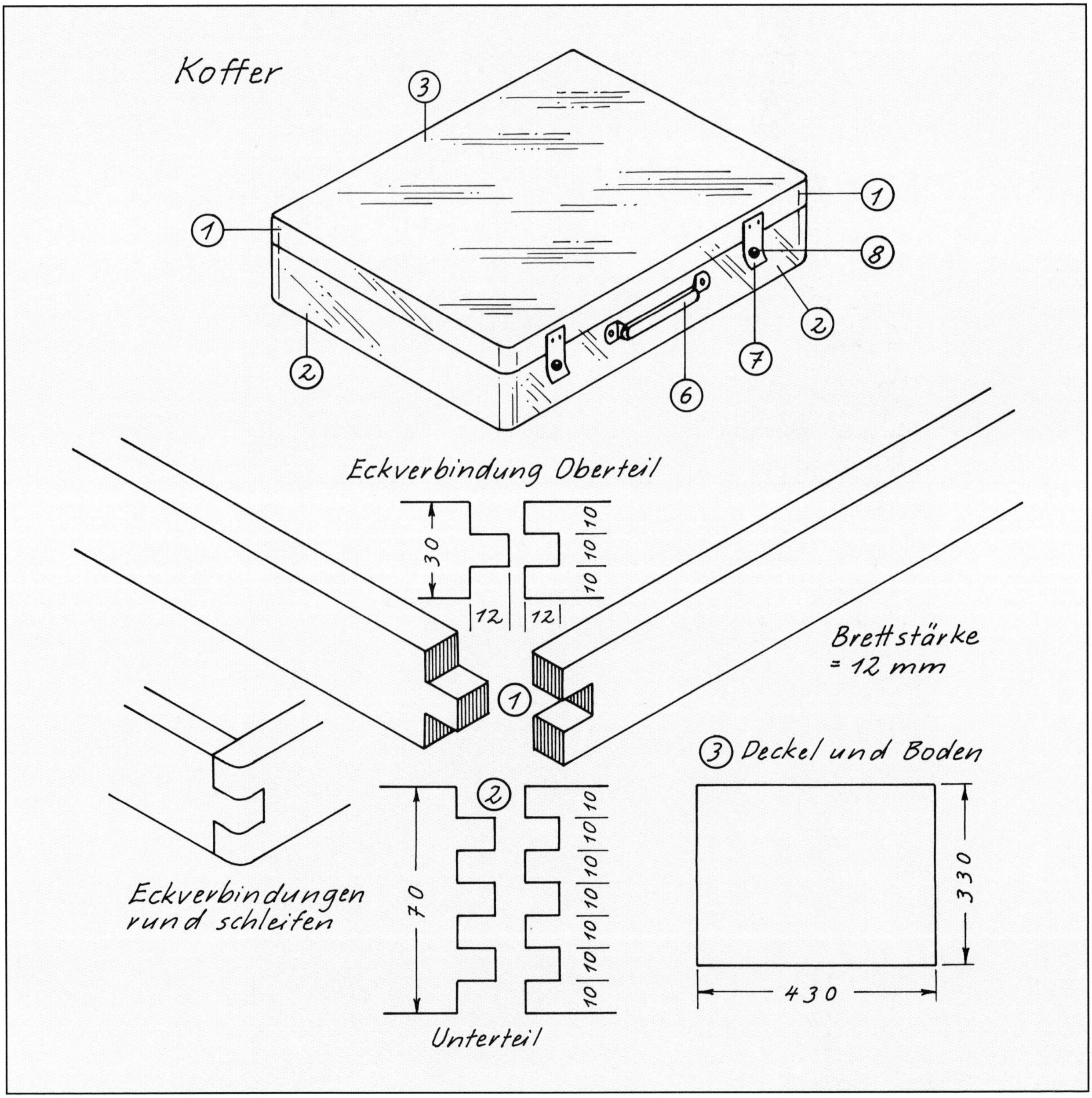

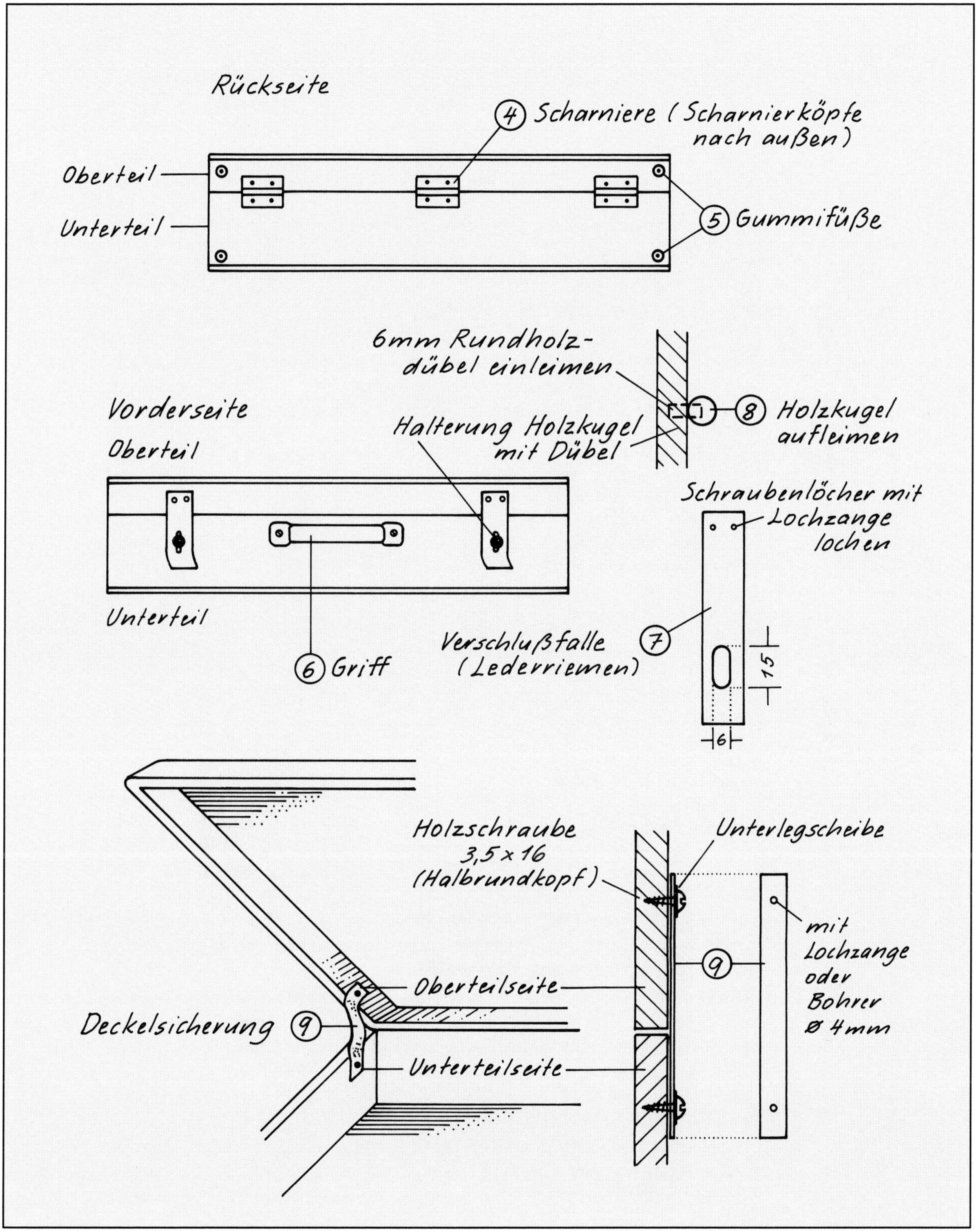
Rückseite
4 Scharniere (Scharnierköpfe nach außen)
Oberteil
Unterteil
5 Gummifüße
6mm Rundholzdübel einleimen
Vorderseite
Oberteil
Halterung Holzkugel mit Dübel
8 Holzkugel aufleimen
Schraubenlöcher mit Lochzange lochen
Unterteil
7 Verschlußfalle (Lederriemen)
6 Griff
15
6
Holzschraube 3,5 x 16 (Halbrundkopf)
Unterlegscheibe
mit Lochzange oder Bohrer Ø 4mm
9
Oberteilseite
Deckelsicherung 9
Unterteilseite

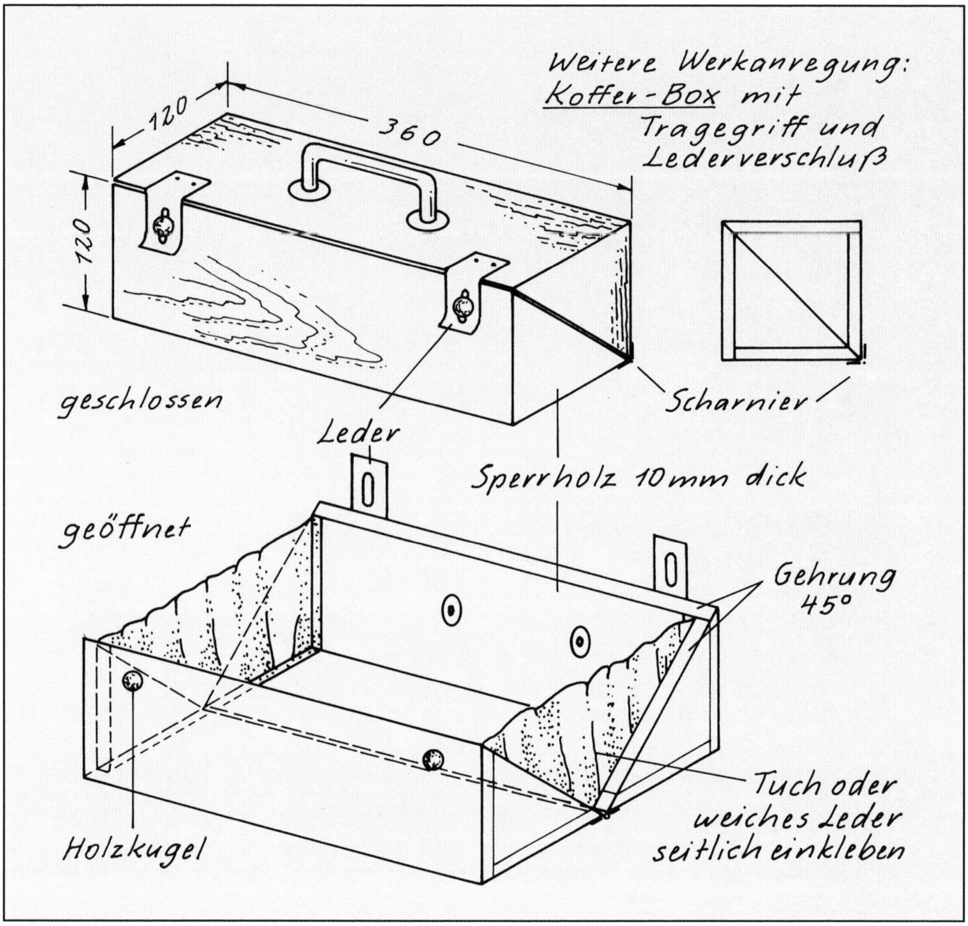

Klapphocker und Regiestuhl

Klapphocker

Für die Sitzfläche benötigt man einen strapazierfähigen Stoff (z. B. Markisen- oder Jeansstoff). Dieser Bezug wird zuerst auf der Nähmaschine gefertigt (siehe Abbildung).

Der Klapphocker wird einfach aus zwei Rahmen zusammengesetzt (schmaler Innenrahmen / breiter Außenrahmen). Man verwendet dafür astfreie Fichtenholzleisten oder Hartholzleisten, die mit 10 mm starken Gewindestäben stabil verschraubt werden. (Bohrlochmittelpunkt: 20 mm Randabstand).

Die Leistenenden rundet man halbkreisförmig ab. In die Mitte der Rahmenhölzer bohrt man Löcher (10 mm ⌀) für die Drehzapfen, die das Zusammenklappen des Hockers ermöglichen. Die Drehzapfen (10-mm-Buchenholzdübel) werden nur in einem Sitzrahmen festgeleimt, im anderen müssen sie sich drehen können.

Die Holzteile müssen vor dem Zusammenbau abgeschliffen und lackiert oder gewachst werden.
Mit Hutmuttern außen, Unterlegscheiben und Sechskantmuttern innen, schraubt man die Rahmenhölzer mit den Gewindestangen zusammen. Dabei wird der Sitzbezug zwischen die oberen Gewindestangen gehängt. Durch die schmalere Konstruktion wirft der Stoff am Innenrahmen kleine

Klapphocker und Klappstuhl sind ideale zusätzliche Sitzplätze. Sie lassen sich auch leicht transportieren und sind deshalb praktisch bei verschiedenen Hobbytätigkeiten (Malen, Angeln).

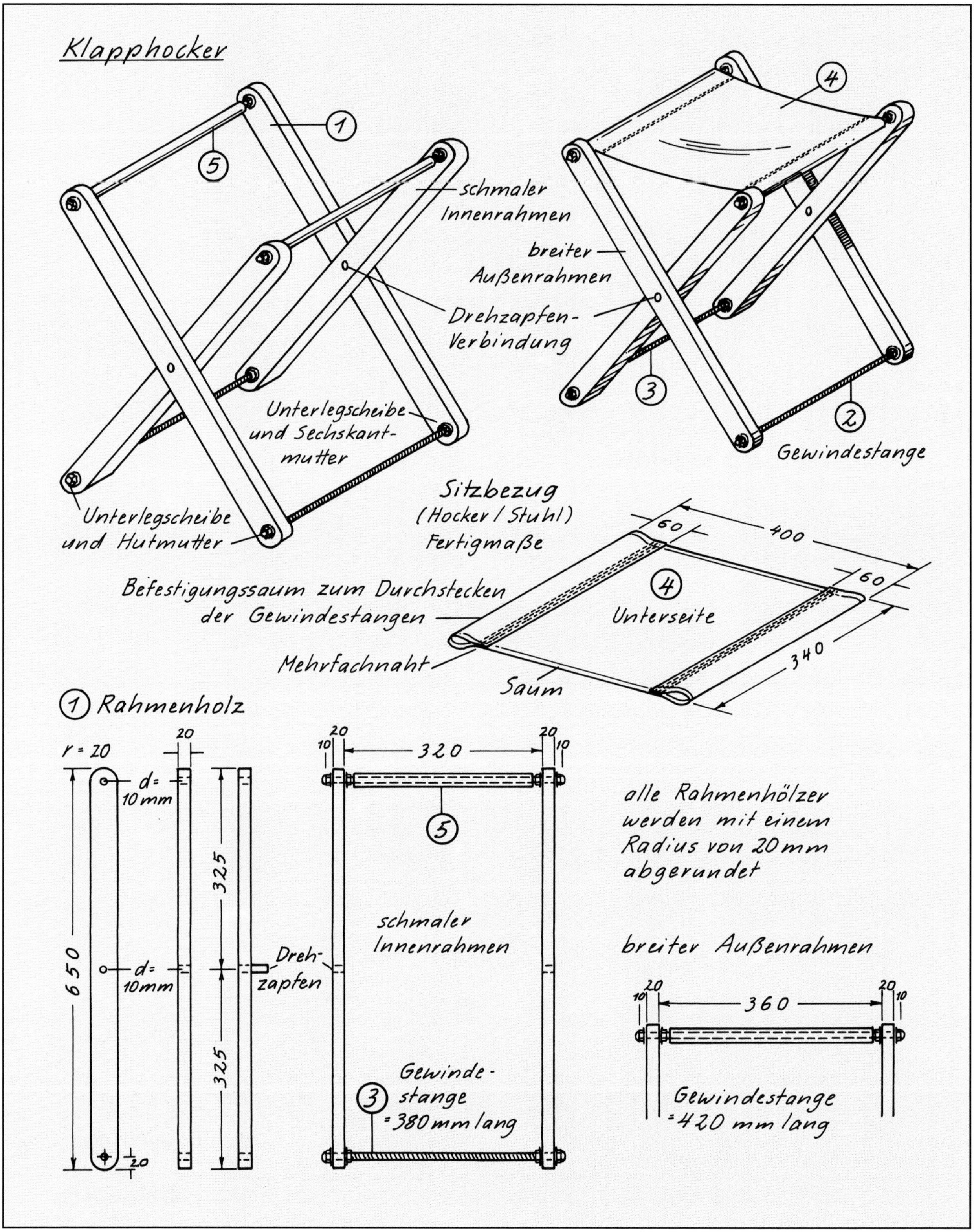

Klapphocker
1
5
schmaler Innenrahmen
breiter Außenrahmen
Drehzapfen-Verbindung
Unterlegscheibe und Sechskantmutter
Unterlegscheibe und Hutmutter
4
3
2
Gewindestange
Sitzbezug (Hocker / Stuhl) Fertigmaße
60
400
60
4
Unterseite
340
Befestigungssaum zum Durchstecken der Gewindestangen
Mehrfachnaht
Saum
1 Rahmenholz
r = 20
d = 10 mm
d = 10mm
20
650
325
325
20
Drehzapfen
20
10
320
20
10
5
schmaler Innenrahmen
Gewindestange = 380 mm lang
3
alle Rahmenhölzer werden mit einem Radius von 20 mm abgerundet
breiter Außenrahmen
20
10
360
20
10
Gewindestange = 420 mm lang

Falten, der Außenrahmen bietet dagegen reichlich Platz für den Bezug.

Hinweis: Über die obere Gewindestange wird eine Schutzhülle (Kabelschlauch/PVC-Schlauch) gesteckt, damit der Sitzbezug nicht beschädigt wird.

Regiestuhl
Der Klapphocker läßt sich zum bequemen Regiestuhl erweitern, indem einfach eine Lehne angebaut wird. Dazu muß man einige Bauteile des Hockers abändern:
Damit die Lehnenhölzer senkrecht angesetzt werden können, müssen auf den schmalen Hockerrahmen Abstandhölzchen aufgeleimt werden.
Die Gewindestangen müssen länger sein, damit die Lehnenhölzer daran befestigt werden können.
Die unteren Befestigungslöcher bohrt man mit einem stirnseitigen Randabstand von 20 mm (Bohrerdurchmesser 10 mm) in die Leistenmitte.

Etwas Mühe bereitet das Anbringen der 10 mm breiten Schlitze in die senkrechten Lehnenhölzer. Diese Führungen sind 200 mm lang. Sie werden mit einem Spiralbohrer durch Bohren einer Reihe von Löchern hergestellt und mit einer Feile und Schleifpapier geglättet.
Diese Lehnenhölzer schraubt man mit passenden Unterlegscheiben und selbstsichernden Sechskantmuttern oder Hutmuttern an das fertige Sitzgestell.

Wichtig: Die Schraubverbindungen müssen locker sein, damit der Stuhl zusammengeklappt werden kann. Abschließend wird zwischen die Lehnenhölzer ein Stoffbezug gespannt und mit Polsternägeln oder Heftklammern (Tucker) befestigt.

Hinweis: Zur Zugentlastung werden die Stoffenden einmal um die Holzleiste gewickelt.

Klapphocker und Regiestuhl ●●●●

Menge	Bezeichnung	Maße in mm	Material	Kenn-Nr.
Klapphocker:				
4	Rahmenhölzer	20 x 40 x 650	Massivholzleiste	1
2	Gewindestangen	10 ∅ / 420 lang	Gewindestangen	2
2	Gewindestangen	10 ∅ / 380 lang	Gewindestangen	3
1	Sitzbezug	400 x 340	Möbelbezugstoff	4
2	Schutzhüllen	12 ∅	Gummischlauch	5
Regiestuhl:				
4	Rahmenhölzer	20 x 40 x 650	Massivholzleiste	1
1	Sitzbezug	400 x 340	Möbelbezugstoff Leinenstoff/Segeltuch	4
2	Schutzhüllen	12 ∅	Gummischlauch	5
2	Abstandhölzchen	20 x 40 x 50	Massivholzleiste	6
2	Gewindestangen	M10 / 455 lang	Gewindestangen	7
2	Gewindestangen	M10 / 435 lang	Gewindestangen	8
2	Lehnenhölzer	35 x 50 x 850	Massivholzleiste	9
1	Lehnenbezug	200 x 620	Möbelbezugstoff	10

Hutmuttern / Sechskantmuttern / Unterlegscheiben / Polsternägel / Holzdübel 10 ∅.

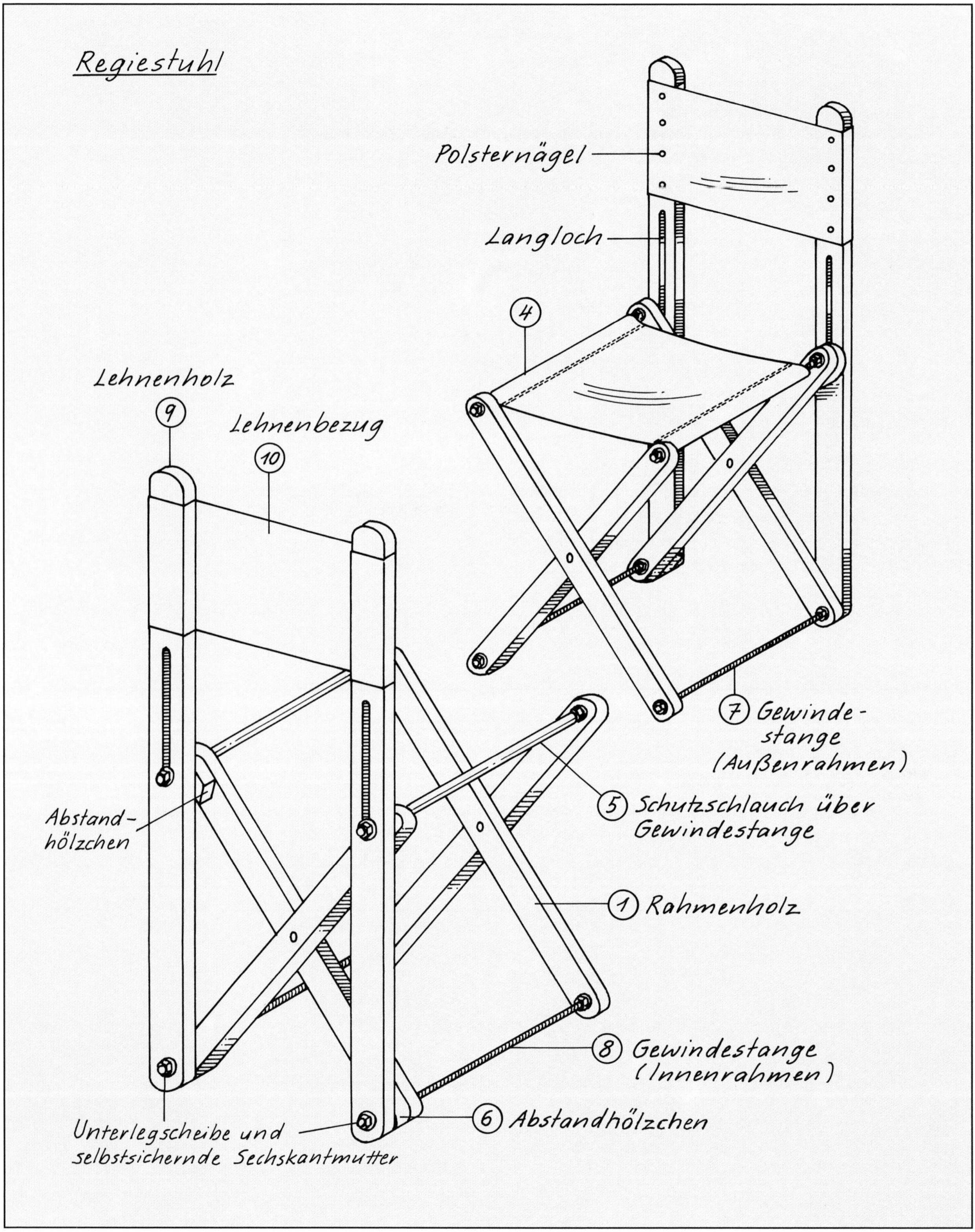
Regiestuhl
Polsternägel
Langloch
4
Lehnenholz
9
Lehnenbezug
10
7 Gewindestange (Außenrahmen)
Abstandhölzchen
5 Schutzschlauch über Gewindestange
1 Rahmenholz
8 Gewindestange (Innenrahmen)
6 Abstandhölzchen
Unterlegscheibe und selbstsichernde Sechskantmutter

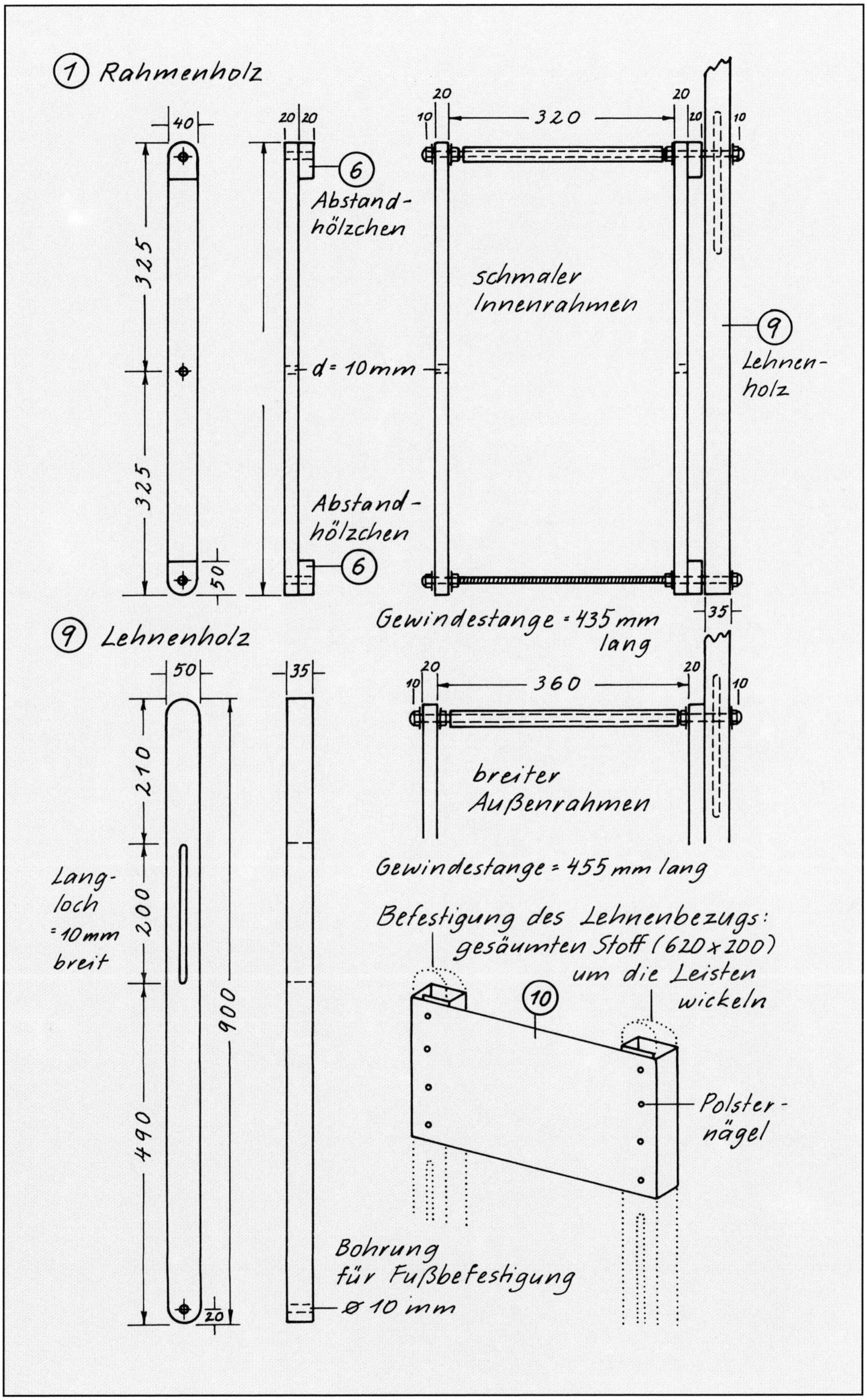

1 Rahmenholz
40
20 20
325
325
50
6
Abstand-
hölzchen
d = 10 mm
Abstand-
hölzchen
6
20
20
10
320
20
10
schmaler
Innenrahmen
9
Lehnen-
holz
35
Gewindestange = 435 mm
lang
9 Lehnenholz
50
35
210
200
490
900
20
Lang-
loch
= 10 mm
breit
20
20
10
360
10
breiter
Außenrahmen
Gewindestange = 455 mm lang
Befestigung des Lehnenbezugs:
gesäumten Stoff (620 x 200)
um die Leisten
wickeln
10
Polster-
nägel
Bohrung
für Fußbefestigung
ø 10 mm

IX. Kreative Werkstücke

Masken aus Gipsbinden

Aus Gipsbinden, die es in der Apotheke gibt, kann man leicht schöne Gesichtsmasken (Halb- und Vollmasken) modellieren.
Dazu muß man jedoch zu zweit sein, denn man benötigt ein Modell.
Der Arbeitsplatz muß gut mit Tüchern, Papier oder Folie abgedeckt werden. Das Modell kann sich bequem in einem Stuhl zurücklehnen und den Hinterkopf auf die Stuhllehne stützen. Haare und Kleidung werden sorgfältig abgedeckt.
Damit der Gips nicht festklebt, muß auf das ganze Gesicht eine dicke Schicht Hautcreme aufgetragen werden. Als einfacheres Trennmittel kann man jedoch auch eine Lebensmittelfolie verwenden. Sie wird einfach übers Gesicht gelegt. Durch dicke Trinkhalme, die man sich zwischen die Lippen steckt, wird geatmet. Bei Halbmasken bleibt der Mundbereich frei.
Die Gipsbinden zerschneidet man in 5–8 cm lange Stücke, weicht sie kurz in Wasser ein und überzieht damit in mehreren Schichten das abgedeckte Gesicht. Der Gipsbelag wird vorsichtig angedrückt.
So kann man die einzelnen Gesichtsteile deutlich herausmodellieren. Die oberste Gipsschicht wird sorgfältig glattgestrichen.
Die Gipsmasse härtet schnell aus. Die Maske kann dann vorsichtig abgenommen werden. Mit einer Schere läßt sich der Maskenrand ausgleichen. Auch Augen-, Nasen-, Mundöffnung und Befestigungslöcher kann

Die Maskenränder werden durch zusätzliche Gipsbindenauflagen verdickt; so reißen die Befestigungslöcher nicht aus.

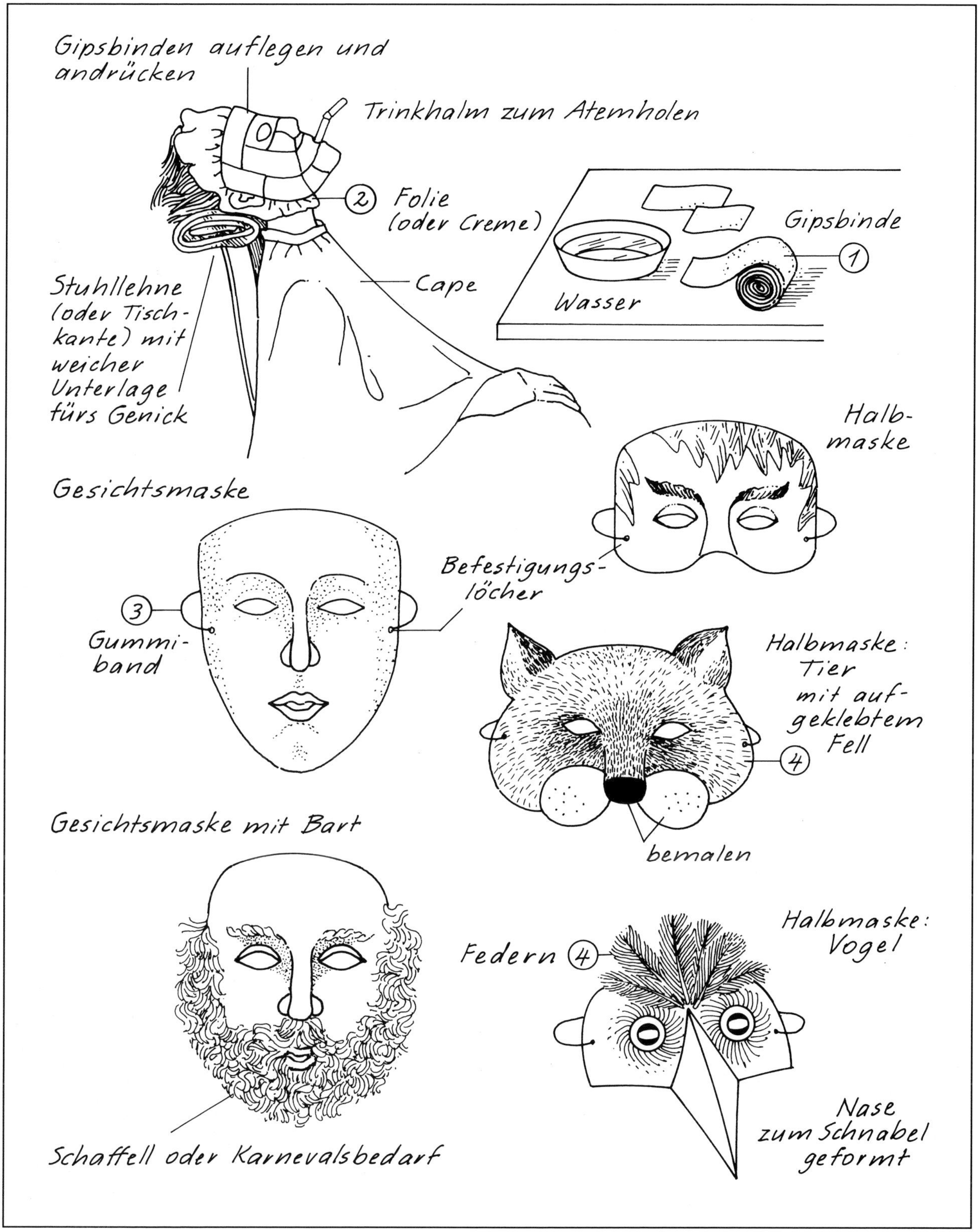
Gipsbinden auflegen und andrücken
Trinkhalm zum Atemholen
2 Folie (oder Creme)
Gipsbinde
1
Wasser
Cape
Stuhllehne (oder Tischkante) mit weicher Unterlage fürs Genick
Halbmaske
Gesichtsmaske
Befestigungslöcher
3
Gummiband
Halbmaske: Tier mit aufgeklebtem Fell
4
bemalen
Gesichtsmaske mit Bart
Halbmaske: Vogel
Federn 4
Nase zum Schnabel geformt
Schaffell oder Karnevalsbedarf

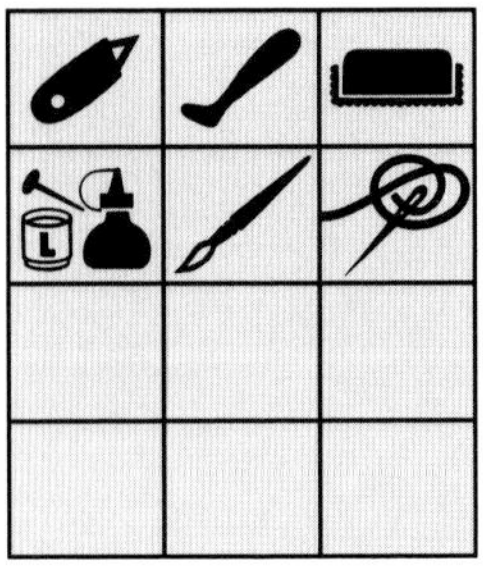

Masken aus Gipsbinden ●●

Menge	Bezeichnung	Maße in mm	Material	Kenn-Nr.
3–4	Gipsbinden		Gipsbinden	1
1	Trennmittel		Folie	2
1	Befestigungsband	ca. 300	Gummiband	3
div.	Dekorationsmaterial		Federn / Fell / Wolle Folie / Perlen u. a.	4

Klebstoff / Dispersionsfarben oder Deckfarben / Lack / Trinkhalme

man jetzt leicht herausschneiden und eventuell mit Gipsmasse nachbessern.
Bis zum vollständigen Aushärten und Austrocknen sollte die Maske ein bis zwei Tage ruhen.
Erst dann wird sie phantasievoll bemalt, lackiert und mit verschiedenen Dingen beklebt. Besonders die Halbmasken eignen sich für Applikationen.

Masken aus Papier und Pappe

Man braucht nur Pappe, Kleisterpapier und etwas Phantasie, und schon können die verrücktesten Masken entstehen.
Zuerst zerlegt man einen Pappkarton und zeichnet den Maskenumriß (Netz) entsprechend der Vorlage auf. Das zugeschnittene Netz wird aufgebogen bzw. eingeklappt und mit Klebstoff oder Paketklebeband zu einer wannenförmigen Maskenrohform zusammengeklebt.
Diese Form zieht man nun vorsichtig über den Kopf und probiert so, ob die Größe paßt. Wenn die Maske zu weit ist, kann später mit Papier ausgepolstert werden; ist sie zu eng, müssen die entsprechenden Klebeverbindungen nochmals gelöst und neu verklebt werden.
Gleichzeitig kann man auch die Öffnungen für Mund und Augen festlegen. Dazu markiert man einfach mit feuchten oder mit Wasserfarben eingefärbten Fingerspitzen die Lage der Augen und des Mundes auf der Außenseite der übergezogenen Maske, indem man blind mit den Fingerspitzen auf die entsprechende Stelle drückt. Der Augenabstand muß meistens noch etwas korrigiert werden; er sollte ca. 40 mm betragen.
Mit einer Schere oder dem Schneidemesser lassen sich die Öffnungen herausschneiden.
Für die Nasenöffnung wird ein T-förmiger Einschnitt angebracht; die dreieckigen Seitenteile klappt man hoch.
Die Teile der Maske, an denen später die Befestigungsbänder angebracht werden,

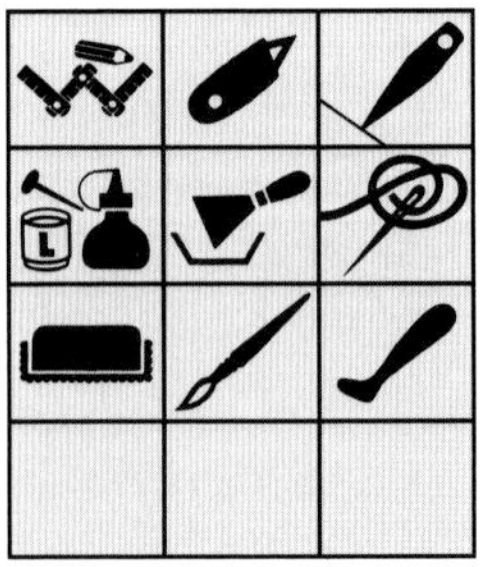

Masken aus Papier und Pappe ●●

Menge	Bezeichnung	Maße in mm	Material	Kenn-Nr.
1	Rohform	ca. 150 x 250	Karton	1
3	Verstärkungsbänder	ca. 50 x 100	weiche Lederstücke	2
diverse	Klebebänder		Paketklebeband	3
2	Befestigungsbänder	ca. 25 x 250	Gummiband	4

Klebstoff / Leim / Kleister / Zeitungspapier / Dispersionsfarbe / Wolle / Fellreste / Lack / Sicherheitsnadel

Eine Riesenmaske für die Faschingszeit. Schon das Herstellen und Gestalten einer solchen Maske macht viel Spaß.

können mit Leder- oder Stoffstückchen verstärkt werden.
Nun kann die eigentliche Modellierarbeit beginnen. In der Kaschiertechnik klebt man mehrere Schichten Zeitungspapier mit Kleister außen und innen über die ganze Maske. Mit Kleister getränkte Papierwülste werden als Augenbrauen, Wangenknochen, Stirn, Nase, Lippen, Backen und Kinn aufgesetzt und mit Papierstückchen so überklebt, daß man die Ansatzstellen nicht sieht.

Wichtig: Eine Maske lebt vom Prinzip der Übertreibung, das heißt, wichtige Gesichtsteile muß man besonders groß und auffallend gestalten.
Die letzten Papierschichten klebt man unter Zugabe von Holzleim auf und versucht,

durch sorgfältiges Anreiben des Papiers eine glatte Oberfläche zu erreichen.

Nach dem Trocknen der Maske (1 – 2 Tage) werden die Schlitze für die Befestigungsbänder mit einem Schneidemesser herausgeschnitten. Dann wird die Maske mit Dispersionsfarben bemalt und lackiert.

Abschließend klebt man mit Wollfäden oder Fellstücken Haare bzw. Bart auf und zieht die Befestigungsbänder (breites Webband oder Gummiband) ein. Die richtige Bandlänge findet man am besten bei einer „Anprobe" heraus. Deshalb wird das Band an einer Seite noch nicht vernäht, sondern lediglich mit einer Sicherheitsnadel zusammengeheftet. Bei Bedarf steckt man es weiter oder enger. Erst dann werden die Bandteile sorgfältig aneinandergenäht.

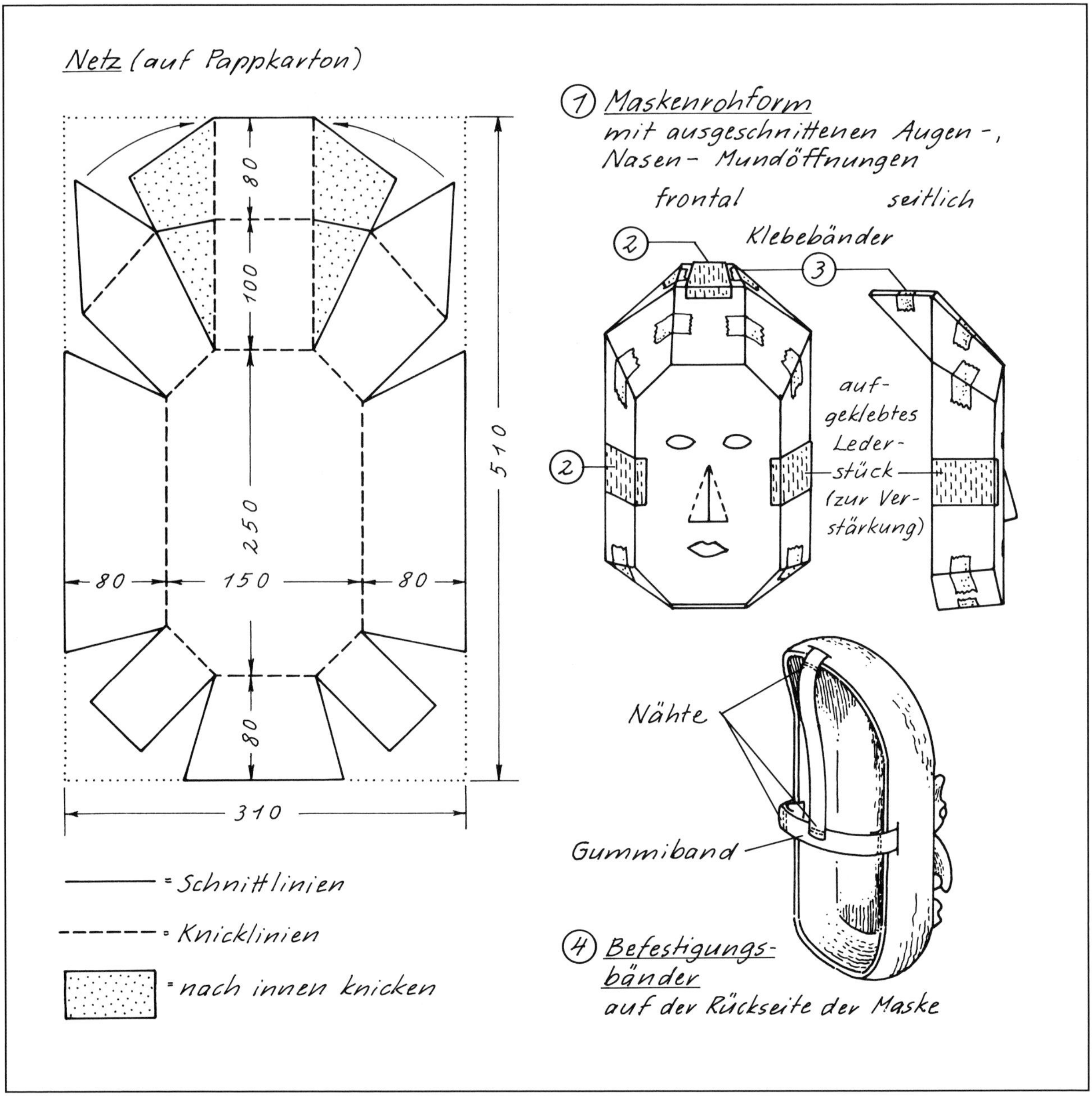

Handpuppen aus Pappmaché

Das Handpuppenspiel gehört wohl zu den ursprünglichsten Spielen der Menschen. Trotz geringem Aufwand gibt es eine Fülle von Ausdrucks- und Identifikationsmöglichkeiten für Spieler und Zuschauer.
In jeder Familie sollte das Puppenspiel als bewußte Ergänzung zu den modernen Medien gepflegt werden, und in jeden Kindergarten und in jede Schule gehört ein Puppentheater.

Das einfachste Handpuppenspiel ist die Darstellung von Figuren mit der unverkleideten Hand. Die Finger oder die Hand werden mit Gesichtern bemalt, oder es wird einfach ein Tuch um die Hand geschlungen. Auch ein Strumpf oder eine Socke, über die Hand gezogen, ergibt eine einfache Puppe. Besondere Freude bereitet jedoch das Spiel mit selbst modellierten Charakterköpfen.
Aus Pappmaché und mit der Papierkaschiertechnik kann man wunderschöne Figuren herstellen.
Als Modellierhilfe benötigt man einen Formstab, über dem der Puppenkopf aufgebaut wird. Mit Klebeband kann man den Stab an einem Topf oder einem Holzklotz befestigen (andere Befestigungsmöglichkeiten: Holzklotz mit Bohrung oder Schraubstock).
Zunächst wickelt man einige nur mit Wasser befeuchtete Zeitungspapierstücke um den Holzstab. Sie dienen als Trennschicht zwischen Holz und Kleisterpapier.
Darüber formt man mit zerknäultem und leicht mit Kleister bestrichenem Zeitungspapier den eiförmigen Kern des Kopfes (ca. 80 – 100 mm ∅).
Für den weiteren Aufbau verwendet man Kleister und Leim als Bindemittel.
Mit Pappmaché oder mit gut durchfeuchteten Papierknäueln und -wülsten werden die einzelnen Gesichtsbereiche herausmodelliert (Stirn, Augenbrauen, Augen, Wangenknochen, Nase, Backen, Lippen, Kinn).

Wichtig: Ein Puppengesicht lebt von der Übertreibung, das heißt einzelne, für die Figur wichtige Gesichtsmerkmale gestaltet man besonders groß; dadurch erhält die Puppe ihren ganz besonderen Charakter.
Sehr wichtig ist es, am unteren Ende des Halses einen breiten Wulst aufzusetzen, über den später das Kleid der Puppe gebunden wird.

Ganz zum Schluß wird mit dünnem Papier, das man in Stücke reißt und mit Leim übereinanderklebt, eine mehrschichtige glatte Oberfläche aufgetragen.
Ist der Kopf völlig durchgetrocknet, kann man ihn mit Sandpapier bearbeiten und mit Dispersionsfarben bemalen. Die trockene Farbe bekommt einen Schutzüberzug aus Lack. Nun kann auch der Formstab herausgezogen und die Halsöffnung an die Spielfinger (Zeigefinger und Mittelfinger) angepaßt werden.
Aufgeklebte Wollfäden, Hanf oder Fellstücke ergeben Haare und Bart.
Die im Kimonoschnitt gefertigten Kleider der Puppe sollten sehr einfach sein und in den Maßen an die Spannweite der spielen-

Handpuppen aus Pappmaché ●●

Menge	Bezeichnung	Maße in mm	Material	Kenn-Nr.
1	Formstab	ca. 400 x 30 ∅	Rundholz	1
1	Puppenkleid		weicher Stoff	2

Papierschnitzel / Kleister / Leim / Klebeband / Dispersionsfarben / Wollfäden / Lack / Band

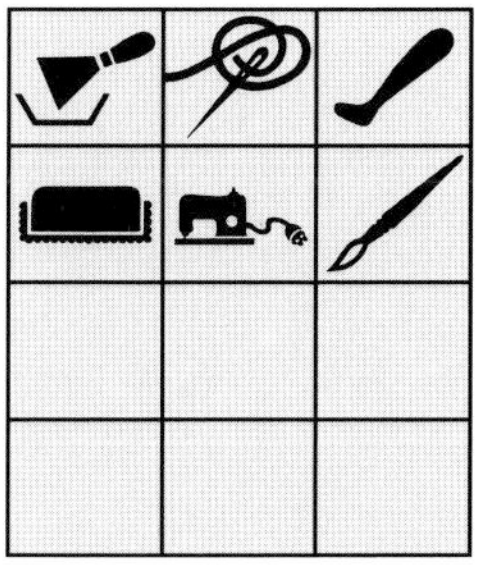

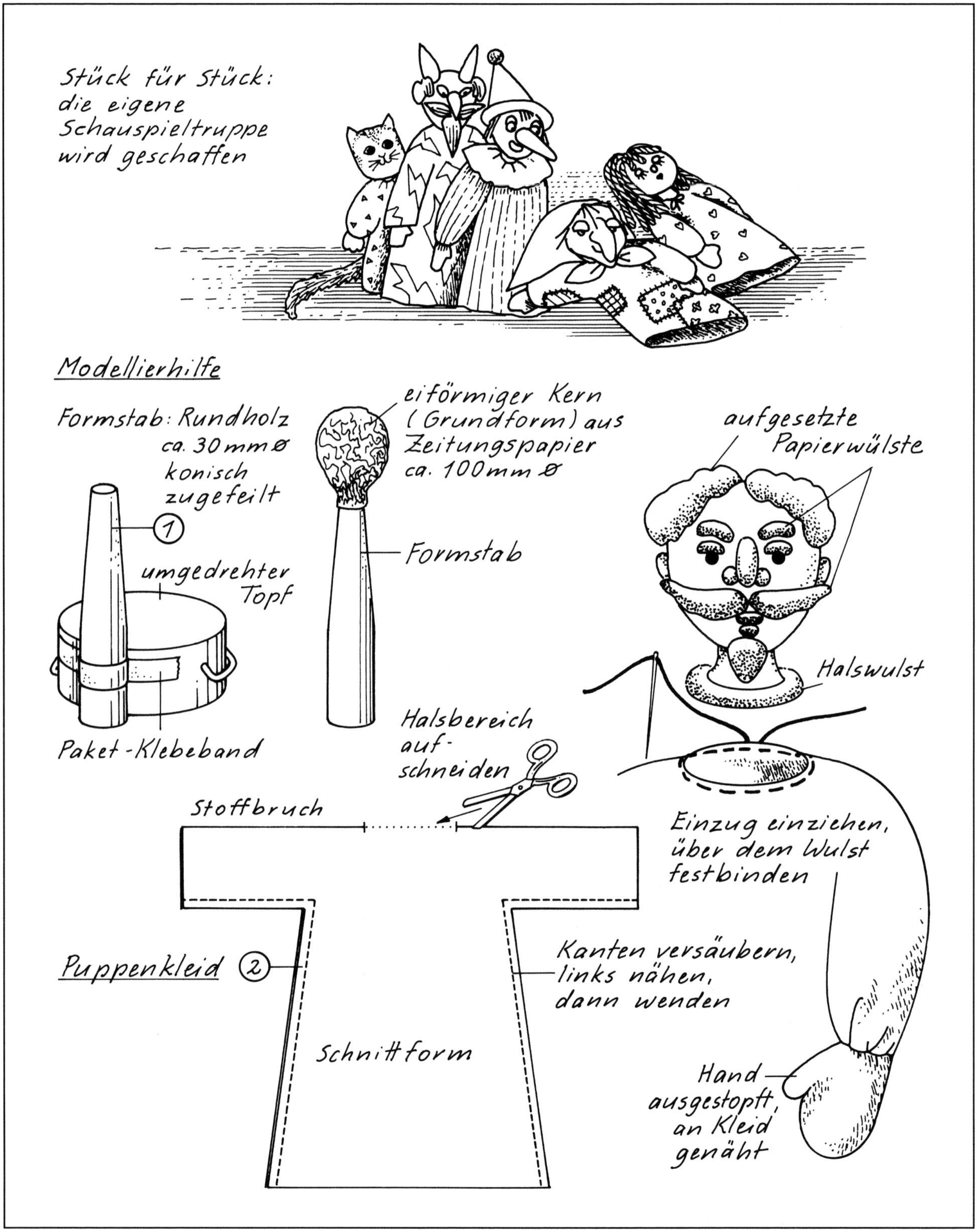
Stück für Stück:
die eigene
Schauspieltruppe
wird geschaffen
Modellierhilfe
Formstab: Rundholz
ca. 30 mm ø
konisch
zugefeilt
1
umgedrehter
Topf
Paket-Klebeband
eiförmiger Kern
(Grundform) aus
Zeitungspapier
ca. 100 mm ø
Formstab
aufgesetzte
Papierwülste
Halswulst
Halsbereich
auf-
schneiden
Stoffbruch
Einzug einziehen,
über dem Wulst
festbinden
Puppenkleid 2
Kanten versäubern,
links nähen,
dann wenden
Schnittform
Hand
ausgestopft,
an Kleid
genäht

Die Charakterköpfe der Handpuppen sind aus Papier und Kleister modelliert.

den Hand angepaßt werden. Sie müssen weit und lang genug sein, damit sie locker über den Arm des Spielers fallen. Außerdem benötigen alle Kleidungsstücke am Halsausschnitt ein durchgezogenes Band, mit dem sie über den Halswulst um den Puppenkopf gebunden werden können.
Sehr dekorativ, jedoch nicht unbedingt notwendig sind Hände. Man kann sie entweder aus Pappmaché formen oder – wenn sie besonders schön sein sollen – aus Holz schnitzen und bemalen.
Am einfachsten und schnellsten gehen aber Stoffhände. Sie werden einfach links auf links zusammengenäht (am Ärmel offen lassen), gewendet und mit Wolle ausgestopft. Anschließend näht man sie in die Ärmel ein.

Briefbeschwerer

Speckstein oder Stealit läßt sich leicht bearbeiten und eignet sich deshalb hervorragend zum plastischen Gestalten. Mit Säge, Raspel und Feile, mit Messer, Schaber und Stichel wird der Stein in Form gebracht und mit Schleifpapier, Stahlwolle und Poliertuch geglättet und poliert.

Besonders reizvoll ist die Nachbildung eines weichen Gegenstandes. In Stein nachgeschnittene Falten einer Stofftasche lassen zum Beispiel den an sich schweren Werkstoff überraschend leicht aussehen.
Ein aus Speckstein nachgebildetes Schreibmäppchen eignet sich sehr gut als Briefbeschwerer. Dazu sägt man zuerst mit einer alten Feinsäge einen entsprechenden Quader aus einem Stealitbrocken.

Hinweis: Wenn ein feuchtes Tuch unter das Werkstück gelegt wird, kann verhindert werden, daß der Arbeitsplatz durch den entstehenden Steinstaub unnötig verschmutzt wird.
Mit der Raspel wird die grobe Form des Mäppchens herausgearbeitet.
Details wie zum Beispiel den Reißverschluß oder Nähte und kleine Falten schneidet man mit einem spitzen Messer aus. Die Oberfläche des Steines kann man gut mit Schleifpapier und Stahlwolle glätten; man muß aber darauf achten, daß wichtige Strukturen nicht abgeschliffen werden.
Das fertige Werkstück wird mit klarem Wasser abgespült und so von Staubresten

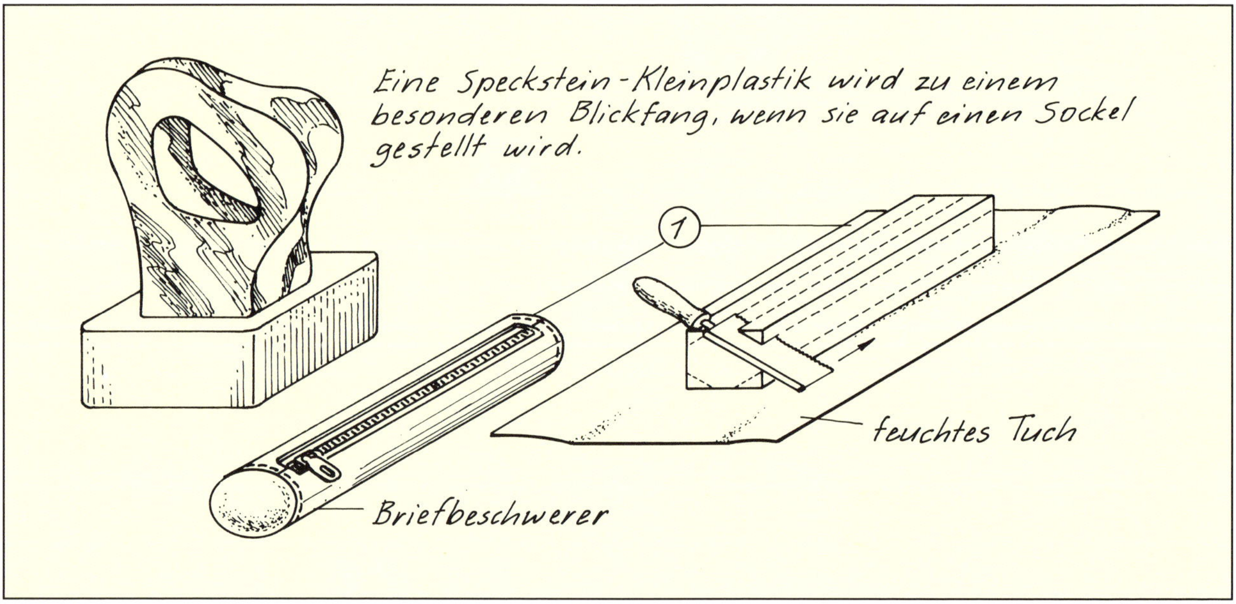

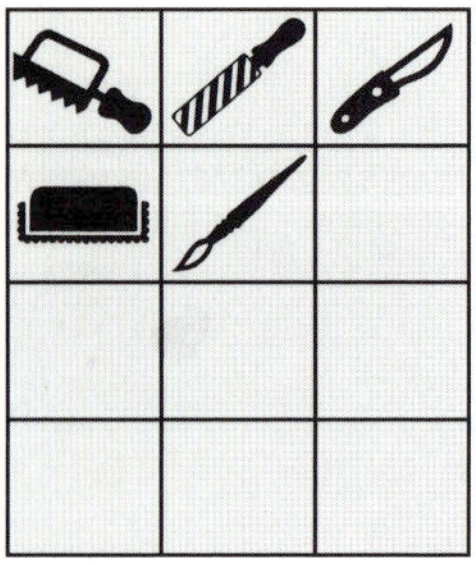

Briefbeschwerer ●●●

Menge	Bezeichnung	Maße in mm	Material	Kenn-Nr.
1	Briefbeschwerer		Speckstein	1

Öl / Klarlack

befreit. Mit Öl eingerieben oder mit Klarlack überzogen, erhält der Briefbeschwerer einen dauerhaften und edlen Glanz.

Anregung: Aus kleineren Specksteinstückchen können schöne Schmuckstücke hergestellt werden (z. B. Broschen, Gemmen, Ohrgehänge). Diese kleinen Werkstücke kann man durch Erhitzen im Herd oder Brennofen härten und farblich verändern. Die richtige Temperatur muß man durch Experimentieren herausfinden.
Aus Speckstein lassen sich auch schöne Schmuckdosen herstellen: Dazu wird der Stein quaderförmig zugesägt (z. B. Würfel, Rechteckquader), vorsichtig mit dem Messer ausgehöhlt, geglättet und poliert.

Bei der Gestaltung einer abstrakten Plastik ist natürlich etwas Phantasie gefordert; bei der Nachbildung eines Gegenstandes sollte dagegen maß- und detailgenau gearbeitet werden.

Säulen aus Gips

Mit ein wenig handwerklichem Geschick kann man aus Gips wunderschöne Säulen formen. Für die ebenmäßige Säulenform benötigt man einen Drehkasten.

Er wird aus vier Brettern zusammengeschraubt und trägt die Kurbelachse und die Formschablone (siehe Abbildung). Die Kurbelachse läßt sich aus einem Rundeisenstab (Baustahl) biegen; die Formschablone wird aus einer wasserfesten Sperrholzplatte oder einer Kunststoffplatte herausgesägt. Auch eine Schablone aus Eisenblech eignet sich sehr gut. Bei größeren Schablonen muß in den Drehkasten eine Stützleiste eingebaut werden, damit die Schablone bei der Ausfor-

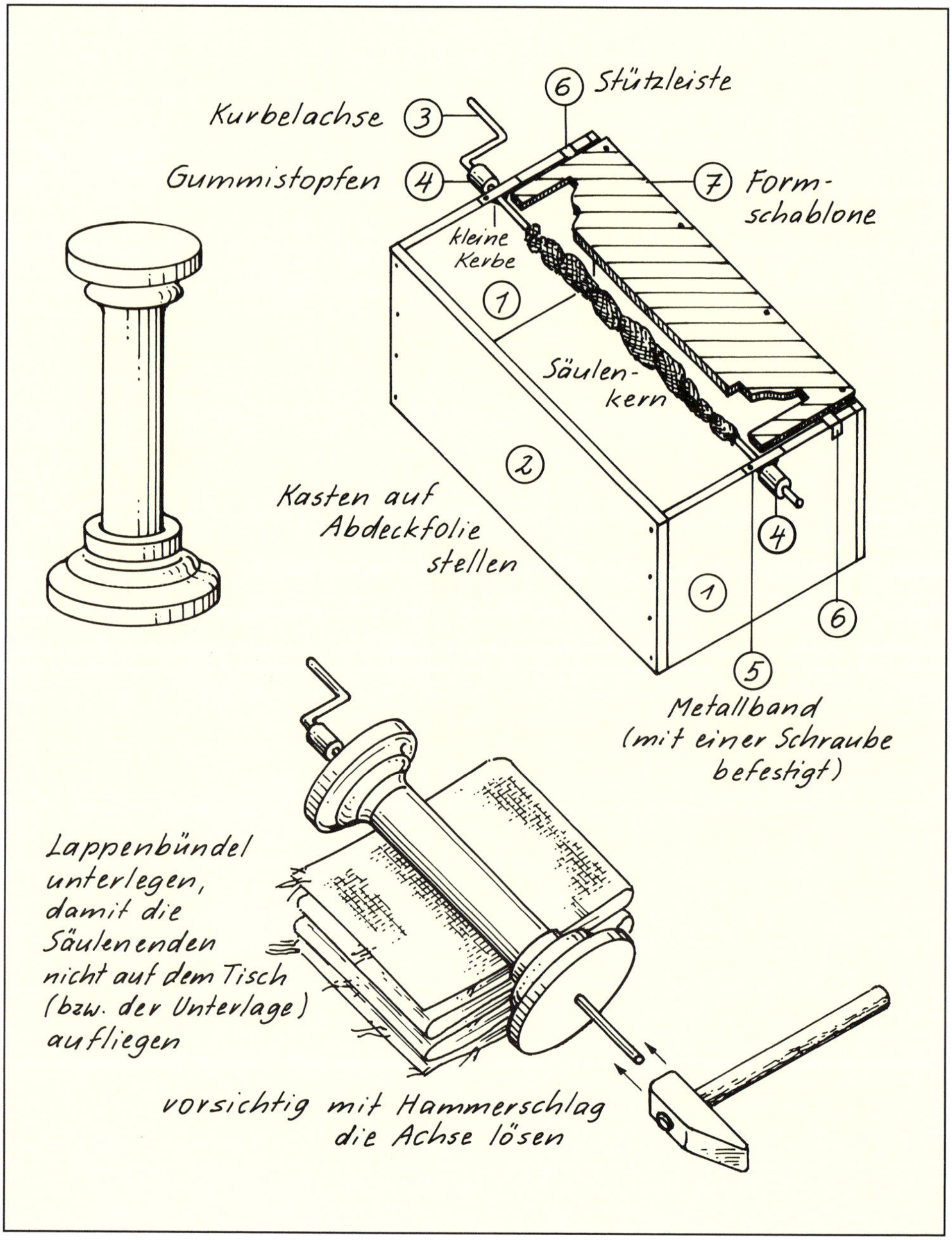

Säulen aus Gips ●●●●

Menge	Bezeichnung	Maße in mm	Material	Kenn-Nr.
2	Kastenbretter kurz	15 x 250	Sperrholz	1
2	Kastenbretter lang	15 x 250	Sperrholz	2
1	Kurbelachse	10 ⌀	Rundeisen	3
2	Gummihalterungen	30 ⌀	Gummistopfen	4
2	Metallhalterungen	ca. 50 lang	Metallband	5
1	Stützleiste	20 x 30	Holzleiste	6
versch.	Formschablonen		Kunststoff oder Sperrholz oder Blech	7

Bindedraht / Rupfen / Gips

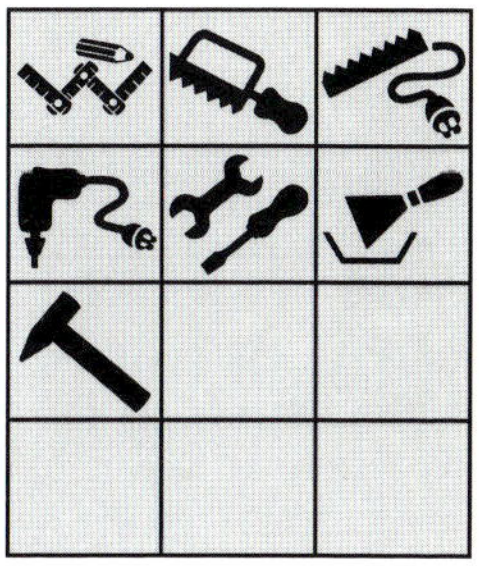

mung der Säule von der Gipsmasse nicht weggedrückt wird. Auch die Kurbelachse wird mit zwei Gummistopfen und zwei Metallbändern gesichert, damit sie beim Drehen nicht verrutscht. Zuerst wird der Säulenkern mit Jute oder Rupfen und Bindedraht auf die Kurbelachse gewickelt. Dann gibt man den Gipsbrei auf die Stange und dreht dabei langsam die Kurbel. Es muß zügig gearbeitet werden, denn der Gips wird

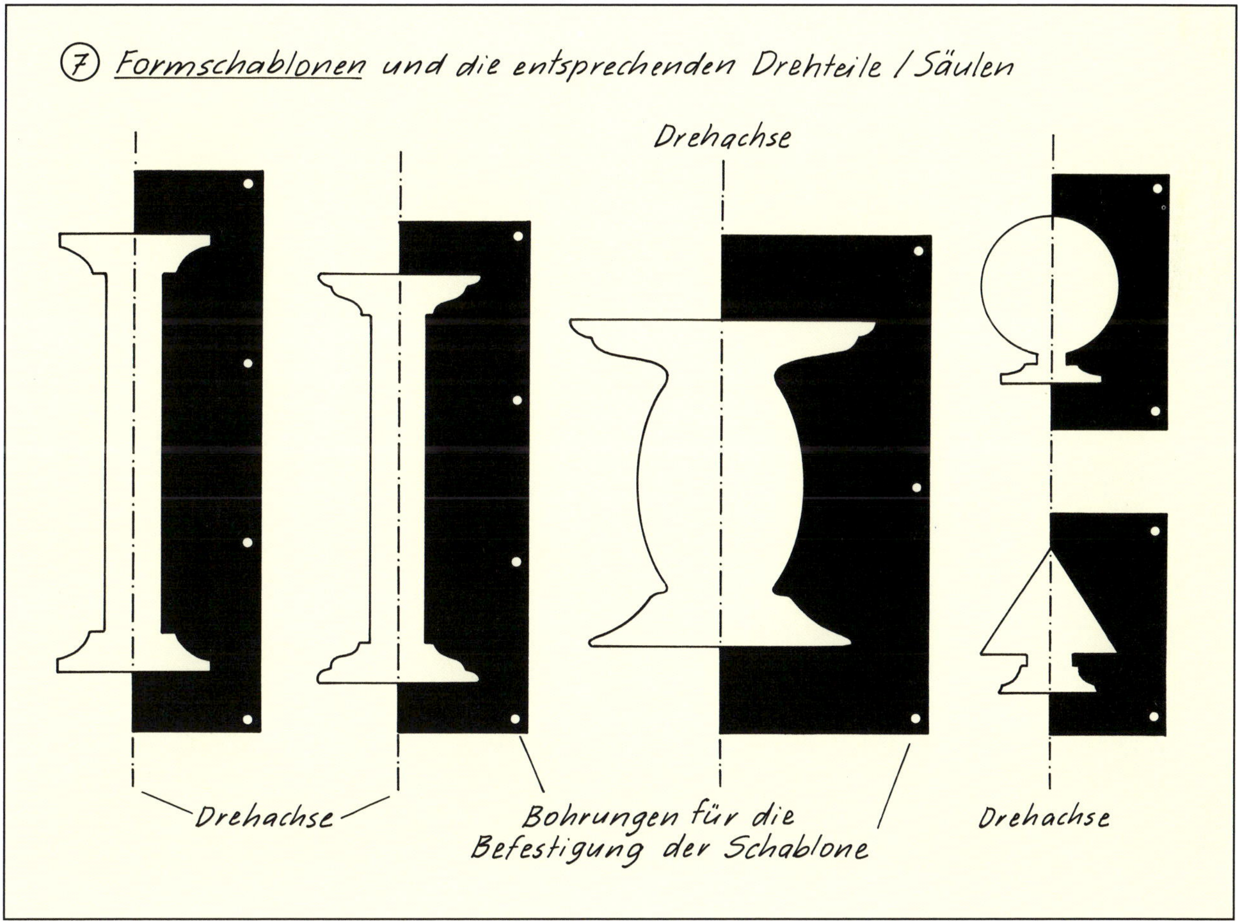

Säulen haben in der Architektur immer eine tragende Funktion. Sie verkörpern aber zugleich auch eine natürliche, ideale Form.

schnell fest. Erst wenn die Gipsmasse das Metallprofil berührt, beginnt die eigentliche Ausformung der Säule. Durch die Drehbewegung der Achse werden die Stellen sichtbar, wo noch Gips aufgetragen werden muß. Die letzten Unebenheiten lassen sich nur mit sehr flüssigen Gipsbrei bedecken. Die beiden Enden der Säulen müssen besonders sorgfältig bearbeitet werden.

Ist die Säule ausgeformt und wird die Oberfläche nicht mehr glatter, nimmt man das Werkstück aus dem Kasten. Auf einer weichen Unterlage läßt sich die Eisenstange durch einen Hammerschlag auf das Stangenende lösen und aus der Säule ziehen. Um völlig durchzuhärten, benötigt der Gips mehrere Stunden.

Schmuck aus technischen Gegenständen

Aus technischen Gegenständen kann man hervorragend Schmuck herstellen. Passende Bauteile dafür findet man in der Elektrotechnik, der Elektronik und der Metallverarbeitung. Auch Gebrauchsgegenstände aus dem Alltag und dem Haushalt können zu Schmuckstücken verarbeitet werden.
Die notwendigen Schmuckverschlüsse, Anstecknadeln, Klammern oder Schrauben können meist aus Edelmetalldraht selbst gebogen werden. Einfacher ist es jedoch, die passenden Fertigteile im Bastelladen zu kaufen.
In Elektronikgeschäften oder aber beim Radio- und Fernsehtechniker erhält man elektronische Bauteile, die gut miteinander verlötet werden können. Auch in einem defekten Radio- oder Fernsehgerät findet man viele geeignete Teile: elektronische Widerstände, Kondensatoren, Transistoren, Dioden und Platinen. Auch Schrauben oder Bleche kann man in Schmuckstücke einbauen.
Relativ leicht kann man eine Kette aus Widerständen herstellen. Dazu werden die Anschlußdrähte auf etwa 10 mm gekürzt und zu einer Öse gebogen. Eine Öse am Widerstand kann man jeweils verlöten; die zweite Öse wird in eine bereits verschlossene eingehängt und erst dann verlötet.
Achtung: Die ineinandergehängten Ösen dürfen nicht „zusammenbacken".

Am Kettenende lötet man den Kettenverschluß ein. Lange Ketten brauchen keinen Verschluß, denn sie werden über den Kopf gezogen. Sehr kurze Kettchen trägt man am Handgelenk.
Eine schöne Alternative ist auch eine Halskette mit hängenden Widerständen. Die mit Ösen versehenen Widerstände werden dabei an einer Öse abwechselnd mit Glas-

Durch die besonderen Formen und schönen Farben eignen sich die elektronischen Bauteile besonders gut zur Herstellung von Schmuck. Außerdem lassen sich die Einzelteile gut verlöten.

Schmuck aus technischen Gegenständen ●●●●

Menge	Bezeichnung	Maße in mm	Material	Kenn-Nr.
diverse	Schmuckelemente		elektr. Widerstände	1
			Dioden/LED, Kondensatoren, Transistoren	2
			Platinen	3

Silberdraht 0,75 / 1,0 mm^2 Querschnitt / Lötzinn / selbstklebendes Kupferband / Kleber

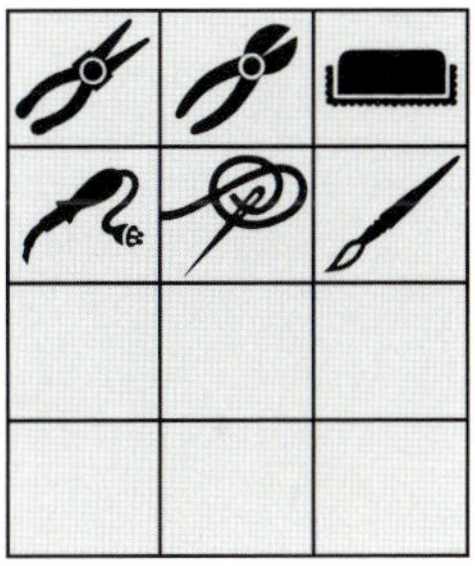

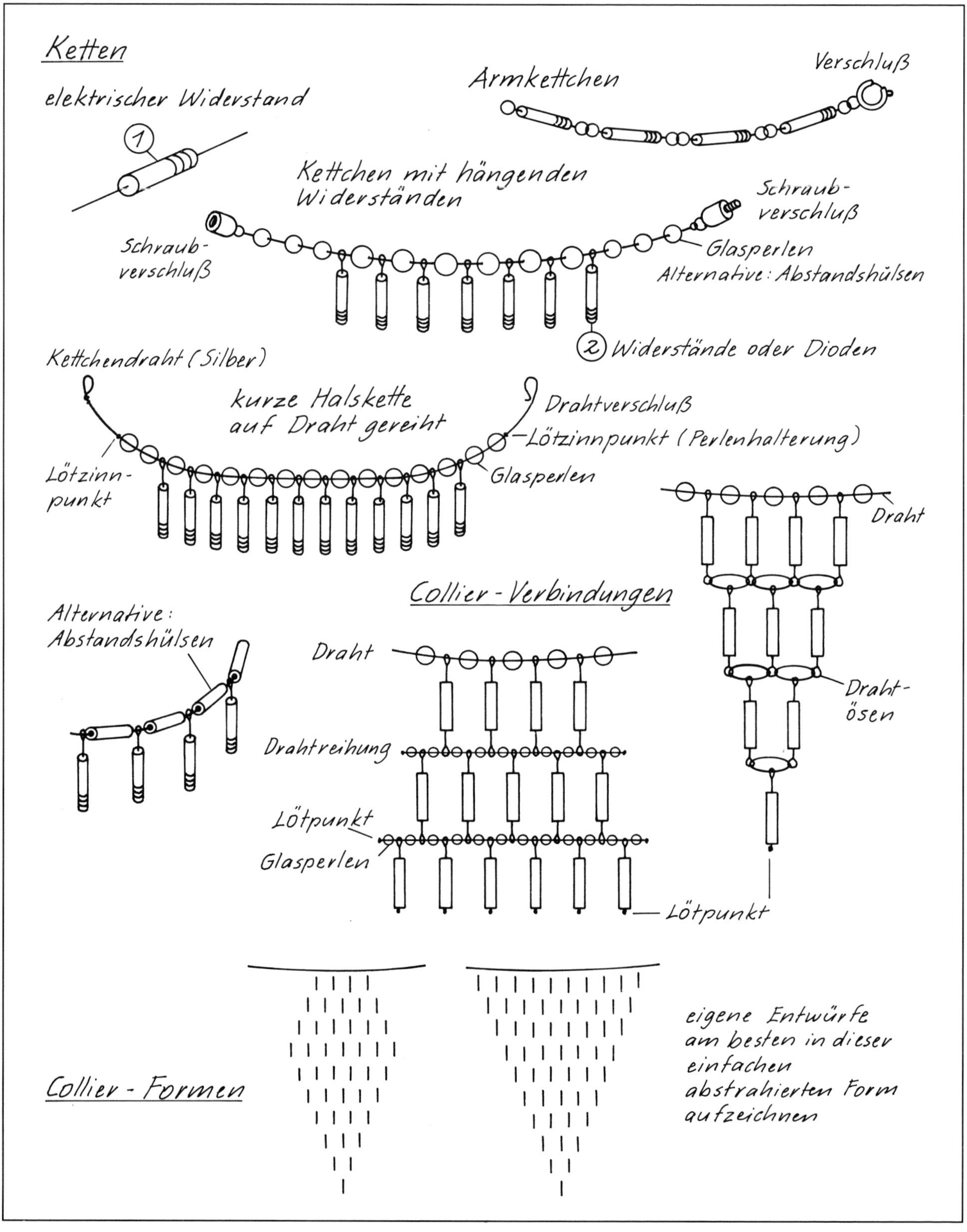
Ketten
elektrischer Widerstand
1
Armkettchen
Verschluß
Kettchen mit hängenden Widerständen
Schraub-verschluß
Schraub-verschluß
Glasperlen
Alternative: Abstandshülsen
2 Widerstände oder Dioden
Kettchendraht (Silber)
kurze Halskette auf Draht gereiht
Drahtverschluß
Lötzinnpunkt (Perlenhalterung)
Lötzinn-punkt
Glasperlen
Draht
Collier-Verbindungen
Alternative: Abstandshülsen
Draht
Draht-ösen
Drahtreihung
Lötpunkt
Glasperlen
Lötpunkt
Collier-Formen
eigene Entwürfe am besten in dieser einfachen abstrahierten Form aufzeichnen

perlen oder Isolierhüllen auf eine Schnur gefädelt. An den Schnurenden knüpft man einen Schraubverschluß an.
Die hängenden Widerstände können mit weiteren Teilen zu einem „Collier" ergänzt werden. Die Kettchenschnur muß dann jedoch durch einen Silberdraht ersetzt werden.
Mit den Elektronikbauteilen kann man auch phantasievolle Anhänger gestalten. Sie werden an fertige Kettchen angehängt. An eine moderne Graphik erinnern Anhänger aus Leiterplatten (Platinen).
Mit der Laubsäge werden passende Stücke herausgesägt und mit einem selbstklebenden Kupferband eingefaßt. Dies läßt sich leicht verzinnen und mit einer Aufhängeöse versehen.
Sehr schöne Anhänger ergeben Materialkombinationen, insbesondere von technischen und natürlichen Bauteilen. In ein Holzstück oder ein Knochenstück werden kleine Löcher gebohrt (1,5 mm ∅). Hier kann man Widerstandsdrähte durchstekken und einlöten. Auch buntes Glas läßt sich sehr gut mit den Elektronikbauteilen verarbeiten. In der Tiffany-Methode wird das Glas mit Kupferklebeband sorgfältig eingefaßt, verzinnt und mit den Teilen verlötet.
Bei Broschen werden an die Schmuckstücke eine Broschenplatte oder eine Anstecknadel montiert (anlöten oder ankleben).

Aus Silberdraht biegt man mit mehreren Drähten eine kreisrunde oder ovale Form. Die Drähte werden an wenigen Stellen zusammengelötet. Quer über diese Grundform lötet man verschiedene elektronische Bauteile. Die überstehenden Drahtenden werden abgeschnitten; man kann sie jedoch auch als dekoratives Element stehenlassen. Nun kann die ganze Umrandung mit Lötzinn gleichmäßig aufgefüllt werden.

Auf die Rückseite der Brosche lötet man eine Broschenplatte.
Scharfe Kanten und Spitzen sollten mit der Feile geglättet werden.

Lackblechanhänger
Dieser geometrische Anhänger, der auch als Brosche oder Krawattenklammer konstruiert werden kann, ist ein Einzelschmuckstück. Zur Herstellung benötigt man lediglich dünnes Blech (z. B. Getränkedose), das in schmale Streifen geschnitten wird.

Vorsicht: Die Blechstreifen haben scharfe Kanten, die abgeschliffen werden müssen.
Mit Metall-Lack (z. B. Autolack) lackiert man die Streifen in zwei verschiedenen Farben. Da Metallfarben oft sehr lange Trocknungszeiten haben, kann meist erst nach einigen Tagen weitergearbeitet werden. Aus den Metallstreifen fertigt man ein Flechtwerk, das an den Kreuzungspunkten der Bleche miteinander verklebt wird.
Die Größe des Metallgeflechtes richtet sich nach der gewünschten Schmuckstückform. Mit der lackierten Fläche nach unten schlägt man die Metallstreifen an einer Linealkante entlang nach rückwärts und glättet den Umbruch sorgfältig (Papier unterlegen).
Die Metallenden werden auf der Rückseite festgeklebt und mit Lack bestrichen. Auch die Umbruchkanten streicht man nach, wenn Lackschäden erkennbar sind.

Abschlußarbeiten: Loch für die Aufhängung bohren, Öse einlöten und das Kettchen einziehen.

Steine fassen
Oft findet man besonders schöne Steine und Glasstücke. Manche Fundstücke sind Erinnerungsstücke, die man gerne in ein Schmuckstück einarbeiten möchte. Dazu muß der Stein gefaßt werden.
Mit Kupferklebeband und Lötzinn lassen sich Schmucksteine leicht befestigen. Eine randumgreifende Fassung ist besonders wichtig; dabei muß der Stein an der breitesten Stelle ein Zinnband erhalten.
In Bastelgeschäften gibt es selbstklebende Kupferbänder in verschiedenen Breiten. Diese werden an der breitesten Stelle um den Stein geklebt. Auch die Unterseite des

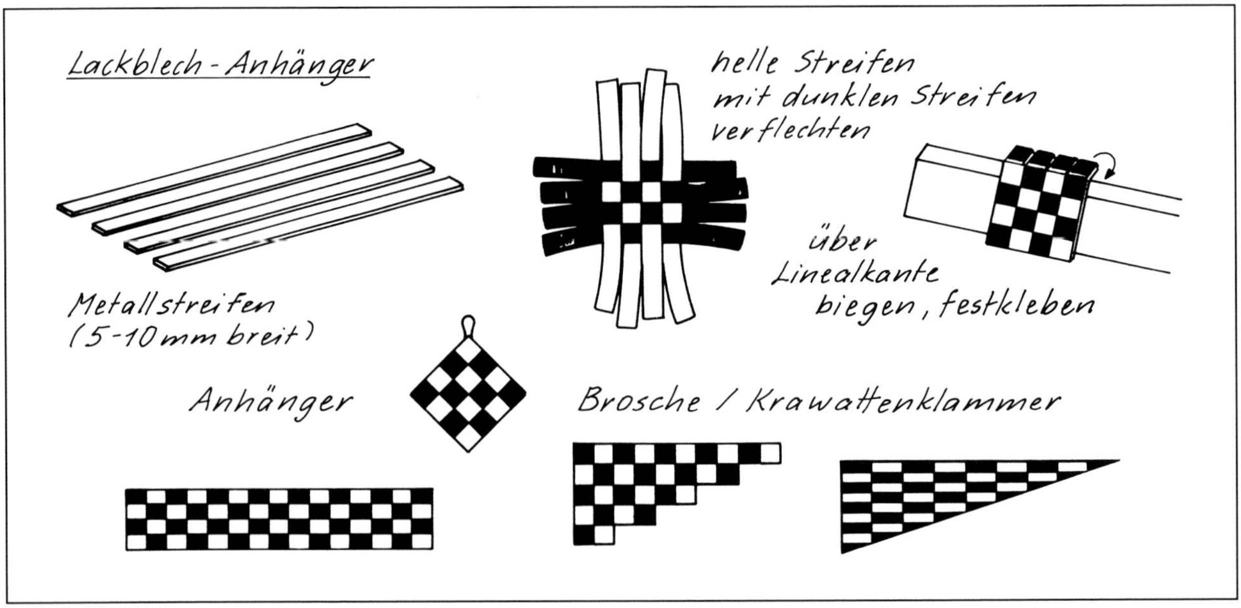

Steines klebt man damit ab. Mit dem Lötkolben erhitzt man Lötzinn und überzieht damit die Kupferfläche. An den so gefaßten Stein lassen sich dann leicht eine Aufhängeöse, eine Broschenplatte oder ein Ringrohling anlöten.

Sehr eigenwillig ist auch eine dreidimensionale Steinfassung. Dazu überklebt man den Stein mit Kupferband an den Polen oder im Gürtelbereich. Hier können dann mit Lötzinn Silberdrähte angesetzt werden, die den Stein mit mehr oder weniger Abstand umfassen.

Hinweis: Schöne Glassteine für Ringe oder Broschen kann man aus bunten Glasmurmeln herstellen. Die Glaskugel wird in ein Tuch eingeschlagen und mit dem Hammer zertrümmert. Passende Bruchstücke sortiert man aus. Das Tuch muß sorgfältig ausgeschüttelt werden, damit man sich nicht an den Glassplittern verletzt.

Wer von der Arbeit mit Speckstein (siehe Seite 242) noch kleine Stücke übrig hat, kann daraus schöne Schmucksteine formen. Mit Schleifpapier rund schleifen und anschließend fassen. Durch Erhitzen lassen sich die Steine noch farblich verändern.

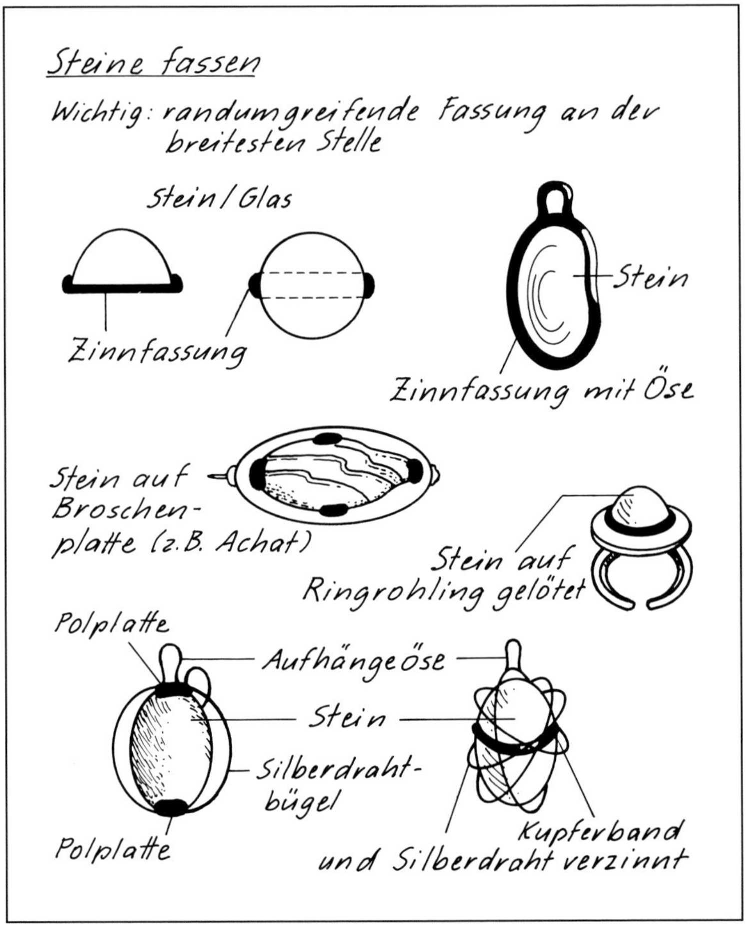

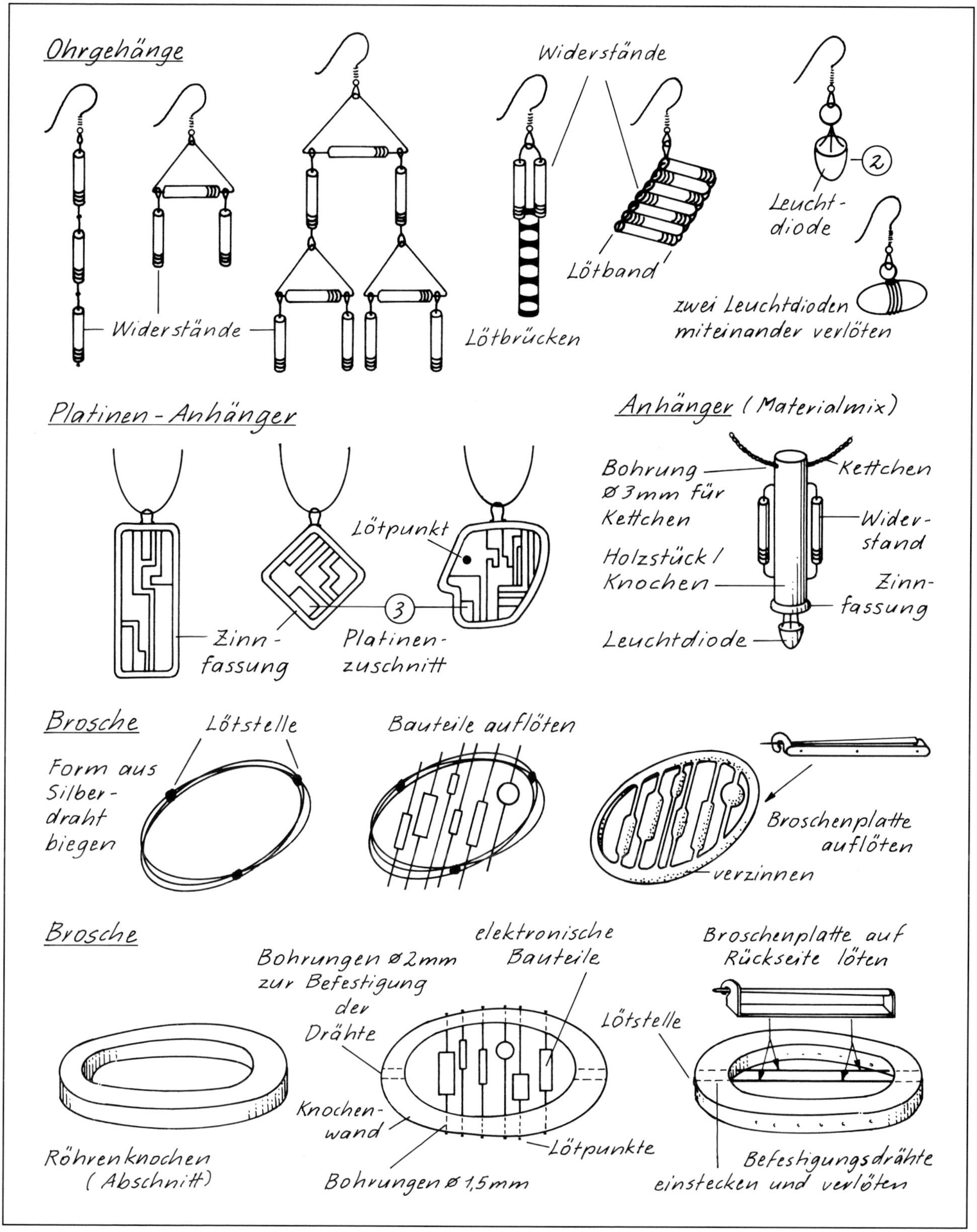
Ohrgehänge
Widerstände
Widerstände
Lötbrücken
Lötband
Leucht-
diode
2
zwei Leuchtdioden
miteinander verlöten
Platinen-Anhänger
Lötpunkt
Zinn-
fassung
3
Platinen-
zuschnitt
Anhänger (Materialmix)
Bohrung
ø 3 mm für
Kettchen
Holzstück/
Knochen
Leuchtdiode
Kettchen
Wider-
stand
Zinn-
fassung
Brosche
Form aus
Silber-
draht
biegen
Lötstelle
Bauteile auflöten
Broschenplatte
auflöten
verzinnen
Brosche
Bohrungen ø 2 mm
zur Befestigung
der
Drähte
elektronische
Bauteile
Broschenplatte auf
Rückseite löten
Lötstelle
Knochen-
wand
Lötpunkte
Röhrenknochen
(Abschnitt)
Bohrungen ø 1,5 mm
Befestigungsdrähte
einstecken und verlöten

Einen ganz besonderen Reiz haben Schmuckstücke, die aus einfachen Naturmaterialien gearbeitet werden.

Schmuck aus Naturmaterialien

Mit dünnem Kupfer- oder Silberdraht, selbstklebendem Kupferband (Tiffanyband) und Zinn kann man Fundstücke fassen und daraus Broschen, Anhänger, Ohrhänger oder Fingerringe herstellen.
Kleine, rundliche Teile müssen mit einem dünnen 2-mm-Bohrer durchbohrt und auf Draht gefädelt werden. Längliche Teile kann man auch mit Draht umwickeln.
Mit dem Lötkolben werden die Drahtstücke verzinnt. Dadurch wird das Schmuckstück sehr stabil. Genauso verwendet man das selbstklebende Kupferband, mit dem man besonders gut kantenumgreifende Einfassungen herstellen kann (siehe Abbildung).
Anhänger und Ohrhänger brauchen kleine Ösen zur Befestigung. Sie lassen sich leicht aus Draht biegen und anlöten.
Für Broschen und Krawattenschmuck gibt es in Bastelgeschäften passende Anstecknadeln zu kaufen. Sie werden an das Schmuckstück angelötet oder einfach angeklebt.

Hinweis: Besonders zerbrechlicher Naturschmuck wird stabiler, wenn er in Leimwasser getaucht wird.
Mit Holzbeize kann man die Schmuckstücke oder Teile davon einfärben.

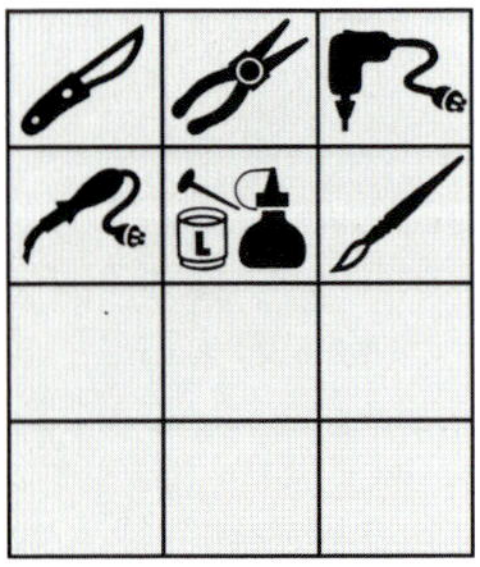

Schmuck aus Naturmaterialien ●●

Menge	Bezeichnung	Maße in mm	Material	Kenn-Nr.
diverse	Fundstücke		Naturmaterialien	1
	Ösen / Bindungen		Silberdraht / Kupferdraht	2
	Fassungen		Kupferklebeband	3
	Anstecknadeln, Broschennadeln, Ohrhänger, Kettchen, Verschlüsse			

Lötzinn / Lötwasser / Holzbeize / Zinn / Leimwasser

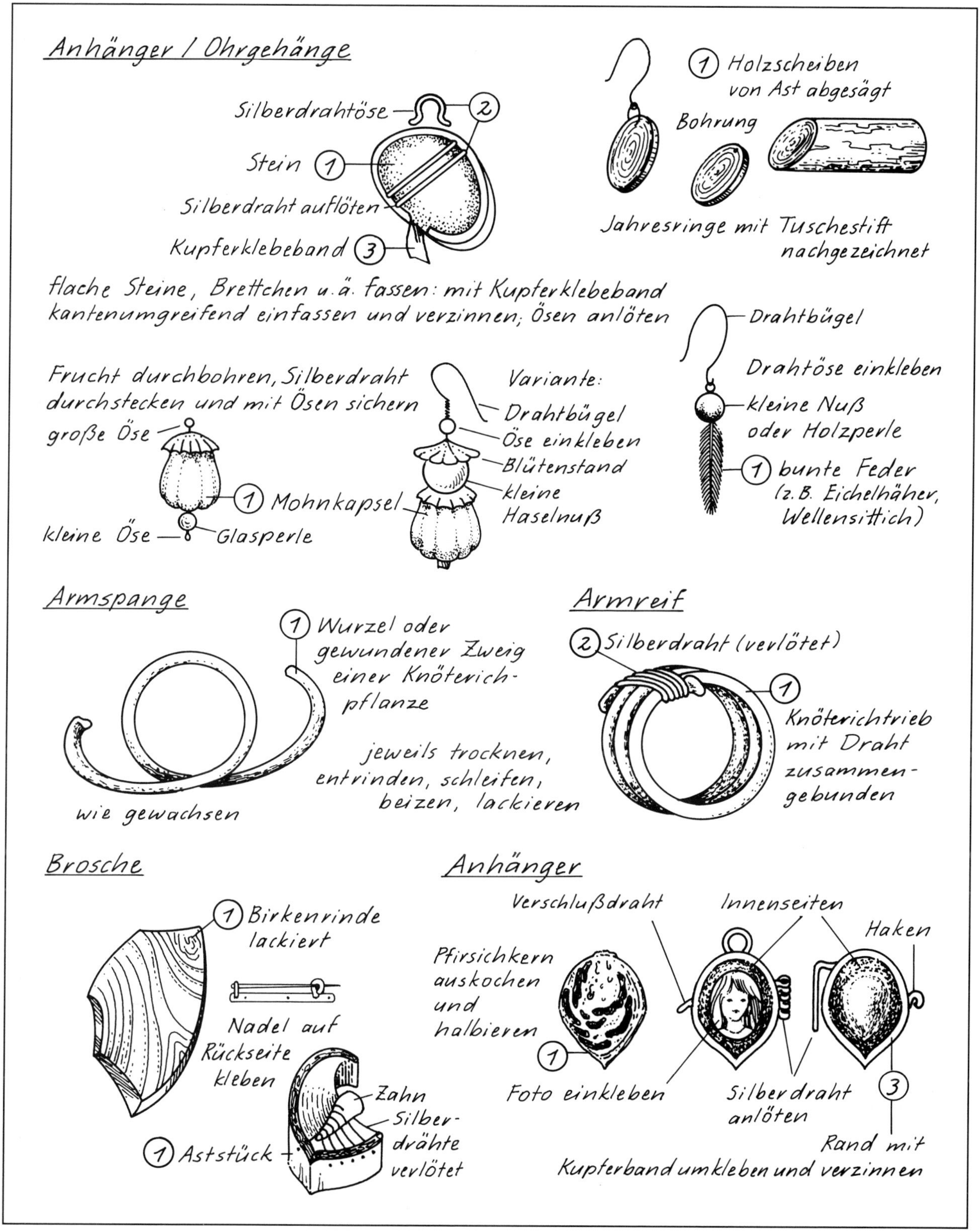
Anhänger / Ohrgehänge
Silberdrahtöse
2
Stein
1
Silberdraht auflöten
Kupferklebeband
3
1 Holzscheiben von Ast abgesägt
Bohrung
Jahresringe mit Tuschestift nachgezeichnet
flache Steine, Brettchen u.ä. fassen: mit Kupferklebeband kantenumgreifend einfassen und verzinnen; Ösen anlöten
Drahtbügel
Drahtöse einkleben
kleine Nuß oder Holzperle
1 bunte Feder (z.B. Eichelhäher, Wellensittich)
Frucht durchbohren, Silberdraht durchstecken und mit Ösen sichern
große Öse
1 Mohnkapsel
kleine Öse
Glasperle
Variante:
Drahtbügel
Öse einkleben
Blütenstand
kleine Haselnuß
Armspange
1 Wurzel oder gewundener Zweig einer Knöterichpflanze
jeweils trocknen, entrinden, schleifen, beizen, lackieren
wie gewachsen
Armreif
2 Silberdraht (verlötet)
1
Knöterichtrieb mit Draht zusammengebunden
Brosche
1 Birkenrinde lackiert
Nadel auf Rückseite kleben
Zahn
Silberdrähte verlötet
1 Aststück
Anhänger
Verschlußdraht
Innenseiten
Haken
Pfirsichkern auskochen und halbieren
1
Foto einkleben
Silberdraht anlöten
3
Rand mit Kupferband umkleben und verzinnen

X. Experimentelles Werken

Kaleidoskope

Trotz der Fülle optischer Reize in unserem Alltag hat das Kaleidoskop seine Faszination bis heute erhalten.

Dreieck-Kaleidoskop

Zum Bau benötigt man eine Spiegelfliese aus dem Baumarkt, eine klare Folie oder dünnes Plexiglas, leinenverstärktes Klebeband und verschiedene bunte Kunststoff-, Karton- oder Glasstückchen. Mit dem Glasschneider schneidet man drei Spiegelstreifen von der Fliese.

Arbeitshinweis: Glas auf der Spiegelseite anritzen; umdrehen; Scheibe auf einer Seite hochheben und gegenüberliegende Kante auf dem Tisch aufliegen lassen (leichter Druck); mit dem Glasschneider die Rückseite des Spiegels entlang der gewünschten Bruchkante abklopfen, bis das Glas bricht.

Entsprechend dem Seitenverhältnis 1:3 können aus einer quadratischen Spiegelfliese mit einer Seitenlänge von 150 mm drei passende Spiegelstreifen geschnitten werden (Breite: 50 mm / Länge: 150 mm).

Diese Spiegel setzt man mit dem Klebeband zu einem Prisma zusammen. Die verspiegelten Flächen müssen dabei innen liegen. Oben wird das Prisma mit der Folie (Plexiglas) und dem Klebeband verschlossen und die dreieckige Fläche bis auf ein rundes Guckloch zugeklebt. Auf der anderen Seite

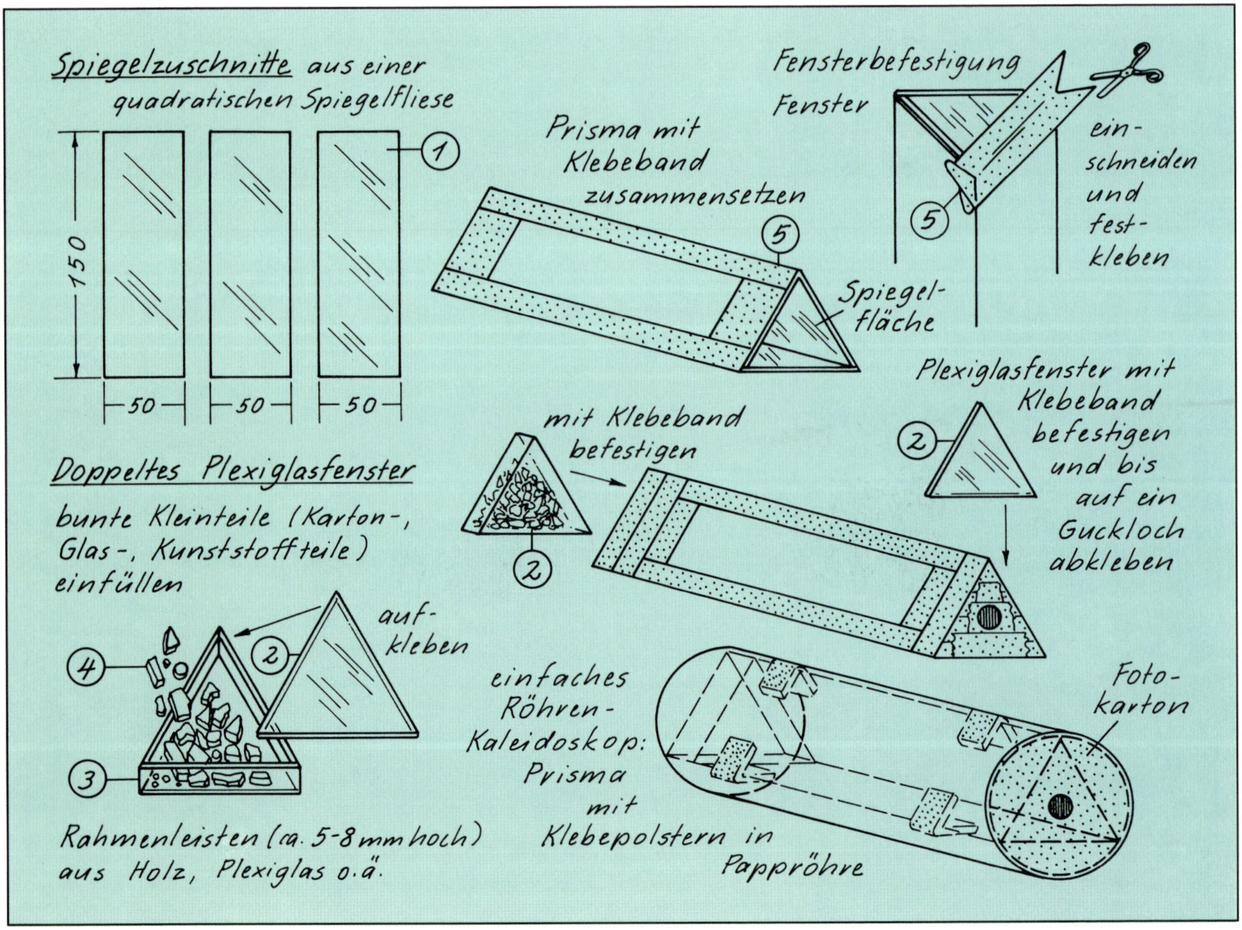

muß ein doppeltes Dreieckfenster mit einem Zwischenraum für die bunten Kunststoff-, Karton- und Glasteilchen aufgesetzt werden. Blickt man nun vor einem hellen Hintergrund durch das Kaleidoskop, so zeigen sich die vervielfältigten Vorlagen in einer unbegrenzten Fläche. Durch Drehen des Spielzeuges verändert sich das Muster ständig.

Röhren-Kaleidoskop

Dazu wird einfach das bereits hergestellte Dreieck-Kaleidoskop in eine passende Papp-, Kunststoff- oder Metallröhre eingeklebt.

Die offenen Seiten kann man leicht mit Klebeband verschließen.
Ein besonders schönes Kaleidoskop, das sich auch als ausgefallenes Geschenk eignet, läßt sich aus einer Kupferblechröhre (Dachrinnen-Abflußrohr) herstellen.
Das Kupferrohr wird auf die entsprechende Länge abgeschnitten (= Prismalänge).
Vier verschiedene Ösen aus einem starken Kupferdraht (Querschnitt 10 mm^2) werden außen aufgelötet (siehe Abbildung). Sie dienen als Lager- und Aufhängeösen. (Alternative: Kupferröhrchen siehe Abbildung.)
Hinweis: Gasbrenner oder großen elektrischen Lötkolben und Lötwasser benutzen! Eine elektrische Lötpistole erzeugt nicht genügend Hitze.
An einem Rohrende lötet man eine Lochblende aus Kupferblech auf. Das Prisma (wie

Kaleidoskop / Röhren-Kaleidoskop ●●/●●●

Menge	Bezeichnung	Maße in mm	Material	Kenn-Nr.
Kaleidoskop:				
3	Spiegel	50 x 150	Spiegelfliese	1
3	Dreieckfenster	Seitenlänge: 50	Plexiglas Pralinenbox	2
3	Rahmenleisten	5 – 8 breit	Holz oder Plexiglas	3
div.	Kleinteile (bunt)			4
div.	Klebeband	20 breit	Textilklebeband	5
Röhren-Kaleidoskop:				
3	Spiegel	150 x 47	Spiegelfliese	wie 1
div.	Klebeband	20 breit	Textilklebeband	5
1	Kaleidoskoprohr	60 ⌀ / 150 lang	Kupferrohr	6
1	Lagerrohr	5 ⌀ / 150 lang	Kupferrohr (oder Lagerösen)	7
1	Aufhängerohr (oder Aufhängeösen)	5 ⌀ / 80 lang	Kupferrohr	8
1	Dreiecksblende	60 ⌀	Kupferblech	9
1	Lochblende	60 ⌀	Kupferblech	10
1	Drehachse mit Speichen	10,0 mm^2 Querschnitt / 220 lang	Kupferdraht	11
div.	Buntglasstücke		Tiffany-Glas	12
div.	Fassungsprofil		Kupferband	13
1	Stangenzinn			14
	Lötwasser			15

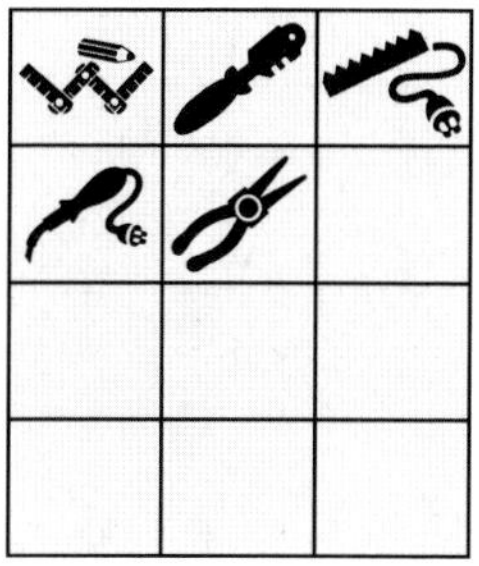

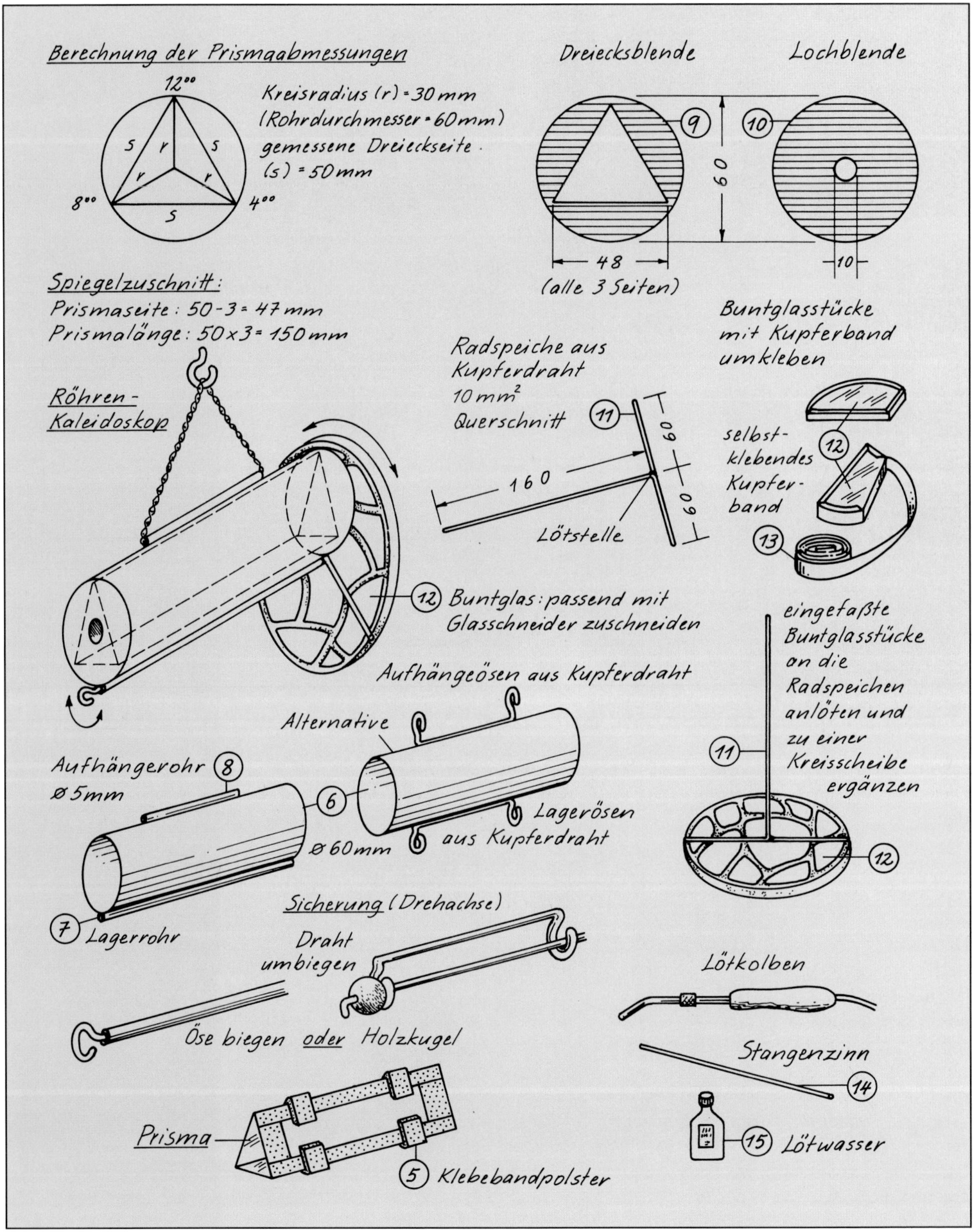
Berechnung der Prismaabmessungen
12°°
8°°
4°°
s
r
Kreisradius (r) = 30 mm
(Rohrdurchmesser = 60 mm)
gemessene Dreieckseite
(s) = 50 mm
Dreiecksblende
Lochblende
9
10
60
48
(alle 3 Seiten)
10
Spiegelzuschnitt:
Prismaseite: 50 - 3 = 47 mm
Prismalänge: 50 x 3 = 150 mm
Röhren-Kaleidoskop
Radspeiche aus Kupferdraht 10 mm² Querschnitt
11
160
60
60
Lötstelle
Buntglasstücke mit Kupferband umkleben
selbstklebendes Kupferband
12
13
12 Buntglas: passend mit Glasschneider zuschneiden
eingefaßte Buntglasstücke an die Radspeichen anlöten und zu einer Kreisscheibe ergänzen
11
12
Aufhängeösen aus Kupferdraht
Alternative
Aufhängerohr 8
ø 5mm
6
ø 60mm
Lagerösen aus Kupferdraht
7 Lagerrohr
Sicherung (Drehachse)
Draht umbiegen
Öse biegen oder Holzkugel
Lötkolben
Stangenzinn
14
15 Lötwasser
Prisma
5 Klebebandpolster

Der Grundbauplan dieses optischen Spielzeuges ist ein innen verspiegeltes Prisma mit einem Seitenverhältnis von 1 : 3. Das Spiegelprisma kann als Dreiecksäule verkleidet oder in ein entsprechendes Rohr eingebaut werden.

schon beschrieben, aber ohne doppeltes Dreieckfenster) kann nun eingesetzt werden.
Das zweite Rohrende verlötet man mit einer Dreiecksblende (*Achtung:* Vorsichtig erhitzen, damit das Prisma nicht beschädigt wird).
Die Abmessungen des Prismas richten sich nach dem Rohrdurchmesser und lassen sich leicht aus einer Konstruktionszeichnung im Maßstab 1 : 1 entnehmen. Dazu schlägt man mit dem Zirkel einen Kreis mit dem Innendurchmesser des vorhandenen Kupferrohres. Mit dem Winkelmesser werden auf der Kreislinie dreimal 120 Winkelgrade angezeichnet (Zifferblattpunkte: 12 Uhr / 4 Uhr / 8 Uhr). Die Verbindungslinien dieser Punkte ergeben die Seitenlängen des Prisma-Dreiecks und die Länge des Prismas (Summe der Seiten). Für die Spiegelzuschnitte wird das Seitenmaß um 2 – 3 mm verringert, um eventuelle Konstruktionsungenauigkeiten auszugleichen.
Aus Tiffanyglas, den dazu passenden Fassungsprofilen und Kupferdrähten wird eine bunte Scheibe mit einer Drehachse zusammengelötet. Der Scheibenradius darf nicht kleiner als der Durchmesser der Kupferröhre sein.
Diesen Vorsatz steckt man in die Lagerösen bzw. Lagerröhrchen, setzt eine passende Holzkugel auf die Achse und sichert sie mit einem Tropfen Lötzinn oder einer Drahtöse, damit die Farbscheibe nicht mehr herausfallen kann.
Wird die Scheibe gedreht, und betrachtet man sie gegen Licht durch das Kaleidoskop, so entsteht ein faszinierendes Lichtspiel.

Solardusche für den Garten

Wer die Heizkraft der Sonne ausnutzen will, sollte sich in seinem Garten diese spezielle Duschvorrichtung aufstellen. Es ist erstaunlich, wie heiß das Wasser wird und wie lange die Hitze gespeichert werden kann.

Die Duschvorrichtung wird aus vorgefertigten Einzelteilen, die es in jedem Sanitärfachhandel oder im Baumarkt gibt, ganz einfach zusammengeschraubt (siehe Abbildung).

Wichtig: Gewinde mit Dichtungsband rechtsdrehend umwickeln.

Damit kaltes Wasser beim Duschen dazugemischt werden kann, müssen zwei Absperrventile eingebaut werden. Bei vollem Sonnenschein kann das Wasser 60 Grad heiß werden.

Hauptbestandteil des Kollektors ist ein 30 bis 50 Meter langer schwarzer Schlauch (Gartenschlauch). Er wird spiralförmig in einen Holzkasten eingelegt. Durch zwei Bohrungen werden die Schlauchenden nach außen geführt und an die Duschvorrichtung angeschlossen.

Die Innenflächen des Kastens streicht man mit schwarzem Ofenrohrlack. Die schwarze Farbe nimmt die Wärmestrahlen der Sonne besonders gut auf.

Die Temperatur im Kasten kann deutlich erhöht werden, wenn ein Deckel verhindert, daß Wärme abstrahlt (Treibhauseffekt). Als

Mit einem Schlauchsonnenkollektor kann man ausreichend Wasser für ein sommerliches Duschbad erwärmen.

Abdeckung verwendet man eine transparente und hitzebeständige Folie oder eine Glasscheibe (Plexiglas).
Ein Dichtungsband (z. B. Tesamoll) sorgt für einen weitgehend luftdichten Abschluß.
Bei einem Einfallswinkel von 90 Grad wird die Sonnenstrahlung optimal ausgenutzt.
Mit zwei Stützen (Stelleisten) richtet man den Kollektor entsprechend aus.

Solardusche ●●●

Menge	Bezeichnung	Maße in mm	Material	Kenn-Nr.
Duschvorrichtung:				
1	Rohrkappe	1/2 Zoll	verzinktes Eisen / Wasserinstallationsmaterial	1
1	Bodenrohr	300 / 1/2 Zoll	verzinktes Eisen / Wasserinstallationsmaterial	2
1	Kreuzstück	1/2 Zoll	verzinktes Eisen / Wasserinstallationsmaterial	3
1	Standrohr	800 / 1/2 Zoll	verzinktes Eisen / Wasserinstallationsmaterial	4
5	Rohrnippel	30 / 1/2 Zoll	verzinktes Eisen / Wasserinstallationsmaterial	5
1	T-Stück	1/2 Zoll	verzinktes Eisen / Wasserinstallationsmaterial	6
1	Standrohr	1000 / 1/2 Zoll	verzinktes Eisen / Wasserinstallationsmaterial	7
1	Bogen 90°	1/2 Zoll	verzinktes Eisen / Wasserinstallationsmaterial	8
1	Bogen 30°	1/2 Zoll	verzinktes Eisen / Wasserinstallationsmaterial	9
3	Schlauchanschlüsse	1/2 Zoll	Kunststoff-steckverbindung	10
2	Absperrventile	1/2 Zoll	Messing	11
1	Duschkopf	1/2 Zoll	Sanitärmaterial	12
Kollektor:				
1	Bodenplatte	18 x 920 x 920	Sperrholz	13
2	Seitenleisten	15 x 1000 x 80	Sperrholz	14
2	Seitenleisten	15 x 970 x 80	Sperrholz	15
3	Halteleisten	15 x 20 x 920	Massivholzleiste	16
2	Stelleisten	20 x 30 x 800	Massivholzleiste	17
ca. 40 m	Gartenschlauch (schwarz)	1/2 Zoll	Kunststoffgummi	18
1	Deckplatte / Folie	950 x 950	hitzebeständige Folie oder Glas / Plexiglas	19
1	schwarzer Lack		Ofenrohrlack	

Dichtungsband / Leim / Holzschrauben (3,0 x 50; 3,0 x 35; 3,0 x 20)
2 Schloßschrauben 5 x 45 mit Muttern (selbstsichernd)

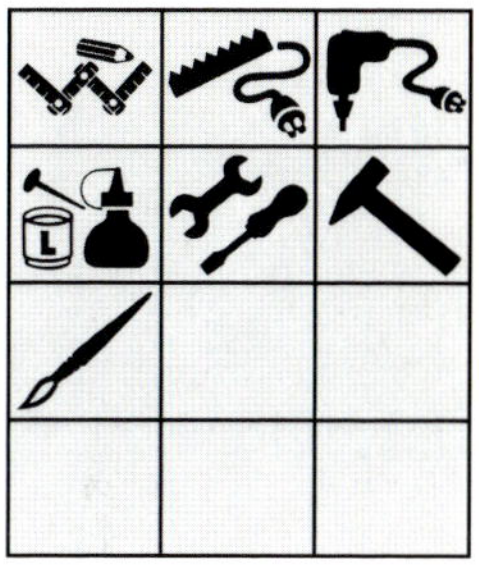

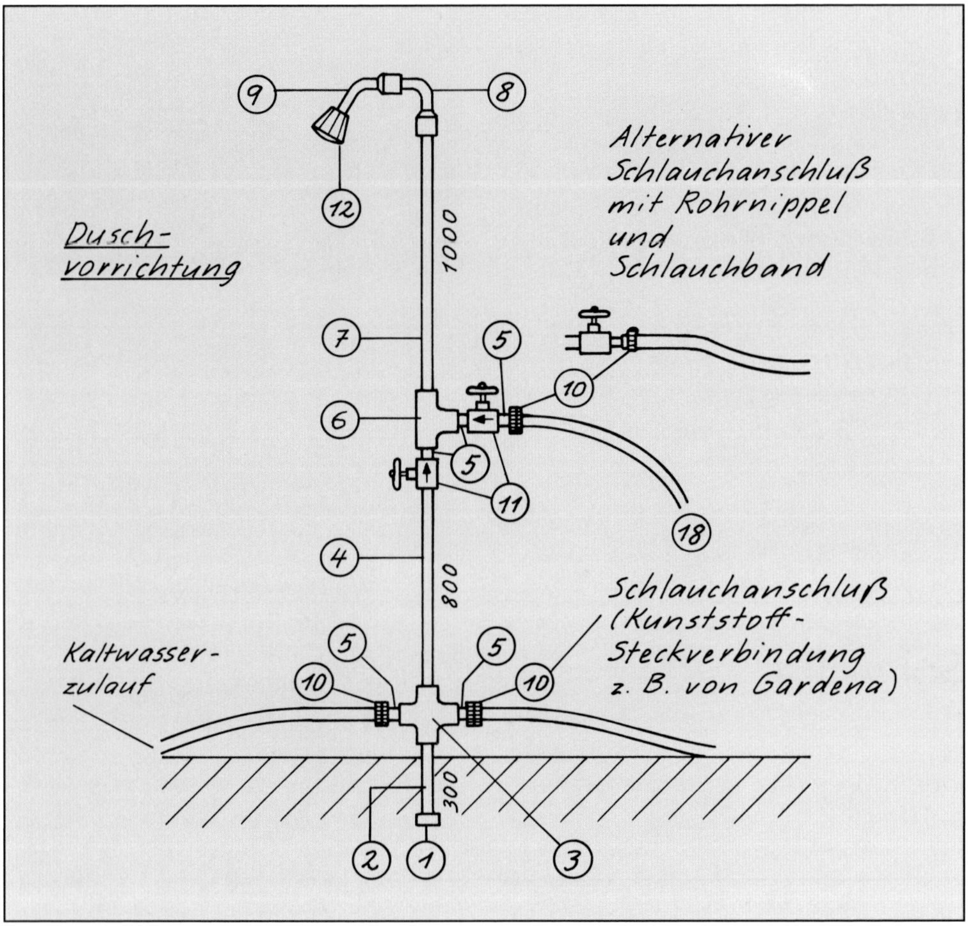

Duschvorrichtung
Alternativer Schlauchanschluß mit Rohrnippel und Schlauchband
1000
800
300
Kaltwasserzulauf
Schlauchanschluß (Kunststoff-Steckverbindung z. B. von Gardena)
9
8
12
7
5
10
6
11
4
18
2
1
3

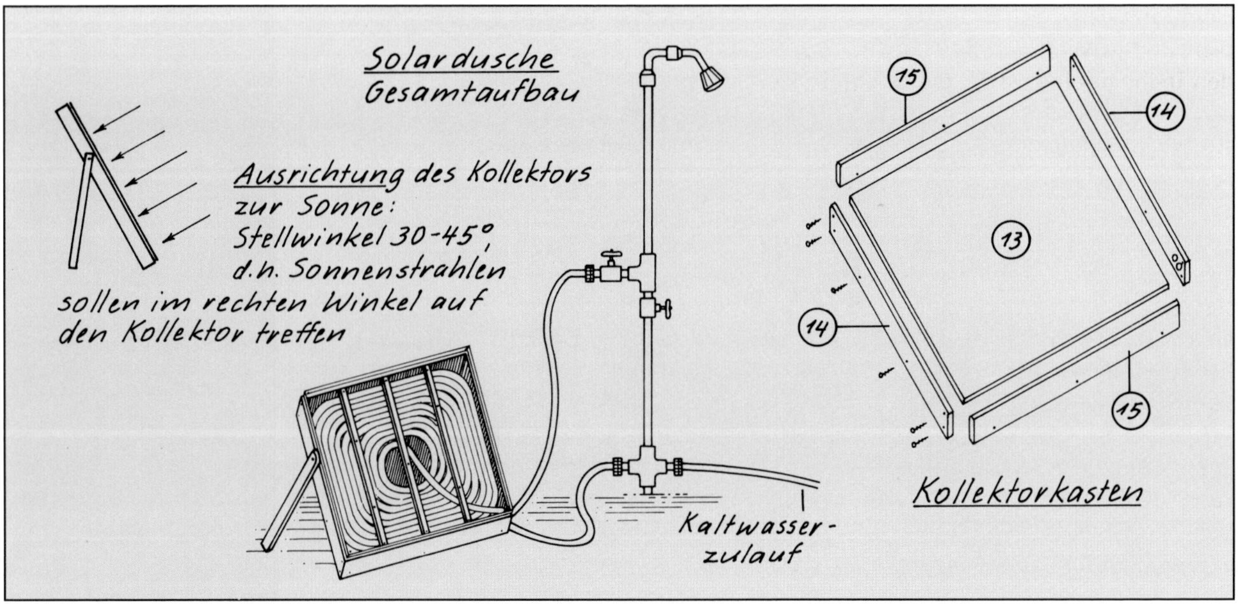

Solardusche Gesamtaufbau
Ausrichtung des Kollektors zur Sonne: Stellwinkel 30-45°, d.h. Sonnenstrahlen sollen im rechten Winkel auf den Kollektor treffen
Kaltwasserzulauf
Kollektorkasten
13
14
15

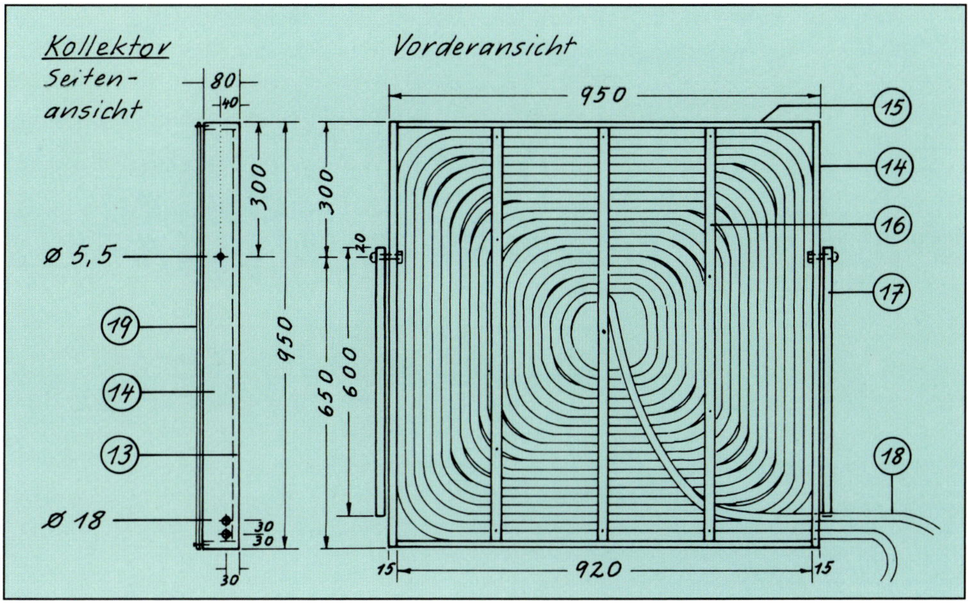

Solarofen

Der Solarofen ist ein einfaches Gerät zum Kochen und Backen mit Sonnenlicht.

Es handelt sich dabei um eine gut isolierte Kiste, die mit einem zweifach verglasten Deckel verschlossen wird. Die einfallenden Lichtstrahlen werden an der schwarzen Herdwanne im Innenraum der Kiste absorbiert und in Wärme umgewandelt. Durch den Treibhauseffekt steigt die Innentemperatur leicht über 100 Grad Celsius. Ein verstellbarer Reflektordeckel spiegelt noch zusätzlich Licht in den Solarofen.

Zum Kochen verwendet man schwarzes Geschirr. Es wird einfach in den Ofen gestellt. Mit einer Specksteinplatte oder einem ähnlichen Wärmespeicher kann durch Aufheizen vor dem Kochen zusätzlich Wärme gespeichert werden.

Zuerst werden die Einzelteile für den Herdkasten (2 Seitenteile, Front- und Rückwand, Verstärkungsleisten, Beine) hergestellt und für den Zusammenbau vorbereitet.

Arbeitsablauf:

1. Teile laut Abbildung zusägen;
2. je ein Hinterbein und ein Vorderbein an die linke Seitenwand leimen und schrauben;
3. je ein Hinterbein und ein Vorderbein an die rechte Seitenwand leimen und schrauben;
   Wichtig: Abstand zur oberen schrägen Brettkante einhalten, damit später der Herdrahmen eingelegt werden kann.
4. Verstärkungsleisten ansetzen (leimen, nageln);
5. Rückwand und Frontwand mit den Seitenwänden verbinden (leimen, schrauben);
6. Rückwand und Frontwand an die obere Kante der Seitenwandschräge anpassen.

Als oberen Abschluß erhält der Herdkasten einen Rahmen. Die Rahmenleisten werden mit Verbindungsplatten zusammengeschraubt und verleimt. Obere und untere Rahmenleiste müssen im 30-Grad-Winkel abgeschrägt und an den Kasten angepaßt werden.
Die Herdwanne wird aus Aluminiumblech oder aus verzinktem Eisenblech gefertigt. Dazu überträgt man die Netzzeichnung auf

eine genügend große Blechplatte und schneidet entlang der ausgezogenen Linien die Form aus.

Nacheinander werden die vier Seiten hochgebogen (mit einem scharfkantigen Holzstück innen an der Biegekante dagegenhalten). Dabei entstehen dreieckige Blechtaschen, die man flach an die Seitenwände drückt.

Die fertig gebogene Wanne wird so in den Herdrahmen eingefügt, daß die Blechkante bündig mit der Oberkante des Rahmens ist. Die Befestigung am Rahmen erfolgt mit kleinen Nägeln.

Wichtig: Das Blech muß mit dem Hammer eng an den Holzrahmen angelegt werden.

Nun kann der Hohlraum zwischen den Außenwänden und der Wanne vollständig

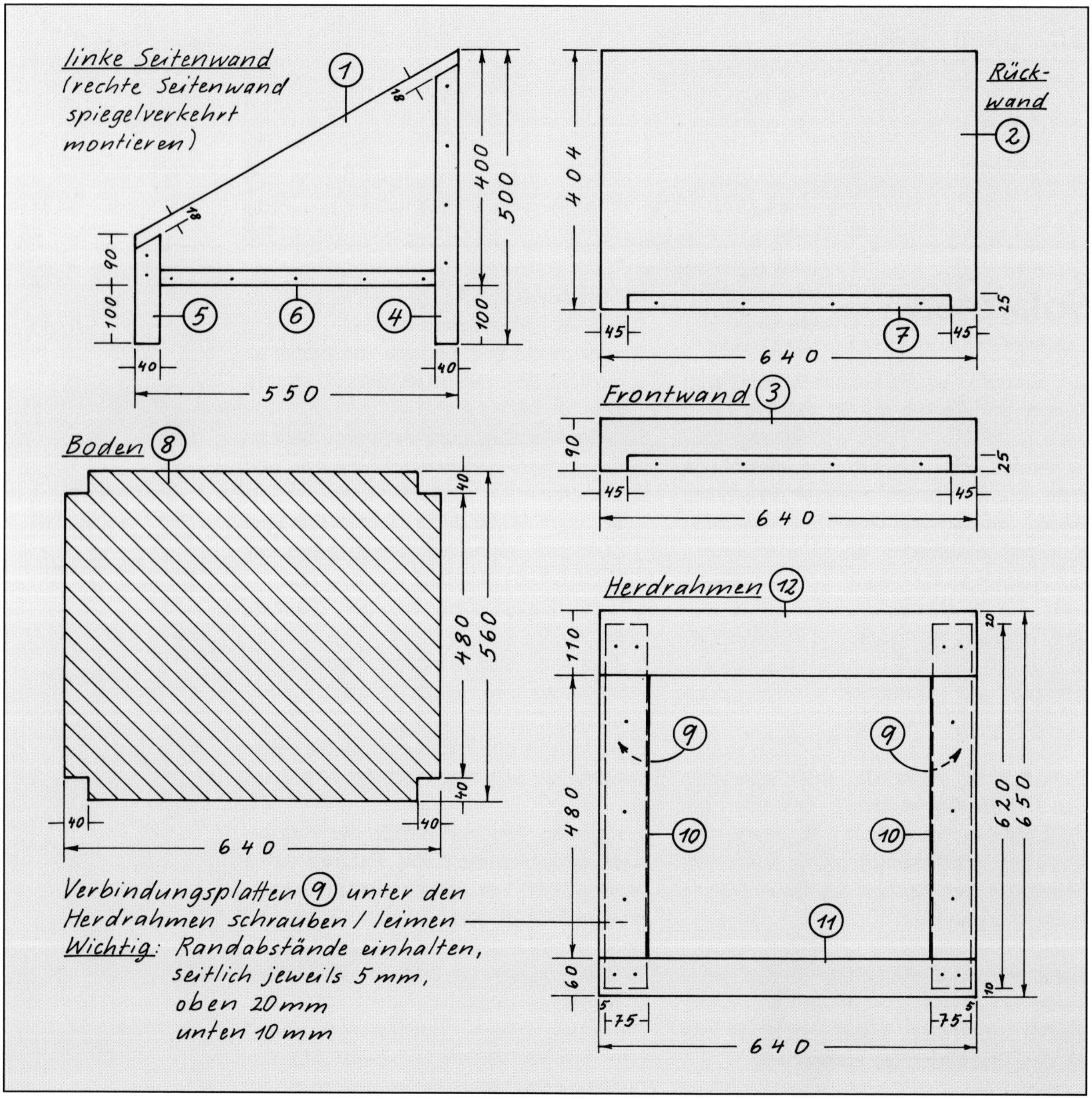

mit Isoliermaterial (Steinwolle) ausgefüllt werden. Es dürfen keine Hohlräume übrigbleiben; nur so erreicht man die nötige Isolierung.
Abschließend kann man die Bodenplatte mit kleinen Holzschrauben oder kleinen Nägeln aufsetzen (ohne Leim, damit bei Bedarf das Isoliermaterial ausgewechselt werden kann).

Das Fenster muß besonders sorgfältig gearbeitet werden. Mit Zapfen werden die vier Rahmenleisten zu einem rechtwinkligen und verwindungsfreien Viereck verleimt. Jeder Zapfen wird zusätzlich mit einem kleinen Nagel gesichert.
Mit den Glashalteleisten und den Distanzleisten werden die Fensterscheiben eingesetzt (siehe Abbildung).

Solarofen ●●●●

Menge	Bezeichnung	Maße in mm	Material	Kenn-Nr.
2	Seitenwände	5 x 400 x 550	Sperrholz	1
1	Rückwand	5 x 404 x 640	Sperrholz	2
1	Frontwand	5 x 90 x 640	Sperrholz	3
2	Hinterbeine	40 x 40 x 500	Massivholzleiste	4
2	Vorderbeine	40 x 40 x 190	Massivholzleiste	5
2	Verstärkungsleisten	25 x 25 x 470	Massivholzleiste	6
2	Verstärkungsleisten	25 x 25 x 550	Massivholzleiste	7
1	Boden	5 x 560 x 640	Sperrholz	8
2	Verbindungsplatten	18 x 75 x 620	Massivholzleiste	9
2	Herdrahmen	18 x 80 x 480	Massivholzleiste	10
1	Herdrahmen	18 x 60 x 640	Massivholzleiste	11
1	Herdrahmen	18 x 110 x 640	Massivholzleiste	12
4	Glasrahmen	22 x 60 x 544	Massivholzleiste	13
4	Glasdistanzleisten	10 x 24 x 490	Massivholzleiste	14
8	Glashalteleisten	10 x 14 x 490	Massivholzleiste	15
2	Glasscheiben	3 x 490 x 490	Fensterglas	16
1	Fensterhalteleiste	15 x 25 x 584	Massivholzleiste	17
2	Arretierklötze	20 x 25 x 50	Massivholz	18
2	Verkleidungsleisten	12 x 40 x 604	Massivholzleiste	19
1	Verkleidungsleiste	12 x 40 x 544	Massivholzleiste	20
1	Verkleidungsleiste	12 x 20 x 544	Massivholzleiste	21
1	Reflektordeckel	4 x 544 x 544	Sperrholz (hart)	22
1	Reflektorfolie	544 x 544	Alufolie	23
1	Herdwanne	4 x 705 x 910	Alublech	24
1	Reflektorstütze	15 x 15 x 490	Massivholzleiste	25
1	Schnurspanner	4 x 15 x 40	Sperrholz (hart)	26
2	Scharniere	30 x 30	Eisen / Messing	27
1	Spannschnur	1000 x 3 ⌀	Nylon	28
3	Tragegriffe	160 lang	Stahl verchromt	29

Holzleim / Ofenrohrlack (schwarz, matt) / Isoliermaterial (Steinwolle) / Wetterschutz (z. B. Leinöl) / Holzschrauben (Senkkopf: 3,0 x 20; 3,0 x 25; 3,0 x 35; 3,5 x 50) / Nägel (20 / 30 / 50 mm lang) / Schrauben mit Sechskantmuttern M3 x 8 (für Scharniere)

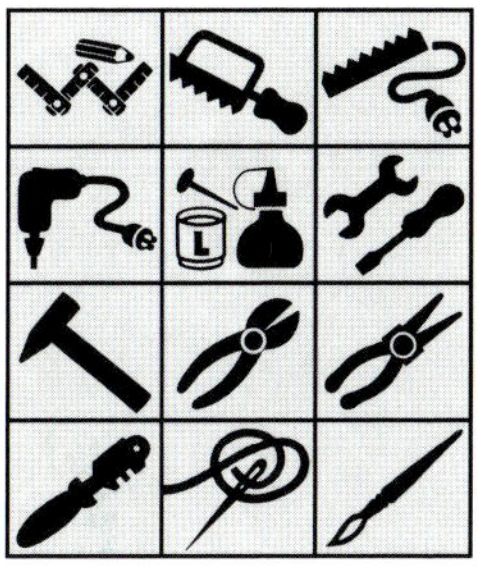

Wichtig: Distanzleisten einleimen; Glashalteleisten nur mit Schrauben sichern, damit man zerbrochene Scheiben auswechseln kann.

Die Glasscheiben vor dem Einsetzen gründlich mit Glyzerinseife reinigen, damit sie nicht beschlagen. Die Seifenspuren mit einem trockenen Lappen so lange verreiben, bis die Scheibe klar ist.

Am Fensterrahmen wird mit zwei Scharnieren der verspiegelte Reflektordeckel befestigt.

Damit das Fenster nicht verrutschen kann, werden auf den Herdrahmen Verkleidungsleisten aufgesetzt (Leim / Schrauben). Das auf die Herdöffnung gelegte Fenster dient dabei als Maß. Die Leisten müssen eng am Fenster anliegen. Eine zusätzliche Haltevor-

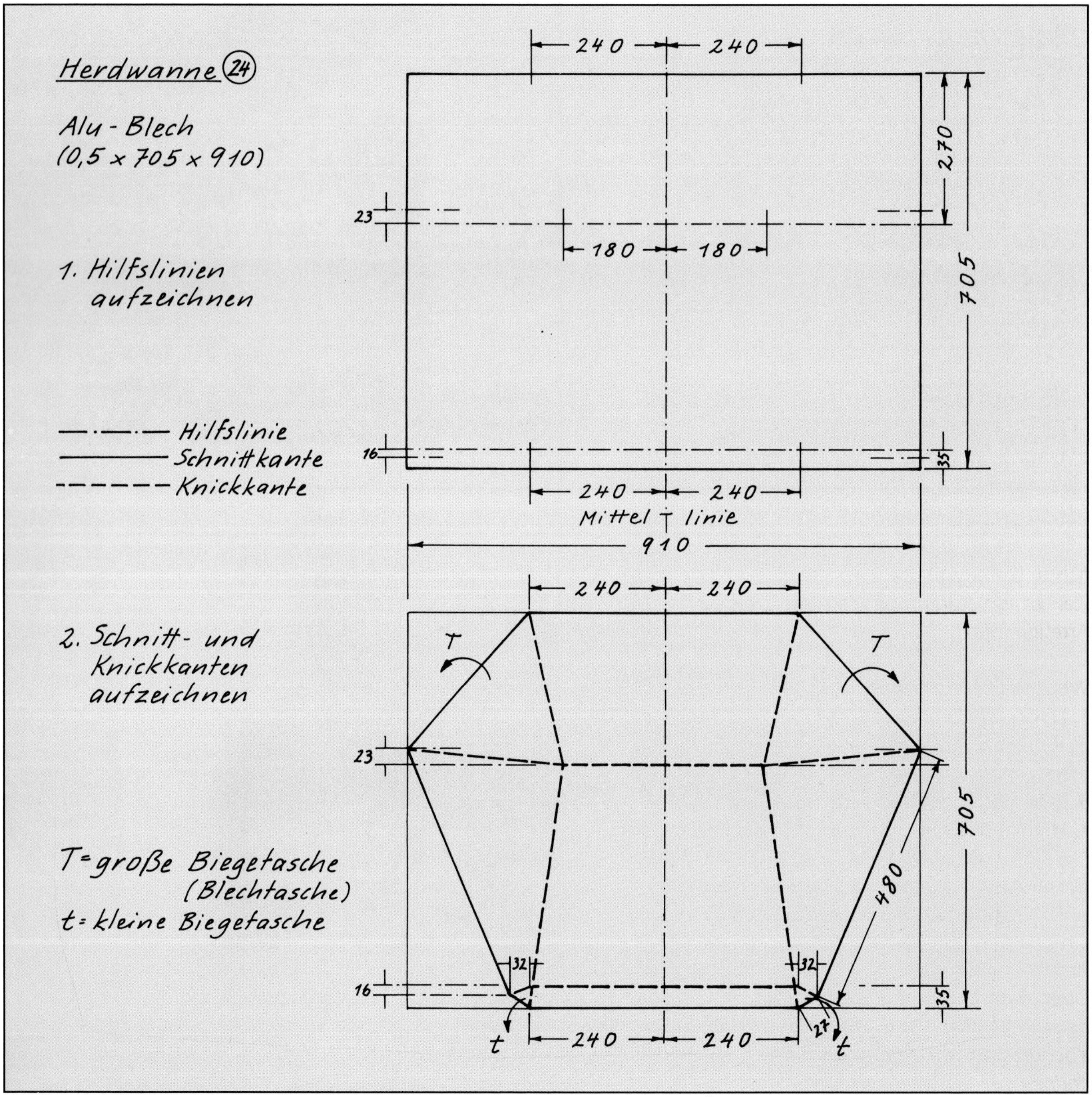

richtung schraubt man an den oberen Fenster- bzw. Herdrahmen (Fensterhalteleiste / Arretierklotz).

Weitere Detailarbeiten:

1. Haltegriffe anschrauben;
2. Reflektorstütze und Spannschnur montieren;
3. Wetterschutzanstrich auftragen;
4. Herdwanne mit Ofenrohrlack streichen.

Diese Werkbeschreibung beruht auf einer Anleitung des Solar-Pioniers Uli Oehler / Gruppe ULOG, Morgartenring 18, 4054 Basel (Schweiz).
Über diese Anschrift können weitere Solarbauanleitungen und Anweisungen mit Kochrezepten für den Solarofen gegen eine geringe Gebühr bezogen werden.

Der Solarofen funktioniert nur bei direkter Sonnenstrahlung. Er wird an einem windgeschützten Platz (im Freien, auf dem Balkon oder auch hinter dem Fenster) aufgestellt und genau auf die Sonne ausgerichtet. Wolken vermindern die Strahlung und verlängern die Kochzeit. Ein Wärmespeicher (z. B. Speckstein) kann kurze Schattenphasen überbrücken.

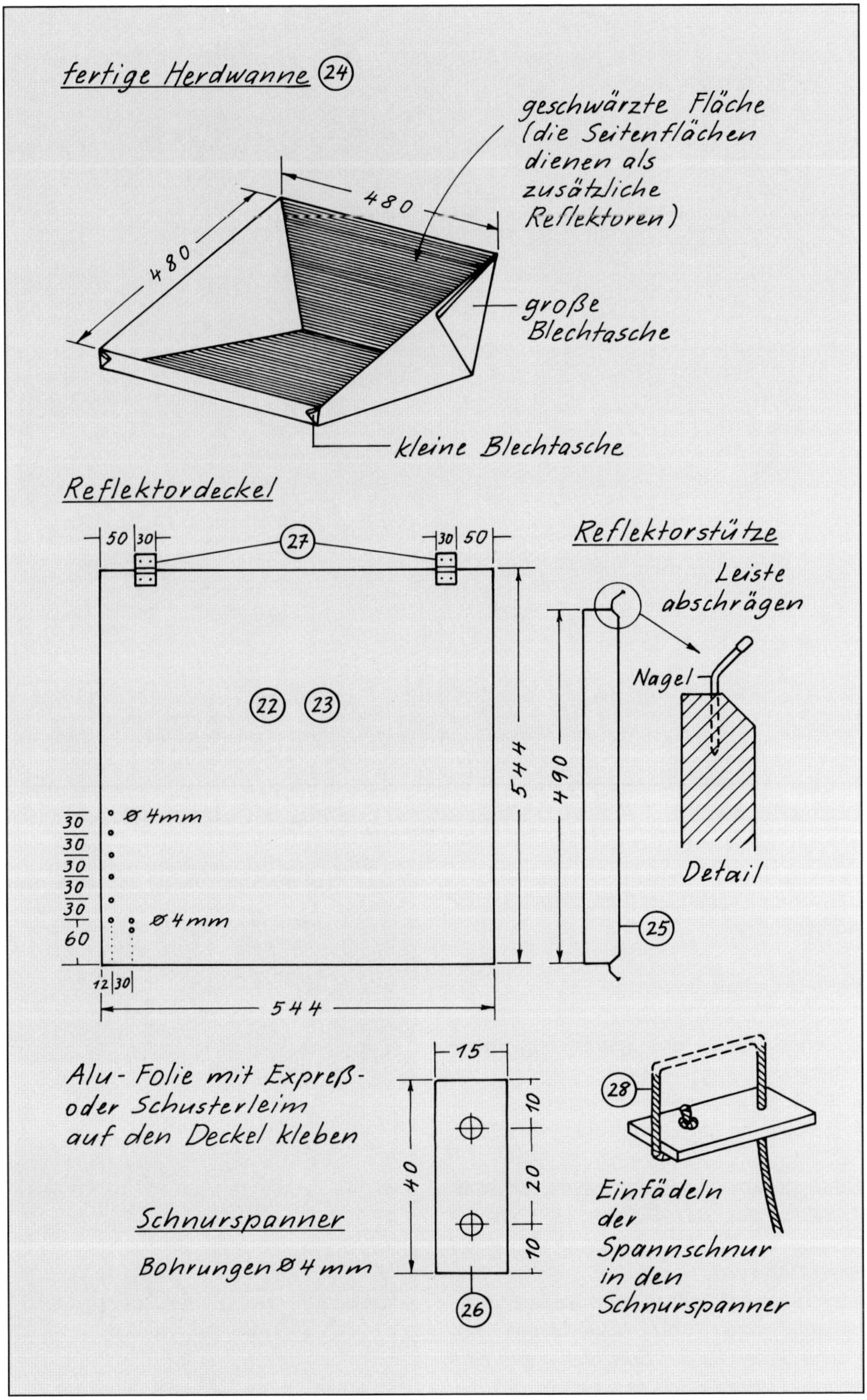
fertige Herdwanne (24)
geschwärzte Fläche (die Seitenflächen dienen als zusätzliche Reflektoren)
480
480
große Blechtasche
kleine Blechtasche
Reflektordeckel
50 30
30 50
(27)
(22) (23)
544
544
Ø 4mm
Ø 4mm
30 30 30 30 30 60
12 30
Reflektorstütze
Leiste abschrägen
Nagel
Detail
490
(25)
Alu-Folie mit Expreß- oder Schusterleim auf den Deckel kleben
Schnurspanner
Bohrungen Ø 4 mm
15
40
10 20 10
(26)
(28)
Einfädeln der Spannschnur in den Schnurspanner

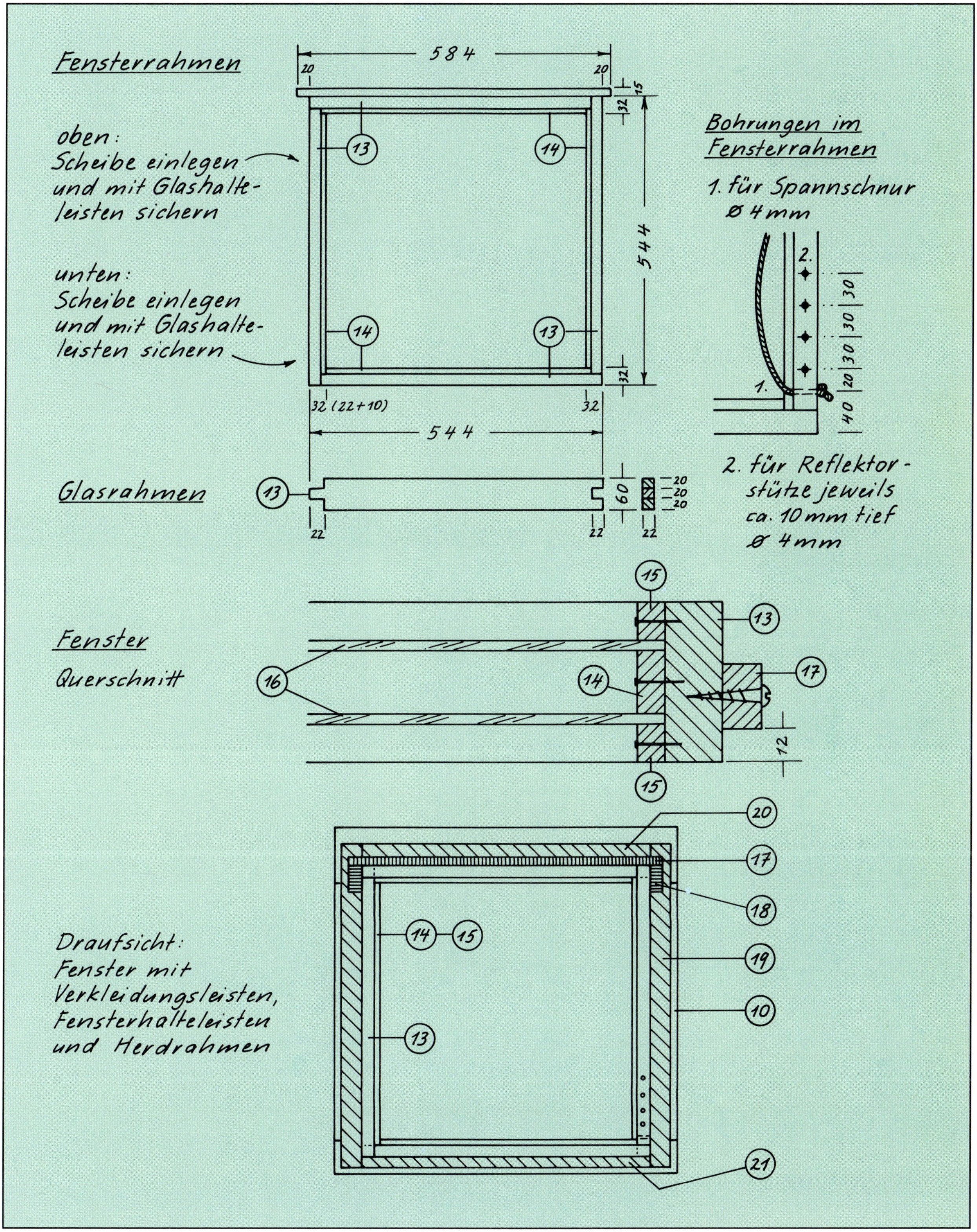
Fensterrahmen
584
20
20
15
32
544
32
oben:
Scheibe einlegen und mit Glashalteleisten sichern
unten:
Scheibe einlegen und mit Glashalteleisten sichern
13
14
14
13
32 (22+10)
32
544
Bohrungen im Fensterrahmen
1. für Spannschnur Ø 4mm
2.
30
30
30
20
40
1.
2. für Reflektorstütze jeweils ca. 10 mm tief Ø 4mm
Glasrahmen
13
60
20
20
20
22
22
22
Fenster
Querschnitt
15
13
16
14
17
12
15
Draufsicht:
Fenster mit Verkleidungsleisten, Fensterhalteleisten und Herdrahmen
20
17
18
14
15
19
10
13
21

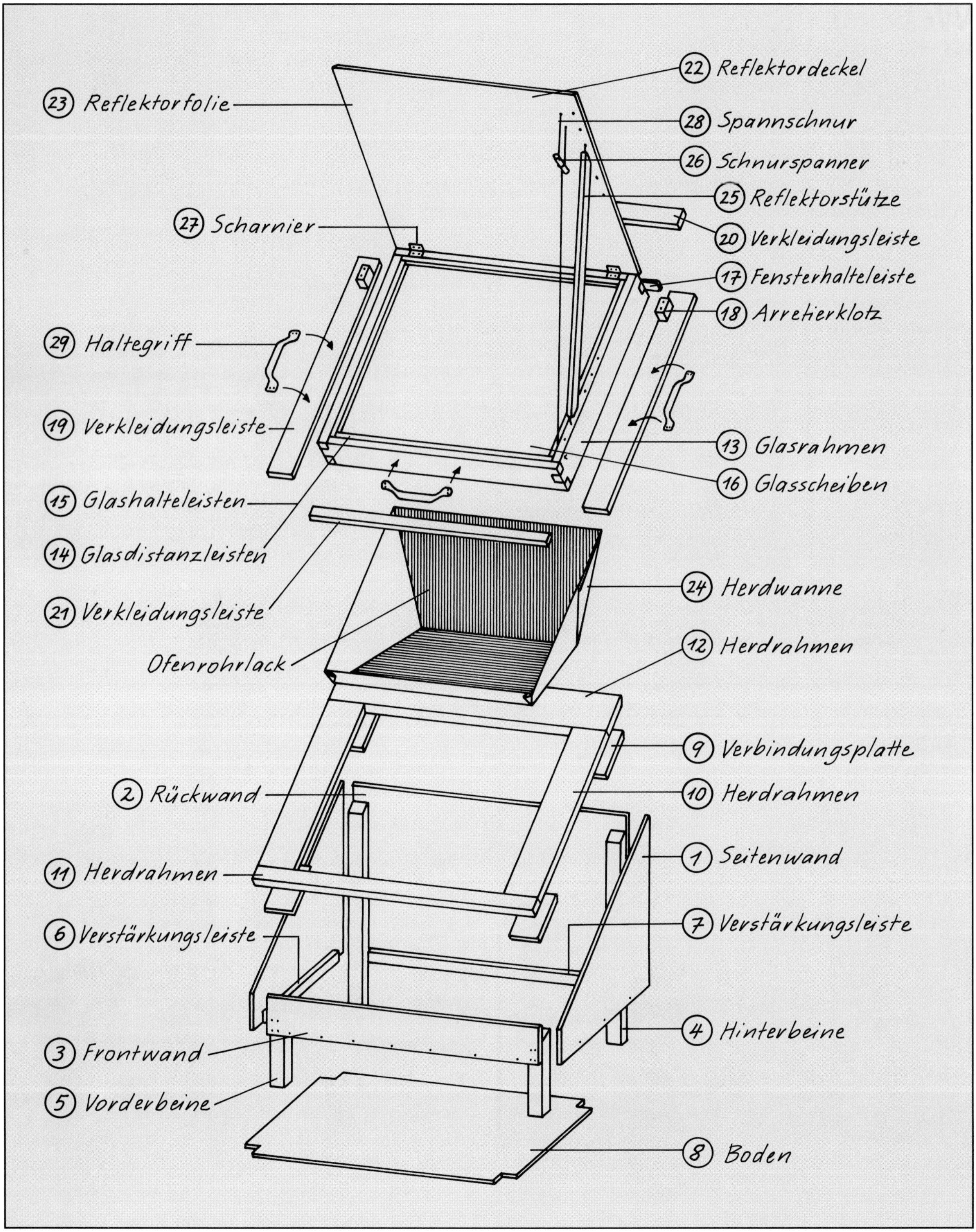
22 Reflektordeckel
23 Reflektorfolie
28 Spannschnur
26 Schnurspanner
25 Reflektorstütze
27 Scharnier
20 Verkleidungsleiste
17 Fensterhalteleiste
18 Arretierklotz
29 Haltegriff
19 Verkleidungsleiste
13 Glasrahmen
16 Glasscheiben
15 Glashalteleisten
14 Glasdistanzleisten
24 Herdwanne
21 Verkleidungsleiste
Ofenrohrlack
12 Herdrahmen
9 Verbindungsplatte
2 Rückwand
10 Herdrahmen
1 Seitenwand
11 Herdrahmen
6 Verstärkungsleiste
7 Verstärkungsleiste
4 Hinterbeine
3 Frontwand
5 Vorderbeine
8 Boden

Wetterstation

In der Atmosphäre, die uns umgibt, ändern sich ständig Temperatur, Luftfeuchtigkeit und Luftdruck. Windstärke und Windrichtung, Bewölkung und Niederschläge werden von diesem Wechsel bestimmt und ergeben das, was wir als Wetter bezeichnen.

Mit einer einfachen Wetterstation können diese meteorologischen Einzelfaktoren bestimmt und aufgezeichnet werden. Daraus lassen sich mit ein wenig Erfahrung und zusätzlichen Himmelsbeobachtungen verläßliche Wettervorhersagen ableiten.
Die Wetterstation ist ein kleines Haus auf zwei Pfosten, und darin können verschiedene Meßgeräte (Windmesser, Nieder-

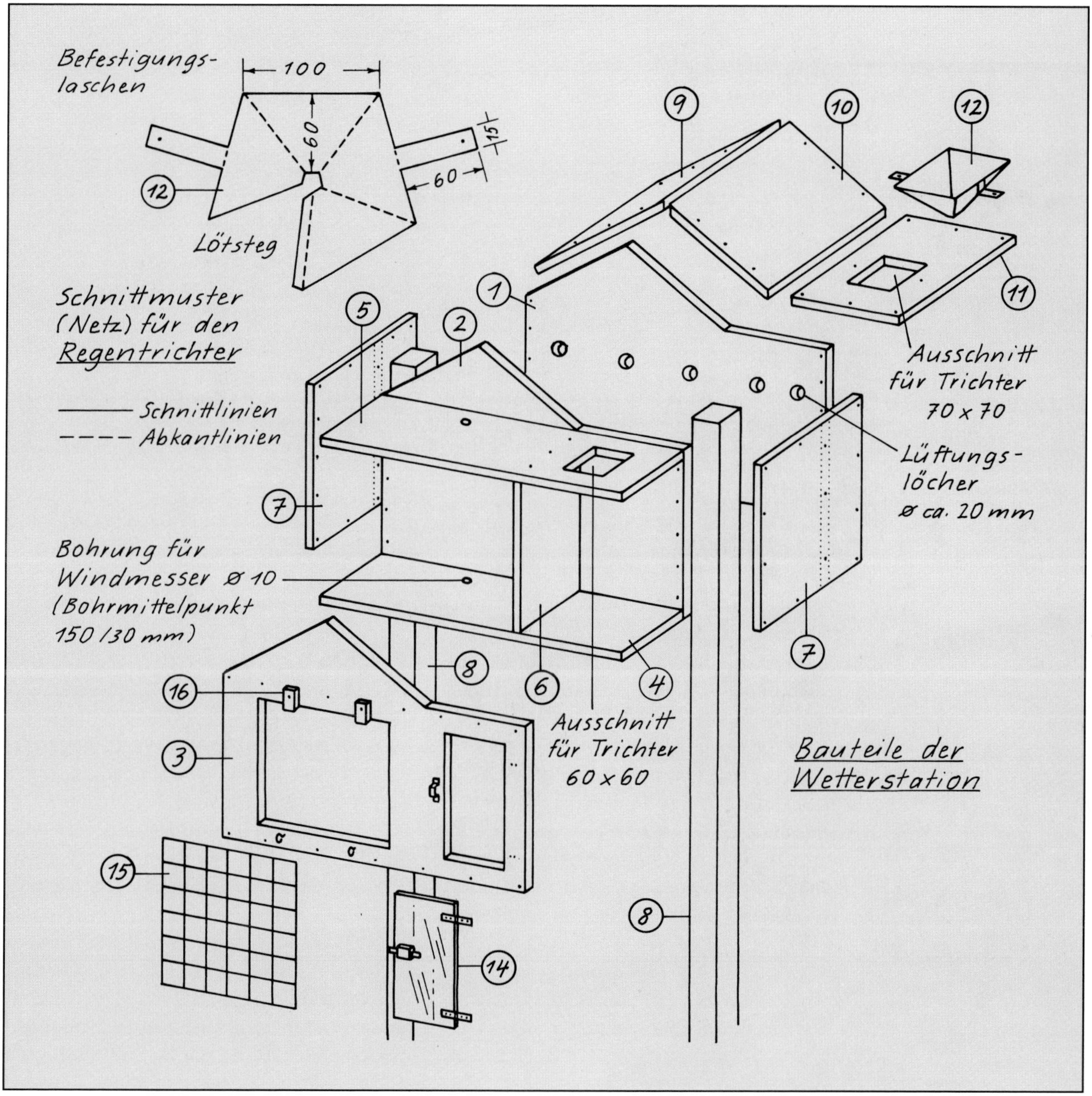

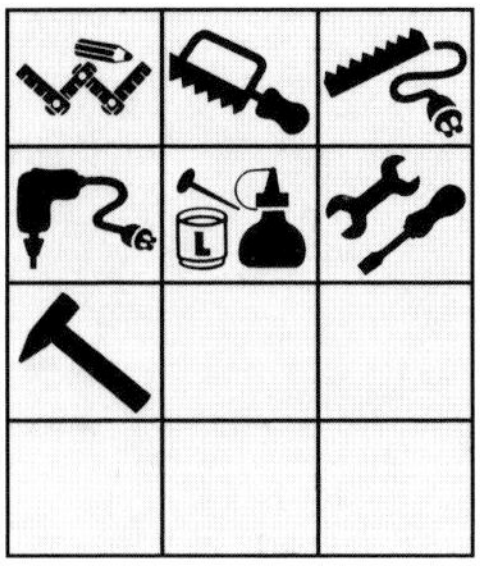

Wetterstation ●●●

Menge	Bezeichnung	Maße in mm	Material	Kenn-Nr.
1	Rückwand	12 x 350 x 460	Sperrholz	1
1	Mittelwand	12 x 350 x 460	Sperrholz	2
1	Vorderwand	12 x 350 x 460	Sperrholz	3
1	Bodenbrett	12 x 110 x 460	Sperrholz	4
1	Deckbrett	12 x 110 x 460	Sperrholz	5
1	Zwischenbrett	12 x 110 x 226	Sperrholz	6
2	Seitenwände	12 x 186 x 250	Sperrholz	7
2	Stellpfosten	40 x 40 x 1700	Vierkant-Massivholz	8
1	Dachbrett	5 x 216 x 210	Sperrholz	9
1	Dachbrett	5 x 216 x 194	Sperrholz	10
1	Dachbrett	5 x 216 x 170	Sperrholz	11
1	Regentrichter	ca. 180 x 280 x 1	Zinkblech	12
1	Dachüberzug	ca. 250 x 650	Teerpappe	13
1	Plexiglastür mit Riegel und Scharnieren	3 x 95 x 185	Plexiglas	14
1	Maschendrahttür	200 x 220	Maschendraht	15
2	Riegel	5 x 15 x 30	Sperrholz	16
1	Meßzylinder	ca. 190 hoch / 50 ∅	Glas	17

Holzschrauben (Senkkopf / Spax) 3,5 x 30; 3,0 x 25; 3,0 x 15 / Holzleim / Schraubösen / Polsternägel / Dichtmasse (z. B. Silikon)

schlagsmesser, Thermometer, Hygrometer, Barometer) untergebracht werden.
Beim Aufstellen der Station muß man darauf achten, daß die Vorderseite nach Norden zeigt, denn um genaue Meßwerte zu erhalten, dürfen die Instrumente nicht der direkten Sonneneinstrahlung ausgesetzt werden.
Zuerst werden die Einzelteile nach den Maßangaben in der Stückliste und der Zeichnung angefertigt. Als Baumaterial eignet sich dabei wasserfest verleimtes Sperrholz sehr gut.
Die Mittelwand wird mit Boden-, Deck- und senkrechtem Zwischenbrett verbunden (Leim / Schrauben). Die Drehachse für den Windmesser kann jetzt schon eingesetzt werden.
Rückwand und Mittelwand verschraubt und verleimt man mit den Stellpfosten und befestigt daran die Seitenwände.
Mit der Vorderwand wird das Haus geschlossen.
Nun können die Dachbretter aufgesetzt und der Regentrichter eingeschraubt werden.

Wichtig: Den Trichter außen sorgfältig abdichten (mit Teer, Silikon, Fensterkitt oder ähnlichem).
Das ganze Dach wird zusätzlich mit Teerpappe überzogen.
Zum Messen der Niederschlagsmenge verwendet man einen Meßzylinder, der unter den Trichter gestellt wird.
Damit möglichst wenig Niederschlag verdunstet, wird diese Meßkammer mit einem Plexiglasfenster verschlossen (Scharnier und Riegel).
In die größere Kammer hängt man Hygrometer, Barometer und Thermometer. Das Fenster wird lediglich mit einem verzinkten Maschendraht gesichert. Zwei Schraubösen dienen als Scharnier, damit die Drahttür bei Bedarf aufgeklappt werden kann.

Die Wetterstation muß windsicher verankert sein.

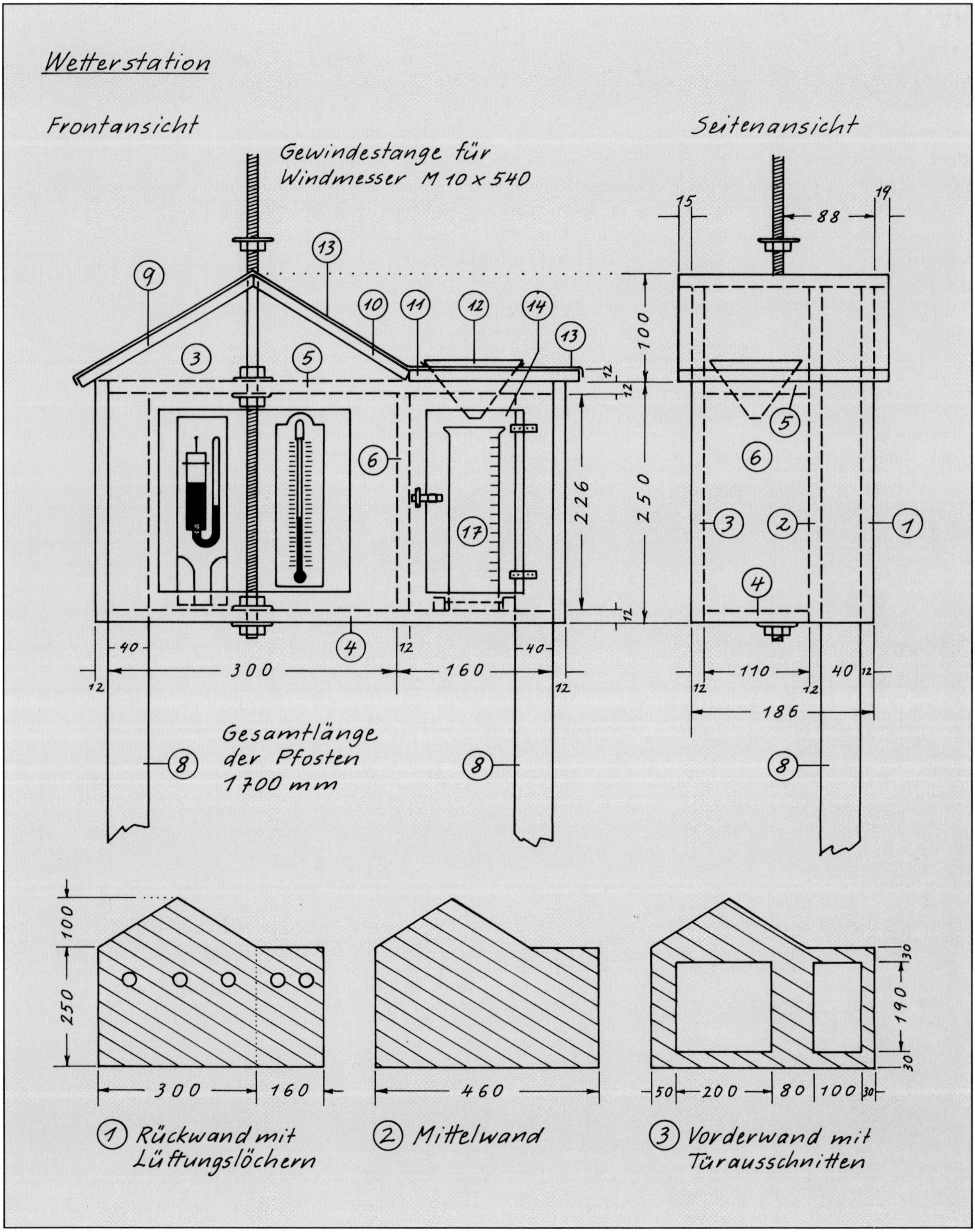
Wetterstation
Frontansicht
Seitenansicht
Gewindestange für
Windmesser M 10 x 540
Gesamtlänge
der Pfosten
1700 mm
300
160
460
100
250
226
186
110
88
190
200
80
① Rückwand mit
Lüftungslöchern
② Mittelwand
③ Vorderwand mit
Türausschnitten

Windmesser

Mit diesem Windmeßgerät können gleichzeitig Windrichtung und Windstärke ermittelt werden. Es besteht aus einem Richtungskreuz (Windrose), einer Windfahne, dem Windstärkenanzeiger und einem kleinen vertikalen Schalenwindrad.

Die Windrose wird am Standort mit einem Kompaß nach den Himmelsrichtungen ausgerichtet. Die Windfahne dreht das Blech des Stärkenanzeigers stets gegen den Wind und gibt so die Windrichtung an.

Die ganze Konstruktion setzt man auf eine 10 mm dicke vertikale Achse (Gewindestange M10). Damit kann das Windmeßgerät problemlos in die auf Seite 271 beschriebene Wetterstation eingesetzt werden. Man kann das Meßgerät aber auch als Einzelgerät auf eine spezielle Mastkonstruktion schrauben. An ein ca. 3 m langes Vierkantholz wird mit Massivholzleisten eine Halterung für die Achse des Windmessers geschraubt. Hier kann man die Gewindestange einsetzen und zusätzlich mit Schrauben sichern.

Wichtig: Die Gewindestange muß ca. 25 mm tief in das Stirnholz des Mastes eingelassen werden.

Zuerst wird die Windrose zusammengebaut. Die vier Richtungsarme mit den Symbolen der Himmelsrichtungen sägt man aus 8 mm starkem Sperrholz. Eine Massivholzplatte (20 x 100 x 100 mm) dient als zentrale Halterung. In die Ausschnitte leimt man die Richtungsarme ein, und ein paar Drahtstifte sorgen für zusätzlichen Halt. Nach einem

Das Windmeßgerät darf nicht im Windschatten von Bäumen oder Gebäuden aufgestellt werden, sonst liefert es falsche Daten.

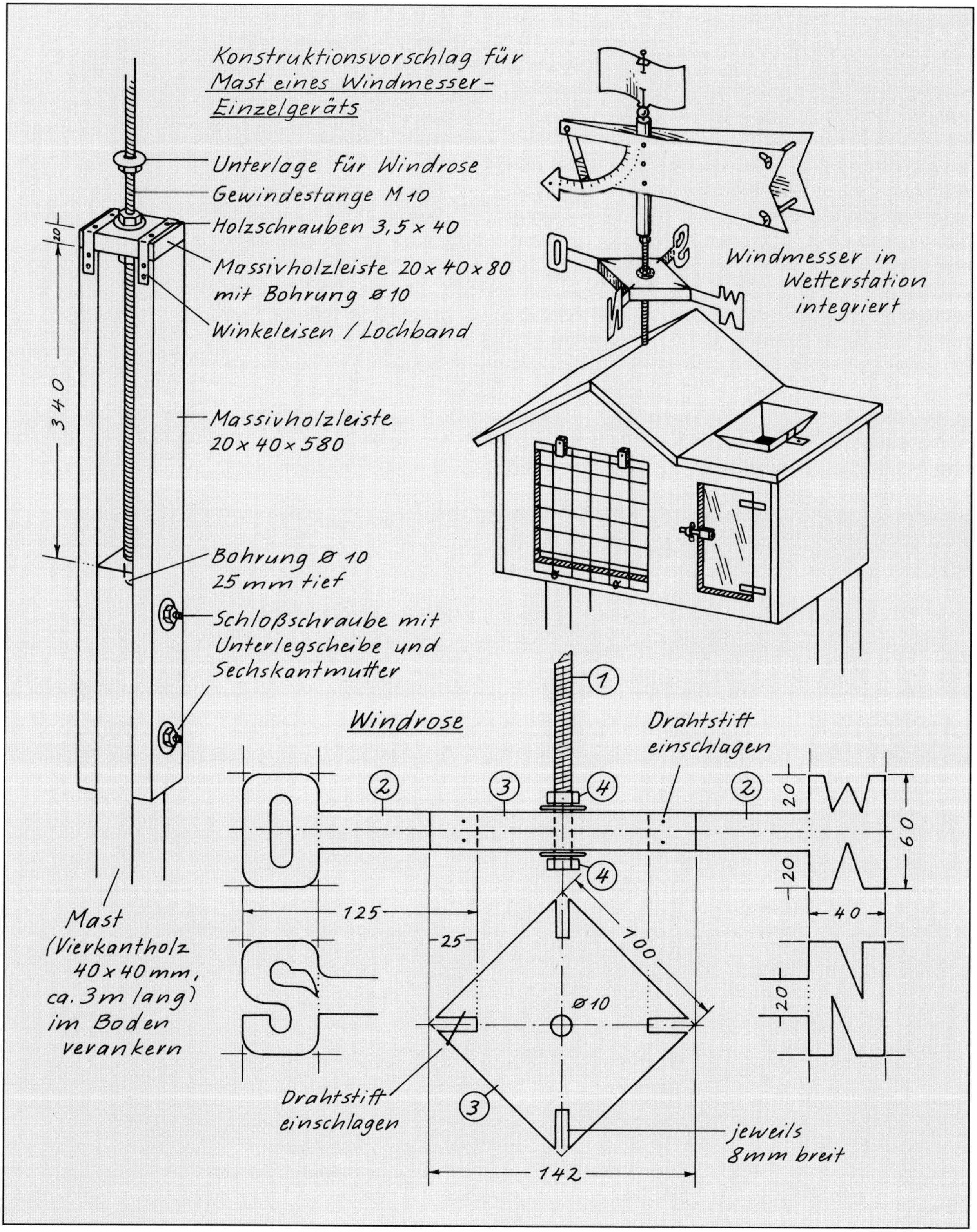
Konstruktionsvorschlag für Mast eines Windmesser-Einzelgeräts
Unterlage für Windrose
Gewindestange M 10
Holzschrauben 3,5 x 40
Massivholzleiste 20 x 40 x 80 mit Bohrung ⌀ 10
Winkeleisen / Lochband
Massivholzleiste 20 x 40 x 580
Bohrung ⌀ 10 25 mm tief
Schloßschraube mit Unterlegscheibe und Sechskantmutter
Mast (Vierkantholz 40 x 40 mm, ca. 3 m lang) im Boden verankern
20
340
Windmesser in Wetterstation integriert
Windrose
Drahtstift einschlagen
1
2
3
4
20
60
40
125
25
100
⌀ 10
142
Drahtstift einschlagen
jeweils 8 mm breit

sorgfältigen Wetterschutzanstrich wird das Richtungskreuz auf die Gewindestange gesteckt und mit Unterlegscheiben und Sechskantmuttern festgeschraubt.
Als Baumaterial für Windmesser und Windfahne eignen sich Sperrholz (wasserfeste Leimung), Blech oder Kunststoffplatten.
Für das abgebildete Modell wurden 3 mm starke Kunststoffplatten verwendet.
Ein passendes Metallrohr (Innendurchmesser 10 mm) dient als Drehlager. So kann das Meßgerät einfach auf die mit Schmierfett bestrichene Gewindestange aufgesteckt werden. Die unterste Befestigungsschraube der Windfahne dient dabei als Widerlager. Die Windfahne mit dem Richtungszeiger wird aus zwei deckungsgleichen Plattenzuschnitten (Maße siehe Abbildung) zusam-

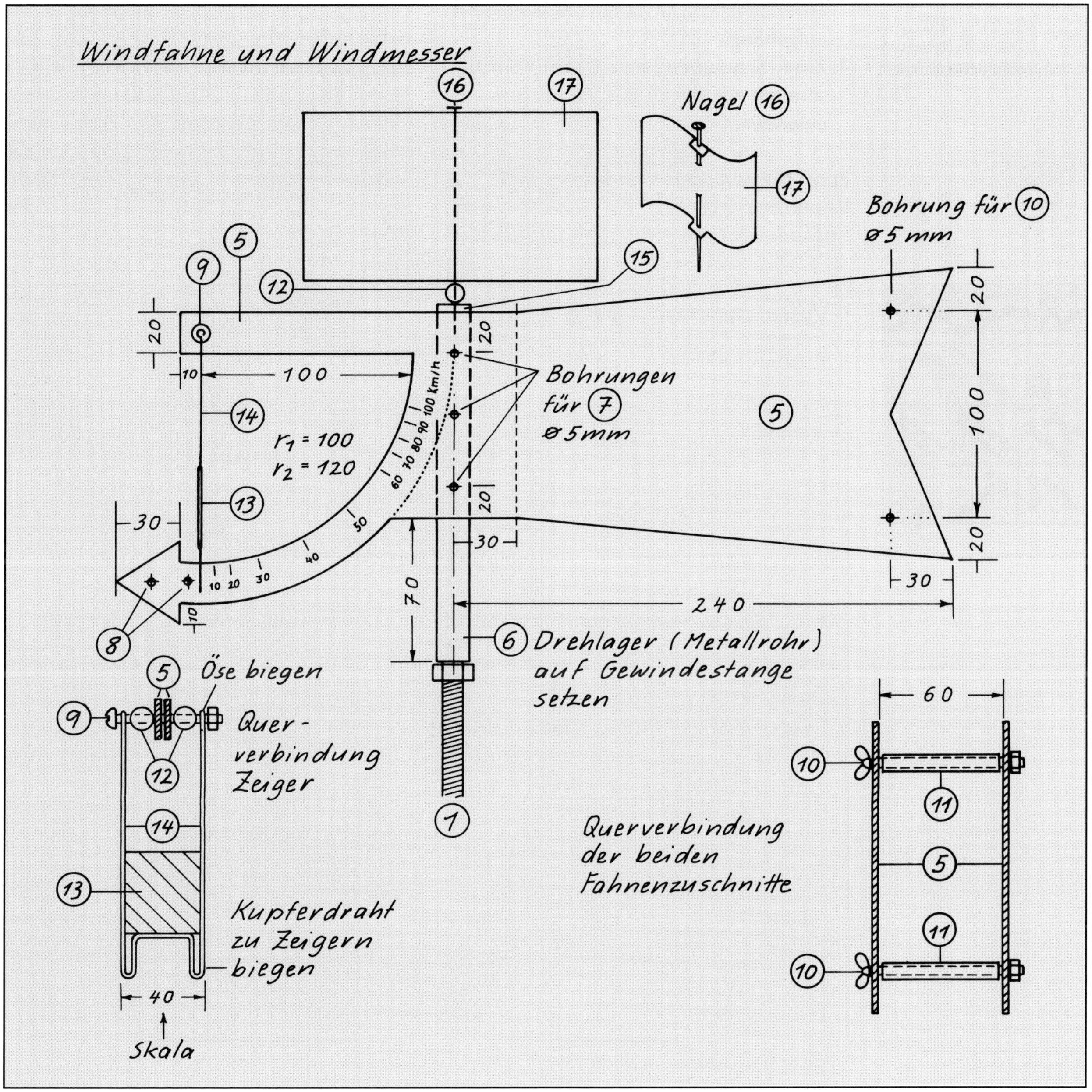

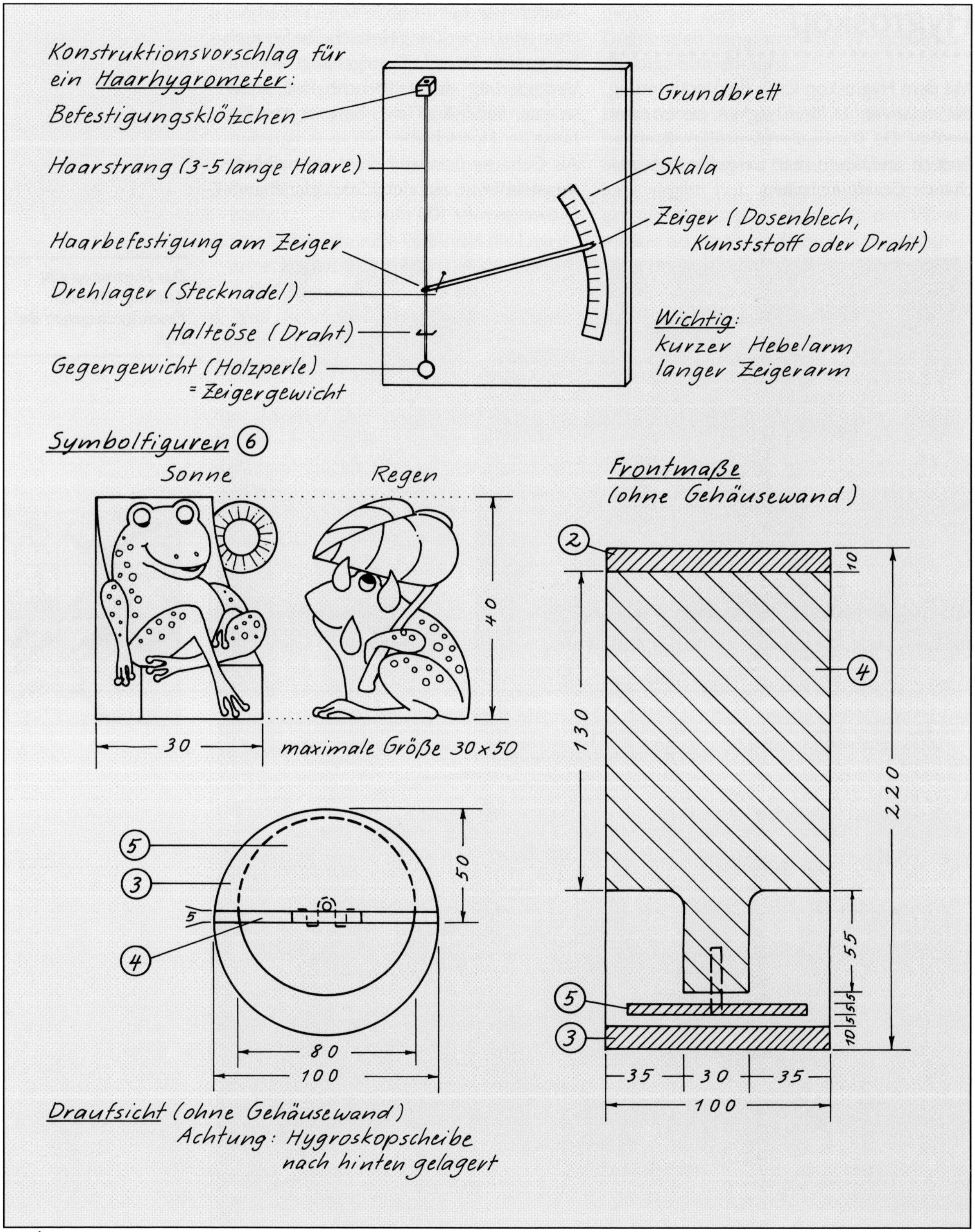
Konstruktionsvorschlag für ein Haarhygrometer:
Befestigungsklötzchen
Haarstrang (3-5 lange Haare)
Haarbefestigung am Zeiger
Drehlager (Stecknadel)
Halteöse (Draht)
Gegengewicht (Holzperle) = Zeigergewicht
Grundbrett
Skala
Zeiger (Dosenblech, Kunststoff oder Draht)
Wichtig: kurzer Hebelarm langer Zeigerarm
Symbolfiguren 6
Sonne
Regen
40
30
maximale Größe 30 x 50
50
5
80
100
Draufsicht (ohne Gehäusewand)
Achtung: Hygroskopscheibe nach hinten gelagert
Frontmaße (ohne Gehäusewand)
10
130
220
55
10 5 5 5
35 30 35
100

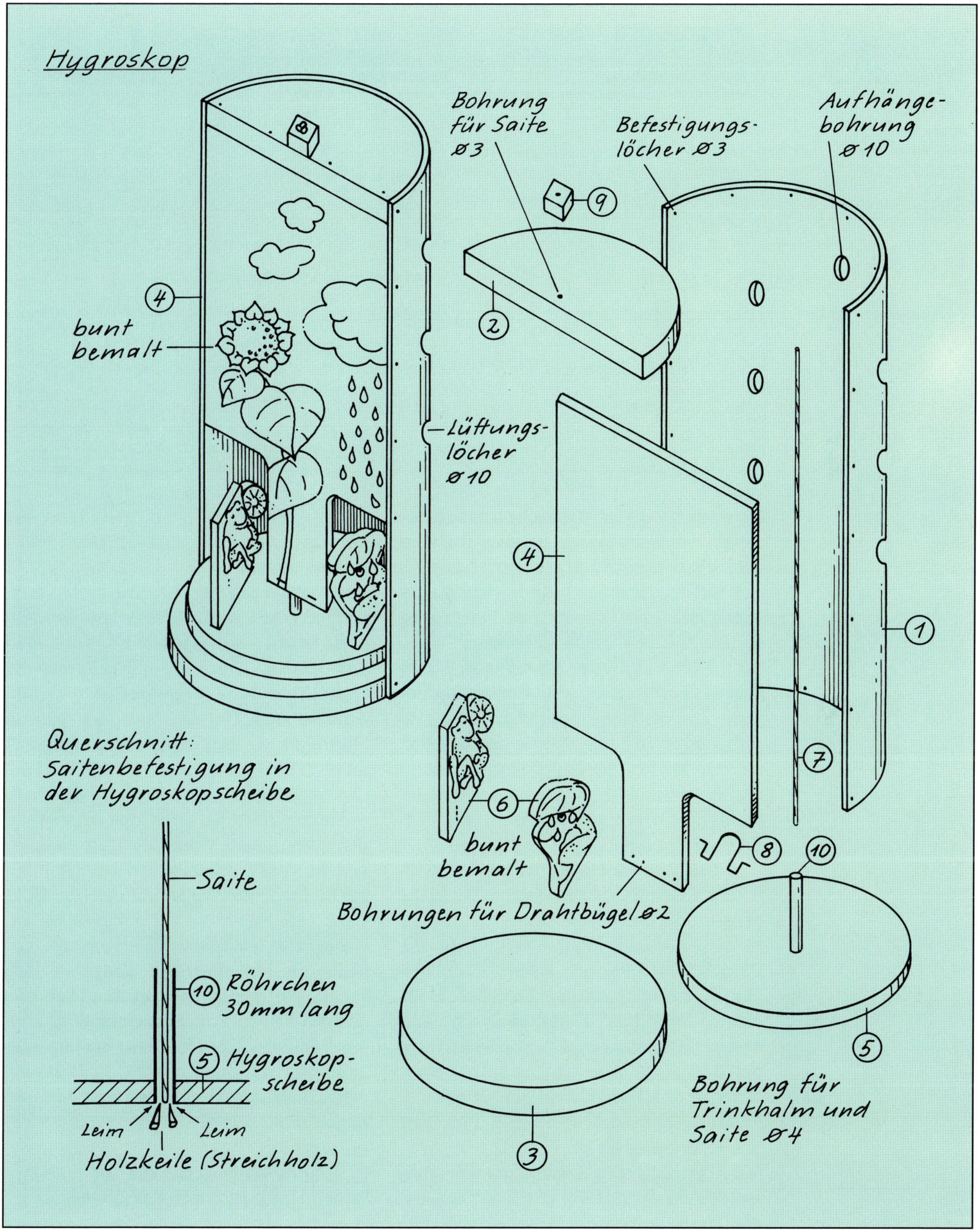
Hygroskop
Bohrung für Saite ø3
Befestigungs-löcher ø3
Aufhänge-bohrung ø10
9
4
bunt bemalt
2
Lüftungs-löcher ø10
4
1
Querschnitt: Saitenbefestigung in der Hygroskopscheibe
7
6
bunt bemalt
8
10
Saite
Bohrungen für Drahtbügel ø2
10 Röhrchen 30mm lang
5 Hygroskop-scheibe
Leim
Leim
Holzkeile (Streichholz)
5
3
Bohrung für Trinkhalm und Saite ø4

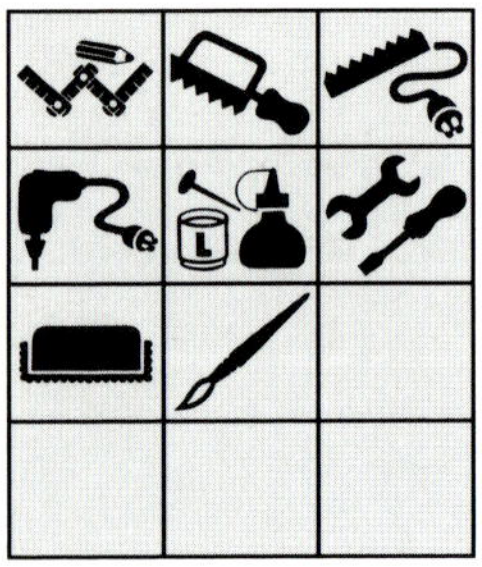

Hygroskop ●●

Menge	Bezeichnung	Maße in mm	Material	Kenn-Nr.
1	Gehäuserückwand	100 ∅ / 220 lang	PVC-Rohr	1
1	Deckplatte	10 x 100 ∅	Sperrholz	2
1	Bodenplatte	10 x 100 ∅	Sperrholz	3
1	Frontplatte	5 x 100 x 185	Sperrholz	4
1	Hygroskopscheibe	5 x 80 ∅	Sperrholz	5
2	Figuren	5 x 40 x 50	Sperrholz	6
1	Darmsaite	210 lang	Naturdarm	7
1	Drahtbügel	1 mm^2 Querschnitt	Kupferdraht / Bindedraht	8
1	Stellklötzchen	5 x 10 x 10	Sperrholz	9
1	Röhrchen	30 lang / 4 ∅	Trinkhalm	10

Holzschrauben (Senkkopf; 2,0 x 15) / Drahtstifte 10 mm lang / Holzleim / Farben / Lack / Streichholz

Damit später die Luft ausreichend durch das Gerät zirkulieren kann, werden mehrere Löcher in die Rückwand gebohrt (10 mm ∅). Außerdem müssen entlang der Schnittkanten kleine Löcher (3 mm ∅) zur Befestigung der Frontplatte angebracht werden.
Für die Frontplatte verwendet man 5 mm starkes Sperrholz. Die kreisförmige Bodenplatte und die halbkreisförmige Deckplatte paßt man in die Rohrhälfte ein und befestigt sie mit kleinen Senkkopf-Holzschrauben (*Achtung:* Bohrlöcher 3 mm ∅ ansenken!). Front- und Deckplatte werden zusätzlich miteinander verleimt.
Damit sich die Holzteile nicht werfen (wölben), müssen sie vor dem Einbau beidseitig bemalt oder lackiert werden.
In die Hygroskopscheibe leimt man die Darmsaite mit einem kurzen Röhrchen (Trinkhalm) ein. Das Röhrchen hält die Holzscheibe im fertigen Gerät waagrecht. Das andere Saitenende wird durch die Bohrung der Deckplatte gezogen und in ein Holzklötzchen (Stellklötzchen) so eingeleimt, daß die Hygroskopscheibe ca. 5 mm über der Bodenplatte hängt.
Mit einem Drahtbügel sichert man im unteren Teil der Frontplatte das Röhrchen mit der Darmsaite, damit die Hygroskopscheibe nicht zu sehr hin und her pendeln kann. Das Röhrchen muß sich im Drahtbügel leicht drehen können.
Zwei lustige Figuren aus Sperrholz kennzeichnen die jeweilige Wetterlage (trocken oder feucht). Sie werden als Antipoden (um 180 Grad versetzt) mit Leim auf der Hygroskopscheibe aufgeklebt.
Abschließend bessert man am ganzen Hygroskop die Bemalung aus und ergänzt sie nach Belieben.
Um das Gerät genau einzustellen, stellt man es längere Zeit auf die Heizung oder neben den Ofen und dreht dann die Darmsaite am oberen Stellklötzchen so, daß die Symbolfigur für trockenes Wetter vor dem Gehäuse steht.
Haare sind ebenfalls hygroskopisch, das heißt, sie verändern ihre Länge je nach Feuchtigkeitsgehalt der Luft. Man kann sie deshalb zur Konstruktion eines Hygrometers benutzen. Der Grad der Feuchtigkeitsänderung wird dabei über einen Zeiger auf einer Skala angezeigt. Das Gerät muß an einem professionellen Hygrometer geeicht werden.
In der Abbildung ist der Aufbau eines einfachen Haarhygrometers dargestellt.

Mit diesem Luftdruckanzeiger läßt sich ein Wetterumschwung leicht vorhersagen.

Luftdruckanzeiger

Eine Veränderung des Luftdruckes bringt meist einen Wetterumschwung mit sich. Deshalb ist die Beobachtung von Luftdruckschwankungen ein wichtiger Faktor in der Wettervorhersage.

Mit einfachen Mitteln läßt sich ein Luftdruckanzeiger bauen. Das Gerät kann allerdings nicht als Barometer bezeichnet werden, weil es keine Skala hat.

Zum Bau benötigt man eine kleine Glasflasche als Ausgleichsgefäß (z. B. Kondensmilchflasche).

Mit einer Drahthalterung wird die Flasche mit der Öffnung nach unten aufgehängt.

Ein U-förmig gebogenes, möglichst dünnes Glasrohr dient als Meßrohr. Aus einer Glasrohrstange, wie sie im Chemie- und Physikunterricht verwendet wird, läßt sich ein entsprechendes Meßrohr über einem Gasbrenner erhitzen und biegen. Das Rohr befestigt man mit einem durchbohrten Gummistopfen in der Flasche.

Die Flasche wird zur Hälfte mit gefärbtem Wasser (Tinte) gefüllt und kopfüber aufgehängt.

Bei Hochdruck liegt der Wasserstand in der Glasröhre tiefer als im Ausgleichsgefäß.

Bei Tiefdruck steigt der Wasserstand in der Meßröhre über den im Ausgleichsgefäß.

Hinweis: Damit die Flüssigkeit nicht zu schnell über das offene Röhrchen verdunstet, sollte die Öffnung möglichst klein sein. Man kann das Rohr entweder in der Flamme teilweise zuschmelzen oder mit einem Wattebausch verschließen.

Luftdruckanzeiger •

Menge	Bezeichnung	Maße in mm	Material	Kenn-Nr.
1	Ausgleichsgefäß	ca. 45 ⌀ / 120 hoch	Glasflasche	1
1	Drahthalterung	1 ⌀	Kupfer oder Bindedraht	2
1	Meßrohr	8 ⌀ / 200 lang	Glasrohr oder Kunststoffrohr	3
1	Gummistopfen	ca. 20 ⌀	Gummistopfen	4

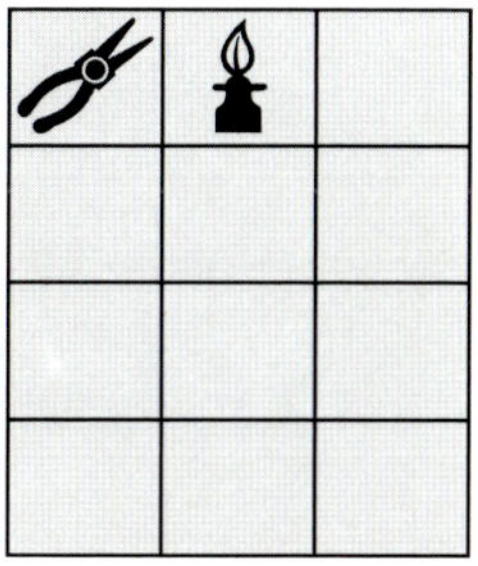

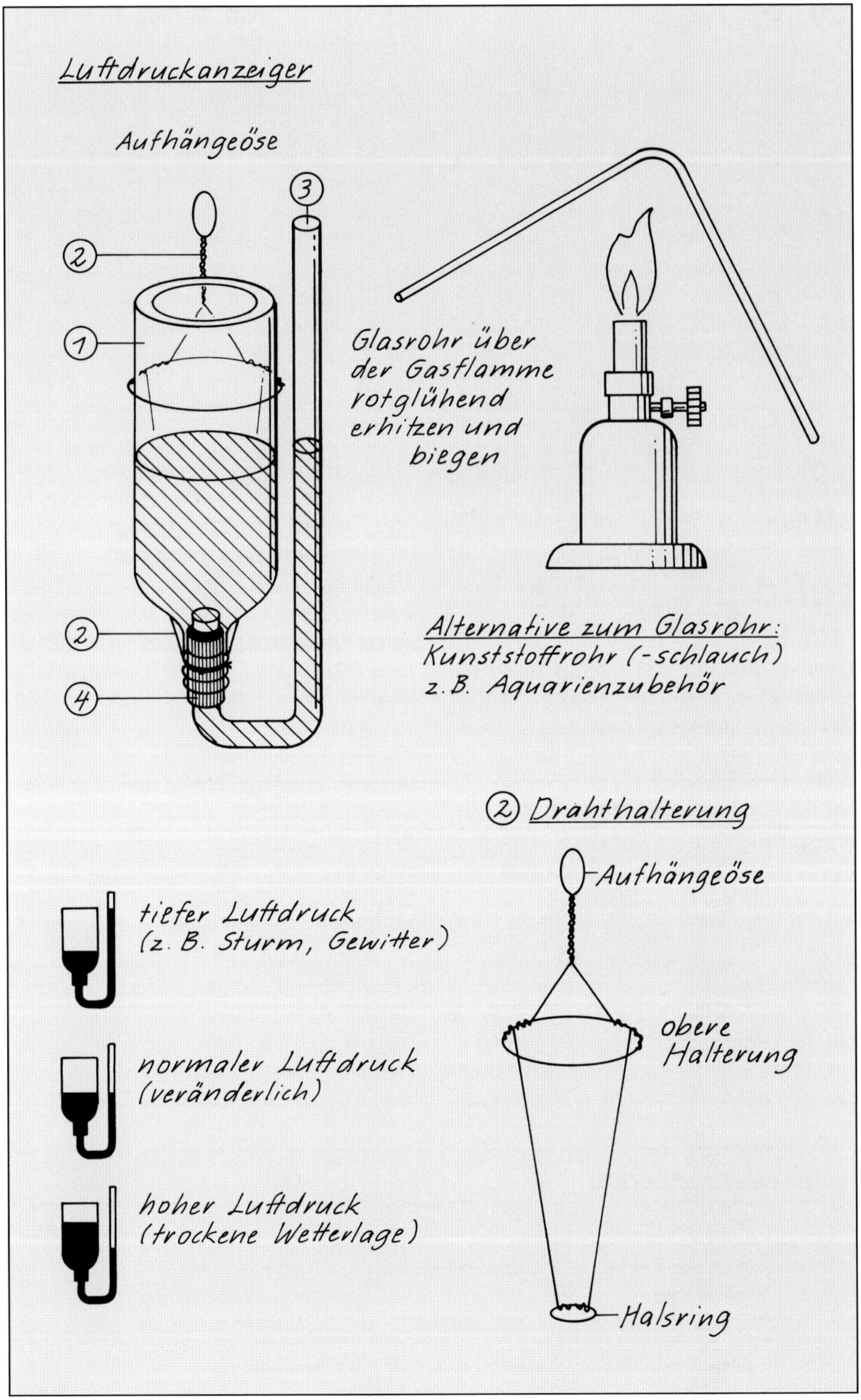
Luftdruckanzeiger
Aufhängeöse
③
②
①
②
④
Glasrohr über der Gasflamme rotglühend erhitzen und biegen
Alternative zum Glasrohr:
Kunststoffrohr (-schlauch)
z.B. Aquarienzubehör
② Drahthalterung
Aufhängeöse
obere Halterung
Halsring
tiefer Luftdruck
(z. B. Sturm, Gewitter)
normaler Luftdruck
(veränderlich)
hoher Luftdruck
(trockene Wetterlage)

Windspiel

Die aufwendigsten und schwierigsten Bauteile eines Windrades sind das Flügelrad und sein Lager, das möglichst leichtgängig sein sollte.

Dafür können gebrauchte Maschinenteile verwendet werden: der Kühlerventilator eines Kraftfahrzeuges und ein Fahrrad-Hinterradlager.

Auf der längeren Achsseite des Hinterradlagers (Zahnkranzsitz) befestigt man mit selbstsichernden Sechskantmuttern und passenden Unterlegscheiben das Ventilatorrad; am anderen Achsende wird ein Rillenrad für einen Riemenantrieb mit Sechskantmuttern angeschraubt.

Den Rumpf des Windspieles baut man aus einer Vierkantholzleiste. Folgende Einschnitte und Vertiefungen werden herausgearbeitet:

- Radlagersitz
- Rillenradausschnitt
- Lagerbohrung für Rumpflager und Ausschnitt für die Windfahne.

Das Radlager befestigt man mit zwei großen Bandschellen (Schlauchschellen) am Rumpf.

Als Regenschutz kann eine Blechhaube über das Lager gestülpt und an den Rumpf geschraubt werden. Der Ausschnitt für das Rillenrad muß genügend Platz zum Auflegen des Antriebsriemens lassen. Die Lagerbohrung soll im Schwerpunkt des fertigen Windspieles liegen (Gleichgewicht). Da das Radlager und das angeschraubte Ventilatorrad meist sehr schwer sind, muß die Bohrung für das Rumpflager möglichst weit im vorderen Teil des Rumpfes angebracht werden.

In die Lagerbohrung wird eine Metallrohrhülse (z. B. Messing) eingepreßt. Dabei sollte der Durchmesser der Lagerbohrung 0,5 mm kleiner sein als der Außendurchmesser der Metallrohrhülse. Das Lager kann sich so leichter drehen und schlägt nicht so schnell aus.

Die Windfahne wird in den Ausschnitt am Rumpfende eingeleimt und mit kleinen Nägeln oder Holzschrauben gesichert.

Windspiel ●●●●

Menge	Bezeichnung	Maße in mm	Material	Kenn-Nr.
1	Mast	ca. 80 ∅ / 3000 – 5000 Länge	Holzstange	1
1	Achsenschraube	10 x 200	Holzschraube mit Sechskantkopf	2
2	Unterlegscheiben	30 ∅	Metallscheiben	3
1	Rumpf	80 x 80 x 500	Massivholz	4
1	Windfahne	200 x 250 x 5	Sperrholz	5
2	Sechskantmuttern	M10	Stahl	6
2	Sechskantmuttern selbstsichernd	M10	Stahl	7
2	Unterlegscheiben	15 ∅	Metallscheiben	8
1	Fahrrad-Hinterradnabe		Stahl	9
2	Bandschellen	ca. 100 ∅	Stahl	10
1	Lagerhülse	ca. 11 ∅ innen	Messing oder Stahl	11
1	Windrad	ca. 500 ∅	Ventilatorrad	12
1	Windspielaufbau	beliebig		
1	Rillenrad	ca. 40 ∅	Holz oder Kunststoff	13

Leim / Drahtstifte 70 mm / Wetterschutzlack / Leinöl, Schmierfett / Holzkugel

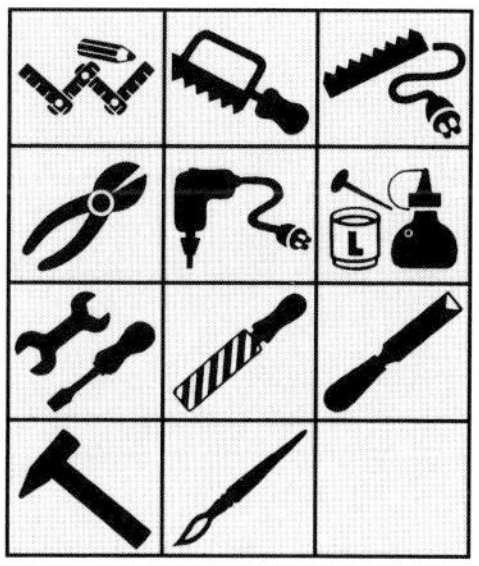

Senkrechte Lagerung:
Für ein Gartenwindrad genügt eine große Holzschraube als senkrechte Achse durch den Rumpf. Die Achsenschraube wird in einen starken Mast (Fahnenstange) eingedreht.
Wichtig: Auf beiden Seiten des Rumpfes Unterlegscheiben einfügen. Eine zusätzliche Kugelauflage verbessert die Beweglichkeit.

Windspielaufbau:
Über das Rillenrad können mit einem Gummiriemen verschiedene Figuren bewegt und „Maschinen" angetrieben werden. Hier können sich „Erfinder" entfalten (Anregungen siehe Abbildung).
Ein größeres Flügelrad ist durchaus in der Lage einen Fahrraddynamo anzutreiben und Strom für Glühlämpchen zu erzeugen.

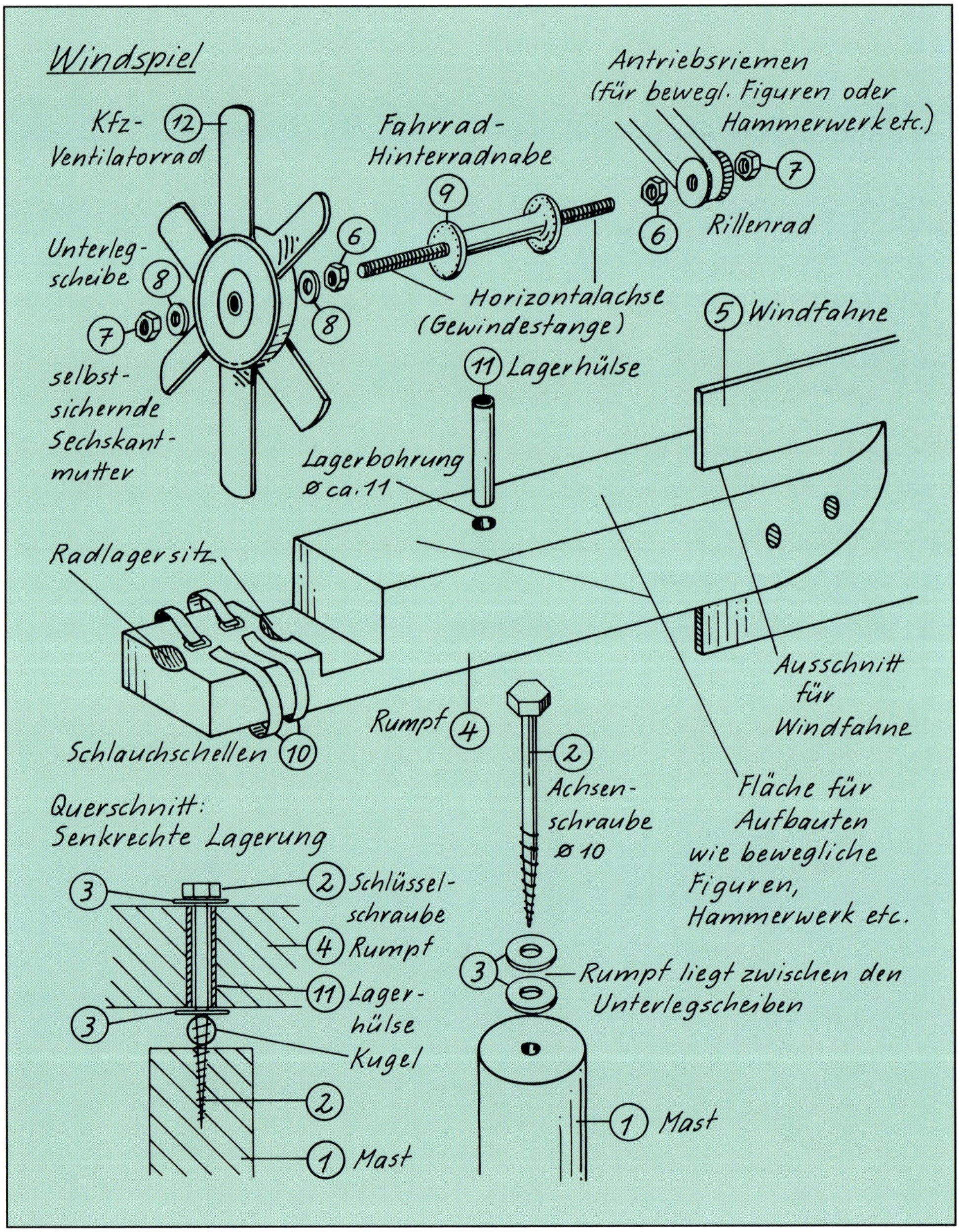

Der Rumpf wird wie bei einem Flugzeug abgerundet und der hintere Teil mit Raspel und Feile schmaler gearbeitet.

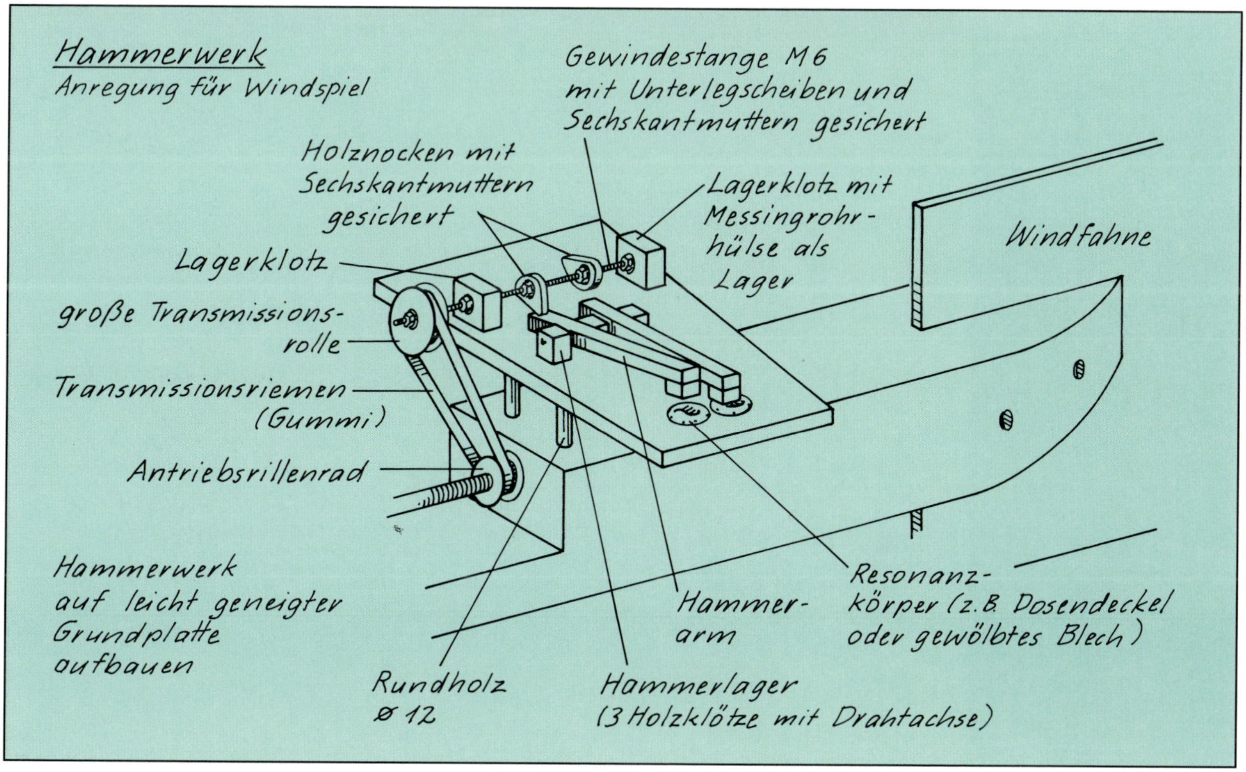

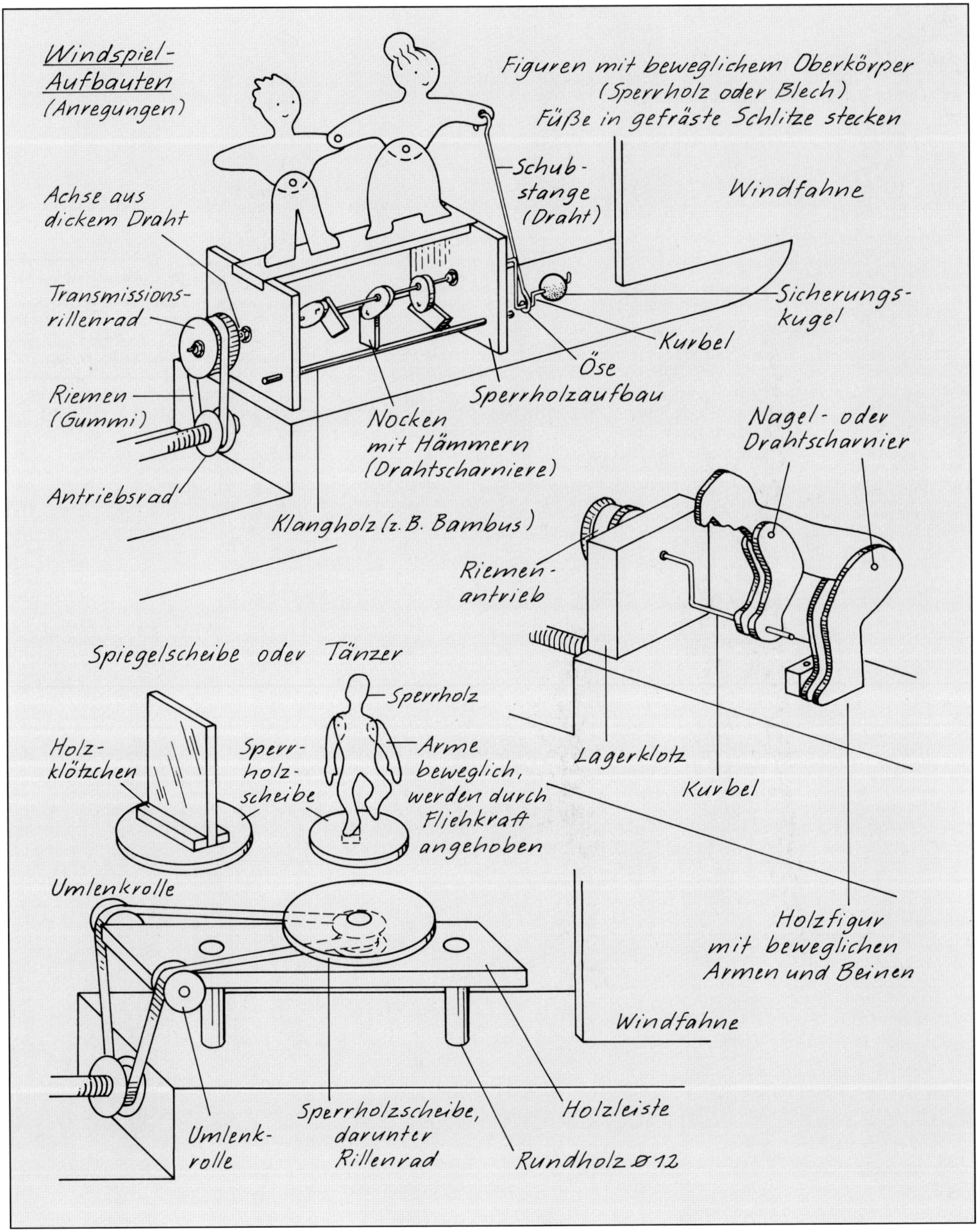
Windspiel-
Aufbauten
(Anregungen)
Figuren mit beweglichem Oberkörper
(Sperrholz oder Blech)
Füße in gefräste Schlitze stecken
Schub-
stange
(Draht)
Windfahne
Achse aus
dickem Draht
Transmissions-
rillenrad
Sicherungs-
kugel
Kurbel
Öse
Riemen
(Gummi)
Sperrholzaufbau
Nocken
mit Hämmern
(Drahtscharniere)
Nagel- oder
Drahtscharnier
Antriebsrad
Klangholz (z.B. Bambus)
Riemen-
antrieb
Spiegelscheibe oder Tänzer
Sperrholz
Holz-
klötzchen
Sperr-
holz-
scheibe
Arme
beweglich,
werden durch
Fliehkraft
angehoben
Lagerklotz
Kurbel
Umlenkrolle
Holzfigur
mit beweglichen
Armen und Beinen
Windfahne
Umlenk-
rolle
Sperrholzscheibe,
darunter
Rillenrad
Holzleiste
Rundholz Ø 12

Allgemeine Hinweise zur Elektronik

1. *Schaltzeichnungen werden mit einer Folie auf kunststoffbeschichtete Spanplatten übertragen (Lötpunkte durchstechen).*
2. *Aderendhülsen (Elektrofachgeschäft) dienen als Löthilfe. Sie werden in die Bohrungen gesteckt und mit dem Hammer bis zur Krempe eingeschlagen. Die Drahtenden der Bauteile und Leiterbahnen lassen sich leicht in die Hülsen einlöten.*
3. *Zum Löten muß ein geeigneter Lötkolben (möglichst mit Dauerlötspitze) benutzt werden. Dieser sollte eine Leistung zwischen 25 und 40 Watt haben.*
   Als Lot wird ein spezieller Elektroniklötdraht verwendet. Säurehaltige Flußmittel wie Lötwasser, Lötpaste oder Lötfett dürfen in der Elektronik auf keinen Fall verwendet werden.
4. *Beim Löten müssen alle einzulötenden Teile gleichmäßig und ausreichend mit dem Lötkolben erwärmt werden. Erst dann wird wenig Zinn aufgeschmolzen.*
5. *Manche Bauteile sind wärmeempfindlich. Deshalb so kurz wie möglich löten. Eine Überhitzung kann man vermeiden, wenn der Draht zwischen Bauteil und Lötstelle mit einer Zange festgehalten wird. Die Zange leitet Hitze ab.*
6. *Die Anschlußdrähte der Bauteile werden so gekürzt, daß sie klammerartig zwischen zwei Lötpunkte passen. Bei Transistoren, Dioden und Fotowiderständen dürfen die Anschlußdrähte nicht gekürzt werden (Löthitze!).*
7. *Betriebsspannung mit richtiger Polung anlegen (Pluspol an +, Minuspol an –).*
8. *Für Leitungsbahnen verwendet man Kupferdraht (0,75 Querschnitt); flexible Verbindungen werden mit Litze, die aus mehreren verdrillten Einzeldrähten besteht, hergestellt.*
9. *Leitungsbahnen werden immer geradlinig und stets im rechten Winkel zueinander verlegt. So wird die Schaltung übersichtlicher. Bei Leitungskreuzungen muß eine Leitung isoliert werden. (Leitung mit Isolierband umwickeln oder vor dem Einlöten Isolierschlauch über den Draht ziehen.)*

Widerstände

Das Schaltzeichen für den Widerstand ist ein Rechteck.
Widerstände begrenzen den in einem Stromkreis fließenden Strom.
Der elektrische Widerstand wird in Ohm (O), Kiloohm (K) = 1 000 Ohm oder Megaohm (M) = 1 000 000 Ohm angegeben.
Auf den Widerständen ist der Wert durch einen Farbcode gekennzeichnet. Die ersten drei Ringe geben den Wert an, der 4. Ring die Toleranz (max. mögliche Abweichung vom angegebenen Wert).
Internationaler Farbcode:

Ablesebeispiel:
1. Ring: braun = 1
2. Ring: schwarz = 0
3. Ring: orange = 000
Wert des Widerstandes:
10 000 Ohm = 10 K Ohm

Transistoren

Transistoren sind stromverstärkende Bauteile. Der in die Basis (B) fließende Strom steuert den Strom, der vom Emitter (E) zum Kollektor (C) fließt. Die Anschlüsse B, C, E dürfen nicht vertauscht werden.
Je nach Bauart gibt es zwei Arten von Transistoren: NPN-Transistoren und PNP-Transistoren.

Schaltzeichen

Vor dem Einbau müssen die Anschlußdrähte identifiziert werden. Bei der abgeflachten Bauform legt man den Transistor mit der flachen Gehäuseseite nach unten auf den Tisch, so daß die Anschlußdrähte zum Betrachter zeigen. Der linke Anschlußdraht ist dann der Emitter (E), der mittlere Anschlußdraht die Basis (B) und der rechte Anschlußdraht der Kollektor (C).

Schaltzeichen für elektrischen Widerstand

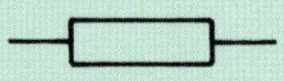

Internationaler Farbcode

Widerstandswerte in Ω

Kennfarbe	1. Ziffer	2. Ziffer	Multiplikator	Toleranz des Widerstandswertes in %
schwarz	–	0	–	–
braun	1	1	0	± 1 %
rot	2	2	0 0	± 2 %
orange	3	3	0 0 0	–
gelb	4	4	0 0 0 0	–
grün	5	5	0 0 0 0 0	± 0,5 %
blau	6	6	000 000	–
violett	7	7	–	–
grau	8	8	–	–
weiß	9	9	–	–
gold	–	–	× 0,1	± 5 %
silber	–	–	× 0,01	± 10 %
ohne	–	–	–	± 20 %

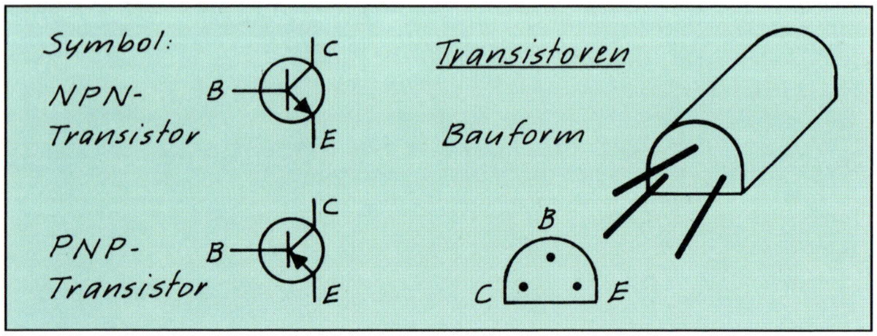

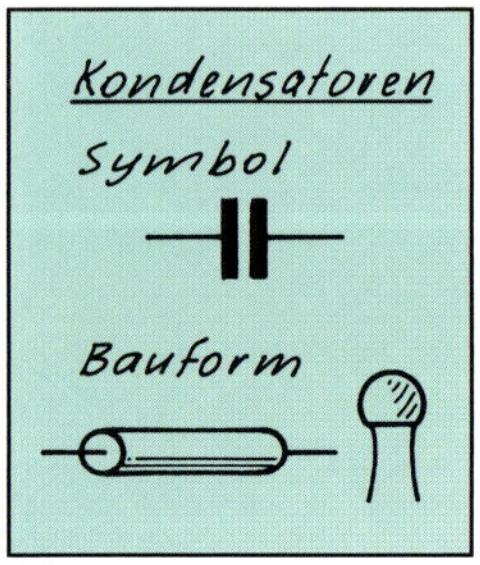

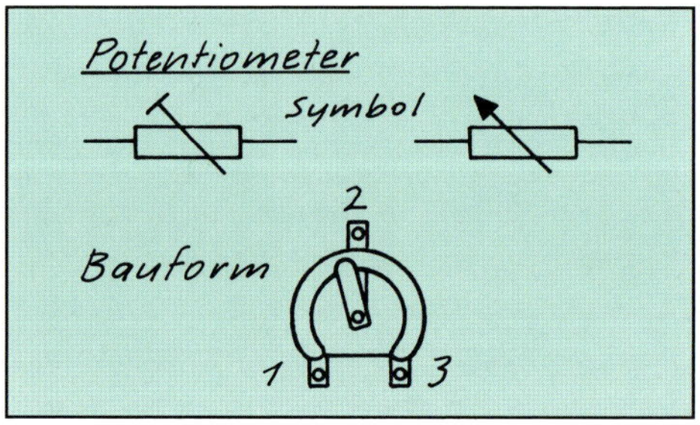

In den beiliegenden Schaltplänen, deren Lötpunkte mit einer Folie auf das Schaltbrett übertragen werden können (Vorstecher), sind die Transistoren dagegen in der Draufsicht dargestellt (Anschlußdrähte weisen vom Betrachter weg).

Potentiometer

Potentiometer (Poti) sind verstellbare Widerstände.

Symbol: 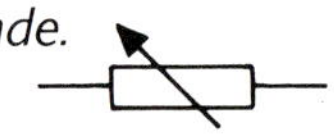

Der Wert dieser Widerstände kann durch Drehen eines Schleifkontaktes von nahezu 0 Ohm bis zum aufgedruckten Wert verändert werden.

Zwischen den Anschlüssen 1 und 3 liegt der gesamte Widerstandswert; über den Anschluß 2 können Teilwerte abgenommen werden.

Kondensatoren

Symbol: 

Im Grunde besteht jeder Kondensator aus zwei getrennten und mit Anschlüssen versehenen Metallplatten (-folien).

Kondensatoren laden sich auf und speichern die Spannung eine gewisse Zeit.

Wird ein Kondensator mit einem Verbraucher verbunden, so fließt die gespeicherte Ladung ab.

Der elektrische Wert von Kondensatoren wird in der Grundeinheit Farad (F) angegeben.

Vorsicht bei Elektrolytkondensatoren! Sie haben eine Plus- und eine Minus-Anschlußseite.

Leuchtdioden

Symbol: 

Leuchtdioden strahlen Licht ab, wenn sie von einem Strom durchflossen werden. Sie müssen immer mit einem Vorwiderstand angeschlossen werden.

Die Anschlußdrähte (Pluspol / Anode und Minuspol / Kathode) darf man nicht verwechseln. Ein umgekehrter Anschluß kann die LED (Leuchtdiode) zerstören. Die Anschlüsse kann man an der Bauform erkennen.

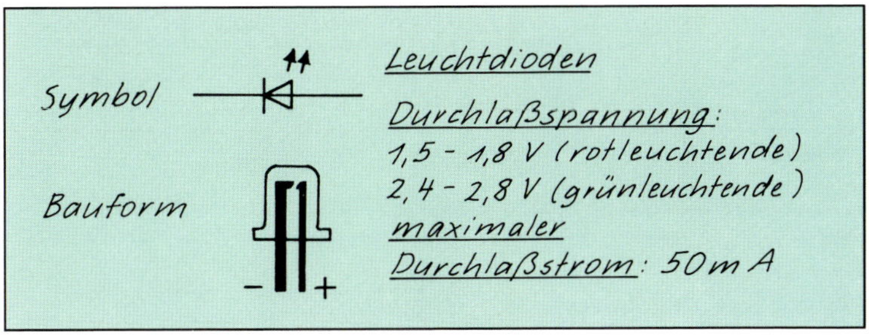

Dioden

Die Diode ist ein elektrisches Ventil. Sie hat eine Durchlaßrichtung und eine Sperrichtung.

Symbol:

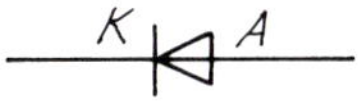

Die Diode darf nie ohne einen Widerstand in einen Stromkreis eingefügt werden.
An einer Anschlußseite kennzeichnet ein dunkelfarbiger Ring den Minuspol (Durchlaß).
Diese Seite heißt Kathode (K).
Die Anodenseite (A) muß zum Pluspol der Spannungsquelle gerichtet sein.

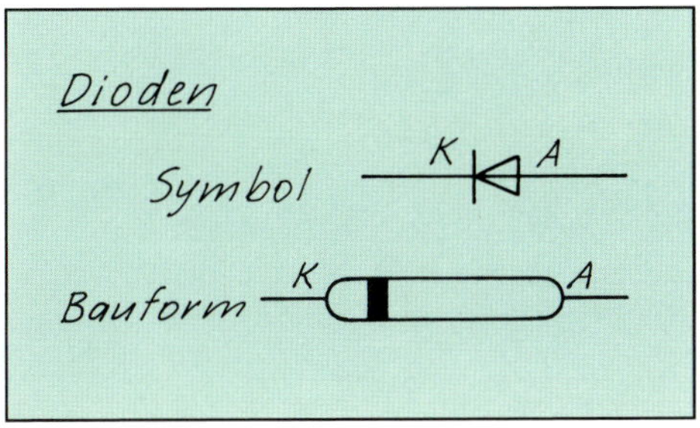

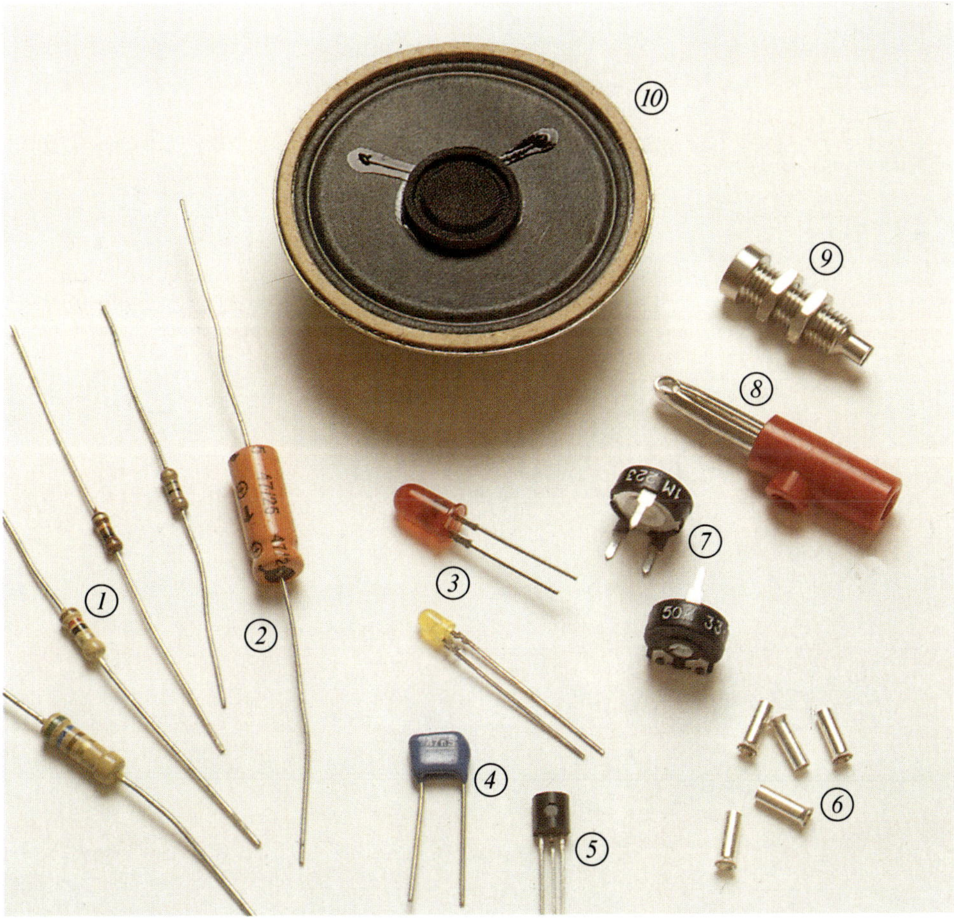

① Widerstände
② Elektrolyt-Kondensator
③ Leuchtdioden
④ Keramischer Kondensator
⑤ Transistor
⑥ Aderendhülse
⑦ Trimm-Potentiometer
⑧ Bananenstecker
⑨ Einbaubuchse
⑩ Lautsprecher

Elektronische Orgel

Durch Antasten der Widerstände kann eine Melodie gespielt werden.

Eine kleine, aber richtig funktionierende elektronische Orgel kann man aus wenigen Bauteilen zusammenbauen. Der Ton wird in einem Multivibrator erzeugt, in dem die Transistoren abwechselnd leitend oder nicht leitend und die Kondensatoren auf- und entladen werden. Die Tonhöhe wird durch die Kapazität des Kondensators K1 und durch die Widerstandswerte R1 bis R8 bestimmt. Den ganzen Tongenerator (elektronische Orgel) baut man in ein einfaches Gehäuse ein: Als Grundplatte verwendet man eine kunststoffbeschichtete Spanplatte (19 mm); für Schallwand und Deckel eignen sich Sperrholz-Zuschnitte.

Die Schaltung wird auf die Grundplatte aufgebaut. Dazu überträgt man den Schaltplan aus dem Buch auf eine Folie (Folie über den Plan legen und Lötpunkte anzeichnen). Diese Punkte werden dann mit einem Vorstecher durch die Folie gestochen und so in die Spanplatte (Grundplatte) eingeprägt.
Jeder Durchstich kennzeichnet einen Bohrpunkt. Mit einem kleinen Bohrer (1,5 mm ∅) bohrt man 10 mm tiefe Löcher und schlägt Aderendhülsen (1,5 mm ∅ / 7 mm lang / ohne Isolierung) ein. Damit erhält man sehr gute Löthülsen zum Einlöten der Teile.
Die Anschlußdrähte der Widerstände und Kondensatoren werden rechtwinklig so gebogen und gekürzt, daß die Bauteile wie eine Klammer zwischen zwei Löthülsen passen. Die freien Leiterbahnen biegt man entsprechend aus dünnem Kupferdraht (0,50 oder 0,75 mm ∅).
Bei den Transistoren dürfen die Anschlußdrähte nicht gekürzt und die Anschlüsse B, C und E nicht vertauscht werden.
Auf diese Weise wird die ganze Schaltung schrittweise aufgebaut und in die Hülsen eingelötet.

Achtung: Kreuzende Leiterbahnen dürfen sich nicht berühren. Der Widerstand 10 K wird so eingelötet, daß der Widerstandskörper über der unteren Leiterbahn steht.
Die Widerstände R1 bis R8 müssen mit einem Potentiometer und einem Ohmmeter ermittelt werden. Die gewünschte Tonhöhe wird mit dem Potentiometer eingestellt und der Wert mit dem Ohmmeter ausgemessen. Dafür lötet man später einen entsprechenden Festwiderstand ein. So kann eine Tonfolge erzeugt werden, die der Tonleiter entspricht.

Als Tastpunkte für die Töne lötet man blanke Reißnägel an die Drahtenden der Widerstände. Mit einem Bananenstecker, der mit einer Litze mit dem Lötpunkt X verbunden ist, kann die Melodie abgegriffen werden.
Eine reizvolle Alternative zu Tastpunkten und Bananenstecker sind Mikrotaster. Sie können wie richtige Orgeltasten gespielt werden.
Die Schallwand erhält einen kreisrunden Ausschnitt für den kleinen Lautsprecher und zwei Bohrungen für Steckbuchsen zur

Elektronische Orgel ●●●●

Menge	Bezeichnung	Maße in mm	Material	Kenn-Nr.
1	Grundplatte	19 x 125 x 110	Spanplatte	1
1	Schallwand mit Befestigungsschrauben	8 x 100 x 125 3,0 x 20	Sperrholz Senkkopf / Eisen	2
1	Deckel	3 x 125 x 125	Sperrholz	3
22	Löthülsen	1,5 ∅ x 7	Aderendhülsen	4
8	Tastpunkte	ca. 10 ∅	Reißnägel oder Mikrotaster	5
2	Lautsprecherhalterungen Holzschrauben	3 x 15 x 20 2,5 x 10	Sperrholz Messing	6 6
2	Steckbuchsen	10 ∅	Metall	7
1	Lautsprecher	55 ∅ / 8	0,3 Watt Minilautsprecher	8
1	Widerstand	12	Kohleschichtwiderstand	10
1	Widerstand	10 K	Kohleschichtwiderstand	11
8	Widerstände	laut Meßergebnis	Kohleschichtwiderstände	11
2	Kondensatoren	0,1 µF	z. B. Keramik	12
1	Transistor	BC 213	Halbleiter	13
1	Transistor	BC 239	Halbleiter	14
1	Bananenstecker	Norm	Metallstift, Kunststoff isoliert	15

Kupferdraht 0,75 mm^2 Querschnitt / Lötzinn / Leim / Drahtstifte 15 mm lang / Potentiometer 500 K

Stromversorgung. Auf die Buchsen kann verzichtet werden, wenn man die Anschlußdrähte von den Lötpunkten +/– direkt mit der Batterie verbindet.
Mit zwei Holzschrauben und etwas Leim befestigt man die Schallwand an der Stirnseite der Grundplatte. Der Lautsprecher wird mit zwei schmalen Holzbrettchen gegen die Schallwand geschraubt.
Die Lautsprecheranschlüsse lötet man an die Punkte L/L der Schaltung.
Ein Deckel schützt die elektronischen Bauteile. Durch die Bohrung in der Mitte der Platte wird die Litze zum Bananenstecker gezogen. Die Gehäuseseiten bleiben offen.

Siehe auch „Allgemeine Hinweise zur Elektronik" auf den Seiten 289–291.

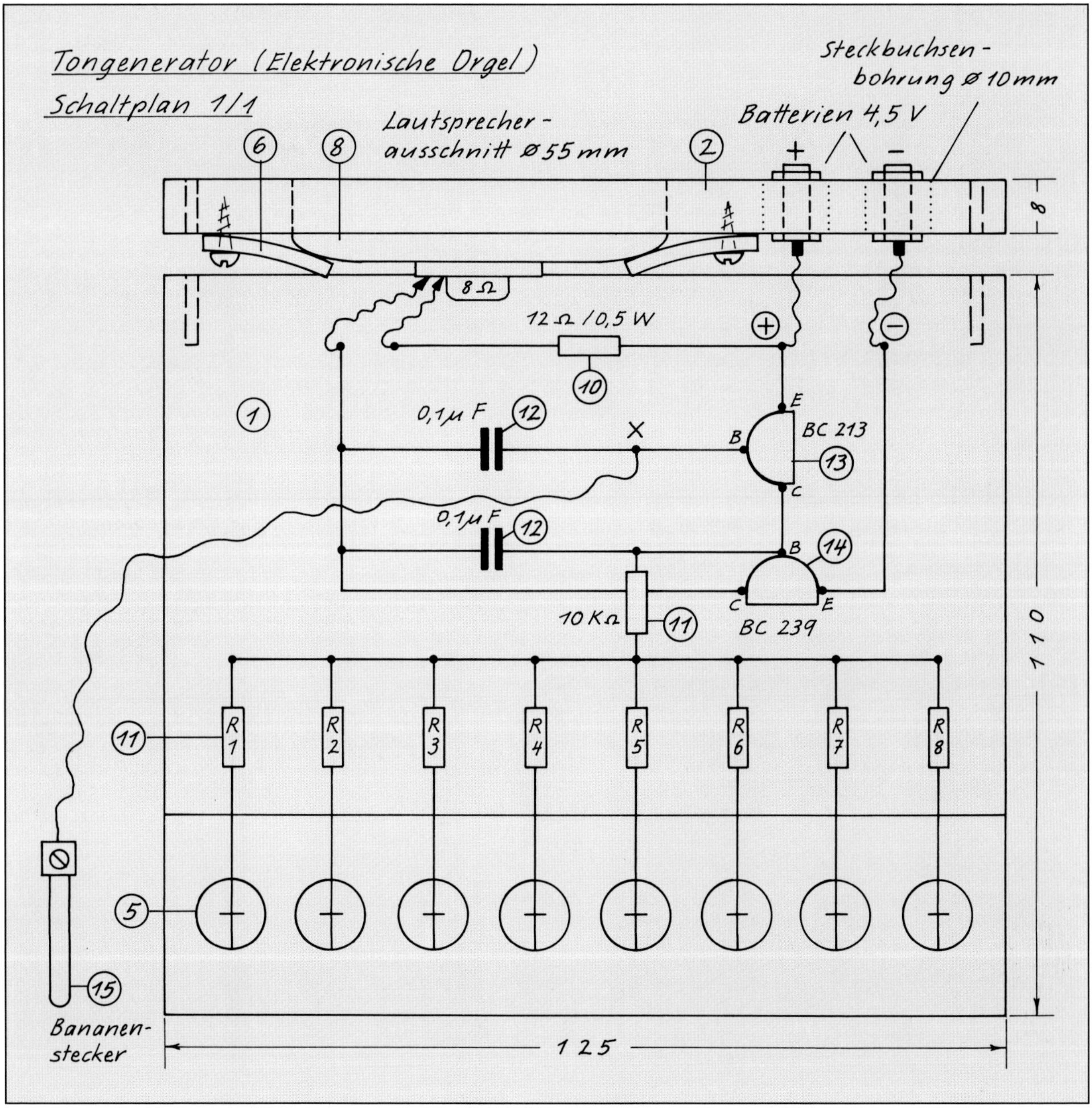

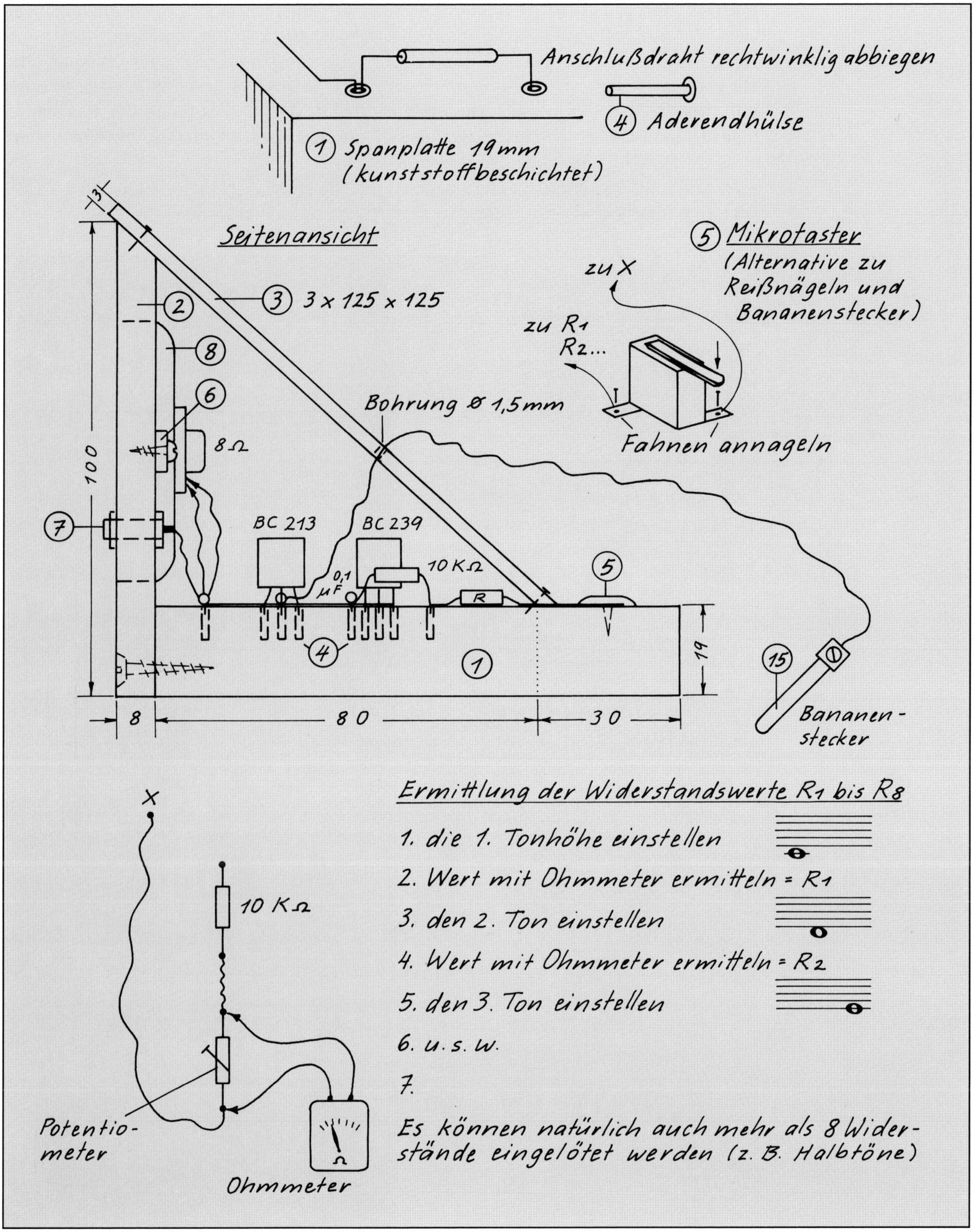
Anschlußdraht rechtwinklig abbiegen
4 Aderendhülse
1 Spanplatte 19mm (kunststoffbeschichtet)
Seitenansicht
3
3 3 x 125 x 125
2
8
6
8 Ω
7
100
BC 213
BC 239
0,1 μF
10 KΩ
R
Bohrung ⌀ 1,5mm
5
4
1
19
8
80
30
5 Mikrotaster (Alternative zu Reißnägeln und Bananenstecker)
zu X
zu R1 R2...
Fahnen annageln
15
Bananen-stecker
X
10 KΩ
Potentio-meter
Ohmmeter
Ermittlung der Widerstandswerte R1 bis R8
1. die 1. Tonhöhe einstellen
2. Wert mit Ohmmeter ermitteln = R1
3. den 2. Ton einstellen
4. Wert mit Ohmmeter ermitteln = R2
5. den 3. Ton einstellen
6. u.s.w.
7.
Es können natürlich auch mehr als 8 Widerstände eingelötet werden (z. B. Halbtöne)

Minilichtorgel

Mit einer einfachen Schaltung kann man Leuchtdioden (LED) im Takt der Musik zum Aufleuchten bringen. Die Ausgangsspannung von Kassettenrecorder oder Radio reichen aus, um einen Transistor anzusteuern. Zum Aufbau der Schaltung verwendet man einen Spanplattenzuschnitt (19 mm / beschichtet) als Montageleiste. Auf diese Leiste wird der Durchstechschaltplan mit einer Folie übertragen (Folie auf den vorliegenden Plan legen; Lötpunkte mit Folienstift markieren; Folie auf Montageleiste legen und Lötpunkte mit Vorstecher durchstechen).

Diese Minilichtorgel ist ein interessantes Zusatzgerät für den Kassettenrecorder. Die Betriebsspannung (4,5 Volt) wird von den Recorderbatterien abgenommen.

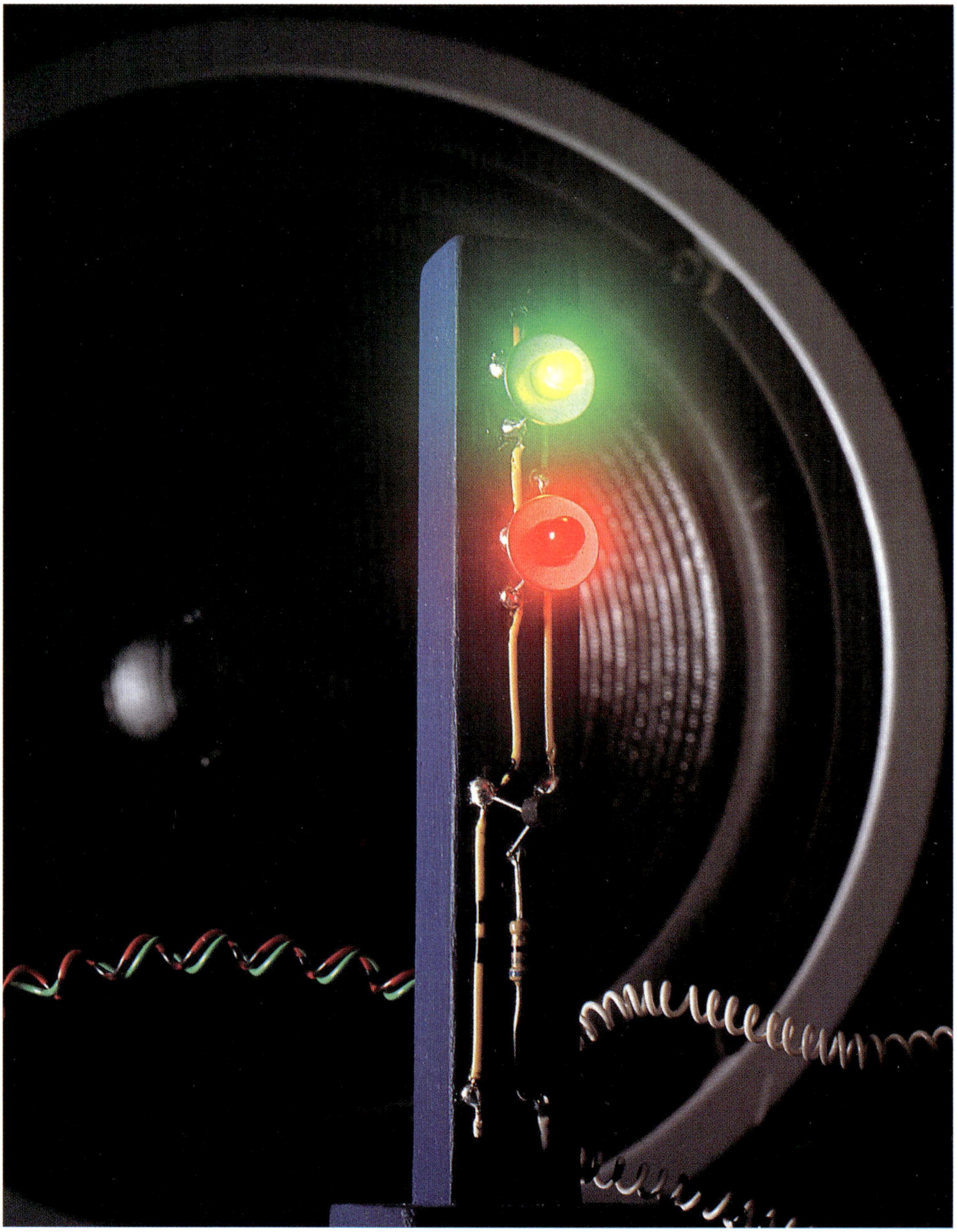

Minilichtorgel ●●

Menge	Bezeichnung	Maße in mm	Material	Kenn-Nr.
1	Montageleiste	19 x 20 x 100	Spanplatte beschichtet	1
2	Anschlußlitzen für Batterie	0,5 / 200 lang	Kupferlitze isoliert	2
2	Ansteuerlitzen	0,5 / 200 lang	Kupferlitze isoliert	3
1	Widerstand	68	Kohleschichtwiderstand	4
1	Transistor	BC 546	NPN-Halbleiter	5
2	LED	rot	Leuchtdiode	6
11	Löthülsen	1,5 ∅ / 7 lang	Metall	7
diverse	Leiterbahnen	0,75 Querschnitt	Kupferdraht	8

Lötzinn

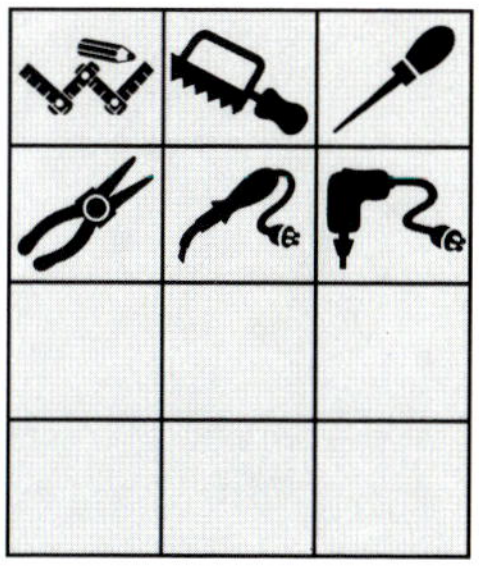

Auf der Leiste müssen an diesen Punkten 10 mm tiefe Löcher (1,5 mm ∅) für die Aderendhülsen gebohrt werden.
Diese Röhrchen sind ausgezeichnete Löthilfen. Die Leiterbahnen und die Anschlußdrähte der Bauteile werden hier eingelötet. *Achtung:* Bei Leuchtdioden und Transistor darf man die Anschlüsse nicht vertauschen (vgl. „Allgemeine Hinweise zur Elektronik"). Mit einem etwas dickeren Bohrer (2,5 mm ∅) wird die Leiste an beiden Enden durchbohrt. Durch diese Löcher fädelt man die Anschlußlitzen. Die Lötpunkte (+,– / L, L) werden dadurch vom Zug entlastet.

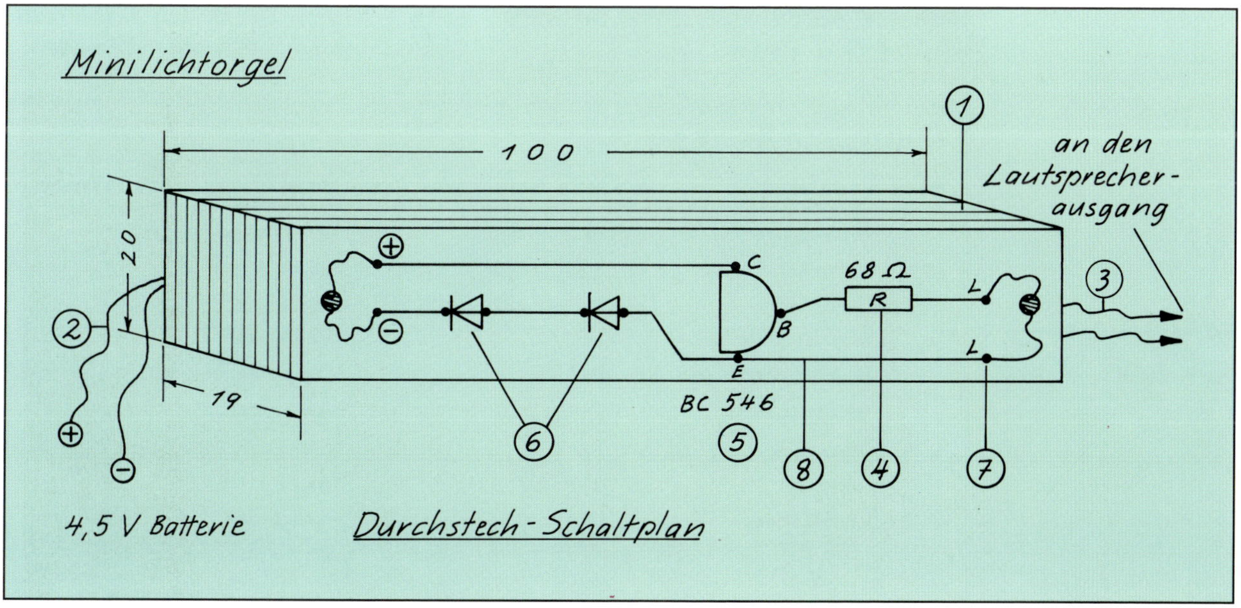

Alarmanlage

Wird ein Stromkreis unterbrochen, löst dies über einen Summer Alarm aus.
Mit einem Widerstand, einem Transistor, einem Reed-Kontakt und einem Summer kann eine solche Schaltung aufgebaut werden.

Die Alarmanlage besteht aus einer Transistorgrundschaltung mit Basiswiderstand und einer Arbeitsstufe (Transistor und Summer). Zusätzlich wird zwischen Basisleitung und Minusleitung eine Kontaktschleife (z. B. Reed-Kontakt; Kontaktfolie; Sicherungsdraht) geschaltet. Transistorbasis und Minusleitung sind somit kurzgeschlossen. Der Transistor sperrt; wird aber die Kontaktschleife unterbrochen (Alarmzustand), schaltet der Transistor durch und löst das Alarmsignal (Summer) aus. Mit dieser Alarmanlage kann man die unterschiedlichsten Dinge absichern: Zelteingang, Fenster, Zimmertür, Koffer, Truhe, Schmuckkästchen, Ausstellungsgegenstände u. a.
Ein feiner Sicherungsdraht als Kontaktschleife eignet sich nur dort, wo größere Abstände abgesichert werden sollen (z. B. Zelteingang).
Nach jeder Alarmauslösung muß der Draht wieder geflickt werden.

Bei einer Tür oder einer Truhe kann die Kontaktschleife durch zwei Metallfolien geschlossen werden. Die langen Verbindungsleitungen sind hier etwas problematisch.

Ein ganz besonderer Kontaktschalter ist dagegen der Reed-Kontakt. Er ist in jedem Elektronik-Fachgeschäft zu erhalten. Mit einem kleinen Dauermagneten wird hier ein Kontakt geöffnet und geschlossen. Die Anschlußdrähte müssen nur an den Reed-Schalter geführt werden. Der Reed-Magnet wird am beweglichen Teil des zu schützenden Objekts befestigt. Man kann beliebig viele Reed-Kontakte in Reihe aneinanderschalten. Wenn auch nur einer geöffnet wird, ist die Sicherheitsschleife unterbrochen, und der Alarm wird ausgelöst.

Darlington-Schaltung
Da die Alarmanlage ständig in Bereitschaft gehalten wird, fließt ununterbrochen ein Ruhestrom. Damit die Batterie nicht zu sehr strapaziert wird, muß die Anlage möglichst sparsam arbeiten.
Dies erreicht man mit einer Darlington-Schaltung: Zwei Transistoren gleicher Zonenfolge (NPN oder PNP) werden so hintereinandergeschaltet, daß der Emitterstrom des ersten Transistors die Basis des zweiten steuert. Die beiden Kollektoranschlüsse werden miteinander verbunden.

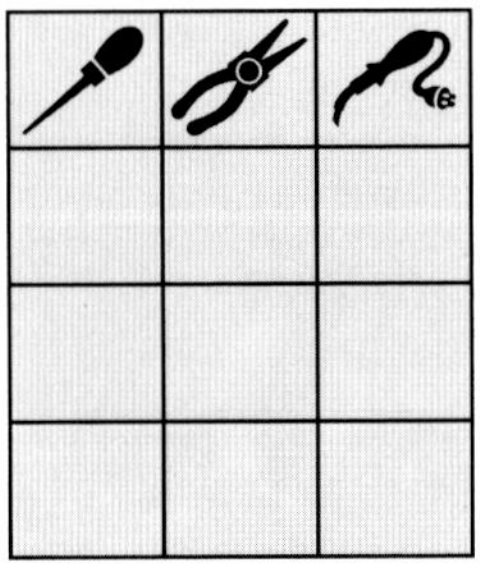

Alarmanlage ●●●

Menge	Bezeichnung	Maße in mm	Material	Kenn-Nr.
1	Montagebrett	19 x 70 x 100	Spanplatte beschichtet	1
10	Löthülsen	1,5 ⌀ / 7 lang	Aderendhülsen	2
diverse	Leiterbahnen	0,5 mm^2 Querschnitt	Kupferdraht	3
1	Kontaktschleife		Reed-Kontakt	4
1	Darlington-Transistor	BC 517	NPN-Halbleiter	
oder				
2	Transistoren	BC 547 B	NPN-Halbleiter	6
1	Widerstand	1 M	Kohleschichtwiderstand	7
1	Summer	3 – 5 Volt	Magnetsummer	8
2	Anschlußlitzen	0,5 Querschnitt / 200 lang	Kupferdraht	9

Lötzinn

Es gibt im Handel auch sogenannte Darlington-Transistoren in einem Transistorgehäuse. Sie unterscheiden sich äußerlich nicht von einem normalen Transistor mit den drei Anschlüssen B, C und E.
Der benötigte Ruhestrom wird durch das Verwenden von Darlington-Transistoren stark verringert. Bei der vorliegenden Alarmanlage fließen nur ca. 4 Millionstel Ampere.

Die ganze Alarmanlage ist klein und kann deshalb direkt in das zu sichernde Objekt eingebaut werden.
Empfehlenswert ist jedoch auch der Aufbau der Schaltung auf einer Platine oder einem Montagebrett (vgl. „Allgemeine Hinweise zur Elektronik").

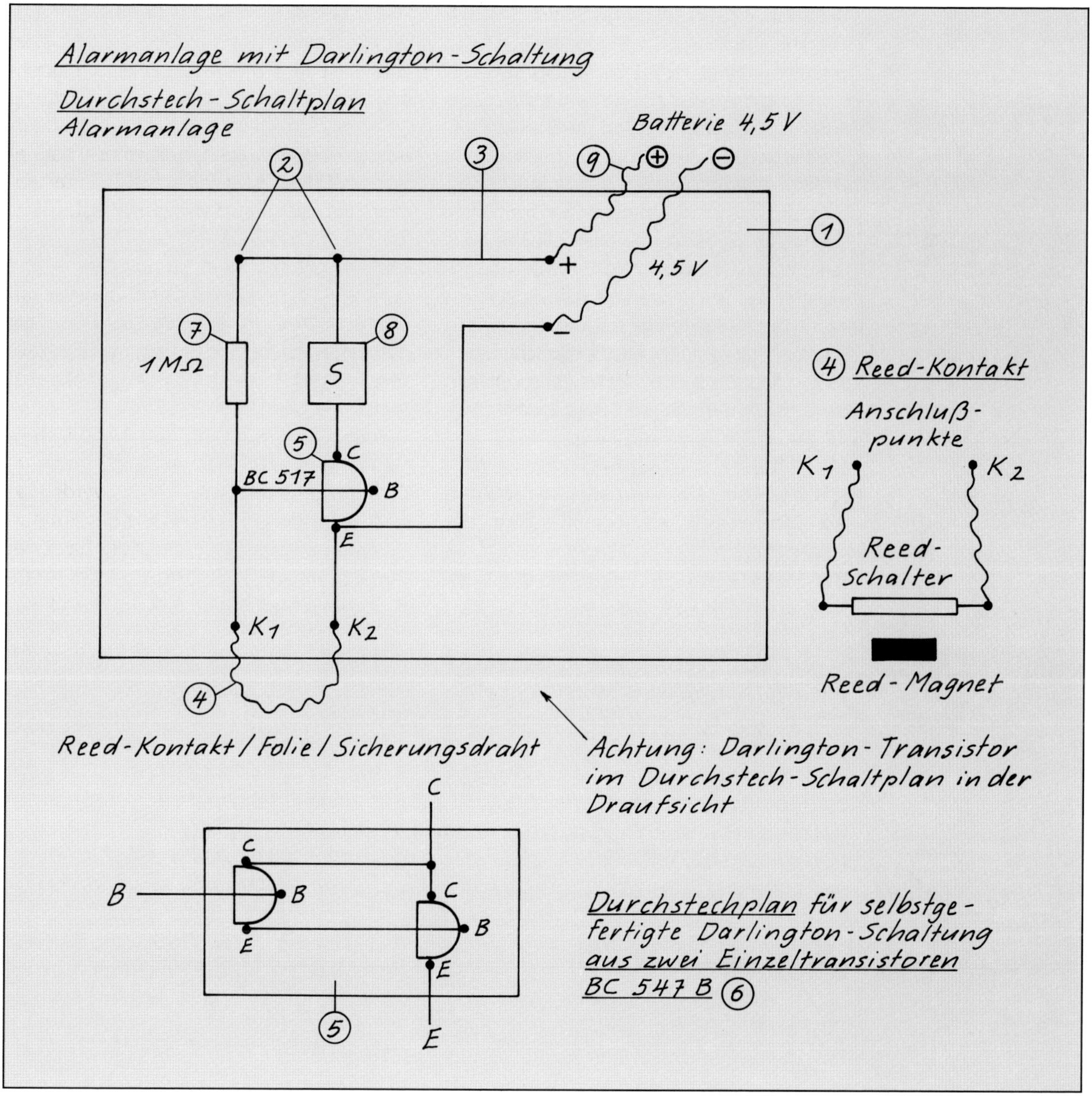

Elektrogitarre

Wer mit dem Elektrogitarrespiel anfangen möchte, muß sich das teure Instrument nicht gleich kaufen. Man kann die Gitarre mit etwas Geschick auch selbst bauen.
Das Herzstück jeder Elektrogitarre ist der Tonabnehmer. Er wandelt die Schwingungen der Saiten in entsprechende elektrische Wechselspannungen um. Diese werden dann über einen Verstärker geleitet und mit einem Lautsprecher hörbar gemacht.
Eine einfache E-Gitarre (Standard-Ausführung) läßt sich relativ leicht und kostengünstig herstellen.
Zunächst sägt man das Grundbrett samt Hals und Wirbelbrett aus einem 30 mm starken astfreien Kiefern- oder Fichtenbrett (Leimholz). Die Maße können der Zeichnung entnommen werden. Die Form, vor allem des Grundbrettes, kann man nach Belieben verändern. Die Längenangaben sollten jedoch beibehalten werden, denn davon sind die weiteren Bauelemente abhängig.
Mit Holzraspel und Feile wird die Brettstärke im Bereich der Halsunterseite und der Oberseite des Wirbelbrettes um 10 mm verringert.
Auf den Hals wird ein trapezförmiges Griffbrett aus Hartholz aufgeleimt. Hier werden später die Bünde eingelassen.
Zuvor überarbeitet man jedoch noch einmal sorgfältig den gesamten Korpus mit Holzfeile und Schleifpapier. Alle Kanten und Rundungen werden nachgeschliffen und die Holzoberfläche mit einer Lackgrundierung gehärtet.
Beim Setzen der Bünde muß man besonders genau arbeiten. Die Bundabstände werden exakt markiert und die Schlitze für den Bunddraht eingesägt. Man nimmt dafür eine Feinsäge (Einstrichsäge mit 0,5-mm-Sägeblatt).
Eine handelsübliche Gitarre hat ca. zwanzig Bünde. Für die hier beschriebene Standardausführung genügen sieben Bünde, es können jedoch auch mehr angebracht werden.
Die Bundabstände lassen sich anhand der Mensur errechnen. (Mensur nennt man den Abstand zwischen Sattel und Steg.)
Der Bunddraht ist leicht zu montieren: Auf die passende Länge abschneiden; mit dem Saum in den Sägeschlitz stecken; Hartholzleiste auflegen und mit dem Hammer auf die Leiste schlagen; Drahtenden stumpf feilen (abrunden)!

Alle Bünde müssen die gleiche Höhe aufweisen. Sollten die Bundschlitze zu breit sein, kann der Draht mit Kleber (Zweikomponentenkleber) fixiert werden.

Berechnung der Bundabstände bei Saiteninstrumenten:
Die Abstände werden mit der Konstante 1.059462 errechnet.
Für eine Mensur (= Abstand : Steg – Vorbund / Sattel) von 630 mm, bei der vorliegenden Gitarre, ergeben sich vom Steg aus gemessen folgende Maße (jeweils Halbtonabstand):

1. Bund:
625,00 mm : 1,059462 = 589,92 mm
2. Bund:
589,92 mm : 1,059462 = 556,81 mm
3. Bund:
556,81 mm : 1,059462 = 525,56 mm
4. Bund:
525,56 mm : 1,059462 = 496,06 mm
5. Bund:
496,06 mm : 1,059462 = 468,22 mm
6. Bund:
468,22 mm : 1,059462 = 441,94 mm
7. Bund:
441,94 mm : 1,059462 = 417,14 mm
8. Bund:
417,14 mm : 1,059462 = 393,72 mm
usw.

Beim Berechnen der Bünde geht man von einer Mensur aus, die 5 mm kürzer ist als der tatsächliche Abstand zwischen Steg und Sattel, da sich später beim Spielen durch das Herunterdrücken der Saite die Längenverhältnisse zwischen den Bünden gering-

Elektrogitarre ●●●●

Menge	Bezeichnung	Maße in mm	Material	Kenn-Nr.
1	Korpus (Grundbrett 1; Hals 2; Wirbelbrett 3)	30 x 300 x 1000 Fichtenleimholz	Kiefern- oder	1; 2; 3
1	Griffbrett	10 x 56 (42) x 450	Hartholz (z. B. Buche)	4
1	Sattel	3 x 15 x 42	Buchenholz	5
1	Steg	18 x 18 x 80	Buchenholz	6
1	Saitenhalter	20 x 25 x 80	Buchenholz	7
1	Pick-up	ca. 40 x 90	Elektrobauteil	8
1	Stecker-Buchse	ca. 25 ∅	Elektrobauteil	9
1 Satz	Saiten für E-Gitarre (weiche Saiten)		Metall	10
9	Holzschrauben für Pick-up und Buchse	2,5 x 15 (Senkkopf)	Messing	11
2	Holzschrauben für Saitenhalter	3,5 x 45 (35) Halbrundkopf	Messing	12
zusätzliche Ausstattung:				
2	Holzschrauben für Trageband	4,5 x 25 (Linsenkopf)	Messing	13
1	Trageband	ca. 40 x 100	Stoff	
1	6er-Mechanik	ca. 20 x 110	Instrumentenbauteil	
1	Bunddraht	ca. 500 lang	Metall	
5	Holzschrauben für Mechanik	2,5 x 15 (Senkkopf)	Messing	
2	Holzschrauben für Steg	2,5 x 25 (Halbrundkopf)	Messing	

fügig verändern (625,00 = angenommene Mensurlänge).
Aus Buchenholz werden Sattel, Steg und Saitenhalter gefertigt. Man kann für diese Teile auch Kunststoff (z. B. Plexiglas) oder Aluminium-Winkelprofil verwenden. Den Sattel leimt man auf den Korpus; Steg und Saitenhalter werden zusätzlich mit zwei Holzschrauben (Halbrundkopf) befestigt.
Nun fehlen nur noch Tonabnehmer, Stecker-Buchse und die Mechanik.

Der Tonabnehmer und die Stecker-Buchse werden in das Grundbrett eingelassen. Je nach Ausführung der Bauteile müssen entsprechende Vertiefungen gebohrt (Forstner-Bohrer) und ausgestemmt werden. Beide Öffnungen verbindet man mit einer Querbohrung, damit das Pick-up-Kabel zur Stecker-Buchse geführt und damit verlötet werden kann.
Für die Mechanik bohrt man durch das Wirbelbrett sechs Löcher (1 – 2 mm größer als der Mechanik-Durchmesser). Von unten können nun sechs Einzelmechaniken für E-Gitarren eingesteckt und gegen das Wirbelbrett geschraubt werden. Sehr gut eignet sich auch die Hälfte einer 12saitigen Gitarre. Sechs Mechaniken sind hier jeweils auf einer Metallplatte zusammengefaßt.

Die Gitarre wird vor dem Einbau der technischen Teile (Pick-up, Stecker-Buchse und Mechanik) mit Dispersions- oder Wasserlackfarben bemalt.
Das Griffbrett bleibt ungestrichen, eine Farbtönung trägt man mit Holzbeize auf. Eine abschließende mehrmalige Lackierung

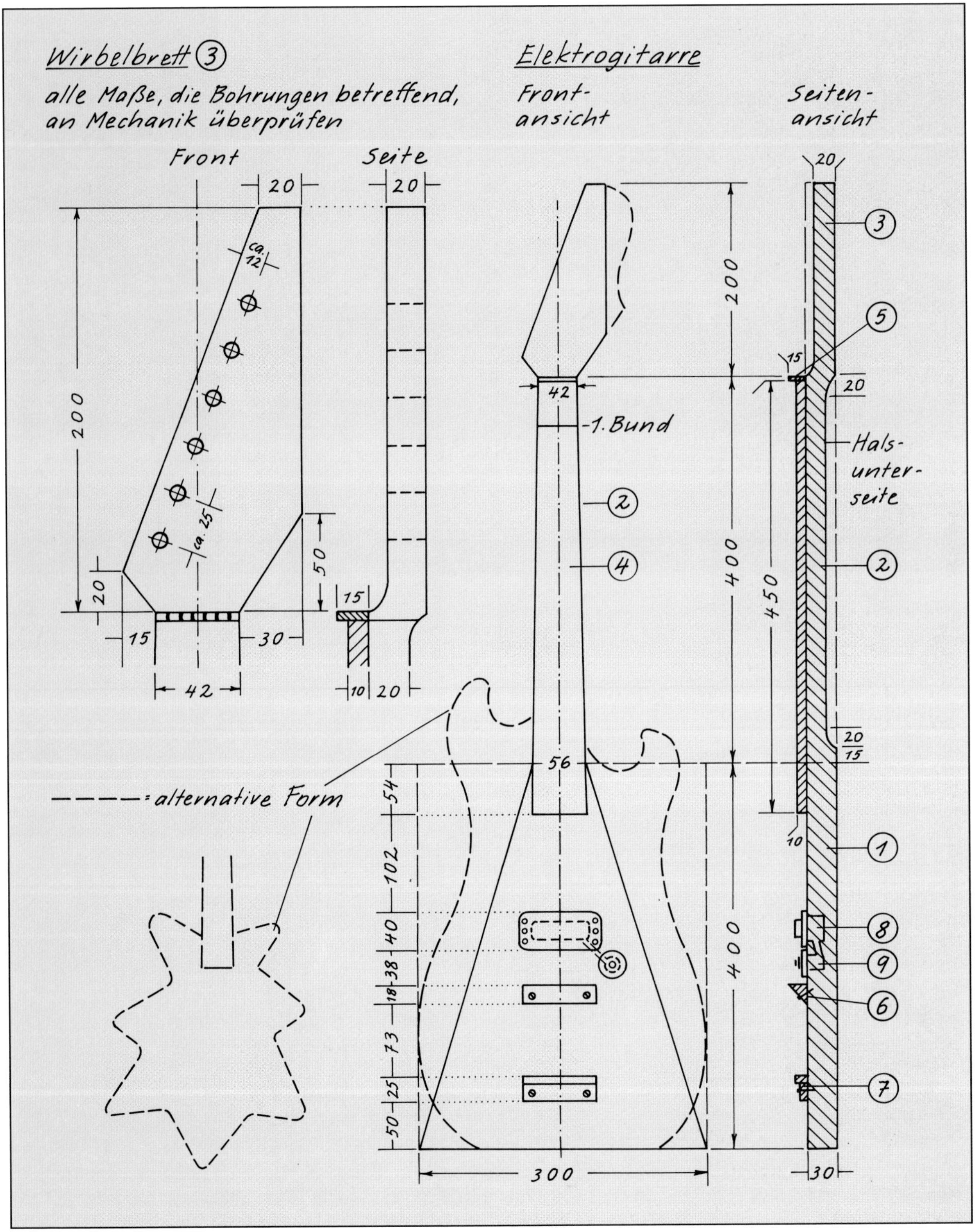
Wirbelbrett ③
alle Maße, die Bohrungen betreffend, an Mechanik überprüfen
Front
Seite
20
20
200
ca. 12
ca. 25
50
20
15
15
30
42
10
20
Elektrogitarre
Front-ansicht
Seiten-ansicht
42
-1. Bund
②
④
56
200
400
450
400
54
102
40
38
18
73
25
50
300
20
15
20
Hals-unter-seite
20
15
10
30
①
②
③
⑤
⑥
⑦
⑧
⑨
-----= alternative Form

Bei der Elektrogitarre werden die Töne nicht durch einen Resonanzkörper, wie zum Beispiel bei einer Wandergitarre, sondern über eine elektrische Anlage verstärkt.

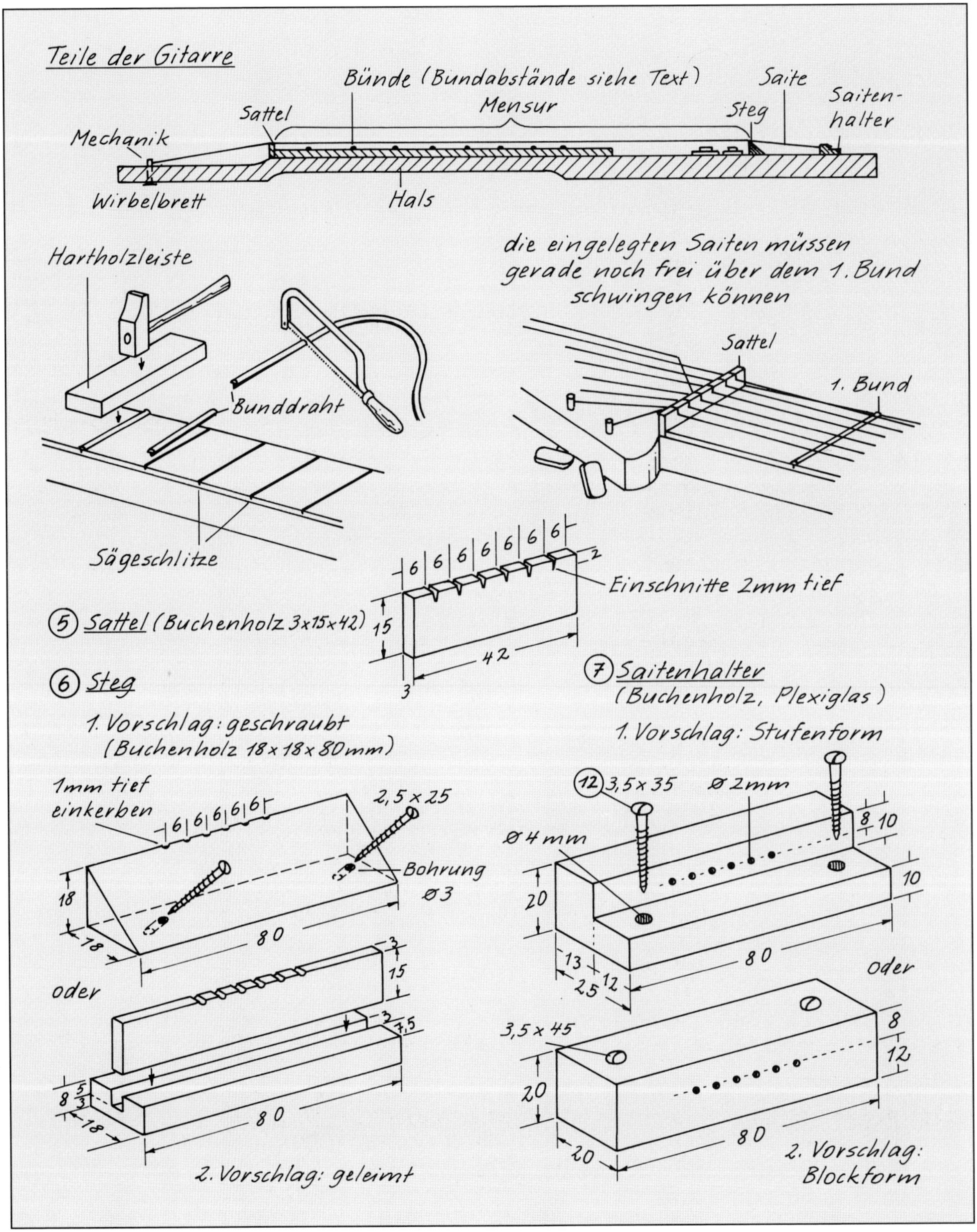
Teile der Gitarre
Bünde (Bundabstände siehe Text)
Saite
Mensur
Sattel
Steg
Saiten-halter
Mechanik
Wirbelbrett
Hals
Hartholzleiste
Bunddraht
Sägeschlitze
die eingelegten Saiten müssen gerade noch frei über dem 1. Bund schwingen können
Sattel
1. Bund
6 6 6 6 6 6 6
2
Einschnitte 2mm tief
15
42
3
⑤ Sattel (Buchenholz 3×15×42)
⑥ Steg
1. Vorschlag: geschraubt
(Buchenholz 18×18×80mm)
1mm tief einkerben
6 6 6 6 6
2,5×25
Bohrung ⌀3
18
18
80
oder
3
15
3
7,5
8
5
3
18
80
2. Vorschlag: geleimt
⑦ Saitenhalter
(Buchenholz, Plexiglas)
1. Vorschlag: Stufenform
⑫ 3,5×35
⌀ 2mm
⌀ 4mm
8
10
10
20
13
12
25
80
oder
3,5×45
8
12
20
80
20
2. Vorschlag: Blockform

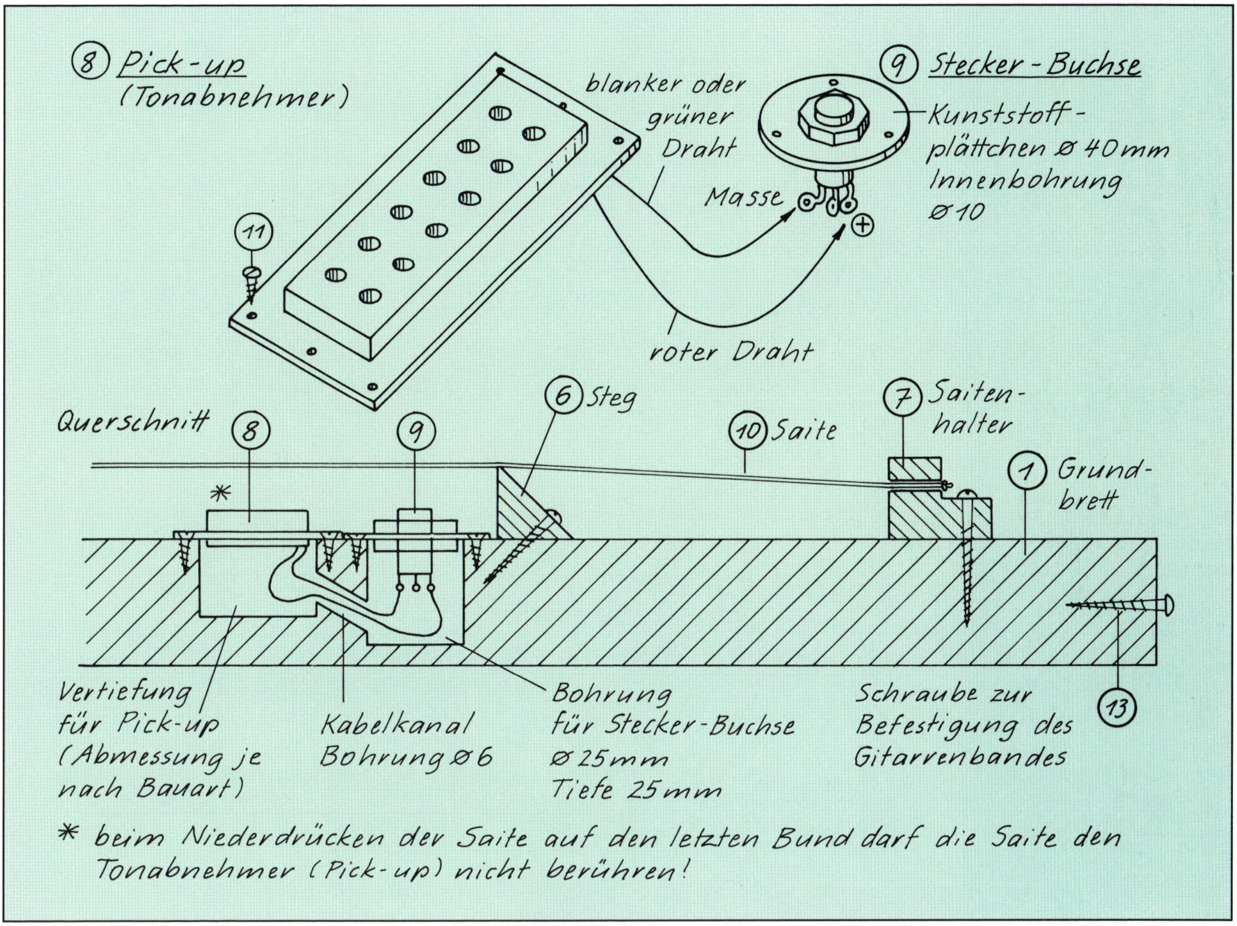

mit entsprechendem feinen Zwischenschliff verleiht der ganzen Gitarre den nötigen Glanz.
Die Saiten werden durch den Saitenhalter eingefädelt und mit der Mechanik gespannt und gestimmt.

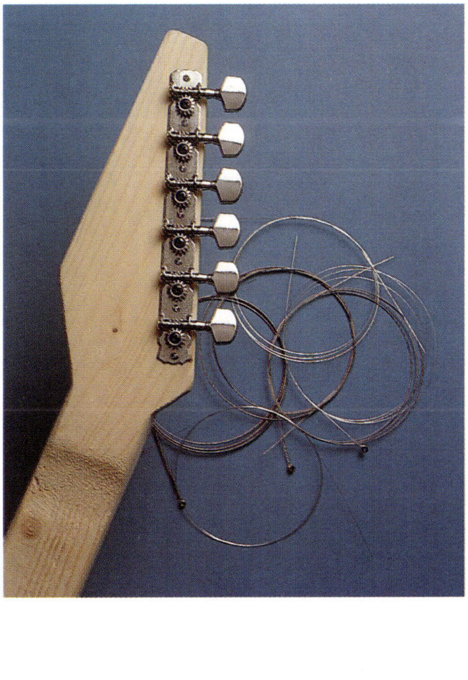

Die vorliegende Bauanleitung beruht auf einem Entwurf von Herrn Friedhelm Patzelt, Im Gäßle 12, Albstadt. Die technischen Materialien erhält man beim Gitarrenbauer bzw. im Instrumentenfachhandel.

XI. Altbekannte Werkstücke

Oldtimer-Traktor

Auf eine dicke Trägerplatte aus Massivholz (Fichten- oder Laubholz) wird vorne ein massives Vierkantholz als Motorblock mit Leim und Holzdübel (8 mm) montiert. Der hintere Teil der Trägerplatte dient als Führerstand. Die Seitenteile mit den geschwungenen Kotflügeln und das Frontteil aus Sperrholz lassen sich leicht an die Grundplatte (Trägerplatte) und den Motorblock anleimen und nageln.
Entsprechend der Abbildung müssen an diesem Hauptbauteil nun verschiedene Bohrungen angebracht werden (Lenkschemelbefestigung, Hinterradbefestigung, Sitzbefestigung, Führung für Lenkgestänge, Schwungrad und Ventilatorrad, Glühkopfhalterung, Auspufföffnung und Luftöffnung).

Hinweis: Die Bohrung für das Lenkgestänge muß sehr genau auf den Lenkschemel treffen. Deshalb wird der Motorblock mit einem extra langen Bohrer von unten in Richtung Fahrerstand durchbohrt.
Auch die Herstellung des Lenkschemels aus Hartholz erfordert sehr genaues Arbeiten. Die beiden Einzelteile werden mit der Fein- oder Bandsäge ausgesägt und miteinander verleimt. Auch hier müssen verschiedene Bohrungen angebracht werden (siehe Abbildung: Vorderradbefestigung, Lenkschemelbefestigung, Bohrung für Lenkgestänge, Abschleppbohrung).
Die Räder sägt man mit der Stichsäge aus dem restlichen Brett, das zur Herstellung der

Oldtimer-Traktor ●●●●

Menge	Bezeichnung	Maße in mm	Material	Kenn-Nr.
1	Trägerplatte	25 x 90 x 320	Massivholz (Fichte)	1
1	Motorblock	70 x 80 x 170	Massivholz (Fichte)	2
2	Seitenteile mit Kotflügel	10 x 90 x 150	Sperrholz	3
1	Frontbrett	10 x 65 x 90	Sperrholz	4
2	Vorderräder	85 ⌀ / 25 dick	Massivholz (Fichte oder Buche)	5
2	Hinterräder	120 ⌀ / 25 dick	Massivholz (Fichte oder Buche)	6
2	Schwungräder	50 ⌀ / 12 dick	Buchenholz massiv	7
1	Ventilatorrad	20 ⌀ / 12 dick	Buchenholz massiv	8
1	Achse	8 ⌀ / 98 lang	Rundholz	9
1	Leuchtenhalter	4 ⌀ / 110 lang	Rundholz	10
2	Leuchten	20 ⌀	Holzperlen	11
1	Glühkopf	20 ⌀ / 30 lang	Massivholz (Fichte)	12
1	Vorderachse	20 x 30 x 120	Hartholz (Buche)	13
1	Lenkarm	12 x 20 x 90	Hartholz (Buche)	14
1	Drehsitz	10 x 40 x 40	Sperrholz	15
1	Sitzfuß	20 x 20 x 30	Massivholz (Fichte)	16
1	Auspuff	12 ⌀	Kupferrohr	17
1	Luftansaugrohr	10 ⌀	Kupferrohr	18
2	Rohrhalterungen	5 x 40	Dosenblech	19
1	Lenkrad mit Lenkgestänge	40 ⌀ / 4 ⌀	Buchenholz / Rundstahl	20
1	Keilriemen	ca. 40 ⌀	Gummiband	21

Leim / Holzschrauben (Senkkopf) 3,0 x 20; 3,5 x 45 (Vorderräder); 4,5 x 50 (Hinterräder); 3,0 x 25 / Wasserlack-Farben / Drahtstifte 30 mm lang

Ein „echter Bulldog" ist einfach und schön in der Form, stabil und robust, genauso wie unser Modell.

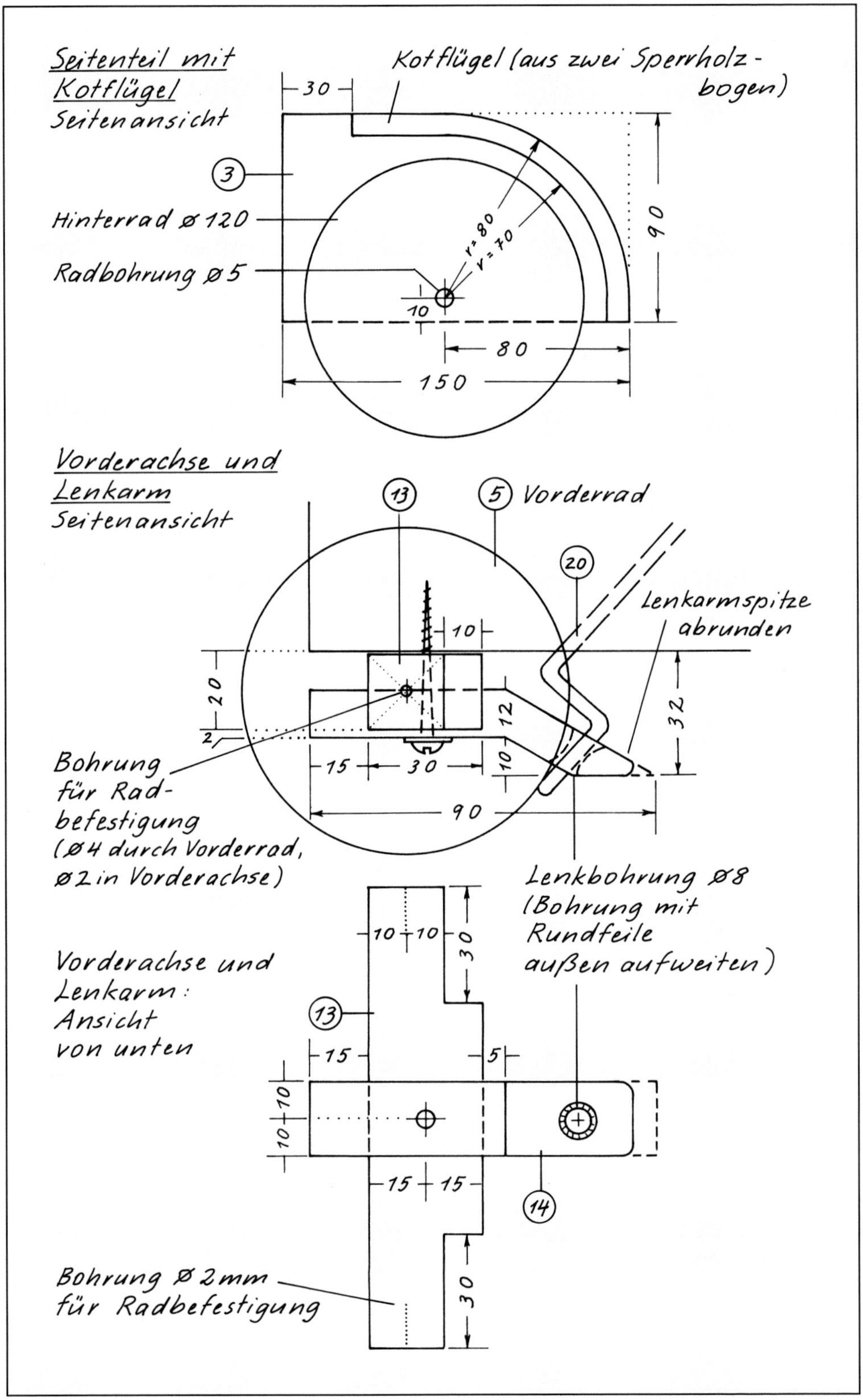
Seitenteil mit Kotflügel
Seitenansicht
Kotflügel (aus zwei Sperrholz-bogen)
30
3
Hinterrad ⌀ 120
Radbohrung ⌀ 5
r = 80
r = 70
90
10
80
150
Vorderachse und Lenkarm
Seitenansicht
13
5 Vorderrad
20
Lenkarmspitze abrunden
10
20
2
12
32
10
15
30
90
Bohrung für Radbefestigung (⌀ 4 durch Vorderrad, ⌀ 2 in Vorderachse)
Lenkbohrung ⌀ 8 (Bohrung mit Rundfeile außen aufweiten)
Vorderachse und Lenkarm: Ansicht von unten
10
10
30
13
15
5
10
10
15
15
14
Bohrung ⌀ 2 mm für Radbefestigung
30

Trägerplatte diente. Jedes Rad erhält eine zentrale Bohrung zur Befestigung. Mit einer stabilen Holzschraube und verschiedenen Unterlegscheiben (siehe Abbildung) werden die Räder angeschraubt.

Hinweis: Mit Hilfe einer Gewindestange und der Bohrmaschine können die Räder kreisrund geschliffen werden.
Abschnitte eines alten Fahrrad- oder Mopedschlauchs lassen sich als Gummibelag auf die Holzräder aufziehen. Es kann auch ein „echtes" Gummiprofil aus dem Mantel des Fahrradreifens aufgeklebt werden.
Für die Schwungräder verwendet man Buchenholzscheiben, die in jedem Bastelgeschäft erhältlich sind. Ein 8 mm starkes Rundholz eignet sich gut als Achse. Das kleinere Kühlerrad wird von einem 20 mm starken Rundholzstab abgesägt.
Die Rillen für den Gummiring (Keilriemen) im Kühlerrad und in der linken Schwungscheibe kann man leicht mit einer Rundfeile (Raspel) und der Bohrmaschine „eindrechseln".
Ein kleines Vierkantholz-Klötzchen (20 x 20 x 30 mm), mit dem Schleifpapier entsprechend abgerundet und einem 4-mm-Rundholzdübel versehen, wird als Glühkopf vorne an die Trägerplatte geleimt.
Der Auspuff und das Luftansaugrohr werden aus Kupferfittings, die im Sanitärfachhandel erhältlich sind, zusammengelötet (oder geklebt), in die entsprechende Bohrung gesteckt und mit einem schmalen Blechband aus einer Gemüsedose zusätzlich befestigt.

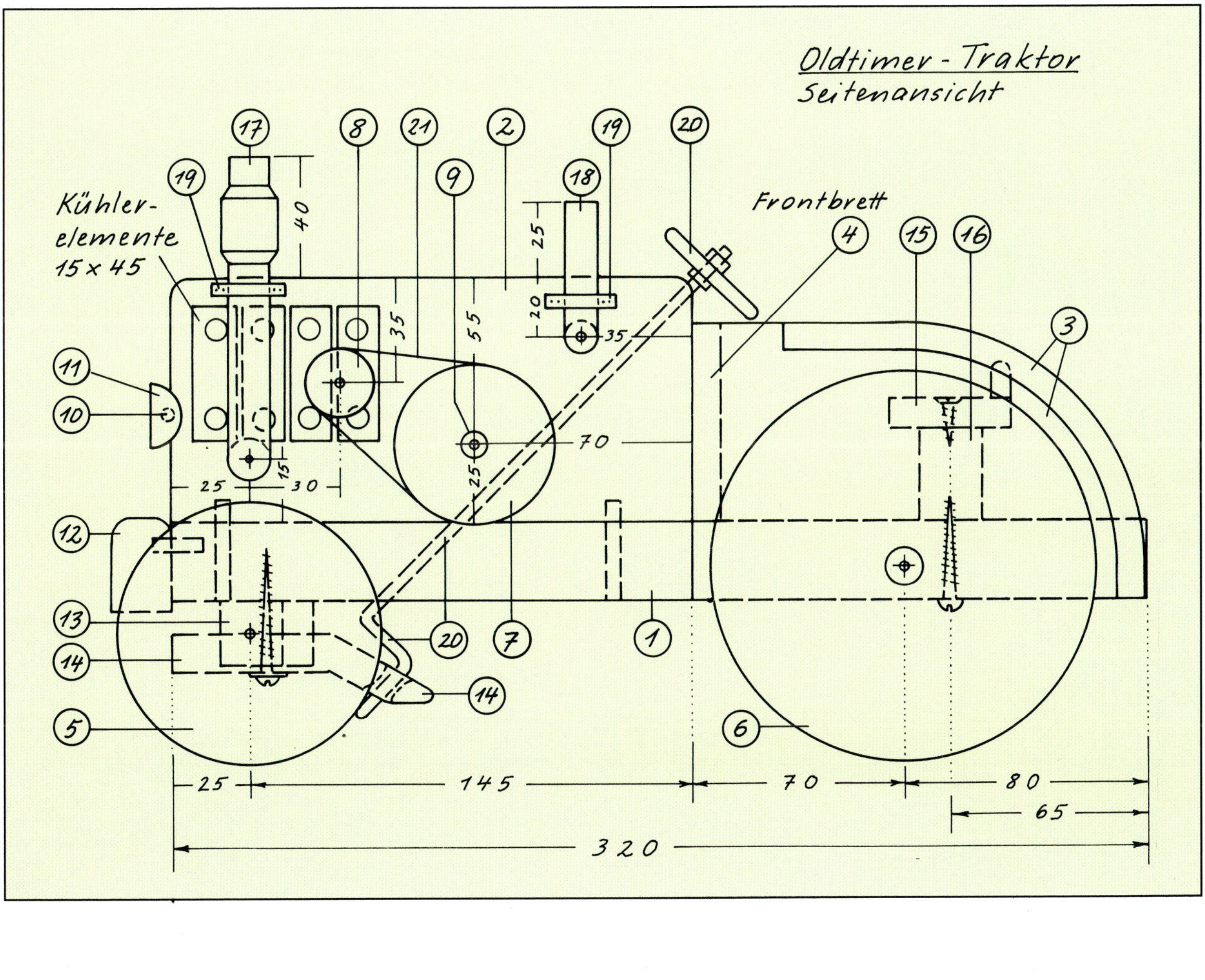

Das Lenkgestänge kann nur mit Hilfe eines Schraubstockes gebogen werden. Am oberen Ende des Metallstabes muß ein Gewinde eingeschnitten werden, damit das Lenkrad mit zwei Muttern befestigt werden kann. Lenkräder gibt es in Bastelgeschäften zu kaufen; man kann aber auch selbst eines aus einer Buchenholzscheibe herstellen. Abschließend sind noch der Fahrersitz und die Scheinwerfer zu montieren.

Nach einem letzten feinen Schliff mit Schleifpapier und Stahlwolle werden die Kühlerelemente und das Markenzeichen aufgemalt und der ganze Bulldog mit lösungsmittelfreiem Wasserlack blau und rot lackiert.

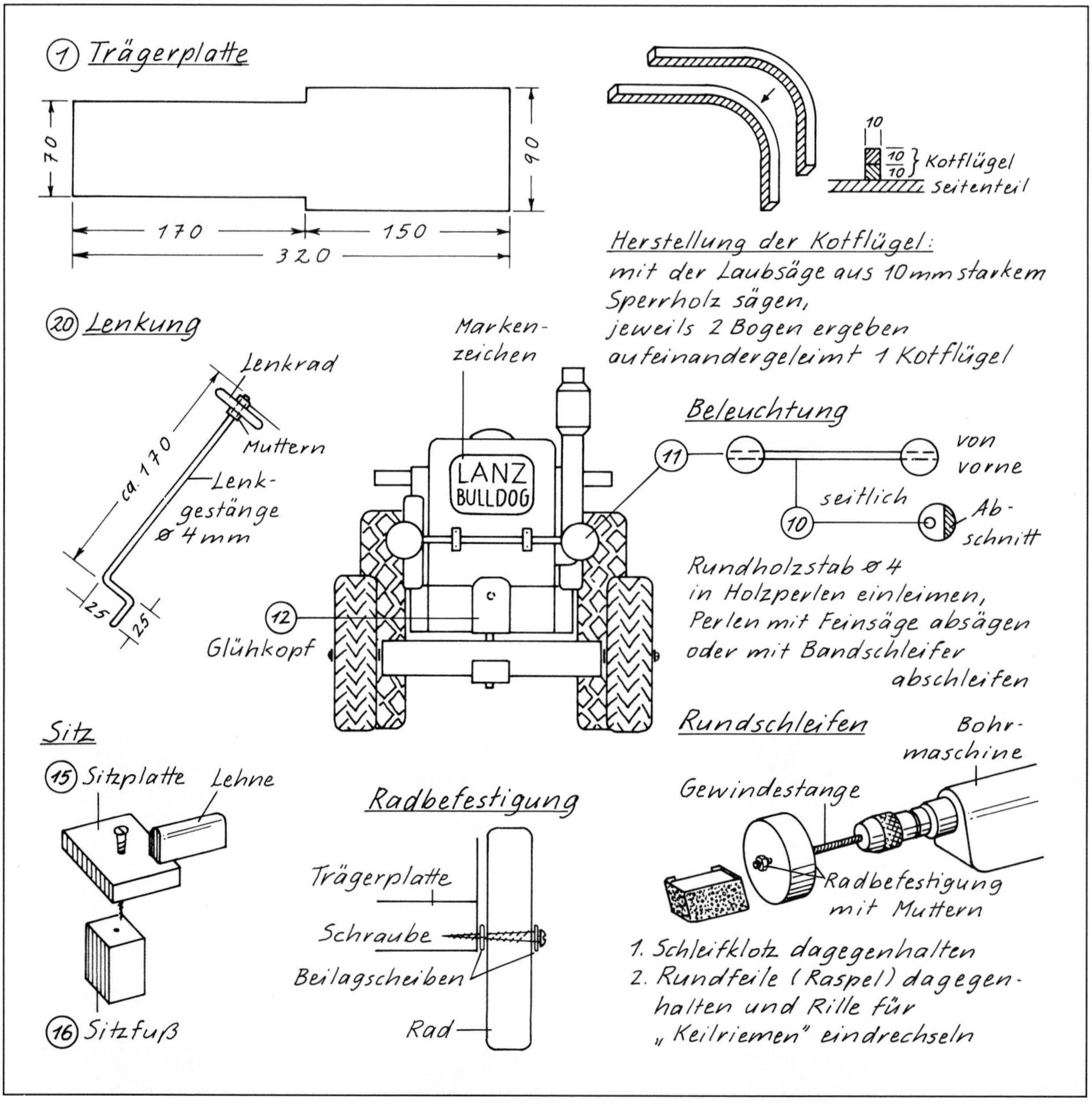

Marionette

Das Marionettenspiel entführt den Zuschauer in die Welt des Märchenhaften und Phantastischen. Das gesprochene Wort wird zur Nebensache; die Bewegung ist die Sprache der Marionette. Künstlerisch wird man dieser Anforderung nur durch geduldiges Üben gerecht.

Bei der Gestaltung aller Puppen spielt die Übertreibung der Proportionen eine wichtige Rolle. Die Kopfgröße sollte etwa ein Sechstel der Gesamtfigur ausmachen. Den Kopf kann man leicht und billig aus Papier in der Kaschiertechnik herstellen. Dazu umhüllt man ein Knäuel aus Zeitungspapier mit einer dünnen Folie (Lebensmittelfolie oder Gefrierbeutel). Die Folie dient als Trennschicht, damit später das Zeitungspapier wieder entfernt werden kann. Über diesen Modellierkern klebt man mehrere Schichten Leimpapier (in Leimwasser eingeweichte Papierstücke). Dicke Papierwülste werden in Leimwasser getaucht und auf den Kopf aufgesetzt. So modelliert man Augenbrauen, Augen, Wangenknochen, Nase, Lippen, Backen und Kinn. Mit weiteren Papierschichten wird die Oberfläche des Gesichtes geglättet.

Wenn das Leimpapier durchgetrocknet und ausgehärtet ist, können der Papierkern und die Folie mit einer Spitzzange oder einer Schere entfernt werden. Der Durchmesser der Halsöffnung sollte ca. 60 mm betragen. Für die Kopfaufhängung werden hinter den Ohren zwei Löcher durch die Papierform gestochen. Hier steckt man ein Drahtstück

Der Kopf der Puppe muß so aufgehängt werden, daß er in Ruhestellung leicht nach vorne kippt. Der Bewegungsspielraum wird dabei durch die Größe der Halsöffnung geregelt.

(Schweißdraht) durch und hängt dabei einen Rundholzstab für den Hals mit ein. An beide Drahtenden biegt man Aufhängeösen.
Nun kann der Kopf bemalt und mit Haaren (Wolle oder Fellstücke) beklebt werden.
Der Körper der Marionette wird aus Vierkant- und/oder Rundholzleisten gebaut (siehe Abbildung).
Für die Ösengelenke dreht man Schraubösen in das Holz (Hals, Oberarm); Ellbogen- und Kniegelenke werden mit Ledergelenken ausgestattet. Die Lederstücke leimt man einfach in einen Sägespalt ein und sichert sie mit kleinen Nägeln. In der Beugerichtung müssen die Stäbe abgeschrägt werden; am Ellbogengelenk vorne und am Kniegelenk hinten.
Für die Handgelenke leimt man Lederröhrchen oder eine Lederschnur in entsprechende Bohrungen (5 mm Ø).
Das Hüftgelenk ist ein einfaches Drehgelenk und wird mit einer Holzschraube gebildet, die das Oberschenkel-Rundholz drehbar lagert.
Das Beckengelenk wird aus Eisendraht gebogen (siehe Abbildung) und verbindet den Körper mit den Beinen.

Marionette ●●●●

Menge	Bezeichnung	Maße in mm	Material	Kenn-Nr.
1	Puppenkopf	ca. 120 Ø	Pappmaché	1
1	Hals-Rundholz	15 – 20 Ø ca. 100 lang	Rundholz	2
1	Schulterholz	20 x 40 x 120	Vierkantholz	3
1	Körperholz	15 – 20 Ø ca. 170 lang	Rundholz	4
1	Beckenholz	20 x 30 x 80	Vierkantholz	5
2	Oberarmhölzer	15 – 20 Ø 100 lang	Rundholz	6
2	Unterarmhölzer	15 – 20 Ø 100 lang	Rundholz	7
2	Oberschenkelhölzer	15 – 20 Ø 130 lang	Rundholz	8
2	Unterschenkelhölzer	15 – 20 Ø 120 lang	Rundholz	9
2	Hände	20 x 60 x 100	Lindenholz	10
2	Füße / Schuhe	50 x 45 x 100	Lindenholz	11
2	Röhrchengelenke	20 x 30	weiches Leder	12
4	Ledergelenke	20 x 30	weiches Leder	13
6	Scharnierösen	2,0 x 25	Schrauberösen	14
3	Drahtgelenke	ca. 3 mm^2 Querschnitt	Eisendraht	15
2	Drehgelenke	3,5 x 35	Halbrundkopf Holzschrauben	16
1	Aufhängedraht für den Kopf	ca. 3 mm^2 Querschnitt	Schweißdraht	17
Spielkreuz:				
1	Zentralholz	20 x 20 x 300	Vierkantholz	18
3	Schulter- / Kopf- / Kniestab	10 x 150 Ø	Rundholz	19
1	Handstab	10 x 150 Ø	Rundholz	20
1	Kniestaböse	2,0 x 25	Schrauböse	21

Papier / Leim / Kleister / Dispersionsfarben / Lack / Nägelchen / Faden / Polstermaterial / Puppenkleidung

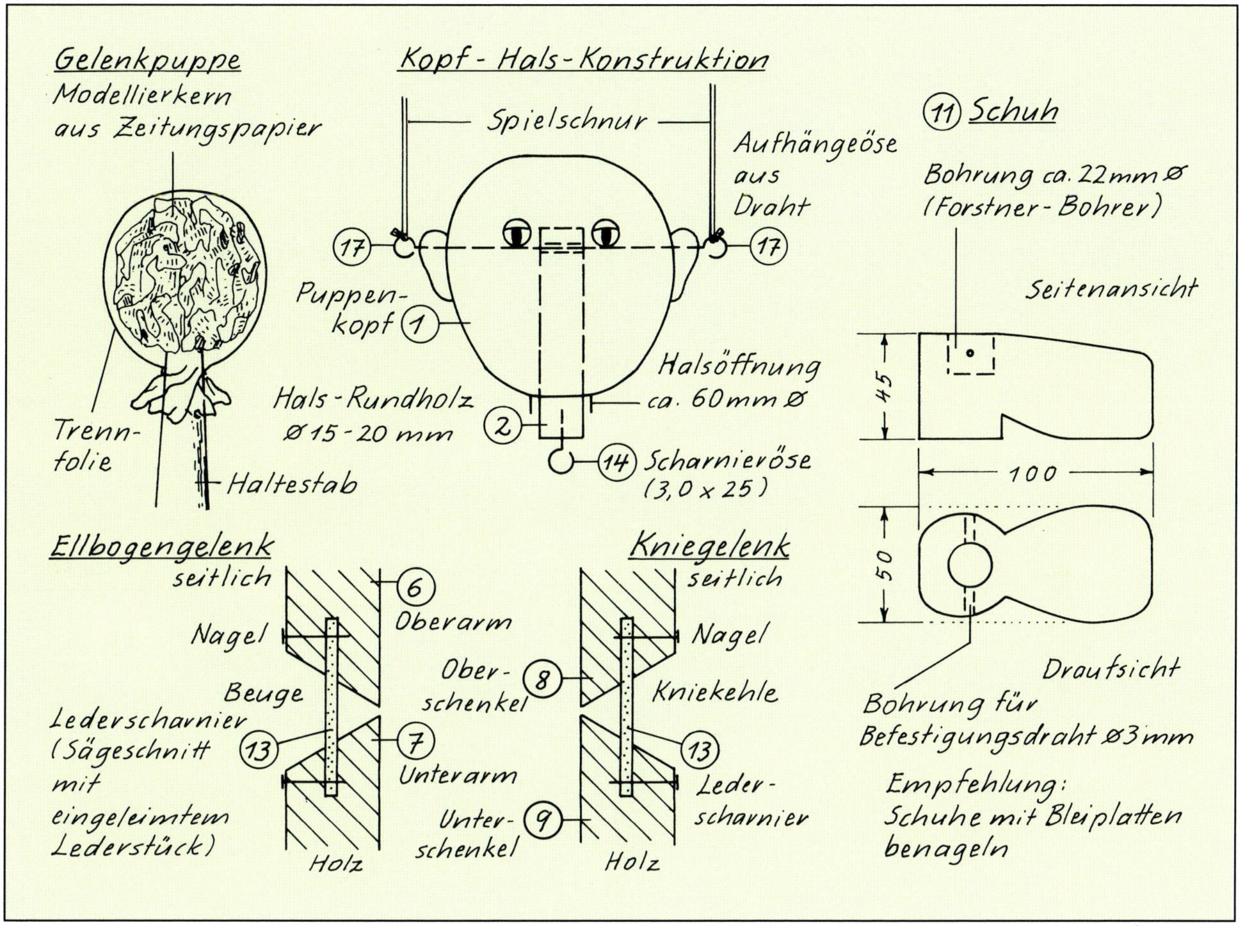

Das Fußgelenk ist in den Schuh eingesetzt. Durch eine Querbohrung werden Bein und Fuß (Schuh) mit einem Draht beweglich miteinander verbunden.

Die Marionette wirkt besonders schön, wenn man Hände und Schuhe aus Lindenholz schnitzt. Im Bastelwarengeschäft oder bei einem Schreiner erhält man entsprechende Holzstücke. Die grobe Form wird mit der Feinsäge (oder Dekupiersäge) zugeschnitten. Dann bohrt man sämtliche Löcher und arbeitet anschließend mit dem Schnitzmesser die weitere Form und Details heraus. Die Füße müssen beim Gehen fest auftreten und dürfen nicht zu leicht sein. Deshalb besohlt man die Holzschuhe am besten mit Bleiplatten vom Dachdecker. Diese werden mit kleinen Nägeln am Holz befestigt.

Das Spielkreuz verleiht der Marionette ihre Beweglichkeit. Es wird aus einem Vierkantholz (20 x 20 x 300 mm) und verschiedenen Rundhölzern (10 Ø x 150 mm) zusammengebaut (siehe Abbildung).

Für den Spielanfänger ist eine einfache Aufhängung mit möglichst wenig Schnüren (Kopf, Schulter, Hand und Knie) leichter zu handhaben. Wer jedoch anspruchsvollere Bewegungsabläufe möchte, muß weitere Fäden anbringen (z. B. für Füße, Unterarme und Becken).

Bekleidung

Schulter-, Brust- und Beckenbereich werden mit Stoffresten umwickelt und nach Belieben aufgepolstert.

Die Beweglichkeit der Gelenke darf jedoch nicht behindert werden.

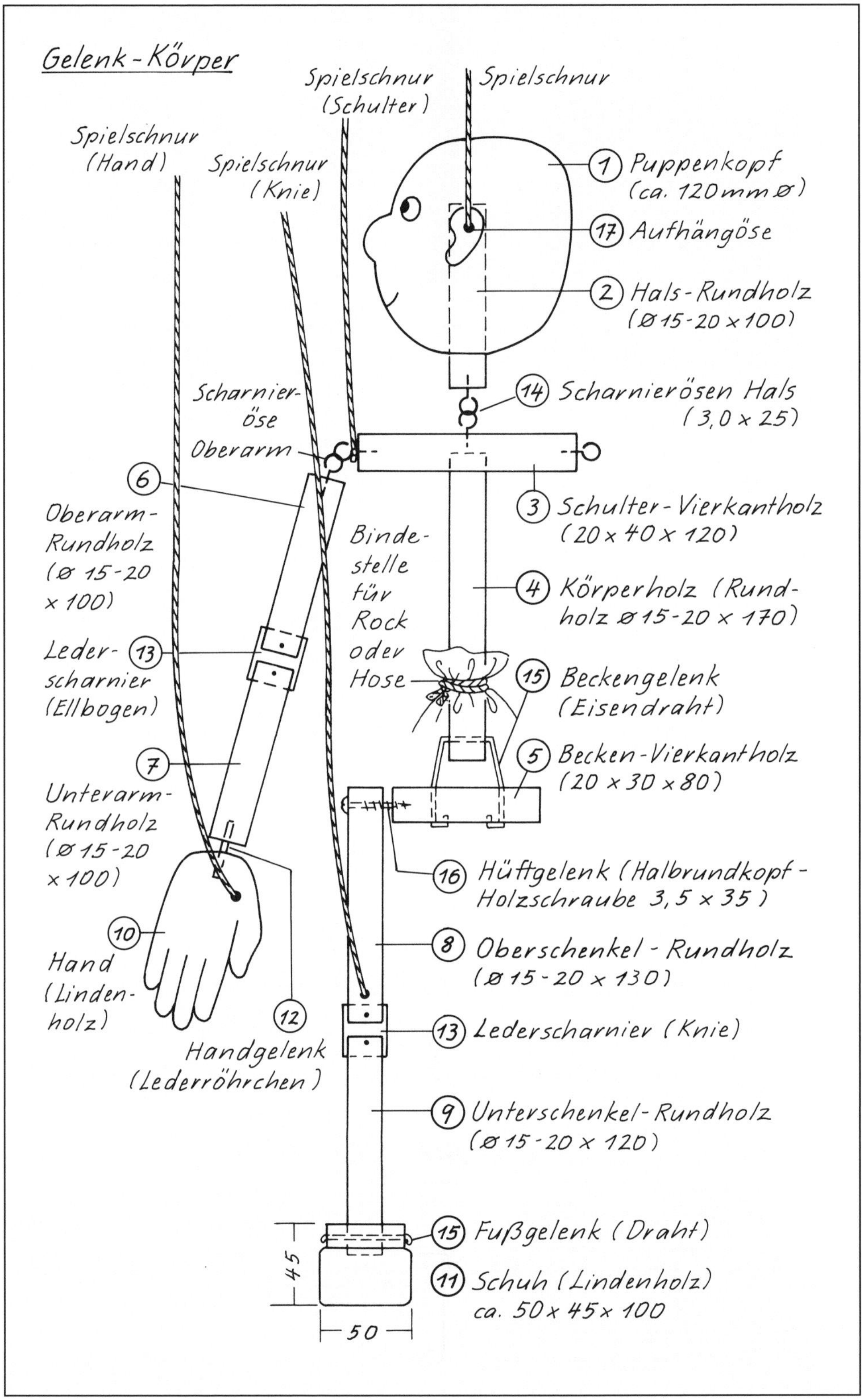
Gelenk-Körper
Spielschnur (Schulter)
Spielschnur
Spielschnur (Hand)
Spielschnur (Knie)
1 Puppenkopf (ca. 120 mm ⌀)
17 Aufhängöse
2 Hals-Rundholz (⌀ 15-20 × 100)
Scharnieröse Oberarm
14 Scharnierösen Hals (3,0 × 25)
6 Oberarm-Rundholz (⌀ 15-20 × 100)
3 Schulter-Vierkantholz (20 × 40 × 120)
Bindestelle für Rock oder Hose
4 Körperholz (Rundholz ⌀ 15-20 × 170)
13 Leder-scharnier (Ellbogen)
15 Beckengelenk (Eisendraht)
7 Unterarm-Rundholz (⌀ 15-20 × 100)
5 Becken-Vierkantholz (20 × 30 × 80)
16 Hüftgelenk (Halbrundkopf-Holzschraube 3,5 × 35)
10 Hand (Lindenholz)
8 Oberschenkel-Rundholz (⌀ 15-20 × 130)
12 Handgelenk (Lederröhrchen)
13 Lederscharnier (Knie)
9 Unterschenkel-Rundholz (⌀ 15-20 × 120)
15 Fußgelenk (Draht)
45
11 Schuh (Lindenholz) ca. 50 × 45 × 100
50

Die Kleidung anzufertigen, erfordert etwas Näherfahrung. Besonders schön wirken möglichst originalgetreue Kleidungsstücke. Doch auch einfache Umhänge und um die Figur geschlungene Stoffbahnen haben ihren Reiz. Puppen- und Babykleidung kann ebenfalls verwendet werden.

Wenn die Puppe angezogen ist, können die Spielfäden befestigt werden. Es brauchen nicht unbedingt unsichtbare Kunststoffschnüre sein, auch reißfeste Baumwollfäden sind sehr reizvoll.

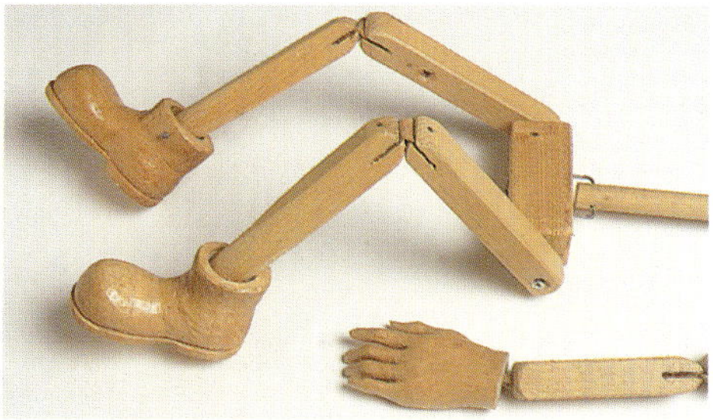

Mit einer Nadel zieht man die Schulter- und Kniefäden durch die Kleidung und knotet die Schnüre an den Schraubösen fest.

Die Kopfschnüre werden an die Drahtösen hinter den Ohren gebunden, und für die Handschnüre muß ein kleines Loch (2 mm ∅) durch den Daumenballen der Hand gebohrt werden.

Am Spielkreuz werden zuerst die Schulterfäden befestigt. Sie tragen das Hauptgewicht der Puppe. Alle anderen Schnüre orientieren sich an dieser Aufhängung.

Am waagrecht aufgehängten Spielkreuz richtet man die Fadenlängen so aus, daß die Figur eine stehende Haltung einnimmt.

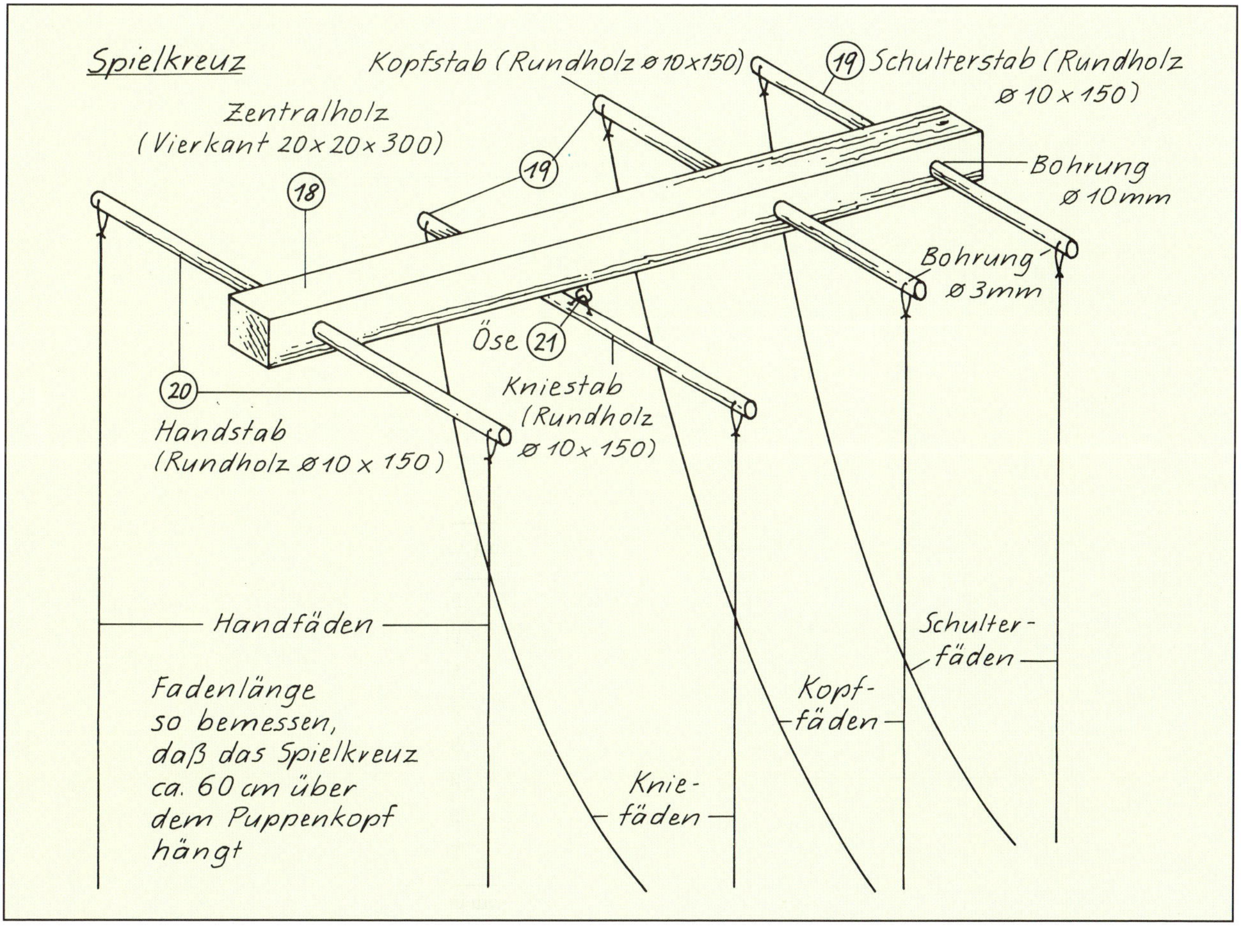

Diese einfache Marionette wird nur durch zwei Fäden bewegt und ist deshalb einfach nachzubauen.

Tiermarionette

Die Besonderheit dieser Marionette liegt in der Zweiteilung des Körpers (Kopfteil und Hinterteil).
Die beiden Bauteile können aus Ton geformt und gebrannt oder aus Lindenholz geschnitzt werden. In die Tonform muß man vor dem Brennen Befestigungslöcher einstechen (siehe Abbildung). In eine Holzfigur können Schrauberösen eingedreht und entsprechende Befestigungslöcher gebohrt werden.
Zusätzlich benötigt man vier Füße aus Ton oder Holz. Sie werden zweimal durchbohrt, damit man sie wie einen Knopf annähen kann.

Alle so vorgefertigten Teile bemalt man sorgfältig mit Dispersionsfarben. Für den nötigen Glanz sorgt ein Lacküberzug.
Kopfteil und Hinterteil verbindet man mit einem kurzen Holzstöckchen und einer dünnen Schnur beweglich miteinander. Durch die Schnur kann sich im Spiel die Körperlänge des Tieres verändern, je nachdem, ob die Schnur straff gehalten wird oder durchhängt.

Die Spielfäden knüpft man an den vorgesehenen Bohrungen ein. Sie müssen genau im Schwerpunkt des Kopfes und des Hinterteiles liegen.
Ein schlauchartig zusammengenähtes Stoffstück bildet den eigentlichen Körper. Es wird über den Holzstab geschoben und an den Kopf und das Hinterteil geklebt.
Damit man die Naht nicht sieht, muß der Stoff für den Körper links auf links zusammengenäht und dann gewendet werden.
Für die Beine näht man einen Stoffstreifen zu einer dünneren Röhre zusammen (links nähen und wenden). Mit wenigen Stichen werden diese Röhren an den Tierkörper angenäht. Nun steckt man von unten die Füße in die Beinröhren und näht sie durch die Fußlöcher an, damit sie nicht mehr herausrutschen können.

Hinweis: Der Stoff muß vor dem Nähen bemalt werden, denn dann kann man die Stoffarben problemlos einbügeln.
Abschließend knüpft man die Spielfäden an das Spielholz. An der Befestigungsschlaufe kann die ganze Figur aufgehängt werden.

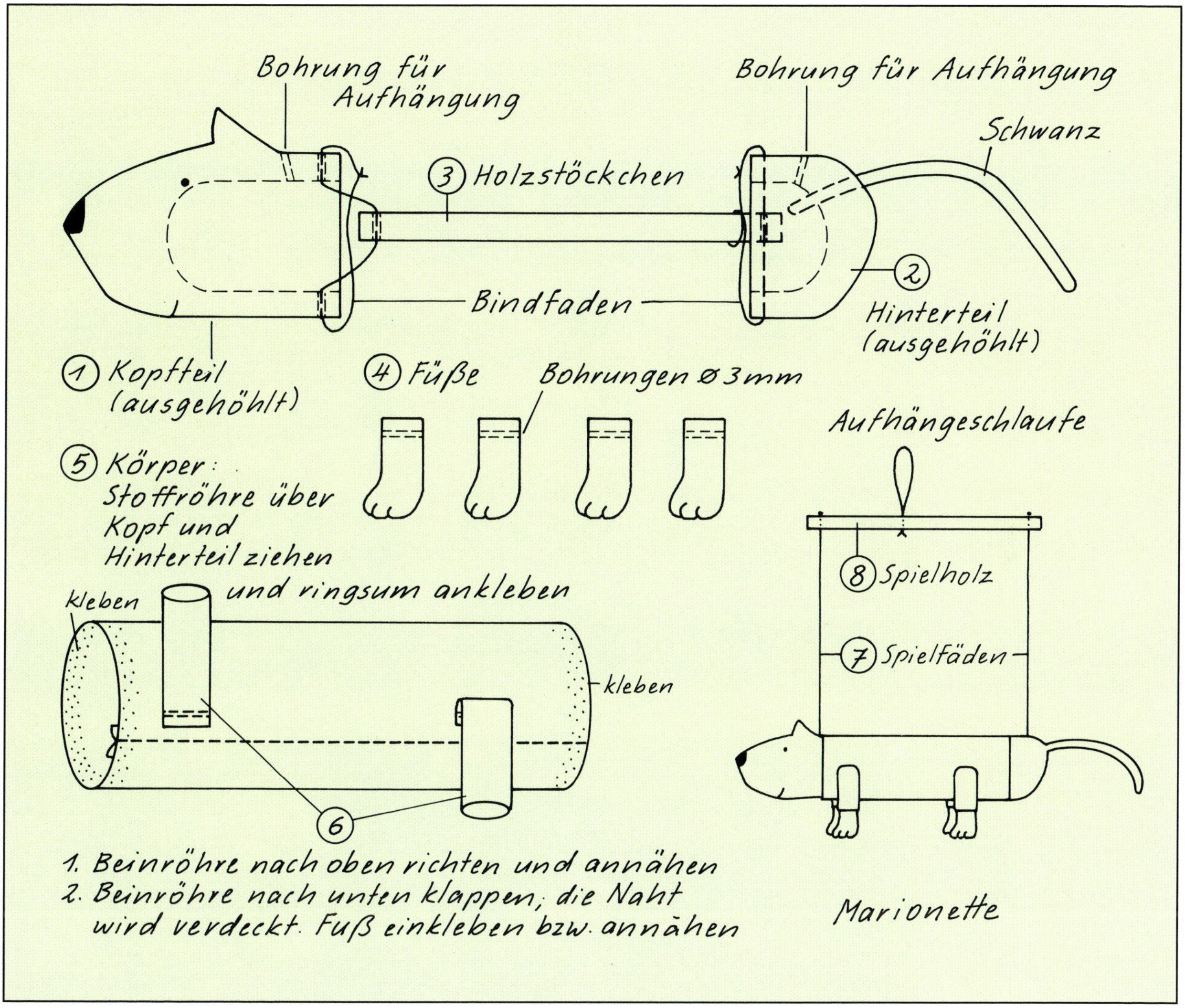

Tiermarionette ●●

Menge	Bezeichnung	Maße in mm	Material	Kenn-Nr.
1	Kopf	beliebig	Ton	1
1	Hinterteil	beliebig	Ton	2
1	Verbindungsholz	beliebig	Holzstöckchen	3
4	Füße	beliebig	Ton	4
1	Körper	beliebig	Stoff	5
4	Beinröhren	beliebig	Stoff	6
2	Spielfäden	beliebig	Schnur	7
1	Spielholz	beliebig	Holzstöckchen	8

Klebstoff / Tonglasur oder Dispersionsfarben / Lack / Bindfaden

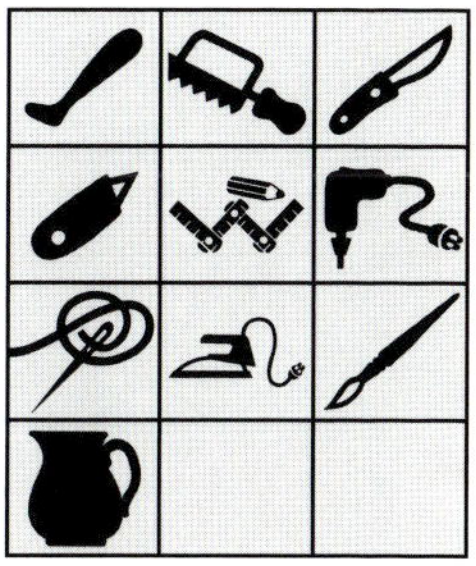

Laufvogel

Auch der Laufvogel ist eine Marionette, die einfach zu bauen und zu spielen ist.
Er ist an einem Spielkreuz aufgehängt und wird mit vier Fäden bewegt.
Aus einem Holzklotz (ca. 50 x 50 x 80 mm) wird ein Kopf mit einem Schnabel herausgesägt oder geschnitzt. Es genügt, die wichtigsten Merkmale wie den großen Schnabel und zwei große Augen herauszuarbeiten. Es können auch Glasaugen aufgeklebt werden. Für den Halsfortsatz und eine Spielschnur müssen zwei Löcher (5 mm ⌀ / 2 mm ⌀) gebohrt werden.
Ein weiterer gleich großer Holzklotz dient als Körper.

Durch abwechselndes Kippen des Spielkreuzes nach links oder rechts und einer gleichzeitigen Vorwärtsbewegung schreitet der Vogel majestätisch über die Bühne.

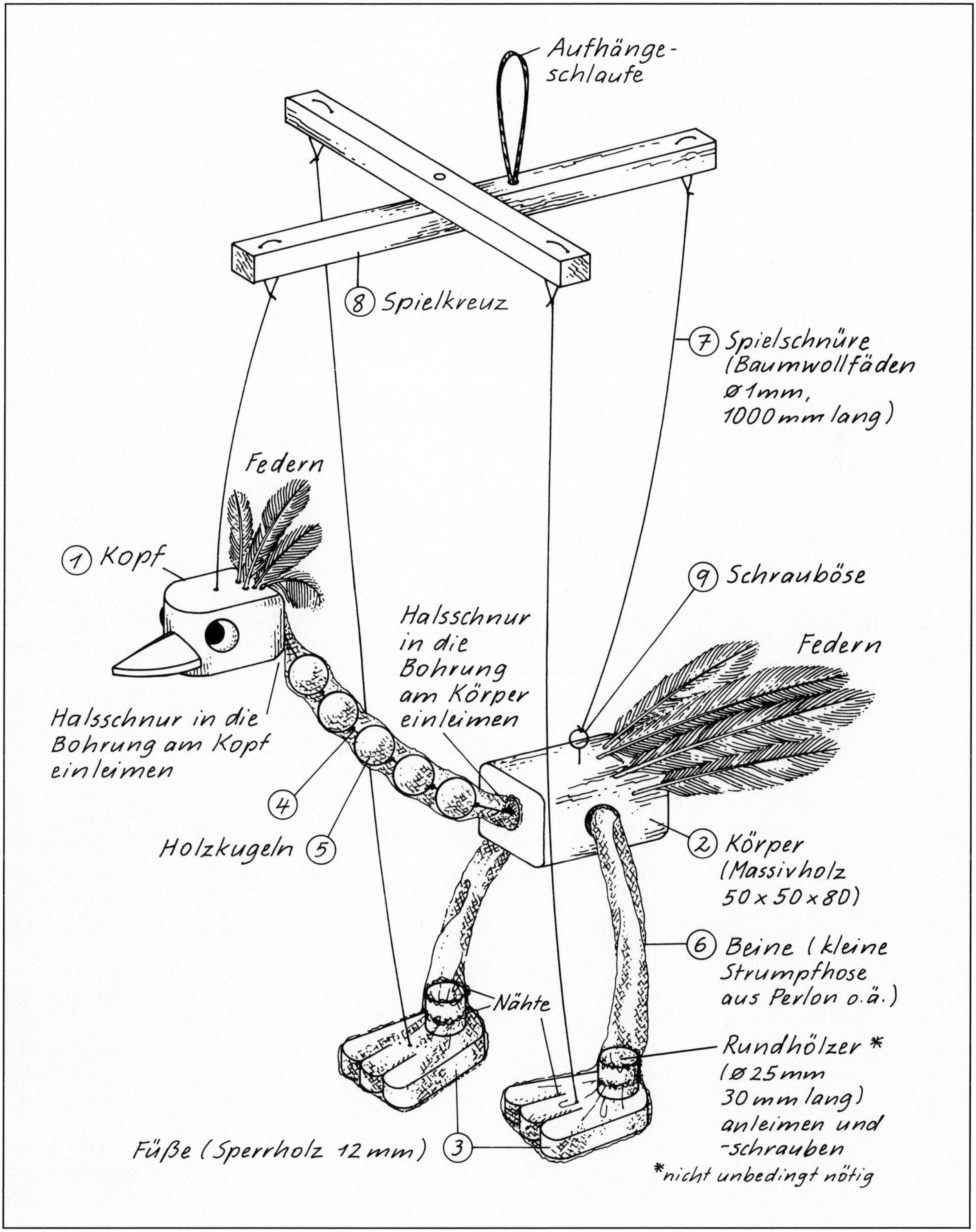
Aufhänge-
schlaufe
8 Spielkreuz
7 Spielschnüre (Baumwollfäden ø 1 mm, 1000 mm lang)
Federn
1 Kopf
9 Schrauböse
Halsschnur in die Bohrung am Körper einleimen
Federn
Halsschnur in die Bohrung am Kopf einleimen
4
Holzkugeln 5
2 Körper (Massivholz 50 x 50 x 80)
6 Beine (kleine Strumpfhose aus Perlon o.ä.)
Nähte
Rundhölzer * (ø 25 mm 30 mm lang) anleimen und -schrauben
Füße (Sperrholz 12 mm) 3
*nicht unbedingt nötig

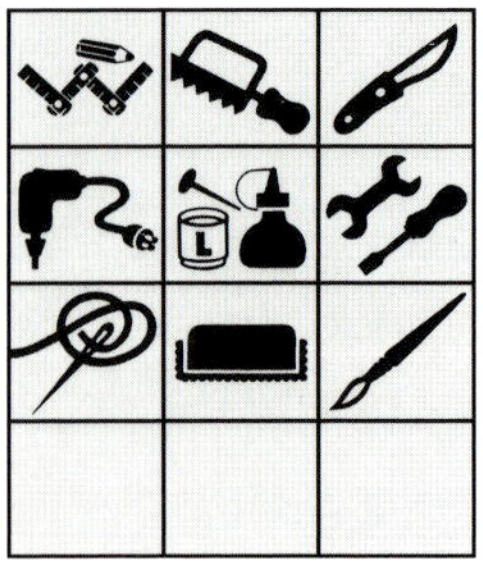

Laufvogel ●●

Menge	Bezeichnung	Maße in mm	Material	Kenn-Nr.
1	Kopf	50 x 50 x 80	Massivholzleiste	1
1	Körper	50 x 50 x 80	Massivholzleiste	2
2	Füße	12 dick	Sperrholz	3
1	Halsschnur	ca. 400 lang / 3 ∅	Kunststoffschnur	4
6–8	Holzkugeln	ca. 25 ∅	Holzkugeln	5
2	Beine		Strumpfhose	6
4	Spielschnüre	1 ∅ / Länge ca. 100	Baumwollfäden	7
1	Spielkreuz	ca. 300 x 200	Vierkanthölzer	8
1	Schrauböse	15 x 15 oder 3,0 x 20	Schrauböse	9

Federn / Wollfäden / Dispersionsfarbe / Lack / Klebstoff / Leim

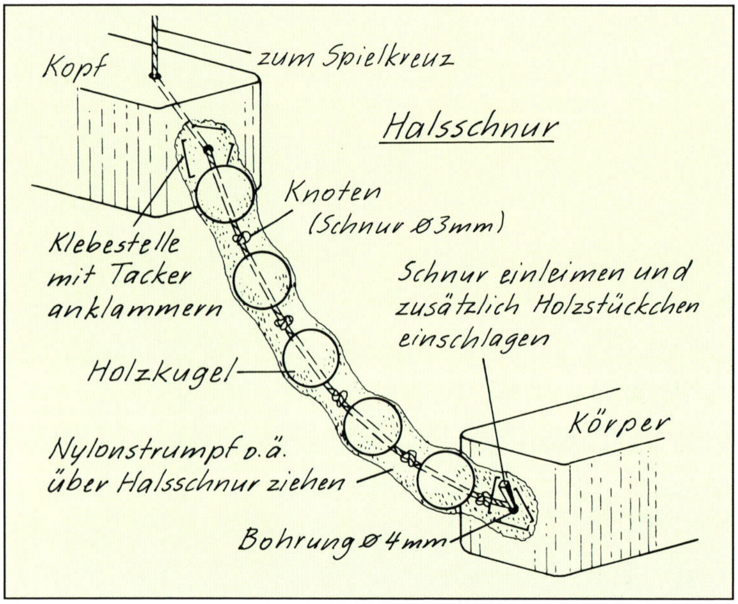

In die eine Bohrung (5 mm ∅) leimt man eine Schnur ein. Sie dient mit aufgefädelten Holzkugeln als Hals und wird am Kopf und am Körper befestigt. Zusätzlich kann ein Nylonstrumpf über die Halsschnur gezogen werden.

Durch eine größere, quer durch den Körper führende Bohrung (15 mm ∅) wird als Beine eine alte Nylonstrumpfhose gezogen (oder: dicke Kordel, Stoffbänder, ein dünner Fahrradschlauch).

Zur Befestigung der Spielschnur, die den Körper trägt, wird eine Schrauböse in den Rücken eingedreht.

Die Füße sägt man aus einem Brettstück aus und setzt darauf (mit Leim und einer Holzschraube) einen kurzen Rundholz-Abschnitt (Besenstiel / 25 mm ∅ / Länge 30 mm). Die Füße lassen sich leicht befestigen: Sie werden einfach in die Strumpfhose gesteckt und so umnäht, daß das Holz nicht mehr verrutschen kann.

Im Schwerpunkt der Füße bohrt man je ein Loch (2 mm ∅) und befestigt daran die Spielschnüre.

Das Spielkreuz besteht aus zwei zusammengeschraubten Leisten. An den Leistenenden bohrt man jeweils zwei Löcher und bindet die Spielschnüre an.

Bunt bemalt und mit Federn oder Wollfäden beklebt, kann dieser Vogel in jedem Marionettenspiel eine besondere Rolle spielen.

Grüner Drache

Der Bau einer Drachen-Marionette macht Spaß, man kann dabei das Urtier nach eigenen Vorstellungen formen und bemalen.
Der Drache besteht aus drei Hauptteilen, die mit Schraubösen verbunden werden: Kopf, Körper und Schwanz.
Aus einer Lindenholzleiste (100 x 50 mm) lassen sich diese Teile mit Holzraspel, Feile und Schnitzmesser gut herausarbeiten (siehe Abbildung).
In das Kopfteil wird ein beweglicher Unterkiefer eingesetzt. Als Scharnierachse verwendet man einen Nagel.
Zum Befestigen und Führen einer Spielschnur werden Ober- und Unterkiefer durchbohrt. Auch die Füße und die Flügel sägt und schnitzt man aus Lindenholz. Für die Flügel benötigt man ein ca. 15 mm starkes Brett; die grobe Form der Füße sägt man aus der dickeren Leiste heraus. Mit dem Schnitzmesser können dann die Feinheiten des Drachenfußes herausgearbeitet werden.
Zum Befestigen dieser Teile dreht man Schraubösen in den Körper und bindet Füße und Flügel mit einer dünnen Schnur daran fest.
Kopf, Körper und Schwanz erhalten im Schwerpunkt noch eine zusätzliche Schrauböse, damit die Marionette an das Spielkreuz aufgehängt werden kann.

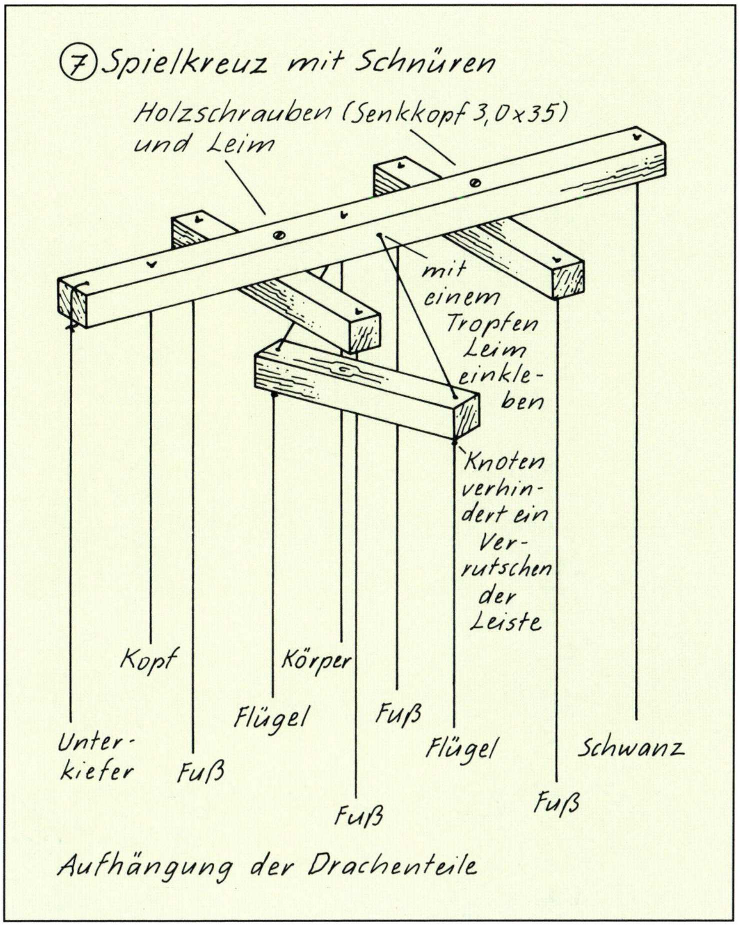

Auch Füße und Flügel verbindet man mit dem Spielkreuz. Die Fäden werden durch kleine Bohrlöcher gezogen und verknotet.

Grüner Drache ●●●●

Menge	Bezeichnung	Maße in mm	Material	Kenn-Nr.
1	Kopf	50 x 11 x 150	Lindenholz	1
1	Unterkiefer	50 x 20 x 150	Lindenholz	2
1	Körper	50 x 100 x 250	Lindenholz	3
1	Schwanz	50 x 50 x 160	Lindenholz	4
4	Füße		Lindenholz	5
2	Flügel	15 x 100 x 120	Lindenholz	6
1	Spielkreuz	20 x 20 x 350 (Länge) 20 x 20 x 120 (Breite)	Fichtenholzleisten	7
15	Schraubösen	3,0 x 20	Schraubösen	

Dispersionsfarben / Lack / Schnüre / 2 Holzschrauben 3,0x35 / Leim

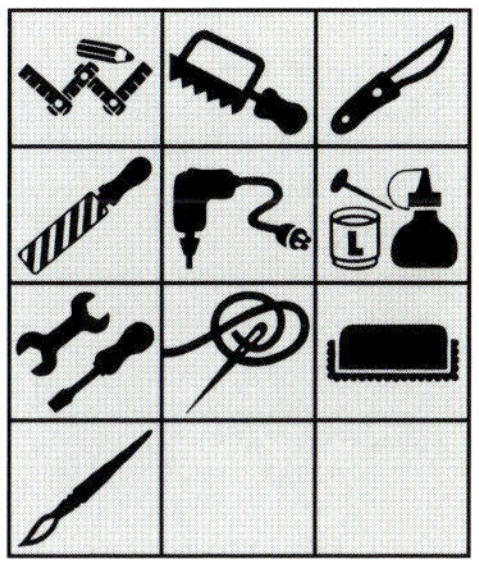

Damit man die Marionette bewegen kann, werden Vierkantleisten zu einem Spielkreuz zusammengeschraubt.

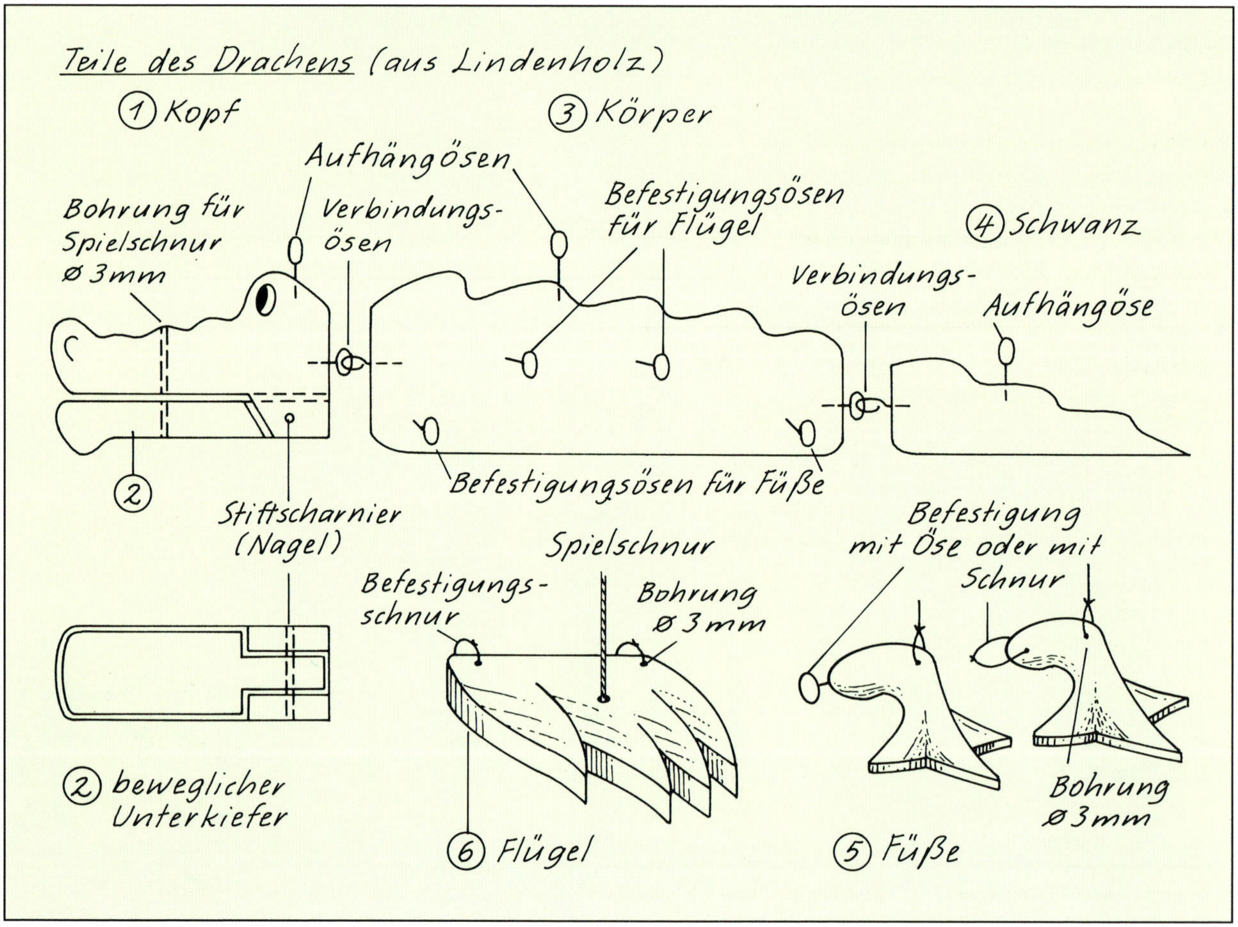

Kleine Handpuppenbühne

Handpuppen kann man auch auf improvisierten „Bühnen" sehr wirkungsvoll auftreten lassen: Für eine kleine Show genügt schon ein über den Unterarm gehängtes Tuch. Für ein Spiel mit mehreren „Schauspielern" wird eine Schnur gespannt und eine Decke darüber gehängt. Wer jedoch seine Liebe zu Handpuppen entdeckt hat, der möchte über kurz oder lang eine richtige Spielbühne haben.

Bauanleitung:
Für die Bühnenfront benötigt man fünf Rahmenteile (zwei Seiten- und drei Zwischenteile) und eine Frontplatte mit einem Spielbrett. Zuerst wird der Rahmen zusammengebaut (Holzschrauben / Leim) und mit der Frontplatte verleimt und verschraubt.

Wichtig: Auf Rechtwinkligkeit achten!
Mit der Stichsäge wird danach der Bühnenausschnitt herausgesägt und mit Holzfeile und Schleifpapier sorgfältig nachgearbeitet. Damit der obere, geschwungene Rand sym-

Kleine Handpuppenbühne ●●●

Menge	Bezeichnung	Maße in mm	Material	Kenn-Nr.
1	Frontplatte	10 x 1000 x 1200	Sperrholz	1
2	Rahmen-Seitenteile	18 x 80 x 1200	Massivholz z. B. Fichtenleimholz	2
3	Rahmen-Zwischenteile	18 x 80 x 964	Massivholz	3
1	Spielbrett mit Stützen	18 x 80 x 630 18 x 60 x 60	Massivholz Massivholz	4
1	Vorhangstab	15 ⌀ x 960	Rundholz	5
2	Stabhalterungen	3,0 x 35	Schraubhaken	6
2	Seitenflügel	20 x 490 x 1200	Tischlerplatte	7
2	Scharniere	15 x 1200	Klavierband (Bandscharnier)	8
2	Vorhänge	400 x 550	Baumwollstoff	9
1	Verschlußfalle / Haken		Eisen	10
5–6	Haltestäbe	10 ⌀ x 250	Rundholz	11

Dispersionsfarben / Wasserlack / Leim / Holzkitt / Holzschrauben Senkkopf (Spax) 3,0 x 35 / 3,0 x 25 / 2,0 x 15

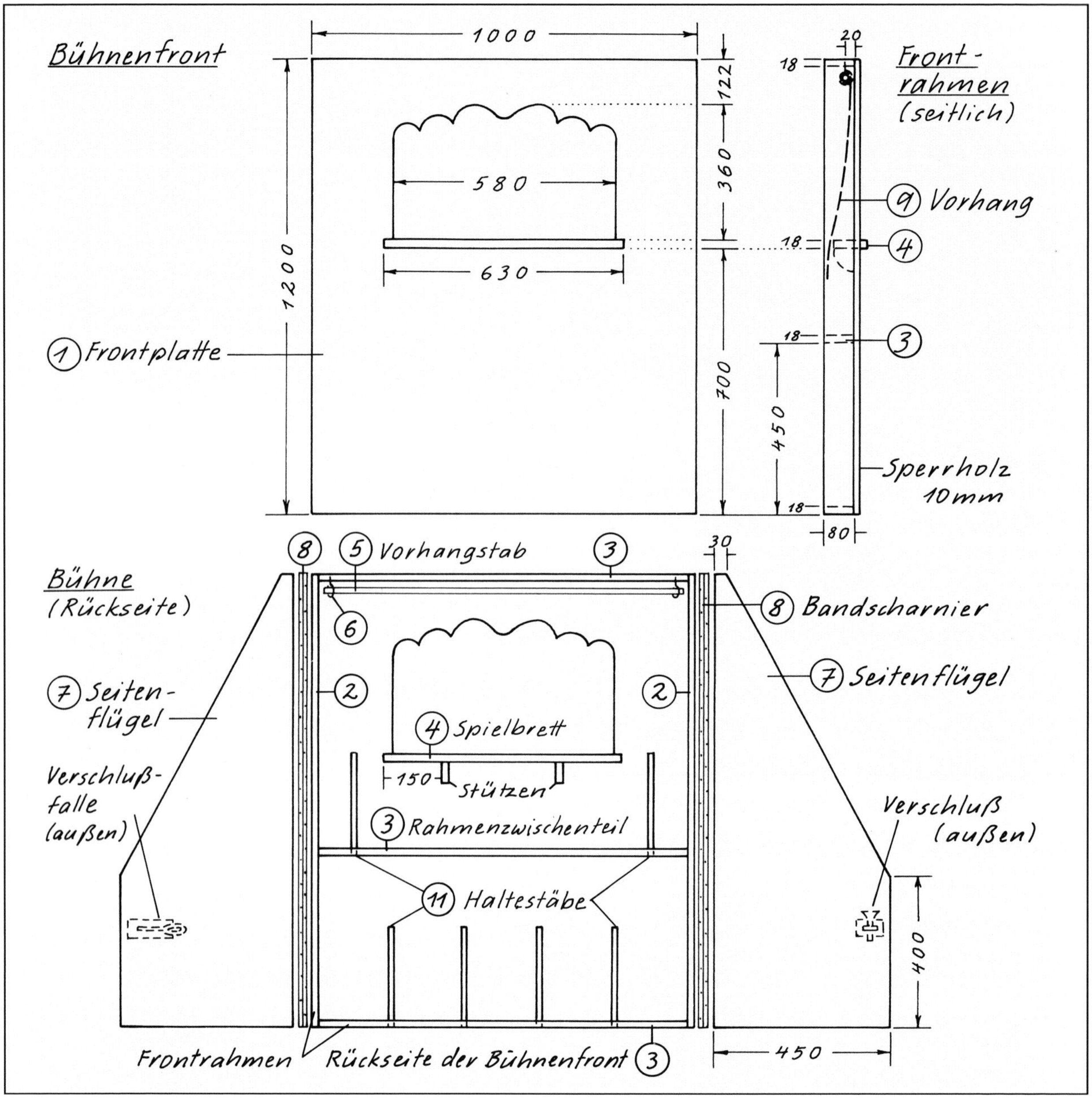
Bühnenfront
1000
122
360
580
630
1200
700
450
① Frontplatte
Front-
rahmen
(seitlich)
20
18
⑨ Vorhang
④
③
Sperrholz
10 mm
80
Bühne
(Rückseite)
⑧
⑤ Vorhangstab
③
30
⑥
⑧ Bandscharnier
⑦ Seitenflügel
⑦ Seiten-
flügel
②
②
④ Spielbrett
150
Stützen
Verschluß-
falle
(außen)
Verschluß
(außen)
③ Rahmenzwischenteil
⑪ Haltestäbe
400
450
Frontrahmen
Rückseite der Bühnenfront ③

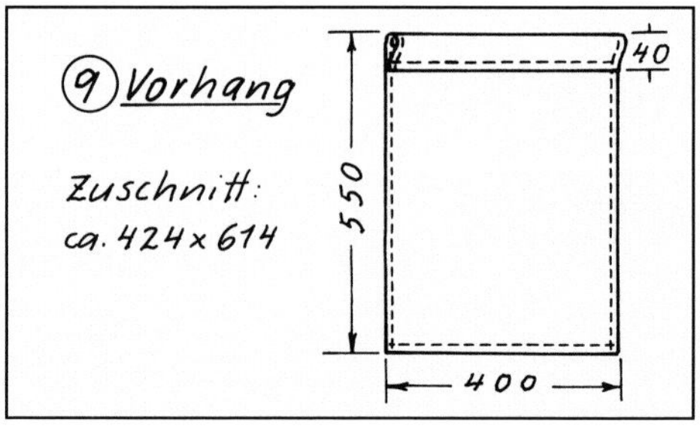
⑨ Vorhang
Zuschnitt:
ca. 424 x 614
40
550
400

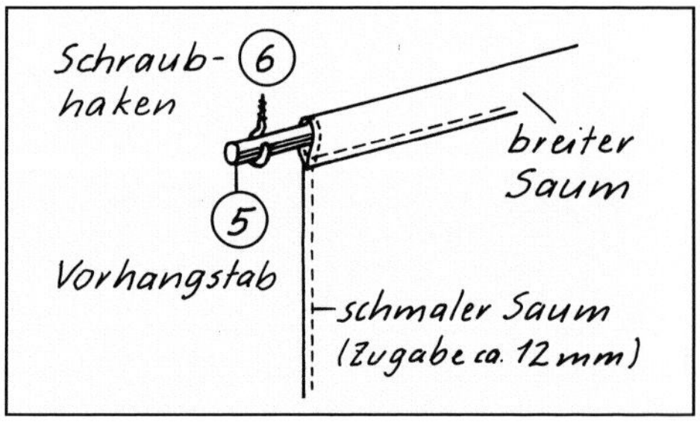
Schraub-
haken ⑥
breiter
Saum
⑤
Vorhangstab
schmaler Saum
(Zugabe ca. 12 mm)

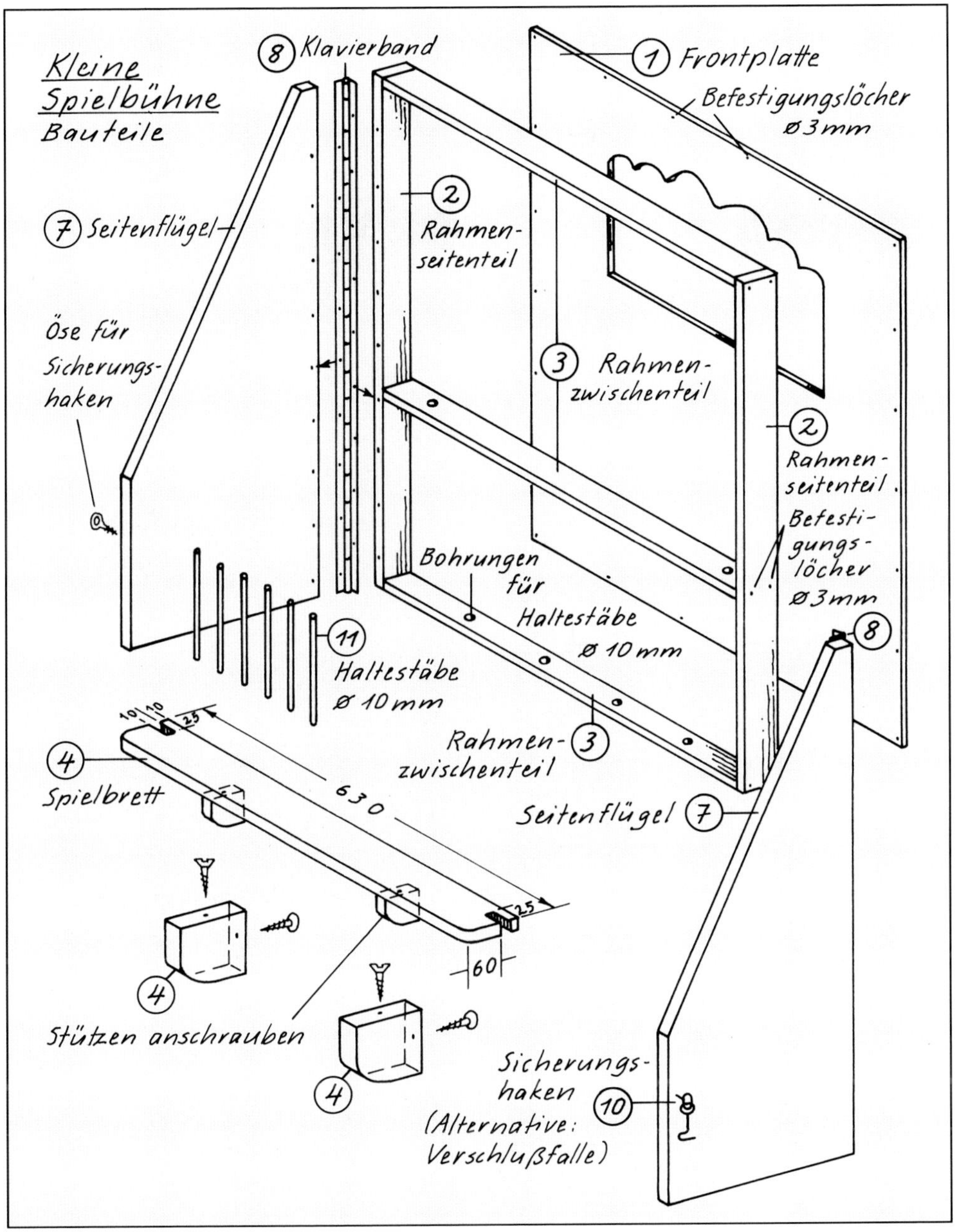
Kleine Spielbühne
Bauteile
(8) Klavierband
(1) Frontplatte
Befestigungslöcher ø3mm
(2) Rahmenseitenteil
(7) Seitenflügel
Öse für Sicherungshaken
(3) Rahmenzwischenteil
(2) Rahmenseitenteil
Befestigungslöcher ø3mm
Bohrungen für Haltestäbe ø 10 mm
(8)
(11) Haltestäbe ø 10mm
10
10
25
(4) Spielbrett
630
25
Rahmen-(3) zwischenteil
Seitenflügel (7)
60
(4)
Stützen anschrauben
(4)
Sicherungshaken (10)
(Alternative: Verschlußfalle)

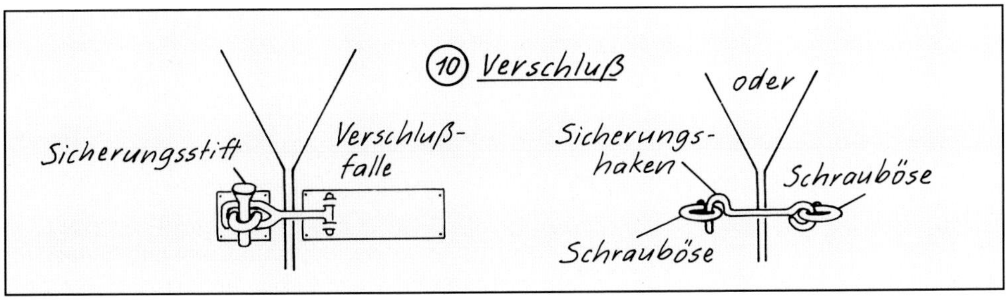
(10) Verschluß
Sicherungsstift
Verschlußfalle
oder
Sicherungshaken
Schrauböse
Schrauböse

Die kleine Handpuppenbühne ist einfach zu bauen und leicht zu handhaben. Sie benötigt nicht viel Platz und kann nach dem Spiel rasch zusammengeklappt und zur Seite gestellt werden.

metrisch wird, fertigt man dafür eine Papierschablone an.
Auf den unteren Rand setzt man ein Spielbrett. Die Ausschnitte müssen genau gearbeitet sein, damit sich das Brett leicht einpassen und verleimen läßt. Zur Absicherung werden innen zwei Holzstützen angeschraubt.

Zusätzliche Ausstattung:
1. Vorhang: Mit zwei Schraubhaken wird am oberen Rahmenzwischenteil ein Vorhangstab befestigt. Den zweigeteilten Vorhang zieht man mit einem breiten Saum über diesen Holzstab.
2. Haltestäbe: Sie dienen als Ablage für die Puppen. Die Rundholzstäbe werden einfach in die unteren Rahmenzwischenteile eingeleimt (Bohrung 10 mm ⌀).

Damit die Bühnenfront nicht umkippt, müssen zwei Stellbretter (Seitenflügel) angeschraubt werden.
Die Seitenflügel sollen durch ihr Gewicht auch die Standfestigkeit der Spielbühne erhöhen. Deshalb verwendet man dafür etwas dickeres Holz (z. B. eine Tischlerplatte). Mit Bandscharnieren (Klavierband) verbindet man diese Teile mit der Bühnenfront.
So kann die Spielbühne nach der Vorstellung zusammengeklappt und mit einer Verschlußfalle oder einem Sicherungshaken verschlossen werden.
Außerdem sind die Handpuppen auf den Haltestäben gut aufgeräumt und vor Beschädigung geschützt.
Hinweis: Bei der Aufführung sollten die Puppen mit einer Lampe angestrahlt werden.

Tourneebühne für Handpuppen

Wenn Puppenspieler auf Tournee gehen, brauchen sie eine leichte Bühne, die einfach und schnell auf- und abgebaut werden kann. Außerdem muß sie für Aufführungen vor einem größeren Zuschauerkreis geeignet sein.
Die große Tourneebühne wird aus wenigen Hauptbauteilen zusammengesetzt:

1. Seitenwände;
2. Frontblende;
3. Bühnenblende;
4. Sitzbank;
5. Kulissenstangen.

Nach den Maßangaben im Bauplan werden Seitenwände, Frontblende und Bühnenblende aus einer 8 mm starken Sperrholzplatte herausgesägt. Um die Sperrholzplatte zu stabilisieren, verstärkt man sie mit gehobelten Dachlatten (Leisten).
Spax-Holzschrauben kann man ohne Vorbohren durch das Sperrholz in die Leisten einschrauben (Leim nicht vergessen).
Die Leisten im Bereich des Bühnenausschnittes sollen ringsum 5 mm über den Sperrholzrand ragen. Dadurch entsteht eine schmale Auflagefläche für die Fensterläden.

Achtung: Leistenabstände an Front- und Bühnenblende beachten (30 mm breit).
In den Zwischenraum wird die Seitenwand eingeschoben. Auch die kurzen Leistenstücke im oberen Bereich der Blenden dienen der Befestigung der Seitenwände.
Zusätzlich schraubt man zwei Haltebrettchen in die oberen Ecken der Frontblende. Front- und Bühnenblende werden in die Seitenwände eingehängt. Dazu müssen in den Vorsprung jeder Seitenwand zwei Ker-

Tourneebühne für Handpuppen ●●●●

Menge	Bezeichnung	Maße in mm	Material	Kenn-Nr.
1	Seitenwand (links)	8 x 1000 x 2000	Sperrholz	1
1	Seitenwand (rechts)	8 x 1000 x 2000	Sperrholz	2
1	Frontblende	8 x 1190 x 2000	Sperrholz	3
2	Haltebrettchen	8 x 55 x 110	Sperrholz	3
1	Bühnenblende mit Fensterläden	8 x 1000 x 2000	Sperrholz	4
1	Sitzbank	18 x 150 x 2000	Leimholz	5
2	Sitzbank	18 x 100 x 1860	Leimholz	5
1	Sitzbank	18 x 150 x 1900	Leimholz	5
2–3	Kulissenstangen	25 ⌀ x 2000	Rundholzstange	6
4–6	Stangenhalter (Halter für Gartenwerkzeuge)	25	Gummi-Rohrhalter	7
4	Scharnierverschlüsse mit Sicherungsstiften	30 x 80	Verschlußfallen (Metall)	8
4	Fensterladenscharniere	30 x 250	Scharnierband	9
4	Rundholzkeile	15 ⌀ x 100	Buchen-Rundholz	10
ca. 40 lfd. Meter	Verstärkungsleisten	20 x 40	gehobelte Dachlatten	11
4–6	Kulissenvorhänge	970 x 1240	Baumwollstoff	12

Schrauben M5x20 (Senkkopf) mit Muttern / Spax-Holzschrauben 3,0x25; 3,0x35 / Holzleim / Holzkitt / Dispersionsfarben / Wasserlack

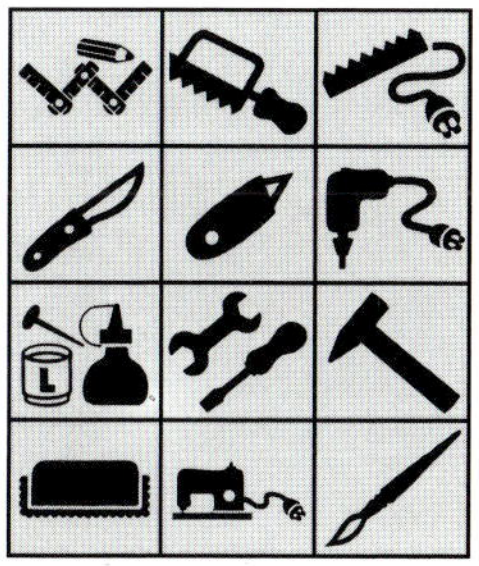

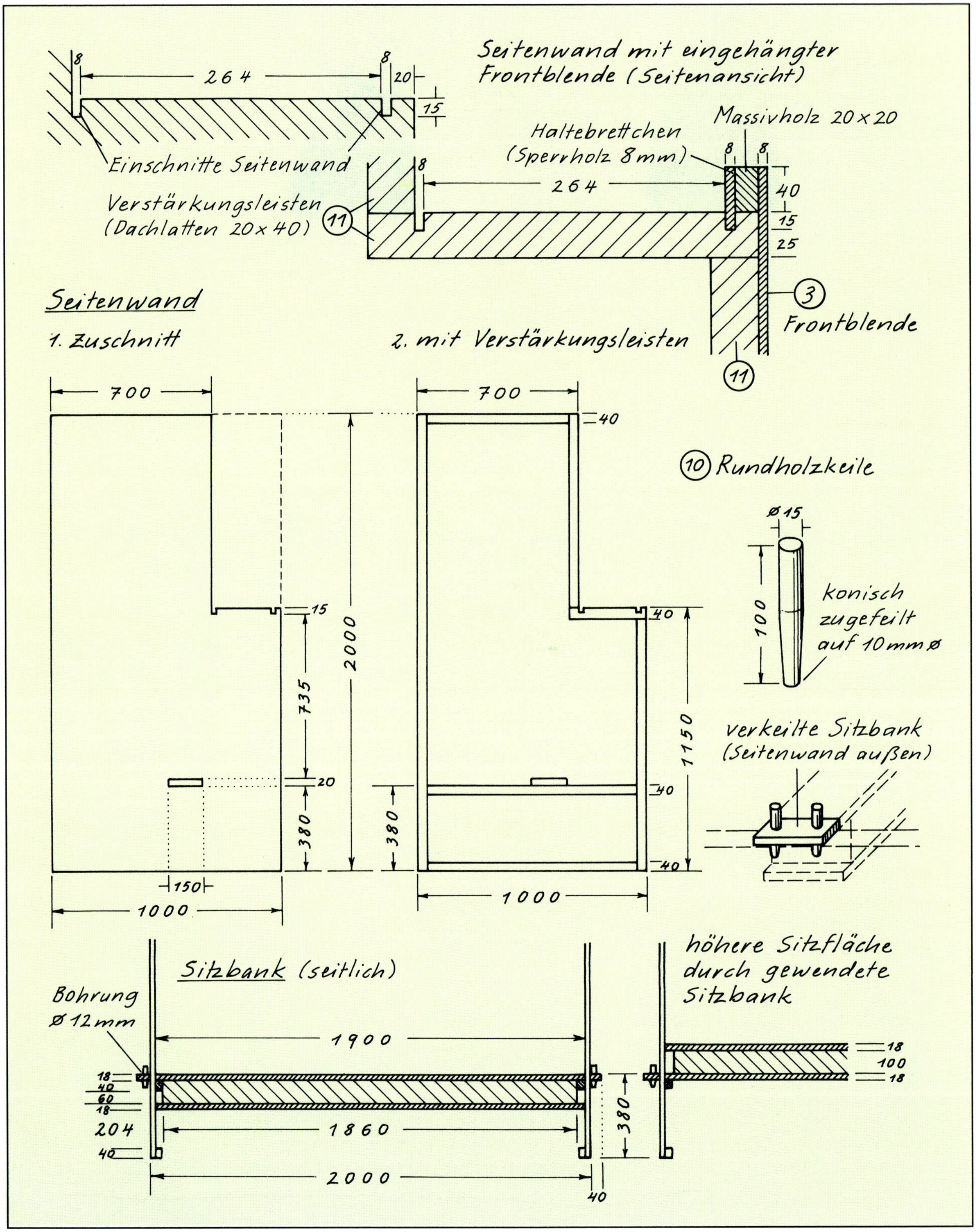
Seitenwand mit eingehängter Frontblende (Seitenansicht)
Einschnitte Seitenwand
Verstärkungsleisten (Dachlatten 20 × 40)
Haltebrettchen (Sperrholz 8 mm)
Massivholz 20 × 20
3 Frontblende
Seitenwand
1. Zuschnitt
2. mit Verstärkungsleisten
10 Rundholzkeile
Ø 15
konisch zugefeilt auf 10 mm Ø
verkeilte Sitzbank (Seitenwand außen)
Sitzbank (seitlich)
Bohrung Ø 12 mm
höhere Sitzfläche durch gewendete Sitzbank
264
700
1000
2000
1150
735
380
150
1900
1860
204

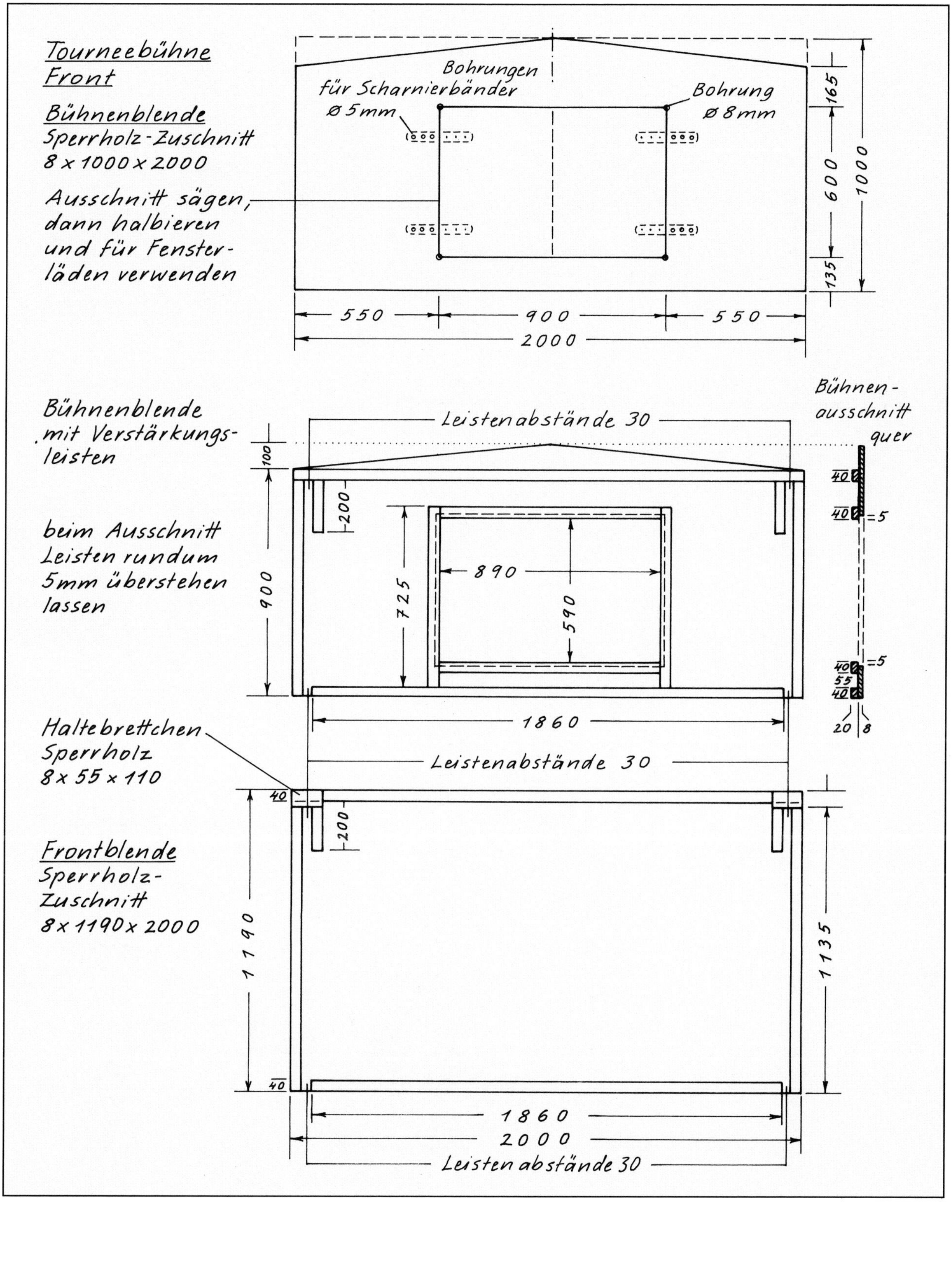
Tourneebühne
Front
Bühnenblende
Sperrholz-Zuschnitt
8 x 1000 x 2000
Ausschnitt sägen, dann halbieren und für Fensterläden verwenden
Bohrungen für Scharnierbänder
ø 5mm
Bohrung
ø 8mm
165
600
1000
135
550
900
550
2000
Bühnenblende mit Verstärkungsleisten
beim Ausschnitt Leisten rundum 5mm überstehen lassen
Leistenabstände 30
100
200
900
725
890
590
1860
Bühnenausschnitt quer
40
40
=5
=5
40
55
40
20
8
Haltebrettchen
Sperrholz
8 x 55 x 110
Leistenabstände 30
40
200
Frontblende
Sperrholz-Zuschnitt
8 x 1190 x 2000
1190
1135
40
1860
2000
Leisten abstände 30

Alle Unebenheiten werden mit Holzkitt verspachtelt und abgeschliffen. Die ganze Bühne erhält außen und innen einen Schutzanstrich mit Dispersionsfarben und Wasserlack.

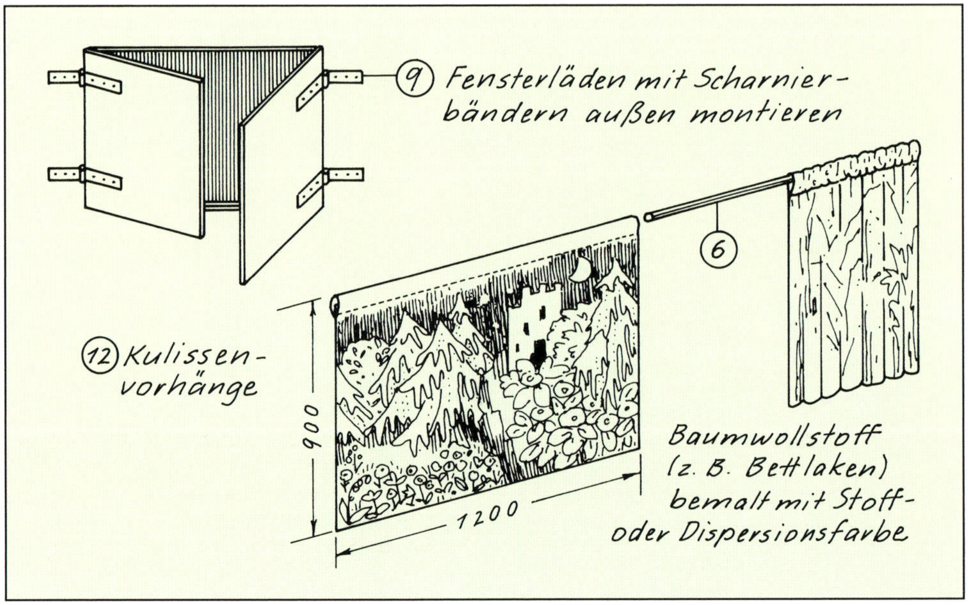

ben eingesägt werden. Die Frontblende hängt man mit den Haltebrettchen ein; bei der Bühnenblende wird die Sperrholzplatte in den Spalt gesteckt.

Verschlußfallen (Schloßfallen) sind eine stabile und dennoch schnelle Verbindungsmöglichkeit. Mit diesen Scharnierverschlüssen werden die Bühnenblende oben und die Frontblende unten mit den Seitenwänden zusammengehängt und mit einem Stift gesichert.
Mit Scharnierbändern und durchgehenden Schrauben mit Sechskantmuttern befestigt man die Fensterläden an der Bühnenblende.
Die von zwei Seiten benützbare Sitzbank wird aus massiven Holzbrettern (Leimholz) gefertigt.
Sitzflächen und Verstärkungsleisten müssen gut miteinander verleimt und verschraubt werden. Die Verstärkungsleisten und das kurze Sitzbrett dienen zugleich als Abstandhalterungen für die Seitenwände. Außen befestigt man die Sitzbank mit Rundholzkeilen, die durch das Sitzbrett gesteckt werden. Stabile Rundholzstangen aus dem Heimwerkermarkt sind eine gute Kulissenbefestigung. Auf jede Stange können zwei Stoffkulissen aufgezogen werden. Die Stangen mit den Kulissen klemmt man einfach in Rohrhalterungen, die man auf die Seitenwände schraubt.
Hinweis: Die Holzkeile schnitzt man aus einem fingerdicken Haselnußzweig. Ein ca. 10 cm langes Stück wird mit dem Messer so angespitzt, daß der Stift in die Bohrung der Sitzbank gesteckt werden kann.

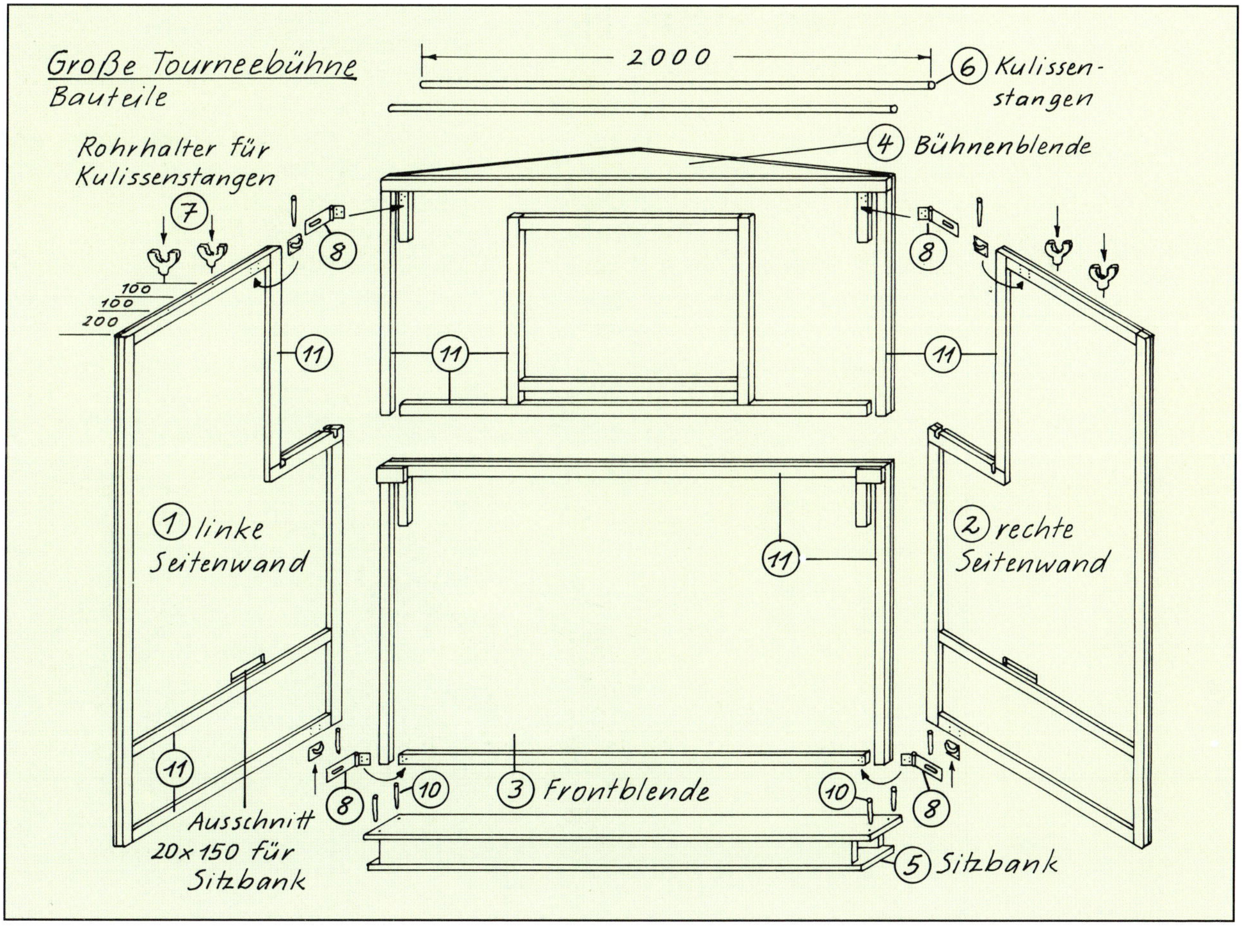

Vom Frühjahr, wenn die Säfte in den Pflanzen wieder steigen, bis zum Frühsommer lassen sich aus Weidenstöcken Pfeifchen, Fiepen und Hörner herstellen. Als Werkzeug benötigt man lediglich ein Messer mit einem glatten Schaft.

Pfeifchen, Fiepe, Horn

Weidenpfeifchen

Aus einer etwa fingerdicken, saftigen Weidenrute schneidet man ein 150 mm langes Stück ab. Ein 60 bis 80 mm langer Abschnitt muß knospenfrei sein. Er wird mit einem sauberen Messerschnitt vorne abgeschrägt und wie in der Abbildung eingekerbt. Am Ende des Abschnittes durchschneidet man ringsum die Rinde. Der Holzkern selbst wird nicht durchtrennt.

Die Rinde muß nun gleichmäßig mit dem Messerrücken auf dem Oberschenkel weichgeklopft werden. Dies geht sehr leicht, wenn das Weidenstöckchen immer wieder befeuchtet wird oder vorher mehrere Stunden im Wasser lag.

Mit einer leichten Drehung des Holzkernes kann dann die Rindenröhre abgezogen werden. Vom abgeschrägten Ende des Kernholzes schneidet man ein kurzes Stück

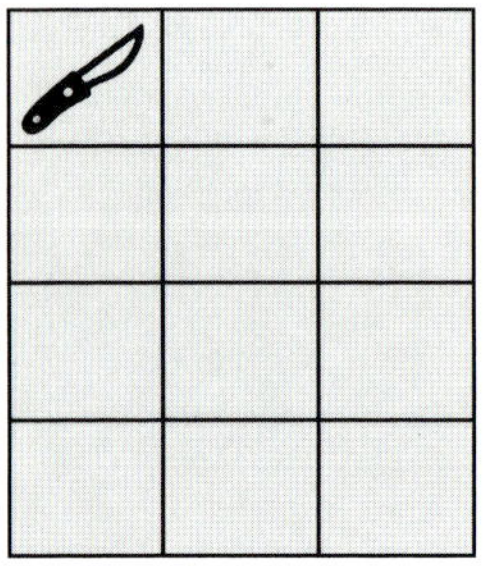

Pfeifchen, Fiepe, Horn ●●

Menge	Bezeichnung	Maße in mm	Material	Kenn-Nr.
Weidenpfeifchen:				
1	Mundstück	ca. 15 ⌀ / 15 lang	Weidenstöckchen	1
1	Rindenröhre	ca. 15 ⌀ / 80 lang	Weidenstöckchen	2
1	Bodenverschluß	ca. 15 ⌀ / 80 lang	Weidenstöckchen	3
Fiepe:				
1	Rindenröhre	5 – 10 ⌀	Weidenrute	4
Horn:				
1 (oder mehrere)	Rindenband	50 breit / 1000 lang	Weide	5
ca. 25	Stacheln	ca. 30 lang	Schlehdorn	6
1	Fiepe	40 lang	Weide	7

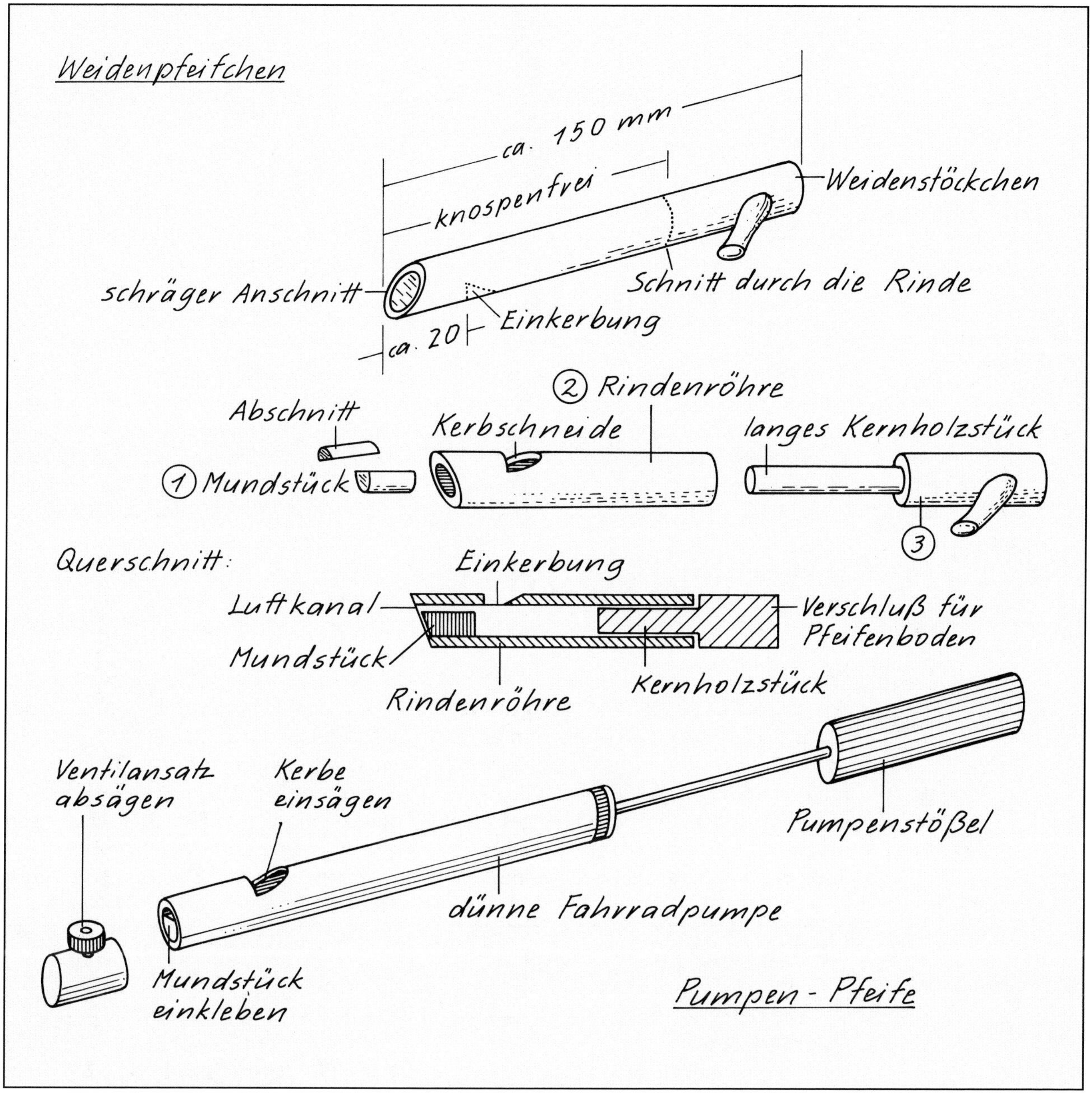

(ca. 15 mm) weg und flacht es an der langen Seite 2 – 3 mm ab. Dieses Mundstück regelt den Luftdurchlaß und wird vorne in die Rindenröhre gesteckt. Der Luftstrom muß genau auf die Schneide der Kerbe treffen.

Den Pfeifenboden verschließt man mit dem langen Kernholzstück. Durch dieses Holzstöckchen läßt sich die Pfeifenlänge und damit die Tonhöhe verändern.

Anmerkung: Auch mit Metall- und Kunststoffröhren und passenden Rundholzstöckchen können in der beschriebenen Bauweise Pfeifchen hergestellt werden.

Eine interessante Pfeife kann man so auch aus einer Fahrrad-Luftpumpe herstellen. Mit dem Pumpenstößel wird dabei die Tonhöhe variiert.

Fiepe

Eines der einfachsten Blasinstrumente ist die Rehfiepe. Man kann damit einen gleichmäßigen fiependen oder schnarrenden Ton erzeugen. Die Tonhöhe ist abhängig von Länge und Durchmesser des Blasröhrchens. Eine dünne, vollsaftige Weidenrute wird so abgeschnitten, daß man ein 30 bis 60 mm langes knospenfreies Stück erhält. Mit einem zweiten umlaufenden Messerschnitt durchtrennt man die Rinde am anderen Ende; der Holzkern wird nicht abgeschnitten.

Ringsum muß die Rinde mit dem Messerrücken weichgeklopft werden. Dann läßt sich mit einer leichten Drehung des Kernholzes die Rindenröhre abziehen.

Sie wird an einem Ende flach zusammengedrückt, so daß man mit dem Messer die äußere Rinde abziehen kann (5 bis 10 mm breit).

Nur zwei dünne Basthäutchen bleiben stehen. Wenn man durch das Röhrchen bläst, beginnen sie zu schwingen und erzeugen den vibrierenden Ton.

Die Rindenröhre wird dabei mit den Lippen festgehalten und so weit in die Mundhöhle gesteckt, daß die Basthäutchen beim Blasen frei schwingen können. Damit die Häutchen elastisch bleiben, müssen sie immer wieder gut angefeuchtet werden.

Im Herbst, wenn das Schilfrohr oder der Gartenbambus trocken und verholzt sind, läßt sich ein ganz ähnlich funktionierendes Zungenblasinstrument herstellen.

Man schneidet sich ein etwa 250 mm langes und 8 – 10 mm dickes Rohr zurecht. An einer Seite muß das Rohr durch den

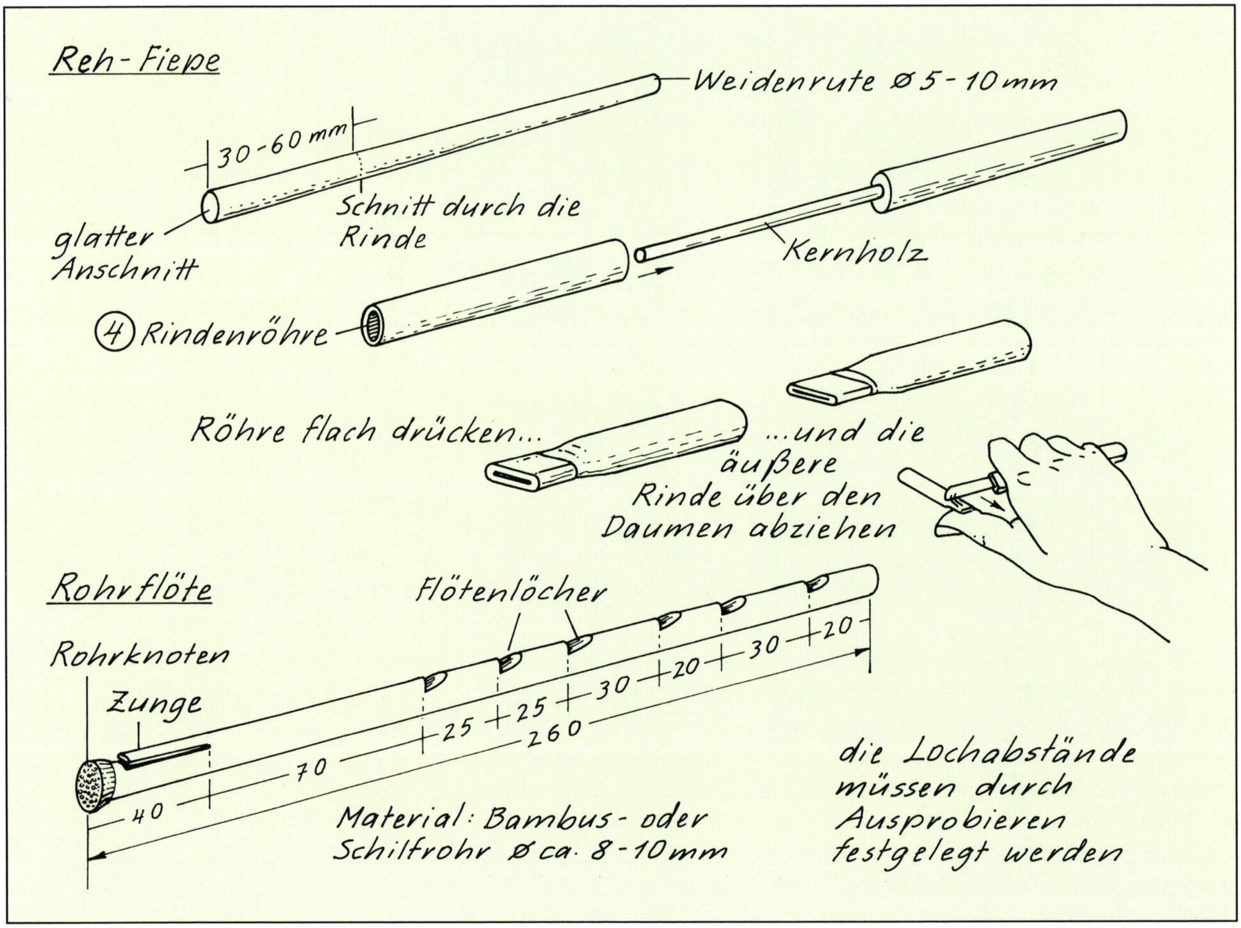

Rohrknoten verschlossen sein. Hier wird mit dem Messer die Rohrwand etwa 40 mm weit geöffnet, so daß eine dünne, leicht bewegliche Zunge entsteht. Unter Umständen muß noch etwas Holz von der Zungenoberseite abgeschnitten werden.
Das Rohr wird wie die oben beschriebene Fiepe geblasen. Das Zungenblatt muß frei in der Mundhöhle schwingen können.
Wenn man in das Rohr eine Lochreihe einschneidet, kann das Instrument wie eine Flöte gespielt werden.

Ein Waldhorn klingt sehr urtümlich. Es zu spielen macht deshalb besonders Spaß.

Waldhorn

Mit dem Waldhorn kann man einen schaurigschönen Ton erzeugen. Dabei wird lediglich der Ton der Fiepe durch ein trichterförmiges Rohr verstärkt.
Zuerst stellt man eine tieftönende Fiepe her (siehe oben).
Für das Trichterrohr benötigt man die Rinde von einem dickeren astfreien Weidenstock (ca. 30 – 40 mm ∅ / Länge 500 – 800 mm). Damit sich die Rinde leichter ablösen läßt, wird dieser Stock über Nacht in Wasser gelegt. Die Rinde wird den ganzen Stock entlang spiralförmig bis zum Holz durchgeschnitten (Abstand ca. 40 mm). Durch leichtes Klopfen mit dem Messerrücken läßt sie sich lockern. Besonders sorgfältig muß der Bereich um Knospen bearbeitet werden.
Dann wird das Rindenband vorsichtig abgezogen und zu einem Trichter zusammengerollt. Mit dünnen Holzstacheln vom Weißdorn / Schlehdorn kann man die Rinde gut zusammenheften. In das Mundstück des Trichters wird die Rehfiepe gesteckt. Sie darf nicht zu locker sitzen. Durch den Einsatz verschiedener Fiepen können die Tonhöhen verändert werden.
Das Waldhorn funktioniert lange, wenn es ständig feucht gehalten wird (z. B. über Nacht ins Wasser legen oder in ein feuchtes Tuch einschlagen).
Alternativ kann das Horn auch aus einem langen, stabilen Papierstreifen gewickelt und geklebt werden.
Wenn man das Papierhorn in Leimwasser taucht, wird es sehr stabil und haltbar.

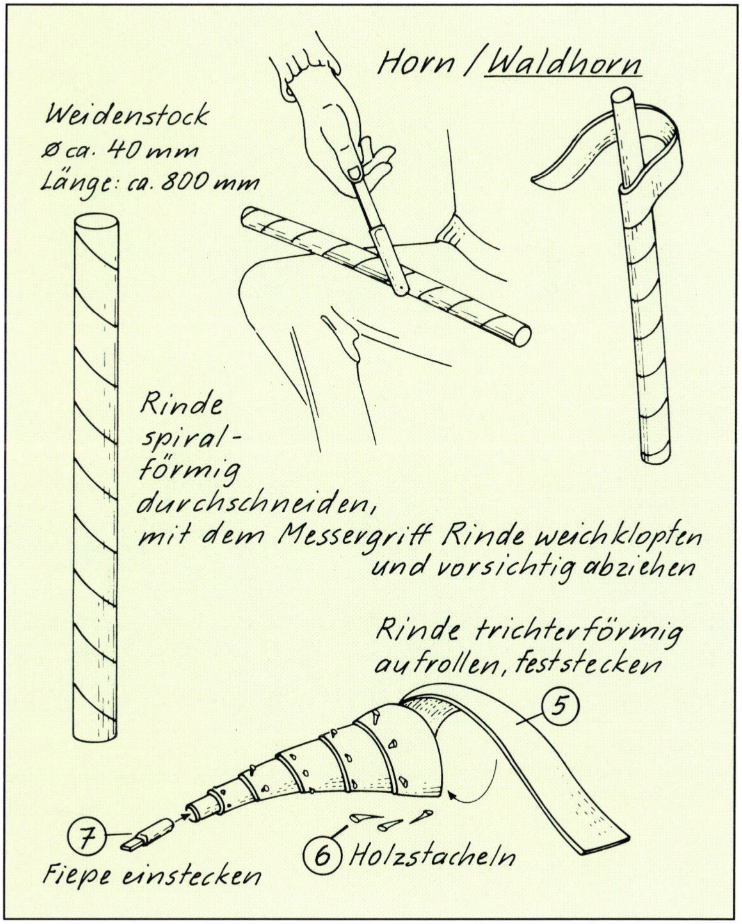

Wasserräder

Wasserräder zu bauen ist nicht schwer. Einfachstes Material, ein wenig handwerkliches Geschick und ein Messer (eventuell noch Hammer, Säge und Bohrer) genügen.

Einfaches Wasserrad

Man benötigt für die Radachse einen dickeren Haselnuß- oder Weidenstock (ca. 600 mm lang) und als Antriebsschaufeln dünne, schmale Brettchen (Kistenholzbrettchen).

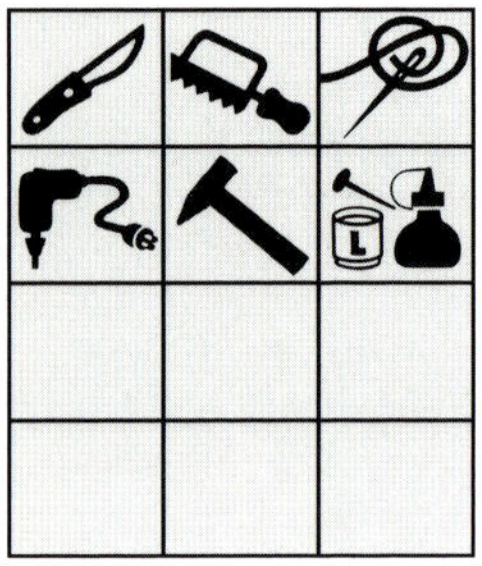

Wasserrad ●●

Menge	Bezeichnung	Maße in mm	Material	Kenn-Nr.
1	Radachse	25 ∅ / 600 lang	Weiden- oder Haselnußstock	1
2	Antriebsschaufeln	60 x 340	Kistenbretter	2
2	Lagergabeln	15 ∅	Astgabel	3
2	Sicherungspflöcke	20 ∅	Weidenpflöcke	4

Schnüre / Draht / Nägel

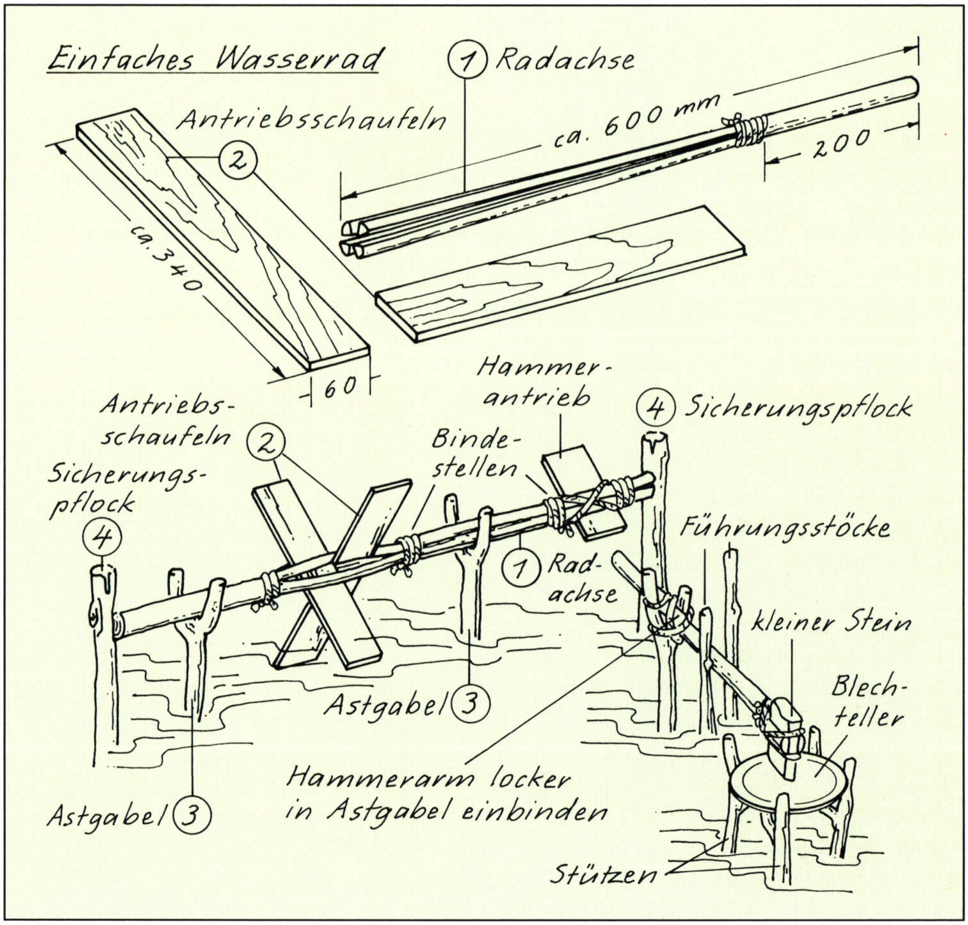

Da Holz im Wasser aufquillt, werden die einzelnen Bauteile nicht verleimt, sondern miteinander verkeilt und mit Schnüren oder Draht zusammengebunden.

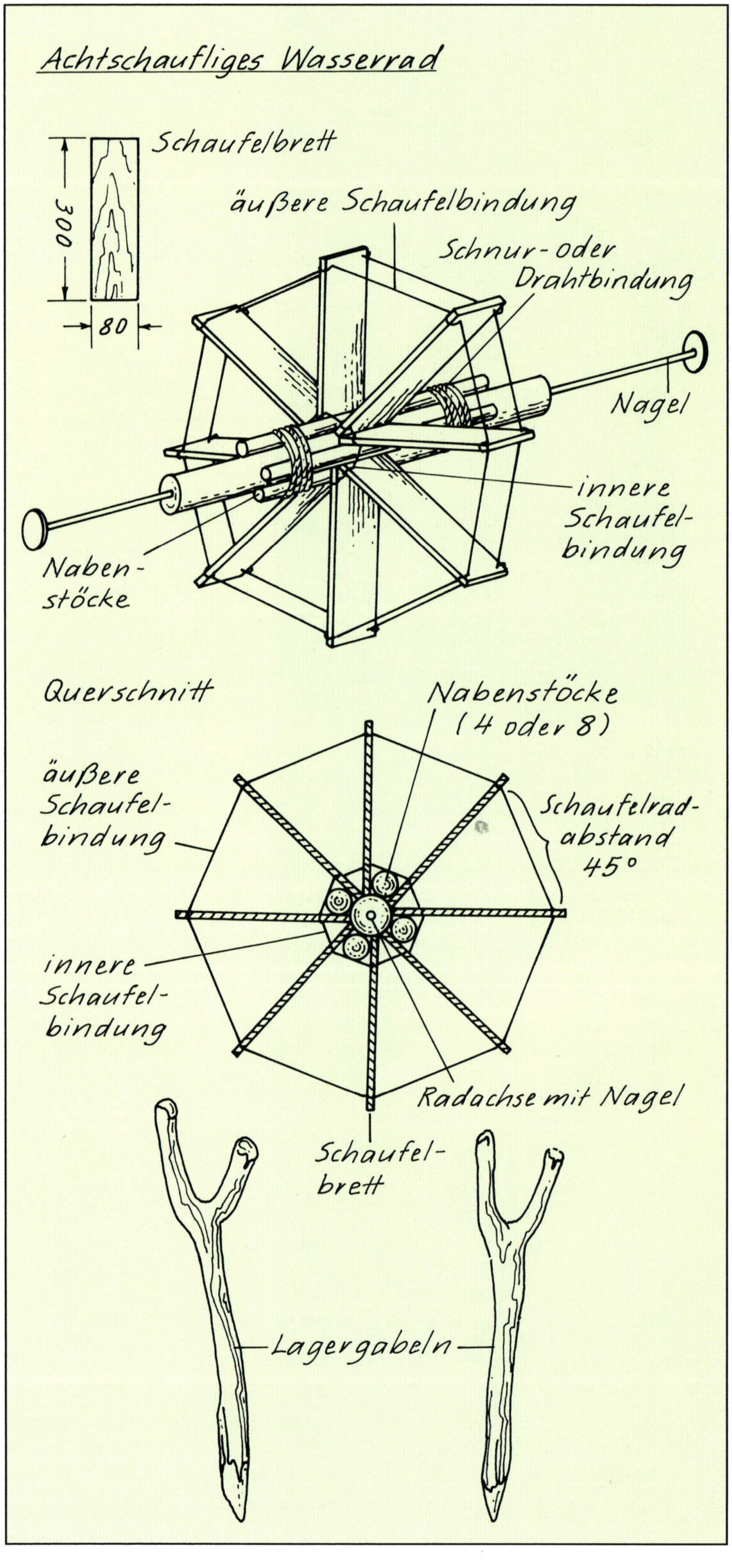

Zuerst umwickelt man den Holzstab auf einer Seite fest mit Draht oder einer kräftigen Schnur.
Mit dem Messer wird dann der Achsenstock von der anderen Seite zweimal längs gespalten, so daß vier Einzelstäbe entstehen. Dazwischen steckt man kreuzweise die Brettchen und bindet den Stock auch an diesem Ende gut ab.
In der gleichen Weise kann noch ein kurzes Brettchen für ein Hammerwerk eingefügt werden.
Mit Hilfe einiger Astgabeln stellt man das Schaufelrad in den Bach. Sicherungspflöcke an den Außenseiten der Astgabeln halten das Wasserrad in den Lagern.
Eine Blechdose oder eine Schüssel dienen als Amboß für das Hammerwerk.

Hinweis: Das vierschauflige Wasserrad muß tief in das Wasser eintauchen, damit es sich gleichmäßig dreht. Die Wasserkraft wirkt dann am besten, wenn der Achsstock nur wenige Zentimeter über der Wasseroberfläche liegt.

Achtschaufliges Wasserrad

Wesentlich mehr Kraft besitzt das achtschauflige Wasserrad. Es wird mit Draht und Schnüren zusammengebunden. Dies gelingt leichter, wenn die Kistenbretter durchbohrt werden (siehe Abbildung). Um die Lagerreibung zu verringern, werden in die Radachse Nägel eingeschlagen. Dadurch kann das Wasserrad auch nicht mehr seitlich aus den Astgabeln rutschen.
Die Antriebsschaufeln können auch direkt in eine dickere Lagerachse eingesetzt werden. Dazu müssen jedoch Löcher, ähnlich wie bei einer Radnabe, in die Achse gebohrt werden. Die Antriebsschaufeln schnitzt man aus 8 – 10 mm dicken Massivholzleisten. Auch mit diesem Rad lassen sich kleine Maschinen antreiben (z. B. Hammerwerk, Karussell).

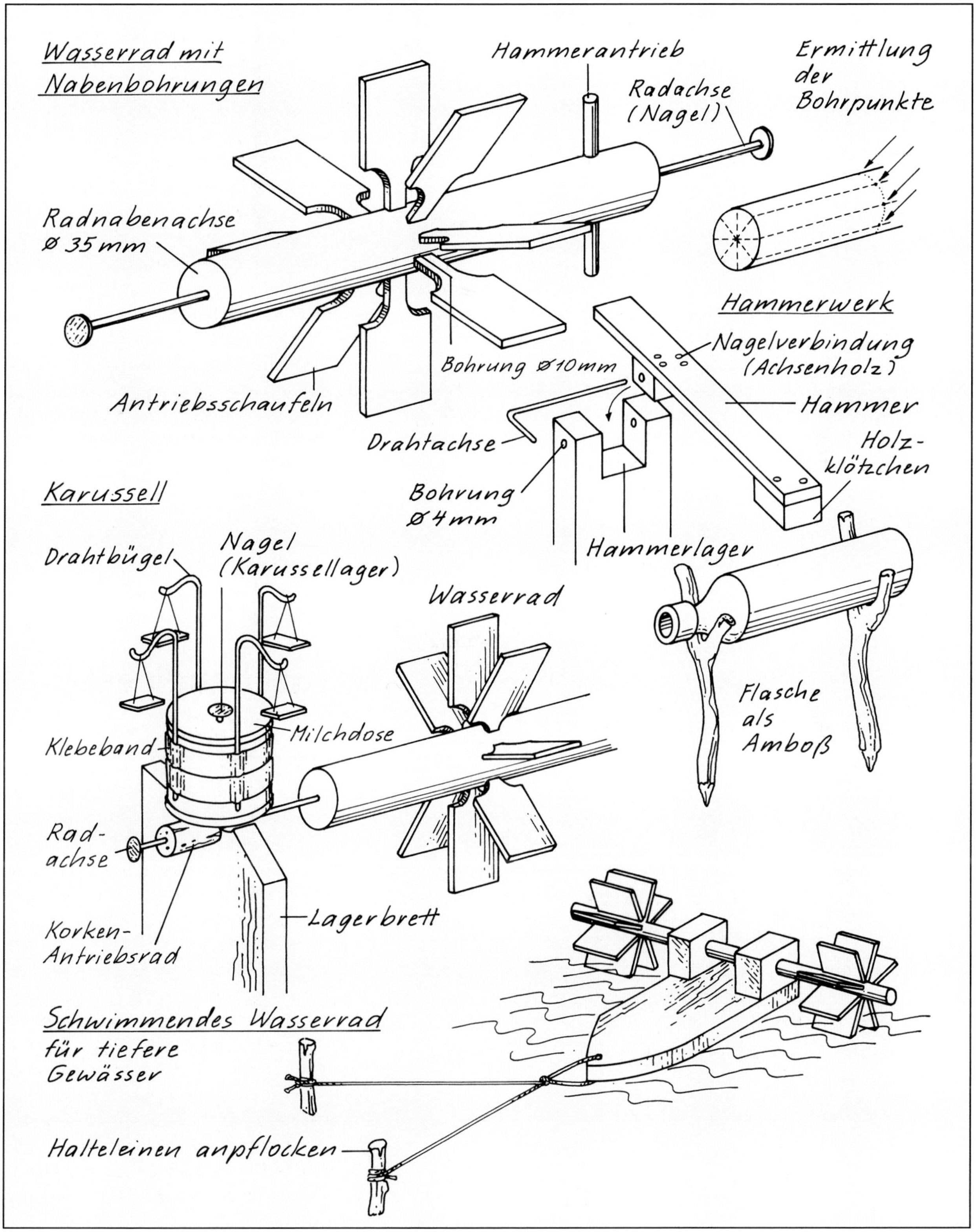
Wasserrad mit Nabenbohrungen
Hammerantrieb
Radachse (Nagel)
Ermittlung der Bohrpunkte
Radnabenachse Ø 35 mm
Hammerwerk
Nagelverbindung (Achsenholz)
Bohrung Ø10mm
Antriebsschaufeln
Hammer
Drahtachse
Holzklötzchen
Karussell
Bohrung Ø 4mm
Hammerlager
Nagel (Karussellager)
Drahtbügel
Wasserrad
Flasche als Amboß
Milchdose
Klebeband
Rad-achse
Lagerbrett
Korken-Antriebsrad
Schwimmendes Wasserrad für tiefere Gewässer
Halteleinen anpflocken

Buddelschiff

Alle Materialien, die zum Bau eines Buddelschiffes benötigt werden, sind Dinge, die auch früher auf einem Segelschiff vorrätig waren: Holzreste, Kitt, Farbe, Zwirn (Nähseide) und natürlich eine Flasche.

Zur Arbeitserleichterung verwenden wir noch zusätzlich Klebstoff, dünnen Draht und Papier.

Bei der Flasche muß man darauf achten, daß das Glas beim Hindurchblicken keine zu starken Verzerrungen verursacht. Das Glas selbst braucht nicht unbedingt völlig farblos sein; auch leicht grünlich gefärbte Flaschen haben eine interessante Wirkung. Für den Einbau des Modells ist es wichtig, daß der Flaschenhals nicht zu lang und zu eng ist.

Die meisten Werkzeuge, die zum Bau eines Buddelschiffes benötigt werden, kann man sich selbst herstellen.

Zuerst legt man eine Bauzeichnung an, die sich an den Maßen der Flasche orientiert, damit das Modell später in der Flasche sicher Platz hat.

Die Flaschenweite wird mit einem Hölzchen, das an zwei Fäden in die Flasche gesenkt wird, ausgemessen und auf der Bauzeichnung markiert; ebenso die Weite des Flaschenhalses und die Länge der Flasche.

Nun können das Modell, die Fadenverläufe und die Bohrlöcher aufgezeichnet werden.

Zuerst schnitzt man den Schiffsrumpf aus einem Holzstück. Breite und Höhe betragen etwa 15 mm, die Länge 80 bis 135 mm.

Am Bug wird zum Schluß noch ein Loch gebohrt und der Bugmast (Bugspriet) eingeleimt. Nun steckt man den Rumpf einmal probeweise durch den Flaschenhals und stellt so fest, ob er schlank genug ist und ob

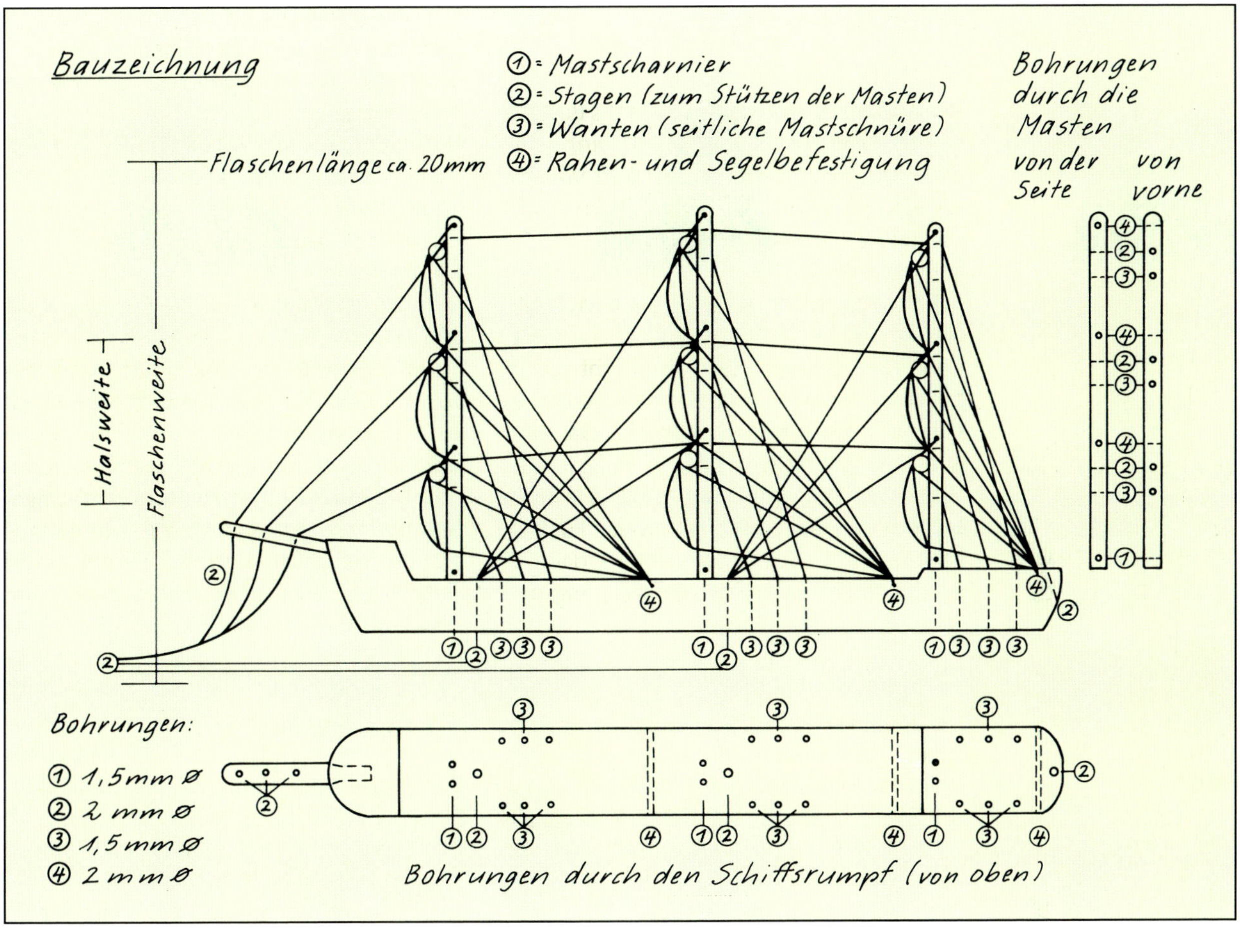

über ihm auch genügend Raum für die Masten, Rahen und Segel bleibt.
In den Rumpf müssen zahlreiche Löcher gebohrt werden zur Befestigung der Masten und zur Führung und Befestigung der Schnüre. Die Bohrpunkte entnimmt man der Bauzeichnung.
In die Mittellinie des Schiffes werden jeweils zwei Löcher für die Mastscharniere aus Draht gebohrt, die zum Umklappen und

Buddelschiff ●●●●

Menge	Bezeichnung	Maße in mm	Material	Kenn-Nr.
1	Buddel	beliebig	Glasflasche	1
1	Flaschenständer	entsprechend der Glasflasche	Holz	2
1	Schiffsrumpf	ca. 150 x 150	Holzleiste	3
div.	Masten und Rahen	entsprechend der Flasche	Bambusrohr	4
div.	Takelage	Nr. 40	Nähfaden (schwarz / weiß)	5

Draht / Farbe / Lack / Kitt / Papier / Klebstoff / Leim

Aufrichten der Masten dienen. Durch die Bohrungen hinter diesen Doppellöchern laufen die nach vorne führenden Verstrebungen der Masten, die Stagen. Auch der Bugmast erhält drei Stagenbohrungen. Mit den Stagen werden später die Masten wieder aufgestellt.
Die Bohrung im Heck nimmt die nach hinten laufende Verstrebung des letzten Mastes auf. Die seitlichen Bohrungen benötigt man für die Wantenbespannung (seitliche Mastbefestigung). Quer durch den Schiffsrumpf gehen die Löcher für die Rahen- bzw. Segelbefestigung. Der so präparierte Rumpf kann nun bemalt und lackiert werden.
Die Masten und Rahen fertigt man aus Bambusrohr, das sich leicht in dünne Hölzchen spalten läßt.
Entsprechend der Bauzeichnung werden auch diese Teile durchbohrt.

Auftakeln des Schiffes
Die weitere Arbeit läßt sich leichter durchführen, wenn das Schiff auf einer Unterlage befestigt wird. Man nimmt dazu ein Brett, durch das zwei dünne Nägel geschlagen werden. Der Schiffsrumpf wird auf die Nagelspitzen gedrückt und ist damit von allen Seiten zugänglich.
Zuerst werden die Masten mit Draht so befestigt, daß man sie umklappen kann.
Danach zieht man die Stagen ein. Sie werden am Heck und an den senkrecht gestellten Masten festgeklebt (Expreß-Holzleim).
Durch die nach vorne führenden Löcher müssen die Fäden frei gleiten können, damit man die Masten umlegen bzw. aufstellen kann. (*Wichtig:* Stagenschnüre nicht zu kurz abschneiden!) Am besten probiert man das Umlegen und Aufstellen der Masten mehrmals außerhalb der Flasche aus.
Nun kann man die Wanten einziehen und die Rahen befestigen. Die Fäden werden in die Löcher eingeleimt.
Wer Segel anbringen möchte, klebt kleine, gewölbte Papierflächen an die Rahen. Zuletzt zieht man durch die Querlöcher die Rahen- und Segelschnüre und klebt sie fest.

Flaschenhalterung
Bevor das Modell in die Flasche eingebracht wird, muß eine entsprechende Flaschenhalterung gebaut werden.
Dazu werden zwei Auflagebretter entsprechend der Flaschengröße aus einer Leimholzplatte gesägt und mit zwei Rundholzstäben verbunden.

Modell einsetzen
Das fertige Modell wird mit Fensterkitt in die Flasche geklebt. Der Kitt dient außerdem als Dekoration: Wasser und andere Landschaftselemente können damit angedeutet werden. Dazu kann man den Kitt mit Öl- oder Lackfarben entsprechend einfärben.
Mit einem langen, selbstgefertigten Spatel bringt man diese klebrige Masse in die Flasche. Die Glaswände dürfen dabei nicht verschmiert werden. Kleinere Farbreste kann man mit einem Papierwischer beseitigen. Dieser kann leicht selbst hergestellt werden. Dazu biegt man das Endstück eines dickeren Drahtes (z. B. Schweißdraht) mit der Zange um und klemmt ein Stück eines Papiertaschentuches dazwischen.
Die Wellen lassen sich gut mit einem langen Borstenpinsel modellieren, und die Schaumkronen werden mit weißer Farbe (Deckweiß) angedeutet.
Mit einer aus Draht gebogenen zangenartigen Halterung schiebt man das zusammengeklappte Modell in die Flasche und drückt es vorsichtig in den Kitt. Dabei werden die aus der Flasche hängenden Stagenschnüre angespannt und so die Masten aufgerichtet. Unter Umständen muß mit einem Drahthaken ein wenig nachgeholfen werden.
Sind alle Teile ausgerichtet und befestigt, schneidet man die Stagenschnüre möglichst kurz ab und drückt die Fadenenden in den Kitt. So kann das Modell nicht mehr zusammenklappen.
Die Flasche muß nun mehrere Tage oder Wochen geöffnet bleiben, damit der Kitt gut austrocknen kann. Erst dann wird der Flaschenhals mit einem Korken verschlossen und eventuell mit einer Schnurbindung verziert.

Weitere Bauanregungen:
- Landschaft in der Flasche (mit Modellbaufiguren);
- Gebäude in der Flasche (bemalter Ton oder Holzbauteile);
- Maschinen in der Flasche (mit Solarantrieb);
- Miniatureisenbahn in der Flasche.

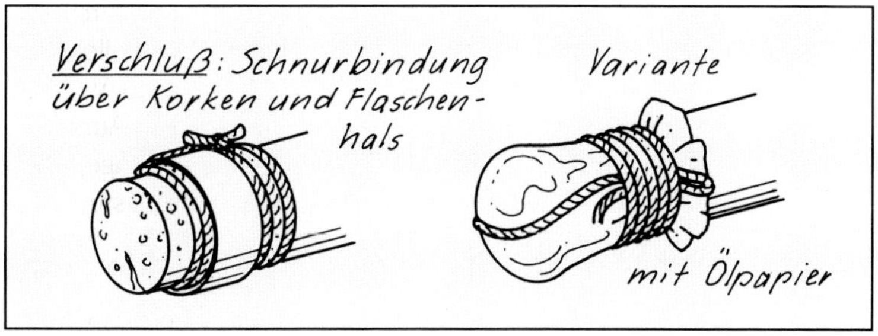

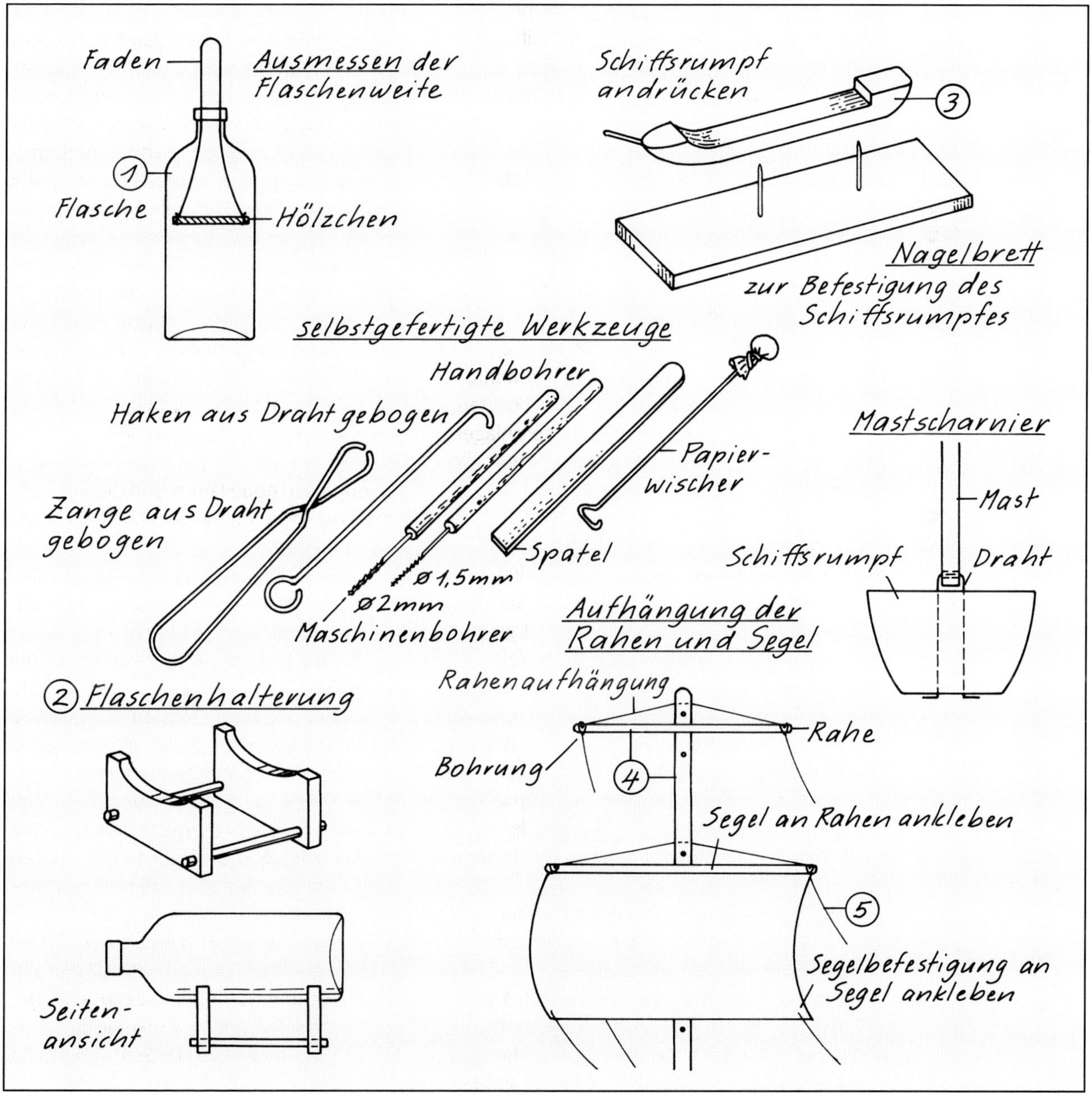

Tips und Tricks

1. Abziehen (Schleifen) der Werkzeuge: Abziehstein gut naß halten! In kreisenden Bewegungen bei 25 Grad Anstellwinkel die Schneide nachlaufen lassen.

2. Beizen: In der Drogerie oder dem Farbenfachhandel gibt es Fertigbeizen oder entsprechende Farbpulver, die nach Gebrauchsanweisung angerührt werden. Mit einem Pinsel oder Lappen wird die Holzfläche überstrichen. Keine Tropfen fallen lassen! Sie bleiben sichtbar.

3. Bohren (Kunststoffe): Zum Bohren von Kunststoff benötigt man einen spitzeren Bohrer als für Metall.

4. Drahtösen biegen: Je nach Ösendurchmesser ein etwa 2 cm langes Drahtende mit der Rundzange im Winkel von etwa 40 Grad abbiegen. Von der Drahtspitze ausgehend bis zum Ösengrund mit der Rundzange den Draht in umgekehrter Richtung zur Öse biegen.

5. Gips: Zum Formen von Reliefs, Figuren u. a. (Baugips / Stuckgips / Modellgips). Man rührt immer den Gips in das Wasser, nicht umgekehrt! Es gibt weniger Knötchen, und er zieht nicht so rasch an.

6. Glas bohren: Mit speziellem Glasbohrer, aber auch mit Hartmetallbohrer möglich! Terpentinöl auf die Bohrstelle geben!

7. Glas schneiden: Scheibe gut aufliegen lassen. Mit Stahlrädchen oder Diamantschneider gut anritzen und mit einem Ruck über die Tischkante brechen.

8. Glasröhren: Abschneiden mit Glasrohrschneider oder mit Dreikantfeile gut anritzen und rasch abbrechen. Scharfe Ränder unter ständigem Drehen über einer Gasflamme abschmelzen.
Biegen: Drehend über eine Flamme halten und bei Rotglut abbiegen.
Durch Ausziehen bilden sich Spitzen.

9. Holz anstreichen: Farbige Lackanstriche sind deckend, d. h. die Holzstruktur verschwindet. Arbeitsschritte: Abschleifen, Grundieren, Abschleifen, Lackieren.

10. Holz wachsen und einlassen: Holzwerkstück mit feuchtem Lappen abreiben und trocknen lassen. Mit feinem Schleifpapier nachschleifen und Wachs mit Lappen auftragen (Bohnerwachs / Bienenwachs / Antikwachs). Unter Einlassen versteht man den Auftrag von Leinöl auf das fein geschliffene Werkstück. Lange Trocknungszeit. *Vorsicht:* Ein leinölgetränkter Lappen kann sich bei dichter Lagerung selbst entzünden. Im Schraubglas aufbewahren.

11. Kleister: Käufliche Kleister nach Gebrauchsanweisung anrühren. Durch Einrühren von wasserlöslichen Farben erhält man Kleisterfarben. Mit Kaliumbichromat werden die Farben wasserbeständig.

12. Kleisterpapier: Zum Beziehen von Deckeln, Kästchen u. a. Kleisterfarbe anrühren und auf Papier auftragen. Mit Schwamm, Kamm, Karton o. a. Strukturen einzeichnen. Nach dem Trocknen mit einem Wachslappen abreiben.

13. Körnen: Mit Hilfe eines Körners kann man in Metalloberflächen kleine Vertiefungen eindrücken. Dies dient z. B. zur Zentrierung der Bohrerspitze beim Anbohren.

14. Leim: Gebrauchsfertigen Holzleim mit Pinsel oder Spachtel auftragen. Abbindezeit von der Temperatur abhängig. Während der Abbindezeit Pressung notwendig. Expreßleim hat eine kurze Abbinde- und Preßzeit. Eingedickter Leim kann mit Wasser verdünnt werden.

15. Löten: Weichlöten mit dem Lötkolben (Lötpistole) bei einer Arbeitstemperatur unter 450 Grad. Alle Flächen blank feilen und auch die Lötspitze säubern (Feile / Salmiakstein). Flußmittel (Lötfett) auftragen und die zu verlötenden Teile erhitzen. Lötzinn aufschmelzen und erkalten lassen.
Sicherheit beim Löten: Stecker und Kabel des Lötkolbens auf schadhafte und angeschmorte Stellen prüfen. Lötkolben immer in dem Lötkolbenständer ablegen. Gelötete Teile nicht sofort anfassen. Mit den Augen nicht zu nahe an die zu verlötende Stelle kommen (Fett oder Zinn können abspritzen). Entstehende Dämpfe können gesundheitsschädlich sein. Deshalb für gute Entlüftung sorgen.

16. Nageln: Senkkopf-, Stauchkopf-, Rundkopfnagel. Ein Spalten des Holzes wird verhindert, wenn die Nagelspitze mit dem Hammer gestaucht wird. In Hirnholz müssen Nägel schräg eingeschlagen werden. Stauchkopfnägel mit einem Nageltreiber versenken und die entstandenen Vertiefungen mit Holzkitt verspachteln. Herausragende Nagelspitzen über ein Rundeisen umschlagen und klammerartig in das Holz zurücktreiben. Krummgeschlagene Nägel mit der Beißzange herausziehen; dabei zwischen Werkstück und Zange ein Holzstück legen, damit keine Abdrücke entstehen.

17. Oberflächenbehandlung von Holz: Transparente Schutzanstriche belassen die Naturfarbe des Werkstückes. Käuflichen Transparentlack ohne FCKW mehrmals auftragen. Trocknungszeiten zwischen den Anstrichen beachten. Die Mattierung ist ein schnell trocknender Überzug. Das geschliffene Holz wird mit einem Schnellschliffgrund oder einer Grundierung behandelt, dann wird die Mattierung mit einem weichen Pinsel oder Stoffballen aufgetragen. Nach dem Auftrag der Grundierung wird die Holzoberfläche rauh. Deshalb vor dem nächsten Anstrich mit feinem Schleifpapier oder sehr feiner Stahlwolle nachschleifen.

18. Oberflächenbehandlung von Metall: Vor allem Messing- und Kupferarbeiten oxydieren sehr rasch. Abhilfe: Metall mit verdünnter Schwefelsäure reinigen und abspülen (Vorsicht, ätzend!). Wer keine Säure verwenden will, kann auch mit Stahlwolle scheuern. Dann polieren und mit Zaponlack anstreichen.

19. Pappmaché: Für Reliefs, Figuren, Möbel u. a. Alte Zeitungen fein zerreißen und mehrere Stunden einweichen. Man kann der Masse auch Gips oder Sägespäne zusetzen. Als Bindemittel Kleister oder Leim unterrühren. Nach Belieben wasserlösliche Farben zugeben.

20. Pausen: Entweder Kohlepapier verwenden oder Vorlage im Gegenlicht (Fenster / Lichttisch) nachzeichnen.
Transparentpapier auf die Zeichnung legen und nachfahren; dann die durchgedrückten Linien auf der Rückseite mit einem weichen Bleistift schwärzen. Durch erneutes Nachfahren der Zeichnung das Motiv auf den Zeichenbogen übertragen.

21. Schrauben (Senk-, Halbrund-, Linsenkopf-Holzschraube): Für Spanplatten spezielle Holzschrauben (Spaxschrauben) verwenden. Vorbohren, damit das Holz nicht gesprengt wird. Die Schraube läßt sich leichter eindrehen, wenn das Gewinde zuvor mit Wachs oder Seife eingeschmiert wurde.

22. Versenken: Der Senker gehört zu den Bohrern. Er wird für das Ausreiben ausgefranster Bohrungen oder das Ausfräsen für Senkholzschrauben verwendet.

Die Piktogramme

 Biegen, formen, festhalten

 Glätten, abschaben, hobeln

 Sägen von Hand

 Sägen mit der Maschine

 Spannen

 Glas schneiden

 Blech, Kunststoffe schneiden

 Holz schneiden, schnitzen

 Papier, Stoff schneiden

 Gewinde schneiden

 Bohren mit der Maschine

 Nageln, leimen, kleben, dübeln

 Mit Schrauben verbinden

 Feilen, raspeln, hobeln

 Einspannen, pressen

 Löten

 Ausstemmen, einpassen

 Erhitzen, schmelzen, brennen

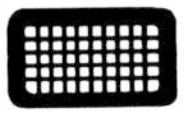 Abschöpfen, ablegen

 Falzen, falten

 Ritzen, modellieren

 Zurichten, treiben, hämmern

 Verknoten, binden, nähen

 Nieten, börteln, falzen

 Schleifen, glätten

 Rühren, mischen, spachteln

 Nähen, steppen (mit der Maschine)

 Bügeln

 Vorstechen, durchstechen

 Zeichnen, messen

 Lackieren, bemalen

 Walzen, eindrücken

 Glasieren

Register